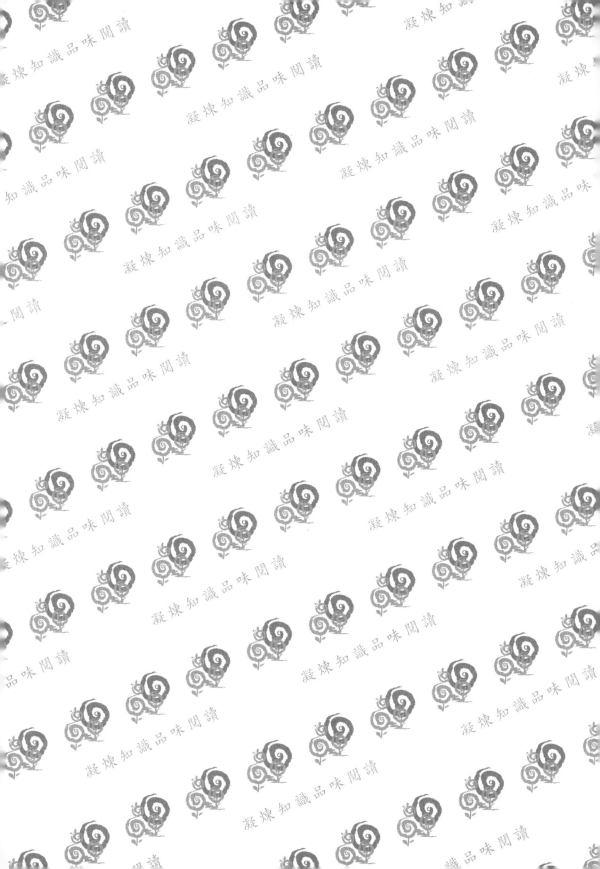

刑事訴訟法 下

增訂第五版

盧映潔、李鳳翔 著

CRIMINAL LAW

五南圖書出版公司 印行

刑訴 五版序一

本書此次改版，是因民國112年12月1日立法院三讀通過刑事訴訟法的修正。此次修法首先對鑑定制度進行修正，對於鑑定人之資格，與本案訴訟關係人之利益揭露、偵查中請求檢察官為鑑定、當事人於審判中自行委任鑑定及費用負擔、為機關實施鑑定之自然人具名及使到庭以言詞說明、對專家學者徵詢法律上意見等事項，均加以明文規範。其次是有關身心障礙者訴訟程序保障的修正，包含(1)周延訴訟照料，加強對於因有身心障礙情形致無法為完全陳述之被告或犯罪嫌疑人之訴訟照料；(2)周妥通知選任辯護人、強制辯護、輔佐人陪同及等候時間等程序保障與訴訟照料規定；(3)完備心智障礙者之具結制度，增訂因心智障礙致不解具結意義及效果之人，不得令其具結之規定；(4)明定被告有心智障礙情形致無法就審而停止審判之法定事由，並增訂得聲請停止或繼續審判之規定，以及得就駁回聲請裁定提起抗告之救濟規定。再者，還增訂了心理師之拒絕證言權以及納入心理治療及心理諮商作為緩起訴處分之處遇措施。

又，民國113年7月16日立法院再度三讀通過刑事訴訟法的修正，增訂「特殊強制處分」專章，規範了為調查犯罪情形或蒐集證據認有必要時，得使用全球衛星定位系統（GPS）等科技方法追蹤被告或犯罪嫌疑人位置，也得使用「M化車」調查行動通訊設備的位置、設備號碼或使用的卡片號碼等。另外，參酌憲法法庭111年憲判字第7號判決意旨，被告或犯罪嫌疑人於偵查中應享有的受有效協助與辯護權利，修法增訂辯護人於偵查訊問程序中的筆記權。

本書頻繁改版實因法律不斷地更動，感謝共同作者李鳳翔律師細心地對於繁瑣的修法逐一在書中檢查以避免遺漏。另感謝五南出版社編輯群的校正。

盧映潔

2024年7月

PREFACE 刑訴五版序二

　　去年年底與 2024 年 7 月 16 日刑事訴訟法條文增修，例如鑑定人應揭露本案利益關係、偵查中得請求鑑定或選任鑑定、選任鑑定前賦予陳述意見保障、辯護人在場筆記權、特殊強制處分（GPS、M 化車、非實體侵入性的科技方法對空間內之人或物監看及攝錄影像等）等，也增加新的實務、學說見解（此次改版閱讀了至少 50 篇新文獻）並與盧教授討論後（精確而言，是我受盧教授指導）提出本書意見，曦望讀者能夠感受到盧教授與我對本書的用心。

　　每次改版總會感到自己在刑事法領域進步及領悟，未來也期盼讀者不吝指正，同時也感謝五南出版社之排版、校對以及恩師盧教授指導我如何做學問、時常提醒我必須時刻關注實務及學說見解、遇有歧異意見時也耐心指導我。

　　書籍暢銷故而持續每年改版，在如此忙碌的一年，也是改版的第五年，我成立了「曦望法律事務所」，一如往昔地曦望未來實務、學術都能兼顧。回首本書初版序，一切都來之不易，未來也將本書部分收入捐贈公益團體。

李鳳翔

2024 年 7 月

目 錄

Contents

第四篇 審判階段

第一章 審判的程序

起訴審查制度 ➡ 準備程序 ➡ 審判期日

起訴 　　　　　　　　　　　　　審判

第一節 起訴審查制度

§161II 規定，檢察官起訴後，法官於審判期日前認為檢察官指出之證明方法顯不足認定被告有成立犯罪之可能時，應以裁定定期通知檢察官補正，為起訴審查制度，之後進入準備程序，即為審判期日的準備工作，最後進入審判期日，故而起訴審查制可謂起訴後、審判前的中間程序。

§343 規定「自訴程序，除本章有特別規定外，準用第二百四十六條、第二百四十九條及前章第二節、第三節關於公訴之規定」，依此規定自訴有準用公訴之起訴、審判程序，但無準用起訴審查的規定。

壹、意義與功能

§161II 規定「法院於第一次審判期日前，認為檢察官指出之證明方法顯不足認定被告有成立犯罪之可能時，應以裁定定期通知檢察官補正；逾期未補正者，得以裁定駁回起訴」。立法理由認為，依 §161I 檢察官應負舉證責任，並且為防止濫訴，基於保障人權立場以免被告受到不必要的訟累，而設計之中間審查制度。

基於此等規定，法院對檢察官的起訴加以審查，若認其不符起訴要件，法院得駁回起訴，其功能為監督檢察官的濫訴。學說認為起訴審查是

在審查檢察官是否濫訴，而審判是在確認被告是否有罪，故而法官為起訴審查時，不應為有罪無罪的判斷，否則就會使「起訴審查＝審判」，因此，認為起訴審查階段不可如同審判中使用嚴格的證據法則[1]，而以自由證明即是。

貳、程序

一、起訴審查階段的時點（§161II）：第一次「審判期日」前

§161II 規定第一次審判期日前，準備程序亦屬於審判期日前，準備程序或許已開了多次，倘若後來又以起訴審查制審查後駁回起訴，乃是浪費訴訟資源。故而起訴審查階段的時點，應修改為「準備程序前」。而有學者[2]認為應以起訴後 30 日內審查。

二、審查基準：是否達到起訴門檻→足認被告有犯罪嫌疑

足認被告有犯罪嫌疑＝被告有被判有罪的高度可能性≠有罪判決（有罪判決＝法官已達「確信」的心證）。

欠缺訴訟要件應如何處理

如屬於 §303(1)～(7) 欠缺訴訟要件的情形，應為不受理判決，並無被告被判有罪的高度可能，倘若以起訴審查制度加以駁回起訴，將會架空 §303 之規定。又若以「駁回起訴」為之，而非為不受理判決，依 §161III 將不能再行起訴（形同實質確定力），並不妥適。

---

[1] 王兆鵬、張明偉、李榮耕，刑事訴訟法（上），2012 年 9 月，頁 562、563。
[2] 林鈺雄，刑事訴訟法（下），2022 年 9 月，頁 201。

起訴審查是否可審查阻卻違法事由、阻卻罪責事由

　　A 在偵查階段曾主張心神喪失，但檢察官未送請鑑定，即將被告起訴，法院為起訴審查時，得否命檢察官補送精神鑑定報告？如檢察官不補正時，法官可否駁回起訴？

　　學者認為起訴審查目的在於檢察官是否濫訴，如依照證卷資料顯示已經符合構成要件該當性，應認為無濫行起訴。阻卻違法、罪責事由，涉及實體判斷，應待判決中解決[3]。

三、審查結果

（一）起訴符合起訴門檻

　　法院毋庸表示。但此將使檢察官、被告無所適從。

（二）起訴不符合起訴門檻

　　先命補正，若未補正，駁回起訴。如補正後，法院認為仍未達起訴門檻者，法官應駁回起訴。

（三）駁回起訴的效果

　　§161III 與 IV 規定「III 駁回起訴之裁定已確定者，非有第二百六十條第一項各款情形之一，不得對於同一案件再行起訴。IV 違反前項規定，再行起訴者，應諭知不受理之判決」。

　　立法意旨在於避免檢察官怠於尋找新的證據且為了避免被告受到二次追訴的危險。非有 §260(1)、(2)，不得再行起訴，若再行起訴者，應為不

---

[3]　王兆鵬、張明偉、李榮耕，刑事訴訟法（上），2012 年 9 月，頁 564。

受理判決。本書認為 §260(1)、(2) 之適用嚴苛，使駁回起訴之效果與不起訴處分相同而具有強烈的實質確定力，並不妥適。

四、起訴不符合起訴門檻時之救濟途徑

（一）補正（裁定）屬於訴訟程序中的裁定，不可提抗告。

（二）駁回起訴（裁定），檢察官可提抗告。

第二節　審判程序 —— 審判原則

壹、直接審理原則

一、形式直接性

　　審判者為了重建犯罪事件的過程所為之程序。審判者必須親自踐行審判程序，若不能親自踐行或有中斷之情形者（例如法官死亡或其他情形），必須更新審判程序，不能交由其他的審判者代替。若未更新審理，即為 §397(9) 依法應更新審判而未更新、 §379(10) 應於審判期日調查之證據而未與調查、 §379(13) 未經參與審理之法官參與判決者之三種判決當然違背法令事由。

二、實質直接性

　　審判者必須直接接觸與待證事實最接近之證據方法，審判者必須使用原始證據。例如，應當庭勘驗錄音光碟（ §164、 §165-1、 §212 ～ §219 ）方為原始、直接之證據方法，若針對錄音光碟做成勘驗筆錄並告以要旨（ §165 ）才為證據替代品。

貳、言詞審理原則

一、原則：以言詞陳述或問答之形式而將訴訟資料顯示於審判庭上。

二、例外：書面審理原則，又稱二造缺席判決[4]（無須開辯論庭）。

下述情形屬言詞審理原則之例外：

1. §307 規定「第一百六十一條第四項、第三百零二條至第三百零四條之判決，得不經言詞辯論為之」。亦即經起訴審查駁回起訴而未有 §260(1)、(2) 的情形又再行起訴，應為不受理判決（§161IV），以及依 §302 之免訴判決者、依 §303 之不受理判決者、依 §304 之管轄錯誤判決者。

2. 原審因上訴不合法而駁回上訴的裁定。

3. 第三審（雖然刑事訴訟法無明文規定，然現行實務於死刑案件或法律適用有重大爭議案件仍會進行言詞辯論）。

4. 再審而受判決人已死亡。

5. 非常上訴。

6. 簡易判決處刑（於必要時仍會開庭）與簡式裁判。

參、公開審理原則

一、理由

（一）藉由公開審理原則，取得社會大眾對司法之信賴。

（二）避免不當因素干擾司法。

---

[4] 二造缺席之判決與「一造缺席判決」不同，一造缺席判決仍符合言詞審理原則，僅是法院不待被告的陳述而逕行判決。

二、例外

（一）法院組織法§86

訴訟之辯論及裁判之宣示，應公開法庭行之。但有妨害國家安全、公共秩序或善良風俗之虞時，法院得決定不予公開。

（二）少年事件處理法§34

包含少年刑事案件、少年保護事件。調查及審理不公開。但得許少年之親屬、學校教師、從事少年保護事業之人或其他認為相當之人在場旁聽。

（三）性侵害防治法§18

性侵害犯罪之案件，審判不得公開。但有被害人同意、被害人為無行為能力或限制行為能力者，經本人及其法定代理人同意，經法官或軍事審判官認有必要者，不在此限。

肆、集中審理原則

一、功能

（一）審判開始到終結，均不間斷地在進行，此原則雖不獨立的被要求，但未實施集中審理，則很難落實直接審理與言詞審理之目的。若未集中審理，則致審判程序有間斷，法官會忘記當事人之前的陳述語氣、態度以及審理情境，僅得依靠先前所作成筆錄形成心證、書寫判決書。若能將證據調查、言詞辯論程序一次完成，更能保障法院之自由心證。

（二）若將當事人、證據於同一期日審理，將可審去審、檢、辯之多次出庭，故集中審理亦有達迅速審理及訴訟經濟之目的。

二、前提：準備程序須充分

　　集中審理原則的前提在於準備程序須充分，如此一來方可使審理程序順利進行。實務上若遇有複雜案件之交互詰問程序後，檢、辯雙方常以「辯論時表示意見或另具狀表示意見」，法院即須再另訂一個期日為言詞辯論，即為準備程序未充分之體現。

第三節　準備程序

壹、意義與功能

　　倘審判是採取集中審理制，為使訴訟程序密集而不間斷進行，於開始審判前，應為相當的準備，齊備訴訟相關的人、物，俾使審判期日能順利進行。但應於審判期日進行的訴訟行為（例如被告的訊問、證據之調查），不能於準備程序中為之。準備程序具準備性，但不具替代性，亦不具審理性。換言之，準備程序目的是為了為審判期日做準備，雖準備程序非屬審判期日，但準備程序仍應採取直接審理原則、言詞審理原則下進行。而且準備程序不可以代替審判期日。

貳、準備程序的主體

一、法院

　　§273規定「法院得於第一次審判期日前，傳喚被告或其代理人，並通知檢察官、辯護人、輔佐人到庭，行準備程序……」，所謂法院包含合議制法院與獨任制法院（§284-1、§376(1)、(2)）。

二、受命法官

　　§279 規定「行合議審判之案件，為準備審判起見，得以庭員一人為受命法官，於審判期日前，使行準備程序，以處理第二百七十三條第一項、第二百七十四條、第二百七十六條至第二百七十八條規定之事項。受命法官行準備程序，與法院或審判長有同一之權限。但第一百二十一條之裁定，不在此限」。實務上合議庭案件，大多由受命法官進行準備程序。

　　本條立法理由認為，受命法官於準備程序中，不應從事實質的證據調查。但 §274、§276、§277、§278 關於證據取得的規定，常有助於審判的進行且有其必要，故規定亦為受命法官得處理事項。

　　惟本法未明文規定準備程序應為證據能力裁定，但依 §273I、II 規範意旨，合議庭就有爭議證據之證據能力最晚應於審判期日開始調查證據前評議完成，並在開始調查證據前宣示其認定之理由，並記明筆錄[5]。此時受命法官於準備程序有無證據能力的判斷權？

　　實務認為受命法官僅「有證據能力的調查權，但無證據能力的判斷權」，即受命法官可以對有無證據能力為調查（§279I 準用 §237I(4)、§171 準用 §164～§170，即踐行證物提示使辨認，文書宣讀、告以要旨或交付閱覽，證人之交互詰問等），但不可以對於該證據的證據能力之有無為判斷。換言之，準備程序目的在於篩選無證據能力的證據，以避免無證據能力的證據進入審判期日，影響法院對事實的認定。準備程序進行中，當事人對卷內已經存在的證據或證物，對其證據能力有爭執下，受命法官可傳喚相關證人到庭訊問，以供合議庭判斷證據有無證據能力[6]，故而，準備程序筆錄通常會記載：「法官諭知：因兩造對……之證據能力有爭執，該部分留待合議庭另行評議後認定。」另外，在改良式當事人進行

---

[5]　吳燦，刑事裁判書類的精簡——以關於證據能力之說明為例，司法新聲，第 135 期，2020 年 11 月，頁 16。

[6]　臺灣高等法院暨所屬法院 94 年度法律座談會第 26 號提案。

主義下，法院處於中立立場從事調查證據，而無主動蒐集證據的義務，故受命法官不得於準備程序的調查程序中就證據的內容為實質的證據調查[7]。

學者認為，準備程序通常由受命法官進行，故而由受命法官決定有無證據能力即可，即準備程序的目的是為了避免無證據的能力的證據進入審判庭，又避免合議庭心證受到污染，受命法官對於是否有證據能力應先為形式判斷，如發現無證據能力，應排除之，使該證據不得於審判期日主張。簡言之，有無證據能力應於準備程序中處理，於審判期日的證據都應是有證據能力的證據，僅須於審判期日為法定調查程序進而判斷證明力[8]。有實務見解亦認為訊問證人、鑑定人，乃調查證據之一種，屬審判長之職權，而受命法官所得處理者僅以「準備性而非替代性」之法定事項為限。訊問證人即應由審判長於審判期日為之，受命法官尚不得於未告知審判長之情況下，逕行訊問證人，否則，係違反 §170、§279 規定，而形成違法判決[9]。

參、準備程序的流程

是否應進行準備程序，法院可以就案件內容決定是否要進行[10]。

一、審查起訴程式有無欠缺

§273VI 規定「起訴或其他訴訟行為，於法律上必備之程式有欠缺而其情形可補正者，法院應定期間，以裁定命其補正」。

---

[7] 林俊益，準備程序之內容與進行，台灣法學雜誌，第 56 期，2004 年 3 月，頁 50。

[8] 黃朝義，修法後準備程序運作之剖析與展望，月旦法學雜誌，第 113 期，2004 年 10 月，頁 16、25-26。

[9] 最高法院 105 年度台上字第 427 號刑事判決。

[10] 最高法院 102 年度台上字第 4702 號刑事判決、臺灣高等法院 108 年度聲字第 1984 號刑事裁定。

（一）有欠缺，可命檢察官補正

1. 漏未記載被告的年齡、住址而無法確定為何人時、自訴人為法人而欠缺代表人。

2. 檢察官、自訴人漏未於起訴書、自訴狀上簽章。

3. 起訴書漏未記載證據或法條，即 §161II 起訴審查制度，若認為檢察官指出的證明方法顯不足認定被告有成立犯罪之可能，應裁定定期通知檢察官補正，逾期未補正得裁定駁回起訴。

4. 若法院裁定命補正，逾期仍不補正者，應諭知不受理判決（§303(1)、§343）。

（二）不能補正

例如非犯罪直接被害人而提起自訴（§343 準用 §373）、犯罪事實漏未記載於起訴書的犯罪事實欄，應依 §303(1) 為不受理判決。

（三）對判決無影響，不須補正

例如，被告之年齡、職業、籍貫漏未記載，但已經可確認被告為何人時。

二、就審期間

審判前，審判長應先指定審判期日（§63），又 §272 規定「第一次審判期日之傳票，至遲應於七日前送達；刑法第六十一條所列各罪之案件至遲應於五日前送達」。通常案件傳票要於 7 日內送達，簡易案件要在 5 日內送達，此稱就審期間（猶豫期間），§273III 規定「前條之規定，於行準備程序準用之」。故準備程序之前也應給予就審期間，使被告有時間準備，以利訴訟的防禦。惟實務認為此僅止於第一次就審期間方有 §272

之適用，如是第二次就審期間則不受 §272 期間之限制[11]。若法院違反就審期間之規定的效果為何？原則上依據就審期間之目的，若被告因此未有時間充分準備，影響被告防禦權者，將可能影響判決（§380）[12]，實務上認為，若遇有被告認罪，法院亦有得被告、檢察官同意放棄就審期間而進行簡式審判程序，則程序合法[13]。惟第一次進出法院的被告於法院以「暗示要被告同意的語氣、態度」徵詢是否放棄就審期間之意見時，究竟有多少被告敢說不同意！有多少被告之防禦權受到忽略！

---

[11] 最高法院 99 年度台上字第 2949 號刑事判決：原審乃指定 97 年 4 月 8 日為第二次審判期日，該期日之傳票雖於 97 年 4 月 3 日、2 日分別送達上訴人，但第二次審判期日之傳喚，並無刑事訴訟法第 272 條所定就審期間之適用，難謂其送達為不合法，上訴意旨就此指摘，尚有誤會，仍非合法之上訴第三審理由。

[12] 最高法院 108 年台上字第 2571 號刑事判決：第一次審判期日之傳票，除刑法第 61 條所列各罪之案件外，至遲應於 7 日前送達，為刑事訴訟法第 272 條所明定；且於同法第 273 條第 3 項規定：前條之規定，於行準備程序準用之。又第二審之審判亦準用之，同法第 364 條亦定有明文。此項就審期間，係為保障被告之訴訟權益而設，使被告有充分之時間準備實行其防禦權，不因其身受羈押或因他案在監執行而得任意剝奪。然除刑事訴訟法第 379 條以外，訴訟程序雖違背法令而顯然於判決無影響者，不得為第三審之上訴理由，同法第 380 條定有明文。若被告先前曾到庭陳述，已有充分之時間行使其防禦權，且對於就審期間之不足並無異議，仍參與辯論，應認其訴訟程序上之瑕疵，顯然於判決無影響。最高法院 107 年度台上字第 734 號刑事判決：第一次審判期日之傳票，除刑法第 61 條所列各罪之案件外，至遲應於 7 日前送達，刑事訴訟法第 272 條定有明文，此項規定，依同法第 364 條規定，為第二審所準用。此就審期間，係為保障被告之訴訟權益而設，使被告有充分時間行使其防禦權，自不得因被告在監或受羈押而予剝奪。上訴人於原審審判時，另案在監執行中，本案所犯係刑法第 278 條第 1 項之重傷害罪，法定本刑為 5 年以上有期徒刑，依前揭規定，第一次審判期日之傳票，至遲應於 7 日前送達，方為合法。乃原審未行準備程序，所指定於民國 106 年 5 月 24 日審判之傳票，係於同年月 19 日送達於上訴人，有送達證書在卷可稽（原審卷第 81 之 1 頁），並未依法於 7 日前送達。原審法院雖於審判期日簽發提票，提解上訴人到庭辯論，上訴人被強制提解到庭參與辯論，自不能與自願拋棄此項就審期間之利益而自動到庭為訴訟行為者同視，且原審未於審判期日使上訴人及其辯護人對該就審期間不足有表示意見之機會，即辯論終結論處罪刑，其審判程序之瑕疵，不能因而治癒，所踐行之訴訟程序，難謂適法。

[13] 臺灣高等法院 106 年度上訴字第 2188 號刑事判決。

臺灣高等法院暨所屬法院 103 年法律座談會刑事類提案第 32 號

法律問題：被告經檢察官提起公訴。如法院第一次審判（或準備）期日為民國 102 年 8 月 1 日，然該次審判（或準備）期日之傳票遲至 102 年 7 月 26 日始合法送達被告（即不足 7 日之就審期間），被告屆期未到庭亦未具狀陳明拋棄就審期間。嗣法院改於 102 年 9 月 1 日再行審判（或準備）期日，然該次審判（或準備）期日之傳票仍遲至 102 年 8 月 26 日始合法送達被告（即仍不足 7 日）。此時法院得否以被告經合法傳喚無正當理由未到庭而拘提之？

採肯定說：按刑事訴訟法第 272 條規定之「第一次」審判期日，依文義解釋，僅限於法院實際上所定之審判（或準備）期日而言。縱使第一次期日給予被告之就審期間不足，只要法院所定第二次期日之傳票於庭期前合法送達被告，被告即有到庭之義務，並無再行考量就審期間是否足夠之必要。此乃因就審期間之規定，係供被告預備期日之答辯內容及方向而設，雖「第一次」庭期對被告而言就審期間不足，然被告對於將面臨訴訟一事既已認知，則第二次期日自無再予就審期間保障之必要。依所示情形，縱法院第二次期日之傳票仍未於庭期 7 日前對被告發生送達之效力，法院仍得依刑事訴訟法第 75 條規定拘提之。

三、傳喚或通知到場

§273I 規定「法院得於第一次審判期日前，傳喚被告或其代理人，並通知檢察官、辯護人、輔佐人到庭，行準備程序，為下列各款事項之處理……」，又 §273V 規定「第一項之人經合法傳喚或通知，無正當理由不到庭者，法院得對到庭之人行準備程序」。

此時之傳喚，功能僅在確保這些人可以出現在審判庭而已，不是為了在準備程序中對被告為本案之訊問，亦不得對證人、鑑定人為調查證據之行為。

四、準備內容

（一）齊集所有可以出現在審判程序中之證據方法

在準備程序中先確定屆時於審判程序有哪些證據可以調查。為達此目的，在準備程序中，有當事人商量之過程，使當事人可聲請調查證據並釐清證據清單，使兩造屆時可以攻擊防禦。若於準備程序中未提出之證據調查的聲請，是否會產生失權效果？一般認為在準備程序雖未提出證據調查的聲請，但在審判期日仍可提出，然審判長為確保對造之攻擊防禦，應將審判期日延至下一個期日（因為此證據無法當場調查）。

（二）證據調查之前置

1. 現場勘驗（§277）

§277 規定「法院得於審判期日前，為搜索、扣押及勘驗」。為取得證據在準備程序階段法院得進行搜索、扣押。又勘驗為調查證據措施，但通常無法遲至審判期日時進行。

2. 法院預料證人不能在審判期日到場，得於準備程序中訊問之（§276）

依 §279I，準備程序處理之事項，原則上僅限於訴訟資料之聚集及彙整，除依 §276 法院預料證人不能於審判期日到場之情形者（例如證人移民出國或即將死亡）外，不得於準備程序訊問證人[14]。又學者認為，預料

---

[14] 最高法院 106 年度台上字第 526 號刑事判決：關於證人、鑑定人之調查、詰問，尤為當事人間攻擊、防禦最重要之法庭活動，亦為法院形成心證之所繫，除依同法第 276 條第 1 項規定，法院預料證人不能於審判期日到場之情形者外，不得於準備程序訊問證人，致使審判程序空洞化，破壞直接審理原則與言詞審理原則。最高法院 108 年度台上字第 3373 號刑事判決：刑事訴訟法第 273 條第 1 項第 2、3、5、7 款、第 274 條及第 276 條至第 279 條第 1 項分別規定，行合議審判之案件為準備審判起見，法院得以庭員一人為受命法官，於審判期日前使行準備程序，而得訊問被告、代理人及辯護人對檢察官起訴事實是否為認罪之答辯，且處理案件與證據之重要爭點，並曉諭為證據調查之聲請，亦得調取或命提出證據，或為搜索、扣押、勘驗及鑑定，或就必要事項請求該管機關報告，甚且於預料證人不能於審判期日到場者，得於審判期日前訊問之。

鑑定人不能於審判期日到場時，依照 §171 的修法理由下，亦有 §276 之適用[15]。

（三）準備程序流程

　　§273 規定「法院得於第一次審判期日前，傳喚被告或其代理人，並通知檢察官、辯護人、輔佐人到庭，行準備程序，為下列各款事項之處理：一、起訴效力所及之範圍與有無應變更檢察官所引應適用法條之情形。二、訊問被告、代理人及辯護人對檢察官起訴事實是否為認罪之答辯，及決定可否適用簡式審判程序或簡易程序（目的在於過濾案件）。三、案件及證據之重要爭點（整理爭點）。四、有關證據能力之意見（整理爭點）。五、曉諭為證據調查之聲請。六、證據調查之範圍、次序及方法。七、命提出證物或可為證據之文書。八、其他與審判有關之事項。」

　　根據文獻，法院或命法官行準備程序的要領如下[16]：

1. 請檢察官陳述起訴要旨。

2. 法院踐行 §95 的告知義務。

3. 被告答辯（自白犯罪、有罪答辯、無罪答辯）：如果被告為有罪答辯，法院可考慮改行簡式審判（§273-1）；如被告自白犯罪，法院得逕以簡易處刑判決（§449II），亦可視情形進入協商程序（§455-2）。如果被告為無罪答辯，繼續往下進行。

4. 法院整理事實上爭點、有無檢察官函請併辦的情形。

5. 檢察官指出證明方法：檢察官於證據清單上載明待證事實與證據的關係。

6. 法院詢問被告有無提出證據以供調查：被告可能聲請調查證據（例如聲請傳喚證人、鑑定人），法院利用機會整理證據上爭點（有關證據能力的

---

[15] 林俊益，刑事訴訟法概論（下），2016 年 2 月，頁 240。

[16] 林俊益，刑事訴訟法概論（下），2016 年 2 月，頁 235-236。

問題）與法律上爭點（有無漏載法條、起訴效力所及事項、有無變更法條禁止）。

7. 被告不知提出證據，法院得曉諭當事人為調查證據的聲請。

8. 法院就雙方當事人提出證據逐一過濾，決定審判期日調查證據之範圍、次序及方法。

肆、準備程序與審判期日的轉換

一、準備程序轉換為審判期日

　　因為準備程序僅有準備性而不具替代性，且如果任意轉換將會影響被告就審期間所享有的期間利益，故而除了兩造當事人同意外，不許於準備程序期日當庭變更為審判程序期日而進行審判[17]。

二、審判期日轉換為準備程序

（一）實務見解

　　為避免該次期日浪費，期使審判進行順暢，復為減少證人一再往返法院之勞累，節約國家重複支付證人日費、旅費之公帑，參照 §273V 規定意旨，即可轉換成行準備程序[18、19]。

---

[17] 最高法院 97 年度台非字第 536 號刑事判決。

[18] 最高法院 97 年度台上字第 6088 號刑事判決、臺灣臺南地方法院 101 年度訴字第 900 號刑事判決、臺灣彰化地方法院 103 年度易字第 1 號刑事判決。

[19] 前註判決雖認為審判期日可轉換為準備程序，但又主張「到庭之證人具結後，由檢察官及被告之辯護人進行交互詰問，當與憲法第 8 條所保障之正當法律程序暨第 16 條所揭示之訴訟（防禦）權無違，並因係在審判法院（合議庭或獨任制法官）面前行之，自符合直接審理及言詞辯論主義之原則，固屬行準備程序之形式，實與審判期日之調查證據程序進行者同，是亦不生違背同法第 276 條第 1 項限定預料證人不能於審判期日到場，始得於審判期日前訊問規定之疑慮，該調查所得之證言，當具證據適格」。本書認為準備程序不應進行審判期日之證據調查，故上開實務判決見解顯有違誤。

（二）學說[20]

　　複雜的案件，僅以第一次審判期日前的準備程序，未必可將全部爭點與證據整體清楚，雖然本法無明文，但不代表就禁止審判期日轉換為準備程序，只要不違反刑事訴訟法的法理，認為有助於準備程序的功能，且有助於集中審理。尤其是在第一審言詞辯論終結前得追加起訴（§265），為了使追加之訴能順利進行，有必要對追加部分進行準備程序。

伍、被告為有罪陳述，受命法官可否未經合議庭評議，逕行改定依簡式審判程序（§273-1）

（一）實務見解[21]（否定說）

　　受命法官於準備程序與審判長有同一權限，亦即指揮訴訟程序進行或法庭活動事項，且以法律有明文規定為限。而依法院組織法 §101 條規定「合議裁判案件，應依本法所定法官人數評議決定之」，是否轉成簡式審判須由合議庭內部評議並以裁定為之，不得僅由受命法官單獨決定。

（二）學說[22]（肯定說）

　　因為 §279II 之規定下，受命法官於準備程序與法院或審判長有同一權限，然而實務上準備程序通常僅由受命法官進行，而如準備程序中受命法官認為要改依簡式審判程序時，就必須暫時休庭，回到辦公室與合議庭的法官進行評議，而後再製作程序轉換的裁定，但事實上「自己在場觀看球賽，比起聽說明的人更能體會球賽的精采」，受命法官進行準備程序時應是最了解當時狀況的人，其暫時休庭大都也只是向合議庭其他兩位法官

[20] 黃朝義，刑事訴訟法，2013 年 4 月，頁 394。
[21] 最高法院 96 年度台上字第 2885 號判決、最高法院 96 年度台上字第 6419 號刑事判決。
[22] 黃朝義，修法後準備程序運作之剖析與展望，月旦法學雜誌，第 113 期，2004，頁 14-15。

報告情形與自己的想法，該其他兩位通常會順從受命法官意思，故而會使評議程序形式化、行禮如儀，故而應賦予受命法官轉換的權限，方符合實際運作。

第四節　審判程序

於本節僅討論審判期日的法庭活動順序，至於證據的問題，於證據章節討論。

壹、審判期日的流程

一、朗讀案由

審判期日，以書記官朗讀案由為始（§285、法庭錄音錄影及其利用保存辦法 §5I）。

二、人別訊問

目的在於確認被告的身分，無涉案件事實，故而不得於人別訊問程序主張緘默權。訊問被告，應先詢其姓名、年齡、籍貫、職業、住所或居所，以查驗其人有無錯誤，如係錯誤，應即釋放（§94）。

三、檢察官陳述起訴要旨

審判長依 §94 訊問被告後，檢察官應陳述起訴之要旨（§286）。雖然本法並未規定「被告或辯護人等陳述答辯之要旨」，惟實務運作上宜進行該程序，一來是為了武器平等，二來是為使檢辯之爭點於開場時即有所聚焦，以大致釐清爭點。

四、踐行告知義務

§287 規定「檢察官陳述起訴要旨後，審判長應告知被告第九十五條規定之事項」，§95 規定告知罪名、緘默權、選任辯護人權、請求調查有利證據。

§95 的罪名告知程序即係資訊請求權的具體實現，唯有被告知悉完整資訊後，始能對之有陳述並進而辯明的機會，尤其在對被告作出不利益決定前，更應讓被告能陳述其意見（請求表達權）；而被告的答辯及表達，法院要能實質且有效的回應，提出論理及說服的過程，被告始能得知法官有無注意，並足供上級審檢驗（請求注意權）。一般而言，數罪併罰的科刑合計及定應執行刑結果，相較於實質上或裁判上一罪的單一科刑，在罪責評價上對於被告顯為不利，自應保障被告有預先獲知可能性，並進而就此為陳述及辯論之機會，法院始能將被告的意見充分考量及予以回應，如此方係完整的聽審權保障，以防免突襲性裁判如認為可能自實質上或裁判上一罪，改為實質競合之數罪，應隨時、但至遲應於審判期日前踐行再告知之程序，使被告能知悉而充分行使其防禦權，始能避免突襲性裁判，而確保其權益，不致侵害被告憲法上之聽審權。至被告如已就罪名、罪數之變更，曾為實質辯論而得知悉，縱形式上未依 §95I(1) 之罪名告知程序再為告知罪數變更，既對被告之防禦權未造成突襲性侵害，屬無害瑕疵，如顯然於判決無影響，仍不得據為上訴第三審之理由 [23]。

五、調查證據

（一）概念

§288I 規定「調查證據應於第二百八十七條程序完畢後行之」，調查證據是指除了確認證據調查之範圍、次序及方法（§161-2）之外，應

---

[23] 最高法院 110 年度台非字第 230 號刑事判決。

進行每一項證據方法的實質調查證據，包含被告自白任意性之優先調查（§156III）、供述證據之調查（§163I、§165I、§166～§167-7）、非供述證據之調查（§164、§165、§165-1）等。

（二）調查程序之簡化

§288II 規定「審判長對於準備程序中當事人不爭執之被告以外之人之陳述，得僅以宣讀或告以要旨代之。但法院認有必要者，不在此限」。因為如果被告對於檢察官提出的證據方法無爭執時，無必要再進行嚴格證明法則下的法定調查程序。

（三）逐一詢問對證據的意見與辯明證明力的機會

§288-1 規定「I 審判長每調查一證據畢，應詢問當事人有無意見。II 審判長應告知被告得提出有利之證據」。§288-2 規定「法院應予當事人、代理人、辯護人或輔佐人，以辯論證據證明力之適當機會」。

（四）聲明異議

§288-3 規定「I 當事人、代理人、辯護人或輔佐人對於審判長或受命法官有關證據調查或訴訟指揮之處分不服者，除有特別規定外，得向法院聲明異議。II 法院應就前項異議裁定之」。實務見解認為該異議權具有其時效性，如未適時行使異議權，致該處分所為之訴訟行為終了者，除了依照 §380 其瑕疵係重大、嚴重危害訴訟程序之公正，影響於判決結果者外，應認其異議權已喪失，而不得為上訴第三審之理由 [24]。

---

[24] 最高法院 108 年度台上字第 1509 號刑事判決。

【實務上依§288-3 聲明異議有下列情形】

最高法院 108 年度台上字第 2670 號刑事判決【受命法官不當誘導訊問】

　　按審判長、受命法官得曉諭訴訟關係人為必要之陳述，並促其為必要之立證，此要求當事人為敘明之權利，即所謂闡明權。當事人之陳述有不完整、矛盾之情形時，應予指出，給予當事人更正、補充之機會，或於事實爭點未充分證明時，為使其能適當之證明，應促使當事人為證據調查之聲明。刑事訴訟法第 96 條、第 288 條之 1 第 2 項亦規定，被告陳述有利之事實者，應命其指出證明之方法；審判長應告知被告得提出有利之證據。又闡明權係審判長訴訟指揮之一種，本此意義，參諸同法第 279 條第 2 項前段規定，受命法官行準備程序時，與法院或審判長有同一之權限，受命法官於行準備程序時，自有與審判長相同之訴訟指揮權。從而，受命法官於準備程序期日訊問被告行使闡明權時，如有不當之誘導訊問情形，依刑事訴訟法第 288 條之 3 規定，兩造當事人等得向法院聲明異議，法院應就前項異議裁定之。有關此不當訊問之異議，有其時效性，如未適時行使異議權，除其瑕疵係重大，有害訴訟程序之公正，而影響於判決結果者外，應認其異議權已喪失，瑕疵已被治癒，而不得執為上訴第三審之理由。

最高法院 108 年度台上字第 1509 號刑事判決【是否採行隔別訊問及其方法】

　　刑事訴訟法第 169 條規定：「審判長預料證人於被告前不能自由陳述者，經聽取檢察官及辯護人之意見後，得於其陳述時，命被告退庭。但陳述完畢後，應再命被告入庭，告以陳述之要旨，並予詰問或對質之機會。」可見關於是否行隔別訊問及其方式，法律賦予審判長有裁量判斷之職權。從而，審判長在踐履上開聽取意見之前置程序，倘復經徵得被告及其辯護人之同意，而以其他方式（譬如以傳送聲音、影像之科技

設備，進行訊問）替代隔別訊問者，則被告的在場聽審權已獲充分保障，且無礙於其對質、詰問等訴訟防禦權之行使，並無違法之可言。

又關於訴訟程序之遵守，旨在維護被告之權益，審判長於調查證據時，縱然不合程序規定，倘純屬有關證據調查之處分，而無礙於被告防禦權之行使，即難謂違法，而當事人及訴訟關係人如有不服，得依同法第 288 條之 3 規定，向法院（於第二審時，指為審判之合議庭）聲明異議，由法院就該異議裁定之。此調查證據處分之異議，有其時效性，如未適時行使異議權，致該處分所為之訴訟行為終了者，除其瑕疵係重大、嚴重危害訴訟程序之公正，影響於判決結果者外，應認其異議權已喪失，而不得執為上訴第三審之合法理由。

最高法院 108 年度台上字第 1230 號刑事判決【證據調查或訴訟指揮方式】

審判期日之訴訟程序，專以審判筆錄為證；當事人、代理人、辯護人或輔佐人對於審判長或受命法官有關證據調查或訴訟指揮之處分不服者，除有特別規定外，得向法院聲明異議，由法院就該異議裁定之，刑事訴訟法第 47 條、第 288 條之 3 定有明文。此證據調查或訴訟指揮處分之異議，有其時效性，如未適時行使異議權，致該處分所為之訴訟行為終了者，除其瑕疵係重大、嚴重危害訴訟程序之公正，而影響於判決結果者外，應認其異議權已喪失，而不得執為上訴第三審之合法理由。

依原審審判筆錄記載，經原審審判長當庭提示上訴人 4 人於本案偵查及第一審筆錄後，除○○○及上訴人 4 人共同選任辯護人表示上訴人所受教育不多，有時聽不懂提問之真意，不知如何回答外，其餘上訴人則均表示：「沒有意見」。就審判長所問：「尚有何證據請求調查？」則均回答：「沒有」。可見上訴人 4 人於原審審判程序進行中，對審判長有關證據調查或訴訟指揮之方式，既未依刑事訴訟法第 288 條之 3 規定聲明異議，自已失卻其異議權，嗣上訴本院時，始泛稱原審以高壓方式訊問，致上訴人 4 人不知所措，仍依法官詢問回答云云，自非合法之上訴理由。

最高法院 108 年度台上字第 707 號刑事判決【詰問證人前未先行徵詢檢辯雙方意見】

　　第一審隔離詰問證人○○○前，雖未先行徵詢檢辯雙方意見，致訴訟程序有微疵，然上訴人並未依刑事訴訟法第 288 條之 3 規定聲明異議，應認其異議權已喪失，又審判長已提示證人筆錄，並使上訴人訊問○○○，其對質詰問及聽審權已獲保障；○○○於第一審已證述明確，別無再行傳喚必要，上訴人聲請傳喚○○○，無調查必要，因認上訴人之辯解，均屬卸責之詞，不予採信。核係事實審法院採證認事職權之適法行使，難謂有調查證據職責未盡、判決不備理由之違背法令情形。

最高法院 108 年度台上字第 417 號刑事判決【交互詰問與聲明異議】

　　與本案及因詰問所顯現之事項無關、為不合法之誘導或要求證人陳述個人意見（有正當理由時，不在此限）之詰問，不得為之。辯護人詰問證人、鑑定人時，審判長除認其有不當者外，不得限制或禁止之。刑事訴訟法第 166 條之 7 第 2 項第 1、4、7 款、第 167 條亦有明文。於交互詰問過程中，有關詰問之異議及其他調查證據處分之異議，有其時效性，如未適時行使異議權，除其瑕疵係重大，有害訴訟程序之公正，而影響於判決結果者外，應認其異議權已喪失，瑕疵已被治癒，而不得執為上訴第三審之理由。

最高法院 107 年度台上字第 1939 號刑事判決【調查未區分為供述證據或物證】

　　文書證據即書證，依其證據目的之不同，而有不同之屬性。有屬供述證據，有屬物證，亦有供述證據及物證併具之情形。又刑事訴訟法第 164 條至第 165 條之 1，就卷內物證（包括證據文書）筆錄、文書證據與準文書有不同調查方法之規範，本質重在使當事人明瞭卷內證據所在

及內容，俾於此項證據調查時，能夠互為辯明、陳述意見，以發現真實。然審判長在兼顧當事人與辯護人對證據表示意見與訴訟進行順暢情形下，即令違反上開程序規定，因屬有關證據調查之處分，苟無礙於被告防禦權及其辯護人辯護權之行使，即難謂為違法。而當事人及訴訟關係人如有不服，依同法第 288 條之 3 規定，得向法院聲明異議，由法院就該異議裁定之。此調查證據處分之異議，有其時效性，如未適時行使異議權，致該處分所為之訴訟行為終了者，除其瑕疵係重大、嚴重危害訴訟程序之公正，而影響於判決結果者外，應認其異議權已喪失，而不得執為上訴第三審之合法理由。……原審審判長對該臉書對話內容與紀錄所踐行之調查程序，縱有未區分為供述證據或物證而為調查之瑕疵，然對於上訴人之防禦權及其辯護人辯護權之行使亦不生影響，核非重大瑕疵而足以危害訴訟程序之公正。

（五）本案訊問

§288III 規定「除簡式審判程序案件外，審判長就被告被訴事實為訊問者，應於調查證據程序之最後行之」。於證據通則的 §161-3 亦規定「法院對於得為證據之被告自白，除有特別規定外，非於有關犯罪事實之其他證據調查完畢後，不得調查」。

本案訊問主要是針對被訴事實的調查訊問程序，都是為了避免法官先入為主，過度偏重於自白，以符合無罪推定原則。

（六）調查被告之科刑資料

§288IV 規定「審判長就被告（關於刑法第五十七條）科刑資料（例如前科表）之調查，應於前項事實訊問後行之，並先曉諭當事人就科刑資料，指出證明之方法」。因為可能會影響法官認定事實的心證，故不得先於犯罪事實的證據而調查。

§288IV「審判長就被告科刑資料之調查，應於前項事實訊問後行之，並先曉諭當事人就科刑資料，指出證明之方法」修法理由為為使法院科刑判決符合憲法上罪刑相當原則，法院審判時應由當事人就加重、減輕或免除其刑等事實（例如刑法§47I及§59至§62、毒品危害防制條例§17參照）及其他科刑資料（刑法§57及§58參照），指出證明方法。所稱「加重、減輕或免除其刑等事實」，係指涉及刑罰權範圍擴張或減縮，而應依§288I～§288III調查證據之嚴格證明事項；所稱「其他科刑資料」，則指刑法§57、§58所定事項。「加重、減輕或免除其刑等事實」既業經前階段之證據調查程序，自無須於後階段之科刑調查程序再為調查，故依§288IV行調查之被告科刑資料，當指「其他科刑資料」；且審判長於科刑調查程序，應先曉諭當事人就科刑資料指出證明之方法（例如關於被告經濟狀況之證明文件、其與被害人之和解書等。又法院既有刑罰之裁量權，除當事人所指證明方法外，自得依職權為必要之調查，提升量刑之適當性及公平性。至依個案情況，如無法於當次庭期將科刑資料調查完畢，或進行後續之科刑辯論者，審判長本得另訂期日續行調查或辯論。

（七）言詞辯論與言詞辯論後當事人就科刑範圍表示意見

§289規定「I調查證據完畢後，應命依下列次序就事實及法律分別辯論之：一、檢察官。二、被告。三、辯護人。II前項辯論後，應命依同一次序，就科刑範圍辯論之。於科刑辯論前，並應予到場之告訴人、被害人或其家屬或其他依法得陳述意見之人就科刑範圍表示意見之機會（科刑辯論獨立化）。III已依前二項辯論者，得再為辯論，審判長亦得命再行辯論」。

（八）被告最後陳述

為了保障被告的聽審請求權與防禦權，§290規定「審判長於宣示辯論終結前，最後應詢問被告有無陳述」，例如審判長會問被告：「我們等

等要辯論終結了，你還有什麼話想要講？」被告回答：「報告法官，我是無辜的，我還有老母親要照顧。」違反的效果為 §379(11) 未與被告以最後陳述之機會者，判決當然違背法令得上訴第三審。

（九）宣示辯論終結且應於辯論終結後一定期日內為宣示判決

§311 規定「行獨任審判之案件宣示判決，應自辯論終結之日起二星期內為之；行合議審判者，應於三星期內為之。但案情繁雜或有特殊情形者，不在此限」。§312 規定「宣示判決，被告雖不在庭亦應為之」。§313 規定「宣示判決，不以參與審判之法官為限」。§314I 規定「判決得為上訴者，其上訴期間及提出上訴狀之法院，應於宣示時一併告知，並應記載於送達被告之判決正本」。

貳、審判程序再開辯論、更新與停止

一、再開辯論

§291 規定「辯論終結後，遇有必要情形，法院得命再開辯論」。例如被告原本否認犯罪，於辯論終結後方具狀表示認罪並請求緩刑之情形、發現應調查而未調查之證據。又，再開辯論因屬訴訟進行之程序，應由法官職權裁定且不得抗告（§404I），而本法未規定當事人可以聲請再開辯論，惟理論上當事人仍得聲請，法官仍應對當事人之聲請而為判斷並予以裁定。

二、審判程序更新

審判程序更新是指整個程序重新再跑一次（朗讀案由→人別訊問→權利告知等）。

（一）法官更易

　　§292 規定「I 審判期日，應由參與之法官始終出庭；如有更易者，應更新審判程序。II 參與審判期日前準備程序之法官有更易者，毋庸更新其程序」。此為直接審理原則的展現，法官更易後，如承審法官只看或朗讀前承審法官的審判筆錄就有心證根本是承接前承審法官的心證，畢竟每個人看事情的角度都不同，提問的問題也會因個人想法而不同，進而影響被告與證人的答案，而得出不同的心證。

　　不過只有審判期日時法官更易而須更新審理程序，如果是參與準備程序的法官更易則無該條之適用。而宣示判決時，因為原合議庭法官的心證早已經形成，故而可由非審判的法官宣示判決（§313），亦不構成法官的更易。

（二）間隔 15 日以上

　　§293 規定「審判非一次期日所能終結者，除有特別情形外，應於次日連續開庭；如下次開庭因事故間隔至十五日以上者，應更新審判程序」。本規定為直接審理原則、集中審理原則的展現，避免間隔過久而使法官無法獲得新鮮的心證。以具體的生活化例子【考生心中的痛】來說，A 學生今天念了審判程序後，1 個月後就會忘了 90% 的內容，時間過久，對於課文內容變得模糊。

最高法院 103 年度台上字第 1823 號刑事判決

　　審判非一次期日所能終結者，除有特別情形外，應於次日連續開庭，如下次開庭因事故間隔至 15 日以上者，應更新審判程序，固為刑事訴訟法第 293 條所明定；然此審判程序更新之規定，旨在促使法院於續行開庭時，重新實施應於審判期日踐行之程序，即須有更新審判程序之實質作為，非專以形式上是否有「更新審理」之諭知為判斷標準。而此等關於審判期日之訴訟程序，是否依法踐行，專以審判筆錄為證。

經核閱第一審卷宗，第一審於民國 102 年 8 月 20 日辯論終結後，經裁定再開辯論，迄 102 年 9 月 17 日續行審判程序見第一審時，雖已逾 15 日，惟實際上已依序重新告知刑事訴訟法第 95 條規定之事項、命檢察官陳述起訴要旨、調查證據並行言詞辯論等，有該次審判筆錄為憑，顯已重新實施審判期日之程序，而踐行更新審理之實質作為，自不能因第一審審判長未於形式上諭知「更新審理」之故，指為違法。

（三）違反之法律效果

　　§379(9) 依本法應停止或更新審判而未經停止或更新者，判決當然違背法令，得上訴第三審。

三、審判程序停止

　　審判程序停止是指起訴後因法定原因而暫時不能開始審判或暫停已經開始的審判，但如法定原因消滅時，法院應繼續審判，審判停止事由有以下情形。

（一）聲請法官迴避，應停止訴訟程序（§22）。

（二）心神喪失或因疾病不能到庭（§294）

　　§294 規定「I 被告因精神或其他心智障礙，致不解訴訟行為意義或欠缺依其理解而為訴訟行為之能力者，應於其回復以前停止審判。II 被告因疾病不能到庭者，應於其能到庭以前停止審判。III 前二項被告顯有應諭知無罪或免刑判決之情形者，得不待其到庭，逕行判決。IV 許用代理人案件委任有代理人者，不適用前三項之規定。V 有第一項或第二項停止審判之原因者，當事人、辯護人或輔佐人得聲請停止審判。」

　　考量被告對訴訟行為所生基本利害得失之理解或辨別能力，以及依其理解或辨別而為訴訟行為之控制或防禦能力，例如為自己辯護、與其辯護

人商議訴訟策略或為相關溝通討論之能力等，乃確保公正審判程序及被告訴訟權益所必要。

本條旨在維護程序法上之相關權益及規範目的，而與刑法 §19 旨在認定實體法上之責任能力有別；是否符合本項停止審判之事由，與有無該條阻卻或減輕罪責事由，乃屬二事。至所稱「訴訟行為」，係指構成訴訟並產生訴訟法上效果之行為，包括法官之訴訟行為、當事人之訴訟行為及其他訴訟關係人之訴訟行為。如被告雖有精神或其他心智障礙，惟未達不解訴訟行為意義或欠缺依其理解而為訴訟行為之能力之程度，固無依本項停止審判之餘地；惟若無法為完全之陳述，則仍有 §31I(3)、§35III 等規定之適用，以保障其訴訟防禦權。法院裁定停止訴訟期間，僅停止其審判程序之進行，無礙於有緊急必要時，依保安處分執行法 §4II 規定裁定宣告監護處分。

（三）是否犯罪取決於他罪（§295）

§295 規定「犯罪是否成立以他罪為斷，而他罪已經起訴者，得於其判決確定前，停止本罪之審判」，例如 A 收受 B 之贓物，A 的贓物罪是否成立以 B 是否成立財產犯罪為前提。

（四）他罪為重罪於判決確定前

§296 規定「被告犯有他罪已經起訴應受重刑之判決，法院認為本罪科刑於應執行之刑無重大關係者，得於他罪判決確定前停止本罪之審判」。例如 A 觸犯公然侮辱與強盜被分別起訴，在強盜罪確定前，應得對於公然侮辱罪停止審判，理由在於依照刑法 §51，即便公然侮辱罪成立，對於定執行刑方面也無影響。

（五）是否犯罪取決於民事關係

§297 規定「犯罪是否成立或刑罰應否免除，以民事法律關係為斷，而民事已經起訴者，得於其程序終結前停止審判」。偵查中亦有 §261 規

定「犯罪是否成立或刑罰應否免除，以民事法律關係為斷者，檢察官應於民事訴訟終結前，停止偵查」。犯罪是否成立，以民事法律關係為斷，例如偽造有價證券罪（是否於民事上有授予代理權）、血親性交罪（是否有民法親屬編規定的血緣關係）、重婚罪（是否曾經有民事婚姻關係）；刑罰應否免除，以民事法律關係為斷，例如親屬間的藏匿人犯罪（是否有親屬關係為斷）。

　　而實務認為原審依據卷內證據資料，自行審認民事法律關係，以為判決參考，而未停止刑事審判程序，尚難逕謂違法[25]。

最高法院 108 年度台上字第 1099 號刑事判決

　　基於憲法第 80 條所揭示審判獨立的理念，刑事案件之事實認定與審判，並不當然受民事判決確認的事實所拘束。祇因民事判決之內容，不失為證據之一種，非不得為刑事審判之參考，為避免兩種裁判歧異衝突，倘犯罪是否成立或刑罰應否免除，應以民事法律關係為斷，而民事已經起訴者，法院「得」於其程序終結前，停止審判，此觀諸刑事訴訟法第 297 條規定固明。然條文既曰「得」，則刑事法院有其裁量斟酌之權，自得本於法的確信，在客觀存在之經驗法則、論理法則支配下，逕行併就相關的民事法律關係加以審認，進而憑為其刑事判決之基礎，不受當事人聲請之拘束，無所謂刑事法院不停止其審判程序，於法有違之可言。

第五節　簡式審判程序、簡易判決處刑、協商程序

　　簡式審判程序、簡易判決處刑、協商程序皆屬簡易類型程序，亦即不經過通常審理程序而論罪科刑。簡易類型程序目的在於訴訟經濟，但不

---

[25] 最高法院 107 年度台上字第 4839 號刑事判決。

是每一種類型的犯罪皆可因為訴訟經濟而加速、簡化程序，因此必須將案件分門別類而適用簡易類型程序。然而不可因為訴訟經濟而忽略被告的基本權保障、刑事訴訟法之目的，故而決定進行簡易類型程序時更應慎重考量。否則，簡易類型程序將成為「輕率判被告有罪程序」。

壹、簡式審判程序

一、法律依據與立法目的

　　簡式審判程序是指被告所犯的罪，不是死刑、無期徒刑、最輕本刑為三年以上有期徒刑的罪，也不是高等法院為第一審管轄之案件，且已坦承犯罪時，法院可以在聽取當事人、辯護人等人的意見後，裁定以「簡式審判程序」來進行。行簡式審判時毋庸以合議審判而由法官一人獨任審理，以及簡化證據調查程序，即證據調查不須進行交互詰問，也不適用傳聞法則的證據能力的規定，可達到訴訟經濟及使被告免於訟累的目的。

　　§273-1 規定「I 除被告所犯為死刑、無期徒刑、最輕本刑為三年以上有期徒刑之罪或高等法院管轄第一審案件者外，於前條第一項程序進行中，被告先就被訴事實為有罪之陳述時，審判長得告知被告簡式審判程序之旨，並聽取當事人、代理人、辯護人及輔佐人之意見後，裁定進行簡式審判程序。II 法院為前項裁定後，認有不得或不宜者，應撤銷原裁定，依通常程序審判之。III 前項情形，應更新審判程序。但當事人無異議者，不在此限」。§273-2 規定「簡式審判程序之證據調查，不受第一百五十九條第一項、第一百六十一條之二、第一百六十一條之三、第一百六十三條之一及第一百六十四條至第一百七十條規定之限制」。

二、要件

（一）非重罪

除被告所犯為死刑、無期徒刑、最輕本刑為三年以上有期徒刑之罪或高等法院管轄第一審案件者外之罪。而是否為重罪，以檢察官起訴的罪名為準。

（二）有罪之陳述

如被告就被訴事實是否為有罪陳述有爭執，則非有罪陳述。又有罪陳述必須承認構成要件該當且無阻卻違法、罪責事由[26]。

（三）時間點

被告須於「準備程序」中，就其所被訴事實親自為有罪之陳述，不得由辯護人代之，稱為有罪之答辯。

（四）審判長應告知被告簡式審判之意旨（特別告知義務）

目的在於使被告了解適用簡式審判程序後可能喪失訴訟的權利（例如不受對質詰問的限制）。

（五）聽取當事人、辯護人及輔佐人之意見

準備程序中被告先就被訴事實為有罪之陳述時，審判長得告知被告簡式審判程序之旨，並聽取當事人、代理人、辯護人及輔佐人之意見後，裁定進行簡式審判程序（§273-1I）。

---

[26] 最高法院 98 年度台上字第 5841 號刑事判決。

（六）經被告同意

法條上無經被告同意的規定，但如果當事人積極反對，法官不宜裁定進行審判，以尊重被告的訴訟權[27]。

（七）由何人裁定進行簡式審判程序

學說、實務認為裁定簡式審判，已經非單純的訴訟指揮事項，故應由合議庭裁定，法官不可單獨決定[28]。又此訴訟程序之裁定不得抗告（§404I 前段）。

三、程序之簡化

因為簡式審判的特色在於不完全受到嚴格證明法則的拘束，不過僅是程序的簡化，法官的有罪心證門檻不因此而有改變。

（一）簡化證據調查程序

可以不適用 §164 的物證調查程序、§165 的書證調查程序、§166～§170 的人證交互詰問程序（因為被告對犯罪事實不爭執，就可以認定被告無行使反對詰問權的意思[29]）。

（二）得不適用傳聞法則（§159II）

因被告對被檢察官起訴之犯罪事實不爭執，案情相對明朗且單純，審判程序不適用傳聞法則的證據能力之限制規定，使案件快速終結，達到訴訟經濟的目的，亦使有心改過向善之被告快速脫離訟累，故而有 §159II 之規定。

---

[27]　林俊益，刑事訴訟法概論（下），2016 年 2 月，頁 307。
[28]　林俊益，刑事訴訟法概論（下），2016 年 2 月，頁 307。林鈺雄，刑事訴訟法（下），2013 年 9 月，頁 273。最高法院 102 年度台上字第 3373 號刑事判決。
[29]　林俊益，刑事訴訟法概論（下），2016 年 2 月，頁 307。

（三）不適用被告自白的調查程序

　　不適用 §161-3「法院對於得為證據之被告自白，除有特別規定外，非於有關犯罪事實之其他證據調查完畢後，不得調查」之規定。

（四）不適用聲請調查證據程序

　　不適用 §161-2「當事人、代理人、辯護人或輔佐人應就調查證據之範圍、次序及方法提出意見」、§163-1「當事人、代理人、辯護人或輔佐人聲請調查證據，應以書狀分別具體記載下列事項：一、聲請調查之證據及其與待證事實之關係。二、聲請傳喚之證人、鑑定人、通譯之姓名、性別、住居所及預期詰問所需之時間。三、聲請調查之證據文書或其他文書之目錄。若僅聲請調查證據文書或其他文書之一部分者，應將該部分明確標示」之規定。

（五）簡化判決書的製作（§310-2）

　　簡式審判程序之有罪判決書製作，§310-2 準用 §454 之規定。亦即依 §454II，判決書得以簡略方式為之，如認定之犯罪事實、證據及應適用之法條，與檢察官起訴書之記載相同者，得引用之。

四、撤銷簡式審判

　　§273-1II 規定，凡不得或不宜為簡式審判程序，應撤銷原簡式審判之裁定。「不得進行簡式審判者」為必要撤銷，例如法院嗣後認為被告之自白真實性存有疑義[29]，必須撤銷並回歸通常程序，「不宜進行簡式審判

---

[29] 最高法院 101 年度台上字第 4360 號刑事判決：被告於法院訊問時，就被訴事實為認罪之答辯，除關乎開啟簡式審判或協商程序之處理事項，並涉及實體法上被告是否對於全部犯罪構成要件事實之承認，以及所附加抗辯事由之調查，故其認罪之內容必須具體而明確，如被告就被訴事實僅為概括或籠統式地答稱：「我承認犯罪」、「我認罪」等語，法院仍應為必要之闡明，使之明確，並將被告如何為認罪之陳述翔實記載於筆錄，就所

者」為任意撤銷，例如一個案件中有數個共同被告，只有一個被告自白或被告只對裁判上一罪之案件就部分犯罪自白，因有證據共通，若割裂適用而異其審理程序，無助於訴訟經濟，此時宜撤銷並回歸通常程序。而裁定轉換為通常程序時，由裁定改行簡式審判程序的合議庭撤銷原裁定，將案件改依通常程序審判[30]，即解鈴還須繫鈴人。並應更新審理，以保障當事人的詰問權。但若當事人無異議，得毋庸更新程序。

五、簡式審判程序為有罪判決

簡式審判只能為有罪判決，若不宜為有罪判決時，應依照 §273-1II 撤銷簡式審判的裁定而行通常審判程序[31]。

附加之抗辯事由，亦應為必要之調查及論敘；必其認罪之答辯已然具備任意性與真實性之要件，始得作為被告本人之證據。至於被告針對其與共同被告之被訴事實而為認罪之答辯，其射程僅及於被告本人犯罪部分，就該共同被告部分而言，依刑事訴訟法第二百八十七條之二規定，被告本人應準用有關人證之規定，具結陳述，並接受共同被告之詰問，其陳述僅言始得作為共同被告判斷之依據，尚難僅憑被告之認罪，即採為共同被告不利之證據。陳文斌於第一審固就起訴犯罪事實全部為認罪之答辯，惟就其與陳佳銘被訴系爭四次共同販賣予 A1 之犯行，則於九十九年十一月二十九日第一審法院調查共同被告陳佳銘案件為證時，具結證稱係其自己前去交易等語，並未指證陳佳銘有共同販賣情事。揆之說明，陳文斌就陳佳銘部分所為概括式之認罪，既不具證據適格，原判決疏未說明該部分證據何以不足採取之理由，容有微疵，究與判決理由欠備之違法有別，因與判決結果不生影響，自不得執為第三審之上訴理由。檢察官以原判決未說明陳文斌前揭不利於陳佳銘部分之認罪陳述，何以不足採為陳佳銘不利之認定，執以指摘原判決有判決不載理由之違法，自非正確。從而檢察官上訴意旨另以原判決未認定陳文斌與陳佳銘係共同正犯，亦有判決違背法令之情形，自非合法。依上所述，檢察官就陳佳銘、陳文斌（即 A1 部分）之上訴違背法律上之程序，俱應予駁回。

30　臺灣高等法院 92 年庭長法律問題研討會。

31　臺灣高等法院暨所屬法院 94 年法律座談會刑事類提案第 28 號。

貳、簡易判決處刑

一、概說

　　簡易判決處刑的核心內涵為犯罪不法內涵之輕微性、法律效果（含法定刑與宣告刑）之輕微性、事實與證據之明確性、審檢認定論罪科刑之合致性、經被告同意省略通常審理程序與偵查中參與[32]。「簡易判決處刑程序」是指被告犯罪後，依據被告的自白或是其他的證據，已足以認定被告有犯罪，且依法適合判處緩刑、易科罰金或得易服社會勞動之有期徒刑及拘役或罰金時（即法律效果之輕微性），檢察官即可不依通常程序起訴，而向法院聲請簡易判決處刑[33]。

二、適用範圍

　　依照§449I並無明文規定適用範圍，但是依簡易判決處刑制度的不法內涵之輕微性，其適用範圍應為非屬於強制辯護之案件，因為簡易判決處刑程序原則上採取書面審理（不經言詞辯論），而強制辯護案件並非輕微案件且需經辯護人到庭辯護方可審判（§284）。此外，第一審屬於地方法院管轄之以外案件（非§4但書之案件），亦屬強制辯護案件，故亦無適用。

---

[32] 林鈺雄，刑事訴訟法（下），2022年9月，頁337-339。
[33] 最高法院108年度台上字第4208號刑事判決。

三、程序之開啟

（一）程序之開啟的主體

1. 檢察官聲請（§449I、§451）

§449I 規定「第一審法院依被告在偵查中之自白或其他現存之證據，已足認定其犯罪者，得因檢察官之聲請，不經通常審判程序，逕以簡易判決處刑。但有必要時，應於處刑前訊問被告」。

§451 規定「I 檢察官審酌案件情節，認為宜以簡易判決處刑者，應即以書面為聲請。II 第二百六十四條之規定，於前項聲請準用之。III 第一項聲請，與起訴有同一之效力。IV 被告於偵查中自白者，得請求檢察官為第一項之聲請」。

因通常程序下，檢察官必須認為犯罪嫌疑應至有罪判決的高度可能，而簡易判決處刑之聲請，因其不經言詞辯論且法官得以自由證明程序來調查證據，從而此足以認定其犯罪的程度應高於有罪判決的高度可能，而達到毫無合理懷疑之有罪判決的確信。

2. 法院逕行改以簡易判決處刑（§449II）

§449II 規定「前項案件檢察官依通常程序起訴，經被告自白犯罪，法院認為宜以簡易判決處刑者，得不經通常審判程序，逕以簡易判決處刑」。簡式審判程序僅限於準備程序中可以轉換，然簡易判決處刑無論在審判程序或準備程序皆可由通常審理程序轉換為簡易判決處刑。法官逕行開啟簡易判決處刑之門檻，必須為事證明確到毫無合理懷疑。

對本條規定的批評為，原本是僅能由檢察官發動，後來增加法院得逕行將通常程序轉化為簡易程序處刑，於民國 92 年又修法將「被告同意」刪除，造成控訴原則的破壞（審、檢、辯三方平衡關係），有回復糾問制度之虞，也使想要迅速結案、不需遵守嚴格證明程序的法官有濫權之機會。

（二）犯罪事實

犯罪事實須達到事實證據之明確性，因其既屬於判決，明確性的程度則應達與通常程度之有罪判決一樣，即「毫無任何合理懷疑之有罪確信」。

> ### 對於聲請簡易判決處刑的案件，於未判決前，檢察官就與本案相牽連之犯罪追加起訴，是否合法
>
> 實務[34] 認為簡易判決處刑的案件並無言詞辯論程序，立法原意在於迅速解決已經足認定犯罪的案件，故 §451II 準用 §264 而未準用 §265，可視為排斥適用公訴追加的規定，以免案情複雜化。但檢察官追加起訴，原則上為一個獨立起訴案件（有單獨案號），故無不合法的問題，故簡易庭不得認其起訴違背法定程序而為不受理判決，此時應簽請另行分案處理。

四、簡易判決處刑程序之審查與判決

（一）簡易判決處刑之審查

審查與判決密不可分相關，若有通過簡易判決處刑之要件審查，方得為判決。除必須具備一般訴訟要件外，亦應具備簡易判決處刑之特別要件，主要是 §449I「依被告在偵查中之自白或其他現存之證據，已足認定其犯罪者」，亦即前揭文所述檢察官聲請之門檻。

而簡易判決處刑僅以書面審查，故而事證必須明確到法院可以直接論罪科刑的程度方可下判決，但如果認法院之認定與檢察官之聲請內容，亦即論罪科刑（§451-1IV 但 (2)）皆有所不同時，應認事證欠缺明確性，則

---

[34] 臺灣高等法院暨所屬法院 96 年法律座談會刑事類提案第 33 號之研討結果。

不宜適用簡易判決處刑，既然法院之認定與檢察官之聲請必須相符合方可適用簡易判決處刑，則本程序並無 §300 變更起訴法條之適用，即應轉換成通常程序（§452）。

若通過簡易判決處刑之審查，則法院應立即判決（§453）。

（二）簡化判決書類：§454

1. 應記載事項之簡化。§454I「簡易判決，應記載下列事項：一、第五十一條第一項之記載。二、犯罪事實及證據名稱。三、應適用之法條。四、第三百零九條各款所列事項。五、自簡易判決送達之日起二十日內，得提起上訴之曉示。但不得上訴者，不在此限」。相較於通常有罪判決之應記載事項，即 §310「有罪之判決書，應於理由內分別情形記載下列事項：一、認定犯罪事實所憑之證據及其認定之理由。二、對於被告有利之證據不採納者，其理由。三、科刑時就刑法第五十七條或第五十八條規定事項所審酌之情形。四、刑罰有加重、減輕或免除者，其理由。五、易以訓誡或緩刑者，其理由。六、諭知沒收、保安處分者，其理由。七、適用之法律」，簡易判決應記載事項已簡化許多。

2. *毋庸記載認定犯罪之理由。*§454I 與 §310 相較之下，簡易判決書不用符合 §310(1)「其認定之理由」，且不用適用 §310(2)，有弱化被告之訴訟防禦權之嫌。

3. 聲請書或起訴書之引用 §454II。§454II「前項判決書，得以簡略方式為之，如認定之犯罪事實、證據及應適用之法條，與檢察官聲請簡易判決處刑書或起訴書之記載相同者，得引用之」。

（三）毋庸宣示判決

簡易判決因採書面審理而不經言詞辯論為之，依 §224I 的但書規定毋庸宣示判決，但仍應送達給當事人以及告訴人、告發人，告訴人在上訴期間內並得向檢察官陳述意見（§314），例如車禍案件之被害人即告訴人認為一審法院量刑過輕，得請求檢察官上訴並具體求刑。

（四）判決的限制

1. 有罪判決。如果是無罪、免訴、不受理或管轄錯誤判決，應依照 §451-1Ⅳ、§452 改依通常程序處理。

2. 以宣告緩刑、得易科罰金或得易服社會勞動之有期徒刑及拘役或罰金為限（§499Ⅲ）。又依 §500 規定以簡易判決處刑時，得併科沒收或為其他必要之處分。

五、簡易判決處刑之認罪協商

（一）概念

　　簡易判決處刑之認罪協商明文規定於 §451-1，允許被告與檢察官於偵查中及審判中協商。其目的在於使當事人願意接受檢察官聲請簡易判決處刑，故而給予被告表示願意受到科刑範圍的機會，而檢察官也得依被告願意受科刑範圍為具體的求刑。協商的部分僅有科刑範圍（包括請求緩刑宣告），故屬於量刑協商。

（二）偵查中與審判中的量刑協商

1. 偵查中

　　§451-1Ⅰ、Ⅱ 規定「Ⅰ 前條第一項之案件，被告於偵查中自白者，得向檢察官表示願受科刑之範圍或願意接受緩刑之宣告，檢察官同意者，應記明筆錄，並即以被告之表示為基礎，向法院求刑或為緩刑宣告之請求。Ⅱ 檢察官為前項之求刑或請求前，得徵詢被害人之意見，並斟酌情形，經被害人同意，命被告為左列各款事項：一、向被害人道歉。二、向被害人支付相當數額之賠償金」。

2. 審判中

　　§451-1Ⅲ 規定「被告自白犯罪未為第一項之表示者，在審判中得向法院為之，檢察官亦得依被告之表示向法院求刑或請求為緩刑之宣告」。

本項規定之情況為未及時於偵查中協商，而被告於審判中向法院表示願接受科刑的範圍，雖條文未規定是否應經檢察官同意，實務見解認為此時仍要經過檢察官同意[35]。亦即，於法院開啟簡易判決處刑的情形下，檢察官具有就該案件是否適用協商程序之同意權[36]。

（三）效力：法院受當事人求刑範圍拘束

§451-1IV 規定，法院應於檢察官求刑或緩刑宣告請求之範圍內為判決，但仍有例外不受拘束之規定，即 §451IV 但書，以監督檢察官與被告之協商內容。

六、不得為簡易判決處刑（法官例外不受當事人求刑範圍拘束）

§452 規定「檢察官聲請以簡易判決處刑之案件，經法院認為有第四百五十一條之一第四項但書之情形者，應適用通常程序審判之」。§451-1IV 但書規定的四種情形，不得為簡易判決處刑，而應適用通常程序，四種情形為：

（一）被告所犯之罪不合 §449 所定得以簡易判決處刑之案件者。亦即不合於適用簡易判決處刑要件的案件。

（二）法院認定之犯罪事實顯然與檢察官據以求處罪刑之事實不符，或於審判中發現其他裁判上一罪之犯罪事實，足認檢察官之求刑顯不適當者。例如 A 同時同地對 B、C 恐嚇取財，檢察官依據 B 的告訴而起訴 A 恐嚇取財，A 於準備程序時自白，表示願意受 6 個月有期徒刑，檢察官同意，法院以此範圍為簡易判決處刑，而論 A 恐嚇取財罪（6 個月有期徒刑）。檢察官於上訴理由內指出 A 於同時同地恐嚇 C，此時 A 對 C 的恐嚇取

---

[35] 最高法院 95 年度台非字第 281 號刑事判決。
[36] 臺灣臺北地方法院 107 年度交簡上字第 11 號刑事判決。

財與 A 對 B 的恐嚇取財為裁判上一罪（A 對 C 的恐嚇取財未經第一審審判），雖然經協商之判決原則上依照 §455-1II 不得上訴，但因本款之規定，發現有其他裁判上一罪的犯罪事實，屬於不得為簡易處刑判決，此時法院卻誤為簡易判決處刑，檢察官可以上訴救濟。第二審法院可撤銷第一審判決，改依通常程序而為審理。

（三）法院於審理後，認應為無罪、免訴、不受理或管轄錯誤判決之諭知者。本款專指不能為有罪判決的案件，因簡易判決處刑必為有罪判決，故而無罪、免訴、不受理或管轄錯誤判決不得以協商為之。

（四）檢察官之請求顯有不當或顯失公平者。例如檢察官未經被告同意而逕行簡易判決處刑之聲請、被告根本不想為簡易判決處刑，檢察官仍執意為之。

七、簡易判決處刑之上訴與第二審相關問題

（一）簡易判決處刑之認罪協商不得上訴

簡易判決處刑上訴之管轄法院為地方法院合議庭（§455-1I），上訴期間為 20 日。但基於禁反言原則，依 §451-1（簡易判決處刑之認罪協商）之請求所為的科刑判決，不得上訴（§455-1II）。

最高法院 95 年度台非字第 281 號刑事判決

所謂檢察官之「求刑」，本有「抽象求刑」與「具體求刑」之區別；所謂「抽象求刑」，指檢察官所為之求刑並不涉及刑度或刑之執行方式，諸如檢察官表示被告素行良好，請求法院從輕量刑等等；而「具體求刑」則指檢察官向法院所為之求刑，已涉及具體刑度或刑之執行方式。當事人依刑事訴訟法第 451 條之 1 第 1 項或第 3 項規定表示願受科刑範圍（指被告）或為求刑或為緩刑宣告之請求（指檢察官）者，法院如於被告所表示範圍內科刑，或依檢察官之請求（求刑或請求宣告緩刑）為判決者，依同法第 455 條之 1 第 2 項規定，各該當事人不得上訴

（法院辦理刑事訴訟簡易程序案件應行注意事項第 12 項），乃採「禁反言」之方式立論。質言之，被告於偵查中向檢察官表示願受科刑之範圍，經檢察官據以向法院為具體求刑者，或被告於審判中逕向法院為科刑範圍之具體表示並經檢察官同意為求刑者，如法院於其表示之範圍內為科刑判決時，被告對之即不得上訴；再者，檢察官於偵查中或審判中依被告之表示為基礎，向法院為具體之求刑者，如法院就求刑之範圍而為科刑判決時，檢察官對之亦應不得上訴。

（二）簡易判決處刑的第二審

　　簡易判決處刑程序若未經認罪協商者，則可上訴。簡易判決處刑的第二審（地方法院合議庭）準用通常審判程序的第二審程序（事實覆審），而應適用嚴格證明程序，判決性質上屬於第二審判決且為終審。

　　若第二審（地方法院合議庭）認為第一審（地方法院簡易庭）有「§451-1Ⅳ 但書」，而不得為簡易判決處刑，但卻誤為簡易判決處刑，此時第二審法院應如何處理？例如第二審（地方法院合議庭）認為應為無罪判決諭知者，但第一審誤為有罪之簡易判決處刑，實務見解認為，第一審（地方法院簡易庭）認為被告為簡易判決處刑後，經提起上訴，惟第二審（地方法院合議庭）認為應為無罪判決諭知者，依據 §455-1Ⅲ 準用 §369Ⅱ，應由第二審（地方法院合議庭）應先撤銷第一審（簡易庭）的判決，改依通常程序而為無罪判決，該判決屬於第一審判決，檢察官仍得依通常上訴程序上訴於管轄第二審的高等法院[37]，後續可上訴到最高法院。

（三）簡易判決處刑之第二審與撤回告訴問題

　　§238Ⅰ 之立法意旨，係重在限制告訴乃論之罪撤回告訴之時期，亦即撤回告訴，必須於第一審「辯論終結」前，始得為之，逾此時期，即不得

---

[37] 最高法院 91 年台非字第 21 號判例。

為之，以免肇致流弊。依此立法理由，應認此限制並非重在第一審終結程序是否經「言詞辯論」，而係重在告訴人之撤回告訴，須在第一審裁判法院最後得審酌之時點前。而刑事訴訟法「簡易程序」對於「撤回告訴」並無明文，亦無準用 §238 之規定，惟基於告訴權人有自由決定告訴 §455-1I 規定得上訴於管轄之第二審地方法院合議庭。此時第二審地方合議庭依 §455-1III 規定，準用第三編第一章及第二章之規定，即準用上訴編關於通則及第二審規定，不屬於「第一審」，自無適用 §238I 規定之餘地。是告訴人於簡易程序之第二審程序始為撤回告訴之表示者，自不生撤回之效力[38]。

（四）抗告

　　對於適用簡易判決處刑案件所為裁定不服，得抗告於第二審法院合議庭（§455-1III、IV）。

八、評析

（一）認罪協商後，分別對審及檢辯雙方產生兩種效力

1. 拘束法院之效力（§451-1IV）。
2. 限制上訴之效力（§451-1II）。

（二）2004 年新增「協商程序」（§455-2），簡易判決處刑中的認罪協商，相形之下較無實益。

（三）認為引進認罪協商制度，與我國制度是否相合有疑慮

1. 法官獨立性原則受到侵害。
2. 與刑事訴訟之實體真實發現原則有所違背。

---

[38] 最高法院 103 年度台非第 317 號刑事判決。

3. 造成自白效力增強，可能為偵查機關有套取自白之誘因。

4. 法院可片面決定適用簡易判決處刑程序，對於被告之程序保障造成侵害。

參、簡式審判、簡易程序外之獨任審理程序

　　民國 112 年 5 月 §284-1 修正為「I 除簡式審判程序、簡易程序及下列各罪之案件外，第一審應行合議審判：一、最重本刑為三年以下有期徒刑、拘役或專科罰金之罪。二、刑法第二百七十七條第一項之傷害罪。三、刑法第二百八十三條之助勢聚眾鬥毆罪。四、刑法第三百二十條、第三百二十一條之竊盜罪。五、刑法第三百四十九條第一項之贓物罪。六、毒品危害防制條例第十條第一項之施用第一級毒品罪、第十一條第四項之持有第二級毒品純質淨重二十公克以上罪。七、刑法第三百三十九條、第三百三十九條之四、第三百四十一條之詐欺罪及與之有裁判上一罪關係之違反洗錢防制法第十四條、第十五條之洗錢罪。八、洗錢防制法第十五條之一之無正當理由收集帳戶、帳號罪。II 前項第二款、第三款及第七款之案件，法院認為案情繁雜或有特殊情形者，於第一次審判期日前，經聽取當事人、辯護人、代理人及輔佐人之意見後，得行合議審判」。

　　修法理由稱，舊法規定 §284-1「除簡式審判程序、簡易程序及第三百七十六條第一項第一款、第二款所列之罪之案件外，第一審應行合議審判」。第一審原則上應行合議審判，例外得行獨任審判之範圍，除簡易、簡式審判程序外，僅限於 §376I(1)、(2) 所列之案件，法院受限於合議審判人力，無法有效提升審判量能且不利於其他「相對案情單純、明確，或法律見解已臻明確須妥速審理」案件類型的妥速審結，為此擴大獨任審理之案件範圍，以合理分配司法資源，提升審判效能。

肆、協商程序

一、概說

　　民國 93 年 4 月開始施行的「審判中協商」（§455-2～§455-11），而與簡易判決處刑中的協商不同。

　　審判中協商是指檢察官提起公訴後，除所犯為死刑、無期徒刑、最輕本刑三年以上有期徒刑之罪或高等法院管轄第一審案件者外，於第一審言詞辯論終結前或簡易判決處刑前，當事人經法院同意，開啟協商程序，而於審判外進行刑度及相關事項的協商，當事人達成合意且被告認罪下，檢察官聲請法院依據協商的內容而為協商判決的程序。我國採用量刑協商的立法方式，以「刑度」進行協商，亦即檢察官要求被告就某一罪名認罪，同時承諾被告向法院請求依協商的刑期。為確保法院裁判之客觀性及公正性，立法理由明白指出「不採法官直接介入協商之體制」[39]。

二、適用要件

　　§455-2 規定「I 除所犯為死刑、無期徒刑、最輕本刑三年以上有期徒刑之罪或高等法院管轄第一審案件者外，案件經檢察官提起公訴或聲請簡易判決處刑，於第一審言詞辯論終結前或簡易判決處刑前，檢察官得於徵詢被害人之意見後，逕行或依被告或其代理人、辯護人之請求，經法院同意，就下列事項於審判外進行協商，經當事人雙方合意且被告認罪者，由檢察官聲請法院改依協商程序而為判決：一、被告願受科刑及沒收之範圍或願意接受緩刑之宣告。二、被告向被害人道歉。三、被告支付相當數額之賠償金。四、被告向公庫支付一定金額，並得由該管檢察署依規定提撥一定比率補助相關公益團體或地方自治團體。II 檢察官就前項第二款、第

---

[39] 最高法院 100 年度台上字第 983 號刑事判決。

三款事項與被告協商，應得被害人之同意。III 第一項之協商期間不得逾三十日。IV 第一項第四款提撥比率、收支運用及監督管理辦法，由行政院會同司法院另定之」。

（一）案件適用範圍

　　限於「死刑、無期徒刑、最輕本刑為三年以上有期徒刑之罪或高等法院管轄第一審案件」以外之罪（§455-2I 除書）。與簡式審判之案件範圍相同，但與簡易判決處刑程序案件範圍不同。

（二）程序之開啟

1. 發動人：檢察官具有專屬聲請權。又，自訴程序中本無進行協商的可能，從而自訴人以及其律師代理人並不得聲請。
2. 徵詢被害人之意見，但被害人並無是否同意的權限。

（三）被告須認罪

　　實務見解認為認罪是指被告承認檢察官起訴之某罪名為有罪判決之意，而協商是指被告請求就所認之罪名議定刑期之意，兩者均屬於被告直接對於發生刑事實體法效果之「罪」與「刑」所為之意思表示，並不以「事實」或「證據」作為必要基礎。故認罪協商中之認罪，與被告對自己犯罪事實的自白不同，不能望文生義而解釋為承認犯罪[40]。

（四）須經法院同意，但如有 §455-4I 各款情形法院應不予同意

　　§455-4I 規定「有下列情形之一者，法院不得為協商判決：一、有前條第二項之撤銷合意或撤回協商聲請者。二、被告協商之意思非出於自由意志者。三、協商之合意顯有不當或顯失公平者。四、被告所犯之罪非第

---

[40] 最高法院 100 年度台上字第 983 號刑事判決、最高法院 100 年度台上字第 594 號刑事判決。

四百五十五條之二第一項所定得以聲請協商判決者。五、法院認定之事實顯與協商合意之事實不符者。六、被告有其他較重之裁判上一罪之犯罪事實者。七、法院認應諭知免刑或免訴、不受理者」。

三、時期

　　一般公訴程序是在檢察官起訴之後，第一審言詞辯論終結前。簡易程序是在聲請簡易判決處刑之後，第一審簡易判決處刑之前。

四、進行

1. 協商之參與人：當事人、被告之代理人、辯護人。法院不參與，法院僅為被動之角色，法院僅審查 §455-2I 之事前同意檢察官聲請、§455-3I 之訊問被告並告以所認罪名、法定刑及所喪失之權利、§455-4I 之事後審查協商之法定要件，若沒有不合法的情況，法院應受協商內容拘束（§455-4II）。

2. 辯護人之協助：被告受逾有期徒刑六月以上，且未受緩刑宣告時，始有強制辯護之適用（§455-5I），目的在於促進被告與檢察官的平等地位。惟基於前開目的，理論上進行協商程序即應全面進行律師強制代理，而給予以限制。

3. 於「審判外」進行。

4. 協商內容（§455-2I 各款）：

(1) 被告願受科刑及沒收之範圍或願意接受緩刑之宣告。

(2) 被告向被害人道歉，應先得被害人之同意。

(3) 被告支付相當數額之賠償金，應先得被害人之同意。

(4) 被告向公庫支付一定金額，並得由該管檢察署依規定提撥一定比率補助相關公益團體或地方自治團體。

(5) 協商期間：不得逾 30 日（§455-2III）。

五、未達合意效果：禁止使用其不利陳述（§455-7）

目的在於禁止檢察官用協商的理由而取得被告或其代理人、辯護人在協商程序的陳述而採為本案或其他案件之被告或其他共犯不利益的證據。又，該陳述不得再依傳聞例外（§159-1）復活於審判庭中，否則無異架空本條規定。

第一審所為協商程序縱與法律規定不合，但被告主觀上既誤認為合法之協商，而為認罪之供述，難認係本於真意之自白犯罪，且依§455-7意旨，應與被告於合法協商程序中所為供述為相同之評價[41]。

又，若被告於協商程序中認罪，並非簡式審判程序中之有罪之陳述，法院不得逕自改依簡式審判而為有罪判決[42]。

六、撤回（§455-3II）

因法院不得推翻協商結果的效力，且為了保障被告權益，故允許被告於程序終結前隨時撤銷與檢察官合意，故§455-3II前段規定被告得於前項程序終結前，隨時撤銷協商之合意。

---

[41] 最高法院99年度台上字第4938號刑事判決。

[42] 最高法院100年度台上字第5948號刑事判決：上訴人等三人被訴上揭犯罪，於第一審法院言詞辯論終結前之民國九十九年三月二十六日準備程序時，受命法官問：「本件是否願意與檢察官做論（認）罪協商？」上訴人等均稱：「願意」。筆錄旋記載：（檢察官開始與被告做認罪協商，法官退庭）、（協商完畢，法官入庭）。法官問：「結果如何？」上訴人等均稱：「我願意認罪」。法官即諭知改九十九年四月十六日續行準備程序（見一審卷（一）第一九七、一九八頁）；而九十九年四月十六日準備程序時，法官問：「就認罪協商有何意見表示？」檢察官稱：「被告如認罪的話則求最低刑，可以緩刑同意給予緩刑。」上訴人等均答稱：「同意認罪」（見一審卷（二）第九二頁背面、第九十三頁背面）。檢察官已就上訴人等願受科刑之範圍與上訴人等三人為協商，雙方且合意，上訴人等三人又均認罪，第一審法院似直接介入認罪協商，卻又不待檢察官表示意見或聲請依協商程序而為判決，受命法官亦未說明本件有何不得為協商判決之情形，即當庭諭知上訴人等既為有罪陳述，依上訴人所犯罪名，得行簡式審判程序，並告知簡式審判程序之旨，旋經合議庭裁定由受命法官一人獨任行簡式審判程序而為判決，並以上訴人等前開過程中期待為協商判決所為之「認罪」，認係對犯罪之自白，而採為上訴人等論罪科刑之證據，其所踐行之訴訟程序與採證，自難謂適法，並有判決理由不備之違背法令。

§455-3II 後段規定，被告違反與檢察官協議之內容時，檢察官亦得於前項程序終結前，撤回協商程序之聲請。由於 §455-2I 各款為例示規定，檢察官與被告的協商不限於該四款，因為 §455-2I 規定「合意」，而合意與協議不同，協議包含法定事項以外的協商合意，而立法的原意也是在使檢察官得就法定事項外與被告協商，例如檢察官要求議員辭去職務（法定事項以外），而該議員卻未辭去職務，檢察官得於審判程序終結前撤回協商聲請[43]。

七、協商判決

（一）協商判決之聲請

聲請協商程序合法後，檢察官向法院提出協商結果聲請協商判決（§455-2）。

（二）訊問時期

法院應於接受聲請後之 10 日內訊問被告並告以所認定罪名、法定刑與所失之權利（§455-3I），訊問是為了確認被告為協商程序時是否是出於自由意思，若被告非出於自由意思，依 §455-1(2)，法院不得為協商判決。

（三）證據調查

證據之調查不適用傳聞法則與合議審判之原則（§455-11II）。

（四）法院為協商判決（§455-4II）

§455-4II 規定「除有前項所定情形之一者外，法院應不經言詞辯論，於協商合意範圍內為判決。法院為協商判決所科之刑，以宣告緩刑、二年

---

[43] 王兆鵬、張明偉、李榮耕，刑事訴訟法（下），2012 年 9 月，頁 176-177。

以下有期徒刑、拘役或罰金為限」。

　　進行協商時應行律師強制代理程序，若協商不成立後，是否仍應行律師強制代理程序？實務認為檢察官於經法院同意後，得於審判外就該條項所列各款事項與被告進行協商，亦足認檢察官於此情形與被告進行協商，與協商不成立後法院踐行之本案審理程序乃屬各別之二程序。是本件第一審法院為上訴人指定公設辯護人係專就上訴人進行協商部分提供協助，不及於協商程序以外之本案審理之辯護，應無疑義，則該法院於協商不成立後，續行簡式審判程序，未由原指定協助進行協商之公設辯護人為上訴人辯護，所踐行之訴訟程序即無違法，無庸先予撤銷上開協商程序之指定辯護[44]。

（五）書類之製作、送達及陳述意見（§455-8 準用 §455）

　　§455 規定「書記官接受簡易判決原本後，應立即製作正本為送達，並準用第三百十四條第二項之規定」，且 §314II 規定「前項判決正本，並應送達於告訴人及告發人，告訴人於上訴期間內，得向檢察官陳述意見」，於協商程序中之 §455-8 準用 §455 規定。

八、裁定駁回協商判決之聲請（§455-6）

　　§455-6 規定「I 法院對於第四百五十五條之二第一項協商之聲請，認有第四百五十五條之四第一項各款所定情形之一者，應以裁定駁回之，適用通常、簡式審判或簡易程序審判。II 前項裁定，不得抗告」。

　　§455-4I 規定「有下列情形之一者，法院不得為協商判決：一、有前條第二項之撤銷合意或撤回協商聲請者。二、被告協商之意思非出於自由意志者。三、協商之合意顯有不當或顯失公平者。四、被告所犯之罪非第四百五十五條之二第一項所定得以聲請協商判決者。五、法院認定之事實

---

[44] 最高法院 102 年度台上字第 3984 號刑事判決參照。

顯與協商合意之事實不符者。六、被告有其他較重之裁判上一罪之犯罪事實者。七、法院認應諭知免刑或免訴、不受理者（按：不含無罪）」。

九、上訴

（一）上訴之限制

　　因為協商程序而為的科行判決，是經過當事人同意，從而原則上不得上訴（§455-10）。然而協商制度並未行全面的律師強制代理，造成無法律專業的被告武器不平等，若原則上不得上訴，可能侵害被告之訴訟權，而有違憲之虞。

　　既然協商程序原則上不得上訴，第一審依協商程序所為之科刑判決，如未提起上訴，應於何時確定？實務認為判決係於不能聲明不服時確定，§455-10I 本文既規定協商判決「不得上訴」，顯然於宣示判決時即告確定。至協商判決是否有同條項但書所規定之特別救濟事由，除已提起上訴者，可由第二審法院實質審認外，別無其他判斷機制，因而應回歸條文「不得上訴」之文義，一經宣示判決即告確定。倘有同條項但書規定之得上訴之情形，只能認係對於原應確定之協商判決所為特殊救濟程序，不因此改變其原定「不得上訴」之本質。故除有同條第 3 項之情形外，其餘協商判決不論有無提起上訴，均於宣示判決時確定[45]。

（二）例外（§455-10 但書）

　　為了維持裁判正確性以及當事人訴訟權，凡有 §455-4I(1)、(2)、(4)、(6)、(7)，或協商判決違反 §455-4II，可以提起上訴。但有 §455-4I(3)、(5) 款卻不得上訴，此規定是否妥當有所爭議：

---

[45] 最高法院 111 年度台非大字第 15 號刑事裁定。

1. 不妥當（應可以上訴）

§455-4I(3) 協商之合意顯有不當或顯失公平、§455-4I(5) 法院認定之事實顯與協商合意之事實不符，涉及被告的權益與實體真實，有違背時即為違法情節重大，我國的認罪協商制度不能對於犯罪事實協商，故法院認定的事實與協商合意不符時，應該有上訴的機會[46]，§455-4II 規定上訴審之調查以上訴理由所指摘事項為限，並不合理，但應認為例外始可以職權調查。

2. 妥當（應不可以上訴）

§455-4I(3) 與 §455-4I(5) 涉及事實認定，而協商判決的上訴審為事後審與法律審，而非覆審制或續審制，協商判決乃法院依據當事人合意的範圍而判決，未經詳實的調查程序，亦未經言詞辯論，如果違反此兩款可以成為上訴理由，將會造成上訴審無從判斷是否有理由，故而將此排除[47]。

十、上訴審

（一）上訴審之調查範圍

§455-10 規定「II 對於前項但書之上訴，第二審法院之調查以上訴理由所指摘之事項為限。III 第二審法院認為上訴有理由者，應將原審判決撤銷，將案件發回第一審法院依判決前之程序更為審判。」換言之，審查的範圍為上訴理由所指摘的事項，原審協商科刑判決是否存在認事用法的違誤。

（二）第二審

§455-11 規定「I 協商判決之上訴，除本編有特別規定外，準用第三編第一章及第二章之規定。II 第一百五十九條第一項、第二百八十四條之一之規定，於協商程序不適用之」。

---

[46] 黃朝義，刑事訴訟法，2013 年 4 月，頁 660-661。

[47] 王兆鵬、張明偉、李榮耕，刑事訴訟法（下），頁 192。吳巡龍，我國協商程序實務問題的探討，月旦法學教室，第 22 期，2004 年 7 月，頁 112。

　　協商程序的上訴雖準用上訴通則與第二審程序，但因為是事後審及法律審，如認為上訴有理由，依據 §455-10III 應將原審判決撤銷，將案件發回第一審法院，依判決前的程序更為審判，而不準用 §369I，亦即第二審非事實審故不自為判決。

十一、協商判決之上訴第三審問題

　　協商判決已經例外容許上訴之情況下，實務認為不得針對第二審判決提起第三審上訴。

最高法院 104 年度台上字第 668 號刑事判決

　　按協商判決之上訴，依刑事訴訟法第 455 條之 11 第 1 項規定，除本編有特別規定外，準用第三編第一章及第二章之規定。並未準用第三編第三章關於第三審之規定，依明示其一，排斥其他原則，協商判決應不得上訴於第三審。況同法第 455 條之 10 第 1 項但書、第 2 項規定，須有同法第 455 條之 4 第 1 項第 1 款、第 2 款、第 4 款、第 6 款、第 7 款情形之一，或協商判決違反同條第二項之規定，方許提起第二審上訴，而第二審法院之調查以上訴理由所指摘之事項為限，為事後審，非一般之覆審制，亦非續審制，第二審縱認上訴為有理由，依同條第三項規定，亦僅能撤銷發回，不自為審判，其功能及構造幾與第三審同，自無再許提起第三審上訴之必要。因此，依刑事訴訟法第七編之一協商程序所為之科刑判決，經以同法第 455 條之 4 第 1 項第 1 款、第 2 款、第 4 款、第 6 款、第 7 款所定情形之一，或違反同條第二項之規定，提起第二審上訴，對此第二審法院所為之判決，自不得上訴於第三審。

比較簡式審判程序、簡易判決處刑、協商程序

	簡式審判程序	簡易判決處刑	協商程序
案件類型	死刑、無期徒刑、最輕本刑 3 年以上有期徒刑之罪或高等法院管轄第一審案件者以外之案件（§273-1）。	無類型限制。	協商程序（§455-2I）規定的類型與簡式審判程序（§273-1）相同。
是否應經過被告同意	應聽取當事人、代理人、辯護人及輔佐人意見。	無此規定，但學說採肯定說。	經檢察官與被告合意。
是否要經當事人協商	否。	依 §451IV、§451-1I 有協商程序。	是。
是否經言詞辯論	否。	否，必要時仍會開庭。	否。
轉化成通常程序之規定	§273-1II。	§451-1IV 但書＋§452。	§455-4 ＋ §455-6。
是否須訊問被告及權利告知	須為 §95 之告知、審判長亦要告知簡式審判意旨。	書面審理，原則上無須告知。	訊問被告並告以所認罪名、法定刑及所喪失之權利（§455-3I）。
時點	準備程序進行中，被告先就被訴事實為有罪之陳述時（§273-1I）。	第一審法院依被告在偵查中之自白或其他現存之證據，已足認定其犯罪者（§449I）。被告自白犯罪未為第 1 項之表示者，在審判中得向法院為之，檢察官亦得依被告之表示向法院求刑或請求為緩刑之宣告（§451-1III）。	起訴後，第一次言詞辯論終結前或簡易判決處刑前（§455-2I）。
上訴	可上訴第二審高等法院。	可上訴第二審地方法院合議庭（§455-1I），但經協商之簡易判決處刑不得上訴（§455-1II）。	原則：不得上訴。例外：§455-10。

十二、協商判決的確定時期

　　實務上常遇到一位被告犯了多數案件，經不同法院審判，後續將有合併定執行刑之問題，此即涉及第一審依協商程序所為之科刑判決，如未提起上訴，應於何時確定？少數實務認為應採上訴期間屆滿說[48]，因§455-10I 但書之情形仍得提起上訴，法律既然明定有得上訴之情形，該協商判決即使未上訴，亦須至上訴期間屆滿時確定。多數實務採宣示判決說，亦即第一審宣示判決時確定[49]，最高檢察署[50]、最高法院[51]亦採取此見解，理由為 1. 刑訴明定不得上訴者，案件判決即應在當審終結確定；2. 協商判決之上訴與通常程序之上訴規範目的不同，關於協商判決定時點之認定，不應援引通常程序，(1) 協商判決之上訴，除限定上訴理由，且更不許上訴審法院自為判決，僅得發回由第一審更為判決（§455-10II、III）；通常程序中無此種限制；(2) 協商判決之上訴，在當使人已經行使訴訟上的處分權，法院為協商判決前表明放棄救濟機會，但為避免協商判決明顯錯誤瑕疵，故特就攸關當事人是否有協商意思、不得協商而協商等明顯錯誤之情形給予上訴機會；通常程序中，依據 §376I 但，目的在於使輕微案件初次於第二審受有罪判決之被告有一次上訴的機會，以避免錯誤或冤抑；3. 協商判決不得上訴的規定，是為了落實禁反言原則，故除符合 §455-10I 但之合法上訴且上訴為有理由之情形外，協商判決應於宣示時確定。

---

[48] 最高法院 101 年度台非字第 256 號判決。

[49] 最高法院 102 年度台非字第 64 號判決。

[50] 林俊言，協商判決於何時確定？—— 析論最高法院 111 年度台非大字第 15 號刑事裁定，月旦裁判時報，第 142 期，2024 年 4 月，頁 92-94。最高檢察署訴訟組資料，陳明輝毒品案言詞辯論意旨書，網址：https://www.tps.moj.gov.tw/16314/16462/635942/998098/post，最後瀏覽日期：2024 年 7 月 9 日。

[51] 最高法院 111 年度台非大字第 15 號刑事大法庭裁定。

第二章　證據

第一節　證據之基本概念

壹、名詞基本概念

　　證據是以證明犯罪事實為目的下，使犯罪事實明確的依據。證據資料（證據素材）是與待證（等待證明）犯罪事實相關的資料。法定證據方法是指調查證據資料並證明待證事實的手段。法定證據方法有五，即被告、證人、鑑定、勘驗、文書，前三者為人的證據方法，後二者為物的證據方法。法定調查程序是指依據各個法定證據方法所為的程序。

　　而證據能力有兩個階段，第一個階段為證據資格，亦即該證據未被排除，第二階段為未被排除的證據經合法調查。先具有證據能力才能作為認定犯罪事實存否的依據。證據能力只有有或沒有的問題，而不是程度高低的問題，也不能說介於有或沒有之間。證明力指證據價值的評價，有證據能力之後，即可透過法官自由心證來判斷證據的價值。證據能力與證明力不同，證明力有程度高低問題，例如求職網上顯示，須要有法律系畢業的資格方得去面試（證據能力），而 A 有這個資格之後前往面試會場，由面試官的評價 A 的價值在哪裡、價值有無比其他法律系畢業的高（證明力）。

最高法院 109 年度台上字第 1554 號刑事判決

　　無證據能力、未經合法調查之證據，不得作為判斷之依據，刑事訴訟法第 155 條第 2 項定有明文。所謂證據能力，係指證據得提出於法庭調查，以供作認定犯罪事實之用，所應具備之資格；該資格之取得，以證據與待證事實具有自然關聯性，符合法定程序，且未受法律之禁止或排除為要件。所稱關聯性，係指該證據須具備「證明價值」及「重要性」。前者，係指該證據對於待證事實之存否有無證明價值，亦即以其有無助於證明待證事實之蓋然性為斷；後者，則指該證據所要證明之待證事實，足以影響犯罪之成立或刑罰之輕重，倘對於判決結果不生影

響者，該證據即不具重要性。又法院判斷特定證據有無「證明價值」時，並無須實質審查該證據本身之可信性，而應係在假設該證據所內涵之資訊為真實之前提下，依一般社會生活所形成之論理法則及經驗法則判斷，如可認定與待證事實之存否具有最小必要程度之影響力，並非全然無證明力者，即屬具有證明價值。換言之，祗須該證據能使法院更能判斷待證事實之存否，縱僅有些微之影響，亦可認已具有證明價值。因此，有無「證明價值」之審查，是採取相對寬鬆之門檻。再者，關聯性之有無，因非關實體，是其證明方法，以自由證明為已足。另「證明價值」所涉及者，乃證據能力有無之判斷，至該證據對於待證事實證明之程度，則為證明力之問題。易言之，對於證據有無具備關聯性所需之證明價值，是有無之判斷；但證據之證明力，則為效力強弱之問題。因此，證據必先有證據能力，而後始生證據證明力之問題，二者在證據法上屬不同層次之概念。又用以展示或說明犯罪現場狀況等有關犯行情狀之照片，是以機械之功能，摘錄實物形貌而形成之圖像，並非屬人類意思表達之言詞或書面陳述，自屬非供述證據；其與待證事實之關聯性，係以該照片為何人、何時、何地及以如何之情景所拍攝為斷。就此關聯性之立證，並無非以攝影者為證人加以訊（詰）問不可，如以於拍攝照片時在場之目擊證人為佐證，抑或依該照片本身之情景已可真實的呈現事實，即為已足。簡言之，除該照片係出於偽造或變造者外，當該照片本身或依其他補強證據，已可認其對於所描述之事與待證事實有關聯性者，即足當之。

貳、證據法的基本原則

一、證據裁判原則與無罪推定原則

　　§154II 規定「犯罪事實應依證據認定之，無證據不得認定犯罪事實」，即為證據裁判原則，若無證據即不認定被告的犯罪事實，故而

§154I 規定「被告未經審判證明有罪確定前，推定其為無罪」，此乃無罪推定原則。

二、罪疑惟輕原則

罪疑惟輕原則是指若事實不能證明被告有罪或不能證明有較嚴重的犯罪時，即僅能以證據可以支撐之犯罪事實為認定標準[1]。

三、自由心證原則

§155I 規定「證據之證明力，由法院本於確信自由判斷。但不得違背經驗法則及論理法則」。自由心證原則對於證據之證明力在法律上不加以積極或消極規定，原則上全由法官自由判斷證明力，而證據能力具有法律依據可以加以判斷，不完全委由法官自行判斷。

然而自由心證原則並非法官純粹自由裁量，依據證據而為事實認定時，必須必備合理性，亦即必須根據經驗法則與論理法則，如果法官違反自由心證原則將成為上訴理由。而無罪推定原則、補強法則、傳聞法則都適用以擔保心證的合理性。

自由心證有其限制，一為，§47 規定「審判期日之訴訟程序，專以審判筆錄為證」，例如審判庭是否公開、有無給予被告最後陳述機會，專以筆錄為證，不取決於自由心證，但如果是審判筆錄有缺漏（例如審判筆錄未經書記官依法署名）或者是對於真偽有疑問，此時則不適用 §47。或者 §100-1II 規定筆錄內所載之被告陳述與錄音或錄影之內容不符者，其不符之部分，不得作為證據，不取決於自由心證。二為，自白須有補強證據（§156II）。三為，禁止僅因拒絕陳述或保持緘默而推斷罪行（§156IV）。

---

[1] 最高法院 110 年度台上字第 558 號刑事判決、最高法院 110 年度台上字第 2231 號刑事判決。

最高法院 109 年度台上字第 1655 號刑事判決

　　證據之取捨及證據之證明力如何，由事實審法院自由判斷，此項自由判斷職權之行使，倘係基於吾人日常生活經驗所得之定則者，即屬合於經驗法則。苟本於理則上當然之定則所為之論斷，即為合乎論理法則，均不容任意指為判決違背法令。又供述證據前後，雖稍有參差或互相矛盾，事實審法院非不可本於經驗法則，斟酌其他證據，作合理之比較，定其取捨。證人之陳述有部分前後不符，或相互間有所歧異時，究竟何者可採，法院本得依其心證予以斟酌，非謂一有不符或矛盾，即認其全部均為不可採信。

參、證據的種類

一、人的證據方法、物的證據方法及文書的證據方法

（一）人的證據方法

　　人的證據方法是指以人的言語陳述其思想內容為證據者，例如證人、鑑定人等。人的證據方法之調查方式為訊問、詰問（§94 以下、§288III、§166）。人的證據方法之取得方法以傳喚、拘提、對人搜索為強制處分。

（二）物的證據方法

　　物證是以物的物理性存在為證據。物的證據方法之取得方式是以對物搜索、扣押等強制處分。物的證據方法之調查方式，是以人的五官去認知物的存在或狀態為證據者，即提示使其辨認（§164）。例如兇刀的外觀、屍體的狀態。

（三）文書的證據方法

　　文書的證據方法是以書面的記載內容（書面上的文字）為證據，又稱為證據書類（證據的文書），例如診斷證明書、警察詢問筆錄、鑑定書。若以書面的存在與書面的內容為證據則稱為證據物書面（文書的證據），最典型的為偽造、變造之證件、帳冊。證據書類的調查方法為宣讀或告以要旨（§165I），而證據物書面的調查方法為提示與宣讀（§164），而準文書之調查方法適用 §165-1。

二、供述與非供述證據

（一）供述證據

　　人對於一定事實的經驗與其他知識，以文書或言詞表現而使法官認識之證據。例如證人證詞[2]、承辦人員解說、現場與鄰人打招呼、對話[3]、錄音譯文[4]。

（二）非供述證據

　　供述證據以外即為非供述證據。例如公司章程、合資憑證、帳冊、認購作業辦法[5]、現金簽收簿及公司銀行帳戶資料[6]、協議文件[7]。

（三）區別實益

　　供述證據適用關於自白、傳聞的規定，以判斷其證據能力，但非供述證據不涉及人的思想表達，也無記憶、陳述或說謊等不可靠的因素。

---

[2] 最高法院 109 年度台抗字第 324 號刑事裁定。
[3] 最高法院 108 年度台上字第 2705 號刑事判決。
[4] 最高法院 107 年度台上字第 4596 號刑事判決。
[5] 最高法院 109 年度台抗字第 225 號刑事裁定。
[6] 最高法院 108 年度台上字第 792 號刑事判決。
[7] 最高法院 108 年度台上字第 2705 號刑事判決。

> **最高法院 107 年度台上字第 4725 號刑事判決【翻拍照片】**
>
> 　　照相機拍攝之照片，係依機器之功能，攝錄實物形貌而形成之圖像，除其係以人之言詞或書面陳述為攝取內容，並以該內容為證據，或以照片作為供述之一部使用，或著重在利用照相之機械性記錄功能形成事物報告的過程，而具有與人之供述同一性質者，始應依供述證據定其證據能力。若照片所呈現之圖像，並非屬人類意思表達之言詞或書面陳述，自不在刑事訴訟法第 159 條第 1 項規定「被告以外之人於審判外之言詞或書面陳述」之範圍內，其有無證據能力，與一般物證相同，端視其取得證據之合法性及已否依法踐行證據之調查程序，以資認定。本件關於 A 女住處電話機通聯紀錄之翻拍照片，係拍攝留存於該電話機之通聯紀錄，所顯示之資料，未涉及人之主觀意見，不屬於人類意思表達之內容，性質上屬非供述證據之證物。

三、直接證據、間接證據、輔助證據

（一）直接證據（確實性證據）

　　直接證明主要事實的證據。例如 A 目擊而陳述（證言）或監視器拍到 B 拿刀殺 C 的犯罪事實。實務上甚多的犯罪事實都無法找到直接證據，故而以間接證據推論。

（二）間接證據（情況證據、可能性證據）

　　間接證明主要事實的證據，亦即可以推論直接事實的證據。例如 A 目擊而陳述或監視器拍到 B 去買兇刀的過程或者在刀柄上取得指紋鑑定結果報告。又例如 A 於民國 109 年 5 月 12 日中午去基隆的暖暖區某郵局 ATM 提款，可以間接證明民國 109 年 5 月 12 日中午 A 沒有在嘉義的中正大學旁的鳳梨田殺人或偷女學生的內衣褲。再例如保險詐欺案中於案發前曾經向數家保險公司為其配偶投保高額保險。

最高法院 109 年度台上字第 1632 號刑事判決

　　證據之取捨、證明力之判斷及事實之認定，俱屬事實審法院之職權，且法院憑以認定犯罪事實之證據，並不以直接證據為限，即綜合各種間接證據，本於推理作用，為其認定犯罪事實之基礎，如不違背經驗法則及論理法則，亦為法之所許，不容漫指為違法，而據為適法之上訴第三審理由。

最高法院 109 年度台上字第 1719 號刑事判決

　　認定犯罪事實所憑之證據，無論直接或間接證據，其為訴訟上之證明，須於通常一般之人均不致有所懷疑，而得確信其為真實之程度者，始得據為有罪之認定，倘其證明尚未達到此一程度，而有合理之懷疑存在時，事實審法院復已就其心證上理由予以闡述，敘明其如何無從為有罪之確信，因而為無罪之判決，尚不得任意指為違法。

（三）輔助證據

　　可以推論證據價值（可信度、品質）的事實，亦即關乎證明力的事實，而不同於直接、間接證據是針對證據能力。例如放羊的孩子 A 當證人，但對造當事人提出 A 常常說謊且有偽證罪的前科，此時為輔助證據。又例如 A 當證人出過車禍而記憶力受損，亦為輔助證據。

　　輔助證據可區分為補強證據與彈劾證據，不論係人證、物證或書證，亦不分直接證據與間接證據，均屬之[8]。

　　「補強證據」自應具「證據能力」或稱「證據資格」，此亦經司法院釋字第 582 號解釋所闡明。相對地，「彈劾證據」，主要用來彈劾證人的信用能力，目的在動搖證言的憑信性，減低證人在審判時證言之證明

---

[8]　最高法院 108 年度台上字第 1179 號刑事判決。

力，因非用於認定犯罪事實之基礎，可不受傳聞法則之拘束，兩者自有不同[9]。不符合傳聞例外之被告以外之人於審判外之陳述，雖不得作為認定被告犯罪事實之實體證據，但仍得作為彈劾證據，用以爭執該被告以外之人於審判中陳述之憑信性或證明力[10]。例如測謊係以人的內心作為檢查對象，受測者會因記憶、人格特質、有無自我催眠等原因影響情緒波動，且不具再現性，是測謊結果之正確性擔保有其困難，實務亦不以測謊結果作為證明犯罪事實存在之實質證據，僅能作為彈劾或增強證據證明力之用[11]。

參、嚴格證明與自由證明

一、概說

刑事審判程序進行中，往往會產生程序（例如訴訟要件是否具備）與實體（例如犯罪事實是否符合法律的構成要件、違法性、有責性）待證事實。

依據證明程度的不同可以區分為嚴格證明與自由證明，以下論述之。

二、嚴格證明

（一）涉及實體待證事實（本案犯罪事實），有雙重限制原則

嚴格證明指須符合法定證據方法與經過法定調查程序的限制，學說稱之雙重的限制[12]。嚴格證明講求精確，其著重於本案犯罪事實中的實體爭

---

[9]　最高法院 108 年度台上字第 4053 號刑事判決。
[10]　最高法院 109 年度台上字第 1535 號刑事判決。
[11]　最高法院 105 年度台上字第 3242 號刑事判決。
[12]　林鈺雄，刑事訴訟法（上），2013 年 9 月，頁 478。

點[13]。但亦有無須證明的例外規定，例如公眾所知之事實（§157）毋庸舉證、於法院已經顯著或為其職務上已知的事實（§158），職務上已知的事實限於執行職務過程中所得知的事實。

最高法院 108 年度台上字第 705 號刑事判決【毋庸證明之事，仍要給予陳述意見的機會】

　　刑事訴訟法第 158 條所謂事實於法院已顯著者，係指某事實在社會上為一般所已知而法官現時亦知之者而言。又所謂事實為法院職務上所已知者，指該事實即屬構成法院之法官於職務上所為之行為或係其職務上所觀察之事實，現尚在該法官記憶中，無待閱卷者而言。然苟該事實仍有待專門學問之人診察或鑑定，始足以判斷者，自不包括在內。

　　認定事實應憑證據，旨在於避免誤認事實，並使當事人知悉其認定事實之憑據；基於無罪推定原則，待證事實之認定，自應歸由控訴之一方負舉證責任，惟依刑事訴訟法第 157 條及第 158 條規定，公眾週知之事實，及事實於法院已顯著或為其職務上所已知者，則毋庸舉證，產生免除舉證義務之法效，法院得予主動適用。但何種事實為無庸舉證之事實，如任由法院逕行認定，判決結果極易引起當事人爭議，故同法第 158 條之 1 規定，法院應予當事人就該等事實有陳述意見之機會，以昭公信。上開毋庸舉證之事實，苟審判長在審判期日未予當事人就此而為陳述意見，因當事人對於審判長此種消極性之有關調查證據之處分，無由依刑事訴訟法第 288 條之 3 之規定，得以適時向法院聲明異議，則其處分之瑕疵自難謂已因當事人之不責問而被治癒，倘併採為判斷之論據，究仍難謂其判決無法律上之瑕疵。

---

[13] 最高法院 106 年度台上字第 105 號刑事判決：法院所應調查之待證事項，依其內容，有實體爭點及程序爭點之分；而其證明方法，亦有嚴格證明及自由證明之別。其中對訴訟法事實（如證據是否具有證據能力）之證明，因非屬犯罪構成要件之事實，雖以經自由證明為已足；然所謂自由證明，係指使用之證據，其證據能力或證據調查程序不受嚴格限制而已，所為之認定，仍須有卷存證據可資憑認，始屬適法。

（二）心證程度

適用嚴格證明之犯罪事實，其心證程度須達到「無合理懷疑之確信程度」[14]。

（三）適用程序

須經嚴格證明之犯罪事實的認定，認定過程往往曠日廢時，故通常限於審判程序。

三、自由證明

（一）適用於程序事項，無雙重限制原則

自由證明適用於程序事項，例如有無不正訊問關乎被告自白取得是否合法（§98、§156I）；又例如保全扣押裁定，係一項暫時之保全執行名義，效果僅止於財產之禁止處分，而非永久剝奪，目的在於確保實體判決之將來執行，其屬不法利得剝奪之程序事項規定，以自由證明為已足，並非須經嚴格證明之犯罪實體審究[15]。自由證明無雙重限制，法院就證據調查的程序與方法相對自由，對於證據資料使用的證據方法及調查證據的程序，毋庸遵循法定證據方法與合法調查程序，亦不受直接審理原則、言詞審理原則、公開審理原則、傳聞法則之限制。然所謂自由證明，僅指調查方式不受嚴格限制而已，其關於上揭科刑審酌事項之認定，仍應與卷存證據相合，始屬適法[16]。

適用自由證明者，例如量刑事由之事實；又例如得不經言詞辯論（§307）之免訴判決、不受理判決或管轄錯誤判決；再如是否因身心障礙，致無法完全陳述等等。

---

[14] 最高法院 109 年度台抗字第 541 號刑事裁定。

[15] 最高法院 109 年度台抗字第 7 號刑事裁定、最高法院 110 年度台抗字第 848 號刑事裁定。

[16] 最高法院 109 年度台上字第 1721 號刑事判決。

（二）心證程度

適用於自由證明的程序事項之事實，其心證程度僅須達到讓法院相信「很有可能如此」之程度即可。例如法官有無迴避事由、告訴人主觀上何時知悉犯人（§237）、有關限制出境、出海之事由是否具備、有無限制必要性[17] 等等。

（三）適用的程序

通常是審判程序以外的程序，例如起訴審查程序、准許提起自訴程序、簡式審判程序、簡易判決處刑。羈押、限制出境、搜索、鑑定留置、強制處分的審查程序、證據保全等。

實務上曾發生爭執證物同一性者，對於「證物監管鏈」過程有所疑問，究竟監管程序之合法性應採自由證明或嚴格證明？實務上採取自由證明，認為刑事訴訟法基於證據裁判主義及嚴格證明法則，明定得以作為認定犯罪事實存否之依據者，以有證據能力之證據，並經合法調查為限。而提出於審判庭之證據，是否與其發現、扣押或檢體採集時具同一性，乃該證據是否具有證據能力之前提要件，與其證據證明力之判斷，先後層次有別，應分別以觀。倘當事人對於證據之同一性有爭議時，法院應就此先決條件之存否先為調查、審認，俾確保證據調查之合法性與正當性，因其屬訴訟法上之事實，以自由證明為已足，其證據能力或證據調查程序不受嚴格限制，且無須達到*毋庸置疑*，或*毫無懷疑*之程度。又參諸內政部警政署訂頒之刑事鑑識規範第 67 點第 3 款：「刑案證物自發現、採取、保管、送驗至移送檢察機關或法院，每一階段交接流程（如交件人、收件人、交接日期時間、保管處所、負責保管之人等）應記錄明確，完備證物交接管制程序」。即明定所謂「證物監管鏈」（Chain of custody），旨在避免證物於取得、移轉、使用、鑑定與保存過程中有遺失、替換、污染、變造或

---

[17] 最高法院 109 年度台抗字第 541 號刑事裁定。

竄改，以完備證物溯源與鑑定正確之需求，確保提交法院之證據同一性，及提升鑑定意見之證據力和可信度。是倘被告否定扣押證物或採集檢體之同一性，檢察官提出證物監管鏈文書，證明該證據在取得、移轉、使用、鑑定與保存過程中，前後手連續不間斷，證物監管鏈並無斷裂之情形，即可釋明該證據原始狀態之同一性為已足，非必須經手監管、持有、移送或鑑定之人到庭證述證物之同一性為必要[18]。惟本書以為證物是否同一（例如內褲上之唾液），若涉及實體構成要件事實存否，即使檢察官提出證物監管鏈文書〔如毒品犯尿液檢體監管紀錄表、採集尿液（送驗）採證同意書等〕形式外觀可證明監管鏈無斷裂，卻漏未傳訊經手監管鏈者到庭證述是否有同一性，有損被告訴訟防禦權，因此仍應採嚴格證明程序。

最高法院 109 年度台上字第 1784 號刑事判決【量刑事由為自由證明事項[19]】

量刑所應審酌之刑法第 57 條事由，以經自由證明為已足，且刑之量定，屬事實審法院得依職權裁量之事項，原審已敘明第一審判決以行為人之責任為基礎，斟酌刑法第 57 條所列各款事項而為量刑，原判決理由欄參、（二）之 1 至 4 亦更敘明第一審之量刑應予維持及無適用刑法第 59 條規定之理由綦詳，不違背罪刑相當原則，自屬裁量權之合法行使。

最高法院 108 年度台上字第 4358 號刑事判決【不法利得範圍的認定為自由證明事項】

刑法第 38 條之 2 第 1 項規定「犯罪所得及追徵之範圍與價額，認定顯有困難時，得以估算認定之」，立法理由說明，明定沒收標的「不法利得範圍」之認定，非關犯罪事實有無之認定，於證據法則上並不適

---

[18] 最高法院 111 年度台上字第 343 號刑事判決。
[19] 量刑事由應該是實體事項，而非程序事項，故本書認為此判決有待斟酌。

用嚴格證明，無須證明至毫無合理懷疑之確信程度，適用自由證明已足，爰參考德國（當時）刑法第 73b 條之立法以明文規定。然估算並非恣意，應以合義務性之裁量為之，仍須具有合理之基礎，法院須先就估算基礎之連結事實加以調查審認，再選擇合適之推估方式，例如某特定領域之經驗法則，而普遍採用於稅法計算所得之「內部事業比較」及「外部事業比較」基準，即屬於合適之估算方法，所稱之「內部事業比較」，係指從行為人（或事業）之資料尋找可對照之已知數據，再據以推估無資料可查之待釐數額，並且可援用某段時間已知數據，來推知不具資料期間數據的「倍數」；所稱之「外部事業比較」，係指從相類似事業及相類似行為之已知數據，來推估待釐數額。又既係合適之推估方式，亦無「有疑惟利被告」原則之適用，其理至明。

四、嚴格證明案件不可轉換為自由證明

屬於自由證明事項，法官可以選擇嚴格證明程序，但是屬於嚴格證明事項法官不可選擇以自由證明程序。

肆、檢察官的舉證責任

一、舉證責任的基本概念與種類

（一）舉證責任的基本概念

舉證責任的概念，原本僅存在於民事訴訟程序，亦即民事訴訟程序採全然的當事人進行主義，舉證責任自然由當事人負擔，因此，舉證責任係指待證事實最後仍處於真偽不明時，其不利益歸於何造當事人的問題。當事實的爭執至審理的最後階段，仍無法獲得澄清，也就是說對審判者而言仍屬於不能確定的狀態，舉證責任在於協助法官於事實不明時如何作判決

的規則。換言之，舉證責任的功能是當事實不明時，應產生何種法律效果以及由誰來承擔此種效果的一套規則。反面言之，若事實於審判者已臻明瞭，則較無探討舉證責任的問題。簡言之，於待證事實不明時，最終舉證責任將歸何人承擔，此人即應承受不利的訴訟後果。

（二）客觀舉證責任與主觀舉證責任

1. 客觀舉證責任：待證事實於審理的最後時點仍然無法確定或未經證明，依據舉證責任之分配規則，對於分配有舉證責任者，應判決其敗訴。此即為「舉證之所在，敗訴之所在」，換言之，具有舉證責任者應承擔敗訴的不利益結果。

2. 主觀舉證責任：當事人為了避免敗訴所為之舉證。如不為主觀舉證責任可能勝訴也可能敗訴。

二、刑事訴訟法的舉證責任

§161I 規定「檢察官就被告犯罪事實，應負舉證責任，並指出證明之方法」。刑事訴訟程序，被告受有無罪推定原則之保障，於事實不明時，即法官對於犯罪事實存否不能達到確信程度，即為無罪判決。故在刑事訴訟程序上，並無所謂民事訴訟法上的「舉證責任之分配」。因而如何理解刑事訴訟程序中的舉證責任之分配，以下介紹實務與學說的看法。

（一）構成要件的犯罪事實由檢察官負舉證責任

最高法院 92 年台上字第 128 號判例【檢察官就構成要件之犯罪事實應負實質之舉證責任，並無疑問】

復查刑事訴訟法第 161 條已於 91 年 2 月 8 日修正公布，修正後同條第 1 項規定：檢察官就被告犯罪事實，應負舉證責任，並指出證明之方法。因此，檢察官對於起訴之犯罪事實，應負提出證據及說服之實質

舉證責任。倘其所提出之證據，不足為被告有罪之積極證明，或其闡明之證明方法，無從說服法官以形成被告有罪之心證，基於無罪推定之原則，自應為被告無罪判決之諭知。

（二）阻卻違法事由與有責性之舉證責任

　　原則上檢察官須對於構成要件的事實負舉證責任，於學說上並無爭議，然被告提出阻卻違法與有責性爭執，被告是否要負舉證責任？

1. 學說、實務

　　犯罪的違法性與有責性層次，須由被告負舉證責任，但僅須達到過半心證（合理懷疑）的程度即可，而檢察官若要推翻之，則須證明達到無合理懷疑的程度。理由在於被告對於該事件應該是比較清楚，且如由檢察官負舉證責任，被告可能會隱匿相關證據而無法發現真實，又我國已經改行當事人進行主義，被告更有提出證據之責任[20]。

> **最高法院 101 年度台上字第 6005 號判決【阻卻違法事由，由被告負舉證責任】**
>
> 　　依刑事訴訟法第 161 條第 1 項規定，檢察官就被告犯罪事實，固應負舉證責任，並指出證明之方法。但檢察官之舉證，足使法院形成被告有相當於犯罪構成要件事實之心證時，即可推定其違法性及責任之存在，如被告主張有阻卻違法、阻卻責任或其他相類之有利事實時，即應由被告就該事實之存在負提出證據之責任，倘被告對於所提抗辯事由未盡提出證據資料之責任，法院無從調查，即難認其抗辯之事由確屬存在，因而不能為被告有利之認定，乃屬當然，此與被告不自證無罪之原則並無牴觸。

---

[20] 王兆鵬，刑事訴訟講義，2010 年 9 月，頁 679。

> **最高法院 109 年度台上字第 2657 號刑事判決、最高法院 109 年度台上字第 2088 號刑事判決【阻卻責任事由之舉證責任】**
>
> 　　刑事訴訟法第 161 條第 1 項規定，檢察官就被告犯罪事實應負舉證責任，並指出證明方法。固揭示檢察官就被告之犯罪事實應負提出證據並說服之實質舉證責任；然有關被告行為時是否存在阻卻責任之事由（實），應否轉換舉證責任由主張有該等事由之當事人負擔，我國刑事訴訟法並無明文。惟被告受無罪推定規定及罪疑有利被告原則之保護，無須就自己之無罪舉證，自不應令其負擔阻卻責任事實存在之舉證或說服責任。但一般而言，阻卻事由之存在，應屬例外，且被告較檢察官容易知悉，欲證明該等事由不存在，在舉證上亦較困難。因此，要求檢察官自始就阻卻責任事由之不存在負舉證責任，即屬過分及無益之負擔；僅當被告主張有該等事實或提出一定之證據，並因而使法院得有合理之懷疑時，法院始須曉示檢察官對該等事實之不存在負說服之責任，或依刑事訴訟法第 163 條第 2 項但書規定為調查；若被告於審理中並未明確主張阻卻責任事由存在，或雖已主張但並未因陳述或因提出相關證據而使法院得有合理之懷疑時，法院自無曉示檢察官負前述說服責任，或依職權為調查之義務。

2. 學說[21]

　　§161 的「犯罪事實」，是指被告刑罰權存在及其犯罪的事實，阻卻違法事由或阻卻責任事由的不存在，應屬於犯罪要件的事實，又從公平性的觀點而言，仍由檢察官負舉證責任。

（三）累犯之舉證責任

　　近期實務見解對於累犯之舉證責任有主張，被告構成累犯之事實及

---

[21] 陳運財，脫下高貴的公民不服從外衣 —— 簡評〈刑法觀點下的公民不服從〉，中研院法學期刊，第 19 期，2016 年 9 月，頁 178-188。

應加重其刑之事項，均應由檢察官主張並具體指出證明之方法後，經法院踐行調查、辯論程序，方得作為論以累犯及是否加重其刑之裁判基礎，係最高法院最近統一之見解。蓋被告是否構成累犯，性質上係屬刑罰加重事實（準犯罪構成事實），與其被訴之犯罪事實不同，並無§267規定之適用，亦與起訴效力及於該犯罪事實相關之法律效果有別，自應由檢察官於起訴書內加以記載，或至遲於審判期日檢察官陳述起訴要旨時以言詞或書面主張。且依§161I及司法院釋字第775號解釋意旨，此項構成累犯之事實，並應由檢察官負舉證責任，及指出證明之方法。又檢察官提出證明被告構成累犯事實之證據，應經嚴格證明程序，必具有證據能力，並經合法調查，始得作為判斷之依據。所謂證明被告構成累犯事實之證據，包含前案確定判決、執行指揮書、執行函文、執行完畢（含入監執行或易科罰金或易服社會勞動執行完畢、數罪係接續執行或合併執行、有無被撤銷假釋情形）文件等相關執行資料固屬之。至一般附隨在卷宗內之被告前案紀錄表，乃司法機關相關人員依照被告歷次因犯罪起訴、判決、定刑、執行等原始訴訟資料經逐筆、逐次輸入電磁紀錄後列印之派生證據，屬於文書證據之一種，雖有方便查閱、檢驗之功能，但究非證據本身之內容。如被告或選任辯護人對其真實性發生爭執或有所懷疑時，法院自應曉諭檢察官提出被告原始執行資料以憑證明。檢察官經曉諭後仍不為聲請者，法院不能依職權調查而自行蒐集對被告不利之累犯證據；但被告是否構成累犯之事實，如經檢察官聲請調查而仍有疑問者，法院為發現真實，自不妨依個案具體情形而為補充性之調查（見§163II）。倘法院依文書證據之調查方式宣讀或告以要旨後，被告及其辯護人並不爭執被告前案紀錄表記載內容之真實性，乃再就被告是否應加重其刑之法律效果，於科刑階段進行調查及辯論，始憑以論斷被告於本案構成累犯並裁量加重其刑者，即不能指為違法[22]。

---

[22] 最高法院 111 年度台上字第 3405 號刑事判決。

（四）被告積極抗辯

> **最高法院 100 年度台上字第 5938 號判決【被告在個案中提出積極抗辯事由，除非與構成要件有關，否則仍應由被告對此指出證明之方法】**
>
> 　　刑事被告就被訴事實不僅無自證無罪之義務，且享有為自己提出有利主張或作有利舉證之權利，然此等有利被告之積極抗辯，除其抗辯內容係針對犯罪構成要件事實為之者，仍應由控方負實質之舉證責任外，其他抗辯之提出，自應由被告指出證明其抗辯或主張存在之方法，以便法院為必要之調查，兼免被告藉此延宕訴訟。刑事訴訟法第 96 條後段「被告陳述有利之事實者，應命其指出證明之方法」、第 100 條「被告所陳述有利之事實與指出證明之方法，應於筆錄內記載明確」等規定，即在揭明法律賦予被告積極抗辯權之同時，併要求其負有就陳述有利之事實或主張有利之辯解，指出證明之方法之責，從而被告對於所提抗辯未盡提供證據資料，以致法院無從調查，雖不能因此即令負擔不利益判決之結果，但此等抗辯既屬不成立，其不能資為被告有利之認定，要屬當然。

（五）被告不在場抗辯

　　如被告於刑事訴訟進行中就其被訴之犯罪事實提出不在場抗辯等事項（即被訴犯罪事實以外之事實）時，其舉證責任應如何分配，則有爭議。

1. 由被告負舉證責任

　　被告如有阻卻違法事由、阻卻責任事由或其他積極抗辯時，不但屬於有利於被告之積極抗辯，且通常被告對該等事由具有特別知識，較了解何處取得證據，故應由被告負舉證責任，況我國已由職權進行改採兩造對抗制度，被告原則上更應就其積極抗辯事項負舉證責任。而法院為發現真實，亦應本於職權曉諭被告指出證明方法，以供調查，否則其抗辯無法形

成有效爭點，無法使法院形成有利於被告之心證[23]。相同論點指出，主張被告對阻卻違法事由負舉證責任，其理由主要是因為刑事訴訟法僅就檢察官對被告犯罪事實負舉證責任設其規定，阻卻違法或阻卻責任應由被告負舉證責任[24]。亦有學者認為，針對阻卻違法及阻卻責任事由，被告有提出證據使法院合理相信其存在的責任，但檢察官有說服法院阻卻違法或阻卻責任不存在的責任，且應說服到無庸置疑的程度[25]。

2. 由檢察官負舉證責任

當被告提出積極抗辯時，除了其內容是針對特定構成要件為之者，仍應由控方（檢方）以直接或間接證據證明之情形外，其他抗辯之提出，在為抗辯之被告提出足以證明其抗辯成立之充分證據前，控方並不負證明該抗辯不成立之舉證責任[26]。亦即先由被告提出證據證明不在場，再由檢察官舉證其不在場抗辯不成立。

3. 法務部 92 年公訴檢察官實務研討會，認為由被告負舉證責任

刑事訴訟法僅規定檢察官就被告之犯罪事實（及新法所定之自白任意性）負舉證責任，則就被告所自行主張之有利事實，自應由被告負舉證之責。但實務上部分法官仍要求檢察官就被告抗辯事實須負該等事實不存在之舉證義務（例如被告主張不在場證據，竟要求檢察官就此提出被告不在場證據不可信之證明），實與舉證責任分配之大原則有所違背。按被告雖有提出有利抗辯（積極抗辯）或主張之權利，惟此等抗辯或主張之種類、方式、內容，包羅萬象，殊無事先預測之可能，故法律並未課予任何限制，若被告可以不負任何舉證責任而提出不限種類、形式及內容之抗辯或主張，則被告在訴訟中大可無限舉出各種主張與抗辯，藉以拖延訴訟，並

---

[23]　吳巡龍，刑事責任與幽靈抗辯，月旦法學雜誌，第 133 期，2006 年 6 月，頁 36-38。

[24]　陳樸生，刑事證據法，1995 年，頁 159。

[25]　王兆鵬，刑事訴訟講義，2010 年 9 月，頁 679。

[26]　蔡秋明，舉證責任 —— 兼論刑事被告之地位及其舉證義務，台灣法學雜誌，第 55 期，2004 年 2 月，頁 133-134。

以此為難檢方與法院，此種情形不但將造成訴訟資源的重大浪費，舉證責任分配之原則亦將遭受重大破壞，控方舉證責任不當加重之結果，追求正義的司法功能將因此崩壞殆盡。

4. 最高法院判決意見不一致

有判決認為應由檢察官就被告不在場抗辯的不成立負舉證之責[27]。另有判決認為被告不在場抗辯是否成立應由法院職權調查[28]。

（六）幽靈抗辯（舉證責任轉換）

「幽靈抗辯」常在實務上發生，亦即被告犯罪後，因為不願意據實陳述或者有其他顧慮之下，將犯罪的罪行推卸給事實上不存在之人或者已經死亡之人，但此時法院難以驗證真實性。例如 A 販毒，偵查機關詢問時，A 說：「幕後有老大指使我，但我不知道他是誰，我不做的話他會對我不利，我很怕死，我只知道客戶都叫他哆啦 A 夢，因為他常常對客戶伸出援（圓）手，可以變出很多白粉（按：4 號海洛因）。」

實務上認為被告提出「幽靈抗辯」，對於該積極主張之事實有「特別知識」，即應由被告負「提出證據責任」，若被告能證明至「有合理懷疑」程度，舉證責任即轉換，而由檢察官就該抗辯事由不存在負舉證責任，並證明至「無合理懷疑」程度。若被告對「幽靈抗辯」舉證未達此程度，雖理論上其抗辯有可能性，但尚不成為有效抗辯，檢察官並無責任證明該抗辯事實不存在，法院就該爭點應逕為不利於被告之認定[29]。

---

[27] 最高法院 95 年度台上字第 5332 號刑事判決。
[28] 最高法院 91 年度台上字第 4233 號刑事判決。
[29] 最高法院 100 年度台上字第 6839 號刑事判決。

（七）傳聞證據「顯有不可信」之情況

1.實務見解

　　§159-1II、159-4(1)、(2) 所規定之顯不可信的情況，因由誰負舉證責任，實務看法不一，約略可分下列三種：

(1) 應由檢察官負舉證之責

最高法院 95 年度台上字第 362 號刑事判決

　　被告之選任辯護人於原審具狀稱：證人在偵查中之證言，未經具結，檢察官復未證明其陳述並無顯不可信之情況，應無證據能力等語。原判決對於此項抗辯，恝置不論，僅泛謂證人在偵查中向檢察官所為之陳述，辯護人未提出其陳述有何顯不可信之情況，依刑事訴訟法第 159 條之 1 第 2 項規定，應認有證據能力，並採為判決之基礎，不但倒置檢察官應負之實質舉證責任，違悖證據法則，併有判決不載理由之當然違背法令。

(2) 應由異議者釋明或負舉證之責

最高法院 95 年度台上字第 6923 號刑事判決

　　檢察官偵查中訊問相關人證，具有極高之可信性，是被告以外之人，於偵查中所為之供述，除爭執該項陳述之證據能力者，已釋明「顯有不可信之情況」者外，不宜以該證人未能於審判中接受反對詰問，而否認其證據能力等語；但未敘明上開論述之依據，遽認上開證人於偵查中所為之供述為有證據能力，自同有理由不備之違誤。

最高法院 96 年度台上字第 3128 號刑事判決

　　上開供述證據原則上具證據能力，若當事人未舉證主張具顯有不可信之例外情況時，自無於理由內就「無顯有不可信之情況」特為說明之必要。

最高法院 102 年度台上字第 176 號刑事判決

　　考諸刑事訴訟法第 159 條之 1 第 2 項規定之立法理由，乃謂現階段檢察官實施刑事訴訟程序，多能遵守法律規定，無違法取供之虞，故原則上賦予其偵訊筆錄之證據能力，僅於顯有不可信之情況，始例外否定其證據適格。是被告如未釋明顯有不可信之情況時，檢察官自無須就該例外情形而為舉證，法院亦無庸在判決中說明無例外情形存在之必要。

(3) 屬於法院應依職權調查之事項

最高法院 96 年度台上字第 1407 號刑事判決

　　其是否具有「顯有不可信性」之例外情形，法院應就偵查筆錄製作之原因、過程及其功能等加以觀察其信用性，據以判斷之，被告對此並不負舉證證明之義務。

最高法院 96 年度台上字第 6804 號刑事判決

　　「無顯不可信」之情況，乃屬於證據能力之要件，非證明力之問題；而被告以外之人於偵查中向檢察官所為陳述，是否具備「無顯不可信」之情況而具有證據能力，法院應就該被告以外之人於檢察官面前所為陳述之外部附隨環境或條件判斷之，被告並無舉證證明其無證據能力之義務。

2. 學說

(1) 法院應職權調查

　　有文獻指出，所謂「顯有不可信」者，係指其無待進一步調查，從卷證本身作形式上觀察，一望即可就其陳述予以發現者而言，此除主張其為不可信積極存在之一方應予證明或該供述者本身所指明者外，其為法院依職權所發現者，仍亦有其適用。因其係訴訟法上之事實，非關乎實體的問

題，故以自由證明為已足。至於檢察官就此得另行舉證，以證明該「不可信」之不存在，要不待言 [30]。

(2) 檢察官負舉證責任

有論者明確指出，當被告抗辯檢察官之筆錄「顯有不可信之情況」時，應由檢察官就該訊問筆錄具有「可信性之特別情況」（係指陳述經過沒有受其他外力影響而可信）之客觀事實證明之，如此始符檢察官就被告犯罪事實負實質舉證責任之真義 [31]。

(3) 異議者負舉證責任

有論者認為，本條規定之「可信性之情況保證」屬於證據能力之要件，其證明係屬於對訴訟法事實之證明，以自由證明即可，應由主張該項陳述得為證據之人負責證明之 [32]。理論上，基於維護公平審判的理念與架構，於刑事程序中提出證據聲請調查之當事人本應就其所提證據具備於法庭上調查之資格，亦即證據能力，負證明負擔，始為合理。其論據主要在於提出證據聲請調查之當事人，對於證據取得的過程及內容如何，一般而言較為知詳，使其證明該證據有無瑕疵應無困難；反之，如當庭要求聲明異議之他造當事人證明該證據係違法取得或不具可信情況，顯屬過重而不合理的負擔。而如賦予他造先行查證後，再行舉證，又將造成訴訟之遲延。

（八）傳聞證據之特別可信情況

§159-3 所定之經「證明」具有可信之特別情況由誰負舉證責任？如最高法院 102 年度台上字第 2182 號刑事判決（偽造文書罪）、最高法院 104 年度台上字第 262 號刑事判決（妨害自由）、最高法院 104 年度台上字第 3728 號刑事判決（違反毒品危害防制條例等罪）、臺灣高等法院臺中分院 104 年度選上訴字第 1509 號刑事判決（選舉罷免法）、臺灣高等法院 107 年度金上重更一字第 3 號刑事判決（銀行法）、最高法院 108 年

---

[30] 林永謀，刑事訴訟法釋論（中冊），2007 年 2 月，頁 103。
[31] 林俊益，檢察官之訊問筆錄，傳聞法則理論與實踐，2004 年 9 月，頁 137。
[32] 丁中原，傳喚或詢問不能，傳聞法則理論與實踐，2003 年，頁 187。

度台上字第 1367 號刑事判決（違反證券交易法等罪），關於 §159-3 所定之「可信之特別情況」的證明屬於法院職權調查事項，並不因當事人有無舉證而受影響。

（九）惡意違反夜間訊問

如被告抗辯偵查機關於刑事訴訟進行中違反夜間訊問時，由檢察官舉證並非出於惡意。

最高法院 97 年度台上字第 5489 號刑事判決

　　事實法院認定為上訴人警詢筆錄之違反夜間詢問規定應非出於惡意，依刑事訴訟法第 158 條之 2 第 1 項但書規定，自得作為證據，核屬事實審法院依憑卷證所為判斷之適法職權行使所為論斷。對於檢察官舉證責任則採取較寬鬆的態度，實則在類如本案之情形，已得被告明示同意而為夜間訊問，或違背夜間訊問規定並非出於惡意之情形，均應由檢察官負舉證責任，證明已得被告明示同意或違背夜間訊問並非出於惡意，否則，應即認為違反法定程序應予強制排除為是。職是，如遇被告抗辯檢察官聲請調查之證據係違反法定程序所取得者（形成爭點之必要），此時檢察官應負舉證責任，證明其所聲請調查之證據係依法定程序取得。

伍、證據法則判斷流程

　　§155II 規定「無證據能力、未經合法調查[33]之證據，不得作為判斷之依據」，依據法條文義，須有證據能力方會進入合法調查的程序，調查

---

[33] 有論者認為應將「調查」重新定性為「審查」，因法院沒有主動調查證據的義務，調查證據屬於檢察官職責。被告聲請調查的證據，法院亦非在調查而是替被告的聲請賦予公權力之協助，故而法院審查檢察官與被告提出的證據，始作為裁判依據。參閱：姜長志，論檢察官於審判中偵查作為之法律上定位與意義 —— 評臺灣彰化地方法院 103 年度矚訴字第 2 號判決關於越南取證適法性之判斷，檢察新論，第 21 期，2017 年 1 月，頁 218-239。

完畢後方可作為判斷犯罪事實有無之依據。實則應先經過合法調查程序後，方可知悉是否有證據能力，然而實務上常以「證據資料必須具有證據能力，容許為訴訟上之證明，並在審判期日合法調查後，始有證明力可言，而得為法院評價之對象」，乃是對於證明力的誤解。

　　因有上述問題，現行學說、實務衍生出兩種不同的判斷流程：

（一）第一種判斷流程（法條流程說）[34]

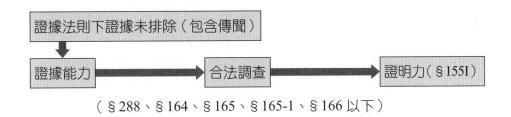

（§288、§164、§165、§165-1、§166以下）

　　採此流程之學者認為證據能力為證據形式上的資格，而證明力是證據實質的價值。證據能力通常為法律上所規定，而證明力是委由法官所判斷。

　　證據能力的判斷，應藉由證據法則的判斷，證據法則包含自白法則、傳聞法則、證據排除法則（至於自白的供述證據可否適用於證據排除法則有爭議），認為證據能力不容許法官自由判斷，因此也不會因為證據調查程序而使證據有證據能力，更不會因為透過證據調查程序後使原本有證據能力之證據成為無證據能力的證據。無證據能力的證據，目的在於避免法官審判時受到心證污染，使雙方可以集中攻防焦點，故而應於準備程序中就有無爭執的證據是否有證據能力為調查，依調查結果對證據的證據能力

---

[34] 王兆鵬、張明偉、李榮耕，刑事訴訟法（上），2012年9月。頁22。黃朝義，刑事訴訟法，2013年4月，頁488。朱石炎，刑事訴訟法論，2015年8月，頁157。林俊益，刑事訴訟法概要（上），2020年9月，頁419。吳燦，刑事證據能力判斷的案例研討——臺灣米蘭達法則與證據排除主張逾期之法效，月旦法學雜誌，第301期，2020年6月，頁7。最高法院102年度台上字第4170號刑事判決：證據能力，乃證據資料容許為訴訟上證明之資格，屬證據之形式上資格要件；至證據之證明力，則為證據之憑信性及對於要證事實之實質上的證明價值。證據資料必須具有證據能力，容許為訴訟上之證明，並在審判期日合法調查後，始有證明力可言，而得為法院評價之對象。

作出有無的決定，不可以等到審判期日（合法調查程序[35]）主張。此外，證據補強方面，認為證據能力是屬於證據資格的問題，證據能力具備與否屬於證據本身的問題，不會受到其他證據影響而被補強，只有證明力可以補強，補強的應該是證據的證明力，而非證據能力[36]。

> ## 最高法院 109 年度台上字第 413 號刑事判決
>
> 　　未經合法調查之證據，不得作為判斷之依據，刑事訴訟法第 155 條第 2 項定有明文。又同法第 164 條規定：「審判長應將證物提示當事人、代理人、辯護人或輔佐人，使其辨認（第 1 項）。」「前項證物如係文書而被告不解其意義者，應告以要旨（第 2 項）。」第 165 條第 1 項規定：「卷宗內之筆錄及其他文書可為證據者，審判長應向當事人、代理人、辯護人或輔佐人宣讀或告以要旨。」此為事實審法院於審判期日，就判斷犯罪事實所採用證據所應踐行之調查方法及程序，旨在使當事人、代理人、辯護人或輔佐人均能澈底了解該等證據之形貌或內容、意涵，得以表示意見，而為充分之辯論，俾法院形成正確之心證。故法院就該等證據，如未依照上開法定調查方法，於審判期日踐行調查程序，遽採為判斷事實之依據，即非適法。

（三）第二種判斷流程（法理流程說）[37]

　　證據法則包含證據取得階段、證據排除階段以及證據調查階段三個部分。與第一種判斷流程（法條流程說）最主要差異在於：

---

[35] 所謂合法調查，係指事實審法院依刑事訴訟相關法律所規定之審理原則（如直接審理、言詞辯論、公開審判等原則）及法律所定各種證據之調查方式，踐行調查之程序。吳燦，刑事證據能力判斷的案例研討 —— 臺灣米蘭達法則與證據排除主張逾期之法效，月旦法學雜誌，第 301 期，2020 年 6 月，頁 9。

[36] 黃朝義，刑事訴訟法，2013 年 9 月，頁 479-482。

[37] 張麗卿，刑事訴訟法理論與運用，2010 年 9 月，頁 351。林鈺雄，刑事訴訟法（下），2022 年 9 月，頁 2-12。薛智仁，論拒絕證言權對於取證強制處分之限制：以親屬與業務拒絕證言權為例，國立臺灣大學法學論叢，第 49 卷第 2 期，2020 年 6 月，頁 744-748。王士帆，證據禁止內涵 —— 評最高法院 106 年度台上字第 1161 號刑事判決，月旦裁判時報，第 103 期，2021 年 1 月，頁 36-37。

法條流程說：證據未經排除＝有證據能力→經過調查程序→判斷證明力。

法理流程說：證據未經排除＋經過調查程序＝有證據能力→判斷證明力。

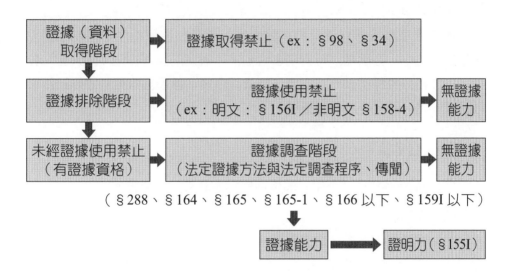

已具證據能力之證據資料，指已通過消極要件（證據未禁止）＋積極要件（嚴格證明程序：法定證據方法＋合法調查程序），此時已可被採為裁判的基礎，至於是否被採納係由法院評價其證明力（自由心證）的高低。

根據第二種判斷流程（法理流程說），證據法則涵蓋了證據取得階段、證據排除與否之判斷，以及證據調查三個部分。

1. 證據取得階段

一般先經由證據取得的措施（例如搜索扣押、送交鑑定、監聽等等），而獲得了證據素材（諸如所扣押之物件、鑑定報告、監聽內容）。

2. 證據排除階段

接著應考量證據取得手段之進行是否符合法令要求，亦即若是有違法取證的情形（例如違法搜索、選任未具該專業知識之人為鑑定、違法監聽

等）或者屬於不符合法定形式要件的證據（例如鑑定報告不符程式），就應判斷該項證據素材是否屬於被排除使用的證據，證據是否應禁止使用。一般是在審判階段的準備程序中應加以審查，若認定屬於應禁止使用的證據則予以排除，不能進入審理階段的證據調查。

3. 證據調查階段

　　倘若該項證據素材沒有被排除使用，接著在審理程序中法院應遵守嚴格證明法則，亦即應以符合刑事訴訟法所規定的證據方法（如人證、物證），並且依每種證據方法的合法調查程序後，該項證據素材才能最終取得證據能力，而得採為裁判基礎。

（三）區別實益

　　例如 A 被警察違法搜索，而取得馬桶水箱裡的手榴彈。

1. 法條流程說

　　搜索違法，取得證據之過程不合法，取得的手榴彈之證據能力，必須透過 §158-4 檢驗，如檢驗結果認為證據不應排除，該手榴彈就有證據能力。手榴彈屬於物證，再依據勘驗的法定證據方法，即依照 §164 當庭提示證物，如通過法定調查程序，法官方可判斷證明力。

2. 法理流程說

　　搜索違法，違反證據取得禁止，但不當然為使用禁止，亦即「違法≠排除」，若透過 §158-4 檢驗結果認為證據不應排除，此時必須再經法定證據方法與合法調查程序的嚴格證明，方取得證據能力，而後才可判斷證明力。

3. 區別：§155II 規定「無證據能力、未經合法調查之證據，不得作為判斷之依據」，然「合法調查」是否為證據能力的前提。

(1) 法條流程說：合法調查屬於嚴格證明程序的內涵，但非證據能力的前提。

(2) 法理流程說：法定調查程序（合法調查）與法定證據方法為證據能力的前提。

第二節　證據禁止（排除）法則

壹、證據禁止法則（有稱證據排除法則[38]，但因體系不同而內容略有不同）

　　因取證規定密密麻麻，國家機關取證過程經常有意或無意違反證據取得禁止規定，在所難免，因而衍生法院應否禁止使用違法取得證據的問題，稱為依附性或非自主性的證據使用禁止。證據禁止或稱證據排除法則的核心議題，在於「違法 ≠ 排除」，現代法治國家實際上並無違法取得證據「一律排除」或「一律不排除」的法例，皆認為「違法＋其他條件」始生排除效果。如果不是「若屬違法，則禁止使用」，也就是即使屬於違法取得之證據，仍有可能得採為裁判的依據。違法取得之證據在何種情形下屬於應禁止使用的證據，因而發展出證據禁止使用之理論。

貳、禁止（排除）使用證據之目的[39]

一、發現真實說

　　此說的概念在於禁止使用某些證據以達到發現真實的目的。目的在於保障實體真實，例如刑求取得（§98 → 取得禁止）被告自白（例如屈打成

---

[38] 王兆鵬、張明偉、李榮耕，刑事訴訟法（上），2012 年 9 月，頁 37。黃朝義，刑事訴訟法，2013 年 4 月，頁 546-554。林俊益，刑事訴訟概要（上），2020 年 9 月，頁 444。

[39] 林鈺雄，刑事訴訟法（上），2013 年 9 月，頁 600-609。

招），將違反真實，故而有 §156I 使用禁止之規定。對此說的批評為屈打成招者不見得不是真實，反而具有高度真實性。

二、保護個人權利說

此說的概念為證據使用之禁止規定乃在為了保護個人權利，例如禁止使用非任意性自白，目的在於保護被告的意思自由避免受到不法侵害，且亦違背人性尊嚴。對此說的批評為個人權利已遭侵犯，即便禁止使用該違法取得之證據亦無實益，例如偵查機關違法搜索被告住家，被告之隱私權、財產權、住宅全已遭侵犯，此時證據禁止使用並無法彌補被告已遭受被告侵犯的權利。

三、公平審判說

此說的概念為國家必須符合法治原則的審判，亦即不可不擇手段地發現真實。對此說的批評為本說所保護的只是法治原則的最低限度要求，故而範圍僅止於國家機關惡意違法取證時所得證據一律不得使用。

四、導正紀律說

此說的概念為禁止使用違法取得的目的才可以導正國家司法機關違法取證的誘因，具備未來性的嚇阻之效果，惟美國證據排除法則之依據，故而稱為嚇阻效果說，此亦為「善意例外」的理由，因出於善意而違法取證，即使排除證據也沒有嚇阻效果。故而私人不法取證、偵查機關因過失或善意違法取得證據，即使排除了也無嚇阻的效果，此說為實務[40] 所採。對此說的批評為只針對未來的基本權保護，非改變此次違法的既成事實，只是證據使用禁止的附帶效果。

---

[40] 最高法院 106 年度台上字第 836 號刑事判決、臺灣高等法院 111 年度侵上訴字第 89 號刑事判決。

> **最高法院 101 年度台上字第 3561 號刑事判決**
>
> 　　偵查機關「違法」偵查蒐證適用「證據排除原則」之主要目的，在於抑制違法偵查、嚇阻警察機關之不法，其理論基礎，來自於憲法上正當法律程序之實踐，鑒於一切民事、刑事、行政、懲戒之手段，尚無法有效遏止違法偵查、嚇阻警察機關之不法，唯有不得已透過證據之排除，使人民免於遭受國家機關非法偵查之侵害、干預，防止政府濫權，藉以保障人民之基本權，具有其憲法上之意義。

參、禁止（排除）使用證據的理論

一、證據取得之禁止

　　國家取證的過程（例如搜索、身體採樣處分）必須具有合法性，例如 §95 於被告自白時必須先踐行告知義務方屬合法、 §98「訊問被告應出以懇切之態度，不得用強暴、脅迫、利誘、詐欺、疲勞訊問或其他不正之方法」、 §128I 搜索應用搜索票。

二、證據使用之禁止

（一）依附性禁止（非自主性之使用禁止）

　　依附於「國家」違法取證而來的證據，禁止採為判決依據的效果，稱為依附性禁止。例如 §98（證據取得之禁止）、 §156（證據使用之禁止），非出於不正方法＋與事實相符＝可採為裁判依據。反之，法院不得採為判決之依據。

刑事訴訟法與通保法相關的證據禁止之明文規定大抵如下：

態樣	證據取得禁止	證據使用禁止（依附性禁止）
告知義務。	§95I(1)～(4)。	§158-2II 僅規定違反 §95I(2) 緘默權 (3) 辯護權。 （一）原則：無證據能力。 （二）例外：非惡意違反＋任意性→有證據能力。
不正訊問。	§98。	§156。 （一）證據能力的限制：真實性＋任意性＝有證據能力。 （二）證明力的限制：自白不得為有罪之唯一證據。
法定障礙期間內訊問。	§93-1II。	§158-2I。 （一）原則：無證據能力。 （二）例外：非惡意違反＋任意性→有證據能力。
夜間訊問。	§100-3。	
「全程連續」錄音錄影，但內容與實際不符。	§100-1。	§100-1II 筆錄內所載之被告陳述與錄音或錄影之內容不符，不符之部分，不得作為證據。
緊急搜索的事後陳報制。	§131III。	§131IV 審判時法院得宣告所扣得之物，不得作為證據。
證人、鑑定人未具結。	§186I、§202。	§158-3 無證據能力。
搜索扣押，因為有提出準抗告，但被法院撤銷。	§416I	§416II 規定前項搜索、扣押經撤銷者，審判時法院得宣告所扣得之物，不得作為證據。
通訊監察。	通保法 §5、§6、§7。	通保法 §18-1。

　　然而如果取證禁止有明文規定時，卻無使用禁止的明文規定，此時如何解決。例如無票搜索、以臨檢之名行搜索之實、陷害教唆、檢察官於偵查中蓄意規避踐行 §95 之告知義務、對證人未盡拒絕證言之告知、通訊監察之事後通知義務的違反、緊急拘捕後未告知犯罪嫌疑人本人及其家屬得選任辯護人到場（§88-1III）、警詢筆錄製作時未通知辯護人到場等。

因無法僅以一個規定解決所有的證據禁止問題，故而有下列理論來判斷證
據能力之有無。

1. 權利領域理論

　　權利領域理論，有學者稱之為個人權利理論[41]。權利領域理論著重的
點在於這個規定是為了誰的權利與利益而設計，該人就落入這個規定的保
護領域。只有於法規是為了被告權利與利益而設計，且被告的權利領域因
國家違法取證而受到侵犯時，被告才可以主張證據應禁止使用。但倘若檢
察官於取得證人證言時，漏未告知證人拒絕證言權（§181I、§186II），該
規定是為了保護證人免於自證己罪，僅對證人生效，而非保護被告（通常
發生於共同被告），故被告不得主張證人的證言應禁止。現行實務上有少
數判決採權利領域理論之見解[42]，然大多判決採取權衡理論[43]。

　　採權利領域理論雖然比較明確，但是範圍較狹隘，例如刑求證人而取
得證言，被告不得主張無證據能力，此時在實質上仍對於被告不公平，因
為無異鼓勵政府機關以侵害證人權利的方式取得證據。

【權利領域理論判斷流程】

先探討取證禁止的規定是在保護誰的利益

只有在該取證禁止的規定是在保護被告的重要權利時

違法取證的行為會嚴重侵犯到被告的權利時

則該違法取得的證據才應被禁止使用

---

[41] 王兆鵬、張明偉、李榮耕，刑事訴訟法（上），2012 年 9 月，頁 54。
[42] 最高法院 96 年度台上字第 1043 號刑事判決、臺灣高等法院臺南分院 106 年度上訴字第
　　1213 號刑事判決。
[43] 最高法院 107 年度台上字第 1700 號刑事判決。

有少數實務引用我國學者所主張的，得要求證據排除之「當事人適格」[44]者（Standing），不應限於受國家違法取證侵害之被告本人，而應及於被告之家屬、共謀者、生意之合夥人、共同居住人等[45]。此即個人權利理論，其乃參考美國法上當事人適格的見解，其內容為憲法在保護個別、獨立之個人權益，若某人權利未受侵害，即不得主張憲法條文上之權利，亦不得主張證據排除法則[46]。此主張的文義概念與權利領域理論不謀而合，但亦有上述權利領域理論相同的問題。

此外，亦有少數判決引用美國法上的「目標理論」，其核心概念在於，如果政府鎖定被告為調查對象與目標後，故意侵犯第三人的權利以搜索不利被告的證據，即使被告非受侵害者，被告也可主張證據排除，此概念與規範理論相似，但其更著重於是否有鎖定調查目標[47]。例如 A 向 B 行賄，偵查機關為了找到 A 行為的證據，而把受賄者 B 當成偵訊對象，實務判決認為本案的偵查機關實際上是為取得不利於行賄者 A 之證據，但卻針對偵查機關較不關心之受賄者 B 為偵訊對象，試圖取得不利於行賄者 A 之不利證據，此時應容許 A 主張其必要共犯 B 的陳述應排除[48]。

2. 規範保護目的理論

違反法律規定所取得的證據是否會禁止使用必須視該法規範的目的而定，如果取證的過程中 ① 違法取證的行為尚未造成該取證規範目的之終局破壞＋② 若該違法取證之證據被加以使用時，會加深規範目的之破壞＝①② 的認定皆為肯定時，應禁止使用該證據[49]。

---

[44] 關於刑事訴訟之「當事人適格」理論，可參見王兆鵬，刑事訴訟講義，2005 年 9 月，頁 49 以下。

[45] 臺灣高等法院 107 年度選上易字第 6 號刑事判決。

[46] 王兆鵬、張明偉、李榮耕，刑事訴訟法（上），2012 年 9 月，頁 54。

[47] 王兆鵬、張明偉、李榮耕，刑事訴訟法（上），2012 年 9 月，頁 55-56。

[48] 臺灣高等法院 107 年度選上易字第 6 號刑事判決。

[49] 林鈺雄，刑事訴訟法（下），2022 年 9 月，頁 25-26。

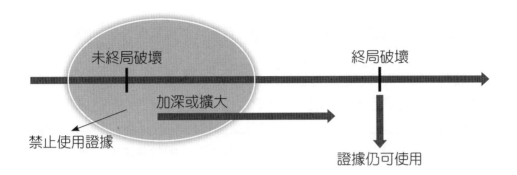

例如國家機關違反 §95I(1) 的告知義務（保障被告聽審權），即加以訊問被告，但是被告自始知道自己有 §95I(1) 的權利（例如常常被偵查機關訊問），規範目的尚未因為國家漏未告知的行為而終局地損害，如果使用證據也不會造成損害的加深或擴大，故而不須禁止使用訊問被告所得的證據。又如 §179 規定就公務員職務上事項為證言應先得到允許，若未得到允許而作證且機密因而外洩，保護公務員機密的法規目的早就因為機密外洩時發生終局性損害，若違法取證的證據被加以使用時，不會加深規範目的的破壞，仍可使用證據[50]。

而參考美國法而來的「規範理論」，其內容為憲法條文在規範政府行為，目的在保護全體民眾，而非僅是保護單一的個人，即使單一個人之權利未因政府違反法律行為而受侵害，只要是侵害他人的權利，個人即可以主張證據排除法則[51]。此與「規範保護目的理論」之內容並不相同，應予以辨明。

最高法院 93 年度台非字第 70 號刑事判決

　　不自證己罪及保障人權之原則，認被告有防衛其利益之權利，在刑事訴訟程序上應尊重被告陳述之自由，禁止強制其為不利之陳述，所謂陳述自由，包括積極的陳述自由與消極的不陳述自由，被告之緘默權即

---

[50] 林鈺雄，刑事訴訟法（上），2013 年 9 月，頁 613。
[51] 王兆鵬、張明偉、李榮耕，刑事訴訟法（上），2012 年 9 月，頁 55。

在保障被告消極的不陳述自由，不得以被告行使緘默權或拒絕陳述，即認係默示自白或為不利於被告之推斷，惟訊問被告時若未踐行告知得保持緘默，無須違背自己之意思而為陳述之告知程序，訴訟程序固非無瑕疵，然被告若無因未受該項告知而違背其自己意思為不利於己之陳述，或以被告違背自己意思所為不利於己之陳述作為不利被告之推斷等情形，對被告訴訟上供述自由權之保障並無妨礙，即於判決本旨及結果不生影響。

最高法院 96 年度台上字第 5928 號刑事判決

　　證人此項拒絕證言權（選擇權），與被告之緘默權，同屬其不自證己罪之特權；然證人行使此項權利應視其訊問與其應回答之內容是否會導致或增加本人或與其有刑事訴訟法第 180 條第 1 項關係之人受刑事追訴或處罰之危險而定，不能為全面之拒絕，如訊問與其應回答之內容不會導致或增加其本人或與其有前述關係之人受刑事追訴或處罰之危險，即不得拒絕證言。卷查李○賢依被告（或犯罪嫌疑人）身分接受檢察官訊問時，坦承：被告交付款項請其幫莊○芳向張○元之妻（張○厭）等人買票賄選等情，已放棄緘默權而自白幫莊○芳買票為賄選之犯行；檢察官且係在其自白之後，就同一事實，於同一偵查程序，命李○賢立於證人地位接受調查；則檢察官之訊問與李○賢所應回答之內容，似不會增加李○賢本人或與其有刑事訴訟法第 180 條第 1 項關係之人受刑事追訴或處罰之危險。如果無訛，李○賢即不得拒絕證言，檢察官於訊問李○賢之前，未告以得拒絕證言，亦未侵害其拒絕證言權。

3. 權衡理論：個案的衡量

　　權衡理論須於具體個案中加以衡量各方利益，且須審酌違法取證行為的瑕疵嚴重程度。而衡量利益大抵而言為衡量「國家追訴犯罪的利益」與「被告個人權利保護」。

　　文獻上 [52] 指出我國現行刑事訴訟法對於違反法定程序取得之證據，多以列舉排除之方式，明文排除其證據能力者，均為違反法定程序取得之「供述證據」，採取「絕對排除」[53]（強制排除），例如非法取得被告之非任意性自白（§156I）、「全程連續」錄音錄影但內容與實際不符（§100-1II）、證人或鑑定人未依法具結之證言或鑑定意見（§158-3），以及「原則絕對排除例外允許」，例如違反法定障礙期間內訊問的效果（§93-1 → §158-2I）、夜間訊問（§100 → §158-2I）、未為 §95I(2)緘默權、§95(3)辯護權之告知（§158-2II）。而違反法定程序取得之「非供述證據」，原則上依照 §158-4 規定採取「相對排除」[54]（裁量排除）。

　　§158-4 規定「除法律另有規定外，實施刑事訴訟程序之公務員因違背法定程序取得之證據，其有無證據能力之認定，應審酌人權保障及公共利益之均衡維護」，較傾向於權衡理論。

【實務上通常會考量以下八種標準為權衡（較 §158-4 之立法理由中多出的標準為 ③）】

> **最高法院 109 年度台上字第 2005 號刑事判決**
>
> 　　刑事訴訟法第 158 條之 4 規定意旨，經綜合審酌搜索 ① 違背法定程序之程度、② 違背法定程序時之主觀意圖（即實施搜索、扣押之公務員是否明知違法並故意為之）、③ 違背法定程序時之狀況（即程序之違反是否有緊急或不得已之情形）、④ 侵害犯罪嫌疑人或被告權益之種類及輕重、⑤ 犯罪所生之危險或實害、⑥ 禁止使用證據對於預防將來違

---

[52] 許福生，論證據排除法則與警察因應之道，日新警察半年刊，第 5 期，2005 年 9 月，頁 80-81。

[53] 絕對排除說認為排除違法蒐集之證據，在概念上內含於憲法基本人權保障的規定，即證據排除法則來自於憲法原則。

[54] 相對排除說認為基於正當的法律程序保障之觀點與維持司法連結性及抑制違法偵查的觀點，區分如何對違法蒐集證據的證據排除，且在憲法意旨下，法院政策性地去創設證據法則。

法取得證據之效果、⑦ 偵審人員如依法定程序，有無發現該證據之必然性、⑧ 證據取得之違法對被告訴訟上防禦不利益之程度等情狀，權衡人權保障及公共利益之均衡維護等情。

　　對此說之批評在於權衡理論賦予法官於個案中極大的裁量權，難免流於主觀判斷，而使之具有不確定性與不安定性，有時候不禁讓人感覺到有謝霆鋒成名曲「因為愛，所以愛」之感，因是法院主觀的愛，有說等於沒說、有說別人也不懂，且被告方（辯護人）難以對證據使用進行防禦。

　　學者指出我國法上排除證據的標準並不均衡，例如法定障礙期間內應禁止訊問，法律效果為絕對排除證據，但違法搜索或扣押所取得的證據，須透過 §158-4 權衡，其可能會得出證據不排除的結果。有主張在法定障礙期間內，應該實質審查是否侵害緘默權、辯護權等，而不應該一律排除，而且在實務的運作下會造成只要攸關重罪，幾乎都會認為即便是違法取證，也有證據能力[55]。

　　又有學者認為 §158-4 應定性為「平台說」，亦即 §158-4 本身不是操作可否當成證據的基準，而只是一個平台，使實務可以繼續發展證據禁止的理論[56]。

4. 三階段審查法[57]（綜合理論）

(1) 審查違法取證行為是否出於國家司法機關的惡意、恣意

　　因為國家機關如果明知違法之下卻又故意以違法手段取得證據，已經違反公平審判原則的最低要求，例如檢察官蓄意規避告知義務[58]、蓄意規

---

[55] 陳運財，違法證據排除法則之回顧與展望，月旦法學教室，第 113 期，2004 年 10 月，頁 38-42。

[56] 林鈺雄，刑事訴訟法（下），2022 年 9 月，頁 27-29。

[57] 林鈺雄，刑事訴訟法（下），2022 年 9 月，頁 30-32。

[58] 最高法院 104 年度台上字第 2494 號刑事判決：若檢察官於偵查中，蓄意規避踐行上開規定之告知義務，對於犯罪嫌疑人以「被告」以外之身分訊問，採其不利供述為證據，列為被告，提起公訴，無異剝奪被告緘默權及防禦權之行使，難謂非以詐欺之方法而取得自白，此項違法取得之供述資料，自不具證據能力，應予以排除。如非蓄意規避上開

避辯護權 [59]、陷害教唆 [60]，實務皆認為無證據能力。此要求可對應於實務上述判決的 ② 違背法定程序時之主觀意圖（即實施搜索、扣押之公務員是否明知違法並故意為之）。

① 肯定：證據禁止使用，法院無權衡空間。

② 否定：進入第 (2) 階段。

(2) 進行法規範目的之探討

　　「違法取證的行為尚未造成該取證規範目的之終局破壞＋若使用時是否會加深破壞」，此要求可對應於實務上述判決的 ① 違背法定程序之程度、③ 違背法定程序時之狀況（即程序之違反是否有緊急或不得已之情形）、④ 侵害犯罪嫌疑人或被告權益之種類及輕重 [61]、⑦ 偵審人員如依

告知義務，或訊問時始發現其涉有犯罪嫌疑，卻未適時為上開之告知，其因此所取得之供述證據，即屬同法第一百五十八條之四所指違背法定程序取得之證據，其證據能力之有無，仍應權衡個案違背法定程序之情節、侵害被告權益之種類及輕重、對於被告訴訟上防禦不利益之程度、犯罪所生之危害或實害等情形，兼顧人權保障及公共利益之均衡維護，審酌判斷之。

[59] 最高法院 98 年度台上字第 4209 號刑事判決：如司法警察（官）待犯罪嫌疑人所選任之辯護人到場後，卻刻意拖延，不遵守應即時詢問之規定，而於其辯護人離去後，始加詢問，使犯罪嫌疑人未獲辯護人之諮商及協助，自有礙於其防禦權之充分行使。此種情形，較之於詢問之初未告知得選任辯護人，尤為嚴重；且既屬明知而有意為之，自屬惡意。因此，依舉輕以明重之法理，司法警察（官）以此方法違背刑事訴訟法第九十三條第一項即時詢問之規定時；其所取得被告或犯罪嫌疑人之不利供述證據，難認有證據能力。

[60] 最高法院 111 年度台上字第 2118 號刑事判決：偵查機關在為「陷害教唆」時，因相關犯罪尚未發生，係國家機關主動並積極參與而誘發犯嫌之犯意，進而實行犯罪構成要件之行為，此與國家機關之任務在於追訴已發生之犯罪，而非製造人民犯罪，更不應蓄意挑唆人民犯罪後再予追訴等旨不合，且已逾越偵查犯罪之必要程度，自應予以禁止，以保障人民在憲法上之基本人權。

[61] 最高法院 107 年度台上字第 3084 號刑事判決：刑事訴訟法第 31 條關於強制辯護規定，於 102 年 1 月 23 日修正公布，適用對象擴及具有原住民身分之被告或犯罪嫌疑人，適用範圍也依審判階段深化至偵查階段，同條文第 5 項規定：「被告或犯罪嫌疑人……具原住民身分者，於偵查中未經選任辯護人，檢察官、司法警察官或司法警察應通知依法設立之法律扶助機構指派律師到場為其辯護。但經被告或犯罪嫌疑人主動請求立即訊問或詢問，或等候律師逾四小時未到場者，得逕行訊問或詢問。」其旨在考量偵查階段，被告處於資訊不對等之弱勢地位，尤其原住民因傳統文化、習俗、經濟、教育等因素，接觸法律資訊不易，針對訴追之防禦能力更為弱勢，乃從偵查程序使其得由國家主動給與辯護人為協助，此倚賴權尤甚於一般之選任辯護，更應受保障，並藉由程序之遵守確

法定程序，有無發現該證據之必然性（即學說的假設偵查流程必然取得證據）、⑧證據取得之違法對被告訴訟上防禦不利益之程度。

① 肯定：證據禁止使用。

② 否定：進入第 (3) 階段。

(3) 進行利益衡量

　　如果無法知道規範目的，可以個案權衡，判斷國家追訴利益與被告權益之誰較重要，例如追訴機關違法程度與被告犯罪的輕重程度為主要指標。

　　此要求可對應於實務上述判決的 ⑤ 犯罪所生之危險或實害、⑥ 禁止使用證據對於預防將來違法取得證據之效果。

（二）「合法」取得證據的禁止（自主性之使用禁止）

　　依附性之使用禁止是針對國家違法取得證據下禁止作為審判基礎。而自主性之使用禁止為國家機關合法取得證據，但在某些情況下，仍屬禁止使用。

1. 自主性之使用禁止之基本原理在於法治國原則下憲法保障個人之基本人權。然而是否只要侵犯到個人的基本人權，就一律排除，尚須討論如下。

保裁判之公正，同時展現原住民族基本法開宗明義對於原住民基本權利之制度性保障。又此強制辯護之援助始於訊（詢）問被告，並不區分被告到場之原因，無論出於強制（拘提、逮捕）或任意（通知或傳喚），祇要未經選任辯護人，檢察官、司法警察（官）即應通知法律扶助機構指派律師到場為其辯護。但偵查程序有其急迫性，與審理程序得另定相當之期日者有別，倘被告於知悉前揭規定後，若無意願等候法律扶助律師協助辯護，主動請求立即訊問或詢問，自應予以尊重，俾司法資源彈性運用。惟此必須在被告充分理解強制辯護權之存在及內容，基於自由意思決定，主動明示放棄辯護人之援助，而非出自訊問或詢問人員之強暴、脅迫、利誘、詐欺等不正方法，或因欠缺其有受強制辯護保障之認識所致，否則，仍非適法。倘有違反而取得被告之自白或不利之陳述，係不當剝奪被告之強制辯護依賴權，構成侵害憲法第 16 條揭示人民訴訟權之核心內容，即使依刑事訴訟法第 158 條之 4 規定權衡之結果，亦應予排除其證據能力。

(1) 使用該證據是否會造成被告或第三人基本人權之侵犯

　　如該基本人權屬於憲法保護人權的核心領域，例如隱私權[62]（憲法 §22）的核心領域、內在精神自由[63]，如果法院有證據調查行為以及採為論罪科刑的基礎時，則為基本權的干預。

　　關於隱私權的核心領域，例如私人的日記、內在精神自由的核心領域，舉一例而言，A 涉及貪汙罪且有高度懷疑，偵查機關向法院聲請通訊監察書後將竊聽器裝置於 A 的車內（只是車內，與住宅監聽之一律禁止不同），A 在車內自言自語說：「哎呀！被他們發現我跟廠商拿的鑽石都藏在我死去的阿祖的嘴裡，我就完了！唉～算了，等他們來找，我再用群眾的威力大肆宣揚他們想亂刨我祖墳就好了」，該錄音內容涉及內在精神自由的核心領域，有學者認為此時因為內在精神活動受到絕對的保障，故而依照自主性使用禁止而不得將該錄音內容當成證據[64]。

(2) 比例原則之衡量

① 適當性：用此證據，對於待證事實是否有證明之用。

② 必要性：對於待證事實之證明是否唯一必要。

③ 狹義比例原則：國家對於追訴犯罪之利益是否大於個人基本人權之侵犯。

④ 若以上均為肯定，則該證據即得採為裁判之基礎。

　　以日記案為例，國家合法搜索而扣押到 A 的日記，若 A 於日記中將自己與親妹妹性交（血親性交）的過程寫的鉅細靡遺，但是公益色彩較為薄弱，如果朗讀 A 的日記將會使對於 A 的隱私權侵害遠超過欲保護公益。但如果 A 於日記將自己如何引誘未成年女性，將人皮剝下來做成人皮外衣以及吃掉與戲謔的過程詳盡寫下，包含把血水做成米血請鄰居吃的

---

[62] 大法官釋字第 603 號解釋文：維護人性尊嚴與尊重人格自由發展，乃自由民主憲政秩序之核心價值。隱私權雖非憲法明文列舉之權利，惟基於人性尊嚴與個人主體性之維護及人格發展之完整，並為保障個人生活私密領域免於他人侵擾及個人資料之自主控制，隱私權乃為不可或缺之基本權利，而受憲法第二十二條所保障（本院釋字第五八五號解釋參照）。

[63] 大法官釋字第 490、567 號。

[64] 楊雲樺，自言自語的證據能力，月旦法學教室，第 134 期，2013 年 11 月，頁 27-29。

興奮感、用不同部位骨頭來打鼓的樂趣與音調、頭顱拿來當燈籠的製作過程，涉及公益重大，故而可以作為裁判基礎。

供述證據是否適用於證據禁止法則

（一）有學者認為[65]，證據排除法則並不適用於「供述證據」，因為取得之方法如果有違法的成分存在，供述的可信度（證明力）會受影響，而取得之證據若屬於非供述證據時，因為它本身的性質、形狀不會產生變化，其證據價值不會改變，故採取相對排除，故而§158-4的對象為非供述證據。相反來說，供述證據的重點在於可信度與真實性，如欠缺真實性，就無證據能力（絕對排除），無法透過人權保障及公共利益等因素而取得證據能力。簡言之，供述證據，例如被告自白其有無證據能力之判斷應該以「有無」危害任意性之違法行為存在與否為主；而非供述證據，例如蒐集而來的物證，有無證據能力的判斷應該以違法性的「輕重」為主。

（二）有學說認為[66]，供述證據是否可以適用於§158-4，應分情形而論述，分成「被告以外之人之供述」與「被告之供述」，前者如是審判中的供述，即共同被告、證人或鑑定人之因違反法定程序而使供述有瑕疵，不得為證據，例如證人未依照§186具結，則有§158-3之適用，絕對不得作為證據。而審判外之供述，例如傳聞證據依據§159I原則上不得為證據，而屬於傳聞例外時依照§159-1～§159-5依法律規定而有證據能力，法院同樣無裁量餘地。而於被告之供述（自白或不利陳述），依照真實性、任意性的自白法則下，如自白與事實不符者，應依照§156I排除證據，而不得依照§158-4個案判斷犯罪所生之危險或實害、發現證據之必然性個案判斷是否有證據能力。

---

[65] 黃朝義，刑事訴訟法，2013 年 4 月，頁 553-554。
[66] 王兆鵬、張明偉、李榮耕，刑事訴訟法（上），2012 年 9 月，頁 57-61。

（三）本書以為，不同的想法來自於體系建立不同而有所區別，以證據禁止法則之觀點下，首要關心的是取得之禁止與使用之禁止，後者於法律明文有規定時依法律規定，無明文時依照證據禁止理論處理，自白的任意性其本質亦為證據禁止法則所要關心的範圍。證據排除法則不僅是關心「有無」的問題，亦關心違法性「輕重」的問題，故供述證據而仍有證據禁止法則的適用，只是自白任意性皆已經有我國明文規定而而於「有無」的階段就先排除證據能力。

肆、違法訊問規定之證據禁止

一、被告訊問

訊問被告的目的在於確保被告的辯護利益與保障被告的聽審權，此外訊問被告亦是廣義證據調查的手段之一，屬於嚴格證明法則下的法定證據方法，本書先提前於此節討論。

至於訊問的順序大抵如下：

（一）人別訊問（§94、§286），目的在於查驗身分（姓名、生日、職業或住居所等特定被告的必要事項。

（二）踐行告知義務（§95）。

（三）事物訊問（本案相關事實的訊問），又稱本案訊問。

事物訊問的方法在本法的規定有，使被告有辨明機會且有辨明時命始末連續陳述（§96）、被告有數人時應分別訊問、命被告與其他被告或證人對質，被告有對質義務也有請求對質之權利（§97、§184II）、禁止不正訊問（§98、§156）、司法警察不得於夜間詢問（§100-3）、法定障礙期間內，不得訊問受拘捕者（§93-1），以上都是證據使用禁止的明文規定，違反者原則上不得作為證據。

二、告知義務

（一）意義

告知義務主要在增強且保障被告程序主體地位，目的在於以課予國家告知義務的方式，確保不會違反不自證己罪原則核心內涵（§95I(2)緘默權），使被告可以「了解處境，決定反應」，以平衡被告（非法律專家）與國家（有法律專家與諸多資源）的實力差距。告知§95I(3)受辯護權，是為了增強被告的訴訟防禦權，屬於訴訟照料義務的展現，同時亦兼具了正當法律程序的實現。

（二）行告知義務的程序階段

事物訊（詢）問之前必先要行告知義務，然而有疑問者為告知義務是要「每次」訊（詢）問前皆要告知或是「第一次」訊（詢）問時告知即可，原則上每一個階段的第一次訊（詢）問都要對被告行告知義務，而如該程序中的同一程序階段詢訊（詢）問者又再次詢訊（詢）問被告，倘若被告客觀上的處境與權利未發生變化，被告應可知悉了解告知義務，不用再重複告知。但如果遇到不同程序階段的訊（詢）問者時，或被告客觀上的處境與權利產生發生變化，則必須再次為告知義務。

司法警察（A）➡️ 司法警察（B）➡️ 檢察官（C）➡️ 法官（D）
第一次告知義務　　　不用告知　　　第一次告知義務　第一次告知義務

（三）告知的內容

§95I規定「訊問被告應先告知下列事項：一、犯罪嫌疑及所犯所有罪名。罪名經告知後，認為應變更者，應再告知（罪名告知）。二、得保持緘默，無須違背自己之意思而為陳述（緘默權告知）。三、得選任辯護人。如為低收入戶、中低收入戶、原住民或其他依法令得請求法律扶助

者，得請求之。（辯護權告知）四、得請求調查有利之證據。（請求調查權告知）」。

§95I(1) 之告知的內容必須特定到讓被告可以了解犯罪嫌疑的事由以及所犯罪名，俾使被告可以充分行使防禦權與辯護權。但是告知的內容不可以只是廣泛地說「你說犯了竊盜罪」，因為這樣無法特定犯罪嫌疑的事實會使被告難以防禦，更無法了解處境，決定反應，應該告知人、事、時、地、物，而偵查機關並非要詳細告知，因為偵查機關也有保全證據與發現實體真實之必要。

§95I(2) 之告知內容為緘默權，其來源為不自證己罪，目的在於保障緘默權以及使不知法律的被告也可容易行使緘默權。§95I(3) 的告知內容為得選任辯護人，主要是為了被告的訴訟防禦權而設置，若透過辯護人的協助可以行使較合理的防禦，此與實質有效辯護有緊密關係。§95I(4) 之告知內容為可以請求調查有利證據，此不只是被告的權利，也是國家的義務（§96、§163II）。調查有利證據可加強被告防禦權，且可能影響被告是否陳述。

（四）違反告知內容的效果

1. 可作為上訴第三審事由

因為事實審法院違反告知義務，即為訴訟程序違法，而上訴第三審要以違背法令為理由，而如果違背法令但對於判決結果顯然無影響者，則不得為上訴理由（§377、§380）。

2. 證據使用禁止

(1) 現行法之規定

§158-2II 規定「檢察事務官、司法警察官或司法警察詢問受拘提、逮捕之被告或犯罪嫌疑人時，違反第九十五條第一項第二款、第三款或第二項之規定者，準用前項規定」。可知本條的違反告知義務者「不包含檢察官、法官」，且受告知的對象僅「限於對受到拘提、逮捕的被告」，然

§158-2II 又準用 §158-2I 規定「違背第九十三條之一第二項、第一百條之三第一項之規定，所取得被告或犯罪嫌疑人之自白及其他不利之陳述，不得作為證據。但經證明其違背非出於惡意，且該自白或陳述係出於自由意志者，不在此限」，違反告知義務必須是出於可歸責於偵查機關（例如故意不告知或過失遺漏為告知）[67]且被告自白或陳述非出於自由意志才會排除該證據，此為「證明善意例外且自白任意性」之規定，但是這樣的立法方式太過突顯善意例外的價值，因為即使是善意未告知，也可能會破壞告知義務的規範目的，而且在此條文適用下，倘若是惡意未告知，但自白有任意性時，也不會被排除，會造成非任意性自白才是禁止使用自白的證據的唯一理由。況且違反緘默權的告知義務而禁止自白的理由並非欠缺任意性，而是不自證己罪的違反。另外，由於立法刻意漏未包含 §95(1)、(4)，倘若有違反 §95(1)、(4) 的情形，則只能透過 §158-4 權衡之。

(2) 三階段審查法

現行法 §158-2II 規定違反告知義務的主體「限於司法警察（檢察事務官）且限於受拘捕的被告」，倘若檢察官、法官未盡告知義務，或者對於非屬拘提逮捕而來的被告訊（詢）問前未盡告知義務，屬於法無明文規定者，本書認為可適用三階段審查法。

三階段審查法較能容納諸多情況（例如檢察官蓄意規避告知義務、非拘捕被告而訊問的情形），亦即先判斷國家是否恣意、惡意違反告知義務，如為肯定，則禁止使用證據，若為否定則繼續討論是否違反規範保護目的，如果未行告知義務而取得自白，被告權利因此受損，但如國家不使用該自白，被告的權利則不會陷於終局受損，若國家使用該自白，勢必造成被告不知有緘默權而破壞其不自證己罪的保護目的加深或擴大。若無前述情形，繼續依比例原則審查（權衡理論），因為被告的防禦權極為重要，因無法通過比例原則的審查，證據不可以加以使用。如果被告早就知

---

[67] 吳燦，刑事證據能力判斷的案例研討－台灣米蘭達法則與證據排除主張逾期之法效，月旦法學雜誌，第 301 期，2020 年 6 月，頁 26。

道有緘默權的規定，未告知就不會違反保護規範目的，進而不會有證據使用禁止的效果。

(3) 實務見解

　　對於檢察官蓄意或非蓄意規避告知義務的情況，現行實務顯然採取三段式審查法。

最高法院 92 年度台上字第 4003 號刑事判決

　　刑事被告乃程序主體者之一，有本於程序主體之地位而參與審判之權利，並藉由辯護人協助，以強化其防禦能力，落實訴訟當事人實質上之對等。又被告之陳述亦屬證據方法之一種，為保障其陳述之自由，現行法承認被告有保持緘默之權。故刑事訴訟法第 95 條規定……此為訊問被告前，應先踐行之法定義務，屬刑事訴訟之正當程序，於偵查程序同有適用。至證人，僅以其陳述為證據方法，並非程序主體，亦非追訴或審判之客體，除有得拒絕證言之情形外，負有真實陳述之義務，且不生訴訟上防禦及辯護權等問題。

　　倘檢察官於偵查中，蓄意規避踐行刑事訴訟法第 95 條所定之告知義務，對於犯罪嫌疑人以證人之身分予以傳喚，命具結陳述後，採其證言為不利之證據，列為被告，提起公訴，無異剝奪被告緘默權及防禦權之行使，尤難謂非以詐欺之方法而取得自白。此項違法取得之供述資料，自不具證據能力，應予以排除。

　　如非蓄意規避上開告知義務，或訊問時始發現證人涉有犯罪嫌疑，卻未適時為刑事訴訟法第 95 條之告知，即逕列為被告，提起公訴，其因此所取得之自白，有無證據能力，仍應權衡個案違背法定程序之情節、侵害被告權益之種類及輕重、對於被告訴訟上防禦不利益之程度、犯罪所生之危害或實害等情形，兼顧人權保障及公共利益之均衡維護，審酌判斷之。

最高法院 104 年度台上字第 2494 號刑事判決

　　在偵查階段初始，被告之身分或未臻明朗，是否為「被告之訊問」並不以形式上之稱謂是否係「犯罪嫌疑人」或「被告」為斷，而應為實質上之功能性觀察，倘依偵查機關客觀所為之特定活動或措施，可判斷其主觀上業已認定特定之人有犯罪之嫌疑時，被告之地位已經形成，此時訊問者為獲致相關案情加以訊問，即有踐行告知之義務，以嚴守犯罪調查之正當程序，落實上開訴訟基本權之履踐。

　　又倘若檢察官於偵查中，蓄意規避踐行上開規定之告知義務，對於犯罪嫌疑人以「被告」以外之身分訊問，採其不利供述為證據，列為被告，提起公訴，無異剝奪被告緘默權及防禦權之行使，難謂非以詐欺之方法而取得自白，此項違法取得之供述資料，自不具證據能力，應予以排除。

　　如非蓄意規避上開告知義務，或訊問時始發現其涉有犯罪嫌疑，卻未適時為上開之告知，其因此所取得之供述證據，即屬同法第 158 條之 4 所指違背法定程序取得之證據，其證據能力之有無，仍應權衡個案違背法定程序之情節、侵害被告權益之種類及輕重、對於被告訴訟上防禦不利益之程度、犯罪所生之危害或實害等情形，兼顧人權保障及公共利益之均衡維護，審酌判斷之。

(4) 有學說見解[68]

① 警察機關違反告知義務

　　如為拘提、逮捕之犯罪嫌疑人或被告之情形，違反 §95(2)、(3) 之告知義務，依照 §158-2II 規定處理。

　　非拘提、逮捕之犯罪嫌疑人或被告之情形，屬於 §158-2II 以外的情形，未為權利告知，僅是自白排除與否的參考因素之一，而非決定因素，

---

[68] 王兆鵬、張明偉、李榮耕，刑事訴訟法（上），2012 年 9 月，頁 333-334、375-376。

例如自行到場或受通知到場，意思較為自由、未告知內容是犯罪嫌疑或所犯罪名，都要考慮「自白是否出於任意性」，如非出於任意性則要將該自白排除。其不以§158-4決定證據能力。本書以為該學說見解在此情形不適用§158-4的理由，應在於該學說見解主張§158-4僅適用於非供述證據。

② 檢察官違反告知義務

　　檢察官對於拘提、逮捕之犯罪嫌疑人或被告違反§95(2)、(3)之告知義務，因為現行法並無規定，應該類推§158-2II，亦即若檢察官訊問時的環境與警察訊問時的環境相同，原則上應排除違反告知義務所取得的自白，且檢察官應該舉證證明被告自願放棄緘默權而陳述，否則取得的自白受強制環境影響而放棄緘默權，不得為證據。

③ 審判中法官違反告知義務

　　審判中的訊問環境，不應被推定為具強制性質，如法官未告知被告緘默權，因為訊問之環境不具備強制性，未告知權利不當然成為非任意性自白，而只是非任意自白的參考因素之一，應該綜合判斷一切事項決定是否違反任意性陳述，例如法官說：「法官的耐心也是有限啦，你再說謊的話，法官可能就會判你重刑而且馬上羈押你」，此時違反了緘默權的保障核心，取得的自白不得為證據。

三、不正訊問

（一）自白任意性保障

　　§98規定「訊問被告應出以懇切之態度，不得用強暴、脅迫、利誘、詐欺、疲勞訊問或其他不正之方法」、§156I規定「被告之自白，非出於強暴、脅迫、利誘、詐欺、疲勞訊問、違法羈押或其他不正之方法，且與事實相符者，得為證據」，此為我國的法律規定的證據使用禁止（依附性使用之禁止）的規定，不正訊問的禁止在於保障被告陳述與否的意思決定與活動自由，稱之為任意性。又該規定為自白任意性的保障，涉及被告的程序主體地位與人性尊嚴不容侵犯的保障。例如刑求取供、欺騙其他共

同被告已經自白（例如偵查機關對 A 說：「那個……你的共同被告 B 已經認了啦，你要不要也認一認比較乾脆」，但事實上其他共同被告並無自白）。

然而法定寬典的告知（法律明文減輕或免除其刑事由的告知），是否為不正方法，例如依毒品危害防制條例§17告知供出毒品來源可獲得減輕或免除其刑、依證人保護法§14I告知被告經檢察官同意而供出其他共犯而獲得減輕或免除其刑之規定、依照槍砲彈藥刀械管制條例§18IV曉諭自白得減免其刑之規定。倘若是法定寬典之告知，實務認為並非利誘手段，也非誘使證人誣指他人犯罪，告知並非不正方法[69]。但如果是量刑事由，檢察官對量刑並無裁量權，此種非法定寬典的告知是屬於不正訊問中的利誘[70]。

> ### 最高法院 107 年度台上字第 2052 號刑事判決
>
> 　　只要訊（詢）問者於訊問之際，能恪遵法律規定，嚴守程序正義，客觀上無任何逼迫或其他不正方法，縱使被告基於某種因素而坦承犯行，要不能因此即認被告自白欠缺任意性。次按供述證據禁止以不正方法取得，乃法定之取證規範，司法警察官或司法警察因調查犯罪之需，於詢問犯罪嫌疑人時使用所謂之「詢問技巧」，必須建構在法定取證規範上可容許之範圍內，始足當之，否則即難謂係合法而肯認其證據能力。是否該當取證規範可容許之範圍，以有無誘發虛偽陳述或非任意性陳述之危險性為斷；於詢問前曉諭自白得減、免其刑之規定（如貪污治罪條例第 8 條第 2 項、證人保護法第 14 條第 1 項等），乃法定寬典之告知，並非利用對於「自白」之誤認，誘使犯罪嫌疑人自白犯罪；又司法警察對犯罪嫌疑人表示經檢察官許可後不予解送（刑事訴訟法第 92 條第 2 項）而取得自白，應屬合法之「詢問技巧」範疇。

---

[69] 最高法院 103 年度台上字第 3094 號刑事判決、最高法院 107 年度台上字第 2052 號刑事判決、最高法院 109 年度台上字第 1366 號刑事判決。

[70] 最高法院 106 年度台上字第 2370 號刑事判決。

> ### 最高法院 106 年度台上字第 2370 號刑事判決
>
>   刑事訴訟法第 156 條第 1 項將利誘列為自白取證規範禁止之不正方法之一，此所謂之利誘，係指詢（訊）問者誘之以利，使受詢（訊）問者認為是一種條件交換之允諾而為自白，然並非任何有利之允諾，均屬禁止之利誘。刑事訴追機關於詢（訊）問前，曉諭自白減免其刑之規定，乃法定寬典之告知，或基於法律賦予對特定處分之裁量空間，在裁量權限內為技術性使用，以鼓勵被告或犯罪嫌疑人勇於自白自新，均屬合法之偵訊作為，而為法所不禁。但刑事追訴機關如對被告或犯罪嫌疑人許諾法律所未規定或非屬其裁量權限內之利益，使信以為真，或故意扭曲事實，影響被詢問者之意思決定及意思活動自由，誘使被詢問者為自白，則屬取證規範上所禁止之利誘，不問自白內容是否與事實相符，根本已失其證據能力，不得採為判決基礎。而刑罰之量定，係屬法律賦與法院自由裁量之職權，檢察官則無此裁量權限。依本件檢察官對陳○○之訊問方式及內容，不斷地許諾非裁量權限內之量刑減讓利益，對社經地位不高、亦非具有相關法律認知能力之陳○○（其於第一審時自述教育程度為國中畢業、職業為鐵工）而言，顯具有相當高的誘發性，足以影響其意思決定與意思活動自由，其因而為自白，已逸出取證規範可容許之偵訊技巧範圍，而屬禁止之利誘。

（二）不正訊問的證據使用禁止的效力範圍

  以下討論直接效力、繼續效力、放射效力

1. 直接效力

  直接效力是指因為不正詢（訊）問方法而直接取得被告之自白，此時該證據為禁止使用之第一次自白（§98、§156），其判斷重點在於「不正方法與被告自白間是否有因果關係」，該因果關係的證明程度只要達到大致令人相信即可，即程序事項採自由證明。例如警察欺騙被告其他共犯已經自白了，而被告跟著自白，此時就具有因果關係，但如果今天被告不

是基於警察的欺騙而自白，而是因為覺得自白可以換得較輕的量刑，此時就不具備因果關係。

2. 繼續效力（延續效力）（違法取得自白→合法取得自白）

　　繼續效力是指國家機關（例如警察局）因為不正訊問方法而取得被告「第一次自白」，該第一次自白之證據應禁止使用，但後來接續的國家機關（例如地檢署）並未再使用不正訊問方法，被告又為「第二次自白」，第二次自白是否無證據能力而應被排除？

　　若 A 警察第一次詢問時利用刑求而取供，而 B 警察第二次詢問時未使用刑求方式，被告即自白。判斷關鍵為「先前的不正方法對於後來自白的任意性有無影響」，此時因皆處於警詢階段，被告所處的環境與情勢、詢問的主體（都是警察）相同，此時受詢問人心理壓力仍存在，不能期待被告可以出於任意性而自白，此為直接效力之討論範圍，法院應認自白無證據能力。但若是第二次訊問主體為檢察官時，檢察官沒有使用不正訊問，但是因為先前警詢階段的不正方法繼續影響到被告的任意性（倘若環境、情勢沒有改變，然訊問主體為明顯改變[71]），但仍不能期待被告作出任意性的自白，此為繼續效力之討論範圍，該自白仍不可作為證據使用。

　　而如何去「排除」警察 A 的不正詢問對於警察 B 詢問取得自白任意性的影響，或先前警詢階段的不正訊問後來檢察官偵訊階段的自白任意性之影響？如何去截斷繼續效力？學說上認為應課予偵訊之主體對被告踐行適合（有學者稱為：加重）的告知義務，亦即讓被告明確知悉情勢後再自行判斷是否陳述[72]。

---

[71] 例如鄭性澤案，警察用不正方法訊問被告，使被告自白，然到了檢訊階段，檢察官仍是在 KTV 包廂內訊問被告，且旁邊還圍著當初使用不正方法的那群警察，雖然訊問主體改變了，但是環境、情勢並沒有改變，鄭性澤（被告）當然不敢說實話。

[72] 林鈺雄，刑事訴訟法（上），2013 年 9 月，頁 197。林鈺雄，刑事訴訟法實例解析，新學林，2022 年 9 月，頁 47-48。

　　實務上 [73] 亦有採繼續效力的見解，另外實務 [74] 有以因果關係（前階段不法與後階段取證有無因果關係）作為論述。但實務見解皆未提及是否有合格的告知義務之必要。所謂合格告知，例如檢察官應該明確告知被告：「如果先前有受到警察的刑求、脅迫等那個都不算數，情況已經改變了現在是在檢察官面前而不是在警察面前，跟檢察官講真話沒關係，檢察官不會對你刑求、脅迫，講真話警察也不會再對你不利」。

最高法院 109 年度台上字第 952 號刑事判決

　　被告自白若係偵查人員以不正方法取得，該次自白因欠缺任意性，固不得為證據，但嗣後於不同時空由不同偵查人員再次訊問時，若未使用不正方法，則其他次自白是否予以排除，須視其他次自白能否隔絕第一次自白之影響不受其污染而定。此非任意性自白延續效力是否發生，應依具體個案客觀情狀加以認定，倘若偵訊之主體、環境及情狀已有明顯變更而為被告所明知，除非證據足以證明被告先前所受心理上之強制狀態延續至其後應訊之時，否則應認已遮斷前次非任意性自白之延續效力。此判斷基準，於證人證言非出於任意性之情形時，亦有其適用。

最高法院 99 年度台上字第 4905 號刑事判決

　　偵查中因案件由偵查輔助機關移送偵查機關而產生前後兩階段之自白時，其偵查中前階段（如警察或調查機關調查時）之自白因違反任意性要件而被排除時，後階段（如檢察官偵查）之自白是否亦受到污染而在排除之列（即學說上所稱「非任意性自白之繼續效力問題」），應取決於後階段之自白是否出於被告之自由意思而定。若被告在後階段之自白係基於其自由意思而為，而非出於不正方法所取得，原則上自不在

---

[73] 最高法院 109 年度台上字第 952 號刑事判決。

[74] 最高法院 99 年度台上字第 4905 號刑事判決、臺灣高等法院 108 年度再字第 3 號刑事判決、臺灣高等法院 108 年度上訴字第 3510 號刑事判決。吳燦，科技偵查蒐證之授權依據及證據能力—以警察裝置 GPS 偵查為例，檢查新論，第 27 期，2020 年 2 月，頁 168。

排除之列。惟前階段使用不正方法而取得被告自白，其影響被告意思自由之心理強制狀態若延續至後階段偵查中，而與後階段偵查之自白具有因果關係者，則其非任意性自白之排除效力，自應繼續延長至後階段之偵查中。惟以不正方法取供雖導致所取得之自白無證據能力，但並無阻礙國家偵查機關另以合法方法再度取得被告自白之效力，否則，整體追訴犯罪程序將因單一錯誤因素而導致澈底癱瘓，顯違刑事訴訟之基本目的。故被告於警詢時若受不正方法而自白，其自白之證據能力固應予以排除。惟其嗣後於檢察官偵訊時並未受不正方法而自白犯罪，且不能證明警詢時所受不正方法影響其意思自由之情狀已延續至檢察官偵查中，而與檢察官偵訊時之自白具有因果關係者，即不得任意排除其於檢察官偵訊時所為自白之證據能力。尤其檢察官若已合法踐行告知義務，提醒被告得保持緘默，無須違背自己意思而陳述者，被告再為內容相同之自白，則此次自白之任意性不因前階段不正手段而受影響，其非任意性自白之排除效力自應加以阻斷。

3. 放射效力（違法取得自白→合法取得物證）

放射效力是在處理衍生證據是否禁止使用的問題，也就是毒樹果實的問題[75]，若為第一次違法取得的原始證據，則非放射效力問題。放射效力所要處理者為偵查機關不正訊問取得被告自白（原始證據），再依據該應被排除的自白而「合法」（例如有令狀搜索、扣押）取得衍生證據，該合法取得之衍生證據（例如毒品）是否要禁止使用。現今通保法 §18-1II 已有明文放射效力，但刑事訴訟法未明文規定時此種證據究竟可否採為裁判之基礎，判斷如下：

(1) 取得該證據的主、客觀違法情形之嚴重程度

偵查人員主觀上與客觀上違法，如蓄意、非蓄意違反取證規定、侵害權利之方法、種類與範圍皆要考量。類似於美國法的善意例外。

---

[75] 林鈺雄，刑事訴訟法實例解析，新學林，2022 年 9 月，頁 42。

(2) 假設偵查流程理論（合法取得證據之假設、無可避免發現）

　　假若當初未違法取得該證據，該證據仍然會出現在國家機關面前（即仍會落在國家機關之手中），此情形即無須加以禁止。

(3) 稀釋程度

　　違法取證行為與所要判定的衍生證據間，有介入多少次的取證行為。例如不正取得被告自白，又依該自白而合法搜索，取得賄賂名單（衍生證據），又由該名單再找出收賄共犯（再衍生證據），又由共犯的任意性自白找出贓款（再再衍生之證據），此類樹生果，果又生樹，樹又生果的情形此時放射效力應該限制，不及於再與再再衍生之證據[76]。

　　本書認為，稀釋的程度所應觀察的是前違法行為對於後合法取證行為有無經由多次取證行為的介入而減低影響力，所謂「稀釋」必須依據個案認定，例如考量時間、違法性的嚴重程度等等因素，以判斷前揭違法行為是否被稀釋了，實務亦同此見解[77]。簡言之，毒樹生的毒果，該毒果仍有毒樹的基因存在，該毒果種子又長出的毒樹，受到相當的演化（氣候變遷、基因突變）之後，慢慢將該有毒的基因消除，而除非是人為直接合法介入，否則非下一代就可以直接改良轉為無毒之果樹。

　　實務[78]上有採放射效力之看法者，亦有提及毒樹果實原則以及毒樹果實原則之例外（獨立來源），但衍生證據是否排除仍以§158-4論處[79]。亦有直接說明我國不採取毒樹果實原則者，認為前後如具有因果關聯性，應適用相對排除原則（即權衡理論）（§158-4）[80]。另有直接採取毒樹果

---

[76] 林鈺雄，刑事訴訟法（下），2022 年 9 月，頁 40。

[77] 最高法院 101 年度台上字第 5570 號刑事判決。

[78] 最高法院 101 年度台上字第 5570 號刑事判決。

[79] 最高法院 105 年度台上字第 3011 號刑事判決、最高法院 107 年度台上字第 2236 號刑事判決。

[80] 最高法院 96 年度台上字第 4117 號刑事判決、最高法院 107 年度台上字第 3525 號刑事判決。然我國刑事訴訟法§158-4 係採證據排除權衡法則，不採美國法的毒樹果實理論。

實原則者[81]。亦有將權衡理論與毒樹果實理論混合論述者[82]。

---

[81] 最高法院 102 年度台上字第 675 號刑事判決、最高法院 108 年度台上字第 2412 號刑事判決、最高法院 109 年度台上字第 1086 號刑事判決：本件承辦警員未經上訴人同意，亦未有任何犯罪事證，即擅自向「露天拍賣」網站調取其買賣物品之交易紀錄，承辦警員已涉及違反個人資料保護法及通訊保障及監察法所定之「令狀原則」，嚴重侵犯人民秘密通訊自由及隱私權，其情節難謂非重大，依毒樹果實理論，承辦警員依其違法取得之上訴人購買玩具槍之資料，進而搜索查獲上訴人之改造手槍，應無證據能力。最高法院 109 年度台上字第 204 號刑事判決：警方對證人陳○○提供不當之暗示，致使證人依其暗示而為指認，並為事實之陳述，程序既不正當，所取得之供述及指認應均無證據資格。而偵查程序係接續為之，於偵查中之供述，依毒樹果實理論，陳○○於偵查之供述亦無證據能力。

最高法院 110 年度台上字第 4646 號刑事判決：依通訊保障及監察法（下稱通保法）第 5 條第 4 項之規定，執行機關應於執行監聽期間內，每 15 日至少作成 1 次以上之報告書（下稱期中報告），說明監聽行為之進行情形，以及有無繼續執行監聽之需要；法官依據經驗法則、論理法則自由心證判斷後，發現有不應繼續執行監聽之情狀時，應撤銷原核發之通訊監察書。又違反通保法第 5 條、第 6 條或第 7 條規定進行監聽行為所取得之內容或所衍生之證據，於司法偵查、審判或其他程序中，均不得採為證據，同法第 18 條之 1 第 3 項亦有明文。然此項規定係源自英美法制中之毒樹果實原則，乃指對於偵查犯罪人員非法取得之證據，若僅禁止直接使用，不禁止其間接使用而取得之證據，無異等於邀誘執法人員以違反法律或侵害人權的方式取得證據，且其結果對被告之防禦權產生重大之不利益。然而，過度適用毒樹果實原則，會造成偵查犯罪人員一有非法行為，證據即永絕於世，無異承認犯罪追訴工作將因一次性的違法偵查而全面停擺。故美國聯邦最高法院對毒樹果實原則，已透過判決先例，對於違法偵查作為後所衍生之合法取得證據，創設毒樹果實原則之例外法則，諸如「獨立來源」、「必然發現」、「稀釋原則」等，肯認其後續合法取得之證據具有證據能力，不受先前違法偵查行為之「毒素」影響。此一原則與例外之承認，目的在不准偵查犯罪人員利用非法行為取得優越地位（原則的適用），但也不使其處於較非法行為前更劣勢的地位（例外的適用）。亦即，偵查犯罪人員先前有違法之偵查作為，不當然代表不得再續行合法之犯罪偵查與追訴，亦不當然得認其後合法偵查所取得之證據，概為先前違法偵查之產物。此與我國刑事訴訟法上偵查，係指偵查機關知有犯罪嫌疑而開始調查，以發現及確定犯罪嫌疑人，並蒐集及保全犯罪證據之刑事程序，而所謂「知有犯罪嫌疑」之依據，不以「具有證據能力」之證據為限等旨相同。又所謂「稀釋原則」，乃偵查機關人員為違法取證後，依該證據之發現，陸續進行合法偵查作為所取得之證據，倘已稀釋或消除先前違法取證之違法性（即毒樹之毒性），後續取得之證據（果實），即不在禁止使用（禁食）之列。是以，於審酌偵查機關人員違法取證之情節（包含前後取證所適用之法律之規範目的及保護法益）、前後取證經過之時間長短、有無其他事實介入等事證，依個案情節為綜合判斷後，倘認先前違法取證之瑕疵已為稀釋或洗淨，則其後之取證應認具有證據能力，自其法律效果而言，即難再認係先前違法取證之衍生證據。從而，通保法第 18 條之 1 第 3 項之規定，亦應秉持其立法源由，而為其合目的性之解釋，始屬允當。

[82] 最高法院 107 年度台上字第 3645 號刑事判決：經權衡個案違背法定程序之情節、侵害上訴人權益之種類及輕重、對於上訴人訴訟上防禦不利益之程度、犯罪所生之危害或實

最高法院 101 年度台上字第 5570 號刑事判決

刑事訴訟法第 98 條結合同法第 156 條第 1 項，建構成完整之自白證據排除規定，旨在維護被告陳述與否之意思決定與意思活動自由權。被告自白須出於自由意志，設若被告第一次自白係出於偵查人員以不正方法取得，該次自白因欠缺任意性固不得為證據，但嗣後由不同偵查人員再次為訊問並未使用不正方法而取得被告第二次之自白，則其第二次自白是否加以排除，此即學理上所稱非任意性自白之延續效力；又如被告之自白非出於任意性，但本其自白蒐集之證據（例如合法搜索取得之證物），該非出於不正方法所蒐集之證據有無證據能力，則為學理上所指非任意性自白之放射效力。

前者，須視第二次自白能否隔絕第一次自白之影響不受其污染而定，亦即以第一次自白之不正方法為因，第二次自白為果，倘兩者具有因果關係，則第二次自白應予排除，否則，即具有證據能力。此延續效力是否發生，依具體個案客觀情狀加以認定，倘若其偵訊之主體與環境、情狀已有明顯變更而為被告所明知，除非有明確之證據，足以證明被告先前所受精神上之壓迫狀態延續至其後應訊之時，應認已遮斷第一次自白不正方法之延續效力，即其第二次之自白因與前一階段之不正方法因果關係中斷而具有證據能力。

後者，雖有學者主張非任意性自白應有放射效力，但原則上應將其射程限制在第一次之衍生證據，惟通說則認為本於被告自白所蒐集之證據，如非出於不正方法，仍具有證據能力，並不受自白非任意性之影響。

害等情形，兼顧人權保障及公共利益之均衡維護，並依罪證有疑利歸被告原則，應為有利上訴人之認定，並按毒樹果實原則，上訴人於臨時偵查庭與羈押訊問庭不利於己之供述，應無證據能力。原判決認此部分之供述具任意性而有證據能力，自有刑事訴訟法第 378 條判決違背法令之違誤。最高法院 109 年度台上字第 1077 號刑事判決：警員對其違法搜索、逮捕後採尿，其同意採尿欠缺真摯性。且警員故意違背法定程序之情節重大，依權衡理論及毒樹果實理論，應認所採尿液及尿液檢驗報告，均無證據能力。

> **最高法院 107 年度台上字第 2236 號刑事判決**
>
> 　　刑事訴訟法第 158 條之 4 明定：「除法律另有規定外，實施刑事訴訟程序之公務員因違背法定程序取得之證據，其有無證據能力之認定，應審酌人權保障及公共利益之均衡維護。」是為法益權衡原則，採相對排除理論，以兼顧被告合法權益保障與發現真實之刑事訴訟目的。而實施刑事訴訟程序之公務員違法取得證據後，進一步衍生取得之證據，縱與先前之違法取證具有如毒樹、毒果之因果關聯性，然該進一步採證之程序，苟屬合法，且與先前違法取證係個別獨立之偵查行為，刑事訴訟法並無排除其作為證據之明文。必先前違法之取證，與嗣後合法取得證據之行為，二者前後密切結合致均可視為衍生證據取得程序之一部，該衍生證據之取得因而存在違法事由，始得依其違法之具體情況，分別適用刑事訴訟法證據排除之相關規定，判斷其有無證據能力。倘先前並無違法之取證，則上述嗣後合法取得證據之行為，即非因存在違法事由而取得之衍生證據，自無違法之可言。

　　從以上可得知，實務在放射效力、毒樹果實理論、權衡理論的取決方面進入了大亂鬥時代。

毒樹果實理論（fruit of the poisonous tree doctrine）[83]

（一）毒樹果實理論概說

　　毒樹果實理論是指非法取得之證據為毒樹，又該毒樹所衍生的證據，即使是合法取得仍是具有毒性的毒果，故不得使用。

（二）自白為毒果的情形

　　證據排除法則或毒樹果實原則，原則上是對於「物證」，物證取得

---

[83] 王兆鵬、張明偉、李榮耕，刑事訴訟法（上），2012 年 9 月，頁 49-53、62-65、397-409。

的過程極易追索，如果警方無法解釋如何知悉物證的存在，幾乎可以輕易推理出第二次的取證是來自於前一次的違法行為的結果，但自白有獨立的自白法則，毒樹果實原則是否可用於非法搜索或非法逮捕之後的自白，傳統的證據排除法則是指排除物證（按：與證據禁止法則不同），但供述證據若立即源自於非法搜索或非法逮捕，則與物證為非法之產物並無二致，應排除之。

申言之，判斷非法產物所衍生取得之物證較簡單，多可依據客觀事實，但是自白涉及被告主觀動機與意志，影響其主觀的因素的原因極為複雜，例如被告可能看到媽祖突然懺悔，而跟警詢無關、也可能是受警察威嚇而驚嚇、也可能只是認為警察誠心誠意地發問了，就大發慈悲地告訴警察的心態。因為判斷複雜，而必須給予一個客觀的判斷標準，故而學者認為基於嚇阻先前違法之目的，只要客觀上，利用一開始非法行為而產生自白，就應適用毒樹果實理論，否定自白的證據能力。

【自白為毒果】

毒樹	毒果
違法搜索、扣押、逮捕	原則：毒樹果實原則，自白排除
	例外：稀釋例外，不排除

（三）自白為毒樹

如果警察違法而取得自白（自白＝毒樹），自白當然不得為證據。

1. 衍生的毒果為物證

(1) 違反之類型較嚴重（§98→§156）：原則上依照毒樹果實原則排除證據，符合例外時不排除

例如警察刑求 A，由 A 的自白得知 A 將犯罪工具丟到河裡，警察去河裡撈出犯罪工具，此時依照毒樹果實原則應排除該犯罪工具的證據能力。然如警察刑求 B，由 B 的自白得知 B 準備要販毒將毒品藏在租

屋處，在沒有搜索票下，警察衝入租屋處，果然發現大量毒品。此時警察刑求所得之 B 的自白依照 §156I 無證據能力，而毒品等證據有無證據能力，應否排除，此時與毒樹果實法則無關，因為取得毒品等證據本身已經違反令狀原則（§128），應依照 §158-4 決定效果[84]。

(2) 違反類型較不嚴重（§98 → §156 以外之類型）

例如違反夜間訊問（§100-3）、法定障礙期間訊問（§93-1）→ 原則上排除（§158-2I）。違反權利告知（§95(2)、(3)）→原則上排除（§158-2II）。

檢察官如果可以證明自白任意性，自白不會被排除，亦不適用毒樹果實原則，物證也不會被排除。檢察官如果不能或不願證明自白任意性，原則上自白會被排除，適用毒樹果實原則而物證也會被排除，只有符合例外時方可為證據。

【自白毒樹】

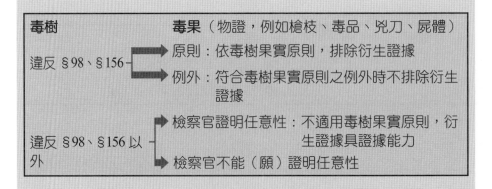

2. 衍生的毒果為自白

學說認為警詢時違反告知義務，被告自白不具任意性，原則上適用毒樹果實原則，會排除自白所衍生的自白。但能證明自白任意性時，不

適用毒樹果實原則，自白所衍生的證據可以使用。亦即上述的 §98、§156 以外方式之處理方法。理由在於預防一般被告的非任意性自白可以成為證據、節省訴訟資源、避免法院判斷錯誤。

（四）毒樹果實原則之例外

如果過度適用毒樹果實原則，將會造成一有違法的行為，證據將「永世不得超生或復活」，故而有承認毒樹果實原則的例外之必要。

毒果是以毒樹為前提下合法取得之衍生證據，如有以下之例外，可例外取得證據能力：

1. 獨立來源（個別獨立偵查）

如果證據的來源獨立且合法，可以取得證據能力，例如警察 A 非法取得文件，文件因證據排除法則而不得使用，警察也不得再以聲請搜索票方式取得其他證據（毒果），但如果警察可以由其他合法管道取得該其他證據，例如有線民密報或其他合法證據的推論下，而知悉與取得，此時取得該其他證據就不能排除。例如警察 A 對被告 B 不法取供而得出自白（B 虐死婆婆的屍體之隱藏處所），倘若因台灣的夏天炎熱，路人 C 路過聞到屍臭味而報警，因此警察發現被藏匿的屍體，該屍體可為證據。

2. 必然發現

雖然違法取得的證據會被排除，然衍生證據如果不經由違法取證的行為，也必然會被發現，該衍生的證據即不排除。亦即依據原本的偵查手段本來就會發現，例如警察 A 對 B 刑求取供，但是警察依照原本偵查的程序本來就可以發現毒窟的所在位置。

3. 稀釋例外

第一次為違法取證後，第二次合法取得證據之前，有其他因素介入，而稀釋或消除了原本的違法性，雖然不符合前述兩者的例外，但第二次取得的證據仍不排除，理由在於第一次違法取證與第二次合法的自

白間之關聯性遙遠。例如警察 A 違法逮捕 B 後而取得自白後釋放 B，過了一星期後 B 自己又主動去向警察自白。

是否已經被稀釋，要考量時間、被告自願性、違法的嚴重性、第二次證據之性質（例如警察非法搜索而取得證人的聯絡資料，審判中傳喚證人，證人自己願意出庭，該證人的證詞較物證容易稀釋，因為證人可自願出庭，但物證無非法搜索就不會被發現，且關鍵證詞如不稀釋將永遠被排除）、中間摻雜因素之多寡。

放射效力與毒樹果實理論（以 §98、§156 為主討論）之實務之見解

➡ 違法取證（取得自白）➡ 合法取證（取得自白）

➡ 實務：因果關聯

➡ 繼續效力：情境、主體改變、加重告知義務

➡ 毒樹果實理論：原則上第一次衍生的證據應排除，但有例外

➡ 違法取證（取得自白）➡ 合法取證（取得物證）

➡ 實務：因果關聯

➡ 放射效力 ➡ 有認為：僅及於第一次衍生之證據
　　　　　　　本書認為：不僅及於第一次衍生之證據

➡ 毒樹果實理論：原則上第一次衍生的證據應排除，但有例外

➡ 違法搜索、拘捕取得證據（取得物證）➡ 合法訊問（取得自白）

➡ 實務：因果關聯、毒樹果實理論、權衡理論

➡ 毒樹果實理論：客觀上，利用一開始非法行為而產生自白，就應適用毒樹果實理論，否定自白的證據能力。

四、不正訊問方法的調查 —— 自白之任意性優先調查，自白之內容最末調查

為了避免法官受到非任意性的自白而影響，如於證據調查程序中提出非任意性自白抗辯（§156III），法院應停止程序而先行調查自白任意性。而為避免法院將自白的內容當成認定犯罪事實的最重要依據，應該先調查其他事證後，最後才能調查自白內容（§161-3），以免法官過早接觸自白，而影響心證。

伍、私人違法取得證據的禁止（私人不法取證）

一、私人違法取得的證據意義

我國現行規定：由§158-4條文用語「刑事訴訟的『公務員』違背法定程序所取得的證據⋯⋯」，似乎可推知立法者無意規範「私人」取證的情形，故而偵查機關違法蒐證與私人不法取證，屬於兩種完全不同的取證態樣，無一體適用之可能[85]。

國家違法取證的行為，例如偵查機關無令狀的搜索行為，原則上無證據能力，而該情形亦常常發生在私人身上，例如徵信社竊錄、偷拍之錄音帶、錄影帶，卻不包含在§158-4的公務員違法取證的射程範圍，如又將取得的證據交給國家機關，是否禁止使用，將產生爭執。

不過應說明的是，如私人取證行為是受到國家機關的介入，該私人屬於國家手足的延伸，故而非私人取證行為[86]。

---

[85] 楊雲驊，私人不法取證之證據能力 —— 評最高法院九八年度台上字第五七八號判決，台灣法學雜誌，第135期，頁277。

[86] 林鈺雄，刑事訴訟法（下），2022年9月，頁16-17。最高法院108年度台上字第2101號刑事判決：本件甲女提出其與上訴人對話之錄音檔，並非偵查機關違法取得，更非任何私人以強暴、脅迫或其他不法方法取得者，屬私人取證之行為。最高法院103年度台上字第419號刑事判決：私人將其所蒐取之證據交給國家作為追訴犯罪之證據使用，國

二、私人違法取證之證據的證據能力

私人違法取證的法理上探討，有認為應排除，理由在於發現真實。有採「法秩序一元性」說，認為實體法與程序法應掛勾解釋，既然受到實體法非難，那麼程序法上也會受到負面評價，故而應該排除證據能力的使用。更有「法治性一元說」採相同基本看法者，亦即「禁止由自己違法行為受益理論」，認為私人違法取證為實體法上所不許的惡性行為，故而不具證據能力，但如果行為人非基於國家機關受益而是出於自己意思而違法取得證據，則證據不排除，例如 A 侵入 B 宅竊盜毒品，A 被捕，後來檢察官提出 B 吸毒的證據，A 不受有利益，因此證據不會排除[87]。

關於私人違法取證之行為而取得的證據，是否有證據能力，討論如下。

（一）任意性區分說

實務見解認為[88]私人違法取證，原則上無證據排除法則的適用，因為私人違法取證並無普遍性且屬於自我救濟的途徑，如果讓私人取證行為又落入民、刑事之訟累（例如違法搜索罪、妨礙秘密罪），將會失衡。倘若被告陳述具備任意性時，即可為證據。若是故意對被告或證人使用暴力、刑求方式而取得被告自白（性質上為被告審判外自白）或證人之證述，違背任意性且有虛偽高度可能性，若不禁止，則會造成鼓勵個人違法取得證據。

亦有學說採此見解，認為如私人故意暴力、刑求取得證據，因具有高度虛偽可能性且違反人性尊嚴，應將證據能力排除，亦即類推適用

家機關只是被動地接收或記錄所通報已然形成之犯罪活動，並未涉及挑唆亦無參與支配犯罪，該私人顯非國家機關手足之延伸，是以國家機關據此所進行之後續偵查作為，自具其正當性與必要性。

[87] 吳巡龍，私人取證，月旦法學教室，第 133 期，2013 年 11 月，頁 37。

[88] 最高法院 101 年度台上字第 3561 號刑事判決、臺灣高等法院 111 年度侵上訴字第 89 號刑事判決。

§156I 而無證據能力[89]，而私人取證的手段如是詐欺或利誘，原則上仍可為證據，因為私人不若國家機關般可能侵害基本權慎重，但如果使被告的陳述發生虛偽的危險或違背社會良心，則應排除證據能力[90]。

最高法院 101 年度台上字第 3561 號刑事判決

　　私人不法取證係基於私人之地位，侵害私權利有別，蓋私人非法取證之動機，或來自對於國家發動偵查權之不可期待，或因犯罪行為本質上具有隱密性、不公開性，產生蒐證上之困窘，難以取得直接之證據，冀求證明刑事被告之犯行之故，而私人不法取證並無普遍性，且對方私人得請求民事損害賠償或訴諸刑事追訴或其他法律救濟機制，無須藉助證據排除法則之極端救濟方式將證據加以排除，即能達到嚇阻私人不法行為之效果，如將私人不法取得之證據一律予以排除，不僅使犯行足以構成法律上非難之被告逍遙法外，而私人尚需面臨民、刑之訟累，在結果上反而顯得失衡，亦難抑制私人不法取證之效果。是偵查機關「違法」偵查蒐證與私人「不法」取證，乃兩種完全不同之取證態樣，兩者所取得之證據排除與否，理論基礎及思維方向應非可等量齊觀，私人不法取證，難以證據排除法則作為其排除之依據及基準，應認私人所取得之證據，原則上無證據排除原則之適用。惟如私人故意對被告使用暴力、刑求等方式，而取得被告之自白（性質上屬被告審判外之自白）或證人之證述，因違背任意性，且有虛偽高度可能性，基於避免間接鼓勵私人以暴力方式取證，應例外排除該證據之證據能力。

（二）層級領域理論

　　此說否定了類推適用 §156I 的觀點，而從憲法觀點下，討論私人違

---

[89] 吳巡龍，私人取證，月旦法學教室，第 133 期，2013 年 11 月，頁 37-38。金孟華，私人取證的證據能力，月旦裁判時報，2017 年 9 月，頁 44-45。

[90] 吳巡龍，私人不法取得證據應否證據排除 —— 兼評最高法院九十二年度台上字第二六七七號判決，月旦法學雜誌，第 108 期，2004 年 4 月，頁 228 以下。

法取證會對於他人的基本權與憲法價值產生折損。前提考量是國家是否有提供私人透過法律程序而獲得足夠的保護，以及國家是否有蒐證的期待可能性，亦即如果當時狀況國家無法替代私人，即允許私人取證。其次，國家使用證據行為若過度侵害人民基本權，應禁止使用證據，例如於公開審判期日朗讀私人竊取的日記或勘驗被害人竊錄的性愛光碟，以證實犯罪，屬於核心的隱私領域，應禁止公權力介入，故而應絕對排除。然若屬社會生活領域，與人性尊嚴的關聯並不高時，原則上不應排除，又如介於核心隱私領域與社會生活領域之間者的純粹私人領域，則視個案決定是否排除[91]。

　　然有學者認為以此觀點而言，都是針對國家調查證據的高權干預作用，此時不論私人或國家取證對於證據使用禁止都沒有影響[92]。

（三）權衡理論

　　學者指出實務上在此議題上已經採取權衡模式，針對私人的目的與手段進行權衡[93]。

臺灣新北地方法院 108 年度易字第 922 號刑事判決

　　本院審酌該私人不法取證而得之證據（包括衍生證據），是否為法律上所規範之違法行為、有否侵入個人私領域侵害隱私權而違反憲法對個人基本權利之保護、是否以強暴、脅迫等暴力方式而取得，兼酌被侵害之法益與所欲保護法益間之衡平，在程序正義、實體真實發現及基本人權之保障間，綜合考量後，仍應認上開行車紀錄器錄影檔案於本案中有證據能力。

---

[91] 楊雲樺，賠了夫人又折兵？──私人違法取得證據在刑事訴訟的證據處理，台灣法學雜誌，第 41 期，2002 年 12 月，頁 4、12 以下。

[92] 薛智仁，禁止國家使用私人違法取得證據之理論基礎──兼評最高法院九十七年度臺上字第七三四號判決，政大法學評論，第 121 期，2011 年 6 月，頁 22-23。

[93] 金孟華，私人取證的證據能力，月旦裁判時報，2017 年 9 月，頁 45。林鈺雄，刑事訴訟法（下），2022 年 9 月，頁 36。

最高法院 107 年度台上字第 1165 號刑事判決

　　私人錄音、錄影之行為，雖應受刑法第 315 條之 1 與通訊保障及監察法第 29 條第 3 款規範；錄音、錄影取得之證據，則無證據排除法則之適用。刑事訴訟法（包括通訊保障及監察法）關於取證程序或其他偵查之法定程序，均以國家機關進行犯罪偵查為拘束對象。對於私人自行取證之法定程式並無明文。私人就其因被追訴犯罪而蒐集有利證據，除得依刑事訴訟法第 219 條之 1 至第 219 條之 8 規定，聲請國家機關以強制處分措施取證保全外，其自行從事類似任意偵查之錄音、錄影等取證行為，既不涉及國家是否違法問題，所取得之錄音、錄影等證物，如內容具備任意性，自可為證據。

　　利用電話通話或兩人對（面）談因非屬於秘密通訊自由與隱私權等基本權利核心領域，國家就探知談話內容所發生干預基本權利之手段（即檢察官或法院實施之勘驗）與所欲達成實現國家刑罰權公益目的（即追訴、證明犯罪）兩相權衡，國家公權力之干預，尚無違比例原則，法院自得利用勘驗結果（筆錄），作為證據資料使用。告訴人蕭○丹於 104 年 10 月 7 日晚間至翌日凌晨錄製其與上訴人等之對話錄音屬其私人取證行為。而上訴人等未曾提及對話當時，有何遭蕭○丹施以強暴、脅迫等不正方法取供，應具有任意性，蕭○丹所取得之錄音自可為證據。蕭○丹將錄音光碟提供檢察官作為證明被告 2 人犯罪使用，經第一審當庭實施勘驗並製作譯文，上訴人等對於勘驗結果均表示無意見，該錄音譯文自有證據能力。至原審辯護人另稱：蕭○雯於前述對話之時，非常疲憊、意識不清，屬於疲勞訊問，依刑事訴訟法第 156 條第 1 項規定，該錄音內容及譯文不具證據能力等語；然刑事訴訟法第 156 條第 1 項關於被告自白證據能力之規範對象應是國家機關之偵查犯罪作為，並不及於私人取證行為，且蕭○雯於錄音中並未自白犯罪，此部分辯護意旨也有誤會；況且證人蕭○丹證稱：「被告蕭○雯當時有說她很累、身體不舒服，我每次找蕭○雯，蕭○雯都跟我說身體很不舒服、很累，都避不

見面；當時蕭○雯看起來好好的，只是不想跟我講話」，而依第一審勘驗結果，蕭○雯當時對答如流，並無文不對題、胡言亂語情形。就蕭○丹詢問自將兩筆房地過戶於上訴人等名下、盜領蕭○郵局存款等事實，均能撇清責任，卸責予不在場之蕭○鴻。足見蕭○雯意識、思緒清晰。蕭○雯推稱身體疲勞不適，應是為躲避蕭○丹追問所為推託之詞等語。所為前揭錄音應有證據能力之認定，經核並無違誤。

最高法院 108 年度台上字第 4094 號刑事判決

　　刑事訴訟法上證據排除法則等相關規定，係為防止國家機關以違法侵害人民基本權方式取得證據，故其規範對象係以國家機關為限，並不及於私人。

　　不可歸責於國家機關之私人違法錄音（影）所取得之證據，既非因國家機關對私人基本權之侵害，自無證據排除法則之適用或類推適用可能，如其內容具備任意性者，自可為證據。且刑事訴訟法與刑事實體法各有不同之功能，因私人違法錄音（影）而受法益侵害之私人，已因刑事實體法之設而受有保護，不能謂法院仍須片面犧牲發見真實之功能，完全不能使用該錄音（影）內容作為證據，始已完全履行國家保護基本權之義務或不致成為私人違法取證之窩贓者。

　　惟為避免法院因調查該證據結果，過度限制他人之隱私權或資訊隱私權，應視該證據內容是否屬於隱私權之核心領域、法院調查該證據之手段造成隱私權或資訊隱私權受侵害之程度，與所欲達成發見真實之公益目的，依適合性、必要性及相當性原則妥為權衡審查。

　　如非隱私權核心領域內容，法院為達成發見真實之公益目的要求，自得使用最小侵害之法定調查方式（例如，以不公開審理方式勘驗，並禁止勘驗結果對外公開，或裁判書遮隱直接或間接足資識別權利人之相關個資或隱私內容），在待證事實之必要範圍內，限制私人之隱私權或資訊隱私權。

（四）基本權保護之審查標準

　　從尊重人性尊嚴與擔保供述任意性來看，私人與國家取證有相似之處，似乎有類推適用 §156I 的必要性，但從 §98、§156 的文義與體系上來看應該是避免國家行使公權力訊問被告之時而使被告非任意性陳述，顯然是出於國家與個人間具備隸屬關係下有較高的保護需求，故而排除私人，若是類推於私人違法取證，可能使得私人合法保全證據的手段也被剝奪，例如私人以承諾不法利益手段來獲得被告陳述，刑法上並不處罰。如類推適用 §156 可能有逾越立法者的價值決定之嫌[94]。

　　不論是私人透過刑求方式取得被告或證人供述、或從事違法錄音、錄影，不應以取證行為的違法性或重大違反人性尊嚴為否定證據的理由。此說認為應該依據憲法學上基本權干預的合憲性審查程序進行，亦即依照自主性證據使用禁止之概念來判斷，討論是否是憲法基本權干預、法院調查與使用證據之行為是否為基本權的干預、基本權的干預是否可以通過比例原則的審查[95]。

陸、警詢時的未全程連續錄音（影）之問題

一、概說

　　§44-1I 規定「審判期日應全程錄音，必要時，並得全程錄影」，於審判中為陳述應予錄音或錄影。又 §100-1 規定「I 訊問被告，應全程連續錄音；必要時，並應全程連續錄影。但有急迫情況且經記明筆錄者，不

---

[94] 薛智仁，禁止國家使用私人違法取得證據之理論基礎 —— 兼評最高法院九十七年度臺上字第七三四號判決，政大法學評論，第 121 期，100 年 6 月，頁 29-30。

[95] 林鈺雄，刑事訴訟法（上），2013 年 9 月，頁 621-623。薛智仁，禁止國家使用私人違法取得證據之理論基礎 —— 兼評最高法院九十七年度臺上字第七三四號判決，政大法學評論，第 121 期，100 年 6 月，頁 45。

在此限。II 筆錄內所載之被告陳述與錄音或錄影之內容不符者，除有前項但書情形外，其不符之部分，不得作為證據。III 第一項錄音、錄影資料之保管方法，分別由司法院、行政院定之」。此規定原則上訊問（包含審判中與偵查中）被告要全程連續錄音，必要時應全程連續錄影，但如果確實有不能錄音、錄影的急迫情形者且經記載於訊問筆錄，不受全程錄音錄影的限制。此外，第 100 條之 2 準用第 100 條之 1，亦即於司法警察官或司法警察詢問犯罪嫌疑人時準用之。

最高法院 108 年度台上字第 566 號刑事判決

　　刑事訴訟之目的重在發見實體真實，其手段則應合法正當，保障人權。依刑事訴訟法第 100 條之 1 第 1 項規定，訊問被告，除有急迫情況且經記明筆錄者外，應全程連續錄音；必要時，並應全程連續錄影。考其立法目的，在於建立訊問筆錄之公信力，並擔保訊問程序之合法正當；亦即在於擔保被告對於訊問之陳述係出於自由意志及筆錄所載內容與其陳述相符。

以立法理由觀之，可知本條之目的在於擔保訊問程序的合法性、擔保陳述的任意性、擔保筆錄的真實性[96]，以增加筆錄的公信力。而如被告抗辯筆錄中的自白非出於任意性，應優先調查[97]。

最高法院 101 年度台上字第 2936 號刑事判決

　　其於第一審即已抗辯警詢、偵查中之自白非出於任意性，有第一審歷次準備程序及審判程序筆錄在卷足稽，則審理事實之法院，遇有被告抗辯其未有如訊（詢）問筆錄所載之陳述時，應先調取該訊（詢）問過程之錄音或錄影帶進行勘驗，以判斷該筆錄所載之陳述得否作為證據，始為適法。

---

[96] 最高法院 108 年度台上字第 566 號刑事判決。
[97] 最高法院 101 年度台上字第 2936 號刑事判決。

二、未全程連續錄音（影）

全程連續錄音錄影立法目的，在於擔保被告對於訊問之陳述，係出於自由意思及所述與筆錄記載內容相符[98]。

全程錄音（影）是指全程都有錄音（影）之正常狀況下，如果筆錄與錄音（影）內容不符時，該不符合的部分不得為證據（§100-1II），全程是指從詢（訊）問被告開始，至終結為止，最重要的是筆錄的製作應該與錄音同步才是合法的錄音（稱「錄音、筆錄同步性」），國家機關不得事後自己更正原錄音的內容。

但如果是未全程錄音（影）（包含僅錄部分或斷斷續續錄、全部未錄）或者是事後補錄（先問後錄）、修改或造假（亦即違反「錄音、筆錄同步性」，原則上要同步錄音，但如無同步錄音，於筆錄作完後，又要被告依照筆錄的內容朗讀而重為錄音）、錄音品質不良（例如有雜訊而撥放時聽不清楚）或錄音設備電池沒電，如何處理說明如下。

（一）適用§100-1II：筆錄與錄音（影）內容不符部分，筆錄無證據能力

上述狀況皆為§100-1I之「內容不符」，而有§100-1II的適用，因§100-1II為違反§100-1I的法律效果。國家機關依照§100-1I須負有錄音錄影義務，以監督偵查機關有無依照法定程序訊問，且依照§100-1II應負擔製作筆錄正確性的義務。故基於§100-1II，違反全程錄音錄影仍有證據使用禁止的法律效果[99]（禁止的部分限於筆錄與錄音內容不符的部分，而非全部內容都禁止）。

---

[98] 最高法院 108 年度台上字第 4123 號刑事判決。

[99] 何賴傑，訊問被告未全程連續錄音錄影之法律效果評最高法院八十八年度台上字第五七三、五七六二、六七五二號判決及台北地院八十八年度訴字第八二六號判決，月旦法學雜誌，第 62 期，2000 年 7 月，頁 162。

§100-2 準用同法 §100-1II、II 規定，司法警察官或司法警察詢問「犯罪嫌疑人」時，應全程連續錄音；必要時，並應全程連續錄影。但有急迫情況且經記明筆錄者，不在此限。筆錄內所載之被告（含犯罪嫌疑人）陳述與錄音或錄影之內容不符者，除有前項但書情形外，其不符之部分，不得作為證據[100]。

（二）不適用 §100-1II

§100-1II 的內容不符，不可擴張解釋成包含上述未全程錄音（影）等情形，否則將逾越文義範圍。如果在非明知而未錄的情況且可以證明警詢程序合法的情況下，如果仍依照 §100-1II，將輕重失衡。至於如何處理有下列主張：

1. 權衡理論[101]

此說將 §100-1 視為單獨的證據排除類型。§100-1 規定應全程錄音錄影，目的是為了符合筆錄正當、程序合法、陳述任意，故如有程序合法與正當下，非當然無證據能力。基於發現真實以及法治國原則下，應採取權衡理論。

最高法院 108 年度台上字第 566 號刑事判決

刑事訴訟之目的重在發見實體真實，其手段則應合法正當，以保障人權。依刑事訴訟法第 100 條之 1 第 1 項規定，訊問被告，除有急迫情況且經記明筆錄者外，應全程連續錄音；必要時，並應全程連續錄影。考其立法目的，在於建立訊問筆錄之公信力，並擔保訊問程序之合法正當；亦即在於擔保被告對於訊問之陳述係出於自由意志及筆錄所載內容

---

[100] 最高法院 109 年度台上字第 5697 號刑事判決、最高法院 110 年度台上字第 595 號刑事判決。

[101] 楊雲樺，違反全程連續錄音錄影義務法律效果的再檢討 —— 評最高法院九十年度臺上字第七一三七號判決，台灣法學雜誌，第 40 期，2002 年 11 月，頁 51。最高法院 108 年度台上字第 566 號刑事判決。

與其陳述相符。故檢察官訊問被告雖違背上開規定，倘其程序之合法及正當，仍有相當之保障時，其所取得之供述筆錄，並非當然無證據能力，此時自應依刑事訴訟法第 158 條之 4 規定，審酌檢察官違背該法定程序之主觀意圖、客觀情節、侵害犯罪嫌疑人權益之輕重、對犯罪嫌疑人在訴訟上防禦不利益之程度，以及該犯罪所生之危害，暨禁止使用該證據對於抑制違法蒐證之效果，及檢察官如依法定程序有無發現該證據之必然性等情形，本於人權保障與公共利益之均衡維護精神，依比例原則，具體認定之。

2. 不利先推定說 [102]

違反全程錄音錄影的規定，不是獨立的證據使用禁止類別，而是將不正訊問禁止的規定相連結的證明規則，故而不可引用 §158-4，而且如果因用 §158-4 的見解將會使偵查機關心存僥倖進而認為筆錄可能仍可加以當成證據使用。此外，學者認為本條立法目的在擔保自白任意性，但違反時就須要從人權保障與社會安全均衡維護的精神依照比例原則具體認定，實務欠缺說理，更認為 §158-4 僅適用於非供述證據 [103]。

全程錄音（影）之規範目的「在於防止警詢時使用不正方法訊問進而擔保自白任意性」，故應從證明規則切入，也就是要從證據法上的效果，將本條理解為「推定」為非任意，但容許舉證推翻之。其立基於為被告非任意性的自白風險，應由國家機關負擔，審查順序為，警詢自白欠缺

---

[102] 陳運財，警詢錄音之研究 —— 最高法院 88 年度台上字第 5762 號刑事判決評析，台灣法學雜誌，第 24 期，2001 年 7 月，頁 30。吳巡龍，新法施行後錄音（影）有瑕疵時，被告筆錄證據能力的判斷及自白之證明，月旦法學雜誌，第 113 期，2004 年 10 月，頁 70。李榮耕，警詢時的全程連續錄音（影），月旦法學雜誌，第 126 期，頁 30-31。黃朝義，刑事訴訟法，2013 年 4 月，頁 514-515。林鈺雄，刑事訴訟法（上），2013 年 9 月，頁 175-179。最高法院 105 年度台上字第 807 號刑事判決、最高法院 107 年度台上字第 3645 號刑事判決、最高法院 110 年度台上第 2066 號刑事判決。

[103] 黃朝義，刑事訴訟法，2013 年 4 月，頁 515。陳宏毅、林朝雲，刑事訴訟法新理論與實務，2018 年 2 月，頁 333。

全程錄音（影），先推定欠缺任意性，容許個案反證推翻。例如辯護人於警詢時全程在場參與，學者認為如果是偵查階段有辯護人在場的情形，就不應該再適用 §100-1，理由在於有辯護人在場時難想像程序不合法、陳述不任意、筆錄不真實[104]。若未舉反證推翻，法院應把警詢自白評價為欠缺任意性，屬於自由心證原則的特別限制，欠缺任意性的法律效果為 §156I，即不得作為裁判基礎。

最高法院 107 年度台上字第 3645 號刑事判決
刑事訴訟法第 100 條之 1 第 1 項固規定：訊問被告，原則上應全程連續錄音；必要時，並應全程連續錄影；同條第 2 項亦規定「筆錄內所載之被告陳述與錄音或錄影之內容不符者，除有前項但書情形外，其不符之部分，不得作為證據。」考其立法目的，在於建立訊問筆錄的之公信力，並擔保其程序之合法正當，亦即擔保被告對於訊問之陳述，係出於自由意思及所述與筆錄記載內容相符。如果被告之自白，能證明係出於自由意思而非出於不正之方法，且其自由之陳述與事實相符，縱令於訊問時未經全程連續錄音或錄音故障而無聲音，致訊問程序稍嫌微疵，仍難謂其自白之筆錄，無證據能力。

三、對證人未連續全程錄音錄影

　　訊問證人之準用，§192 規定「第七十四條、第九十八條、第九十九條、第一百條之一第一項、第二項之規定，於證人之訊問準用之」。此為建立訊問筆錄之公信力，並擔保訊問程序之合法正當，明定 §100-1I、II 之規定，於證人訊問時亦準用之。

　　司法警察的對證人的通知與詢問，依 §196-1II 規定「第七十一條之一第二項、第七十三條、第七十四條、第一百七十五條第二項第一款至第

---

[104] 李榮耕，警詢時的全程連續錄音（影），月旦法學教室，第 126 期，2013 年 3 月，頁 31。

三款、第四項、第一百七十七條第一項、第三項、第一百七十九條至第一百八十二條、第一百八十四條、第一百八十五條及第一百九十二條之規定，於前項證人之通知及詢問準用之」。其中因有準用§192之規定，而又§192又準用§100-1的規定，亦即司法警察官或司法警察詢問證人時，除有急迫情形外，亦應全程錄音，必要時並應全程錄影，筆錄所載證人陳述與筆錄不符部分，不得作為證據。

　　如果是司法警察對證人詢問時，未全程錄音錄影，其法律效果與對被告之訊（詢）問時未全程錄音錄影相同。

柒、夜間訊問禁止

　　§100-3規定「I司法警察官或司法警察詢問犯罪嫌疑人，不得於夜間行之。但有左列情形之一者，不在此限：一、經受詢問人明示同意者。二、於夜間經拘提或逮捕到場而查驗其人有無錯誤者。三、經檢察官或法官許可者。四、有急迫之情形者。II犯罪嫌疑人請求立即詢問者，應即時為之。III稱夜間者，為日出前，日沒後」。又§158-2I規定「違背第九十三條之一第二項、第一百條之三第一項之規定，所取得被告或犯罪嫌疑人之自白及其他不利之陳述，不得作為證據。但經證明其違背非出於惡意，且該自白或陳述係出於自由意志者，不在此限」。

　　禁止夜間訊問之立法理由指出夜間乃休息時間，為了尊重人權及保障程序合法並且避免疲勞訊問。而何時為日出與日落，可參考中央氣象局的「每日天文現象」，即有顯示每日的日出與日落時間。不過為何夜間訊問就是疲勞訊問？有些人就是夜間精神正high（日落才是一天的開始），被告禁止夜間訊問的規定應該是在保護憲法§8的正當法律程序，況且§98已經有規定禁止疲勞訊問了。又既然是為了保護避免疲勞訊問，為何只有禁止司法警察夜間訊問，而未禁止檢察官夜間訊問？為何例外同意時就不是疲勞訊問？因此要保護的應該是正當法律的程序。

> **最高法院 109 年度台上字第 1270 號刑事判決**
>
> 　　依謝○○ 97 年 7 月 8 日之調查筆錄，其於 97 年 7 月 8 日自下午 2 時 55 分至翌日（9 日）凌晨 1 時 0 分止應調查員詢問，歷時約 10 個小時，查無其明示同意夜間詢問之事證，且經勘驗調查筆錄之詢問光碟，並未全程錄音或錄影，謝○○多次打哈欠或閉眼瞌睡，其上開調查中之供述為疲勞訊問所不法取得，應無證據能力；陳○○、鄭○○於調查中之陳述部分，檢察官亦未能釋明其等陳述有較可信特別情況及必要性之傳聞例外，故亦無證據能力。以上均不得作為認定被告等 4 人犯罪事實之證據。

捌、陷害教唆（犯罪挑唆）與誘捕偵查（釣魚偵查）、控制下交付

一、概念與效果

　　以下為實務上陷害教唆、誘捕偵查與控制下交付之概念區別

（一）陷害教唆（本無犯意，國家誘發行為人犯罪，屬於違法行為，絕對排除證據能力）：創造犯意

　　陷害教唆是指行為人原不具犯罪之故意，惟因有偵查犯罪權限之人員設計教唆，始萌生犯意，進而著手實行犯罪構成要件行為，此項犯意誘發型之誘捕偵查，因係偵查犯罪之人員以引誘、教唆犯罪之不正當手段，使原無犯罪意思或傾向之人萌生犯意，待其形式上符合著手於犯罪行為之實行時，再予逮捕，因嚴重違反刑罰預防目的及正當法律程序原則，此種以不正當手段入人於罪，縱其目的在於查緝犯罪，但其手段顯然違反憲法對於基本人權之保障，且已逾越偵查犯罪之必要程度，對於公共利益之維護並無意義，自當予以禁止[105]。

---

[105] 最高法院 109 年度台上字第 1312 號刑事判決。

　　換言之，陷害教唆常見於，因受警察之引誘，始生犯意，進而著手實行犯罪構成要件行為而言，例如 A 警察看到路上的學生妹 B 清純可愛，就對 B 說：「需不需要哥哥援助呢？我給你 6,000 元，有女友 fu（按：感覺）時給 9,000 元」，進而誘發 B 性交易的犯意，事後 A 警察出示證件將 B 的性交易行為與證據人贓俱獲。此種情形所取得之證據，因違反正當法律程序，且逾越偵查犯罪之必要程度，應無證據能力[106]。

（二）誘捕偵查（本有潛在犯意，國家強化行為人犯意或提供行為人犯罪機會，屬於合法行為，不侵害基本人權時原則上有證據能力）：提供機會

　　刑事偵查技術上所謂「釣魚」，係指對於原已犯罪或具有犯罪故意之人，以設計引誘之方式，俟與之為對合行為，使其暴露犯罪事證，再加以逮捕或偵辦者而言，此項機會提供型之誘捕行為，純屬偵查犯罪技巧之範疇，因無故意入人於罪之教唆犯意，亦不具使人發生犯罪決意之行為，並未違反憲法對於基本人權之保障，且於公共利益之維護有其必要性。故「釣魚」之偵查作為，既未逸脫正常手段，自不能指為違法[107]。

　　「釣魚」又稱為機會教唆，係指行為人原本即有犯罪之意思，其從事犯罪構成要件行為之犯意，並非他人所創造，司法警察僅係利用機會加以誘捕，此種情形之犯罪行為人本具有犯意，初非警察人員所造意，司法警察僅係運用設計引誘之技巧，使其暴露犯罪事證而加以逮捕偵辦，並未違反憲法對於基本人權之保障，且於公共利益之維護有其必要性，故依此所取得之證據，則有證據能力，法院自得採為論罪科刑之依據[108]。

---

[106] 最高法院 107 年度台上字第 882 號刑事判決、最高法院 111 年度台上字第 2118 號刑事判決。

[107] 最高法院 109 年度台上字第 1312 號刑事判決。

[108] 最高法院 107 年度台上字第 882 號刑事判決。

（三）控制下交付：消極監視

　　為打擊跨國性之毒品犯罪，偵查機關於發現入、出國境之毒品違禁物時，當場並不予以查扣，而於控制監視下，容許該毒品繼續通過海關並搬運，俟到達相關犯罪嫌疑人時始加以查獲及逮捕之偵查手段，即毒品危害防制條例（下稱毒品條例）§32-1 所規定之「控制下交付」，本係一種針對隱匿於國境內之幕後操控者一網打盡之有效偵查模式。因控制下交付必須經由合法程序聲請、執行（毒品條例§32-1、§32-2 參照），有時在無情資、臨時或時間緊迫之下，偵查機關固可選擇不採取控制下交付模式而改以直接查扣毒品後，再依報關聲請人、收件人之資料而循線查緝犯罪嫌疑人，此時相關之如海關、海巡、移民、檢疫等作業人員，雖負有查扣毒品之作為義務（例如海關緝私條例§8～§12、懲治走私條例§9），若無無取得最高檢察署檢察總長所核可之控制下交付指揮書，原則上不應配合偵查機關以虛偽方式，將該毒品通關放行而誘使提領貨物之人前來提領；仍宜由最高檢察署檢察總長所核發之偵查指揮書協調事項，依法執行控制下交付，將各該案件有關之毒品、人員及其相關人、貨輸入、出境等指揮書所述之事項將之放行（參照依毒品條例§32-1II 規定訂定之「偵辦跨國性毒品犯罪入出境協調管制作業辦法」、「海關執行毒品控制下交付作業要點」）。蓋因上述之特殊偵查方式具有隱密性，對於人民之隱私權有侵害之疑慮，且易生稽延、包庇、毒品外流等弊端（參照毒品條例§33、毒品危害防制條例施行細則§8、防制毒品危害獎懲辦法§12），本應循正當合法程序為之，不宜便宜行事。「控制下交付」與「陷害教唆」最大的差異，以運輸毒品而言在於「控制下交付」之偵查機關在為監控前，毒品犯罪已在實行中，偵查機關在整個毒品運送過程中，原則上並未主動積極參與，而僅係消極地對於業已發生之運輸毒品案件，從旁監視犯罪之動向，不致發生國家機關對於犯嫌施以唆使或協助其犯罪行為，係就已掌握之犯罪按兵不動，故具有正當性及合法性[109]。

---

[109] 最高法院 111 年度台上字第 2118 號刑事判決。

二、學說之批評

陷害教唆與誘捕偵查的區別標準，實務以行為人是否本來就有犯意（主觀說）而區別兩者，但無意忽略了國家的干預行為，故實際上原先是否有犯意只是判斷標準之一，重點在於客觀上是否對原本不存在犯罪嫌疑人所為的犯罪挑唆，以及是否對行為人有施加過大的壓力，且亦應注意挑唆的犯罪要等於實際犯罪的範圍[110]（客觀說），如果是警察對犯罪嫌疑人施加過大的壓力，且挑唆犯罪的犯圍等於犯罪行為人實際犯罪的範圍，屬於陷害教唆，警察所取的證據之證據能力應該排除。例如 A 本來無販毒犯意，但警察對 A 施加壓力，要 A 販賣 10 包毒品，A 也販賣 10 包毒品，此時應認為 A 的販毒行為屬於警察的犯罪挑唆，取得的證據應該排除。

玖、數位證據

一、數位證據的證據能力審查標準

實務[111]認為數位證據具無限複製性、複製具無差異性、增刪修改具無痕跡性、製作人具不易確定性、內容非屬人類感官可直接理解（即須透過電腦設備呈現內容）。因有上開特性，數位證據之複製品與原件具真實性及同一性，有相同之效果，惟複製過程仍屬人為操作，且因複製之無差異性與無痕跡性，不能免於作偽、變造，原則上欲以之證明某待證事項，須提出原件供調查，或雖提出複製品，當事人不爭執或經與原件核對證明相符者，得作為證據。然如原件滅失或提出困難，當事人對複製品之真實性有爭執時，非當然排除其證據能力。此時法院應審查證據取得之過程是否合法（即通過「證據使用禁止」之要求），及勘驗或鑑定複製品，苟未

---

[110] 林鈺雄，國家機關挑唆犯罪之認定與證明 —— 評三則最高法院 92 年度之陷害教唆判決，刑事程序與國際人權，2007 年 12 月，頁 75、93-102。

[111] 最高法院 107 年度台上字第 3724 號刑事判決。

經過人為作偽、變造，該複製品即係原件內容之重現，並未摻雜任何人之作用，致影響內容所顯現之真實性，如經合法調查，自有證據能力。至於能否藉由該複製品，證明確有與其具備同一性之原件存在，並作為被告有無犯罪事實之判斷依據，則屬證據證明力之問題。本案行車紀錄器 SD 卡之數位錄音影檔案，須利用電腦或手機等數位設備之影音軟體播放，屬前述之數位證據，如將之轉錄至電腦、光碟、隨身碟或者上傳至雲端硬碟再由此下載之檔案等，即屬該原始數位證據之複製品。

二、學說[112]評析

我國刑事訴訟法最接近數位證據的概念者，應屬§165-1II 規定之「錄音、錄影、電磁紀錄或其他相類之證物」概念。

關於數位證據的證據能力，實務認為如符合以下兩個標準，數位證據則有證據能力，一為複製品取得之過程是否合法（即通過證據使用禁止），二為複製品未經過人為作偽、變造，而是原件內容的重現。然學說指出第一點，證據取得是否合法、是否因違法取證而需要排除其證據能力，屬於另一個獨立問題，與數位證據複製品之真實性如何，並無必然關係。第二點，實務忽略了複製品即使未「故意」偽、變造，也是有可能在複製的過程中，因人為「過失」甚至意外（例如電腦系統突然故障），導致複製品承載的資訊內容與原件的內容不完全相同，故而美國聯邦證據規則下提出建議，即「原則上」同一物件或數位資訊的原件和複製品，只要承載著完全相同的資訊，就有著相同的證據資格，法院無須要求出證者必須提出原件以作為證據。

---

[112] 蘇凱平，數位證據在刑事訴訟中的性質與應用 —— 簡評最高法院 107 年度台上字第 3724 號刑事判決，月旦裁判時報，第 93 期，2020 年 3 月，頁 63、67-68。

拾、附論 —— 實務的六大證據法則

一、概說

取得之證據，如果未被六大證據法則初步排除，原則上有證據能力，而後經嚴格證明程序的合法調查（§164、§165、§165-1、§166 以下），可以判斷其證明力。

二、六大證據法則

按證據是否具有嚴格證明資料之能力，必須符合六大原則：（一）直接審理原則。（二）任意性原則。（三）關聯性原則。（四）合法性原則。（五）信用性原則。（六）意見原則[113]。

（一）直接審理原則

直接審理原則與傳聞法則兩者雖然表面上互相牴觸，但事實上某些情況可以一同適用。直接審理原則著重於法院審判時應該親見親聞，禁止接力審判、禁止證據替代品，傳聞法則較重於當事人的反對詰問權，而反對詰問權的行使應在法院面前為之。關於直接審理原則可參照本書前揭文，傳聞法則可參照之後章節。

實務上認為，事實審在刑事訴訟程序中之概念上，其依訴訟行為之目的係為實踐證據裁判下之嚴格證明法則與直接審理原則，應於審判期日進行詰問證人或鑑定人、提示卷證資料等有關調查證據認定犯罪事實所為之言詞辯論[114]。違反直接審理原則之證據無證據能力[115]。

---

[113] 臺灣臺南地方法院 88 年度訴字第 399 號刑事判決。
[114] 最高法院 107 年度台非字第 205 號刑事判決。
[115] 林俊益，刑事訴訟法概要（上），2020 年 9 月，頁 424。

（二）任意性原則（自白法則）[116]

被告之自白，須非出於強暴、脅迫、利誘、詐欺或其他不正之方法，且與事實相符者，始得採為證據，§156定有明文。故審理事實之法院，遇有被告對於自白提出非任意性之辯解時，應先於其他事實而為調查。又§159Ⅰ明定，被告以外之人於審判外之言詞或書面陳述，除法律有規定者外，不得作為證據。是以「被告以外之人」於司法警察（官）調查、檢察官偵訊時所為之陳述，此等傳聞證據證據能力之有無，悉依§159-1Ⅱ、§159-2、§159-3、§159-5等相關規定所定之要件是否充足資為判斷。而前揭「被告」自白之任意性法則規定，與「被告以外之人」在審判外陳述之傳聞法則規定，其適用對象與條件限制，俱不相同，要非可混淆採用[117]。如對象為證人時，學說以類推適用§156Ⅰ解決。

此為前已經提及的第一種判斷流程（法條流程說）所稱的自白法則，認為自白的證據能力問題，不容許法官自由判斷，也不會因為經由調查程序而使原本有證據能力的證據成為無證據能力的證據[118]。

（三）關聯性原則[119]

證據能力與證明力間的關係涉及關聯性，可分成：

1. 自然性關聯

證據對於待證事實之推論（提出於法庭調查的證據）是否存有必要的最低限度證明力問題，如果是單純的謠言或個人意見、起訴書（屬於意見書），原則上無證明力。

---

[116] 林俊益，刑事訴訟法概要（上），2020年9月，頁425。
[117] 最高法院105年度台上字第3131號刑事判決。
[118] 黃朝義，刑事訴訟法，2013年9月，頁480。
[119] 林俊益，刑事訴訟法概要（上），2020年9月，頁425。

2. 法律性關聯

　　證據即使存有自然關聯性（有價值），但因存在著使法院產生不當偏見或混亂審理程序的可能，法律上的觀點下，否定其證據能力。

最高法院 97 年度台上字第 6452 號刑事判決

　　供述證據中之毒品下游者，依毒品危害防制條例第 17 條規定，供出毒品來源因而破獲，得受減輕其刑寬典，衡諸供述證據常受主、客觀條件影響，難以完全信實，須賴其他供述及非供述、直接與間接證據加以補強。是倘購買毒品之人指訴其有複次毒品交易之事，而所可佐證者，僅單次之電話通聯紀錄、錄音與販賣者所用行動電話，別無餘證，依證據資料須與待證事實具有相當關聯性原則，及刑事訴訟法第 155 條第 1 項所定判斷證據之證明力，不得違背經驗法則、論理法則之意旨，自祇能就該次行為而作認定，至所述之其他交易行為，應認乏證補強，不符嚴格證明法則之要求，此亦刑法修正後，應與刑事訴訟法採證據裁判主義、嚴格證明法則相互配合之當然結果。

臺灣高等法院 103 年度上訴字第 2359 號刑事判決

　　刑事訴訟法上所謂認定犯罪事實之證據，係指足以認定被告確有犯罪行為之積極證據而言，該項證據自須適合於被告犯罪事實之認定，始得採為斷罪資料（最高法院著有 29 年上字第 3105 號判例）；又證據與事實間必須具有關聯性，不生關聯性之證據，因欠缺適合性，自不能資為認定事實之基礎（最高法院 95 年度台上字第 7170 號判決意旨參照），此即證據之關聯性法則，亦即有關聯性之證據才能在訴訟中被認許為證據而具有證據能力，此項概念之目的在於節省訴訟資源，並藉此確保訴訟結果係得自大多數人認為與爭點事實有關之資料，而增加審判之正確性。復因關聯性僅為證據能力之一般要件，故其認定標準無須過於嚴苛，亦即只要該項證據資料密切到可能影響事實認定者即法院對於本案爭點事實是否為真的判斷，無須達到相當可能影響之程度，即可認為該項證據具有關聯性，而得作為本案證據使用。

（四）合法性原則 [120]

證據必須具備法定方式或要件，否則，即應認欠缺「合法性原則」，不具有證據能力 [121]。例如證人與鑑定人應該要具結（§158-3）、訊問不可以在法定障礙期間內為之（§93-1II、§158-2I）、禁止夜間訊問（§100-3、§158-2I）、全程錄音錄影之問題（§100-1）必須符合通保法的法定規定等。

（五）信用性原則（信用性法則） [122]

信用性原則是指禁止偵查機關以不正方法取得證據，其對象為被告與證人。以實務的說法下，將會造成其與任意性原則難以區別。實則，信用性原則是指國家不依誠信取證（抽象的誠信原則），縱使取證對象是出於自由意志而為行為，但只要國家違反誠信原則，取得的證據就要排除。例如 A 警察變裝成有錢老爹，亂傳遞訊息給女大生說：「我想要一試成主顧，吾乃甜心老爹，OOXX＝$」，該手段去誘發他人出於自由意識犯罪，違反信用性原則。相較之下，任意性原則著重於被告自白時自由意志有無受國家干擾，例如被脅迫、疲勞訊問、詐欺，詐欺是指取證被欺騙後「心裡有壓迫感」。

臺灣高等法院臺中分院 93 年度上易字第 412 號刑事判決

　　本件係警員基於辦案查證需要，喬裝顧客向被告甲○○要求兌換現金，自屬「陷害教唆」，該基於不正方法取得之證據，應無證據能力，因此證人即警員劉○○、林○○之證詞，及被告甲○○之自白，顯然違反信用性原則，無證據能力可言。

---

[120] 林俊益，刑事訴訟法概要（上），2020 年 9 月，頁 447-448。
[121] 臺灣臺南地方法院 88 年度訴字第 399 號刑事判決。
[122] 林俊益，刑事訴訟法概要（上），2020 年 9 月，頁 459-460。

（六）意見原則（意見法則）[123]

　　§160 規定「證人之個人意見或推測之詞，除以實際經驗為基礎者外，不得作為證據」。證人之證言，依內容可分體驗之供述與意見之供述，前者係就親身體驗之客觀事實所為之供述，原則上具證據能力；後者則供述其個人判斷某事項之意見，因一般人對該事項未必具備專門知識經驗，與鑑定人或鑑定證人係本其專業而提供判斷意見之情形有別，其意見之判斷，自不免生個人主觀偏見與錯誤臆測之危險，乃明定不得作為證據[124]。

第三節　證據調查與澄清義務

壹、證據調查之意義

　　證據調查分成兩個層次的意義。

一、§163II 之提出證據與調查

　　法院本於職權探知事實並附澄清真相義務的調查原則，此為法院的權限與義務。例如，A 於全家便利商店前發生車禍，法官對於被告聲請後發函調取全家便利商店的監視器記憶卡，屬於法院的權限與義務，而之後在審判期日進行的程序則是 §288I 之調查證據的問題。

二、§288I 之法定調查證據的程序

　　踐行調查證據程序的意思，其本身只是一個程序，為審理的主要部

---

[123] 林俊益，刑事訴訟法概要（上），2020 年 9 月，頁 425。
[124] 最高法院 103 年度台上字第 104 號刑事判決。

分，例如傳訊、詰問證人或鑑定人、提示證物、朗讀書證、勘驗證據等，通常這些程序主要是嚴格證明程序，踐行後才會符合§155II 的合法調查。

貳、證據調查的考量

實務[125]上認為證據調查可分成「應否調查」、「如何調查」及「調查結果如何」三種不同考量的層次。換言之，應否調查是指本節之調查程序、如何調查是指嚴格證明、調查結果如何是指證明力。

最高法院 101 年度台上字第 1927 號刑事判決

　　刑事訴訟法所稱依法應於審判期日調查之證據，係指與待證事實有重要關係，在客觀上顯有調查必要性之證據而言，故其範圍並非漫無限制，必其證據與判斷待證事實之有無，具有關連性，得據以推翻原判決所確認之事實，而為不同之認定，若所證明之事項已臻明瞭，自欠缺其調查之必要性，原審未依聲請為無益之調查，並無違法之可言。又刑事訴訟依現行刑事訴訟法（下同）第 154 條第 2 項規定「犯罪事實應依證據認定之，無證據不得認定犯罪事實。」係採證據裁判主義，故證據調查厥為整個審判之重心。而所謂證據調查，實可分為「應否調查」、「如何調查」及「調查如何」三種不同層次。

　　本法所採改良式當事人進行主義，依第 161 條第 1 項規定，檢察官負實質舉證責任，第 161 條之 1 並規定被告有指出有利證明方法之權利。首者，證據「應否調查」，原則上委諸當事人、代理人、辯護人與輔佐人（第 163 條第 1 項），但法院於公平正義之維護或關係被告重大利益之事項，負有補充調查之義務（同條第 2 項）。故證據調查之範圍、次序及方法，原則上由當事人提出（第 161 條之 2、第 163 條之

---

[125] 最高法院 101 年度台上字第 1927 號刑事判決、臺灣高等法院花蓮分院 107 年度原上易字第 20 號刑事判決、臺灣臺北地方法院 108 年度聲字第 2185 號刑事裁定。

1），並於審判期日前之準備程序處理之（第273條第1項第6款），然如聲請調查之證據與待證事實，在客觀上欠缺關連性、調查之必要性或可能性者，依第163條之2第1項規定，法院得裁定駁回之，以維訴訟之經濟。尤其所經調查之證據，已足形成有罪之確信，法院對於聲請調查之其他證據，認無調查之必要，不予調查，則此一證據「應否調查」之處理，既無不合，當亦無第379條第10款之違法。

　　次者，證據經認屬應予調查後，始有「如何調查」之問題，此時受嚴格證明法則之拘束，必須該證據具有證據能力，且經合法調查，始得作為判斷之依據（第155條第2項反面解釋）。被告以外之人（包括共同正犯、教唆犯、幫助犯及共同被告等）之陳述，須依第159條之1至第159條之5等傳聞例外之規定，具有證據適格後，除有傳喚不能等例外情形，均須依法具結，踐行交互詰問等合法調查程序，其供述始得採為判斷之依據。司法院釋字第582號解釋所揭櫫反對詰問權為訴訟基本權及正當法律程序所保障之內容，即指此而言。是對於被告以外之人之反對詰問，必須經法院認為屬客觀上有調查之必要，為認定事實、適用法律之基礎所繫之證據方法，上開調查證據程序之規定始有適用，非謂一經聲請詰問，縱法院認無調查之必要（即不應調查），仍一概適用，否則即剝奪其憲法上之權利，此為當然之解釋。

　　至經調查後，得作為判斷依據之證據，其間之取捨與證明力之判斷，乃屬「調查如何」範疇，依第155條第1項規定，由法院依客觀存在之經驗法則、論理法則，本於確信自由判斷，同時賦予當事人等辯論之機會（第288條之2）。三者層次不同，不可不辨。

參、澄清義務的概念

　　現行§163II規定「法院為發見真實，得依職權調查證據。但於公平正義之維護或對被告之利益有重大關係事項，法院應依職權調查之」。法

條本文是指法院為了查明起訴犯罪事實，得依職權而「提出證據予以調查證據的權限」，但書是指在特定範圍內，法院還負有「澄清義務」，故應依職權調查。

我國在民國 91 年修法後改採改良式當事人進行主義，現行 §161I 規定「檢察官就被告犯罪事實，應負舉證責任，並指出證明之方法」，§163I 規定「當事人、代理人、辯護人或輔佐人得聲請調查證據，並得於調查證據時，詢問證人、鑑定人或被告。審判長除認為有不當者外，不得禁止之」。目的在於加強檢察官舉證責任，而於調查證據方面以當事人聲請調查證據為主，法院依職權調查為輔。

但事實上，法院澄清義務的前提在於控訴原則，只有檢察官起訴的範圍內才會有法院澄清義務的範圍。又 §163II 規定法院具有調查真相的權限與義務，即使當事人不主張的事實、不聲明調查的證據或不爭執的待證事實，法院仍得為發現真實而調查證據，故而現行法上仍存在著職權進行的影子。

此外，§163IV 規定「告訴人得就證據調查事項向檢察官陳述意見，並請求檢察官向法院聲請調查證據」，民國 109 年 1 月之修法理由指出我國以國家追訴主義為原則，依第 3 條之規定，犯罪之被害人（告訴人）並非刑事訴訟程序中之「當事人」，惟告訴人係向偵查機關申告犯罪事實，請求追訴犯人之人，原則上亦係最接近犯罪事實之人，予以必要之參與程序，亦有助於刑事訴訟目的之達成，故應賦予告訴人得以輔助檢察官使之適正達成追訴目的之機會，增列本條第 4 項，規定告訴人得就證據調查事項向檢察官陳述意見，並請求檢察官向法院聲請調查證據。檢察官受告訴人之請求後，非當然受其拘束，仍應本於職權，斟酌具體個案之相關情事，始得向法院提出聲請，以免延宕訴訟或耗費司法資源。

肆、證據調查的發動

一、依聲請發動（被動調查）

§163-1 規定「I當事人、代理人、辯護人或輔佐人聲請調查證據，應以書狀分別具體記載下列事項：一、聲請調查之證據及其與待證事實之關係。二、聲請傳喚之證人、鑑定人、通譯之姓名、性別、住居所及預期詰問所需之時間。三、聲請調查之證據文書或其他文書之目錄。若僅聲請調查證據文書或其他文書之一部分者，應將該部分明確標示。II調查證據聲請書狀，應按他造人數提出繕本。法院於接受繕本後，應速送達。III不能提出第一項之書狀而有正當理由或其情況急迫者，得以言詞為之。IV前項情形，聲請人應就第一項各款所列事項分別陳明，由書記官製作筆錄；如他造不在場者，應將筆錄送達」。

§163-2 規定「I當事人、代理人、辯護人或輔佐人聲請調查之證據，法院認為不必要者，得以裁定駁回之。II下列情形，應認為不必要：一、不能調查者。二、與待證事實無重要關係者。三、待證事實已臻明瞭無再調查之必要者。四、同一證據再行聲請者」。

依聲請發動後，法官判斷是否調查具有三個標準，若均符合以下三標準，法院卻裁定駁回證據的聲請，此時為 §379(10) 依本法應於審判期日調查之證據而未予調查者，判決違背法令，可上訴第三審[126]。三標準為：

---

[126] 最高法院 109 年度台上字第 1687 號刑事判決：審理事實之法院，對於案內與認定事實、適用法律、罪名成立與否或於公平正義之維護或對被告之利益有重大關係之一切證據，除認為不必要者外，均應詳為調查，然後基於調查所得之心證以為判斷之基礎；苟與認定事實、適用法律有重要關係，或於公平正義之維護或對被告之利益，有重大關係之事項，在客觀上認為應行調查之證據，又非不易調查或不能調查，而未依法加以調查，率予判決者，即為刑事訴訟法第 379 條第 10 款規定所稱應於審判期日調查之證據未予調查之違法。又有罪判決書之犯罪事實，為判斷其適用法令當否之準據，法院應將依職權認定與論罪科刑有關之事實，翔實記載，於理由內逐一說明其憑以認定之證據，並使事實認定與理由說明，互相適合，方為合法。倘若未為記載，或事實認定與理由說明，不相一致，或事實或理由內之記載，前後齟齬，揆諸刑事訴訟法第 379 條第 14 款規定，均為判決不載理由，或所載理由矛盾，其判決當然違背法令。

（一）關聯性（§163-2II(2)、§166-7II(1)）

必須與待證事實有一定的關聯性。法院才有必要去調查，如果欠缺關聯性，即使調查了也無發現真實與澄清作用，徒增訴訟資源浪費。而關聯性是指有該證據存在時，比沒有該證據存在時更能幫助待證事實的認定。

（二）必要性（§163-2II(3)、(4)）

必要性涉及調查原則與迅速原則、訴訟經濟的衡量，例如一起群毆案中，目睹民眾總共5人，有該5人來作證會更有助於待證事實的認定，故而有關聯性，但若傳喚其中一人作證，該待證事實足已經證明犯罪，就沒有必要再傳喚另外4人作證。

但如果是公眾周知的事實（§157）事實於法院已經顯著或職務上已知（§158），即不必要調查證據。

（三）可能性（§163-2II(1)）

根本無法調查時就欠缺可能性，例如證物已經被銷毀、證人已經死亡。而難以調查時也欠缺可能性，例如證人跑去與世隔絕的地方居住，或者移民國外。幽靈抗辯屬於調查可能性之問題。實務認為既未經偵查階段接受調查，法院審理之後，又因其死亡致無法對之詰問，是否真有其人其事，為幽靈抗辯之問題[127]，或者如尚乏年籍資料、聯絡管道足供查核，亦屬於幽靈抗辯[128]，都是欠缺調查可能性。

二、依職權發動（主動調查）

依職權發動是指當事人未提出證據調查聲請，法院可得本於職權主動調查證據，故而§163II規定「法院為發見真實，得依職權調查證據。

---

[127] 最高法院108年度台上字第955號刑事判決。
[128] 最高法院105年度台上字第475號刑事判決。

但於公平正義之維護或對被告之利益有重大關係事項，法院應依職權調查之」。本條前段規定「得」，乃法院得自由裁量，但書規定「應」，則得必須調查（澄清義務），如違反但書之規定屬於 §379(10) 之判決違背法令，得上訴第三審。

至於最高法院 101 年第 2 次刑事庭會議決議，認為但書的公平正義之維護限於利益被告事項，往後實務亦同此見解[129]。請參考第一篇「刑事訴訟制度的構造」。

三、法院具有調查證據的職責，但是無蒐集證據的義務。§163II 但書情況下認為有調查之可能時應曉諭檢察官為證據調查之聲請。

最高法院 107 年度台上字第 4725 號刑事判決
刑事訴訟法關於舉證責任，於其第 161 條第 1 項明定：「檢察官就被告犯罪事實，應負舉證責任，並指出證明之方法。」而法院於審理案件時，應行調查之證據範圍，則係以事實審審判中案內所存在之一切與待證事實有關之證據為限，對於案內所不存在之證據，法院固無蒐集證據之義務，然對於案內所存在之一切與待證事實有關之證據，依法自有調查證據之職責。

---

[129] 最高法院 108 年度台上字第 3069 號刑事判決：法院為發現真實，得依職權調查證據。但於公平正義之維護或對被告之利益有重大關係事項，法院應依職權調查之，刑事訴訟法第 163 條第 2 項已有明定。故法院於當事人主導之證據調查完畢後，認為事實未臻明白，有待澄清時，得斟酌具體個案之情形，無待聲請，即得依職權調查證據，其於公平正義之維護或對被告之利益有重大關係事項，法院尤應依職權調查證據，以為認定事實之依據。而其中所謂「公平正義之維護」專指利益被告而攸關公平正義者而言，為本院近來所採之見解。

> **最高法院 106 年度台上字第 1978 號刑事判決**
>
> 　　刑事訴訟法第 163 條第 2 項但書規定「於公平正義之維護」，法院應依職權調查證據者，專指利益於被告之事項而言，案內存在形式上不利於被告之證據，檢察官未聲請調查，然如不調查顯有影響判決結果之虞，且有調查之可能者，法院固得依刑事訴訟法第 273 條第 1 項第 5 款之規定，曉諭檢察官為證據調查之聲請。然若該證據之存在及其待證事項並無疑義，自無曉諭調查之必要。

四、澄清義務的操作基準（該如何尋找之）

（一）已聲請調查之證據（§163I），方可進入澄清義務之範圍，而視其是否須受調查。

（二）是否有於卷宗內出現。

（三）於程序進行的過程（例如：詢問被告或證人）中發現有此證據。

（四）依事理關聯性得推知有此證據。

第四節　法定證據方法及法定調查程序

壹、概念

一、體系位置

　　證據資料通過消極要件後，即具有證據資格，此時，欲採為判決之基礎，仍須通過積極要件（嚴格證明法則），始具有證據能力。

　　嚴格證明法則＝法定的證據方法（被告、證人、鑑定、勘驗、文書）＋經過法定調查證據程序（一般原則、個別原則）。

二、何種事實必須通過嚴格證明法則

待證事實若為實體事項，關乎犯罪事實，即要依據嚴格證明法則，但若是程序事項則不適用嚴格證明法則。

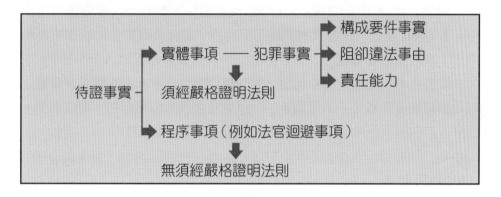

三、法定調查程序

一般的法定調查程序為公開審理原則、言詞審理原則、直接審理原則，且通常必須於審判期日進行證據調查程序（§288）。而個別的法定調查程序，於每一種證據方法均有各自的法定調查程序之規定。

嚴格證明法則限制法院在審判期日為調查證據的程序時（§288），只可以使用法定證據方法，而個別的法定證據方法各自有法定調查證據的規定。證據章節之規定內容，大多是具有法定證據方法與法定調查程序的規定。例如以人為證據（證人、鑑定人）的證據方法，須要經過具結、交互詰問，確保證言的真實性。又例如文書的證據方法，須要經過宣讀或告以要旨（即朗讀）的法定調查程序（§165），方屬經過合法調查（§155II），才可以取得證據能力而成為本案裁判基礎。如果法官未於審判庭上為法定證據方法與法定調查程序，則違反嚴格證明法則，例如法官私下偷偷去看犯罪現場，雖然是勘驗，但是違反§212的法定調查程序。

貳、被告

一、被告

　　被告的供述（包含自白），可以作為證據，為五大法定證據方法之一。§288III 規定「除簡式審判程序案件外，審判長就被告被訴事實為訊問者，應於調查證據程序之最後行之」，其主要是在說明 §161-3 規定之「法院對於得為證據之被告自白，除有特別規定外，非於有關犯罪事實之其他證據調查完畢後，不得調查」，避免法官過分依賴自白，造成偏見。另外，自白的「任意性」，應先於其他證據調查（§156III）。

二、共同被告

（一）基本概念

　　實體法上共犯≠程序法上共同被告。有實體法上的共犯關係（例如 A、B 一起犯殺人罪），但不一定會有程序法的共同被告關係（例如檢察官無足夠罪證起訴 A）。又有共同被告關係，也不一定會等於有共犯關係，例如於相牽連案件，§7(3) 數人同時在同一處所各別犯罪者，兩個人在路上相撞，彼此都成立過失傷害罪，屬於同時犯（客觀上無行為分擔，主觀上無犯意聯絡卻同時成立罪名的構成要件）。

　　大法官釋字第 582 號指出共同被告對於其他共同被告的案件，為被告以外的第三人，故本質上為證人。共同被告並非第六種法定證據方法。

釋字第 582 號解釋文

　　刑事審判上之共同被告，係為訴訟經濟等原因，由檢察官或自訴人合併或追加起訴，或由法院合併審判所形成，其間各別被告及犯罪事實仍獨立存在。故共同被告對其他共同被告之案件而言，為被告以外之第三人，本質上屬於證人，自不能因案件合併關係而影響其他共同被告原享有之上開憲法上權利。

（二）共同被告的證人地位

前述中已經指出共同被告於他人的案件是證人。倘若審判程序先後分離（先起訴 A，再起訴 B）或同時分離（程序同時進行，但沒有同時審理），此時可否在相互的程序中互為證人？有下列不同主張。

1. 形式共同被告說

以是不是同一個程序為判斷標準，如用同一個程序合併審理，共同被告不可以互為證人，如果程序分離時，共同被告可以互為證人。

2. 實質共同被告說

以是不是實體法上共犯關係為判斷標準，亦即只要有共犯關係，不論程序上是分別審理或合併審理，均不得互相為證人。

3. 形式與實質混合說

從共同被告合併偵查時開始起算，不論後來程序是否分開，共同被告就不可以互為證人。但如果有共同被告已經受終局裁判，就可以在其他共同被告程序為證人。

4. 我國法

(1) 條文規定

§287-1 規定「I 法院認為適當時，得依職權或當事人或辯護人之聲請，以裁定將共同被告之調查證據或辯論程序分離或合併。II 前項情形，因共同被告之利害相反，而有保護被告權利之必要者，應分離調查證據或辯論」、§287-2 規定「法院就被告本人之案件調查共同被告時，該共同被告準用有關人證之規定」。由上述條文可以推知「實體法上共犯可以相互為證人，但前提是要程序分離」。

(2) 爭議問題

A、B 為共同被告，同一個程序中，B 於 A 的案子（一個案件＝一個被告＋一個犯罪事實）中當證人，此時是否應分離或得分離？倘若應分離的情形，B 的證詞有無證據能力？

① 過去實務見解

　　過去實務[130]認為共同被告所為不利於己之供述，故得採為其他共同被告之犯罪證據，調查證據時沒有分離仍有證據能力，如與事實相符，可為證明力之判斷。又認為未經分離調查證據或辯論，逕以證人之地位令具結陳述，即顯然剝奪共同被告之主體地位[131]，且認為 §287-1、§287-2，非未對同一案件之各共同被告，必須分離或合併調查證據或辯論，如共同被告並非無利害相反，法院認為沒有分離調查證據及辯論之必要，而合併調查證據及辯論，難認為違法[132]。由此可知過去實務認為是「得」分離。

② 學說對過去實務見解之批評

(①) 未將共同被告列為證人[133]

　　嚴格證明法則下之法定證據方法，目的在於明確何種證據方法方可使用進而確定相關的權利義務，如果任意創設新型態的證據方法（如共同被告），將會危害被告的防禦權且有公平審判之疑慮。以上開實務見解，將共同被告的自白＝被告的自白，將影響到被告防禦權與公平審判。因此學者主張共同被告於其他共同案件中屬於證人地位。所幸釋字第 582 號有如將內含不幸的事物，疾病、禍害等等的潘朵拉的盒子蓋住，而終結了該問題。

(②) 共同被告為證人時在程序方面一律分離[134]

　　既然共同被告於他共同被告的案件中屬於證人，應適用人證的調查程序，就必須具結而分開審理，故是否分離並非法院的裁量事項（非法院權

---

[130] 最高法院 31 年上字第 2423 號判例、最高法院 46 年上字第 419 號判例。然現皆不再援用了。

[131] 最高法院 94 年度台上字第 1059 號刑事判決。

[132] 最高法院 99 年度台上字第 2722 號刑事判決。

[133] 許玉秀，釋字 582 號大法官協同意見書。楊雲樺，找回嚴格證明程序之靈魂──釋字 582 號的意義與影響，月旦法學雜誌，第 115 期，2004 年 12 月，頁 110 以下。林鈺雄，蓋上潘朵拉的盒子──釋字第五八二號解釋終結第六種證據方法？月旦法學雜誌，第 115 期，2004 年 11 月，頁 57 以下。

[134] 王兆鵬、張明偉、李榮耕，刑事訴訟法（下），2012 年 9 月，頁 307-317。林鈺雄，刑事訴訟法（上），2013 年 9 月，頁 533。

利），而是法院的義務，即使非屬利害相反而是有利於被告的陳述時，只要具證人地位，就一律應先分離，故而 §287-1 的「得」裁定分離是錯誤的立法，因只要是有作證的必要，就必須先分離。

具結是為了保障被告的對質詰問權，若程序未分離前，都屬於自己的審判程序，就不可以當成證人而命具結。§287-2 之規定也有錯誤，應該直接「適用」證人程序，而非「準用」，因為必須讓證人知道自己正以證人的地位接受訊問。

最後，依據 §287-1 分離後就會從一個程序，變成兩個程序，在他人程序中陳述就是證人地位（§287-2），分離程序可以只是暫時性的分離，法院可視情形而合併辯論（§289）。

③ 現行實務主張共同被告於他人案件為證人且程序應分離

最高法院 105 年度台上字第 969 號刑事判決

刑事訴訟法第 287 條之 2 規定：法院就被告本人之案件調查共同被告時，該共同被告準用有關人證之規定。因此對其他同案被告案件之審判而言，未使該同案被告立於證人之地位而為陳述，逕以依同案被告身分所為之陳述採為不利於其他被告之證據，自屬剝奪被告之憲法上所保障之刑事被告詰問證人之權利。從而，被告以外之人（含共同被告）所為不利被告之陳述，除客觀上不能受詰問者外，即應依法定程序到場具結陳述，並接受被告之詰問，其陳述始得作為認定被告犯罪事實之依據。

三、自白之證據補強 —— 兼論超法規補強法則

（一）概說

補強證據是指 §156II 規定「被告或共犯之自白，不得作為有罪判決之唯一證據，仍應調查其他必要之證據，以察其是否與事實相符」。立法目的為防止被告或共犯自白之虛擬而不真實，故而須要補強證據擔保真實性。而其他共同被告的自白也需要有補強證據。

被告自白的補強為自由心證的限制，屬於對於有證據能力的證據予以補強來提升證明力的問題，而補強證據本身也須要具備證據能力。被告的自白需要補強的理由在於單憑被告的自白，如果沒有其他相關資料為佐證，將產生被告說什麼我們就要相信什麼荒謬情形，因而有可能有虛偽自白或者是冤獄（例如黃春樹命案的被告之一的徐自強）之情形發生。而補強證據不限於證人之證言，鑑定報告也可以是補強證據[135]。

（二）補強證據的補強的對象及程度

1.補強對象

學說[136]、實務皆認為構成要件的主觀要素（例如故意、過失、知情、意圖），無須補強，因為要去補強內心的小宇宙（無邊無際），將會陷於蒐證困難且內心想法也終究要透過客觀事實去確認（例如刑法分則的殺人與重傷之區別）。在客觀犯罪事實的面向，行為、客體、結果等，則須要補強。

最高法院 109 年度台上字第 425 號刑事判決

刑事訴訟法第 156 條第 2 項規定：被告或共犯之自白，不得作為有罪判決之唯一證據，仍應調查其他必要之證據，以察其是否與事實相符，其規範意旨乃在預防被告或共犯自白之虛擬致與真實不符，故對自白在證據上之價值限制，明定須藉補強證據以擔保其真實性。而所謂補強證據，係指除該自白本身之外，其他證據證明該自白之犯罪事實確實具有相當程度真實性之證據而言，且非以補強事實之全部為必要，只需因補強證據之質量，與自白之相互利用，足使犯罪事實獲得肯定者，即

---

[135] 最高法院 109 年度台上字第 1559 號刑事判決：A 女對上訴人本件犯行重要情節之指訴，大致相同，未見混淆，且無藉端故意誣陷之理由，可信度高；系爭鑑定報告有證據能力，足為 A 女指訴之補強證據。

[136] 朱朝亮，自白補強法則之適用，月旦法學教室，第 158 期，2015 年 12 月，頁 33-35。

足當之。由自白補強之範圍限定為與犯罪構成要件事實有關係者,至關於犯罪構成要件之主觀要素,如故意,過失,知情,目的犯之目的(意圖),以及犯犯罪構成事實以外之事實,如違反條件,法律上刑罰加重減免原因之事實等,此等自白則無須補強證據。至共同被告關於他人同為共犯之指訴,為避免嫁禍卸責責任之風險,除犯罪客觀事實之存在需有補強證據外,對於他人同為共犯指訴之證明,固亦有補強證據之需;惟其犯罪客觀事實已要求需共犯自白以外之補強證明,則關於復數共犯自白(指訴)之補強證據稱,自不以直接證據為限,間接證據,或系間接事實之本身即情況證據,均非不得據以佐證相關自白之真實性。

2. 補強的程度

　　學者[137]指出過去實務見解常以指證者的證言前後相符、有無重大矛盾或違反經驗、論理法則情事、堅決與否及態度肯定,作為判斷其證述有否瑕疵之參考,又以其與被告間之關係如何、彼此交往背景、有無重要恩怨糾葛、是否有前科等,作為情況證據來補強。而現今實務對於補強的程度採相對補強原則,亦即補強的程度只要可與自白間互相綜合判斷而達到證明事實的程度即可[138]。

最高法院 108 年度台上字第 3384 號刑事判決

　　所謂補強證據,係指除該自白本身之外,其他證據證明該自白之犯罪事實確實具有相當程度的真實性之證據,而並非以補強事實之全部為必要,而因補強證據之質量,與自白之相互利用,足使犯罪事實獲得公認者,即足當之。

---

[137] 王正嘉,共犯陳述的定位與補強證據,月旦法學教室,第 210 期,2020 年 2 月,頁 22。

[138] 最高法院 109 年度台上字第 5888 號刑事判決。

（三）共犯間的陳述可否為補強證據

例如 A、B 一起殺 C，屬於共犯，A 說：「我跟 B 一起殺 C」，B 說：「我跟 A 一起殺 C」，但 A、B 沒有一起被起訴，A、B 無共同被告關係，此時可否互相補強？又例如 A 向 B 行賄，A 說：「我向 B 行賄，但他越要越多，我才舉報他」。此時可否將 A 的證言當成對 B 有罪的唯一證據？

首先，應提出者為 §156II 規定「共犯之自白」乃用語錯誤，例如 A 說「我跟 B 一起殺人」，意思是「我殺 C」、「B 殺 C」，對於「我殺 C」為 A 的自白，但對於「B 殺 C」應是不利於 B 的陳述，而非自白，條文應將之改成「共犯不利他人之陳述」。而共犯分成必要共犯之對向犯（例如賭博、重婚、賄賂）、必要共犯之聚合犯（例如參與犯罪結社）、任意共犯（例如共同竊盜、強盜），以下先討論對向犯，再討論後兩者。

(1) 對向犯（或稱對立犯）的陳述可否相互補強

① 實務[139]（肯定說）

對向犯是指，兩個以上的行為人，彼此相互對立之意思經合致而成立之犯罪，因為彼此為互相對立的對象關係，行為人各有自己的目的，應就各自的行為負責，彼此間無犯意聯絡或行為分擔，本質上非共犯（按：共同正犯也是訴訟法上的共犯的一種[140]），故而對向犯的陳述可以相互補強。

實務[141] 更認為基於雙方對向行為之犯罪（對向犯），如公職人員選舉罷免法之收賄者指證行賄者，該對向共犯（正犯）之單一供述證據，或因為可獲減輕或免除其刑，甚或為得檢察官為職權不起訴或緩起訴處分，

---

[139] 最高法院 98 年度台上字第 987 號刑事判決、最高法院 98 年度台上字第 5551 號刑事判決、最高法院 105 年度台上字第 2406 號刑事判決。

[140] 2005 年修正之刑法，將原第四章章名「共犯」修正為「正犯與共犯」，但刑事訴訟法並未隨之修正，是以 §156II 所稱共犯一詞，仍應指共同正犯、教唆犯及幫助犯而言，不受刑法第四章章名修正之影響。吳燦，共犯之自白與補強，月旦法學教室，第 20 期，2020 年 1 月，頁 26。

[141] 最高法院 110 年度台上字第 379 號刑事判決。

不免作出損人利己之陳述，其本質上存有較大之虛偽危險性，為擔保其陳述內容之真實性，固須以補強證據證明其所述確與事實相符，始得採為科刑之基礎。

最高法院 105 年度台上字第 2406 號刑事判決

　　關於共犯，學理上有任意共犯與必要共犯之分，前者指一般原得由一人單獨完成犯罪而由二人以上共同實行者，當然為共同正犯；後者係指須有二人以上之參與實行始能成立之犯罪，依其性質，尚可分為「聚合犯」與「對向犯」，其二人以上朝同一目標共同參與犯罪之實行者，謂之聚合犯，該數人之間有犯意聯絡與行為分擔，仍屬共同正犯之範疇，至於對向犯則係二個或二個以上之行為者，彼此相互對立之意思經合致而成立之犯罪，因行為者各有其目的，各就其行為負責，彼此之間無所謂犯意之聯絡或行為之分擔，本質上並非共同正犯，故無刑事訴訟法第 156 條第 2 項規定共犯之適用。從而，毒品危害防制條例所稱之轉讓第一、二級毒品罪之讓與人與受讓（持有）人雙方，各有其目的，各就其行為負責，彼此之間無所謂犯意聯絡與行為分擔，本質上非共同正犯，並無刑事訴訟法第 156 條第 2 項共犯之適用。是對向犯之供述彼此一致者，自得互為補強證據，乃屬當然。

最高法院 106 年度台上字第 1320 號刑事判決

　　二名以上共犯之自白，不問是否屬於同一程序（共同被告），縱彼此所述內容一致，仍屬自白，並非自白以外之其他必要證據，固尚不足以謂共犯之自白相互間得作為證明其所自白犯罪事實之補強證據。但在必要共犯之對向犯雙方均為自白之情形，因已合致犯罪構成要件之事實而各自成立犯罪，故對向犯彼此之間自白得為相互補強。

② 實務 [142]（否定說）

　　雖然於實體法上非屬於共犯，但是在訴訟上的利害關係相反，為了避免被偵查機關誘導、嫁禍他人或為了獲得減刑而虛偽陳述之可能，應要有補強證據。例如在賄賂罪、投票賄賂罪方面，本質上有較大的虛偽危險性，為了擔保陳述內容的真實性，基於補強證據的相同法理，應該認為有補強的必要性，以限制行賄者指證公務員行賄的陳述的證據價值。

最高法院 108 年度台上字第 4393 號刑事判決

　　按被告或共犯之自白，不得作為有罪判決之唯一證據，仍應調查其他必要之證據，以察其是否與事實相符。刑事訴訟法第 156 條第 2 項定有明文。又證人之陳述，不免因人之觀察、知覺、記憶、敘述、表達等能力及誠實信用，而有偏差。是證人之陳述，其證明力是否充足，是否仍須補強證據輔助，應視證言本質上是否存在較大之虛偽危險性，不得一概而論。準此，基於雙方對向行為之犯罪（對向犯），指證者既非立於客觀見聞一定事實之第三人地位，其證言本質上亦存在較大之虛偽危險性，故為擔保陳述內容之真實性，應認須有補強證據，足使一般人對其陳述無合理之懷疑存在，始得確信其為真實。

(2) 共犯間的陳述可否作為補強證據

① 少數實務 [143]（肯定說）

　　補強證據是指自白或不利於己的陳述本身外，其他足以證明自白之犯罪事實有相當程度真實性的證據，故而無共同被告關係的共犯自白或不利於己的陳述，可以互相補強。

---

[142] 最高法院 103 年度台上字第 844 號刑事判決、最高法院 108 年度台上字第 4139 號刑事判決、最高法院 109 年度台上字第 1476 號刑事判決、最高法院 110 年度台上字第 393 號刑事判決。

[143] 最高法院 88 年度台上字第 380 號刑事判決、最高法院 94 年度台上字第 1598 號刑事判決。

② 實務、學說（否定說）[144]

　　某些性質上虛偽危險性較大之供述或證言，即使施以預防性規則之具結、交互詰問與對質，其真實性之擔保仍有未足，故有承認補強法則之必要性。如果共犯間的陳述可以互相補強，其一共犯間可能把責任轉嫁給另一共犯，也容易產生替代受刑罰之危險，例如大哥與 3 個小弟和一個剛來的小弟 A 一起殺 B，4 個人口供一致下說：「是 A 殺的」。且因為大哥已經事先跟 A 說：「你進去再出來事業會更好，家人我會幫你照顧，不用擔心」，而使 A 的自白也與其他 4 人陳述一致。

> ### 最高法院 109 年度台上字第 3009 號刑事判決
>
> 　　刑事訴訟法第 156 條第 2 項規定：被告或共犯之自白，不得作為有罪判決之唯一證據，仍應調查其他必要之證據，以察其是否與事實相符。立法旨意乃在防範被告或共犯自白之虛擬致與真實不符，故對自白在證據上之價值加以限制，明定須藉補強證據以擔保其真實性。所謂補強證據，係指除該自白本身之外，其他足以證明該自白之犯罪事實確具有相當程度真實性之證據而言，雖所補強者，非以事實之全部為必要，但亦須因補強證據之質量，與自白之相互利用，足使犯罪事實獲得確信者，始足當之。共犯之自白，性質上仍屬被告之自白，縱先後所述內容一致，或經轉換為證人而具結陳述，仍屬不利己之陳述範疇，究非自白以外之其他必要證據，自不足作為證明其所自白犯罪事實之補強證據。

③ 實務（附條件肯定說）

　　必其中一共犯之自白先有補強證據，而後始得以該自白為其他共犯自白之補強證據。或者在必要共犯之對向犯雙方均為自白之情形，因已合致犯罪構成要件之事實而各自成立犯罪，故對向犯彼此之間自白得為相互補強。

> ## 最高法院 107 年度台上字第 1660 號刑事判決
>
> 　　故此所謂其他必要證據，應求諸於該等共犯自白以外，實際存在之有關被告與犯罪者間相關聯之一切證據；必其中一共犯之自白先有補強證據，而後始得以該自白為其他共犯自白之補強證據，殊不能逕以共犯之自白相互間作為證明其中一共犯所自白犯罪事實之補強證據。

> ## 最高法院 106 年度台上字第 1320 號刑事判決
>
> 　　二名以上共犯之自白，不問是否屬於同一程序（共同被告），縱彼此所述內容一致，仍屬自白，並非自白以外之其他必要證據，固尚不足以謂共犯之自白相互間得作為證明其所自白犯罪事實之補強證據。但在必要共犯之對向犯雙方均為自白之情形，因已合致犯罪構成要件之事實而各自成立犯罪，故對向犯彼此之間自白得為相互補強。

（四）超法規補強法則

　　原則上只要證人之陳述係出於親身經歷見聞所為，並經依法踐行調查程序，法官於綜合案內一切證據為整體觀察，認證人之陳述內容並無與事理扞格、自我矛盾或有不實陳述之動機等情形，即得採信作為判決之基礎，自不須另開調查程序或以其他補強證據證明原證言之憑信性。

　　但如是對立性之證人（如被害人、告訴人）、目的性之證人（如刑法或特別刑法規定得邀減免刑責優惠者）、脆弱性之證人（如易受誘導之幼童）或特殊性之證人（如秘密證人）等，則因其等之陳述虛偽危險性較大，為避免嫁禍他人，除施以具結、交互詰問、對質等預防方法外，應認有補強證據以增強其陳述之憑信性[145]。然而在大陸法系未有補強法則之相關規定，而是由法官依自由心證定其證明力。我國刑訴法對於證據價值

---

[145] 最高法院 108 年度台上字第 801 號刑事判決。王正嘉，共犯陳述的定位與補強證據，月旦法學教室，第 210 期，2020 年 4 月，頁 22。

雖亦屬大陸法系，由法官自由裁量，但又兼採英美法之理論，於§156II明文規定對於自白之證據價值加以限制，即以有補強證據為必要[146]。

1. 被害人陳述、告訴人陳述

　　被害人關於被害經過之陳述，通常在使被告受刑事訴追，故證明力自較無利害關係之一般證人之陳述為薄弱，是否與事實相符，仍應調查其他補強證據以資審認。被害人之陳述縱認並無瑕疵，且前後一致，仍須具有補強證據，資以擔保其陳述之真實性。亦即，不得僅以被害人之陳述，作為認定被告有罪之唯一證據。此所謂補強證據，係指除被害人之陳述本身以外，其他足以證明犯罪事實確具有相當程度真實性之證據而言，且該必要之補強證據，則指與構成犯罪事實具有關聯性之證據，並非僅在增強被害人陳述之憑信性而已[147]。至於屬與被害人之陳述具同一性之累積證據，並不具補強證據之適格[148]。例如 A 學生在臉書自己爆料受到猥褻（用性器摩擦），A 的老師 B 看到 A 學生臉書的發文始知道此事，A 學生的陳述與 B 的陳述屬於同一性的累積證據。

最高法院 103 年度台上字第 455 號刑事判決

　　以被害人或告訴人就被害經過所為之陳述，其目的均在使被告受刑事之訴追及處罰，與被告處於絕對相反之立場，其陳述或不免誇大，是被害人或告訴人縱立於證人地位具結而為指證、陳述，其證據之證明力仍較與被告無利害關係之一般證人之陳述為薄弱，被害人或告訴人就其被害經過之陳述，除須無瑕疵可指外，仍應調查復與事實相符，亦即仍應調查其他補強證據以擔保其具有相當之真實性，而為通常一般人均不致有所懷疑者，始得為論罪科刑之依據，非謂被害人或告訴人已踐行人證之調查程序，即得以其指證、陳述作為有罪判決之唯一證據。

---

[146] 吳燦，超法規補強證據，月旦法學教室，第 211 期，2020 年
[147] 最高法院 107 年度台上字第 4497 號刑事判決。
[148] 最高法院 109 年度台上字第 1806 號刑事判決。

2. 幼童證言

　　正常幼童智力發展未臻成熟，易受暗示，陳述可能失真，若又是輕度智障之身心障礙兒童，其陳述被害情形更難免不實。為確保性侵幼童證言之可信度，有學者倡議導入心理學鑑定被害幼童證言之信用性，以作為補強證據。實務通常傳喚被害幼童之父母、家屬、老師等關係人，以其等具結之證詞，補強被害幼童之證言，其屬間接證據（情況證據）者，始可補強被害幼童之證詞。如父母、家屬、老師之陳述與被害幼童陳述具同一性之「累積證據」（如轉述幼童證詞之傳聞供述），則非屬補強證據[149]。例如念小學一年級的 A 向輔導老師說：「阿公摸我尿尿的地方，好痛喔」。輔導老師直接轉述 A 的話：「A 說阿公摸她尿尿的地方，她覺得好痛」，此時輔導老師的話不能當成補強證據。

　　不過應注意者，社工、輔導人員、醫師及心理師等專業人士所介入輔導個案經過之直接觀察，及以個人實際經驗為基礎所為之書面或言詞陳述，即屬於見聞經過之證人性質，屬與被害人陳述不具同一性之獨立法定證據方法（按此時就不是累積證據了），得經由該證述作為判斷被害人陳述憑信性之補強證據[150]。例如承上例子，輔導老師根據自己的經驗觀察，A 在玩玩具時常常摸自己下體、也有將手指伸入洋娃娃下體並舌吻洋娃娃的行為、常常情緒不穩定地說討厭阿公，依經驗來說通常是有被阿公強制性交或猥褻過，此時輔導老師的經驗觀察可以當成補強證據。

參、證人

一、證人的概念

　　刑事程序中，陳述自己對於該刑事案件之待證事實（包含直接事實、輔助事實）的見聞之訴訟第三人稱為證人，只要是自然人

度台上字第 3905 號刑事判決。
度台上字第 44 號刑事判決。

都可以是證人（包含心神喪失者或幼童），只是在證言的證明力上會有不同的評價。

證人的陳述為證言，為供述證據，若證人非以陳述內容為證據，而是以身體之物理性質狀態為證據者，則為勘驗的對象，屬於勘驗的證據方法[151]。例如 A 陳述自己被打傷，為證人的證據方法，而若法院當庭看 A 哪裡受傷則為勘驗的證據方法。此時既是定證據方法，亦為強制處分的干預。

最高法院 108 年度台上字第 801 號刑事判決

人證為證據方法之一種，係以人之陳述為證據，包括證人及鑑定人等。因證人之陳述，雖不免因人之觀察、知覺、記憶、敘述、表達等能力及誠實信用，而有偏差，惟其證言之憑信性如何，係屬證據證明力之判斷，並為事實審法院之職權，但應依經驗法則或論理法則判斷，刑事訴訟法第 155 條第 1 項但書定有明文。

二、證人的資格

自然人可以當證人，包含目擊證人、被告證人等，但是如果是屬於訴訟程序其他地位之人可否為證人？

（一）法官

法官必須保持中立，法官就自己審理的案件，不得當證人，否則就具備迴避的事由（§17(6)）。

（二）檢察官

檢察官具有客觀性義務，如果於路上看到搶劫案，又剛好案件分配給該檢察官，檢察官應依照 §26 準用 §17 而自行迴避。

---

[151] 林鈺雄，刑事訴訟法（上），2013 年 9 月，頁 538-539。

如待證事實與檢察官執行職務有關時，就難以完全排除檢察官作證的可能，例如被告說自己偵查中被公訴檢察官刑求，而產生非任意性自白，檢察官要對該程序的待證事實作證，此時為證人檢察官（Zenge staatsanwalt）。但可能產生檢察官無法客觀實施公訴的問題。所以學說建議若要檢察官為證人時，要更換檢察官實行該案件的公訴[152]。

（三）被告

被告不可為證人，共同被告於他人的案件陳述中方為證人，但不可能使被告當自己的證人，例如 A 殺人，法院要 A 自己作證自己殺人。

若現場要被告模擬殺人過程，屬於被告的自白（陳述），且實質上即為訊（詢）問，故而除了現場模擬外，仍要有補強證據擔保陳述的真實性，亦受到任意性規定的保障，如果是受到檢察官在場壓力而不得不「按照劇本演出」，此時則為非任意性的自白，而無證據能力。其實現場模擬一開始就違反了不自證己罪（任何人皆無義務以積極作為來協助對己的刑事追訴）。

（四）辯護人

我國法無禁止，但是辯護人為自主的司法單元，以及角色上的衝突，理論上應該要避免之。

（五）自訴人

自訴人的程序地位與檢察官類似，故而不得同時充當證人。

（六）鑑定人

鑑定人與證人，為不同的證據方法，原則上鑑定人不可當證人，例外於 §210 規定的鑑定證人的情形。

---

[152] 林鈺雄，刑事訴訟法（上），2013 年 9 月，頁 540。

三、證人的義務

（一）到場義務

　　證人偵查中的受檢察官、審判中的受審判長或受命法官，為合法傳喚時，有到場義務（§178）。§176-1規定「除法律另有規定者外，不問何人，於他人之案件，有為證人之義務」。違反到場義務的效果，§178規定「I證人經合法傳喚，無正當理由而不到場者，得科以新臺幣三萬元以下之罰鍰，並得拘提之；再傳不到者，亦同。II前項科罰鍰之處分，由法院裁定之。檢察官為傳喚者，應聲請該管法院裁定之。III對於前項裁定，得提起抗告。IV拘提證人，準用第七十七條至第八十三條及第八十九條至第九十一條之規定」，故稱證人有在場義務。

　　但證人並無退場之主動權，§168規定「證人、鑑定人雖經陳述完畢，非得審判長之許可，不得退庭」。

（二）具結義務

　　§188規定「具結應於訊問前為之。但應否具結有疑義者，得命於訊問後為之」、§186規定「I證人應命具結。但有下列情形之一者，不得令其具結：一、未滿十六歲者。二、因精神或其他心智障礙，不解具結意義及效果者。II證人有第一百八十一條之情形者，應告以得拒絕證言」。具結是指證人用書面保證其陳述為真實，為證人的證言真實性的擔保程序。至於具結與證據能力（§158-3）傳聞例外的關係，請參照傳聞法則的章節。

　　證人審判中違反具結義務，亦即證人無正當理由拒絕具結，為違法嚴格證明法則下的法定調查程序，證言無證據能力，且得處罰鍰（§193）。如果具結後虛偽陳述者，將受到偽證罪處罰。

（三）真實陳述義務

　　§187規定「I證人具結前，應告以具結之義務及偽證之處罰。II對

於不令具結之證人，應告以當據實陳述，不得匿、飾、增、減」。§189I 規定「具結應於結文內記載當據實陳述，決無匿、飾、增、減等語；其於訊問後具結者，結文內應記載係據實陳述，並無匿、飾、增、減等語」，如無正當理由而拒絕者，將受罰鍰處分（§193）。

具結義務不完全等於真實陳述義務，依照 §186I 但書免除具結義務者為證人時，仍有 §187 之真實陳述義務，違反真實義務仍有偽證罪之處罰。

四、證人的權利

（一）拒絕證言權

1. 拒絕證言的法理

原則上我國人民皆有作證的義務且必須真實陳述，但法律亦不能違背情理，故而立法者在權衡發現真實與其他價值後，而產生了拒絕證言權的制度，在某些特定的狀況下，為了維護某些價值，而免除證人陳述的義務。

不過，得拒絕證言的權利，是到庭後才可以行使拒絕證言權，證人仍有到場義務[153]，也就是在法院傳喚後，不可以自己認為有拒絕證言權而在家看電視不出庭。

2. 拒絕證言的原因

	法理	告知義務	拒絕方式	釋明方式
公務關係（§179）	上下分際與權責	無	個別拒絕	釋明且許可
身分關係（§180）	人倫、法律不強人所難	§185II	概括拒絕	釋明且許可
不自證己罪（§181）	前段：不自證己罪 後段：同 §180	§186II	個別拒絕	得以具結以代釋明（§183I）
業務關係（§182）	特殊職業高度信賴	無	個別拒絕	釋明且許可

---

[153] 最高法院 96 年度台抗字第 201 號刑事裁定、臺灣高等法院花蓮分院 107 年度上訴字第 142 號刑事判決。

(1) 公務關係（§179）

§179 規定「I 以公務員或曾為公務員之人為證人，而就其職務上應守秘密之事項訊問者，應得該管監督機關或公務員之允許。II 前項允許，除有妨害國家之利益者外，不得拒絕」。本條目的在於釐清上下分際與權責，凡證人之證詞妨害國家利益時，才能認為維護機密之價值優於犯罪真相的發現，該管監督機關或公務員才能例外不允許。

但是公務員隸屬於國家，國家又請公務員作證時，可能會有利害衝突，尤其公務員有資訊優勢，例如貪污罪案件中，有允許權利的上級公務員，往往也是潛在的被告。學者提出公務員如不當拒絕時，必要時得自行以法院命令代替上級公務員允許，以便強制作證的公務員盡其陳述義務[154]，但如果該公務員是指總統時，則依照釋字 627 號解釋，總統有國家機密特權時可以拒絕證言，且更可拒絕提出證物。

(2) 身分關係（§180）

§180 規定「I 證人有下列情形之一者，得拒絕證言：一、現為或曾為被告或自訴人之配偶、直系血親、三親等內之旁系血親、二親等內之姻親或家長、家屬者。二、與被告或自訴人訂有婚約者。三、現為或曾為被告或自訴人之法定代理人或現由或曾由被告或自訴人為其法定代理人者。II 對於共同被告或自訴人中一人或數人有前項關係，而就僅關於他共同被告或他共同自訴人之事項為證人者，不得拒絕證言」。本條基於人倫與法律不強人所難的原因下，賦予拒絕證言權，因其規範目的在防止證人被強制將親屬定罪[155]。不過如果有身分關係之人未拒絕證言，此時法院對其證言的證明力之判斷要謹慎。

---

[154] 林鈺雄，刑事訴訟法（上），2013 年 9 月，頁 544-545。

[155] 薛智仁，論拒絕證言權對於取證強制處分之限制：以親屬與業務拒絕證言權為例，國立臺灣大學法學論叢，第 49 卷第 2 期，2020 年 6 月，頁 766。

身分關係與拒絕證言

臺灣高等法院暨所屬法院 105 年法律座談會刑事類提案第 43 號

一、提案機關：臺灣高雄地方法院

二、法律問題：

　　A、B 間原有配偶關係，離婚後，為爭奪子女監護權而相持不下，某日口角後，A 持診斷證明書指控 B 傷害而提出告訴，經檢察官提起公訴，B 於法院審理時否認犯行，並聲請以事發時唯一在場之人 A 為證人行交互詰問，惟告訴人 A 到庭時，則以曾為被告 B 之配偶為由，拒絕證言。法院應如何處理？

三、討論意見：

　　甲說：應即結束以 A 為證人之交互詰問程序。

（一）真實發現並非刑事訴訟法的唯一目的。國家社會之健全，繫於多項因素，訴訟結果正確固然重要，但仍有其他重要價值是維繫國家社會的重要支柱。就追求社會之最高利益而言，有時寧可選擇犧牲真實發現，以鞏固其他更重要或同等重要的價值，例如若為了維持一定的倫理關係、為了維持特殊的人與人之間的關係、為了維持資訊的流暢，犧牲訴訟的真實發現，有時反而對於整體社會更為有利。基此思想，在特殊情形下，為了特定社會目的，應容許證人得拒絕證言。我國根深蒂固「親不為證」的思維，即容許一定親屬間得拒絕證言，代表倫理之重要性甚於發現真實（王兆鵬，刑事訴訟法講義，2009 年最新版，頁 771-772。相類意見另參考張麗卿，刑事訴訟法理論與運用，2010 年 9 月，頁 377；林鈺雄，刑事訴訟法（上）2010 年 9 月，頁 539-540；黃朝義，刑事訴訟法，2009 年 9 月，頁 407；褚劍鴻，刑事訴訟法論（上），2004 年 2 月，頁 310）。

（二）證人本應負據實陳述證言之義務，惟證人如與當事人具有刑事訴訟法第 180 條所定一定身分關係之情形，「難免互為容隱，欲求據實證言，顯無期待可能性」，法律乃賦予其得為拒絕證言之特權（最高法院 101 年度台上字第 5763 號判決參照）。

（三）綜前所述，告訴人 A 既曾為被告 B 之配偶，依刑事訴訟法第 180 條第 1 項第 1 款規定，其拒絕證言權即應受保障，一經行使，法院即不得再命為證述。

乙說：應告以不得拒絕證言並命據實陳述。

（一）依前所述，刑事訴訟法第 180 條第 1 項關於一定親屬為被告時，得拒絕證言之規範目的，不外乎維繫倫理親情、避免證人陷入人倫困境等考量，認為倫理重要性甚於發現真實，進而設為證人強制作證義務之例外規定。倘為被告之友性證人（或檢察官所聲請傳訊之敵性證人），或可不生明顯影響；倘係被告一方之敵性證人（甚而偵查中業已具結證述，依第 159 條之 1 第 2 項原則上具有證據能力）時，若容許該證人於審判中拒絕證言，實質上將對被告詰問權之行使造成一定限制，自應參酌立法目的限縮其適用範圍為當。

（二）依題意，A 既以被害人身分向 B 提出告訴，衡諸被害人或告訴人之陳述旨在使被告受刑事訴追，兩者核係立於相反立場，在此情形下，實無第 180 條第 1 項所指有害人倫之疑慮，為達發現真實之程序目的，並適度保障被告之詰問權，應認為 A 不得再以親屬身分關係為由而拒絕證言。

初步研討結果：採乙說。

(3) 不自證己罪（§181）

　　§181 規定「證人恐因陳述致自己或與其有前條第一項關係之人受刑事追訴或處罰者，得拒絕證言」，前段目的在於不自證己罪，而有前條第

1 項關係之人受刑事追訴，則與 §180 相同理由。例如 A 涉嫌販賣改造槍枝給 B，法院傳喚 B 出庭作證，如果 B 證明 A 賣槍枝給 B，等於自己說自己持有槍枝，違反不自證己罪，故而 B 可以拒絕證言。

　　如果共犯證人已經判刑確定後，就不可以再行使拒絕證言權了，因為早就判刑確定了，而無不自證己罪的問題[156]，詳言之，本條目的在於免除證人陷於抉擇控訴自己犯罪或因陳述不實而受偽證罪的處罰，或不陳述而受罰鍰處罰的困境，既然犯罪已經判決確定，就無上述問題可言[157]。

(4) 業務關係（§182）

　　§182 規定「證人為醫師、藥師、心理師、助產士、宗教師、律師、辯護人、公證人、會計師或其業務上佐理人或曾任此等職務之人，就其因業務所知悉有關他人秘密之事項受訊問者，除經本人允許者外，得拒絕證言」。因為特殊職業，人民對於其有高度的信賴關係，如果欠缺該信賴關係，人與人將會產生不信任（例如 A 跟牧師告解或向律師陳述自己 2 個月前去隔壁牧場與裡面的牛為「性行為」且讓該牛受傷（毀損罪），如果缺乏 §182 規定，A 有可能或高度可能會心想：「這樣牧師或律師會不會跟法官說。我該不會會被要求跟牛結婚（按：取得原物），還要給聘金（按：毀損後的損害賠償）吧！」）。然有學說[158]認為業務拒絕證言權之規範目的在保護當事人的隱私或資訊自決權。

　　護理人員於實施醫療輔助行為或在醫師監督下執行醫療業務時，為醫師之業務佐理人。然本書認為超高齡化社會來臨、長照 2.0 政策施行，護理人員、照服員、居服員陪伴高齡者至臨終機率極高，且會在未於醫師監督下進行獨立作業，此時並非單純是佐理人，因此宜有將前開人員增列，以避免非單純為佐理人之前開人員掛一漏萬。

---

[156] 最高法院 101 年度台上字第 952 號刑事判決。
[157] 最高法院 99 年度台上字第 7171 號刑事判決。
[158] 薛智仁，論拒絕證言權對於取證強制處分之限制：以親屬與業務拒絕證言權為例，國立臺灣大學法學論叢，第 49 卷第 2 期，2020 年 6 月，頁 766。

　　曾有記者被傳喚為證人而主張拒絕證言，實務認為記者向被採訪者採訪，該被採訪者並非基於信賴關係而委託新聞記者辦理某種業務，故上開就其因業務所知悉有關他人秘密事項之從事一定業務之人，並未包括新聞記者在內[159]。

　　本書認為固然§182之目的為維護特殊信賴關係，然若偵查中又透過搜索、扣押、通訊監察等方式取得諸如病例、諮商紀錄、律師的法律意見書和札記等證據，將使§182遭架空，從而未來應有相關證據使用禁止之規定。

　　又在現代社會，有許多職業與客戶間有高度的信賴關係，都應納入拒絕證言的考量。例如超高齡社會來臨之際，居家長期照護者（長期全天24小時陪伴照護），對於高齡長輩來說亦是具有特殊信賴關係之人，未來立法上應納入考量。例如A高齡者猥褻隔壁女童，若要求居家長期照護者B作證A的猥褻案件，將會使A與B間失去特殊信賴關係，且因其類似身分關係到庭作證極可能面臨失業而頓失經濟來源，不出庭作證又會遭到罰鍰，此乃強人所難。

（二）拒絕證言的程序

1. 人別訊問

　　§185I規定「訊問證人，應先調查其人有無錯誤及與被告或自訴人有無第一百八十條第一項之關係」。

2. 告知得拒絕證言

(1) 身分拒絕證言之告知。§185II規定「證人與被告或自訴人有第一百八十條第一項之關係者，應告以得拒絕證言」。

(2) 不自證己罪拒絕證言之告知。§186II規定「證人有第一百八十一條之情形者，應告以得拒絕證言」。

(3) 公務、業務拒絕證言之告知，本法無規定。

---

[159] 最高法院97年度台抗字第724號刑事裁定。

3. 拒絕證言權的釋明、許可及駁回

　　§183 規定「I 證人拒絕證言者，應將拒絕之原因釋明之。但於第一百八十一條情形，得命具結以代釋明。II 拒絕證言之許可或駁回，偵查中由檢察官命令之，審判中由審判長或受命法官裁定之」，由此可知，證人拒絕證言之釋明≠可拒絕證言，而還要經過許可的程序方可拒絕證言。最後應注意者，§180 之身分關係的拒絕證言權，為概括拒絕證言權，僅須要釋明身分且經程序主導者許可即可，例如拿出身分證說明自己配偶欄之人為被告。而 §180 以外的拒絕證言權則須要逐一分別主張，而且要等待程序主導者的許可時才可以主張拒絕證言權。

　　實務[160] 認為證人如於第一審依據身分關係拒絕證言，於第二審時若不行使拒絕證言權，仍可作證。當事人於第二審再行聲請傳喚該未經詰問的證人，若於待證事實卻有重要關係，除該證人已經表明不再作證外，仍應予以調查，不能逕自認為無調查必要。

最高法院 100 年度台上字第 4862 號刑事判決

　　刑事訴訟法第 180 條所定一定身分關係之拒絕證言權，祇須證人於作證時，釋明其與訴訟當事人（被告或自訴人）具有此等關係，即得概括拒絕證言，不問其證言內容是否涉及任何私密性，或有無致該當事人受刑事訴追或處罰之虞。

　　同法第 181 條免於自陷入罪之拒絕證言權，則必先有具體問題之訊問或詰問，始有證人如陳述證言，是否因揭露犯行自陷於罪，使自己或與其有前述一定身分關係之人受刑事訴追或處罰之危險，從而證人必須接受訊問或詰問後，針對所問之個別問題，逐一分別為主張，不得泛以陳述可能致其或一定身分關係之人受刑事訴追或處罰為由，概括行使拒絕證言權，拒絕回答一切問題。

　　證人拒絕證言之許可或駁回，依同法第 183 條第 2 項規定，由審判長、受命法官或檢察官決定。證人於審判中經依法許可拒絕證言，乃到

---

[160] 最高法院 109 年度台上字第 2523 號刑事判決。

庭後有正當理由拒絕陳述，應認證人於審判外之陳述與審判中不符，倘其拒絕證言經駁回者，即有陳述之義務，如仍不為陳述，即屬到庭後無正當理由拒絕陳述，是以證人於檢察事務官、司法警察官或司法警察調查中所為之陳述，得否為證據，應分別依刑事訴訟法第 159 條之 2、第 159 條之 3（第 4 款）定之。

至若審判長不察，許可證人概括行使免於自陷入罪之拒絕證言權，乃有關調查證據之處分違法，且屬有害於訴訟之公正，不因未異議而得視為治癒，該證人於審判外調查中所為之陳述，除符合同法第 159 條之 5，並無上開傳聞例外規定之適用。本件第一審檢察官舉證人陳○嬁（上訴人女友○○○之母親）為證，審判長於踐行刑事訴訟法第 185 條第 2 項、第 186 條第 2 項等告知程序後，在證人與上訴人並不具一定身分關係之情形，竟許可○○○概括拒絕證言，其訴訟程序之進行自屬重大違誤，有害於真實之發現。原審未予糾正，重為調查證據，仍判予維持，於法難謂無違。

4. 告知義務的主體

告知義務的主體為法官、檢察官，而是否包含司法警察。§196-1 規定「I 司法警察官或司法警察因調查犯罪嫌疑人犯罪情形及蒐集證據之必要，得使用通知書通知證人到場詢問。II 第七十一條之一第二項、第七十三條、第七十四條、第一百七十五條第二項第一款至第三款、第四項、第一百七十七條第一項、第三項、第一百七十九條至第一百八十二條、第一百八十四條、第一百八十五條及第一百九十二條之規定，於前項證人之通知及詢問準用之」。

(1) 文義解釋

§196-1 並未準用 §186II「證人有第一百八十一條之情形者，應告以得拒絕證言」，不過有準用 §181 之不自證己罪的拒絕證言權，故而司法警察無告知義務，但證人仍有不自證己罪的拒絕證言權。

> ### 最高法院 97 年度台上字第 5771 號刑事判決
>
> 　　第 196 條之 1 增訂第 1 項規定「……」並於第 2 項將偵查及審判中訊問證人之有關規定，於司法警察官、司法警察可以準用者一一列舉，以為準據。其中第 186 條第 1 項「證人應命具結」、同條第 2 項「證人有第 181 條之情形，應告以得拒絕證言」等規定，並不在準用之列。是司法警察官或司法警察於調查中詢問證人，並不生應命證人具結及踐行告知證人拒絕證言權之義務問題。

(2) 學說 [161]

　　§196-1 漏未規定準用 §186II 為立法漏洞，解釋上司法警察（官）亦應有告知義務，此時方可使依附性禁止的效果統一。而在法律未修正前，應類推適用 §196-1 準用 §185II 的規定，使司法警察有告知義務，保障證人權利。

5. 證人未受到告知得行使拒絕證言權而所為的證言

　　未踐行對證人之拒絕證言權的告知義務下，證人所為的證言，在被告案件是否有證據能力。例如 A、B 對 C 強制性交，檢察官訊問 A 時，沒有告知可以拒絕證言（沒有告知 §186II），此時 B 的陳述可否作為被告 A 案件中有證據能力，有下列各說。

(1) 權利領域理論 [162]

　　拒絕證言權為專屬於證人的權利，非當事人可主張，證人的拒絕證言權與法院的告知義務，都是為了保護證人而設的，而非為了保護被告而

---

[161] 何賴傑，違反刑事訴訟法第 181 條告知義務之證據禁止效力，月旦裁判時報，第 1 期，2010 年 1 月，頁 168。林俊益，司法警察（官）應告知證人得拒絕證言，月旦法學教室，第 129 期，2013 年 7 月，頁 38。

[162] 李榮耕，拒絕證言權告知義務之違反及其法律效果－簡評最高法院 98 年度台上字第 5952 號刑事判決，台灣法學雜誌，第 153 期，2010 年 6 月，頁 228-229。吳巡龍，未諭知拒絕證言權的證據能力，月旦法學教室，第 115 期，2012 年 5 月，頁 38。最高法院 101 年度台上字第 5137 號刑事判決、最高法院 106 年度台上字第 4082 號刑事判決。

設，故僅對證人生效，如果違反告知義務的證人證詞，仍有證據能力，而證明力如何應個案判斷。

　　學說[163]對此說的批評為，不是所有的取證規定都有明確的保護對象，例如偵查機關對證人刑求時，因§98、§156之規定僅保護被告，而不保護證人，故而對證人刑求，依該條文文義並不會使證人之證言的證據能力被排除。是否意味對證人刑求就無所謂呢？！

最高法院 102 年度台上字第 146 號刑事判決
證人與被告或自訴人有刑事訴訟法第 180 條第 1 項之關係者；證人有同法第 181 條之情形者，應告以得拒絕證言，刑事訴訟法第 185 條第 2 項、第 186 條第 2 項，固分別定有明文。惟證人得拒絕證言及法院或檢察官告知義務之規定，係為保護證人而設，非在保護被告，故得拒絕證言屬於證人之權利，非當事人之被告所得主張。因之，法院或檢察官違反上開告知義務所生之法律效果，僅及於證人，不及於被告。則該證言對訴訟當事人之被告而言，仍具證據能力，至於證明力如何，應由法院依合理之心證而為判斷。

(2) 權衡理論[164]

　　最高法院於民國 109 年 8 月經由徵詢程序達成統一見解[165]，法院或檢察官未踐行§186II 之告知義務，其所取得之證人證詞，對於本案被告有無證據能力？我國證據排除法則並不生主張證據排除的當事人適格問題，如採權利領域說，將主張排除者侷限於權利受侵害的人，不免過於狹隘，並欠缺正當性。而且，§181 規定證人拒絕證言權，不僅在於保護證人免

---

[163] 楊雲樺，未盡證人拒絕證言權告知義務與證據能力，月旦法學雜誌，第 56 期，2007 年 6 月，頁 16-17。

[164] 林俊益，論拒絕證言權之告知，台灣法學雜誌，第 61 期，2004 年 8 月，頁 171-172。最高法院 106 年度台上字第 4082 號刑事判決。

[165] 最高法院 109 年度台上字第 2638 號刑事判決。

於陷於三難困境以致自證己罪，同時也使被告免於遭受到陷入困境的證人所為虛偽不實陳述的危險。從而，法院或檢察官如有違反§186II 的告知程序，所取得證人的證詞，不僅侵害證人的權利，也讓證人因為不知道可以拒絕證言，而產生誣攀或推諉被告的危險，應該容許被告主張證據排除。但是，為了兼顧程序正義與發現實體真實，法院應適用§158-4 規定，審酌人權保障與公共利益的均衡維護，來權衡判斷證人證言有沒有證據能力。

最高法院 107 年度台上字第 1700 號刑事判決

刑事訴訟法第 180 條、第 181 條、第 185 條、第 186 條第 2 項規定，訊問證人應先調查其與被告有無法定之特定身分關係，或證人有恐因陳述致具上開法定特定身分關係之人受刑事保護證人而設，非被告所得主張，且既命具結作證供述，當即與同法第 158 條之 3「證人依法應具結而未具結，其證言不得作為證據」之規定有間，然命證人具結作證所踐行之告義務倘有瑕疵，終究與正當程序未盡相符，應認係屬違背法定程序取得之證據，而適用同法第 158 條之 4 權衡人權保障及公共利益判斷其證據能力。

---

(3) 三階段審查法（綜合理論）

① 第一階段：審查違法取證行為是否出於國家司法機關的惡意、恣意。若為肯定，證據禁止使用，法院無權衡空間；若為否定，進入第二階段。

② 第二階段：進行法規範目的之探討。「違法取證的行為尚未使法規範目的受到終局破壞＋若使用時會加深或擴大法規範目的之損害」，若為肯定，證據禁止使用；若為否定，進入第三階段。

③ 第三階段：進行利益衡量（比例原則審查）

6. 檢察官之偵查程序

檢察官將實質的被告以形式證人傳喚，而未盡對被告告知乙死於家中，驗屍結果有他殺嫌疑。檢察官以證人身分傳訊乙的妻子甲，訊問過程

中，檢察官認為甲涉嫌重大，卻為避免打草驚蛇，繼續以證人身分訊問甲，而未告知甲得保持緘默。隨後檢察官認為甲外遇對象丙與甲為涉嫌殺乙的共同正犯，將甲、丙列為殺人罪的共同被告起訴，並引用甲在其面前所為對己不利的陳述，請求法院判決甲、丙兩人有罪。此時法院得否使用甲的陳述作為證據？申言之，檢察官先以證人傳喚後，如果已經認為其有犯罪嫌疑重大時，就必須轉為被告的訊問程序而盡對被告的告知。本例中，檢察官卻蓄意未將甲轉為被告的訊問程序，此時取得的甲陳述是否有證據能力？

　　除過去實務以外，近期實務與學說大抵上皆以「不自證己罪及法定正當程序理論」論述。

(1) 過去實務：蓄意二分說

> ▶ 蓄意規避被告的 §95 告知義務：
> 　屬於 §98、§156I 中的詐欺，陷於自白非任意性，無證據能力
>
> ▶ 非蓄意規避被告的 §95 告知義務：
> 　依照 §158-4 權衡個案判斷取得的自白之證據能力

最高法院 92 年度台上字第 4003 號刑事判決

　　刑事被告乃程序主體者之一，有本於程序主體之地位而參與審判之權利，並藉由辯護人協助，以強化其防禦能力，落實訴訟當事人實質上之對等。又被告之陳述亦屬證據方法之一種，為保障其陳述之自由，現行法承認被告有保持緘默之權。故刑事訴訟法第 95 條規定：「訊問被告應先告知左列事項：一、犯罪嫌疑及所犯所有罪名，罪名經告知後，認為應變更者，應再告知。二、得保持緘默，無須違背自己之意思而為陳述。三、得選任辯護人。四、得請求調查有利之證據。」此為訊問被告前，應先踐行之法定義務，屬刑事訴訟之正當程序，於偵查程序同有適用。至證人，僅以其陳述為證據方法，並非程序主體，亦非追訴或審判之客體，除有得拒絕證言之情形外，負有真實陳述之義務，且不生訴訟上防禦及辯護權等問題。

　　倘檢察官於偵查中，蓄意規避踐行刑事訴訟法第95條所定之告知義務，對於犯罪嫌疑人以證人之身分予以傳喚，命具結陳述後，採其證言為不利之證據，列為被告，提起公訴，無異剝奪被告緘默權及防禦權之行使，尤難謂非以詐欺之方法而取得自白。此項違法取得之供述資料，自不具證據能力，應予以排除。

如非蓄意規避上開告知義務，或訊問時始發現證人涉有犯罪嫌疑，卻未適時為刑事訴訟法第95條之告知，即逕列為被告，提起公訴，其因此所取得之自白，有無證據能力，仍應權衡個案違背法定程序之情節、侵害被告權益之種類及輕重、對於被告訴訟上防禦不利益之程度、犯罪所生之危害或實害等情形，兼顧人權保障及公共利益之均衡維護，審酌判斷之。

(2) 近期實務[166]

▶ 蓄意規避被告的 §95 告知義務：
　屬於 §98、§156I 中的詐欺，陷於自白非任意性，無證據能力

▶ 非蓄意規避被告的 §95 告知義務：

　▶ 對於形式證人的案件，其實就是被當成實質被告時：
　　檢察官未將證人轉為被告，而使其喪失 §95(2)「得保持緘默，無須違背自己之意思而為陳述」之權利，但有盡對證人的 §186II 之「告知義務證人有第一百八十一條之情形者，應告以得拒絕證言」。雖然兩者屬於不自證己罪的下位概念，但檢察官未盡對被告的告知義務，此時依照不自證己罪原則以及法定正當程序理論（按：對被告訊問的法定正當程序是人別訊問完，要盡 §95 的告知義務，方可作本案訊問），先前以證人身分訊問所得的證詞不得為證據

　▶ 對於被告的案件：依照 §158-4 權衡個案判斷取得的自白之證據能力

---

[166] 最高法院98年度台上字第4034號刑事判決、臺灣高等法院106年度上易字第2041號刑事判決、臺灣高等法院108年度重矚上更七字第26號刑事判決。

最高法院 97 年度台上字第 5279 號刑事判決

　　證人恐因陳述致自己或與其有刑事訴訟法第 180 條第 1 項關係之人受刑事追訴或處罰者，得拒絕證言，同法第 181 條定有明文。證人此項拒絕證言權與被告之緘默權，同屬其不自證己罪之特權。92 年 2 月 6 修正公布前同法第 186 條第 4 款規定：「證人有第 181 條情形而不拒絕證言者，不得令其具結。」修正後同法第 186 條第 2 項增訂法院或檢察官於「證人有第 181 條之情形者，應告以得拒絕證言」之義務。此項規定旨在免除證人因陳述而自入於罪，或因陳述不實而受偽證之刑責，或不陳述而受罰鍰處罰，以致陷於抉擇之三難困境。此項告知拒絕證言之規定雖為保護證人而設，非當事人所能主張，惟如法院或檢察官未踐行此項告知義務，而僅告以同法第 187 條第 1 項「具結之義務及偽證之處罰」，並依同法第 186 條、第 189 條規定「命朗讀結文後為具結」，無異強令證人必須據實陳述，而剝奪其拒絕證言權，所踐行之訴訟程序自有瑕疵。

　　惟其因此所取得之證人供述證據，是否具有證據能力，應分別情形以觀。

　　倘其於被告本人之案件，應認屬因違背法定程序所取得之證據，適用同法第 158 條之 4 所定均衡原則以審酌、判斷其有無證據能力。

　　至若該證人因此成為被刑事追訴之對象（即被告），則其先前居於證人地位所為不利於己之陳述，基於不自證己罪原則及法定正當程序理論，應認不得作為該證人（即被告）犯罪之證據。

最高法院 109 年度台上字第 1309 號刑事判決

　　為符合法治國正當程序之要求，刑事訴訟必須在致力發現真實以正確行使國家刑罰權，及保障被告防禦權以維護其最重要訴訟基本權二者間，求其兩全，不可偏廢。而被告防禦權核心價值所在之不自證己罪權利，針對其關於本身犯罪事實之陳述而行使，為緘默權；針對其就他人犯罪事實之供證而行使，即屬證人之拒絕證言權。

　　為落實保證與被告之緘默權出自同源，且同以不主動提供，亦不能受脅迫、利誘提供自己任何與犯罪有關之資訊為內涵之拒絕證言權，刑事訴訟法第 181 條、第 186 條明定證人恐因陳述致自己或與其有親屬等一定身分關係之人受刑事追訴或處罰者，得拒絕證言，俾證人得免自陷於罪或涉入偽證罪之兩難抉擇；且就此拒絕證言權，訊問之法官或檢察官，應提供與被告緘默權相同程度之確保，於命證人具結前，告知得拒絕履行作證之義務；如未踐行此告知義務，逕諭知有具結之義務及偽證之處罰後，即命具結作證，無異強令證人提供自己犯罪之相關資訊，而侵害其拒絕證言權，證人於此情況下所為之具結程序即有瑕疵，自應認其具結不生具結之效力，於程序上之審查，無從透過刑事訴訟法第 158 條之 4 規定，賦予證據能力，於實體上之評價，縱其陳述不實，亦不能遽課以偽證罪責。

　　誣告罪之告訴人，於其所誣告之案件訴訟程序中到庭，如續為其原虛構之不實犯罪事實之陳述，毋寧為其立於誣告罪告訴人立場事所難免之本質，以誣告罪之規範約制已足，如命其具結，勢將令受偽證罪之處罰，惟如其據實陳述，又無異自證己罪，其所面臨上開兩難困境，核與上開規定之情形相符，自得適用該等規定拒絕證言。

(3) 學說—[167]

　　學說有認為檢察官如果對實質被告之形式證人未盡對拒絕證言權（§186II）的告知，將會使此形式證人陷於三難之境，因為該規定目的在免除證人因陳述而自入於罪，或因陳述不實而受偽證之刑責，或不陳述而受罰鍰處罰，以致陷於抉擇之三難困境，故而先前以證人地位取得的不利益陳述，是因國家藉由具結義務與偽證罪處罰的不正方法（脅迫）取得，應依照 §156I 排除證據。

---

[167] 王兆鵬，論新修刑訴之證人不自證己罪，國立臺灣大學法學論叢，第 34 卷第 1 期，2005 年 1 月，頁 68 以下。

(4) 學說二 [168]

§158-2 規定「I 違背第九十三條之一第二項、第一百條之三第一項之規定，所取得被告或犯罪嫌疑人之自白及其他不利之陳述，不得作為證據。但經證明其違背非出於惡意，且該自白或陳述係出於自由意志者，不在此限。II 檢察事務官、司法警察官或司法警察詢問受拘提、逮捕之被告或犯罪嫌疑人時，違反第九十五條第一項第二款、第三款或第二項之規定者，準用前項規定」，可知違反被告的 §95 之告知義務，在經證明後訊問者非出於惡意，且陳述是出於自由意志時仍得作為證據。而 §186II 的目的都是保護不自證己罪（個人不受脅迫而為不利陳述的自由），又證人受訊問時通常會有極大的壓力，且現行偵查又包含了許多偵查技巧（例如製造偵查機關知曉全局的假象、使被告以為只會構成輕罪），證人可能隨時被改認為被告，故告知拒絕證言權的重要性不亞於緘默權的告知（§95(2)），故而似可認為可以類推適用 §158-2，若出於惡意且非任意性陳述則不得作為證據。

(5) 學說三 [169]

從規範保護目的之觀點，為了避免強制被告（表面上是證人，實際上是被告）不自證己罪。德國刑事訴訟法 §55II 規定法官對於證人具有拒絕答覆權（Auskunftsverweigerungsrecht）之告知義務，且德國通說皆認為如果法官未盡此種告知義務，於證人日後成為被告時，該證言有證據禁止之法律效果（無證據能力），此屬於依照依附性禁止之法律效果。

---

[168] 李榮耕，拒絕證言權告知義務之違反及其法律效果 —— 簡評最高法院 98 年度台上字第 5952 號判決，台灣法學雜誌，第 153 期，2010 年 6 月，頁 226-228。

[169] 何賴傑，違反刑事訴訟法 181 條告知義務之證據禁止效力，月旦裁判時報，第 1 期，2010 年 2 月，頁 167。

關係人的曖昧定位

　　甲因乙欠錢不還，認有詐欺嫌疑而向檢察官提出告訴。檢察官以案情不明，有待進一步偵查，即以關係人身分傳訊乙到庭訊問，亦未命乙具結。訊問後，檢察官基於乙之陳述，認定乙確有詐欺罪嫌，旋即對乙提起公訴。審理時，乙以檢察官訊問程序違法而主張該陳述不得作為證據，但法官最後仍採認該證據，本件法官採證是否有合法性？本例關鍵在於「關係人」的定位為何，只要是被告以外之人皆屬於證人，不可以含糊不清使用關係人，因為如以關係人定位，權利義務關係並不明。如定位為證人後，即可依照上述處理。

最高法院 102 年度台上字第 3373 號刑事判決

　　偵查中所謂之關係人，並未於刑事訴訟法明定其屬性，惟依現行刑事訴訟法第 287 條之 2 規定：「法院就被告本人之案件調查共同被告時，該共同被告準用有關人證之規定。」可知除被告在其本人之案件中具有被告之身分外，其餘相關之人，實為人證之身分，如以其陳述為證據方法，因其並非程序主體，亦非追訴或審判之客體，除有得拒絕證言之情形外，負有真實陳述之義務，且不生訴訟上防禦權及辯護權等問題。倘檢察官於偵查中，蓄意規避踐行刑事訴訟法第 95 條所定之告知義務，對於犯罪嫌疑人以關係人或證人之身分予以傳喚，令其陳述後，又採其陳述為不利之證據，列為被告，提起公訴，無異剝奪被告緘默權及防禦權之行使，尤難謂非以詐欺之方法而取得自白。

　　此項違法取得之供述資料，自不具證據能力，應予以排除。如非蓄意規避上開告知義務，或訊問時始發現關係人或證人涉有犯罪嫌疑，卻未適時為刑事訴訟法第 95 條之告知，即逕列為被告，提起公訴，其因此所取得之自白，有無證據能力，仍應權衡個案違背法定程序之情節、侵害被告權益之種類及輕重、對於被告訴訟上防禦不利益之程度、犯罪所生之危害或實害等情形，兼顧人權保障及公共利益之均衡維護，審酌判斷之。

7. 司法警察之偵查程序

　　司法警察將實質的犯罪嫌疑人以形式證人傳喚，而未盡對被告的告知。將未經告知義務的主體改成司法警察時，法律效果又是如何，有下列主張：

(1) 實務一 [170]

　　因 §196-1 未準用 §186II，司法警察並無告知義務，故仍可作為證據使用。

最高法院 97 年度台上字第 5299 號刑事判決

　　司法警察（官）因調查犯罪嫌疑人犯罪情形及蒐集證據之必要，得使用通知書通知證人到場詢問，同法第 196 條之 1 第 1 項亦定有明文，但依同條第 2 項規定，並無準用同法第 186 條至第 189 條關於證人具結之規定，是司法警察（官）並無命證人具結之權限，自無依同法第 186 條第 2 項告知證人得以拒絕證言之義務。

(2) 實務二 [171]

　　因 §196-1 未準用 §186II，司法警察並無告知義務，然 §196-1 有準用 §181，證人有不自證己罪之權利。

最高法院 97 年度台上字第 2956 號刑事判決

　　證人恐因陳述致自己或與其有刑事訴訟法第 180 條第 1 項關係之人受刑事追訴或處罰者，得拒絕證言，同法第 181 條定有明文。證人此項拒絕證言權，與被告之緘默權，同屬其不自證己罪之特權。同法第 196 條之 1 第 1 項規定「司法警察官或司法警察因調查犯罪嫌疑人及蒐集證據之必要，得使用通知書通知證人到場詢問。」並於第 2 項將偵查及審

---

[170] 最高法院 97 年度台上字第 5299 號刑事判決。
[171] 最高法院 97 年度台上字第 2956 號刑事判決。

判中訊問證人之有關規定，於司法警察官、司法警察可以準用者一一列舉，以為準據。

其中第186條第1項「證人應命具結」、同條第2項「證人有第181條之情形，應告以得拒絕證言」等規定，並不在準用之列。

是司法警察官或司法警察於調查中詢問證人，固不生應命證人具結及踐行告知證人拒絕證言權之義務問題。惟依同法第196條之1準用第181條之規定，該證人於警詢時仍享有不自證己罪之特權。該證人於司法警察（官）詢問時所為不利於己之陳述，於嗣後成為被告時，基於不自證己罪特權，仍不得作為證據。不因司法警察（官）調查時以「證人身分」或「犯罪嫌疑人身分」通知到案而有不同。

(3) 學說

學說贊同後者實務見解，以憲法的不自證己罪原則來保障證人（被告），且不論於司法警察或檢察官前的陳述，皆應有不自證己罪，故而§196-1未準用§186II為立法疏漏。有學說認為應該類推適用§196-1II準用§185II使司法警察對證人為告知拒絕證言權之告知義務[172]，亦有認為如此解釋就可以將司法警察與檢察官於不盡告知義務下統一判斷解決，可依照依附性禁止，禁止使用證據[173]。

8. 偵查程序中被告轉證人

偵查中為被告卻被任意以證人身分加以訊問。被告轉證人，被告知道自己被轉為證人，但不知道被轉為證人的原因以及作證的對象是誰。例如嘉義縣的中正大學的寧靜湖畔，發生了不寧靜的事情，A學生被歹徒以安全帽敲頭致輕微腦震盪。B被以現行犯逮捕，案件進行到檢察官訊問被告

---

[172] 林俊益，司法警察（官）應告知證人得拒絕證言，月旦法學教室，第129期，2013年7月，頁36-38。

[173] 何賴傑，違反刑事訴訟法181條告知義務之證據禁止效力，月旦裁判時報，第1期，2010年2月，頁168。

B 時（已經踐行被告的 §95 告知義務），認為應該還有其他共犯把風，所以在未告知 B 任何原因且未說明作證的對象是誰，直接將 B 轉換為證人，但有告知具結意義與拒絕證言權、偽證罪的刑責，此時 B 以證人身分之陳述有無證據能力？

實務認為在同一偵查程序中逕將被告轉換為證人，已不當剝奪被告得保持緘默、請求受律師協助，及證人得主張拒絕證言之權利[174]。本案中檢察官沒有告知為何要將本案被告 B 轉換為他案的證人加以訊問，也未讓被告 B 知悉或可得而知其作證之對象是誰，卻在無其他被告案件繫屬中，為了偵查其他可能潛在之被告或犯罪嫌疑人，利用證人具結之程序而使被告就自己的犯罪事實，負擔真實陳述之法律上義務，無異強迫被告在自己案件中作證，不但違背被告不自證己罪之原則，且造成程序混淆，讓被告不知其究竟是本於被告（可行使緘默權）或證人（必須據實陳述）地位而為陳述。此時應認為縱使 B 陳述不實，也不能論偽證罪[175]，而且應依照不自證己罪原則，B 的陳述應禁止使用為證據。

最高法院 105 年度台上字第 1640 號刑事判決

刑事訴訟法第 176 條之 1 規定「除法律另有規定外，不論何人，於他人之案件，有為證人之義務。」故證人係指在他人之訴訟案件中，陳述自己所見所聞具體事實之第三人，為證據之一種，具有不可代替之性質。原則上，在以自己為被告之訴訟進行中，若無他人案件存在，基於法治國自主原則下，被告並非訴訟客體而係訴訟主體，有權決定是否及如何行使其訴訟上防禦權，而不自陷於不利地位之考量，乃禁止強迫被告為不利於己之陳述，是被告即無在自己案件中就所涉案情為證人之地位，即所謂不自證己罪原則，故被告在同一審判程序中，性質上不可能同時兼具證人雙重身分，不論偵查或審判機關均不能蓄意以證人地位訊問已取得被告身分之人。

---

[174] 最高法院 99 年度台上字第 3653 號刑事判決。
[175] 最高法院 105 年度台上字第 1640 號刑事判決。

　　易言之，被告基於訴訟上防禦權而自由陳述或行使各種辯護權時，若已有說謊而積極為不實陳述或其他作為之情形，因期待其據實陳述之可能性極低，除因涉及其他違法行為（如毀謗、誣告等），於實體法上應不予處罰。而刑法第 168 條之偽證罪，所保護之法益既為國家司法權之公正，若證人為虛偽陳述時，尚無他人案件繫屬，自無侵犯國家司法權行使公正可言，固然案件於偵查中，因偵查屬於浮動狀態，犯罪嫌疑人為何人，尚有賴證據之調查及訊問證人、共犯等不斷的偵查作為始能確定，有所謂潛在之被告或犯罪嫌疑人存在，惟證人於此情況下作證時，至少應知或可得而知其作證之對象為何人，進而於案情有重要關係之事項，供前或供後具結，而為虛偽陳述，方有成立偽證罪之可能，否則其在不知作證對象為何人之情況下，又如何能行使刑事訴訟法第 180 條、第 181 條，因一定之身分或利害關係而得拒絕證言之權利。

　　在檢察官於訊問被告過程中發現被告以外之人涉有犯罪嫌疑時，固可將訊問之被告轉換為證人，但不能恣意為之，此由刑事訴訟法第 287 條之 1、第 278 條之 2，法院尚須以裁定將共同被告之調查證據程序分離，使分離程序後之共同被告立於證人之地位，準用有關人證之規定，具結陳述，並接受其他共同被告之詰問，可知悉其轉換程序應慎重為之。換言之，檢察官若非因訊問被告或以其他偵查方式獲知他人可能涉及犯罪之資料，在未告知其為何欲將本案被告轉換為證人訊問，並使被告知悉或可得而知其作證之對象為何人時，卻在無其他被告案件繫屬中，為偵查其他可能潛在之被告或犯罪嫌疑人，利用證人具結之程序而使被告就自己的犯罪事實，負擔真實陳述之法律上義務，無異強迫被告在自己案件中作證，非但違背被告不自證己罪之原則，且造成程序混淆，讓被告不知其究竟係本於被告（可行使緘默權）或證人（必須據實陳述）地位而為陳述，是縱其陳述不實，亦不能遽依偽證罪責論擬。

五、訊問的程序

傳喚（§175）→人別訊問（§74、§192）→告知義務（§185II、§186II）→隔別訊問（§184I，類似於被告數人時之§97I本文）→詰問（§166以下）→對質（§184II）。

審判中的交互詰問制度可以代替始末連續陳述（§190），故而§190通常是用於偵查中的訊問程序。

六、交互詰問

（一）交互詰問概說

交互詰問為人的證據方法（被告、證人、鑑定人）的調查方式，其原則上限於審判期日，但如預料證人不能於審判期日到場時有必要利用準備程序訊問。交互詰問是經由人的發問與回答來進行交流，法院可藉此過程中發現對當事人有利的證言或觀察出供述不實，屬於正當法律程序的一環。

基於發現真實的目的，當事人以詰問證人來發現證詞瑕疵，非法官訊問所能取代。因為當事人對案件的始末最為清楚，最能發現證人陳述有何與事實不一，最有能力提出適當的問題。

交互詰問是指當事人依照一定之順序，對到庭作證之證人加以詢問的程序，一方問完才輪到另一方發問。例如證人由被告聲請傳喚，故而由辯護律師或被告先問證人（傳者先問），稱為「主詰問」；問完話後，檢察官如果認為有必要，也可以提出問題問話，稱為「反詰問」。「反詰問」問完後，辯護律師或被告仍可就「反詰問」中所發見的疑點或事項再為問話，稱為「覆主詰問」。然如果是檢察官聲請傳喚證人，詰問之順序須由檢察官開始，之後由辯護人或被告為之，依此交互替換進行詰問。

> ## 最高法院 109 年度台上字第 993 號刑事判決
>
> 　　被害人屬對立性證人，其虛偽陳述危險性較大，指陳亦難免故予誇大、渲染，即須施以具結、交互詰問、對質等方法，以預防、排除虛偽或錯誤陳述，而往往要經多次詢（訊）問、交互詰問，隨著時間推移，在訊問者、場域、外部環境各有不同，感知、記憶、陳述能力亦有游移性之情形下，尚難期待其陳述始終如一。

（二）對質權與詰問權

1. 釋字第 582 號認為 [176] 對質權與詰問權有所區別

(1) 對質權：二人同時在場而面對面、互為質問之權利。例如 §97 規定「I 被告有數人時，應分別訊問之；其未經訊問者，不得在場。但因發見真實之必要，得命其對質。被告亦得請求對質。II 對於被告之請求對質，除顯無必要者外，不得拒絕」、§184II 規定「因發見真實之必要，得命證人與他證人或被告對質，亦得依被告之聲請，命與證人對質」。

(2) 詰問權：為了發現真實與釐清疑義，法官或對造當事人問完證人後，被告得詰問證人之權。例如 §166 以下。

2. 多數學者

　　對質與詰問的名稱不重要，於滿足「面對面」且「全方位質問」的「適當機會」時，即已經履行了憲法上的防禦權的要求，對質與詰問權的內涵無實質上的不同 [177]。

---

[176] 大法官釋字第 582 號解釋理由書：雖然規定被告有數人時，得命其對質，被告亦得請求對質，惟此種對質，僅係由數共同被告就同一或相關聯事項之陳述有不同或矛盾時，使其等同時在場，分別輪流對疑點加以訊問或互相質問解答釋疑，既無庸具結擔保所述確實，實效自不如詰問，無從取代詰問權之功能。如僅因共同被告已與其他共同被告互為對質，即將其陳述採為他共同被告之不利證據，非但混淆詰問權與對質權之本質差異，更有害於被告訴訟上之充分防禦及法院發現真實之實現。

[177] 林鈺雄，共犯證人與對質詰問 —— 從歐洲人權法院看我國釋字第 582 號解釋之後續發展，月旦法學雜誌，第 119 期，2005 年 4 月，頁 16。許澤天，共同被告陳述與嚴格證明 —— 釋字第 582 號解釋的評釋，刑事法與憲法的對話 —— 許前大法官玉秀教授六秩祝壽論文集，2017 年 3 月，頁 179-181。

（三）交互詰問的進行

1. 詰問的主體及對象

　　由當事人、代理人或辯護人直接詰問（§166I），若有複數主體則派一人代表（§166V）。但主體不含輔佐人。交互詰問的對象為證人、鑑定人。

2. 詰問的次序

(1) 原則

① 傳者先問：詰問的次序必須符合「傳者先問」，亦即傳喚證人者先發問。但如果兩造同時聲請傳喚證人、鑑定人時，由兩造合議決定主詰問的次序，不能決定時由審判長決定（§166VI）。若法院依據職權傳喚證人或鑑定人時，次序亦由審判長決定（§166-6）。

② 次序進行：亦即主詰問→反詰問→覆主詰問→覆反詰問。§166II 規定「前項證人或鑑定人之詰問，依下列次序：一、先由聲請傳喚之當事人、代理人或辯護人為主詰問。二、次由他造之當事人、代理人或辯護人為反詰問。三、再由聲請傳喚之當事人、代理人或辯護人為覆主詰問。四、再次由他造當事人、代理人或辯護人為覆反詰問」。

③ 更行詰問：次序進行完畢後，經過審判長許可，可以更行詰問（§166III），簡單來說，就是詰問次序在重新進行一次。

④ 補充訊問：實務上認法院本於上開澄清義務及公平審判原則，於踐行人證之調查程序時，依 §166 及 §166-6 規定，亦以當事人聲請詰問證人、鑑定人為主，審判長依職權傳喚調查為輔，且各有其詰（訊）問之輪序、方法及限制。前者，證人、鑑定人先經當事人依排定輪序詰問完畢後，審判長始得為「補充訊問」。此項訊問，與詰問有別，審判長行補充訊問，固不受詰問法則之約束。凡於案情有重要關係事項，或其他相關聯事項認有訊明必要時，均得依其裁量判斷而行補充訊問，進一步澄清以發見真實，但仍禁止為不法之誘導訊問。其補充訊問之事項，如於當事人詰問過程中未曾顯現者，依 §163III 之規定，應予當事人有陳述意見之機會。又當事人對於審判長之補充訊問如有不服，並得依 §288-3I 規定聲

明異議。後者，證人、鑑定人既係由法院依職權傳喚到場，即由審判長先為訊問，再由當事人依排定輪序詰問。此際，審判長之訊問，相當於主詰問之性質，依 §166-1 規定，應就待證事項及其相關事項訊問，以辯明證人、鑑定人陳述之證明力。除有同條第 3 項但書規定之情形以外，亦不得為誘導訊問。而當事人於審判長訊問後，接續詰問之，其性質則相當於反詰問，依 §166-2II 規定，自得為誘導詰問以削弱審判長訊問所得證言之證明力。上開審判長關於證人、鑑定人之補充訊問或依職權先為訊問，雖均不得為誘導訊問，但因其訊問性質之不同，得訊問內容之事項即有差異[178]。

　　從「補充訊問」可知我國並未真正進入當事人進行主義。在交互詰問程序中，看似由當事人間進行攻防，惟嗣後之補充訊問，法官之主導性更為強烈，法官更應遵守澄清義務及公平審判原則的界線，否則無異架空交互詰問之程序。

(2) 詰問內容

① 主詰問

(①) 待證事實之詰問

　　主詰問的目的在於使證人或鑑定人為有利於聲請主詰問之人的陳述。§166-1I 規定「主詰問應就待證事項及其相關事項行之」，例如 A 涉及殺人罪，檢察官主詰問時為了證明成立殺人罪的構成要件，而詰問證人 B 是否有看到 A 將被害人 C 拖進廢棄工廠裡與聽到淒厲的叫聲，而被告 A 的辯護人為了證明 A 與 C 是在進行格鬥訓練，而詰問 B 是否有看到是兩個人先互相敬禮後才開始互毆、叫聲屬於格鬥呼喊的叫聲。又如 A 涉及重傷罪，檢察官為了證明重傷的構成要件，詰問證人 B 是否有看到 A 勒住 C 的脖子而使 C 昏迷，而 A 的辯護人為了證明因為 C 侵入住宅竊盜而 A 是進行正當防衛，而詰問 B 是否有看到 C 神情怪異且武裝入室。

---

[178] 最高法院 111 年度台上字第 862 號刑事判決。

(②) 證人、鑑定人陳述之證明力之詰問

§166-1II 規定「為辯明證人、鑑定人陳述之證明力，得就必要之事項為主詰問」，例如上述例子的辯護人辨明證人 B 常常說謊、近視很深又沒戴眼鏡。

(③) 禁止誘導詰問

主詰問的證人為友性證人（傳者先問下，主詰問者是詰問自己聲請傳喚的證人，而聲請傳喚者不太可能去傳對自己不利的證人來當證人），此時主詰問就要設定限制，否則友性證人可能會迎合主詰問者的意思而陳述，說白了就是「套好招」。只要是可以使證人依據主詰問者問話而得到主詰問者想要的答案的問話，均為誘導詰問，屬於問話中含有答話的內容。例如在過失重傷罪的案子中，問證人：「被告當時開車的速度差不多是多少」，則非誘導詰問，但如果是問證人：「被告當時開車的速度是不是超過限速標準 50 公里了」，則是誘導詰問。又例如在公然猥褻的案子中，問證人：「被告的生殖器上方是不是有大象耳朵的刺青」，則為誘導詰問，然如果是問證人：「被告當時出現在大街上的整體外觀如何」，則非誘導詰問。簡言之，僅能為開放式的提問，不含在問話中暗示應該如何答話或者在問話中隱含著暗示被告就是犯罪者的資訊。

此外，對於該限制，文獻上更指出 [179]：

(①) 不可以為與本案無關的詰問

與本案無關之詰問，浪費訴訟時間且可能讓無關聯性之證據提出於法院（可能使審判者產生偏見），故在主詰問、覆主詰問中，如無必要，不得為此種詰問。

不過在反詰問時或主詰問之自己傳喚的證人時該證人由友性證人轉為敵性證人，為了擊破證人、鑑定人虛偽或不明確陳述之證明力，或證明其對反詰問之敵性，原則上可為與本案無關之詰問。

---

[179] 黃朝義，交互詰問，月旦法學教室，第 0 期，2002 年 10 月，頁 101-109。張麗卿，驗證刑訴改革脈動，2017 年 10 月，頁 302-303。

(②) 不可以為責難性質的詰問

　　責難性的詰問會影響證人或鑑定人的供述之自由意志，並使證人迎合詰問者的意思，除了有發現真實的必要時，否則都不可以為責難性的詰問。然反詰問時則可為責難性的詰問。

(③) 不可以重複性詰問

　　重複性詰問會浪費訴訟時間，故禁止之。但在主詰問的己方證人，該證人由友性轉為敵性或於反詰問時，重複詰問可以擊破敵性證人的虛偽或不明確陳述，可以達到減低證人供述之證明力，故允許之。

②反詰問

(①) 概說

　　反詰問之目的在於發現主詰問所隱匿或未涉及的事項，或者讓證人或鑑定人說出與主詰問時相互矛盾或不一致的事項。另外，目的也有使證人或鑑定人陳述足以減低或推翻主詰問時陳述的證明力，亦即在於彈劾證人或鑑定人之供述的憑信性。

　　§166-2 規定「I 反詰問應就主詰問所顯現之事項及其相關事項或為辯明證人、鑑定人之陳述證明力所必要之事項行之。II 行反詰問於必要時，得為誘導詰問」，因為反詰問的對象通常非友性證人，故而不會有誘導詰問而產生非真實的陳述，且誘導詰問更可以發現真實，故允許誘導詰問，不過誘導詰問也會有迎合或屈服詰問者意思的可能或受到羞辱的危險，故而應於必要時方可為之。

　　§166-3 規定「I 行反詰問時，就支持自己主張之新事項，經審判長許可，得為詰問。II 依前項所為之詰問，就該新事項視為主詰問」。主詰問時為主詰問者的證人，但詰問後發現證人的陳述其實是對反詰問者有利，此時可以對該事項詰問而視為主詰問，但其性質上仍屬於反詰問，只是在反詰問的程序中為之。

(②) 反詰問事項必須與主詰問內容有關

　　反詰問必須就主詰問所呈現的事項與有關聯事項（關聯性較主詰問認

定寬鬆）而詰問，但其寬鬆程度也不可過寬，舉例而言，在法庭上被害人的朋友 A 說：「被害人的配偶有婚外情，被害人哭到撕心裂肺」，反詰問時問被害人的朋友（A 證人）：「被害人是不是每天都打扮很漂亮」，此時反詰問即與 A 陳述之被害人配偶是否有婚外情的事實無關。

(③) 反詰問的技巧[180]

可以使用誘導性問題、以先前之陳述彈劾證人、逼迫證人回應你的問題、避免讓證人解釋其回答、不要讓證人注意到你想表達的重點。

(④) 具結證言權與反詰問

當證人在偵查中已陳述，但於審判中的反詰問時，證人主張拒絕證言權而拒絕證言，此時無異剝奪了被告的反對詰問權，應認為證人不得拒絕證言（§181-1），但如果證人仍拒絕證言如何處理，請參考本章中的無效反詰問之法理。

③ 覆主詰問

主詰問人就反詰問所發現的事項進行覆問，稱為覆主詰問。目的在使經過反詰問後的證人陳述之證明力或因而被減損或推翻的事項，可以回復到主詰問時的狀態或者是增強主詰問時陳述的證明力。

§166-4 規定「I 覆主詰問應就反詰問所顯現之事項及其相關事項行之。II 行覆主詰問，依主詰問之方式為之。III 前條之規定，於本條準用之」。

④ 覆反詰問

§166-5 規定「I 覆反詰問，應就辯明覆主詰問所顯現證據證明力必要之事項行之。II 行覆反詰問，依反詰問之方式行之」。

---

[180] 張麗卿，驗證刑訴改革脈動，2017 年 10 月，頁 304。

最高法院 109 年度台上字第 334 號刑事判決

　　刑事訴訟法第 166 條以下規定之交互詰問程序，係屬人證之證據調查程序之一環，受詰問之對象限於證人及鑑定人，藉由控、辯雙方相互攻擊，交互檢驗證據，當證據瑕疵盡出，聽訟者真偽立辨，而達發見真實的目的。交互詰問，依發動主體不同，分為聲請詰問及職權訊（詰）問兩種類型，各有詰問輪序及方法，受一定法則之限制，不容混淆。依刑事訟訴法第 166 條規定，聲請詰問由當事人、代理人、辯護人及輔佐人聲請傳喚（輔佐人有聲請權，但無詰問權），證人、鑑定人於經兩造輪序詰問後完畢後，「審判長得為訊問」，係屬補充訊問性質，僅在證人、鑑定人於經直接詰問後，其陳述尚有未盡完備或不明瞭，為求發見真實有進一步澄清，基於訴訟指揮權，賦予審判長判斷裁量有否為必要之補足，以與第 163 條規定相呼應，俾落實當事人進行主義原則之建制。至若證人、鑑定人係法院依職權傳喚者，即職權訊（詰）問，依同法第 166 條之 6 之規定，應告知雙方當事人，使有表示意見之機會，並得以預先為詰問之準備。行交互詰問時，應由審判長先進行訊問，再由兩造當事人、代理人或辯護人，依審判長決定之次序接續詰問。此際審判長之訊問，係以公平之立場為之，不偏於何方，與由本造主動聲請傳喚之證人、鑑定人，通常屬於有利該造之友性證人，目的在於憑藉該證人、鑑定人之陳述內容以建構對己有利之事實，尚屬有間。就雙方當事人言，審判長之訊問，相當於主詰問之性質，當事人、代理人及辯護人於審判長訊問後，接續詰問之，其性質相當於反詰問，於必要時，得行誘導詰問，此與刑事訴訟法第 166 條第 4 項之補充訊問截然不同。

3. 詰問之方式及不當詰問之禁止

　　§166-7 規定「I 詰問證人、鑑定人及證人、鑑定人之回答，均應就個別問題具體為之[181]。II 下列之詰問不得為之。但第五款至第八款之情形，

---

[181] 所謂個別問題具體為之，並不是單純為一問一答或回答是或否，亦可針對某年某月的某一天所見所聞重述一次，故而具有一定的彈性。

於有正當理由時，不在此限：一、與本案及因詰問所顯現之事項無關者。二、以恫嚇、侮辱、利誘、詐欺或其他不正之方法者。三、抽象不明確之詰問。四、為不合法之誘導者。五、對假設性事項或無證據支持之事實為之者。六、重覆之詰問。七、要求證人陳述個人意見或推測、評論者。八、恐證言於證人或與其有第一百八十條第一項關係之人之名譽、信用或財產有重大損害者。九、對證人未親身經歷事項或鑑定人未行鑑定事項為之者。十、其他為法令禁止者」。

　　「與本案及因詰問所顯現之事項無關者」，是否有關聯性，存在模糊不清，時常會因詰問程序進行而從無關聯性成為有關聯性，從而法官應先聽雙方意見再予以判斷是否無關聯性（無關緊要）。

4. 交互詰問之異議程序

　　§167-1 規定「當事人、代理人或辯護人就證人、鑑定人之詰問及回答，得以違背法令或不當為由，聲明異議」、§167-2 規定「I 前條之異議，應就各個行為，立即以簡要理由為之[182]。II 審判長對於前項異議，應立即處分。III 他造當事人、代理人或辯護人，得於審判長處分前，就該異議陳述意見。IV 證人、鑑定人於當事人、代理人或辯護人聲明異議後，審判長處分前，應停止陳述」。

(1) 異議不合法

　　§167-3 規定「審判長認異議有遲誤時機、意圖延滯訴訟或其他不合法之情形者，應以處分駁回之。但遲誤時機所提出之異議事項與案情有重要關係者，不在此限」。

(2) 異議無理由

　　§167-4 規定「審判長認異議無理由者，應以處分駁回之」。

---

[182] 例如檢察官說：「庭上，辯護人之詰問顯然與本案無關。」

(3) 異議有理由

§167-5 規定「審判長認異議有理由者，應視其情形，立即分別為中止、撤回、撤銷、變更或其他必要之處分」。

(4) 不得聲明不服

§167-6「對於前三條之處分，不得聲明不服」。

（四）違法剝奪詰問權的效果

違法剝奪詰問權屬於未經合法調查（§155II），屬於 §379(10) 依法應於審判期日調查證據而未調查，判決當然違背法令。

至於有關詰問事項若未即時異議，實務認為除了瑕疵重大而有害程序公正而影響判決結果外，應認為異議權已經喪失，瑕疵治癒，不得據此為上訴第三審的理由。

（五）審判階段中的記憶誘導詰問

審判中的交互詰問時，為了喚起證人的記憶，常會請審判長提示證卷給證人辨認，亦即說：「請審判長提示本院證卷第○○頁給證人，問其是否對該內容有記憶」，這樣的詰問方法是否合法。

1. 實務

實務認為依照 §166-1III 於證人記憶不清而有喚起必要時，得為誘導詰問。

最高法院 108 年度台上字第 829 號刑事判決

證人所為之供述證言，係由證人陳述其所親身經歷事實之內容，而證人均係於體驗事實後之一段期間，方於審判中接受檢察官、辯護人或被告之詰問，受限於人之記憶能力及言語表達能力有限，本難期證人能一字不漏完全轉述先前所證述之內容。因此，詰問規則方容許遇有「關於證人記憶不清之事項，為喚起其記憶所必要者」、「證人為與先前不

符之陳述時,其先前之陳述」之情形時,為主詰問亦可實施誘導詰問（刑事訴訟法第 166 條之 1 第 3 項第 3、6 款參照），以喚起證人之記憶,並為精確之言語表達。甚且於行主詰問階段,證人如有對詰問者顯示敵意或反感、故為規避之事項之陳述,依同條項第 4、5 款規定,為發現真實之必要,得為誘導詰問。

2. 本書

實務上的做法原則上正確,但是必須細緻觀之,亦即不可以使證人的印象「從無到有」,而是要從「有（弱）到有（強）」,如果一開始就不知情而提示證卷辨認時才知情,為「從無到有」,但如果是一開始知情,只是時間過去而記憶較薄弱（例如偵查中有陳述,但審判中卻已經不太記得）,而提示證卷而增強記憶,為從「有（弱）到有（強）」,故而主詰問人應該先釋明證人將會發生「有（弱）到有（強）」的情況。如果證人還是回想不起來,此時可依照傳聞例外採用偵查中的證言。

（六）警詢中的誘導詢問

1. 警詢中的合法記憶誘導

倘若是虛偽誘導詢問（有暗示證人使為故意異其記憶之陳述）、錯覺誘導詢問（有因其暗示,足使證人發生錯覺之危險,致為異其記憶之陳述）、記憶誘導詢問,實務見解指出被害人當時為剛滿 8 歲之幼童,並且是中度智能不足之兒童,則相關詢問人藉由適當之線索與問題,俾改善年幼之被害者（尤其是智能有缺陷之兒童）對於所遭遇之性侵害事件描述或表達能力之不足,並緩和其驚窘之情緒,使被害兒童得以回想或重演過往事情之經過,經由簡單之口語對話或非口語之方式而為意思之表達。旨在引起被害兒童之記憶,進而為事實之陳述,在類型上屬於記憶誘導[183]。

---

[183] 最高法院 106 年度台抗字第 570 號刑事裁定。

　　實務僅認為記憶的誘導詢問為合法的。而警詢中亦有合法的記憶誘導，警詢所為如僅為喚起證人的記憶，使其為事實陳述之記憶誘導詢問，而該詢問方式於偵查階段尚非法所不許，與惡意誘導詢問之情形有別[184]。

最高法院 108 年度台上字第 4123 號刑事判決

　　檢察官或檢察事務官、司法警察官、司法警察對於證人之訊問或詢問，除禁止以不正方法取供以擔保其陳述之任意性外，對於訊問或詢問之方式，刑事訴訟法並未明文加以限制。

　　因此，訊問者或詢問者以其所希望之回答，暗示證人之誘導訊問或詢問方式，是否法之所許，端視其誘導訊問或詢問之暗示，足以影響證人陳述之情形而異。如其訊問或詢問內容，有暗示證人使為故意異其記憶之陳述，乃屬虛偽誘導，或有因其暗示，足使證人發生錯覺之危險，致為異其記憶之陳述，則為錯覺誘導，為保持程序之公正及證據之真實性，固均非法之所許。然如其之暗示，僅止於引起證人之記憶，進而為事實之陳述，係屬記憶誘導，參照刑事訴訟法第 166 條之 1 第 3 項第 3 款規定，於行主詰問階段，關於證人記憶不清之事項，為喚起其記憶所必要者，得為誘導詰問之相同法理，則無禁止之必要，應可容許。

最高法院 108 年度台上字第 2412 號刑事判決

　　檢察事務官、司法警察官、司法警察對於證人之詢問，以其所希望之回答，暗示證人之誘導詢問方式，如僅止於引起證人之記憶、聚焦待證事實，進而為事實之陳述，核屬記憶誘導，而非取證規範所禁止之虛偽誘導或錯覺誘導，參照刑事訴訟法第 166 條之 1 第 3 項第 3 款、第 5 款關於證人記憶不清或故為規避之事項，得為誘導詰問之相同法理，應予容許。

---

[184] 最高法院 108 年度台上字第 967 號刑事判決。

2. 勸導與誘導不同

被告與證人基於種種原因下，未必會配合偵查機關（警察、檢察官），所以偵查人員常常有勸說、溝通的必要，讓受詢問、訊問之人獲得信任，再開始做筆錄，此時為合法行使偵查職權，並不會產生影響取得供述證據之證據能力，但應注意要錄影存證[185]。

3. 警詢中的違法誘導詢問

與合法的記憶誘導不同者是警詢中違法的誘導詢問，例如 A 涉嫌販毒，警詢中警察問證人 B 說：「A 是不是模仿電影門徒裡面的林昆一樣把產業鏈分開在四處，其中一處是不是就在中正大學的鳳梨田附近？你就回答是或否，不要廢話太多」，B 回答：「是」，相關問題討論如下。

(1) 屬於友性證人的虛偽錯覺的誘導詢問

首先必須先判斷屬於何種誘導詢問，亦即是虛偽誘導詢問（有暗示證人使為故意異其記憶之陳述）、錯覺誘導詢問（有因其暗示，足使證人發生錯覺之危險，致為異其記憶之陳述）或是記憶誘導詢問。前兩者是違法的誘導詢問，如為後者方有繼續討論之實益。

證據法上禁止「誘導詢問」，係指對於友性證人進行主詰問時，禁止詰問人以明示或默示方式，將期待受詰問人回答之內容嵌入問話當中，避免受詰問人之友性證人附和而言。友性證人與敵性證人的判斷標準都在於，證詞是否對主詰問者有利，如有利則是友性證人。但是不論司法警察、檢察官偵查或法院審理中訊（詢）問被告或犯罪嫌疑人，其間並無此友性證人之情況存在，不生友性證人附和疑慮，自無禁止「誘導詢問」之問題[186]。而在警詢中的詢問，通常都是警察為了取得可以足以追訴被告的資訊，故為友性證人，而針對友性證人所為之誘導詢問，實務上以警詢中證人的供述是否存有違背其自由意志之瑕疵為是否為違法的誘導詢問之

---

[185] 最高法院 96 年度台上字第 3577 號刑事判決。
[186] 最高法院 97 年度台上字第 3936 號刑事判決。

判準，不過只有在詢問為「促成錯覺、故為虛偽陳述等之誘導」，方有自由意志是否瑕疵的討論必要[187]。

(2) 虛偽錯覺誘導詢問是否為不正方法

虛偽錯覺誘導詢問與詐欺詢（訊）問（§100-2 準用 §98）之區別，詐欺詢（訊）問是指警察、檢察官主動積極提供被詢（訊）問者錯誤的資訊，扭曲被告陳述所認知的事實基礎，期待被告的意思決定產生瑕疵，進而為不利於己的陳述。

虛偽錯覺誘導詢問，雖然也是有想要利用被訊問者的薄弱意志或疏忽使其陳述，但訊問者沒有故意提供被訊問者錯誤的資訊，而使被訊問者產生意思決定瑕疵，即使是客觀上訊問者有提供錯誤的資訊，但只要訊問者主觀上認為資訊為真的，此時仍與詐欺訊問者故意用錯誤資訊扭曲受訊問者的意志不同[188]。故而虛偽錯覺誘導詢問非屬不正方法。

(3) 審判中的交互詰問之禁止誘導是否可以類推到警詢階段 —— 兼論誘導詢問的目的

實務認為依現行法，並未強行規定檢察官必須待被告在場，始得訊問證人、鑑定人，自不發生在偵查中應行交互詰問之問題[189]。

表面上來說，詢問跟詰問不同。不過本質上而言，詢問、訊問與詰問都是發問的行為，只是情況不同、規則繁複有別。發問者有程序主導者的身分時，於警察稱為詢問、於檢察官稱為訊問。如果發問者與被問者的地位相同時，都是參與程序者，此時稱為詰問，而詰問，為了避免審判程序過長，會比詢問、訊問受到更多限制。

不過三者之目的一致，皆為保護被問者的尊嚴與自由意志，保持程序的公正及證據的真實性，故而可以將審判中的交互詰問之禁止誘導類推適用到警詢階段。

---

[187] 最高法院 108 年度台上字第 4123 號刑事判決。

[188] 李佳玟，警局裡的誘導詢問，月旦法學教室，第 118 期，2012 年 8 月，頁 34。

[189] 最高法院 109 年度台上字第 732 號刑事判決。

4. 違法的誘導詢問之證詞可否使用

(1) 實務

　　本書無法找到違反誘導詢問可以使用證詞的相關判決，皆僅是討論是否構成誘導詢問，但最終大多結果都是認為無違法的誘導詢問。因而違法誘導詢問的法律效果，只因根據實務見解反面推得應是認為失去任意性下的陳述（§98、§156），而該證據應該被排除[190]。

最高法院 97 年度台上字第 6165 號刑事判決

　　證據法上禁止「誘導詢問」，一般係指對於證人、鑑定人為主詰問，詰問人不得以明示或默示之方式，將期待證人、鑑定人為陳述之內容，嵌入詰問問題，證人、鑑定人得以任意附和，致有礙其陳述之真實性而言。司法警察（官）單純以「誘導詢問」方式詢問證人，並非即可認為係屬刑事訴訟法第 98 條及第 156 條第 1 項所定強暴、脅迫、利誘、詐欺等以外之其他不正之方法。上訴意旨所指警員詢問賴○○之「誘導詢問」情節，充其量僅屬警員提示相關案情資料，俾由賴○○據以說明，或就○○之陳述有不完足之處，整理其陳述內容加以追問、確認，仍無礙於賴○○係出於自由意志而為陳述。關於警詢有無「誘導詢問」賴○○一節，核與判斷賴○○於警詢所陳述之證據能力與證明力，即難認有何影響。

最高法院 108 年度台上字第 2418 號刑事判決

　　詢問者以其所希望之回答，暗示被詢問者之誘導詢問方式，是否法之所許，端視其誘導詢問之暗示，是否足以影響被詢問者陳述之情形而異。如其詢問內容，有暗示被詢問者使為故意異其記憶之陳述，乃屬虛

---

[190] 吳巡龍，誘導問話的證據能力，月旦法學教室，第 140 期，2014 年 5 月，頁 29。吳巡龍，警察誘導詢問是否合法，月旦法學教室，2021 年 4 月，頁 21-23。最高法院 101 年度台上字第 876 號刑事判決。

偽誘導；或有因其暗示，足使被詢問者產生錯覺之危險，致為異其記憶之陳述，則為錯覺誘導，為保持程序之公正及證據之真實性，固均非法之所許。

　　然如其暗示，僅止於引起被詢問者之記憶，進而為事實之陳述，係屬記憶誘導，參照刑事訴訟法第166條之1第3項第3款規定於行主詰問時，關於證人記憶不清之事項，為喚起其記憶所必要者，得為誘導詰問之相同法理，則無禁止之必要，應予容許。

(2) 學說 [191]

① 區分友性證人與敵性證人，而認定誘導詢問是否合法

(①) 如果是友性證人，除非該證人有記憶不清、對詢問者有敵意或刻意迴避等問題，否則警察即無誘導詢問的正當性，若警察為違法的誘導詢問，應類推適用 §166-1III 本文之「行主詰問時，不得為誘導詰問」，此時誘導詢問為違法。

(②) 如果證人沒有刻意迎合警察的期望時，此時為敵性證人，應該類推適用 §166-2II 規定「行反詰問於必要時，得為誘導詰問」，此時誘導詢問為合法。

② 若對於友性證人進行違法的誘導詢問之法律效果

(①) 是否可以類推適用交互詰問程序的即時聲明異議？ §167-1 規定「當事人、代理人或辯護人就證人、鑑定人之詰問及回答，得以違背法令或不當為由，聲明異議」，基於偵查不公開，被告的律師通常無法在證人警詢時在場，故無法類推適用本條即時異議的規定。

(②) 是否可以類推適用交互詰問程序的規定而排除證詞？ §167-5 規定「審判長認異議有理由者，應視其情形，立即分別為中止、撤回、撤銷、變更或其他必要之處分」。承上，因為誘導詢問來不及去阻止，證人作出

---

[191] 李佳玟，警局裡的誘導詢問，月旦法學教室，第 118 期，2012 年 8 月，頁 34-35。

證詞時，法官必須為排除受誘導詢問的證詞的必要處分，故而應類推適用 §167-5 排除證人受不法誘導詢問的證詞。

（七）詢、訊問的限制

民國 92 年立法者認為不當詰問證人已經有明文規定，而將 §192 準用 §98 之規定刪除，立法者認為證人受到不正方法訊問的情況，直接適用 §166-7II(2) 即可。但學說批評，訊問證人根本不限於法庭詰問，而在於警詢階段通知證人到場詢問（§196-1），根本不是法庭詰問的情形，故而無 §166-7II(2) 之適用，難道是承認容許警察對證人使用不正方法嗎 [192] ？！

而過去通說認為 §166-7II 是證據調查的規定，並不是證據取得的規定。§98 規定訊問證人應出於懇切的態度，不可以用強暴、脅迫、利誘、詐欺、疲勞訊問或其他不正方法，否則警詢階段的證詞應類推適用 §156（因 §98、§156 是針對被告）而無證據能力。而過去實務贊同無證據能力的結論，但是推論過程仍引用 §166-7II [193]，然而後來實務注意到學說提出的問題，而認為警詢中並非詰問，而與通說一致的看法 [194]。

上述見解出自於民國 109 年 1 月修法之前的探討，因當時證人之規定（§192）並未準用 §98。然民國 109 年 1 月之後，§192 規定「第七十四條、第九十八條、第九十九條、第一百條之一第一項、第二項之規

---

[192] 林鈺雄，刑事訴訟法（上），2013 年 9 月，頁 551。

[193] 最高法院 92 年度台上字第 4966 號刑事判決：訊（詢）問被告或證人，皆應出以懇切之態度，不得用強暴、脅迫、利誘、詐欺、疲勞訊問、恫嚇、侮辱或其他不正之方法，刑事訴訟法第 98 條、第 166 條之 7 第 2 項（修正前 192 條）規定甚明；倘其供述證據之取得，違背上開程序禁止之規定，依任意性法則即無證據能力。

[194] 最高法院 105 年度台上字第 2030 號刑事判決：司法警察（官）於調查時詢問證人，因非以詰問方式為之，而無刑事訴訟法第 166 條之 7 第 2 項第 2 款規定之適用；然證人所為陳述，究係供述證據，本諸供述應出於自由意志之基本原則，倘證人因受詢問之司法警察（官）以恫嚇、侮辱、利誘、詐欺或其他不正方法，影響證人之自由意志而為虛偽陳述者，固得認其所為陳述，不具有可信之特別情況，而不具證據能力。然此項事由之有無，仍應依證據認定之。

定，於證人之訊問準用之」，§98 已經在準用之列。故而檢察官對於證人的不正訊問，可以照 §192 準用 §98 之取得禁止，而 §156 為「被告之自白」取得禁止之使用禁止的效果。惟學者認為[195] §192 未準用 §156，舊法之漏洞仍在。在司法警察方面，因為 §196-1II「規定第七十一條之一第二項、第七十三條、第七十四條、第一百七十五條第二項第一款至第三款、第四項、第一百七十七條第一項、第三項、第一百七十九條至第一百八十二條、第一百八十四條、第一百八十五條及第一百九十二條之規定，於前項證人之通知及詢問準用之」，可知 §196-1 有準用 §192，§192 又準用 §98，司法警察不正訊問證人時，亦有詢問時不得使用不正方法的規定。

　　有實務見解認為，若證人出於非任意性供述，縱使證人之後在審判程序有經過交互詰問，但供述非任意性與當事人充分行使交互詰問權是兩回事，因而不能認為證人經交互詰問後，非任意性的供述就有證據能力。

最高法院 108 年度台上字第 2669 號刑事判決

　　證人與被告在刑事訴訟法上分屬不同之證據方法，其保障有別，證據調查程序亦截然不同，然證人之陳述與被告之供述同屬於供述證據，本諸禁止強制取供之原則，不論任何供述證據，均須先具備任意性，始具證據適格之前提要件。

　　刑事訴訟法第 98 條規定：「訊問被告應出於懇切之態度，不得用強暴、脅迫、利誘、詐欺、疲勞訊問或其他不正之方法。」正面訓示應出以懇切之態度，負面列舉禁止以不正方法取供，原為同法第 192 條證人訊問之規定所準用，民國 92 年 1 月 14 日修正時，因同法第 166 條之 7 第 2 項第 2 款就詰問證人之限制已有明文，故刪除該準用第 98 條之規定。惟刑事訴訟法第 166 條之 7 第 2 項詰問規定係針對證人合法調查之限制，如有違背，須視當事人有無異議及審判長之處分而定其效果；同

---

[195] 林鈺雄，刑事訴訟法（下），2022 年 9 月，頁 12-13。

法第 98 條之任意性要件，則是證據適格之先決事實，若有違反，即屬證據排除，二者體系不同、層次有別，無法互相取代，自不得僅因賦予當事人充分行使交互詰問權，即免除證人之陳述受任意性原則之保護。

況偵查中訊（詢）問證人，因非以詰問方式為之，而無刑事訴訟法第 166 條之 7 第 2 項詰問規定之適用，亦有規範不足之處。有鑑於此，刑事訴訟法於 109 年 1 月 15 日修正公布第 192 條證人訊問之規定，恢復準用第 98 條之規定（109 年 7 月 15 日施行），再連結到同法第 196 條之 1 第 2 項司法警察（官）詢問證人及同法第 197 條訊問鑑定人等規定所準用，即揭明任意性原則，不限於被告之供述，尚及於其他供述證據亦有其適用。

又供述證據之任意性原則，乃實質正當法律程序之必要條件，縱被告並非取供任意性之權利受害者，而是關係第三人，仍應容許被告主張證據排除，俾符合正當法律程序之要求。是以，審理事實之法院，遇有被告或證人對於證人之證言提出非任意性之抗辯時，即應就此任意性要件之存否先為調查、審認，敘明其證據之適格性，方為適法。

（八）再行傳訊之限制

§196 規定「證人已由法官合法訊問，且於訊問時予當事人詰問之機會，其陳述明確別無訊問之必要者，不得再行傳喚」。實務認為 [196] 對質詰問權雖屬憲法保障之基本權，但並非絕對防禦權，基於當事人進行主義之處分主義，被告之對質詰問權並非不可出於任意性之拋棄，在客觀上有不能受詰問之事實，或待證事實已臻明瞭無再行調查之必要者，均得視個別案情而有可容許雖未經被告之對質詰問，仍無損其訴訟防禦權之例外。是於被告在場時，證人已由法院（法官）合法訊問，且經辯護人詰問，雖應併賦予當事人親自詰問之機會，俾利於實體真實之發現，並擔保證人之

---

[196] 最高法院 104 年度台上字第 3461 號刑事判決。

信用性及其證詞之真實性。但如在場之被告雖未親自詰問，而無任何主張或異議，除有新事證足認證人之陳述不明確，而有再行詰問之必要者外，被告或辯護人於嗣後審理中或提起上訴時，意圖延滯訴訟，就同一證人再行聲請傳喚以行對質詰問，堪認其行使訴訟程序上之權利係屬違反誠信原則者，自無庸再行傳喚。

肆、鑑定

一、鑑定人的概念

鑑定是指因學識、技術、經驗、訓練或教育而就鑑定事項具有專業能力者，就其無關親身經歷之待鑑事項所為利用其專業能力之過程及其結果，例如藉由物理、化學等科學原理使用儀器或設備，或基於醫學、工程、心理等專業學識、經驗所作成者。

鑑定人是指本於專業知識而協助法院判斷特定事實問題之人。而鑑定人僅是協助法院對特定事實的判斷，不能取代法院[197]。刑事訴訟之鑑定，為證據調查方法之一種，係指由具有特別知識經驗之人或機關，就特別需要特殊知識經驗之事項，予以鑑識、測驗、研判及斷定，提供法院或檢察官認定事實之參考[198]。另外，鑑定的特色在於須針對某個只有依照專門知識才能知悉、判斷的事實加以鑑定，且須依照專門知識才能判定該結果。

鑑定跟勘驗都是法定證據方法，但是現行法卻將取證的過程與合法調查的程序規定在一起，實有區分之必要。

---

[197] 最高法院 109 年度台上字第 1276 號刑事判決、最高法院 109 年度台上字第 1379 號刑事判決：鑑定人（機關）受託針對被告行為時之精神障礙程度如何，固得本於專業或特別之知識、經驗提供鑑定意見，然因此類鑑定仍須由鑑定人（機關）依其鑑定所得為主、客觀之判斷，不能完全排除融有實施者之主觀因素，法院自應綜合卷內其他證據資料，詳予審酌，不能率予採認。

[198] 最高法院 108 年度台上字第 2388 號刑事判決。

　　實務上常發生的鑑定，例如精神鑑定[199]、筆跡鑑定（偽造文書案）[200]、解剖報告書（殺人案）[201]、槍枝殺傷力鑑定（槍砲案）[202]、火災原因鑑定（公共危險案）[203]、測謊鑑定[204]、DNA鑑定（妨害性自主案）[205]、尿液鑑定（毒品案）[206]、食品鑑定（食安案件）[207]。

---

[199] 最高法院109年度台上字第807號刑事判決。

[200] 最高法院109年度台上字第1097號刑事判決。

[201] 最高法院108年度台上字第4054號刑事判決：又○○○於本件案發當時遭○○○等多人持棍棒及刀械等兇器朝其頭部、胸部及腹部等要害及身體軀幹、四肢劈砍、毆擊，造成其頭部有單一致命棍棒鈍擊致顱骨骨折、顱內出血，及雙側肢體、軀幹多處鈍挫傷暨皮下大片肌肉創傷性出血等傷害，終因引發中樞神經休克及代謝物休克而死亡，亦經檢察官督同法醫人員相驗及會同鑑定人相驗屍體無訛，有法務部法醫研究所函附解剖報告書與鑑定報告書等資料附卷可稽。

[202] 最高法院109年度台上字第647號刑事判決、最高法院109年度台上字第431號刑事判決：刑事警察局鑑定書所載，雖以性能檢驗法鑑定扣案槍枝是否具有殺傷力，然卷附「警政署刑事警察局槍枝殺傷力鑑定說明」已載敘：「本局對『非制式槍枝』殺傷力之鑑定，考量鑑定之正確性與公正性，已參酌國內、外之相關鑑定方法與技術，秉持專業、科學、正確及安全等原則，訂定該專業領域內所共同認可之鑑定方法與程序——即『性能檢驗法』，故採『性能檢驗法』進行鑑定，惟如『性能檢驗法』鑑定後，發現該槍枝有瑕疵，並足以影響殺傷力之有無者如有『適用子彈』時續以『動能測試法』加以鑑定；如無則不續行鑑定」等旨。

[203] 最高法院108年度台上字第584號刑事判決、最高法院109年度台上字第334號刑事判決。

[204] 最高法院108年度台上字第394號刑事判決：鑑定係依一般人在說謊時，會產生遲疑、緊張、恐懼、不安等心理波動現象，乃以科學方法，由鑑定人利用測謊儀器，將受測者之上揭情緒波動反應情形加以記錄，用以判別受測者之供述是否真實。故測謊鑑定，倘鑑定人具備專業之知識技能，所測試之問題及其方法又具專業可靠性時，該測謊結果，如就否認犯罪有不實之情緒波動反應，仍非不得供為主要證據之補強依據。

[205] 最高法院108年度台上字第4203號刑事判決：原判決依鑑定人即刑事警察局生物科本案鑑定人○○○於原審之證述，已敘述：採集自A女外陰部、陰道深部棉棒未能檢測出上訴人之精子細胞或DNA，並無法進而推認上訴人未在事實欄所示時、地對A女為性交行為等旨。

[206] 最高法院108年度台上字第2817號刑事判決。

[207] 最高法院107年度台上字第4573號刑事判決：原判決雖以本件查獲之油品，經鑑驗結果，查無魚、牛等動物性成分，亦無法判斷摻有「混合油」；又依衛生福利部食品藥物管理署（下稱食品藥物管理署）之檢驗報告書，前開油品符合食用豬油之各類脂肪酸之CNS國家標準，而為對被告2人有利之認定。

> **最高法院 109 年度台上字第 978 號刑事判決**
>
> 　　「創傷後壓力症候群」係經過嚴重創傷事件後，出現嚴重、持續或有時延遲發生的壓力疾患。而精神科醫師針對被害人罹否「創傷後壓力症候群」於鑑定或治療過程中所生與待證事實相關之反應或身心狀況提出專業意見或陳述見聞事項，既與鑑定證人無殊，為與被害人陳述不具同一性之獨立法定證據方法，自得供為判斷檢視被害人陳述憑信性之補強證據。雖論者有謂創傷後壓力症候群研究的目的是為了診斷與治療，並非為了判斷特定過去事件是否為事實，或決定被害者對於過去事件之描述是否正確，畢竟鑑定人或諮商師欠缺獨立的調查工具以確認受鑑定者或諮商對象所述是否屬實，諮商師之職能亦非在質疑諮商對象。

二、鑑定人與其他訴訟參與者之區別

（一）鑑定人與法官

　　鑑定人（例如法務部法醫研究所醫師[208]）跟法官的地位、任務不同，首先依照前述鑑定人不可以取代法官而判斷，例如某 A 觸犯殺人罪，就其有無精神障礙的情況由鑑定人判定該「事實」，但是如果是殺人罪的構成要件該不該當或刑法上 §19I 的責任能力，屬於「法律」評價層次的問題，故由法官認定。另外，即使是屬於事實認定的問題，法官也不能一律採納，仍要自行審查是否要採納。

（二）鑑定人與證人

　　兩者相同點在於都是人的證據方法，故鑑定人的證據方法，除別有規定外，準用證人的證據方法（§197），而不同點在於：

---

[208] 最高法院 109 年度台抗字第 324 號刑事裁定。

1. 鑑定人

鑑定人限於針對事實以專業知識鑑定（§198）而陳述「意見」，而有此專業知識者在各個領域中不是只有一個人（例如鑑識科的鑑識人員有眾多），故而可以更換且具有替代性（但鑑定證人不在此範圍），既然有可替代性，就不可以拘提鑑定人（§199）。

2. 證人

證人限於針對親身經歷、見聞事實而陳述「事實」，並不需要專業知識，故而 §160 規定證人個人意見或推測之詞不得為證據，但如果是以實際經歷為基礎而推測陳述（例如對於被告的身高、年齡的推測），則屬於例外。故證人具有不可替代性，所以可以拘提證人（§178I）。即使是有數個證人，彼此間也不可以互相取代（有時候會產生證人對一件事實所見所聞而有不同的經歷，綜合每位證人陳述以截長補短），至於是不是每一位證人均要作證，則為調查必要性的問題。例如 A 在公廁強制性交女童 B，有證人 C、D、E，而 C、D 見到 A 強制性交 B 的畫面，E 見到 A 牽著 B 的走進入公廁的畫面，C、D、E 彼此間具有不可替代性，此時若經過 C、D 證詞認為事實已經相當明確，則無必要傳訊 E（調查必要性）。

（三）鑑定證人

鑑定證人是指依照特別專業知識而得知以往事實之人（§210）。換句話說，鑑定證人＝鑑定人（依照專門知識）＋證人（得知過去事實或狀態）。例如在性侵案中，B 醫師陳述：「A 女衣著整齊、神情緊張、告知其被二人強姦」，此時 B 醫師為證人。B 醫師觀察 A 女之精神狀況、案發後之就醫反應，B 醫師為鑑定證人。但並非所有專門知識人員都是鑑定證人，例如醫師目睹了殺人案的過程，只是將自己看到的過程陳述，與其專業知識無關，此時只是證人。

最高法院 109 年度台上字第 451 號刑事判決

　　鑑定，係由選任之鑑定人或囑託之鑑定機構，除憑藉其特別知識經驗，就特定物（書）證加以鑑（檢）驗外，並得就無關親身經歷之待鑑事項，僅依憑其特別知識經驗（包括技術、訓練、教育、能力等專業資格）而陳述或報告其專業意見。至依特別知識得知親身經歷已往事實之鑑定證人，因有其不可替代之特性，故刑事訴訟法第 210 條明定應適用關於人證之規定。

最高法院 108 年度台上字第 1820 號刑事判決

　　本件原判決係依憑 A 女於警詢、偵查中及第一審所為不利於上訴人之指證，佐以鑑定證人即為 A 女進行心理諮商之心理師○○○於第一審審理時之證述，即 A 女已因上訴人之行為遭受心理創傷，並強烈表現生氣、傷心、困惑及害怕等情緒，而其情緒反應中最顯著嚴重部分與上訴人之性侵害行為有關。

最高法院 107 年度台上字第 4847 號刑事判決

　　原判決認檢察官提出之證據，不足以證明被告犯罪，無非以乙女於警詢及偵查中對被告侵害行為態樣之描述前後不一、違反常情，並受到丙女於 103 年 8 月 9 日與她對話時過度的誘導及暗示，雖乙女此部分陳述經鑑定證人○○○（國立臺灣大學心理學系助理教授）鑑定結果，認受污染或誘導的可能性低，然此應係指對乙女製作筆錄之員警、檢察官未對她為誘導或污染而言，不足憑以認為乙女此部分陳述無瑕疵。

【證人是證人、鑑定人是鑑定人、鑑定證人＝證人＋鑑定人】

案例

　　檢察官偵查後，以幫助加重詐欺罪名起訴甲。審判中，甲之辯護人 V 抗辯：甲長期罹患思覺失調疾病，行為時已欠缺對自己行為不法之辨識能力及駕馭能力；法院為釐清事實，遂委託案發前即曾長期多年持續為甲醫療之精神科醫師 D 鑑定其精神狀況，D 為此並提出一份有利於甲之醫學鑑定報告。檢察官則認為甲行為時並非無責任能力，一來釋明 D 醫師乃甲四親等內之血親，故聲請於本案拒卻 D 擔任鑑定人；二來主張 D 未親自出庭具結並接受對質、詰問，故其書面鑑定報告亦不得採為裁判基礎。試分析 D 於本案屬於何種證據方法，以及檢察官之聲請與主張，有無理由？

擬答

（一）D 本質上為鑑定證人

1. 鑑定人限於針對事實以專業知識鑑定（§198）而陳述「意見」，而有此專業知識者在各個領域中不是只有一個人（例如鑑識科的鑑識人員有眾多），故而可以更換且具有替代性（但鑑定證人不在此範圍）。鑑定證人是指依照特別專業知識而得知以往事實之人（§210）。

2. 鑑定證人為具備專門知識之鑑定人與得知過去事實或狀態之證人雙重性質。鑑定人缺少後者之特性。

3. D 長期多年為甲醫療之精神科醫師，屬依照特別專業知識陳述其所知之鑑定證人。

（二）D 為鑑定證人，檢察官針對鑑定人部分拒卻有理由，惟 D 仍得以證人身分出庭，實務運作上僅為證人之證據方法

　　D 為鑑定證人，非屬鑑定人，具有不可取代性，即使 D 為甲之四等親內之血親，檢察官聲請拒絕仍無理由。惟本書以為鑑定證人應盡量避免

與當事人具有雙重關係，例如：親屬關係、商業關係、親密的個人關係及性關係等，以免出現角色衝突，或影響專業判斷之客觀性及專業行為，最高法院 109 年度台上字第 1692 號刑事判決[209] 亦同此旨（雖然本案解釋以釋明不足巧妙規避了 D 是否為鑑定證人的問題）。

　　法官現為或曾為被告或被害人之配偶、八親等內之血親、五親等內之姻親或家長、家屬者，應自行迴避，不得執行職務（§17(2)），當事人得依聲請法官迴避之原因，拒卻鑑定人（§200）。D 雖為鑑定證人，惟不得為鑑定人到庭具結陳述，僅得以證人身分到庭具結陳述。

（三）D 之鑑定報告不得採為裁判基礎，無理由

1. D 為鑑定人時已符合 §17(2)、§200 之情況，得以 D 以具備偏頗性為由拒採為裁判基礎即可。

2. 退步言之，D 之鑑定屬於甲之私請鑑定，實務（最高法院 107 年度台上字第 3895 號刑事判決）認為無證據能力，但若符合 §159-5 則例外得為證據，惟檢察官並未同意得為證據。

3. D 之鑑定報告為被告以外之人於審判外之陳述，屬於傳聞證據，原則上不得為證據（§159I）。惟文書報告可否為裁判基礎涉及是否符合 §159-4(2)，應檢視該業務文書是否具有可信性等要件，例如是否符合例行性、公示性（最高法院 100 年度台上字第 3117 號刑事判決）（請參考傳聞證

---

[209] 最高法院 109 年度台上字第 1692 號刑事判決：諮商心理師應儘可能避免與當事人有雙重關係（dual relation ships），例如：親屬關係、商業關係、親密的個人關係及性關係等，以免出現角色衝突，或影響專業判斷之客觀性及專業行為，對當事人造成傷害，此為諮商心理師應遵守之專業倫理規範。上訴人之辯護人於原審刑事調查證據狀聲請傳喚證人即上訴人之叔叔○○○，待證事實為依據其所見上訴人之成長與經歷，對於上訴人之再犯可能性及矯治可能性提供心理學方面的專業分析評估，即係請求○○○依特別知識，就所觀察過往事實（上訴人之成長與經歷），陳述或報告其判斷上訴人將來之再犯可能性及矯治可能性之專業意見，已非證人，而屬鑑定性質。即令○○○具備諮商心理師之專業知識，但其為上訴人之叔叔，揆諸上開雙重關係之避免，自不宜為上訴人提供心理諮商，此觀上訴人捨近求遠，另諮詢其他諮商心理師自明，復有刑事訴訟法第 200 條第 1 項前段之拒卻原因，公訴人亦於原審準備程序中表示○○○與上訴人具近親關係，陳明反對傳喚○○○之意見，是○○○自不具鑑定人之適格。另上訴人之辯護人未釋明○○○於本件案發前後有親自長期對上訴人提供心理諮商之經歷，亦難謂○○○具鑑定證人之適格。

據章節擬答）。本書以為 D 既然不得為鑑定人，若又以傳聞例外之證人證據方法敗部復活，將有證據競合之問題，於未來為首要考量。

4. 檢察官主張 D 未親自出庭具結並接受對質、詰問，故其書面鑑定報告亦不得採為裁判基礎，是否有理？

　　若能擔保鑑定人之適格，鑑定方法及過程符合一般程序，並使實施鑑定之人到庭，賦予當事人就以上事項詰問之機會，經法院判明後，應認具有證據能力（最高法院 108 年度台上字第 3078 號刑事判決）。惟 D 是否出庭事涉甲的訴訟防禦權，國家有義務使鑑定人到場對質、詰問，檢察官不得以此為理由主張 D 未親自出庭拒絕並接受對質、詰問，故書面鑑定告報亦不得採為裁判基礎，僅得以鑑定書面是否具備可信性為主張，故檢察官主張無理。◼

三、鑑定必要性

　　鑑定必要性是指鑑定的事項與待證事實是否具有關聯性與必要性，鑑定關聯性是指是否可以鑑定的結果證明待證事實為真偽，而鑑定的必要性是指是否一定要透過鑑定的方式方可知悉待證事實的真偽，但如已經明確[210]或有其他事實足以證明待證事實此時則無鑑定必要性[211]，或者之前的評估已經很可信[212]，則無重新鑑定之必要。

---

[210] 最高法院 107 年度台上字第 2169 號刑事判決：原審以本件事證已明，未再調查許○○以傳拘不到，無法再到庭作證之原因，及未說明無將此二人送請測謊鑑定必要之理由，依上說明，仍不能指為違法。

[211] 最高法院 106 年度台上字第 3550 號刑事判決：刑事訴訟法所稱依法應於審判期日調查之證據，係指與待證事實有重要關係，在客觀上顯有調查必要性之證據而言，若僅係枝節性問題，或所證明之事項已臻明瞭，即均欠缺調查之必要性，未為調查，即無違法。原判決已說明系爭借據與上訴人之筆跡，經目視比對結果，其筆畫、整體神韻相差甚大，明顯非同一人所寫，然上訴人坦承「戴興華」為其所捏造之人，並稱此借據若非其筆跡，即係伊請人寫的等語，參以卷內其他直接、間接證據，足認此張借據係屬偽造，且由人行使，因待證事實已臻明確，無再將此張借據與其筆跡送請鑑定必要之理由。依上說明，自無違法。

[212] 最高法院 106 年度台抗字第 570 號刑事裁定：鑑定意見就被害人不利抗告人陳述有無受到污染、影響、可信度等已為評估，難認該鑑定所依據之特別知識或科學理論有何錯誤或不可信之情形，而無重新鑑定必要之理由。

在筆跡鑑定方面，實務認為法官自行為筆跡的勘驗（按：其實是鑑定）工作，除特種書據，如古書、畫或書法家摹仿各種字體者之筆跡，須選任專門知識技能之鑑定人為精密之鑑定外，若通常文書，一經核對筆跡，即能辨別真偽異同者，以行勘驗（按：其實是鑑定）程序為已足。如果有重要的待證事實而有所爭執，自應選任專門知識技能之鑑定人為精密之鑑定，以盡調查證據之能事。

最高法院 101 年度台上字第 4509 號刑事判決

鑑定係屬專門知識及經驗之範疇，為僅依特別學識經驗方得知悉之法則，而筆跡鑑定乃就待鑑字跡之筆劃特徵進行精密觀察、分析、比對，以精確認定字跡之筆鋒、筆力、筆速、筆序等運筆特性。法院核對筆跡，本為調查證據方法之一種，除特種書據，如古書、畫或書家摹做各種字體者之筆跡，須選任專門知識技能之鑑定人為精密之鑑定外，若通常書據，一經核對筆跡，即能辨別真偽異同者，固以行勘驗程序為已足，然如筆跡證據於證明待證事實確有重要關係，當事人對於法院勘驗核對筆跡之結果又多所爭執，或不同審級之勘驗者本於五官作用就勘驗物之狀態所為之辨別復有差異不同者，自應選任專門知識技能之鑑定人為精密之鑑定，以盡調查證據之能事，否則，即難謂無應於審判期日調查之證據而未予調查之違背法令。本件第一審比對勘驗起訴書所指告訴人所提出之「聯一西餐應徵人員資料表」影本結果，謂「其上出現『顏旼』之處，共有三處，即『姓名』欄、『自我介紹』欄、『應徵人簽名』欄，惟該三處『顏旼』之『顏』字，與旁邊之『旼』字相比，字體顯然較大，且『姓名』欄上之『顏』字下方，可見一黑色之橫寫筆劃，而似與該『顏』字之筆劃無涉，於『自我介紹』欄內之『顏』字，更有刻意為人插入左右二旁文字當中之情形，是被告抗辯『聯一西餐應徵人員資料表』上『顏旼』之『顏』字，係遭人塗改變造等語，尚非子虛」等語，並執為諭知上訴人被訴行使偽造私文書部分無罪判決之論據之一。

　　因為法官具有一定範圍的澄清義務（§163II），當事人也得聲請調查證據之方法來請求法院踐行澄清義務（§163I），如果被告自行私請鑑定人且隨同被告出庭，請求法院以訊問鑑定人的方式調查證據，法院不可以駁回聲請（§163-2），否則為違反澄清義務，除非認為鑑定不必要。如果有鑑定欠明瞭或不完備，應指名具體情況請鑑定人書面或言詞補充。另外，如果有鑑定必要而不鑑定則屬於應調查而未調查程序，得為上訴第三審之事由（§379(10)）。

> ### 最高法院 108 年度台上字第 1732 號刑事判決
>
> 　　屬於特別或專門知識經驗之事項，必須具有特別或專門知識經驗者，始足以正確判斷，此即刑事訴訟法鑑定制度所由設計之本旨。倘事實審法院認為鑑定結果，有欠明瞭或不完備者，自應指明具體情況，命鑑定人以書面或言詞補充報告、說明，甚或命增加人數或命他人繼續或另行鑑定，以期周詳、正確，觀諸刑事訴訟法第 206 條第 3 項、第 207 條規定即明。又審理事實之法院，對於案內與認定事實、適用法律有關之一切證據，除認為不必要者外，均應詳為調查，然後基於調查所得之心證以為判斷之基礎；苟與認定事實及適用法律有重要關係，在客觀上認為應行調查之證據，又非不易調查或不能調查，而未依法加以調查，率予判決者，即有刑事訴訟法第 379 條第 10 款規定所稱應於審判期日調查之證據未予調查之違法。

四、鑑定人的選任、資訊揭露

（一）鑑定人的選任

　　§198 規定「鑑定人由審判長、受命法官或檢察官就下列之人選任一人或數人充之：一、因學識、技術、經驗、訓練或教育而就鑑定事項有特別知識經驗者。二、經政府機關委任有鑑定職務者。」應注意者，法

官基於公平審判原則不可以自己選任自己為鑑定人[213]，即法官即使有其他專長，也不能自己當鑑定人，例如 A 法官具有物理學博士資格，針對一起 B 墜樓死亡案件，即使自己已經可以精準算出，從當天的風向與強度、墜樓的高低差、墜樓地點離大樓的水平距離，以及墜樓後的骨折部位與程度，認為根本不是意外，而是他殺，實則此時仍應選任鑑定人，主要理由在於法官要公平審判。§208 規定「I 法院或檢察官得囑託醫院、學校或其他相當之機關、團體為鑑定，或審查他人之鑑定，並準用第二百零三條至第二百零六條之一之規定；其須以言詞報告或說明時，得命實施鑑定或審查之人為之。VIII 第一百六十三條第一項、第一百六十六條至第一百六十七條之七、第二百零二條之規定，於第一項、第四項及第五項由實施鑑定或審查之人為言詞報告或說明之情形準用之」。依此，選任鑑定人可分為自然人鑑定與機關鑑定。而檢察官或法官囑託機關鑑定無須利益揭露〔§208II 未準用 §198II，然 §208IV（聲請法院囑託機關鑑定）、§208V（私人委任機關鑑定）皆有準用 §198II〕，無須給予當事人陳述意見機會（未準用 §198-2），立法者並未說明差別規定之理由。

　　§198 -1 規定「I 被告、辯護人及得為被告輔佐人之人於偵查中得請求鑑定，並得請求檢察官選任前條第一項之人為鑑定。II 第一百六十三條之一第一項第一款、第二款、第三項及第四項前段規定，於前項請求準用之。III 當事人於審判中得向法院聲請選任前條第一項之人為鑑定。」此為偵查請求鑑定或審判中聲請鑑定之規定。因鑑識科學技術之進步，現行刑事訴訟實務愈加藉助鑑識結果，以利發現真實，並避免冤抑，足見鑑定於刑事訴訟程序益增其地位。而被告及其辯護人於偵查中如認證據有湮滅、偽造、變造、隱匿等情形之虞時，得依 §219-1 規定聲請檢察官為保全證

---

[213] 最高法院 98 年度台上字第 4343 號刑事判決：法官猶人，法律要求法官具備之涵養，乃法律專業與一般人所具備之通常生活經驗及論理能力。審判上遇有專業領域上之事項待證時，訴訟法則設有鑑定制度，委由具有在該領域上之專業智識、經驗、技術或能力之鑑定人或機關實施鑑定，資為認定事實之參考。縱法官本人自認具備法律以外某種專業領域上之專長，自行作該專業領域上之判斷，本質上有違客觀審判之原則。是以，法官若就法律以外非一般人通常生活之專業事項，擅作判斷，不論結果如何，程序上即難謂適法。

據之鑑定，不服檢察官駁回鑑定之聲請，亦得再依 §219-1III 規定向該管法院聲請保全證據；且考量被告於偵查中本得自行就鑑定事項提出書面意見（例如尿液或毛髮檢驗報告、精神狀態之檢查報告等），作為有利於己主張之證明，又此書面意見原則上雖無證據能力，然可於審判中提出作為爭執證明力之彈劾證據，足以確保被告之訴訟防禦權。又檢察官依 §2 規定於偵查中本應一併注意有利被告之情形，為使被告、辯護人及得為被告輔佐人之人於偵查中能藉由期前參與，請求檢察官以多元角度考量偵查中是否實施鑑定以及選定何人為鑑定人，促請檢察官為有利於被告之必要處分。又此項之請求並非聲請，檢察官自可依案件偵查之具體情形決定是否採納及其範圍，並適時以適當方式使請求人知悉。本條準用 §163-1 有關審判中聲請調查證據法定程式之規定得以使爭點更為集中，妥速偵查程序之進行。

　　§198-2 規定「I 檢察官於偵查中選任鑑定人前，得予被告及其辯護人陳述意見之機會。II 審判長、受命法官於審判中選任鑑定人前，當事人、代理人、辯護人或輔佐人得陳述意見。」此為選任鑑定人前陳述意見權，偵查中若遇有急迫情形、被告不明或避免偵查秘密洩漏等情形，檢察官對與是否予以被告其辯護人陳述意見機會有相當之裁量空間。至於審判中，為使就特定鑑定人之選任及如何實施鑑定更臻完備，得給予陳述意見之機會，以利真實發現並促進訴訟，然經由前述訴訟參與自已知悉或可得知悉法院選任鑑定人之情形，為避免訴訟延宕及節省勞費，審判長、受命法官依前述情形選任鑑定人前，自無庸另行通知前述之人。

（二）鑑定人的資訊揭露

　　§198 規定「II 鑑定人就本案相關專業意見或資料之準備或提出，應揭露下列資訊：一、與被告、自訴人、代理人、辯護人、輔佐人或其他訴訟關係人有無分工或合作關係。二、有無受前款之人金錢報酬或資助及其金額或價值。三、前項以外其他提供金錢報酬或資助者之身分及其金額或價值。」為確保鑑定人之中立性及公正性，故以前開揭露之資訊判斷實施

鑑定之人是否有偏頗或足認有不能公正、獨立執行職務之虞，進而行使拒卻，否則若依§210II鑑定人已就鑑定事項為陳述或報告即不可行使拒卻。

（三）機關鑑定準用到庭言詞說明

因§208I準用§206IV規定「以書面報告者，於審判中應使實施鑑定之人到庭以言詞說明。」§208VIII準用§163I詢問或§166～§167-7交互詰問。然本書認為§208III(2)、(3)規定「二、依法令具有執掌鑑定、鑑識或檢驗等業務之機關所實施之鑑定。三、經主管機關認證之機構或團體所實施之鑑定。」而得為證據，無異架空§208VIII之準用規定。換言之，當符合前該條文條件時鑑定書面即可為證據，鑑定人則不必到庭接受交互詰問，接受鑑定書面的檢驗，無助於發現真實。

（四）法官、檢察官選任或囑託鑑定之鑑定書面的證據能力

舊法§206規定「I鑑定之經過及其結果，應命鑑定人以言詞或書面報告。II鑑定人有數人時，得使其共同報告之。但意見不同者，應使其各別報告。III以書面報告者，於必要時得使其以言詞說明。」

鑑定人若以書面提出鑑定報告（例如醫療鑑定報告書、解剖鑑定報告書、法務部法醫研究所鑑定報告書），§206修法前實務多認為鑑定書面是屬於§159I的「法律有規定」的例外，得為證據的情形，鑑定人有無到場為言詞報告或說明僅是證明力的問題[214]。但學說與少數實務見解認

---

[214] 最高法院111年度台上字第343號刑事判決、最高法院109年度台上字第2840號刑事判決：刑事訴訟法關於鑑定之規定，除選任自然人充當鑑定人外，設有囑託機關鑑定之制度，依同法第208條規定，法院或檢察官得囑託醫院、學校或其他相當之機關、團體為鑑定，或審查他人之鑑定，並依同法第206條第1項規定，提出「記載鑑定之經過及其結果」之鑑定書面，即符合同法第159條第1項所定得作為證據之「法律有規定」之情形。是鑑定機關團體倘係由法院視其對鑑定事項有特別知識經驗所囑託，出具之鑑定書並已詳載上揭鑑定之經過及其結論，供法院及當事人檢驗該鑑定意見之判斷與論證，即具備鑑定書面之法定要件，而當事人對鑑定意見之正確性有爭執時，法院認有釐清鑑定意見之必要，自可依同法第208條第1項後段規定，命實施鑑定之人到場，就鑑定之相關事項，以言詞報告或說明，然此仍屬證明力判斷之範疇，與證據能力有無之判斷，核屬二事。

為屬於傳聞證據[215]，至於是否可符合傳聞例外則有爭執。

§206 規定「I 鑑定之經過及其結果，應命鑑定人以言詞或書面報告。II 鑑定人有數人時，得使其共同報告之。但意見不同者，應使其各別報告。III 第一項之言詞或書面報告，應包括以下事項：一、鑑定人之專業能力有助於事實認定。二、鑑定係以足夠之事實或資料為基礎。三、鑑定係以可靠之原理及方法作成。四、前款之原理及方法係以可靠方式適用於鑑定事項。IV 以書面報告者，於審判中應使實施鑑定之人到庭以言詞說明。但經當事人明示同意書面報告得為證據者，不在此限。V 前項書面報告如經實施鑑定之人於審判中以言詞陳述該書面報告之作成為真正者，得為證據。」

所謂實施鑑定之人，於 §198I 係指經選定實際上實施鑑定之自然人，於 §208I 以醫院、學校或相當之機關、團體為鑑定時，則係指實際上實施鑑定之自然人。如該鑑定書面報告於審判中經實施鑑定之人以言詞陳述其作成為真正，自可例外賦予該鑑定書面報告具有證據能力。又所謂「作成為真正」，除指實施鑑定之人陳述書面報告以其名義作成之真正性外，尚包含所為鑑定係依其特定專業領域之科學、技術或其他專業方法所為，並已將該經過及其結果正確記載於書面報告之內容真正性。

§206 之修法理由認 §159 立法理由所指「本條所謂法律有規定者，係指刑事訴訟法第二百零六條」之說明，使鑑定之書面報告當然得作為證據，較未能顧及被告之詰問權，尚與傳聞法則制度之本旨有違，從而立法者採取前開學說與少數實務見解，應可肯認。為保障當事人對於鑑定人之詰問權，促進真實發現，避免誤判，於審判中應使實施鑑定之人到庭，由當事人及辯護人透過交互詰問充分檢驗實際實施鑑定之人之資格、專業與中立性、鑑定實施之經過及其結果。惟此種被告以外之人於審判外以書面報告所為之陳述，如經當事人明示同意，自無需使實施鑑定之人到庭以言詞說明，即得作為證據。綜上，除當事人明示同意鑑定報告有證據能力

---

[215] 李佳玟，鑑定報告與傳聞例外—最高法院近年相關裁判之評析，政大法學評論，第 101 期，2008 年 1 月，頁 193 以下。張麗卿，傳聞證據與醫療鑑定報告書，中華法學，第 14 期，2011 年 11 月，頁 61 以下。最高法院 108 年度台上字第 2388 號刑事判決。

外,實施鑑定之人應於審判中進行言詞說明並陳述該書面報告之作成為真正,才具有證據能力。

　　文獻上指出刑事訴訟法的鑑定,在於協助法院判斷事實的真偽,鑑定書面必須先具備證據適格,才有鑑定意見是否足以憑信,可以透過交互詰問予以檢驗證明力的問題[216],此屬於本章「證據法則判斷流程」中之第一種判斷流程的論述。

(三)鑑定參考資料的證據能力

　　有文獻提及,我國的鑑定人(機關),在為準備鑑定報告或出庭作證,所為資料之蒐集、參考,與審判中所為證據蒐集、調查不同,不受訴訟法上相關證據法則的規範。鑑定人本於自己的專業蒐集、參考相關資料,不因其參考資料無證據能力而影響鑑定之證據能力,若本於專業,為相關蒐集、判斷,法院應尊重其專業[217]。例如 A 被 B 性侵,一年後才去醫院就診與提告,醫院依 A 自述而製作心理衡鑑報告、精神評估等。醫院之後受檢察官囑託,對 A 進行壓力後創傷症候群的鑑定,醫師鑑定時參考了 A 自述而製作的心理衡鑑報告、精神評估,即為此處之鑑定參考資料,即使鑑定參考資料無證據能力,本於鑑定人專業判斷下,不影響鑑定的證據能力。

(四)私請鑑定的證據能力

　　私請鑑定是指「非」由法官或檢察官選任或囑託之鑑定人或鑑定機關、團體所為的鑑定。

　　過去學說、實務上而在私請鑑定的證據能力有所爭執,實務[218]有認為私請鑑定無證據能力者,亦有認為私請鑑定可為彈劾證據。但如果依照§159-5 經當事人同意則有證據能力,此為晚近實務所採。

---

[216] 吳燦,鑑定書面的證據能力,月旦法學教室,第 186 期,2018 年 4 月,頁 27。
[217] 吳巡龍,鑑定參考資料,月旦法學教室,第 190 期,2018 年 7 月,頁 31。
[218] 最高法院 107 年度台上字第 3895 號刑事判決。

　　修法前文獻上有提出刑事程序中被告或告訴人有時候會主動提出鑑定報告給法院參考，目的一定是希望該報告可以為自己爭取到有利的判決結果，但因告訴人或被告委託鑑定顯然非現行法所規定的鑑定主體，作成的報告當然無證據能力。但亦有認為檢察官、司法警察提出的鑑定報告可以當成證據，那麼被告或告訴人卻不能提出（提出後也無證據能力），是不是違反武器平等原則呢！且如果私人提出的鑑定無證據能力，可能會使某些案子產生審理困難，例如偽造藥品的鑑定，通常只有告訴人（藥商）自己才能判定，其他的鑑定單位最多只能就個別成分進行辨認，如果否定藥商提出鑑定報告的證據能力，將造成事實判定的困難[219]。民國 113 年 5 月開始施行 §208「V 當事人於審判中得委任醫院、學校或其他相當之機關、機構或團體為鑑定或審查他人之鑑定，並準用第一項至第三項及第一百九十八條第二項之規定。VI 前項情形，當事人得因鑑定之必要，向審判長或受命法官聲請將關於鑑定之物，交付受委任之醫院、學校或其他相當之機關、機構或團體，並準用第一百六十三條至第一百六十三條之二之規定。VII 因第五項委任鑑定或審查他人之鑑定所生之費用，由委任之人負擔。」因鑑於實務上認為被告自行委任鑑定機關所作成之鑑定書面報告，乃審判外之書面陳述而無證據能力，但又認為檢察官提出之鑑定報告，為傳聞法則之例外，而有證據能力，恐有違反武器平等原則之疑慮。然檢察官於審判中依本項規定所為之自行囑託鑑定，係屬任意偵查之性質，與檢察官於偵查中依第一項囑託鑑定之情形不同。當事人於審判中自行委任鑑定時，應依訴訟進行之程度，向法院陳明是否業已自行委任鑑定及其進行之時程，以利案件妥適審結，且依刑事妥速審判法 §3 規定，此項權利之行使應依誠信原則，不得濫用，亦不得無故拖延。

　　當事人於審判中自行委任鑑定或審查，如因鑑定之必要，有交付受委任之機關關於鑑定之物進行鑑定時，應由委任之人以書狀具體說明已委任鑑定或審查、有交付關於鑑定之物為鑑定或審查之必要、受委任之機關

---

[219] 李佳玟，程序正義的鋼索，鑑定報告與傳聞例外 —— 最高法院近年相關裁判之評釋，2014 年 6 月，頁 263-264。

確能安全管理關於鑑定之物、並於合理期間完成鑑定或審查，且提供足資證明之資料，聲請審判長或受命法官準用§203I、II之規定，將關於鑑定之物交付受委任之機關，爰增訂第6項，明定當事人得因鑑定必要聲請交付關於鑑定之物，並準用§163～§163-2之規定。審判長或受命法官則應審酌委任鑑定或審查是否適合於法院外進行、交付關於鑑定之物是否必要、受委任之機關能否確保交付過程中證物之同一性及完整性，避免發生證物滅失、毀損等不可回復之情況，以及關於鑑定之物倘為易腐敗變質之生物跡證，有無符合相關規範之保存程序及設備、能否於合理適當之期間內完成等情形，並徵詢當事人或辯護人之意見後，認為必要且適當者，得依§203II規定交付關於鑑定之物，認為不必要或不適當者，得禁止或駁回其聲請，一併敘明。當事人於審判中如自行委任鑑定機關為鑑定或審查他人之鑑定，其因委任所生之費用，例如鑑定機關之報酬及實施鑑定或審查所需之費用等，均應由委任之當事人自行負擔。被告如為經濟弱勢，符合法律扶助法所稱無資力者，得適用該法之規定申請扶助，由扶助律師提出法律意見書及案情資料，交財團法人法律扶助基金會審查委員會審查，決定是否扶助及扶助金額。

　　前開修法將當事人委任鑑定明文化，以落實武器平等，然本書認為實務上真正擔憂的事情應是憂慮鑑定人會將鑑定結果傾向於付費或與鑑定人有私交的一方而有不公正、中立的鑑定結果，而目前尚未特定何鑑定機關較為專業。因此應明文規定當事人應自司法院之鑑定人（機關）參考名冊委任為之，鑑定人（機關）參考名冊亦應定期更新資訊。若有委任鑑定人（機關）參考名冊以外機關者，當事人自應提出專業性、可信性之文件並且受委任人提出相關證照，經合議庭裁定後方可為證據，否則將發混亂，再者實務上常見之行車事故鑑定委員會、衛服部醫事審議委員會，被告無法自己選任該機關鑑定（通常是院檢囑託鑑定），又何來武器平等。又本次修法僅是表面上的武器平等，實務運作上被告與國家機關本有巨大之實力差距，被告難以找尋合適機關鑑定，願意受委任之機關亦屬罕見，絕大多數之機關要求具有公權力之囑託公函為據，又雖然規定可以申請法律扶

助，然僅限於符合法扶資格者，更忽略被告之隱性需求。再者，私人委任自然人鑑定部分，本次修法更未有規定，僅規定「當事人於審判中得委任機關鑑定」，又實務上大多為「依法令具有執掌鑑定、鑑識或檢驗等業務之機關所實施之鑑定」，得直接以鑑定書面為證據，免除了鑑定人於審判中到庭交互詰問程序，並無任何檢驗機制，對於發現真實仍有重大妨礙。

（五）概括選任鑑定人（檢察機關事先選任或囑託鑑定之鑑定書面之證據能力）

1. 實務

　　雖然 §198 規定只能由審判長、受命法官或檢察官選認鑑定人，但實務上常以為了因應實務上，或因量大或有急迫之現實需求，並因例行性當然有鑑定之必要者，以及基於檢察一體原則，而概括選任以求時效為理由，承認概括選任鑑定人（而非以「見招拆招式」的逐一選任方式）。

> **最高法院 107 年度台上字第 908 號刑事判決**
>
> 　　而於司法警察機關調查中之案件，為因應實務上，或因量大、或有急迫之現實需求，併例行性當然有鑑定之必要者，例如毒品之種類與成分、尿液之毒品反應，或槍彈有無殺傷力等項，基於檢察一體原則，該管檢察長對於轄區內之案件，得事前概括選任鑑定人或囑託鑑定機關，俾便轄區內之司法警察官、司法警察對於調查中之此類案件，得即時送請先前已選任之鑑定人或囑託之鑑定機關實施鑑定，以求時效。此種由檢察機關概括囑託鑑定機關，再轉知司法警察官、司法警察於調查犯罪時參考辦理之作為，係為因應現行刑事訴訟法增訂傳聞法則及其例外規定之實務運作方式，法無明文禁止；而由司法警察官、司法警察送由檢察官所概括囑託鑑定機關所為之鑑定結果，與檢察官囑託為鑑定者，性質上並無差異，應同具有證據能力。

> ## 最高法院 106 年度台上字第 3181 號刑事判決
>
> 　　具特別知識經驗之人就特定個案陳述其判斷意見之鑑定書面，如該鑑定人係由審判長、受命法官或檢察官選任、囑託鑑定，並依同法第 206 條規定出具者，自為刑事訴訟法第 159 條第 1 項所稱法律明定之傳聞例外，具有證據能力。其屬性質上因數量龐大（例如毒品或尿液鑑定）或具調查急迫性（例如火災原因調查）等特殊需求，由該管檢察長對於轄區內特定類型之案件，以事前概括選任鑑定人或囑託鑑定機關（團體）之方式著由司法警察或行政機關委託所為鑑定書面，性質上與檢察官選任或囑託鑑定者無異，亦應認係傳聞例外，具有證據能力。故相關鑑定書面，除有上開情事或適用第 159 條之 5 之情形外，即應受傳聞法則規範，認無證據能力；但為補其不足並發現實體真實，非不得使該鑑定書面製作者在審判庭受詰問或訊問，具結陳述該書面係據實製作，再據以判明是否承認其證據能力。

2. 學說評析

　　實務見解雖然滿足了司法警察屬於第一線人員的偵查需求，但也同時衍生了許多問題。

　　學說認為檢察一體的目的在於統一全國檢察官的起訴與裁量的標準，但是檢察一體與概括選任鑑定並無關聯。即使有學說認為檢察一體的目的在於有效打擊犯罪，處理的仍是檢察體系的內部關係，並不包含對司法警察進行指揮或授權，而且刑事訴訟法在不同的程序中規定不同的主體，應是立法者有意的安排[220]。

　　學說進一步提出，概括選任鑑定欠缺透明客觀，亦即概括選任鑑定人並未指定特定的鑑定人，乃鑑定機關轉託鑑定項目、標的給機關內部人

---

[220] 李佳玟，程序正義的鋼索，鑑定報告與傳聞例外 —— 最高法院近年相關裁判之評釋，2014 年 6 月，頁 268。

員，無法客觀衡量鑑定人的專業適格（按：有時候會發生在該機構內，但實際上鑑定人的專業知識不足以承擔的情形），且難以正確評價鑑定程序是否妥適，而且§208並未準用§202下，造成無具結相關規範的制約（亦即刑罰制裁），無法產生阻止違背法定程序的作用，對於鑑定公正性的保障不足。而且概括選任鑑定欠缺公正的定位，在台灣的鑑定機關多隸屬於職司偵查的行政組織底下，多多少少因為組織的性質而要受到檢察官的指揮，故很少發生拒絕鑑定的狀況。違背了鑑定的可替代性與專業尊重，如要確保鑑定機關專業效能或中立公平，應該在司法機關中建置鑑識科學機構。故而為了提升台灣鑑定制度客觀公信、確保鑑定人人權公平中立、刑事鑑定組織架構層級應做適切的變革調整，使建置科學證據處理流程標準化、明確化、制度化[221]。

五、鑑定人的義務

（一）到場義務

　　鑑定人與證人都是人的證據方法，原本都要進行交互詰問的調查程序（§197），但鑑定人是具有特別的學識經驗而選任且具有可替代性，故而不得實施拘提強制，但如果鑑定人接受鑑定委託就要承擔到場的義務，故§168規定「證人、鑑定人雖經陳述完畢，非得審判長之許可，不得退庭」，由此可知鑑定人有到場義務，違反到場義務者依照§197準用§178處以罰鍰。

（二）具結義務 ── 兼論詰問權

1. 條文文義

　　§202規定「鑑定人應於鑑定前具結，其結文內應記載必為公正誠實

---

[221] 林裕順，專家證人 VS. 鑑定證人 ── 概括選任鑑定人之誤認與評析，月旦法學雜誌，第189期，2011年2月，頁267-268、272。

之鑑定等語[222]」，如未經具結者，依照§158-3「證人、鑑定人依法應具結而未具結者，其證言或鑑定意見，不得作為證據」。

　　而機關鑑定方面，依照修法前§208I規定「法院或檢察官得囑託醫院、學校或其他相當之機關、團體為鑑定，或審查他人之鑑定，並準用第二百零三條至第二百零六條之一之規定；其須以言詞報告或說明時，得命實施鑑定或審查之人為之」，並未準用詢問（§163）、交互詰問（§166～§167-7）、具結（§202）的規定。而§208II規定「第一百六十三條第一項、第一百六十六條至第一百六十七條之七、第二百零二條之規定，於前項由實施鑑定或審查之人為言詞報告或說明之情形準用之」，機關鑑定時，如果機關內部的鑑定或審查之人沒有言詞報告或說明時，就無準用詢問（§163）、交互詰問（§166～§167-7）、具結（§202）的規定，至於是否為言詞報告或說明，屬於法院「得裁量」事項，因此機關鑑定內部的鑑定人可能不需要具結，沒有交互詰問，而仍有證據能力。

　　§208規定「I法院或檢察官得囑託醫院、學校或其他相當之機關、機構或團體為鑑定，或審查他人之鑑定，除本條另有規定外，準用第二百零三條至第二百零六條之一之規定；其須以言詞報告或說明時，得命實施鑑定或審查之人為之。II前項情形，其實施鑑定或審查之人，應由第一百九十八條第一項之人充之，並準用第二百零二條之規定，及應於書面報告具名。III第一項之書面報告有下列情形之一者，得為證據：一、當事人明示同意。二、依法令具有執掌鑑定、鑑識或檢驗等業務之機關所實施之鑑定。三、經主管機關認證之機構或團體所實施之鑑定。IV當事人於審判中得向法院聲請囑託醫院、學校或其他相當之機關、機構或團體為

---

[222] 最高法院108年度台上字第940號刑事判決：刑事訴訟法第210條明定應適用關於人證之規定。又本法為擔保證人、鑑定人陳述或判斷意見之真正，特設具結制度，然因二者之目的不同，人證求其真實可信，鑑定則重在公正誠實，是同法第189條第1項、第202條就證人、鑑定人之結文內容有不同記載，以示區別，並規定踐行朗讀結文、說明及命簽名等程序，旨在使證人或鑑定人明瞭各該結文內容之真義，俾能分別達其上揭人證或鑑定之特有目的。從而鑑定人之結文不得以證人結文取代之，如有違反，其在鑑定人具結程序上欠缺法定條件，固不生具結之效力。

鑑定或審查他人之鑑定，並準用第一百九十八條第二項之規定。Ⅴ當事人於審判中得委任醫院、學校或其他相當之機關、機構或團體為鑑定或審查他人之鑑定，並準用第一項至第三項及第一百九十八條第二項之規定。Ⅵ前項情形，當事人得因鑑定之必要，向審判長或受命法官聲請將關於鑑定之物，交付受委任之醫院、學校或其他相當之機關、機構或團體，並準用第一百六十三條至第一百六十三條之二之規定。Ⅶ因第五項委任鑑定或審查他人之鑑定所生之費用，由委任之人負擔。Ⅷ第一百六十三條第一項、第一百六十六條至第一百六十七條之七、第二百零二條之規定，於第一項、第四項及第五項由實施鑑定或審查之人為言詞報告或說明之情形準用之。」所謂「機關鑑定」，除第三項規定部分機關之書面報告因具特別可信性，不準用 206Ⅳ 應使實施鑑定或審查之人到庭以言詞說明，即得為證據外，其鑑定程序應與選任自然人為鑑定者相同。機關鑑定，固係以選任自然人以外之方式，由具有公信力之機關為之，但此種機關鑑定實際上仍係委由機關內部之自然人實施鑑定或審查後，再以機關名義出具書面報告。因此，機關鑑定之情形，既須委由機關內部之自然人實施鑑定或審查，自應由具有 §198Ⅰ 所定具專業能力或有鑑定職務之人充之。而為機關實施鑑定之自然人，亦應準用 §202 鑑定前具結之規定並於記載鑑定經過及其結果之書面報告具名，以示負責，並利作為判斷其是否具備鑑定適格之依據，及擔保鑑定或審查程序之專業性及公正性。實際上為機關實施鑑定之自然人有數人，或因內部分工而有數人，該數人就其專業分工部分均應具名。

囑託鑑定所出具之書面報告，實際實施鑑定之人須具名，且須依 §202 規定於鑑定前具結，已有偽證罪擔保其真實性，並考量「依法令具有職掌鑑定、鑑識或檢驗等業務之機關所實施之鑑定」，例如內政部警政署刑事警察局、法務部調查局、衛生福利部食品藥物管理署等機關，就槍彈及爆裂物、指紋、去氧核醣核酸、筆跡、毒品及偽禁藥、尿液等鑑定，及「經主管機關認證之機構或團體所實施之鑑定」，例如醫院、實驗室等機構或團體就藥毒物、毒品、尿液、偽鈔等鑑定，因前開機關、機構或團

體之資格、鑑定實施之方法已有相關規範或通過認證，其等鑑定意見之專業性、公正性與中立性，應足以確保，並審酌前開機關、機構或團體之鑑定量能、司法資源之合理分配，促進真實之發現並兼顧當事人程序利益之保障，其所出具之書面鑑定報告，應有證據能力。又基於尊重當事人之處分權，如經當事人明示同意，自亦可承認該書面報告之證據能力。

2. 學說

(1) 機關鑑定是否出庭的裁量

　　機關鑑定之鑑定人是否以言詞報告或說明屬於法官的裁量事項，但法官的裁量基準並不明確，為何可以裁量機關鑑定的鑑定人不必出庭與具結下，法院又可以採納不利益的鑑定意見[223]。

(2) 具結

　　機關鑑定與鑑定人的鑑定，從被告的訴訟防禦權來說，不應該因為不同的鑑定而有不同，也非法院的裁量權。而且機關鑑定，事實也是機關內部的鑑定人在鑑定，因此也須要具結（若無具結則無證據能力）[224]。

(3) 詰問權

　　從被告詰問權的觀點來說，嚴格證明法則下的合法調查程序，必須經過交互詰問下，方可能會採為證據（不論是否為法定的傳聞例外）[225]。

(4) 直接審理原則

　　即使 §206 表面賦予法院傳喚鑑定人到庭作證或提出鑑定報告即可的裁量權，但基於直接審理原則對於人證的重視，解釋上不應該將 §206 當成直接審理原則的例外規定，故鑑定報告取代鑑定人的當庭證詞違反直接審理原則[226]。

---

[223] 林鈺雄，刑事訴訟法（上），2013 年 9 月，頁 562-563。
[224] 王兆鵬、張明偉、李榮耕，刑事訴訟法（下），2012 年 9 月，頁 397、403。
[225] 林鈺雄，刑事訴訟法（上），2013 年 9 月，頁 562-563。
[226] 李佳玫，程序正義的鋼索，鑑定報告與傳聞例外 —— 最高法院近年相關裁判之評釋，2014 年 6 月，頁 280。

（三）報告義務

§206 規定「I 鑑定之經過及其結果，應命鑑定人以言詞或書面報告。II 鑑定人有數人時，得使其共同報告之。但意見不同者，應使其各別報告。III 以書面報告者，於必要時得使其以言詞說明」。承上，條文中的「必要時」，基於直接審理原則與對質詰問的保障下，應該是原則上要出庭接受詰問方屬正確。

修法後刪除「必要時得以使其以言詞說明」之規定，§206 規定「III 第一項之言詞或書面報告，應包括以下事項：一、鑑定人之專業能力有助於事實認定。二、鑑定係以足夠之事實或資料為基礎三、鑑定係以可靠之原理及方法作成。四、前款之原理及方法係以可靠方式適用於鑑定事項。以書面報告者，於審判中應使實施鑑定之人到庭以言詞說明。但經當事人明示同意書面報告得為證據者，不在此限。」

六、鑑定之處分（§203～§205-1）

（一）交付鑑定人（法庭外的鑑定）

§203 規定「I 審判長、受命法官或檢察官於必要時，得使鑑定人於法院外為鑑定。II 前項情形，得將關於鑑定之物，交付鑑定人」。

（二）將被告送入一定場所

§203III 規定「因鑑定被告心神或身體之必要，得預定七日以下之期間，將被告送入醫院或其他適當之處所」，例如鑑定精神狀況時。

1. 令狀：鑑定留置票（§203-1I）。

2. 決定人：法官（§203-1IV）。

3. 期限：7 日以下（§203III）。

4. 延長：最多 2 月（§203-3I）。

5. 效力：視為羈押日數（§203-4）。

（三）鑑定的必要處分

§204 規定「I 鑑定人因鑑定之必要，得經審判長、受命法官或檢察官之許可，檢查身體、解剖屍體、毀壞物體或進入有人住居或看守之住宅或其他處所。II 第一百二十七條、第一百四十六條至第一百四十九條、第二百十五條、第二百十六條第一項及第二百十七條之規定，於前項情形準用之」、§204-1 規定「I 前條第一項之許可，應用許可書。但於審判長、受命法官或檢察官前為之者，不在此限。II 許可書，應記載下列事項：一、案由。二、應檢查之身體、解剖之屍體、毀壞之物體或進入有人住居或看守之住宅或其他處所。三、應鑑定事項。四、鑑定人之姓名。五、執行之期間。III 許可書，於偵查中由檢察官簽名，審判中由審判長或受命法官簽名。IV 檢查身體，得於第一項許可書內附加認為適當之條件」、§204-2 規定「I 鑑定人為第二百零四條第一項之處分時，應出示前條第一項之許可書及可證明其身分之文件。II 許可書於執行期間屆滿後不得執行，應即將許可書交還」、§204-3 規定「I 被告以外之人無正當理由拒絕第二百零四條第一項之檢查身體處分者，得處以新臺幣三萬元以下之罰鍰，並準用第一百七十八條第二項及第三項之規定。II 無正當理由拒絕第二百零四條第一項之處分者，審判長、受命法官或檢察官得率同鑑定人實施之，並準用關於勘驗之規定」。

1. 令狀（§204-1 II）：鑑定許可書。

2. 決定人（§204-1 III）：偵查中，檢察官。審判中，法官。

3. 準用勘驗之規定（§204-3 II）。

4. 鑑定人因鑑定之必要請求許可。

§205 規定「I 鑑定人因鑑定之必要，得經審判長、受命法官或檢察官之許可，檢閱卷宗及證物，並得請求蒐集或調取之。II 鑑定人得請求訊問被告、自訴人或證人，並許其在場及直接發問」。

§205-1 規定「I 鑑定人因鑑定之必要，得經審判長、受命法官或檢察官之許可，採取分泌物、排泄物、血液、毛髮或其他出自或附著身體之

物，並得採取指紋、腳印、聲調、筆跡、照相或其他相類之行為。II 前項處分，應於第二百零四條之一第二項許可書中載明」，此權限其實就是身體檢查處分。

七、鑑定人之拒卻

§200 規定「I 當事人得依聲請法官迴避之原因，拒卻鑑定人。但不得以鑑定人於該案件曾為證人或鑑定人為拒卻之原因。II 鑑定人已就鑑定事項為陳述或報告後，不得拒卻。但拒卻之原因發生在後或知悉在後者，不在此限」，此為鑑定人拒卻之規定，拒卻的目的在於排除欠缺中立性的鑑定人。

§201 規定「I 拒卻鑑定人，應將拒卻之原因及前條第二項但書之事實釋明之。II 拒卻鑑定人之許可或駁回，偵查中由檢察官命令之，審判中由審判長或受命法官裁定之」。

八、專業法律意見徵詢制度

§211-1「I 法院認有必要時，得依職權或依當事人、代理人、辯護人或輔佐人之聲請，就案件之專業法律問題選任專家學者，以書面或於審判期日到場陳述其法律上意見。II 前項意見，於辯論終結前應告知當事人及辯護人使為辯論。III 本節之規定，除第二百零二條外，於前二項之情形準用之。」因專家學者類似鑑定人，故有準有之規定。

九、附論 —— 測謊

（一）測謊的意義

人類說謊時會產生多種生理變化指標（包含心跳、皮膚的電器反射）而藉由專業人員利用科學儀器記錄受測者的反應，以判斷受測者的供述是否真實。而測謊必須經由相對人的同意且配合下方可能完成（此即為測謊

發動的依據），故性質上兼具干預人民基本權利的措施，以及協助判斷事實的鑑定之雙重角色。測謊亦為鑑定人的證據方法，具有專門知識者才可以實施[227]。

（二）測謊可否作為證據

實務上有以下看法：

1. 測謊不具有再現性，再次檢驗也無法獲得相同結果，故而無證據能力。

最高法院 108 年度台上字第 417 號刑事判決、最高法院 109 年度台上字第 948 號刑事判決

測謊鑑定受測之對象為人，其生理、心理及情緒等狀態，在不同時間即不可能完全相同，此與指紋比對、毒品鑑驗等科學鑑識技術，可藉由一再檢驗均獲得相同結果，即所謂「再現性」，而在審判上得其確信之情形有異，故迄今，測謊仍難藉以獲得待證事實之確信，縱可作為偵查之手段，以排除或指出偵查之方向，然在審判上，尚無法作為認定有無犯罪事實之基礎等情，是不論測謊結果如何，均無從據以推翻原判決所確認之事實另為不同之認定。

---

2. 測謊的結果可為證據，但不可作為唯一的證據，尚須依照補強證據法則[228]。

---

[227] 林鈺雄，刑事訴訟法（上），2013 年 9 月，頁 193。

[228] 最高法院 105 年度台上字第 1179 號刑事判決：測謊鑑定，係依一般人在說謊時，會產生遲疑、緊張、恐懼、不安等心理波動現象，乃以科學方法，由鑑定人利用測謊儀器，將受測者之上開情緒波動反應情形加以記錄，用以分析判斷受測者之供述是否違反其內心之真意而屬虛偽不實。故測謊鑑定，倘鑑定人具備專業之知識技能，復基於保障緘默權而事先獲得受測者之同意，所使用之測謊儀器及其測試之問題與方法又具專業可靠性時，該測謊結果，如就有利之供述，經鑑定人分析判斷有不實之情緒波動反應，依補強性法則，雖不得作為有罪判決之唯一證據，但仍得供裁判之佐證，其證明力如何，事實審法院有自由判斷之職權。

測謊鑑定之受測對象為人，其生理、心理及情緒等狀態在不同時間難以完全相同，此與指紋比對、毒品鑑驗等科學鑑識技術，可藉由一再檢驗而獲得相同結果之「再現性」不同，故尚難單藉測謊鑑定獲得待證事實之確信，無法作為認定有無犯罪事實之唯一依據[229]。

最高法院 107 年度台上字第 837 號刑事判決、最高法院 108 年度台上字第 606 號刑事判決、最高法院 108 年度台上字第 3409 號刑事判決
測謊在具備一定嚴格條件下，具有證據能力，可作為審判之參考，祇是不得採憑為唯一或絕對之依據而已，非絕對的優勢證據，從而被告就被訴事實所為否認或有利之供述，經測謊鑑定，縱無任何虛偽之情緒波動反應，但此與卷內不利於被告之證據間，何者為可採，何者為不可採，仍應綜合卷內證據資料為合理之比較，無所謂一旦通過測謊，即應為有利於被告認定，換言之，法院縱然不採取此類證據方法，亦無損及被告訴訟防禦權之行使。

3. 測謊只要符合五個要件下，即可為證據。

最高法院 106 年度台上字第 1391 號刑事判決
測謊鑑定，係依一般人若下意識刻意隱瞞事實真相時，會產生微妙之心理變化，例如：憂慮、緊張、恐懼、不安等現象，而因該身體內部之心理變化，導致身體外部之生理狀況，亦隨之變化，例如：呼吸急促、血液循環加速、心跳加快、聲音降低、大量流汗等異常現象，但此表現在外之生理變化，往往不易由肉眼觀察，乃由測謊員對受測者提問與待證事實相關之問題，藉由科學儀器（測謊機）記錄受測者對各個質問所產生細微之生理變化，加以分析受測者是否下意識刻意隱瞞事實

---

[229] 最高法院 110 年度台上字第 267 號刑事判決。

真相，並判定其供述是否真實；只要送鑑單位依刑事訴訟法第208條第1項規定，囑託具有此項專業技能之法務部調查局或內政部警政署刑事警察局為測謊檢查，受囑託機關就檢查結果，以該機關名義函覆原囑託之送鑑單位，該測謊檢查結果之書面報告，即係受囑託機關之鑑定報告，此鑑定報告形式上若符合測謊基本程式要件，包括：1. 經受測人同意配合，並已告知得拒絕受測，以減輕受測者不必要之壓力。2. 測謊員經良好之專業訓練與具相當之經驗。3. 測謊儀器品質良好且運作正常。4. 對於測謊鑑定之過程、目的，受測人身心及意識狀態正常。5. 測謊環境良好，無不當之外力干擾等要件，即賦予證據能力，此乃本院向來之見解。其中所謂受測人「同意」配合，乃受測人接受測謊鑑定之意願表達，並非欲意發生一定私法上之法律效果，而與民法上所謂之法律行為，係以意思表示為要素，內心期望發生一定「私法上」效果之意思，而表示於外部之行為者，顯然有別，從而，此「同意」者，祇需具備辨別事理能力已足，要無以具備完全「意思表示能力」為必要，更無所謂「限制行為能力人」，應經其法定代理人事先允許或事後承認，才算有效之問題。

4. 民國110年7月司法院函送行政院之修正草案§160-1規定「測謊之結果不得作為認定犯罪事實存否之證據。但作為爭執被告、被害人或證人陳述之證明力者，不在此限」。為嚴謹證據法則，明定測謊之結果不得作為認定犯罪事實存否之證據及其例外。

　　修正草案之理由為測謊是透過儀器，反映受測者受測時之生理現象，再經人工判讀檢視受測者對過去發生事實之陳述與其記憶是否相符之程序，然受測者說謊時不必然會產生說謊反應，縱有產生說謊反應，亦不必然得以證立受測者之陳述與其記憶不符，參酌美國及德國司法實務均已排除測謊結果之證據容許性及調查必要性，明定測謊之結果不得作為認定犯罪事實存否之證據。但為發現無辜、避免冤抑，明定測謊之結果得作為爭執被告、被害人或證人陳述證明力之彈劾證據，且偵查機關亦得以測謊結果作為偵查手段，藉以排除或指出偵查方向，以協助偵查。

（三）測謊之後，被告為犯罪自白，被告不可主張未受§95權利告知，而自白無證據能力

最高法院 104 年度台上字第 3771 號刑事判決

　　上訴人與測謊人員間之測前訪談或測後晤談，均係為完備測謊鑑定程序之進行，使過程中取得之數據、圖譜更趨正確，進而使施測者獲得更精準之意見分析，所為之必要會談，尚與刑事訴訟法第九章所定，由代表國家行使偵審權之公務員對被告行訊問程序者有別。該晤談程序，自無該章程序規定之適用。又上訴人於測後晤談時，所為不利於其本人之陳述，本質上屬被告於審判外之自白，既非「被告以外之人於審判外之陳述」，亦無傳聞法則之適用。

伍、勘驗

一、勘驗之概念

　　勘驗是透過人的感官知覺而對於犯罪相關的人、地、物等證據與犯罪情形的調查方法。檢察官與法院（包含受命法官 §279II）為勘驗之主體，得實施勘驗（§212），並可囑託或轉託實施勘驗地之法官或檢察官為之。而司法警察（官）依照 §230III、§231III 有必要時，得封鎖犯罪現場為即時「勘察」，本質上也屬於勘驗。

　　勘驗屬於物的證據方法，勘驗的對象包含物（場所）、活人、屍體，只要其存在、位置、狀態可作為證據而為法官心證，皆可為勘驗對象，例如以視覺觀察屍體的傷口、浴室的血跡位置（按：警察機關有認為自殺的人通常不會去洗手台洗手，故洗手台的管道中必須勘驗是否有血跡，如有則可能是他殺）、被砸過的酒吧的現場、以嗅覺知悉食物的腐敗。

　　勘驗與鑑定有何不同，待認定之事實何時應鑑定或應勘驗，區別基準在於，若該待認定事實係屬一般人可以用五官知覺加以體驗者，則以勘驗

為之；若需要專門知識經驗始可判斷者，以鑑定為之。例如 A 用刀殺 B，刀子是否沾有血跡，以勘驗為之。而刀上所沾的血是否為 B 留下，以專業的鑑定（DNA）為之。例如 A 用鹽酸及漂白水混合後會產生的氯氣殺 B，房間是否有奇怪的氣味，以勘驗為之，但是若是想聞出鹽酸及漂白水的濃度與比例，則非一般人可以做到，須以專業的鑑定為之。

鑑定與勘驗處於一個浮動的狀態，也就是說程序進行中，為勘驗時可能隨時需要轉換為鑑定，鑑定時可能也會隨時轉換成勘驗，因一般來說專業知識為鑑定人所有、勘驗者所無，在一個案件中不可能任何事情都需要以專業知識判斷。換言之，勘驗者於勘驗時，如有需要更進一步深入判斷即須要以鑑定的方式為之。

最後，搜索的相關規定於勘驗時亦準用之，§219規定「第一百二十七條、第一百三十二條、第一百四十六條至第一百五十一條及一百五十三條之規定，於勘驗準用之」。

二、勘驗處分之類型

§213規定「勘驗，得為左列處分：一、履勘犯罪場所或其他與案情有關係之處所。二、檢查身體。三、檢驗屍體。四、解剖屍體。五、檢查與案情有關係之物件。六、其他必要之處分」。

（一）履勘犯罪場所或其他與案情有關係之處所

犯罪場所或其他與案情有關的處所，因為無法將「場所」搬到法庭上審理，因「場所」往往比法庭巨大而難以移動，例如建築物（在建築物內殺人）、馬路上某個十字路口（車禍）、水庫（疑他殺之溺水身亡）、河川（盜採砂石案）或者像是電影中奪魂鋸的「遊戲」場所等都是場所，故往往會構成直接審理原則的例外。學者指出直接審理的例外的正當性基礎在於，其一為保全證據的考量，因證據等到法院審判期日再勘驗，可能有滅失之虞；其二為訴訟經濟考量，因若在審判期日進行之間，為了勘驗遠

在他處的現場，過於浪費人力[230]。

　　故而必須於該場所作成勘驗筆錄（§42、§43），該勘驗筆錄於審判期日由法院提示之、朗讀勘驗筆錄為合法調查證據之程序（§164、§165），因為合議庭法官無親自勘驗現場，但可以透過勘驗的筆錄與照片的派生證據（證據替代品）來進行勘驗。

（二）檢查身體

　　檢查身體事實上是強制處分的性質，但立法者將之規定為勘驗。檢查身體，不論是被告或被告人的身體特徵、狀態都可以實施勘驗。例如 A 強制性交 B，B 說：「A 的腰有皮卡丘的刺青，且我的腳趾被 A 咬成撕裂傷」，法官可以檢查 A 的腰部有無皮卡丘的刺青以及 B 的腳趾有無撕裂傷。

（三）檢驗、解剖屍體

　　檢驗與檢剖屍體之前應先依照 §216I 規定「檢驗或解剖屍體，應先查明屍體有無錯誤」，且可依據 §217 規定「I 因檢驗或解剖屍體，得將該屍體或其一部暫行留存，並得開棺及發掘墳墓。II 檢驗或解剖屍體及開棺發掘墳墓，應通知死者之配偶或其他同居或較近之親屬，許其在場」，並且 §216II、III 規定「檢驗屍體，應命醫師或檢驗員行之。解剖屍體，應命醫師行之」。

　　而檢驗、解剖屍體者必須該方面的具有專業知識，此時勘驗與鑑定（§204I）往往會混和。

（四）檢查與案情有關係之物件

　　與案情有關的物件，例如盜採砂石的挖土機、將人腿絞碎的絞肉機、

---

[230] 林鈺雄，刑事訴訟法（上），2013 年 9 月，頁 571。

德州電鋸殺人狂的電鋸。但是若有難以在法庭內勘驗的情形，也會構成直接審理的例外，處理方式同場所的勘驗。

三、勘驗之通知與在場

（一）§219 之準用

1. §219 準用 §148、§149。§148 規定「在有人住居或看守之住宅或其他處所內行搜索或扣押者，應命住居人、看守人或可為其代表之人在場；如無此等人在場時，得命鄰居之人或就近自治團體之職員在場」、§149 規定「在政府機關、軍營、軍艦或軍事上秘密處所內行搜索或扣押者，應通知該管長官或可為其代表之人在場」。

2. §219 準用 §150。§150 規定「I 當事人及審判中之辯護人得於搜索或扣押時在場。但被告受拘禁，或認其在場於搜索或扣押有妨害者，不在此限。II 搜索或扣押時，如認有必要，得命被告在場。III 行搜索或扣押之日、時及處所，應通知前二項得在場之人。但有急迫情形時，不在此限」。

　　如果在符合直接審理原則之例外情形，德國刑事訴訟法為了避免減損當事人的權利，而以在場權補足。亦即法院在外實施勘驗，原則上應通知檢察官、被告與辯護人等有在場權之人到場。我國實務上亦認為應給予在場權的機會，否則程序自有瑕疵[231]。

最高法院 105 年度台上字第 427 號刑事判決

　　當事人及審判中之辯護人得於搜索或扣押時在場。但被告受拘禁，或認其在場於搜索或扣押有妨害者，不在此限。刑事訴訟法第 150 條第 1 項定有明文。此規定依同法第 219 條，於審判中實施勘驗時準用之。此即學理上所稱之「在場權」，屬被告在訴訟法上之基本權利之一，兼

---

[231] 最高法院 106 年度台上字第 262 號刑事判決。

及其對辯護人之倚賴權同受保護。故事實審法院行勘驗時，倘無法定例外情形，而未依法通知當事人及辯護人，使其有到場之機會，所踐行之訴訟程序自有瑕疵。

3. 勘驗時，得命證人、鑑定人到場（§214）。

4. 檢驗或解剖屍體及開關發掘墳墓，應通知死者的配偶或其他同居或較近的親屬在場（§217II）。

四、勘驗之限制

勘驗時如果人民的基本權受到干預，應該有特別限制，以符合法律保留原則與比例原則。

（一）身體檢查之限制

§215 規定「I 檢查身體，如係對於被告以外之人，以有相當理由可認為於調查犯罪情形有必要者為限，始得為之。II 行前項檢查，得傳喚其人到場或指定之其他處所，並準用第七十二條、第七十三條、第一百七十五條及第一百七十八條之規定。III 檢查婦女身體，應命醫師或婦女行之」。

依照條文文義，對被告以外之第三人為檢查身體時以相當理由且有必要者為限，相較於被告，其門檻更高。

然而身體檢查處分對人民的隱私以及人性尊嚴侵害甚鉅，因此對被告的身體檢查應限於有相當理由且認為有必要者方可為之，對於被告以外之第三人的門檻應該有更多限制，例如必須符合跡證原則與同意原則。

（二）勘驗軍事處所之限制（§219 準用 §127）

§127 規定「I 軍事上應秘密之處所，非得該管長官之允許，不得搜索。II 前項情形，除有妨害國家重大利益者外，不得拒絕」。

（三）夜間勘驗之限制（§219準用§146、§147）

勘驗依照§219準用§146、§147的規定，因此原則上禁止夜間入有人住居或看守之住宅或其他處所進行勘驗，然如果得到該住居人、看守人或可為其代表之人承諾或有急迫情形者，則可以入內勘驗。如果是在假釋人住居或使用者，或者旅店、飲食店或其他於夜間公眾可以出入之處所，仍在公開時間內者，或者常用為賭博、妨害性自主或妨害風化之行為者，則可以入內勘驗。

五、特殊之勘驗（略式勘驗）

（一）物證之提示（§164）

§164規定「I審判長應將證物提示當事人、代理人、辯護人或輔佐人，使其辨認。II前項證物如係文書而被告不解其意義者，應告以要旨」。物證之提示是以人的五官知覺來辨識證物的物理性質、狀態或特徵的調查方法，本質上為略式勘驗，屬於勘驗的法定證據方法。例如法官當庭將兇刀提示給被告辨認。

另外，是否要實物提示，已於直接審理原則說明（刑事訴訟法基本構造與理論），在此僅簡略說明，實務上有時候僅會提示證物清單（例如扣押物清單），而無提示物證給被告辨認。原則上依照直接審理原則，法院是禁止使用證據替代品（派生證據），但例外於原始證據無法呈現於審判庭時，應該可以在法庭內不以實務提示。舉例而言，作案用的手指虎、甩棍，記載手指虎的證物清單是派生證據，除非是被告同意且無爭執，否則法院必須提示原物（手指虎、甩棍）。但如果是體積龐大的盜採砂石之卡車、利用開計程車時而對客人強制性交的車，因為難以呈現在庭上，可依照庭外勘驗方式為之，於審判中提示勘驗筆錄與證據清單。

實務對於物證是以勘驗的方式為之，倘若勘驗本身無法在法庭內為之，故而要記載成勘驗筆錄，實務認為此時在審判期日的證據調查程序中，應將勘驗筆錄以文書的證據調查方式為之，亦即朗讀、告以要旨。

最高法院 102 年度台上字第 4015 號刑事判決
如該證物本身之物理上存在不具事實之證明功能，又非涉及專門知識與經驗之範疇，而由法院或檢察官透過直接之感官作用，就該證物之型態、性質、形狀、特徵、作用加以查驗，依其內在心理作用予以認定，並以查驗之結果作為證明事實之用，此種證據資料獲取之方式，即屬「勘驗」，為法定證據方法之一種，因勘驗本身非可作為判斷依據之證據資料，自應依同法第 42 條之規定，將查驗結果製成筆錄，該筆錄即屬書證，法院應依同法第 165 條第 1 項規定宣讀或告以要旨，以完成證據調查程序，方屬適法。

（二）相驗（§218）

　　相驗為勘驗的先行程序。§218 規定「I 遇有非病死或可疑為非病死者，該管檢察官應速相驗。II 前項相驗，檢察官得命檢察事務官會同法醫師、醫師或檢驗員行之。但檢察官認顯無犯罪嫌疑者，得調度司法警察官會同法醫師、醫師或檢驗員行之。III 依前項規定相驗完畢後，應即將相關之卷證陳報檢察官。檢察官如發現有犯罪嫌疑時，應繼續為必要之勘驗及調查」。

	相驗	勘驗
主體	檢察官、檢察官命檢察事務官會同法醫師、醫師或檢驗員行為。	法官、檢察官。
原因	非病死或可疑非病死。	不限於非病死或可疑非病死。
犯罪嫌疑	尚不知犯罪嫌疑（注意：非病死或可疑非病死，不一定是他人犯罪造成被害人死亡，也可能是自殺、意外死亡）。	已經有犯罪嫌疑。

六、影音證據及其調查問題

(一)影音證據調查 —— 以勘驗為之

§165-1 規定「I 前條之規定，於文書外之證物有與文書相同之效用者，準用之。II 錄音、錄影、電磁紀錄或其他相類之證物可為證據者，審判長應以適當之設備，顯示聲音、影像、符號或資料，使當事人、代理人、辯護人或輔佐人辨認或告以要旨」。

影音證據與文書證據同樣是以其內容所載為調查對象，但是影音證據欠缺文書證據所擁有的文字性與可讀性，故非文書證據。故而如要探求影音證據的內容應以勘驗為之（非如文書證據以朗讀為之）。換句話說，必須透過勘驗方式當庭播放錄音帶，以五官的知覺來探知其內容，實務上亦認為須以勘驗方法為之。故而 §165-1II 之規定屬於畫蛇添足（本來就可以用勘驗方法為之，何必又增訂 §165-1II）。

此外，實務認為影音證據，其錄音、錄影是「直接原貌重現」相關之待證事實，本質上非屬供述證據，其有無證據能力，不受傳聞證據法則之限制。

但如果是由影音證據所轉換成的譯文則屬於派生證據，實務上將之當成文書證據，其調查方法以告讀、告以要旨為之。

> **最高法院 106 年度台上字第 1539 號刑事判決**
>
> 通訊監察之錄音，係利用科技產物而取得之證據資料，不同於供述證據，故其證據能力有無，並不適用傳聞法則，直言之，乃視其所憑監聽（錄）之「合法性」與否而作決定；如係合法監聽（錄），即不生欠缺證據能力問題。又依法執行通訊監察，取得其他案件之內容者，原則上，固不得作為證據，但於發現後 7 日內補行陳報法院，並經法院審查認可該案件與實施通訊監察之案件具有關連性或為第 5 條第 1 項所列各款之罪者，不在此限，通保法第 18 條之 1 第 1 項定有明文。此因通訊監察具有難以預測內容之特性使然，為調和理論和實際，爰為此設計。

最高法院 106 年度台上字第 464 號刑事判決

　　刑事訴訟法上所謂「證據排除法則」，一般係指違反法定程序取得之證據，應否排除其證據能力之判斷基準，而所謂「傳聞證據法則」，通常係指被告以外之人於審判外之陳述，有無證據能力之原則及例外規定。又於特定待證事實發生時，錄下被告或被告以外之人之聲音或影像，該錄音、錄影係「直接原貌重現」相關之待證事實，本質上非屬供述證據，其有無證據能力，不受傳聞證據法則之限制。且通訊監察之錄音、錄影，其所錄取之聲音或畫面係憑機械力拍錄，未經人為操控，警察機關對犯罪嫌疑人依法監聽電話所製作之通訊監察紀錄譯文，為該監聽電話錄音之「派生證據」。是項監聽譯文倘係公務員（警員）依法定程序而取得，被告或訴訟關係人就其真實性復無爭執（即不否認譯文所載為其對話內容），法院並依法踐行證據調查程序，向被告宣讀或告以要旨，自得採為認定判決之基礎，而有證據能力。

（二）監聽錄音帶所得的通監譯文

　　若為監聽錄音帶所得的監聽譯文屬於文書證據，實務認為於被告有爭執監聽譯文的真實性時，才要當庭勘驗錄音帶，如不爭執時，法院則因無職權調查的必要性而不須職權調查。

最高法院 108 年度台上字第 952 號刑事判決

　　司法警察依據監聽錄音結果予以翻譯而製作之監聽譯文，屬於文書證據之一種，於被告或訴訟關係人對其譯文之真實性發生爭執或有所懷疑時，法院固應依刑事訴訟法第 165 條之 1 第 2 項規定，以適當之設備，顯示該監聽錄音帶之聲音，以踐行調查證據之程序，俾確認該錄音聲音是否為通訊者本人及其內容與監聽譯文之記載是否相符；或傳喚該通訊者；或依其他法定程序，為證據調查。倘通訊者對該通訊監察譯文之真實性並不爭執，即無勘驗辨認其錄音聲音之調查必要性，法院於審

判期日如已踐行提示監聽譯文供當事人辨認或告以要旨，使其表示意見等程序並為辯論者，其所為之訴訟程序即無不合。

最高法院 108 年度台上字第 3981 號刑事判決

　　審判期日應調查之證據，係指與待證事實有重要關係，在客觀上顯有調查必要性之證據而言，故其範圍並非漫無限制，必其證據與判斷待證事實之有無，具有關聯性，得據以推翻原判決所確認之事實，而為不同之認定，始足當之。若僅係枝節性問題，或所欲證明之事項已臻明瞭，而當事人聲請調查之證據，僅在延滯訴訟，甚或就同一證據再度聲請調查，自均欠缺其調查之必要性。又偵查犯罪機關依通訊保障及監察法所實施之電話監聽，應認監聽所得之通訊內容，始屬調查犯罪所得之證據，其內容須藉由錄音設備予以保存，使其真實性足以供審判上檢驗，至於實務上依據監聽錄音結果翻譯而成之通訊監察譯文，以顯示該監聽錄音內容，為學理上所稱之派生證據，屬於文書證據之一種。惟僅於被告或訴訟關係人對其譯文之真實性發生爭執或有所懷疑時，法院始應依刑事訴訟法第 165 條之 1 第 2 項規定，勘驗該監聽之錄音內容踐行調查證據之程序，以確認該錄音聲音是否為本人，及其內容與通訊監察譯文之記載是否相符。

（三）影音證據調查之順序（請依證據禁止法則的第二種判斷流程（法理流程說）加以思考）

1. 關聯性、必要性、可能性之審查

(1) 影音證據的調查範圍必須與待證事實有關聯性。如不具備關聯性，即使當事人當庭提出調查證據的聲請，法院應依法駁回聲請（§163I、§163-2(2)）。

(2) 影音證據的調查必須與待證事實具有必要性。

(3) 影音證據的調查必須有可能性。

2. 法院於審判期日踐行調查程序

影音證據是否具有取得證據能力的消極要件（證據是否因違法取得或重大原因而禁止使用），如果禁止使用（已經確定不能取得證據能力了），後續則不必也不能再經由嚴格證明程序，變成有證據能力。

3. 審判期日踐行調查程序時，如何調查影音證據

應依照勘驗程序，當庭播放該影音證據，但如果符合直接審理原則的例外時，可以依證據替代品（例如勘驗筆錄）代替，以文書的證據調查方式，朗讀、告以要旨。

4. 取得證據能力後，判斷證明力。

七、附論 —— 指認

（一）概念

指認是指對於「現在的觀察」與「過去的觀察」，由證人依記憶中對犯人的記憶，對於現在出現在眼前的犯罪嫌疑人進行是否相同的比較。但證人的指認因為人的感官不完美且會受到主觀期待影響，有時甚至會自行填補記憶（很類似現在網路用語「腦補」），且人的外表會隨著時間改變，另外陳述也不並一定可以完整，故而發生感知、記憶、陳述的錯誤，而使指認的可靠性、正確性受影響[232]。又人類認知與記憶能力本相當有限，如果再加上警察訊問證人時故意對其記憶為不當之暗示或誘導、或跨種族辯識之難度（按：亞洲人看非洲人，都覺得長得一樣；非洲人看亞州人，也覺得都長得一樣）、或暴力犯罪被害人遇害承受高壓下認知與記憶之瑕疵、或報章捕風捉影報導等，對指認者記憶之干擾等因素，更會影響目擊證人日後指認之正確性[233]。

---

[232] 楊雲樺，偵查中之指認程序－評最高法院九四年台上字第四七八號、九五年台上字第一一七二號及九五年台上字第三二六號等三則判決，台灣法學雜誌，第 92 期，2007 年 3 月，頁 104-105。吳巡龍，審判外指認，台灣法學雜誌，第 135 期，2009 年 1 月，頁 209。

[233] 朱朝亮，指認之證據容許性，月旦法學教室，179 期，2017 年 9 月，頁 58。

（二）指認的依據

1. 實務

　　證人指證犯罪行為人，我國現行法律並未明文規定應以何種方式進行，目前實施刑事訴訟之警察、檢察官及法官進行此項程序，大都將犯罪嫌疑人或被告一人帶至證人面前，或向證人提示犯罪嫌疑人或被告一人口卡片或相片，令證人指證。實務認為此種方式，不能說是不合法，但學者認為因其具有被指證者即為犯罪行為人之強烈暗示性，證人常受影響，以致指證錯誤之情形屢屢發生，甚至造成無辜者常被誤判有罪，其真實性極有可疑 [234]。

2. 學說

　　指認為確認身分的行為，同時會侵害人的自由、人格權（例如命被指認人穿上特定衣物），故應符合法律保留原則，要有法源之根據。學者認為應可認為指認屬於 §205-2 的身體檢查處分中的「類似之行為」[235]，本書亦肯認之。

（三）偵查中的單一指認的合法性與證據能力

　　指認分成偵查中的指認與審判中的指認，而審判中的指認應該回到證人的法定調查程序，並無違反傳聞法則之問題，而透過交互詰問之調查程序，該供述證據之可信性和真實性已受嚴格檢驗，故審判中無禁止單一指認的必要 [236]。偵查中的單一指認是否有合法性以及是否有證據能力，說明如下。

1. 合法性

(1) 實務上認為不可僅是因為單一指認就認為違法

---

[234] 最高法院 94 年度台上字第 1197 號刑事判決、最高法院 101 年度台上字第 733 號刑事判決。

[235] 楊雲樺，偵查中得指認程序，台灣法學雜誌，第 92 期，2007 年 3 月，頁 119。

[236] 最高法院 99 年度台上字第 2651 號刑事判決。

　　有判決指出內政部警政署對於指認程序所訂頒之「警察機關指認犯罪嫌疑人注意事項」，雖規定採取「選擇式」列隊指認，而非一對一「是非式單一指認」；供選擇指認之數人在外形上不得有重大差異；實施照片指認，不得以單一相片提供指認並避免提供老舊照片指認[237]；指認前應由指認人先陳述嫌疑人特徵、不得對指認人進行誘導或暗示等程序，以提高指認之正確性。該注意事項的用意在提供辦案人員參考之資料，藉以防止被害人、檢舉人、目擊證人對於從未見過之犯罪嫌疑人，因警察機關誘導致誤為指認之情形。然而如證人之指認程序與該相關要領規範不盡相符時，也不能認為是違反法律位階之「法定程序」[238]。

(2) 學說

　　單一指認具有強烈的暗示性，而使證人不是依據記憶而指認，反而是因為現場的環境與壓力，加上心理學上的期待作用，而使得證人朝著警方想要的答案指認。而行政規則的位階雖與法律不同，但是行政程序法規定行政規則不可以拘束行政機關與行政人員[239]。但如果透過憲法的平等原則導出行政自我拘束原則下，行政機關與行政人員，仍應受到一定程度的拘束。

2. 證據能力

　　單一指認的證據能力，實務上有認為審判外的指認屬於傳聞證據，如與審判中指認不一致時，可依照 §159-2、§159-3 處理[240]。實務上另有認為應依照 §158-4 權衡判斷[241]，亦有學者[242]贊同之。然有學者提出

---

[237] 最高法院 107 年度台抗字第 467 號刑事裁定。

[238] 最高法院 108 年度台上字第 2560 號刑事判決。

[239] 楊雲樺，偵查中之指認程序 —— 評最高法院九四年台上字第四七八號、九五年台上字第一一七二號及九五年台上字第三二六號等三則判決，台灣法學雜誌，第 92 期，2007 年 3 月，頁 112。

[240] 最高法院 97 年度台上字第 4047 號刑事判決。

[241] 最高法院 108 年度台上字第 176 號刑事判決。

[242] 楊雲樺，偵查中之指認程序 —— 評最高法院九四年台上字第四七八號、九五年台上字第一一七二號及九五年台上字第三二六號等三則判決，台灣法學雜誌，第 92 期，2007 年 3 月，頁 112。

門山指認法則，認為指認後的證據是否排除應取決於指認的可信賴性，若有可信賴性時，則不排除證據[243]。本書認為門山指認法則其判斷上與§158-4之判斷標準並無太大的差別，都是綜合判斷下的證據排除認定。

最高法院 107 年度台抗字第 467 號刑事裁定

　　如證人於偵、審中已依人證之調查程序，陳述其出於親身經歷之見聞所為指認，並依法踐行詰問之程序後，綜合證人於案發時停留之時間及所處之環境，足資認定其確能對被告觀察明白，認知被告行為之內容，該事後依憑個人之知覺及記憶所為之指認客觀可信，並非出於不當之暗示，亦未違悖通常一般日常生活經驗之定則或論理法則，又非單以證人之指認為被告論罪之唯一依據時，即不得僅因證人之指認程序與相關要領規範未盡相符，遽認其指認無證據能力。至其指認可否採信，則屬證據證明力之問題，賴法院本於證據調查之心證為取捨。

陸、文書

一、文書的概念

　　文書是指一切具有可讀性之思想內容呈現的書面，文書作為證據稱為文書證據（書證），為物的證據方法。必須經由法定證據方法與法定調查程序為之方可為判斷的根據，始符合嚴格證明法則。但是如果文書的內容屬於審判外「陳述」，應藉由傳聞例外始可取得證據能力。

---

[243] 吳巡龍，審判外指認之證據能力與「門山指認法則」（MansonTest）兼評最高法院九十二年度台上第二九七八號判決，月旦法學雜誌，第 123 期，2005 年 8 月，頁 258-259。

> ### 最高法院 108 年度台上字第 3128 號刑事判決
>
> 　　卷附本案 A 女與乙女的「Line」對話紀錄內，關於證明 A 女與乙女有於該對話所示的時間傳遞訊息部分，係藉由電腦處理所留下的紀錄文書，性質應屬文書證據，並非被告以外之人於審判外之陳述，無傳聞法則之適用，且業經原審於審判期日依法為提示、調查，自應具有證據能力；至該紀錄有關 A 女與乙女間之對話、陳述內容部分，則屬供述證據，應有傳聞法則之適用，上訴人及其辯護人既已爭執此部分的證據能力，又查無有何傳聞例外的情事，此部分應屬 A 女與乙女間審判外之書面陳述，並無證據能力。

　　刑法之文書與刑訴之文書為不同的概念，例如詩詞字畫的內容本身因為無證明性，該詩詞字畫不是刑法上的文書。但如以該詩詞字畫冒充骨董，對他人詐欺，該詩詞字畫就是刑事訴訟法上的文書證據。刑法 §220 規定的準文書，亦即聲音、影像等，由於刑訴已經有影音證據的規定，故而刑訴所指稱的文書證據，是指附著於有形的物體上所製作的書面。影音證據本身並不是文書證據。

	刑法之文書	刑訴之文書（書證）
有體性（固著於有形的物體）	○	○
持續性（持續一定時間）	○	○
文字性（人類思想內容的展現）	○	○
證明性（具法律或社會意義的重要性）	○	無要求。因為文書只要證明犯罪事實即可。
名義性（展現出製作者為何人）	○	X（即使匿名信件，也可作為訴訟上文書證據）。
聲音、影像	包含於準文書。	不包含於文書證據。

二、文書之朗讀與直接審理原則

　　§165 規定「I 卷宗內之筆錄及其他文書可為證據者，審判長應向當

事人、代理人、辯護人或輔佐人宣讀或告以要旨。II前項文書，有關風化、公安或有毀損他人名譽之虞者，應交當事人、代理人、辯護人或輔佐人閱覽，不得宣讀；如被告不解其意義者，應告以要旨」。例如公文書的登載不實，法院於審判期日應朗讀該公文書的內容。又文書原則上必須朗讀全文，但文書過度冗長時，朗讀將過度費時，此時得告以要旨。另外，朗讀文書為文書證據方法之法定調查程序，原則上要合乎直接審理原則。

最高法院 108 年度台上字第 4115 號刑事判決

　　卷宗內之筆錄及其他文書可為證據者，審判長應向當事人、代理人、辯護人或輔佐人宣讀或告以要旨，刑事訴訟法第 165 條第 1 項定有明文。此為事實審法院於審判期日就文書證據所應踐行之調查方法及程式，旨在使被告澈底了解該等文書記載之內容及意涵，而為充分之辯論，以使法院形成正確之心證。

　　而文書分成，原始之文書證據與派生之文書證據，以下說明之。

（一）原始之文書證據

　　當文書本身就是證物的時候，即為原始的文書證據，須遵守直接審理原則，例如偽造的遺囑。此時該證據的法定證據方法是物證，也是文書證據，其合法調查程序，為當庭提示與朗讀內容、告以要旨，之後才能取得證據能力。但仍應注意取得禁止與使用禁止的問題。

（二）派生之文書證據

　　派生之文書證據是指由其他證據（例如自白、鑑定人意見、勘驗結果）衍生而來的文書證據（例如自白筆錄、鑑定書面、勘驗筆錄），屬於其他證據之替代品。原則上禁止只由朗讀方式作為法定調查程序，而必須使用原始的證據方法之法定調查程序，例如證人應在審判期日為交互詰問。倘若證人的陳述為原始的證據方法，記載證人陳述的偵訊筆錄則屬於

證人陳述而派生而來的證據替代品，為了要遵守直接審理原則，即使是朗讀了證人陳述的筆錄。也不會讓證人陳述筆錄變成具備證據能力。例如員警依據監聽錄音結果予以翻譯而製成之通訊監聽譯文，亦即依據監聽錄音結果翻譯而成之通訊監察譯文，以顯示該監聽錄音內容，為學理上所稱之派生的文書證據[244]，為了遵守直接審理原則，仍要將錄影帶，依照§165-1 當庭播放之方式加以調查。但實務認為只要雙方當事人對於監聽譯文沒有爭執時，即具有證據能力。

　　而派生的文書證據例外時允許以朗讀方式加以調查，也就是直接審理原則之例外。例如勘驗現場無法帶到審判庭上，即可將驗驗筆錄當成證據的替代品，以文書的證據的調查方式為之。

最高法院 107 年度台上字第 2483 號刑事判決

　　警察機關依規定實施監聽所製作之通訊監察譯文，乃監聽錄音內容之顯示，為學理上所稱之「派生證據」，屬於文書證據之一種，固應依規定記載製作之年月日及其所屬機關名稱，並由製作人簽名。惟若有漏載上述事項或製作人漏未簽名者，如不影響該譯文之同一性及真實性，被告或訴訟關係人對該監聽錄音譯文之真實性並不爭執，仍得作為證據。是法院於審判期日倘已踐行證據調查程序，提示通訊監察譯文供當事人辨認或告以要旨，使其表示意見等程序並為辯論者，所為之調查證據程序即無不合。

---

[244] 最高法院 108 年度台上字第 3981 號刑事判決、最高法院 109 年度台上字第 50 號刑事判決。

第五節　傳聞法則

壹、傳聞法則概說

一、傳聞法則的意義與立法目的

（一）意義

　　大陸法系與英美法系國家皆認同傳聞證據應排除。大陸法系採取職權進行主義，著重法院與證據的關係，亦即法院依據證人的態度形成正確心證為主要目的，而傳聞證據無法在法院直接調查與審理，違反直接審理原則與言詞審理原則；英美法系採取當事人進行主義，著重於當事人與證據的關係，亦即當事人針對證據具有反對詰問的機會為主要目的，如果未經反對詰問的證據就無從發現真實，而違反被告的反對詰問權[245]。故而傳聞法則主要的功能在於確保被告的詰問權。又傳聞證據因與直接審理原則、言詞審理原則互相違悖，故原則上傳聞證據應予以排除，然而若符合傳聞法則之例外時，該傳聞證據又例外不予以排除。

　　而傳聞法則與直接審理原則、言詞審理原則具有關聯性，此等原則相輔相成，只是直接審理原則是法院與證據之間的關係，法院直接審理原始證據，而傳聞法則主要是當事人與證據之間的關係，也就是當事人對於證據的疑問進行反對詰問。

> **最高法院 104 年度台上字第 3222 號刑事判決**
>
> 　　現行刑事訴訟法採行直接審理原則及言詞審理原則，並保障被告之反對詰問權，明定被告以外之人於審判外之言詞或書面陳述，除法律有規定者外，原則上不得作為證據；且就證人之調查方法採交互詰問制度，以期透過詰問程序之運作，辯明供述證據之真偽，使真實呈現。

---

[245] 林俊益，刑事訴訟法概要（上），2020 年 9 月，頁 462。

（二）排除傳聞證據的理由

1. 可信度（證據價值）之問題

　　刑事訴訟法的目的在於發現實體真實，故而應排除審判中具有虛偽可能的證據，避免對於事實的認定上產生重大偏離或錯誤。又因為人的陳述必須經由五官接受資訊與輸出資訊，但人的知覺、記憶、誠信因素，於陳述的過程中可能因為表達是否明確或誠信等因素而影響發現實體真實，故而由原始證人轉化而來的證據將會產生以下的危險。

(1) 知覺之危險

　　亦即人是否可以正確認識到事實，例如 A 有輕微的夜盲症，晚上會比較看不太清楚，將 B 誤認成 C，A 再轉告他人，C 是自己所見到的兇嫌。

(2) 記憶之危險

　　人的記憶不太可靠，尤其是針對平日毫不在乎的事情更不可靠，另外人的記憶亦可能受制於個人心理影響而自我竄改記憶而毫不知情。例如 17 歲的 A 被 B 強制性交後，內心受創傷，進而基於心理影響而安慰自己屬於合意性交，最後真的把後面自己竄改的記憶當真了，A 再將已經改變過的記憶記錄在日記中。

(3) 明確之危險

　　人心裡所想的可能會因為表達能力的強弱而有落差，例如 A 的阿公幫 A 洗澡，但 A 屬於中度智能障礙或小孩子，A 對媽媽說阿公有摸我的下面，我尿尿的地方好痛。但 A 卻無法明確表達阿公是在幫 A 洗澡。

(4) 誠信之危險

　　人有時不會本於自己所知而依照誠信忠實陳述，有時是考量人情、親情、炫耀心理或其他利害關係，而不會照實陳述，例如 A 為 B 的舅舅，A 見到 B 偷 C 的東西，但 A 卻跟別人說 B 有跟 C 先說過要借了且 C 也當場同意了。

(5) 審判者無法親見親聞審判外陳述者的言行。

2. 欠缺程序的擔保 —— 反對詰問權的保障

　　傳聞陳述與代替傳聞陳述的書面，因無法使原始陳述者具結，原始陳述者不會受到偽證罪的拘束，故而無法擔保陳述真實性，虛偽不實陳述的風險較高，故而傳聞者聽聞到的內容就很可能不是真實的情形。且若以該傳聞陳述與代替傳聞陳述的書面為證據，會使被告失去反對詰問權的保障，而無法釐清事實、辨認真假。

　　傳聞法則的立法理由認為傳聞法則目的在於保障當事人的反對詰問權，因傳聞為被告以外之人於審判外之陳述，因為具有上述之危險，縱使符合傳聞例外，也應以傳聞證據所呈現的法定證據方法，以該證據方法的法定調查程序進行調查，例如傳聞證人，也必須於審判期日中透過反對詰問的方式達成發現實體真實、程序保障的目的。

二、我國傳聞法則

（一）傳聞證據原則排除

　　§159I 規定「被告以外之人於審判外之言詞或書面陳述，除法律有規定者外，不得作為證據」。此外，依照 §159II，起訴審查制（非認定被告有無犯罪的實體審判程序，故自由證明即可）、簡式審判（§273-1 以下明文之規定不適用嚴格證明程序）、簡易判決處刑（§499I，基於迅速原則，對於明案、情輕且足認犯罪，本不須言詞審理）、強制處分的審查程序（例如羈押、搜索、鑑定留置、許可書之許可、證據保全，因為該程序特別重視急迫性與隱密性且非認定被告有無犯罪之實體審判程序）、協商程序（簡化調查程序，屬於 §455-1II 明定），皆不適用於傳聞法則，也就不需適用嚴格證明程序。

（二）要件

1. 被告以外之人

　　被告以外之人包含共同被告、共犯、被害人、告訴人。故而被告之陳

述不適用傳聞法則，例如被告的偵訊筆錄並非傳聞證據。但例如 A 在警局中說：「我跟 B 一起去偷東西」，A、B 為共同被告下，A 於警局的陳述屬於自白，而該陳述對 B 而言屬於被告以外之人於審判外的陳述，原則上不得成為對 B 的證據（除非符合傳聞例外）。

　　證人轉述被告於審判外的不利陳述，實務有認為本質上等同被告審判外之自白或不利於己之陳述，故而非傳聞證據[246]。另有實務認為證人轉述被告審判外不利陳述，不僅是被告於審判外之自白或不利陳述，也屬於被告以外之人的陳述[247]，屬於傳聞證據。

最高法院 107 年度台上字第 862 號刑事判決

　　「被告以外之人」以聞自被告在審判外所為不利其本人之陳述作為內容而為之轉述，本質上等同於被告審判外之自白或其他不利於己之陳述，除應受刑事訴訟法第 156 條第 1 項自白法則精神之規範外，因其亦屬傳聞供述，必以經被告之言詞或書面予以肯認，或給予被告充分詰問之適當機會，得以確保該陳述之真實性，始得為證據。證人所轉述之被告於審判外所為不利於己之陳述，其轉述之內容依刑事訴訟法第 156 條第 2 項規定，仍應調查其他必要之證據，以察其是否與事實相符，則屬證據證明力之範疇。

最高法院 101 年度台上字第 1642 號刑事判決

　　被告對其本人審判外所為不利於己之陳述，並無保障其反對詰問之問題，故被告於審判外所為不利於己之陳述，並無傳聞法則之適用，仍得為證據。證人以聞自被告在審判外所為不利其本人之陳述作為內容而

---

[246] 最高法院 101 年度台上字第 1642 號刑事判決。

[247] 最高法院 106 年度台上字第 3865 號刑事判決：「被告以外之人」以聞自「被告」在審判外所為不利其本人之陳述作為內容而為之轉述，本質上雖等同於「被告」審判外之自白或其他不利於己之陳述，惟此陳述亦屬傳聞供述，必經被告之言詞或書面予以肯認，或給予被告充分詰問之機會，以確保該陳述之真實性，始得為證據。

> 為之轉述，本質上等同於被告審判外之自白或其他不利於己之陳述，基
> 於同一法理，自無傳聞法則之適用，其得否為證據，應視其是否具備任
> 意性與真實性以為斷，依刑事訴訟法第 156 條第 2 項，仍應調查其他必
> 要之證據，以察其是否與事實相符。

2. 審判外

　　審判是指廣義的審判，亦即包含準備程序、審判期日與言詞辯論程
序，故而被告以外之人於準備程序中的陳述仍是審判中的陳述。

3. 針對待證事實陳述

　　法條上並無規定，但理論上必須針對待證事實而陳述。亦即陳述的事
實必須與待證事實有關才是傳聞。例如 A 宣稱目擊 B 殺人，並將 B 犯罪
的情形告訴 C，C 出庭作證時，將 A 的陳述於法庭上說出，如果待證事實
為 B 有無殺人，C 的供述為傳聞證據。但如果本案是在審理 B 的竊盜案，
則供述與竊盜無關，該供述非傳聞證據。

最高法院 93 年度台上字第 3360 號刑事判決

　　認定犯罪事實所憑之證據，並不以直接證據為限，間接證據亦包括
在內，審理事實之法院，綜合卷內之直接證據、間接證據，本於推理作
用，於通常一般人均不致有所懷疑，得確信其為真實之程度者，即非不
得據為被告有罪之認定。

　　按傳聞證據係指並非供述者本身親眼目睹之證據，在公判程序無法
經由具結、反對詰問與供述態度之觀察等程序加以確認、驗證，且大部
分經由口頭之方式由證人重覆聽聞而來，在性質上易於造成不正確傳達
之危險，原則上應予以排除適用。又傳聞法則須符合一、審判外陳述，
二、被告以外之人陳述，三、舉證之一方引述該陳述之目的係用以證明
該陳述所直接主張內容之真實性等三要件。

4. 言詞或書面之陳述

　　傳聞證據包含言詞陳述（口頭陳述）與書面陳述（替代陳述之書面、供述替代品）。即便屬於行為，但行為人有意以該行為代表一定的意思，也是陳述[248]，亦即透過一定的身體動作表達出內心的思想也是陳述，陳述方有傳聞的適用，行為則無。例如 A 警察問 B：你是不是有看到 C 打 D，B 僅點頭或以手指指照片。

　　又機械（如測速照相、監視器、通聯紀錄）及動物（如緝毒犬）的陳述非傳聞，因為陳述涉及人的知覺、記憶、誠信等問題，但機械、動物沒有該問題，因為機械、動物只是忠實呈現當時的事實，並無夾雜其他思想，不過前提必須是機器功能要是規律性地正常運作且動物必須是受過訓練[249]。

　　有疑問的是，如果機器設備或動物受到人為的操控時，例如警察拍攝現場照片、警察用攝影機錄起群眾鬥毆的畫面，此時是否仍非傳聞證據？

(1) 非傳聞證據說

　　所謂「傳聞證據法則」，通常係指被告以外之人於審判外之陳述，有無證據能力之原則及例外規定。又於特定待證事實發生時，錄下被告或被告以外之人之聲音或影像，該錄音、錄影係「直接原貌重現」相關之待證事實，本質上非屬供述證據，其有無證據能力，不受傳聞證據法則之限制[250]。

最高法院 103 年度台上字第 491 號刑事判決

　　何○○行為時有效之通訊保障及監察法第 3 條第 1 項規定「本法所稱通訊如下：一利用電信設備發送、儲存、傳輸或接收符號、文字、影像、聲音或其他信息之有線及無線電信。二郵件及書信。三言論及談

---

[248] 王兆鵬、張明偉、李榮耕，刑事訴訟法（下），2013 年 9 月，頁 245-246。
[249] 王兆鵬、張明偉、李榮耕，刑事訴訟法（下），2013 年 9 月，頁 246。
[250] 最高法院 106 年度台上字第 115 號刑事判決。

話。」是倘非利用電信設備發送、儲存、傳輸或接收之影像，自非該法所規範之對象，而無該法之適用。原判決就所引用之調查員跟監照片及光碟影像紀錄，已說明刑事訴訟法第 159 條第 1 項所謂「被告以外之人於審判外之言詞或書面陳述」，並不包含「非供述證據」在內。而照相機拍攝之照片，係依機器之功能，攝錄實物形貌而形成之圖像，非屬人類意思表達之言詞或書面陳述，當不在上述「被告以外之人於審判外之言詞或書面陳述」之範疇，其有無證據能力，自應與一般物證相同，視其取得證據之合法性及已否依法踐行證據之調查程序，以資認定。

(2) 傳聞證據說

　　學說認為如果人為操作下將會包含人的意思與想法，包括攝影的角度、場景的範圍、距離等都可能影響了紀錄的內容，此時已經與機器般單純且忠實記錄不同，故而真正所見所聞事實者為拍照或錄影之人，故拍得之照片或影片為傳聞證據[251]。例如 A 為犯罪嫌疑人 B 的好友，在 B 的犯罪現場中，A 拍攝影片的過程中故意漏未拍攝角落的血漬。又如 A 從窗外拍攝 B 為 C 口交的畫面，而 C 手裡拿著槍枝的黑影，但其實 B 只是在一旁的桌子按住右邊鼻孔而吸著白粉，C 正在吃手槍造型的巧克力，產生了巧妙的借位效果。在動物方面，例如某 90 多歲運毒的駝子，在緝毒犬的鼻子上塗上藥膏，使緝毒犬聞不出毒品的味道。

(3) 主觀意見介入區分說

　　有實務見解，區分由是否納入人類意思表達（主觀意見）之言詞或書面陳述而論其是否為傳聞證據。

---

[251] 李榮耕，傳聞證據之認定 —— 最高法院九十九年台上字第四〇八號刑事判決，月旦裁判時報，第 9 期，2011 年 6 月，頁 88 以下。

最高法院 107 年度台上字第 4725 號刑事判決

　　照相機拍攝之照片，係依機器之功能，攝錄實物形貌而形成之圖像，除其係以人之言詞或書面陳述為攝取內容，並以該內容為證據，或以照片作為供述之一部使用，或著重在利用照相之機械性記錄功能形成事物報告的過程，而具有與人之供述同一性質者，始應依供述證據定其證據能力。

　　若照片所呈現之圖像，並非屬人類意思表達之言詞或書面陳述，自不在刑事訴訟法第 159 條第 1 項規定「被告以外之人於審判外之言詞或書面陳述」之範圍內，其有無證據能力，與一般物證相同，端視其取得證據之合法性及已否依法踐行證據之調查程序，以資認定。

　　本件關於 A 女住處電話機通聯紀錄之翻拍照片，係拍攝留存於該電話機之通聯紀錄，所顯示之資料，未涉及人之主觀意見，不屬於人類意思表達之內容，性質上屬非供述證據之證物。原判決認無刑事訴訟法第 159 條第 1 項規定之適用，審酌與本案犯罪事實之認定有關聯，復無因違背法定程序所取得，有證據能力。

（三）是否屬傳聞證據之爭議

1. 監聽錄音內容（錄音帶、錄音紀錄）

　　非供述證據，不適用傳聞法則。必須對該原始證物以勘驗的方法為之。

最高法院 104 年度台上字第 1006 號刑事判決

　　通訊監察之錄音，係利用科技產物取得之證據，與供述證據性質不同，是否具備證據能力，端以證據取得是否合法為定，不適用傳聞排除法則。若取得證據之機械性能與操作技術無虞，錄音內容之同一性即無瑕疵可指；又翻譯者之聽覺及語言之理解若不成問題，譯文與錄音之同

一性，即無可非議。亦即通訊監聽（錄）本質上係搜索扣押之延伸，其取得證據之證據能力有無，厥以監聽（錄）之「合法性」作決定，如係合法監聽（錄）所取得，不生欠缺證據能力問題。此種監聽（錄）取得之證據，雖具有「審判外陳述」之外觀，但並不適用供述證據之傳聞排除法則。

2. 監聽譯文

監聽後所得之錄音內容（原始證據），會將其作成書面，亦即將錄得的對話內容打成逐字稿，即為監聽譯文（證據替代品、派生證據）。監聽譯文性質為何，有下列討論。

(1) 傳聞證據說

學說認為監聽譯文即使是逐字逐句的記錄，仍然可能會有知覺、記憶、誠信等危險存在，可藉由人為操縱，故而為傳聞證據[252]。如為傳聞證據下，欲採為證據，則必須符合傳聞例外，此時如對於監聽譯文的內容有爭執時，必須依照§165-1II勘驗監聽錄音帶[253]。

最高法院 100 年度台上字第 3798 號刑事判決

偵查犯罪機關依通訊保障及監察法所實施之電話監聽，應認監聽所得之錄音內容，始屬調查犯罪所得之證據，其所錄取之聲音，既係憑機械力錄得，未經人為操控，該錄音如已依刑事訴訟法第一百六十五條之一第二項規定踐行調查證據程序，固得採為認定犯罪事實之證據。然實務上，偵查犯罪機關對犯罪嫌疑人依據監聽錄音結果翻譯，以顯示該監聽錄音內容而製作之通訊監察譯文，為該監聽錄音之「派生證據」。因通訊監察譯文係被告以外之人之司法警察（官）監聽人員，於審判外將

---

[252] 李榮耕，通訊監察譯文的證據能力，月旦法學教室，第132期，2013年10月，頁36-38。

[253] 吳巡龍，監聽譯文有無證據能力，月旦法學教室，第81期，2009年7月，頁20-21。

監聽所得資料以現譯方式整理後予以記錄而得,則本質上屬於被告以外之人於審判外之書面陳述,為傳聞證據,依刑事訴訟法第 159 條第 1 項規定,除法律有規定者外,不得作為證據。故於被告或訴訟關係人對其譯文之真實性發生爭執或有所懷疑時,法院即應依刑事訴訟法第 165 條之 1 第 2 項規定,以適當之設備,顯示該監聽錄音帶之聲音,以踐行調查證據之程序,俾確認該錄音聲音是否為通訊者本人及其內容與監聽譯文之記載是否相符;或傳喚該通訊者;或依其他法定程序,為證據調查。在未辨明該監察譯文之真正前,自不能遽以該通訊監察譯文採為被告有利或不利之認定。且如欲採被告以外之人於審判外之書面陳述為證據時,必須符合法律所規定之例外情形,方得認其審判外之書面陳述有證據能力,並須於判決中說明其符合傳聞證據例外之情況及心證理由,否則即有違證據法則、判決不備理由之違誤。

(2) 文書證據說

　　偵查機關實施監聽類似於勘驗處分性質,屬於非供述證據的保全,無考量傳聞之必要。不過犯罪現場所作成的筆錄,如果偵查階段的監聽譯文等同於檢警的個人詮釋、供述之筆錄,此時該筆錄屬於傳聞證據 [254]。

最高法院 108 年度台上字第 3981 號刑事判決

　　審判期日應調查之證據,係指與待證事實有重要關係,在客觀上顯有調查必要性之證據而言,故其範圍並非漫無限制,必其證據與判斷待證事實之有無,具有關聯性,得據以推翻原判決所確認之事實,而為不同之認定,始足當之。若僅係枝節性問題,或所欲證明之事項已臻明瞭,而當事人聲請調查之證據,僅在延滯訴訟,甚或就同一證據再度

---

[254] 楊雲樺,檢察官依法勘驗製作勘驗筆錄與傳聞法則 —— 評最高法院 96 年度台上字第 7335 號判決、97 年度台上字第 2019 號判決、97 年度台上字第 5061 號判決、99 年度台上字第 4003 號判決,檢查新論,第 11 期,2012 年 1 月,頁 18-21。林裕順,監聽譯文,空口白話,月旦法學教室,第 135 期,2014 年 1 月,頁 32。

聲請調查，自均欠缺其調查之必要性。又偵查犯罪機關依通訊保障及監察法所實施之電話監聽，應認監聽所得之通訊內容，始屬調查犯罪所得之證據，其內容須藉由錄音設備予以保存，使其真實性足以供審判上檢驗，至於實務上依據監聽錄音結果翻譯而成之通訊監察譯文，以顯示該監聽錄音內容，為學理上所稱之派生證據，屬於文書證據之一種。惟僅於被告或訴訟關係人對其譯文之真實性發生爭執或有所懷疑時，法院始應依刑事訴訟法第 165 條之 1 第 2 項規定，勘驗該監聽之錄音內容踐行調查證據之程序，以確認該錄音聲音是否為本人，及其內容與通訊監察譯文之記載是否相符。

最高法院 107 年度台上字第 862 號刑事判決

　　警察機關依規定實施監聽所製作之通訊監察譯文，乃監聽錄音內容之顯示，為學理上所稱之「派生證據」，屬於文書證據之一種，固應依規定記載製作之年月日及其所屬機關名稱，並由製作人簽名。惟若有漏載上述事項或製作人漏未簽名者，如不影響該譯文之同一性及真實性，被告或訴訟關係人對該監聽錄音譯文之真實性並不爭執，仍得作為證據。是法院於審判期日倘已踐行證據調查程序，提示通訊監察譯文供當事人辨認或告以要旨，使其表示意見等程序並為辯論者，所為之調查證據程序即無不合。

3. 司法警察委託鑑定之鑑定書面

　　實務認為屬於傳聞證據，其非 §159I 所稱之「除法律有規定者」之例外而得為證據，但如符合 §159-5 的傳聞例外，可為證據。

最高法院 100 年度台上字第 1134 號刑事判決

　　司法警察官或司法警察因調查犯罪嫌疑之必要，雖非不得囑託為鑑定，然此之鑑定並非由法院、審判長、受命法官或檢察官之選任、囑託

而為，當無刑事訴訟法第 206 條之適用，自亦不該當同法第 159 條第 1 項所定得為證據之「法律有規定」之例外，而應受傳聞法則之規範。

故由司法警察官或司法警察委託鑑定所出具之鑑定書面，除符合檢察機關概括選任鑑定人之案件，或有刑事訴訟法第 159 條之 5 之適用外，概無證據能力，但參酌外國立法例（日本刑事訴訟法第 321 條第 4 項），尚非不得使該鑑定書面之製作者在審判庭受詰問或訊問，具結陳述該鑑定書面係據實製作，亦即賦予被告就證據適格有反對詰問之機會，再據以判明是否承認其證據能力，以補立法之不足。

最高法院 97 年度台上字第 1450 號刑事判決

刑事訴訟法關於鑑定之規定，依同法第 198 條、第 208 條第 1 項之規定，僅限於其鑑定人或鑑定機關、團體，係由法院、審判長、受命法官或檢察官所選任、囑託，並依同法第 206 條第 1 項之規定，提出記載「鑑定之經過及其結果」法定程式之書面報告者，該鑑定報告（書面）方屬同法第 159 條第 1 項所定得為證據之「法律有規定」之情形，而賦予其證據能力。司法警察官、司法警察因調查犯罪嫌疑之必要，固非不得囑託為鑑定，然此之鑑定並非由法院、審判長、受命法官或檢察官之選任、囑託而為，當無刑事訴訟法第 206 條第 1 項之適用，自亦不該當同法第 159 條第 1 項之除外規定，而應受傳聞法則之規範。此種鑑定書面，除符合同法第 159 條之 5 同意法則之規定外，應使其製作者以證人身分於審判中到庭陳述其製作報告之經過及真實，即以賦予被告反對詰問權之機會為要件，而承認其證據能力（至證據之證明力如何，係另一問題）。

四、傳聞法則之例外

（一）條文解析表

> ➤ 傳聞法則之原則：不得為證據
>
> ➤ 傳聞法則之例外（§159I 的「除法律有規定者外」）
>> ➤ 法官面前之陳述（§159-1I）
>> ➤ 檢察官面前之陳述（§159-1II）
>> ➤ 警詢與審判中陳述不一致（§159-2）
>> ➤ 警詢中陳述，但審判中客觀不能到場（§159-3）
>> ➤ 特信性文書（§159-4）
>> ➤ 同意為證據（§159-5）
>> ➤ 鑑定報告（§206）、性侵害防治法 §17[255]、犯罪組織條例 §12、兒童及少年性交易防制條例 §10

---

[255] 釋字第 789 號【性侵害犯罪被害人警詢陳述之證據能力案】

解釋爭點：性侵害犯罪防治法第十七條第一款有關被害人警詢陳述，得為證據之規定，是否違憲？

解釋文：中華民國九十四年二月五日修正公布之性侵害犯罪防治法第十七條第一款規定：「被害人於審判中有下列情形之一，其於檢察事務官、司法警察官或司法警察調查中所為之陳述，經證明具有可信之特別情況，且為證明犯罪事實之存否所必要者，得為證據：一、因性侵害致身心創傷無法陳述者。」旨在兼顧性侵害案件發現真實與有效保護性侵害犯罪被害人之正當目的，為訴訟上採為證據之例外與最後手段，其解釋、適用應從嚴為之。法院於訴訟上以之作為證據者，為避免被告訴訟上防禦權蒙受潛在不利益，基於憲法公平審判原則，應採取有效之訴訟上補償措施，以適當平衡被告無法詰問被害人之防禦權損失。包括在調查證據程序上，強化被告對其他證人之對質、詰問權；在證據評價上，法院尤不得以被害人之警詢陳述為被告有罪判決之唯一或主要證據，並應有其他確實之補強證據，以支持警詢陳述所涉犯罪事實之真實性。於此範圍內，系爭規定與憲法第八條正當法律程序及第十六條訴訟權之保障意旨均尚無違背。

（二）法官面前之陳述（§159-1I）

1. 條文規定與立法理由

　　§159-1I 規定「被告以外之人於審判外向法官所為之陳述，得為證據」。立法理由指出「被告以外之人（含共同被告、共犯、被害人、證人等）於法官面前所為之陳述（含書面及言詞），因其陳述係在法官面前為之，故不問係其他刑事案件之準備程序、審判期日或民事事件或其他訴訟程序之陳述，均係在任意陳述之信用性已受確定保障之情況下所為，因此該等陳述應得作為證據」。

2. 要件

(1) 被告以外之人

　　釋字第 582 號指出只要是被告以外之人本質上皆為證人。

(2) 於審判外在法官面前所為之陳述

　　審判外在法官面前所為之陳述是指本案的本次準備程序及審判期日以外，由法官主導的訴訟程序，陳述包含書面及言詞[256]。例如第一審的審判筆錄對於第二審審判程序來說即屬審判外。不過若是非於法官主導的訴訟程序即非屬之，例如法官在操場散步時，聽到路人的陳述。

　　本條的法官，原則上僅包含我國的各級法院法官（本案與他案之法官），含刑事、民事或其他訴訟程序之法官。不含外國法官。

3. 評論

　　立法者過度迷信法官的權威，以為在法官面前的陳述就具備任意性，而以陳述之信用性受保障為理由，例外可為證據，此立論並不精確。因為傳聞法則是要保障被告的反對詰問權，有任意性≠有反詰問權。況且不論其他案件的法官或本案的其他審判階段的法官，皆非本案本次審判程序的法官，使用其面前的陳述皆違反直接審理原則。

---

[256] 最高法院 108 年度台上字第 846 號刑事判決。

4. 現行實務

　　實務認為依本款例外可採的傳聞證據，仍然須要經過對質詰問，方屬合法調查，始可為證據。（按：有證據能力＋合法調查＝可為證據）。詳言之，被告以外之人（含證人、共同被告等）於審判外之陳述，依法律特別規定得作為證據者（§159I 參照），除客觀上不能受詰問者外，於審判中，仍應依法踐行詰問程序。而該項詰問權之行使，乃被告之自由，倘被告於審判中捨棄詰問權，即無不當剝奪其詰問權行使可言[257]。

> ### 最高法院 105 年度台上字第 3348 號刑事判決
>
> 　　刑事被告詰問證人之權利，係憲法所保障之基本人權及訴訟權基本內容之一，不容任意剝奪。不當剝奪被告詰問證人之機會，不僅妨害其訴訟防禦權之行使，亦有礙於真實之發現，自為法所不許。刑事訴訟法於第 166 條、第 171 條均規定當事人或辯護人有詰問證人之權利；於檢察官偵查中，第 248 條第 1 項亦規定訊問證人時，如被告在場者，被告得親自詰問之。同法第 159 條之 1 第 1 項、第 2 項所稱：「被告以外之人於審判外向法官所為之陳述，得為證據。」「被告以外之人於偵查中向檢察官所為之陳述，除顯有不可信之情況者外，得為證據。」固屬法律所規定之證據適格，而具證據能力。但為確保被告對證人之詰問權，證人於審判中，應依人證之法定程序，到場具結陳述，並接受被告之詰問，其陳述始得作為認定被告犯罪事實之判斷依據（司法院釋字第 582 號解釋理由書參照）。
>
> 　　故如法官於審判外或檢察官於偵查中訊問被告以外之人之程序，未予被告或其辯護人在場行使詰問權之機會，除被告於審判程序中明示捨棄詰問權之行使，或有刑事訴訟法第 159 條之 3 所列各款之情形以外，均應傳喚該陳述人到庭依法具結，使被告或其辯護人有行使反對詰問權

---

[257] 最高法院 110 年度台上字第 598 號刑事判決。

之機會。否則該證人審判外向法官所為陳述及偵查中向檢察官所為陳述，雖屬傳聞證據之例外，既未經合法調查，仍不得作為認定犯罪事實之判斷依據。

（三）檢察官面前之陳述（§159-1II）

1. 條文規定與立法理由

§159-1II 規定「被告以外之人於偵查中向檢察官所為之陳述，除顯有不可信之情況者外，得為證據」。立法理由指出，檢察官職司追訴犯罪，必須對於被告之犯罪事實負舉證之責。就審判程序之訴訟構造言，檢察官係屬與被告相對立之當事人一方（參照 §3），是故偵查中對被告以外之人所為之偵查筆錄，或被告以外之人向檢察官所提之書面陳述，性質上均屬傳聞證據，且常為認定被告有罪之證據，自理論上言，如未予被告反對詰問、適當辯解之機會，一律准其為證據，似與當事人進行主義之精神不無扞格之處，對被告之防禦權亦有所妨礙。然而現階段刑事訴訟法規定檢察官代表國家偵查犯罪、實施公訴，依法其有訊問被告、證人及鑑定人之權。而實務運作時，偵查中檢察官向被告以外之人所取得之陳述，原則上均能遵守法律規定，不致違法取供，其可信性極高，為兼顧理論與實務，於第 2 項明定「被告以外之人於偵查中向檢察官所為陳述，除顯有不可信之情況者外，得為證據」。

2. 要件

(1) 被告以外之人

同 §159-1I。

(2) 偵查中所為之陳述

偵查中是指本案起訴前之階段，並不包含起訴後的調查，因如果起訴後的調查程序中又使被告以外之人在檢察官面前陳述，即可能違反現行法所稱的改良式當事人進行主義之意旨，且將不當剝奪被告及辯護人之防禦權與辯護權。

(3) 檢察官

檢察機關隸屬我國「法務部」，不包含外國檢察官。

(4) 非顯有不可信之情況（此為實務上六大證據法則中信用性原則之實踐）

① 判斷標準

基於過往實務經驗的累積，認為檢察官代表國家偵查犯罪時，原則上當能遵守法定程序，故出以正面肯定方式，原則上皆得為證據，僅於顯有不可信之情況者，始例外否定其得為證據。至於有無不可信之情況，法院應依卷證資料，就該被告以外之人於陳述時之外在環境及情況（諸如：陳述時之心理狀況、有無受到外力干擾等），予以綜合觀察審酌，而為判斷之依據[258]。

② 「顯不可信」之舉證責任

實務認為檢察官於偵查程序取得之供述證據，其過程復尚能遵守法令之規定，是其訊問時之外部情況，積極上具有某程度之可信性，除消極上顯有不可信之情況者外，均得為證據。故主張其為不可信積極存在之一方，自應就此欠缺可信性外部保障之情形負舉證責任[259]。然本書認為，在被告抗辯有顯不可信後，由檢察官再對於具有可信性加以舉證，才可符合檢察官的實質舉證責任。被告如未主張並釋明顯有不可信之情況時，檢察官自無須再就無該例外情形為舉證，法院亦毋庸在判決中為無益之說明。換言之，法院僅在被告主張並釋明有「不可信之情況」時，始應就有無該例外情形，為證據調查[260]。

最高法院 106 年度台上字第 69 號刑事判決

刑事訴訟法規定檢察官代表國家偵查犯罪、實施公訴，依法有訊問被告、證人、鑑定人之權，且實務運作時，偵查中檢察官向被告以外之

---

[258] 最高法院 109 年度台上字第 1047 號刑事判決。
[259] 最高法院 101 年度台上字第 4296 號刑事判決。
[260] 最高法院 109 年度台上字第 732 號刑事判決。

人所取得之陳述，原則上均能遵守法律規定，不致違法取供，其可信性甚高，為兼顧理論與實務，而對被告以外之人於偵查中向檢察官所為之陳述，除顯有不可信之情況者外，得為證據。

3. 批評

　　將檢察官獨立規定亦有過度迷信檢察官權威的問題，不過文獻指出§159-1II 不是因為偵查主體是檢察官而具有可信性，而在於檢察官「偵訊程序的機制擔保」（即具結程序），如果檢察官非以證人身分訊問、未命具結，都是不符合信用性的保障[261]。

偵查中證人未具結之證詞與傳聞證據

一、前言

　　傳聞證據若要在審判中使用，必須經過具結（具結有偵查中與審判中之具結）與對質詰問，實務上一向皆以「第一種判斷流程（法條流程說）」為判斷。此時如果偵查中沒有具結，審判中如何處置？而若是偵查中沒有對質詰問，審判中又如何處置？討論如下。

二、偵查中證人沒有具結即為陳述，審判中如何處置

（一）條文規定

　　§158-3 規定「證人、鑑定人依法應具結而未具結者，其證言或鑑定意見，不得作為證據」、§186 規定「證人應命具結。但有下列情形之一者，不得令其具結：一、未滿十六歲者。二、因精神障礙，不解具結意義及效果者。證人有第一百八十一條之情形者，應告以得拒絕證言」、§188 規定「具結應於訊問前為之。但應否具結有疑義者，得命

---

[261] 吳燦，共同被告之陳述與供後具結，月旦法學教室，第 176 期，2017 年 6 月，頁 28。

於訊問後為之」。故而法官、檢察官應依照該規定命具結。另外司法警察並無該準用之規定，即§196-1規定「I司法警察官或司法警察因調查犯罪嫌疑人犯罪情形及蒐集證據之必要，得使用通知書通知證人到場詢問。II第七十一條之一第二項、第七十三條、第七十四條、第一百七十五條第二項第一款至第三款、第四項、第一百七十七條第一項、第三項、第一百七十九條至第一百八十二條、第一百八十四條、第一百八十五條及第一百九十二條之規定，於前項證人之通知及詢問準用之」。

（二）偵查中，檢察官是否應命證人具結

偵訊筆錄屬於審判外的傳聞陳述，是否需要具結？

1. 文義解釋（肯定說）

依照§158-3，偵查中未具結就絕對排除證據能力，反面來說偵查中應該要具結。此為過去實務所採[262]。

2. 形式二分法（肯定說）

依照§158-3證人未具結就無證據能力，但是該證人身分是指以「傳喚的身分」為標準，若形式上以證人身分傳喚應命具結，若形式上非以證人身分傳喚，即不用命具結，但若偵訊過程中，將其身分轉換為證人，則應命具結。

最高法院 101 年度台上字第 3611 號刑事判決

刑事訴訟法第 158 條之 3 規定：「證人、鑑定人依法應具結而未具結者，其證言或鑑定意見，不得作為證據。」所謂「依法應具結而未具結者」，係指檢察官或法官依刑事訴訟法第 175 條之規定，以證人身分傳喚被告以外之人（證人、告發人、告訴人、被害人、共犯或

---

[262] 最高法院 95 年度台上字第 5349 號刑事判決。

共同被告）到庭作證，或雖非以證人身分傳喚到庭，而於訊問調查過程中，轉換成證人身分為調查時，此時其等供述之身分為證人，則檢察官、法官自應依同法第 186 條有關具結之規定，命證人供前或供後具結，其陳述始符合第 158 條之 3 之規定，而有證據能力。若檢察官或法官非以證人身分而傳喚告訴人、被害人為無關犯罪事實之調查，或以共犯、共同被告身分傳喚到庭為訊問時（例如刑事訴訟法第 71 條、第 219 條之 6 第 2 項、第 236 條之 1 第 1 項、第 248 條之 1、第 271 條第 2 項、第 271 條之 1 第 1 項），其身分既非證人，即與「依法應具結」之要件不合，縱未命其具結，純屬檢察官或法官調查證據職權之適法行使，當無違法可言。

3. 學說[263]（否定說）

偵查中毋庸命其具結。

(1) 偵查中訊問證人之目的與性質在於證據，審判中證人的交互詰問之性質屬於法定證據方法的調查程序，審判中法官訊問證人且命具結之目的在於擔保陳述的真實性。故而兩者目的、性質皆不同。

(2) 具結為人證的調查程序，屬於嚴格證明法則下的法定調查程序，而偵查中並不適用嚴格證明法則，故而偵查中毋庸命證人具結。故而具結屬於法定調查程序一環，而非證據使用禁止之規定，法定證據調查是審判階段的工作，不是偵查階段的事物，故偵查階段毋庸命證人具結。

（三）而若偵查中檢察官未依照 §186 而命證人具結，於審判中如何處置

實務認為被告以外之人屬於證人，即使使被告以外之人於審判外的檢察官訊問中未具結而為陳述，仍可依照傳聞法則之例外而使之復活成為有證據能力。亦即過去實務認為不符合 §158-3 之欠缺具結就絕對無

---

[263] 陳運財，證人未經具結之檢訊筆錄之效力，月旦法學教室，第 49 期，2006 年 11 月，頁 20-21。林鈺雄，刑事訴訟法（上），2013 年 9 月，頁 597。

證據能力，而後來實務認為仍可透過傳聞例外而取得證據能力。現行實務區分共同被告與被害人、告訴人未經具結的陳述，如是共同正犯為證人時，為具結之陳述雖依照§158-3無證據能力，但仍可類推適用§159-2、§159-3例外取得證據能力。如果是被害人、告訴人為證人時，未具結之陳述，又區分為檢察官是否蓄意未予以具結，如果是檢察官蓄意未予以具結，依照§158-3無證據能力。如果是檢察官非蓄意未予以具結，雖然依照§158-3無證據能力，但可類推適用§159-2、§159-3例外取得證據能力。

被告以外之人，為證人（§186），檢察官必須具結（158-3）

➡ 已經具結之陳述（筆錄）➡ §158-3證據能力未排除 ➡ §159-1II
➡ 未經具結之陳述（筆錄）

　➡ 共同被告（最高法院102年度第13次刑事庭會議（一））

　　§158-3無證據能力，但可類推適用§159-2、§159-3

　　（司法警察都直接規定§159-2、§159-3了，檢察官訊問的信用性遠高於警詢，故而舉重明輕下，類推適用§159-3、159-3）

　➡ 被害人、告訴人（最高法院103年度台上字第1256號刑事判決）

　　➡ 蓄意規避§186 ➡ §158-3

　　➡ 非蓄意規避§186 ➡（最高法院102年度第13次刑事庭會議（一））

　　§158-3無證據能力，但可類推適用§159-2、§159-3

最高法院102年度第13次刑事庭會議（一）

　　院長提議：被告以外之人於偵查中經檢察官非以證人身分傳喚，其未經具結所為之陳述，證據能力如何？

　　決議：

　　採丁說，文字修正如下：

　　參酌刑事訴訟法第 159 條、第 159 條之 1 之立法理由，無論共同被告、共犯、被害人、證人等，均屬被告以外之人，並無區分。本此前提，凡與待證事實有重要關係之事項，如欲以被告以外之人本於親身實際體驗之事實所為之陳述，作為被告論罪之依據時，本質上均屬於證人。

　　而被告之對質詰問權，係憲法所保障之基本人權及基本訴訟權，被告以外之人於審判中，已依法定程序，到場具結陳述，並接受被告之詰問者，因其信用性已獲得保障，即得作為認定被告犯罪事實之判斷依據。

　　然被告以外之人於檢察事務官、司法警察官、司法警察調查中（以下簡稱警詢等）或檢察官偵查中所為之陳述，或因被告未在場，或雖在場而未能行使反對詰問，無從擔保其陳述之信用性，即不能與審判中之陳述同視。惟若貫徹僅審判中之陳述始得作為證據，有事實上之困難，且實務上為求發現真實及本於訴訟資料越豐富越有助於事實認定之需要，該審判外之陳述，往往攸關證明犯罪存否之重要關鍵，如一概否定其證據能力，亦非所宜。

　　而檢驗該陳述之真實性，除反對詰問外，如有足以取代審判中經反對詰問之信用性保障者，亦容許其得為證據，即可彌補前揭不足，於是乃有傳聞法則例外之規定。

　　偵查中，檢察官通常能遵守法律程序規範，無不正取供之虞，且接受偵訊之該被告以外之人，已依法具結，以擔保其係據實陳述，如有偽證，應負刑事責任，有足以擔保筆錄製作過程可信之外在環境與條件，乃於刑事訴訟法第 159 條之 1 第 2 項規定「被告以外之人於偵查中向檢察官所為之陳述，除顯有不可信之情況者外，得為證據。」另在警詢等所為之陳述，則以「具有較可信之特別情況」（第 159 條之 2 之相對可信性）或「經證明具有可信之特別情況」（第 159 條之 3 之絕對可信性），且為證明犯罪事實存否所「必要」者，得為證據。

係以具有「特信性」與「必要性」，已足以取代審判中經反對詰問之信用性保障，而例外賦予證據能力。

至於被告以外之人於偵查中未經具結所為之陳述，因欠缺「具結」，難認檢察官已恪遵法律程序規範，而與刑事訴訟法第 159 條之 1 第 2 項之規定有間。細繹之，被告以外之人於偵查中，經檢察官非以證人身分傳喚，於取證時，除在法律上有不得令其具結之情形者外，亦應依人證之程序命其具結，方得作為證據，此於本院 93 年台上字第 6578 號判例已就「被害人」部分，為原則性闡釋；惟是類被害人、共同被告、共同正犯等被告以外之人，在偵查中未經具結之陳述，依通常情形，其信用性仍遠高於在警詢等所為之陳述，衡諸其等於警詢等所為之陳述，均無須具結，卻於具有「特信性」、「必要性」時，即得為證據，則若謂該偵查中未經具結之陳述，一概無證據能力，無異反而不如警詢等之陳述，顯然失衡。因此，被告以外之人於偵查中未經具結所為之陳述，如與警詢等陳述同具有「特信性」、「必要性」時，依「舉輕以明重」原則，本於刑事訴訟法第 159 條之 2、第 159 條之 3 之同一法理，例外認為有證據能力，以彌補法律規定之不足，俾應實務需要，方符立法本旨。本院 93 年台上字第 6578 號判例，應予補充。

最高法院 103 年度台上字第 1256 號刑事判決

被害人乃被告以外之人，本質上屬於證人，其於偵查中陳述被害經過，除依刑事訴訟法第 186 條第 1 項但書有不得令其具結之情形，自應依人證之法定程序具結陳述，始符合本條項規定之傳聞例外。至於偵查中非以證人身分、未經具結之被告以外之人之陳述，為應實務需要，固得類推適用刑事訴訟法第 159 條之 2、第 159 條之 3，於具有相對或絕對可信性之情況保障，及使用證據之必要性二要件，例外賦予其證據能力（本院 102 年度第 13 次刑事庭會議決議）。

惟衡諸偵查實務，即令檢察官係以被害人（或告訴人）身分傳喚，當亦無不能逕以證人身分訊問，使為具結陳述之困難，此與檢察官以被告身分訊問具共犯關係之被告，存有客觀上不能命具結之情形（本院 102 年度台上字第 3990 號判決參照），尚屬有別。

從而，檢察官於偵查中，倘蓄意規避踐行刑事訴訟法第 186 條第 1 項前段所定之具結義務，對於被害人不以證人之身分訊問，使其具結陳述，此項違法取得之供述資料，自不具證據能力，應予以排除（本院 93 年台上字第 6578 號判例參照）；必也檢察官對被害人未依人證之法定程序命其具結之情形，係經證明非蓄意規避上開具結義務者，始有類推適用刑事訴訟法第 159 條之 2、第 159 條之 3，或適用同法第 159 條之 5 等規定之餘地，以落實檢察官對於人證應依法具結取證之法制。

三、偵查中僅給證人具結，沒有反詰問，審判中如何處置

前一個問題是討論未經「具結」（按：簡單理解發誓後說話）的證言，審判中可否依照傳聞例外二次復活為有證據能力之問題。而在此是要討論已經經過具結，但是卻沒有進行「反詰問」下，有無證據能力。亦即是否要在偵查中具結＋反對詰問＝有證據能力？

偵查中	審判中（合法調查程序）
僅具結，無反對詰問（§248）	給予補行反對詰問權之機會
➡ 有證據能力（因符合 158-3）	即屬經合法調查
只是未經完足調查之證據	

（一）釋字第 582 號解釋

釋字第 582 號指出「憲法第十六條保障人民之訴訟權，就刑事被告而言，包含其在訴訟上應享有充分之防禦權。刑事被告詰問證人之權

利，即屬該等權利之一，且屬憲法第八條第一項規定『非由法院依法定程序不得審問處罰』之正當法律程序所保障之權利。為確保被告對證人之詰問權，證人於審判中，應依法定程序，到場具結陳述，並接受被告之詰問，其陳述始得作為認定被告犯罪事實之判斷依據。刑事審判上之共同被告，係為訴訟經濟等原因，由檢察官或自訴人合併或追加起訴，或由法院合併審判所形成，其間各別被告及犯罪事實仍獨立存在。故共同被告對其他共同被告之案件而言，為被告以外之第三人，本質上屬於證人，自不能因案件合併關係而影響其他共同被告原享有之上開憲法上權利」。

（二）實務見解

　　實務認為偵查中未經詰問的證言，不是違法取得證據（因為已經依照 §158-3 具結了，得為證據），只是一個未經合法調查，所以要在審判中補行詰問（§155II），即成為完足調查之證據。

　　亦即無行反詰問權 ≠ 無證據能力，證人於偵查中之證述，固屬未經反詰問之傳聞證據，惟未經被告行使詰問權之被告以外之人於偵查中向檢察官所為之陳述，應屬未經完足調查之證據，非謂無證據能力[264]。

　　不過應注意的是，即便是偵查中有行反詰問權，審判中仍要再行反詰問權，因為審判中才是證據調查的核心。

最高法院 108 年度台上字第 681 號刑事判決

　　對證人之詰問權，原則上屬於法律規定為有證據能力之傳聞證據，於例外顯有不可信之情況，始否定其得為證據。亦即，得為證據之被告以外之人於偵查中向檢察官所為之陳述，因其陳述未經被告詰問，應認屬於未經合法調查之證據，但非為無證據能力，此項詰問權之欠缺，非不得於審判中由被告行使以資補正，而完足為經合法調查

---

[264] 最高法院 109 年度台上字第 1098 號刑事判決。

之證據。惟倘被告於審判中捨棄對質、詰問權，自無不當剝奪被告對質、詰問權行使之可言。

最高法院 109 年度台上字第 1602 號刑事判決

　　原判決並未採取○○○之警詢筆錄作為判斷之依據，而○○○偵查中之證言，既別無顯不可信之情況，且上訴人及其辯護人於原審並未主張該證人於接受檢察官訊問時，有遭受員警重大壓制意思自由而延續至偵查中之情形，按之刑事訴訟法第 159 條之 1 第 2 項規定，本有證據能力，嗣○○○於第一審到庭接受當事人及辯護人交互詰問，復經原審踐行法定調查程序，已完足調查，原判決採認其偵、審中之證詞作為論罪依據，並無不合。

供後具結是證人陳述或被告陳述與傳聞法則之例外的關係

　　§188 條規定「具結應於訊問前為之。但應否具結有疑義者，得命於訊問後為之」，但書規定「應否具結有疑義者」是指 §186I 但書「但有下列情形之一者，不得令其具結：一、未滿十六歲者。二、因精神障礙，不解具結意義及效果者」之情況有無並不明確，因而不能供前具結[265]，此時方可供後具結。

　　關於概括訊問筆錄與供後具結之討論。舉例而言，A 開車載 B，被警察 C 攔下，A、B 打 C。檢察官傳喚 A、B，僅 B 到庭，檢察官對 B 告知 §95 之權利，B 否認有打 C，且說：「C 是 A 打的」。檢察官問：「所說的話實在？」B 說：「實在」，後命 B 供後具結。後來 A、B 被起訴妨害公務罪，A 被訴的案件中，B 上述於偵查中的供述有無證據能力？

---

[265] 最高法院 105 年度台上字第 141 號刑事判決。

　　實務見解認為有共犯關係的共同被告（共犯被告）在同一訴訟程序中，兼具被告及互為證人的身分，不過被告之緘默權（不自證己罪的範圍）與證人的據實陳述義務，兩者不相容，但是被告的緘默權與證人的拒絕證言權，都是不自證己罪的範圍，可以並存，一旦賦予被告、證人選擇權，非他人所得主張。如果檢察官分別用被告、證人身分訊問，各自踐行§95（被告）、§186（證人）之告知義務，使共犯被告知道自己是用什麼身分應訊，而不會讓自己身分混淆，則此訊問方式並非違法[266]。雖然偵查中檢察官用被告身分訊問共犯被告，無命具結之問題。但是被告的陳述是關於另一共犯犯罪時，就其他共犯來說是證人，此時檢察官認為有調查另一共犯犯罪及蒐證的必要時，應將共犯改列為證人訊問，且要告知拒絕證言的相關程序，而使其具結陳述，這樣才會符合§159-1II的傳聞例外規定[267]。

　　設若檢察官係於訊問共犯被告（訊問前告知§95相關權利）之後，卻命該共犯被告「供後具結」，此不符合以證人身分所為之具結，與具結之規定不符，並不生具結之效力，其所為的陳述，在程序法上無證據能力[268]。

　　如果只是包裹式訊問，並沒有區分的意義可言，無法說先前以被告身分所為的陳述已經轉化成證人筆錄的供述內容[269]。傳聞法則與對質

---

[266] 吳燦，共同被告之陳述與供後具結，月旦法學教室，第176期，2017年6月，頁30。
[267] 最高法院105年度台上字第141號刑事判決：具有共犯關係之共同被告（下稱共犯被告）在本質上雖兼具被告與證人雙重身分，但偵查中檢察官如係以被告身分訊問共犯被告，當共犯被告陳述之內容，涉及另一共犯犯罪時，此際檢察官為調查另一共犯犯罪情形及蒐集證據之必要，即應將該共犯被告改列為證人訊問，並應踐行告知拒絕證言之相關程序權，使其具結陳述，其該部分之陳述始符合刑事訴訟法第159條之1第2項所定得為證據之傳聞例外。
[268] 吳燦，共同被告之陳述與供後具結，月旦法學教室，第176期，2017年6月，頁30。
[269] 最高法院108年度台上字第566號刑事判決：檢察官係以被告身分訊問謝○○，卻僅告知其得拒絕證言，即以包裹式地訊問以「講的跟剛剛那些都一樣嗎，是不是」，就據以製作證人筆錄，完全未以證人身分命具結而為實質訊問，依最高法院105年度台上字第141號判決意旨，應無證據能力，原判決猶採該證言為證，洵有違背刑事訴訟法第186條第1項、第188條規定之違法。

詰問法則屬於不同類型的排除法則，§159-1II 是指檢察官以證人身分訊問而證人已經具結所為的陳述，但如以被告身分訊問後，逕命供後具結，不僅「與 §188 但書的事由不符，且更致未能踐行對證人之告知拒絕證言權的程序」，其所為的陳述，跟 §159-1II 的規定不符。不過應可以類推適用 §159-2、§159-3 的規定，具有相對或絕對可信性與使用證據必要性下，例外給予證據能力，或依照 §159-5 定其證據能力有無[270]。

　　簡言之，供後具結，若不是包裹式訊問，檢察官如要取證，必須先將被告的身分轉換成證人，再重新問問題（訊問），此時方有 §159-1II 之適用，因為 §159-1II 不是因為偵查主體是檢察官而具有可信性，而在於檢察官「偵訊程序的機制擔保」（即具結程序）。如果檢察官非以證人身分訊問、未命具結，都是不符合信用性的保障。但若供後的具結不合法（包裹式訊問）時，可先類推 §159-2、§159-3，而有證據能力（最高法院 102 年第 13 次刑事庭會議決議參照）。

　　應注意的是上述的狀況與「檢察官用證人身分訊問，證人依法應具結而未具結，所得的證言要絕對排除」的情況不同。

（四）警詢（偵查輔助機關）與審判中陳述不一致（§159-2）

　　本條主要是翻供的情形，亦即偵查中有陳述，審判中亦有陳述，只是陳述不一致，希望以偵查中的陳述為證據，此時必須符合相對可信性，學說亦同此說法[271]。適用本條之前提為先前於警詢陳述須出於任意性[272]。

---

[270] 吳燦，共同被告之陳述與供後具結，月旦法學教室，第 176 期，2017 年 6 月，頁 30。

[271] 蘇凱平，「顯有不可信」或「較可信之特別情況」？論刑事訴訟法第 159 條之 2 的基礎法理與運用 —— 評最高法院 106 年度台上字第 3123 號刑事判決，月旦裁判時報，第 84 期，2019 年 6 月，頁 51。

[272] 最高法院 94 年度台上字第 7283 號刑事判決。

1. 條文規定與立法理由

　　§159-2 規定「被告以外之人於檢察事務官、司法警察官或司法警察調查中所為之陳述，與審判中不符時，其先前之陳述具有較可信之特別情況，且為證明犯罪事實存否所必要者，得為證據」。其立法理由指出，被告以外之人於審判中所為陳述與其在檢察事務官、司法警察（官）調查中所為陳述有所不符時，如其在檢察事務官、司法警察（官）調查中所為陳述較審判中之陳述更具有可信之特別情況，且為證明犯罪事實之存否所必要者，可否採為證據，現行法並無明文，為發見真實起見，參考日本刑事訴訟法 §321I(2)、(3) 之立法例，規定前述可信性及必要性兩種要件兼備之被告以外之人於檢察事務官、司法警察（官）調查中所為陳述，得採為證據。

2. 要件

(1) 被告以外之人於審判中陳述

　　因必須符合被告以外之人於審判中陳述，故而被告以外之人必須被傳喚到庭接受交互詰問[273]。

(2) 審判中（法官前）陳述與偵查中（偵查輔助機關前）陳述不一致

　　與審判中不符＝陳述不一致，所謂「與審判中不符」，係指該陳述涉及主要待證事實部分，自身前後之供述有所不符，導致應為相異之認定，此並包括先前之陳述詳盡，於後簡略，甚至改稱忘記、不知道或拒絕陳述等實質內容已有不符者在內[274]。

---

[273] 最高法院 105 年度台上字第 379 號刑事判決：刑事訴訟基於直接審理、言詞審理，及被告不自證己罪原則，當事人倘認證人所見所聞為證明被告犯罪事實存在所必要，依刑事訴訟法第 161 條第 1 項規定，自應由檢察官聲請法院傳喚證人到庭進行交互詰問，以調查之；如證人到庭後於審判中所為之陳述，與先前於檢察事務官、司法警察官或司法警察調查中所為之陳述不符時，而其先前於審判外之陳述，又合於上開第 159 條之 2 規定要件，始例外承認得作為證據。是檢察官如怠於聲請傳喚證人到庭為調查，致法院無從審酌以形成不利於被告之確信心證，此項不利益即應歸諸於應負舉證責任之檢察官，被告並不因此負有澄清義務，自亦無提出反證之必要。本件檢察官未依法聲請傳喚○○○到庭進行調查，依上說明，自無刑事訴訟法第 159 條之 2 關於傳聞法則例外規定之適用。

[274] 最高法院 107 年度台上字第 4442 號刑事判決。

本條訊（詢）問主體限於偵查輔助機關，但是如果是與偵查中檢察官訊問時的陳述不一致，學說上認為不須要將本條訊（詢）問主體限於偵查輔助機關，若有該陳述不一致的情形，應該包含檢察官為本條訊（詢）問主體[275]。

(3) 先前陳述較有可信性之特別情況（此為實務上六大證據法則中信用性原則之實踐）

司法院頒布之法院辦理刑事訴訟案件應行注意事項第 90 點後段規定「所稱『具有可信之特別情況』係屬於證據能力之要件，法院應比較其前後陳述時之外在環境及情況，以判斷何者較為可信，例如：陳述時有無其他訴訟關係人在場，陳述時之心理狀況、有無受到強暴、脅迫、詐欺、利誘等外力之干擾。又法院在調查被告以外之人先前不一致陳述是否具有特別可信情況時，亦應注意保障被告詰問之權利，並予被告陳述意見之機會，倘採用先前不一致陳述為判決基礎時，並須將其理由載明，以昭公信」。總的來說，不得僅以偵查中與審判中之陳述相互比較而逕認為先前的陳述較具可信性。

所謂「具有較可信之特別情況」乃指相對之可信，亦即被告以外之人先前陳述之背景具有特別情況，與審判中陳述之情況「相較」之下較為可信者而言（按：相對可信性、或稱相當可信性[276]）。立法政策上並未列舉或例示明文有較可信之特別情況的類型，其內涵完全委之法院就個案主客觀的外部情況，依事物之一般性、通常性與邏輯之合理性為審酌判斷[277]。且較有可信之特別情況的程度，只要自由證明已足。

[275] 陳運財，共同被告於檢察官偵查訊問時所為之陳述之證據能力，台灣法學雜誌，第 153 期，2010 年 6 月，頁 221-222。王兆鵬、張明偉、李榮耕，刑事訴訟法（下），2012 年 9 月，頁 250。
[276] 最高法院 109 年度台抗字第 462 號刑事裁定。
[277] 最高法院 107 年度台上字第 4442 號刑事判決。

> ### 最高法院 108 年度台上字第 3389 號刑事判決
>
> 　　刑事訴訟法第 159 條之 2 所稱「具有較可信之特別情況」，乃指相對之可信，亦即被告以外之人於審判中之陳述，與審判外不符，其審判外先前陳述之背景具有特別情況，比較審判中陳述之情況為可信者而言。由於本條被告以外之人業於審判中到庭接受詰問，其審判外之陳述已受檢驗覈實，因此，所謂「具有較可信之特別情況」，以自由證明為已足。又引為爭執、彈劾被告以外之人在審判中所為陳述證明力之審判外陳述，當與其審判中之陳述不符，該等審判外先前之陳述，如符合於刑事訴訟法第 159 條之 2 所定「可信性」及「必要性」例外要件，自得為證據。

　　此外，案重初供原則，已經為陳舊概念[278]，但非指所有初供都不具可信之特別情況[279]，故而仍須取決於個案主客觀判斷。

(4) 證明犯罪事實存否所必要

　　所稱「為證明犯罪事實存否所必要者」，是指該審判外之陳述，係證明待證之犯罪事實存在或不存在所不可或缺[280]。換句話說，係指就具體個案案情及相關卷證為判斷，為了發現實質真實目的，認為除該項審判外陳述之外，已無從再就同一供述者，取得與其上開審判外陳述之相同供述內容，倘有其他證據，亦無從達到同一目的之情形而言[281]。

（五）警詢中陳述，但審判中客觀不能到場（§159-3）

　　本條規範偵查中有陳述，但是審判中不能到庭陳述的狀況，而與§159-2 不同。適用本條之前提在於先前警詢陳述須出於任意性[282]。

---

[278] 最高法院 109 年度台抗字第 39 號刑事裁定。
[279] 最高法院 108 年度台上字第 397 號刑事判決：具有特別可信性及必要性，而具有證據能力之理由，並非僅以案重初供為採認之唯一理由。
[280] 最高法院 108 年度台上字第 4303 號刑事判決。
[281] 最高法院 109 年度台上字第 762 號刑事判決。
[282] 最高法院 108 年度台上字第 3061 號刑事判決。

1. 條文規定與立法理由

§159-3 規定「被告以外之人於審判中有下列情形之一，其於檢察事務官、司法警察官或司法警察調查中所為之陳述，經證明具有可信之特別情況，且為證明犯罪事實之存否所必要者，得為證據：一、死亡者。二、身心障礙致記憶喪失或無法陳述者。三、滯留國外或所在不明而無法傳喚或傳喚不到者。四、到庭後無正當理由拒絕陳述者」。

立法理由指出，被告以外之人於檢察事務官、司法警察（官）調查中之陳述（含言詞陳述及書面陳述），性質上屬傳聞證據，且一般而言，其等多未作具結，所為之供述，得否引為證據，一直以來皆有爭議。惟依§228II，法院組織法 §66-3I(2) 之規定，檢察事務官有調查犯罪及蒐集證據與詢問告訴人、告發人、被告、證人或鑑定人之權限；§229～§231-1亦規定司法警察官、司法警察具有調查犯罪嫌疑人犯罪情形及蒐集證據等職權，若其等所作之筆錄毫無例外地全無證據能力，當非所宜。再者，如被告以外之人於檢察事務官、司法警察（官）調查中之陳述，係在可信之特別情況下所為，且為證明犯罪事實之存否所必要，而於審判程序中，發生事實上無從為直接審理之原因時，仍不承認該陳述之證據適格，即有違背實體真實發見之訴訟目的。為補救採納傳聞法則，實務上所可能發生蒐證困難之問題，參考日本刑事訴訟法 §321I(3) 之立法例，增訂本條，於本條所列各款情形下，承認該等審判外之陳述，得採為證據。

2. 要件

(1) 被告以外之人於審判中有死亡、身心障礙致記憶喪失或無法陳述、滯留國外或所在不明而無法傳喚或傳喚不到、到庭後無正當理由拒絕陳述。

滯留國外是指透過一切法定程序或可能的手段，仍不能使居住於國外的原始證人到庭陳述。所在不明是指非因國家機關的疏失，於透過一定法定程序或使用通常可能的方式為調查，仍不能判明其所在[283]。若只是單

---

[283] 吳燦，被告以外之人檢訊筆錄之證據能力 —— 最高法院 102 年第 13 次刑事庭會議決議（一）解析，中華法學，第 17 期，2017 年 11 月，頁 149。

純傳喚不到，則無本款適用，理由在於若有適用則等同於剝奪被告的詰問權，妨礙訴訟防禦權，把國家機關之疏漏歸咎於被告。

(2) 偵查輔助機關調查中所為之陳述，經證明具有可信之特別情況，且為證明犯罪事實之存否所必要者在此之可信之特別情狀，因為審判中客觀上無法到庭，故而無偵查中與審判中的前後陳述之比較問題。故稱為絕對可信性，倘若無客觀外在的干擾，即無受到強暴、脅迫等不正方法詢問，陳述時之外部客觀情況有信用保證者[284]，而與§159-2的相對可信性不同。

　　是否符合特信性要件應如何判斷？以性侵案件為例，實務認為即應經過適當之調查程序，依被害人警詢陳述作成時之時空環境與相關因素綜合判斷，除足資證明該警詢陳述非出於強暴、脅迫、誘導、詐欺、疲勞訊問或其他不當外力干擾外，並應於避免受性別刻板印象影響之前提下，個案斟酌詢問者有無經專業訓練、有無採行陪同制、被害人陳述時點及其與案發時點之間距、陳述之神情態度及情緒反應、表達之方式及內容之詳盡程度等情況，足以證明縱未經對質詰問，該陳述亦具有信用性獲得確定保障之特別情況而言，且檢察官對此應負舉證責任，指出證明之方法；另基於憲法保障刑事被告訴訟上防禦權之意旨，上開警詢陳述應經全程連續錄音或錄影，被告於此等證據能力有無之調查程序中，亦得對被害人警詢陳述之詢問者、筆錄製作者或與此相關之證人、鑑定人等行使詰問權，並得於勘驗警詢錄音、錄影時表示意見，以爭執、辯明被害人警詢陳述是否存在特別可信之情況[285]。

(3) 未能供述或不能供述之情形持續到審判中調查證據之際[286]，且不論無法持續之原因為何，即使有以外力故意造成時，仍屬之[287]。

---

[284] 最高法院 106 年度台上字第 1213 號刑事判決。
[285] 最高法院 111 年度台上字第 3367 號刑事判決。
[286] 最高法院 109 年度台上字第 1059 號刑事判決、最高法院 109 年度台上字第 1705 號刑事判決。
[287] 林俊益，刑事訴訟法概要（上），2020 年 9 月，頁 491。

3. 民國 112 年憲判字第 12 號判決

　　民國 112 年憲判字第 12 號判決對於 §159-3 ①、③ 規定進行合憲性審查。認為本條係刑事訴訟上為追求發現真實而將未到庭證人之法庭外陳述採為證據，致減損被告防禦權之例外規定。憲法法庭表示，法院於適用本條規定時，除應從嚴審認法定要件外，並應確保被告於訴訟程序上獲得相當之防禦權補償，使被告於訴訟程序整體而言，仍享有充分防禦權之保障。並且未經被告當庭對質、詰問之未到庭證人於檢察事務官、司法警察官或司法警察調查中所為之陳述，不得為法院論斷被告有罪之唯一或主要證據，才能使發現真實之重大公益與被告於刑事訴訟程序受法院公平審判權利之保障間獲致平衡。

　　於此範圍內，上開規定尚不牴觸憲法 §8 正當法律程序原則與 §16 訴訟權保障之意旨。

傳聞再傳聞是否可類推 §159-3

　　【口耳相傳案】A 目擊（A 為原始證人）B 摸 X 胸部，就將該情況（B 摸 X 胸部）告訴 C（C 為傳聞證人），之後 C 杳無音訊。B 的強制猥褻案件中，可否以 C 之陳述為證據？

　　【臨終陳述案】A 被殺，奄奄一息之際以手指指向 B 的照片，向 C 說：「是他殺我的」，然後就斷氣了，此時可否以 C 的陳述為證據？

　　傳聞再傳聞與 §159-3 不同的地方在於，§159-3 討論的是 A 為目擊證人（原始證人），A 有在偵查機關前之陳述。但此處要討論的是 A 為目擊證人（原始證人），跟 C（傳聞證人）說之後，C 於偵查機關前陳述之問題。也就是被告以外之人（A）於審判外的陳述（向 C 陳述），又被告以外之人（C）於審判外的陳述（向偵查機關陳述），但後來 A 杳無音訊或死亡，即為在此要討論的情形。

　　實務上認為可依據 §159-3 之相同法理，證明有可信性與必要性下例外賦予證據能力，也可經由 §159-5 之當事人同意而有證據能力。例

如甲、乙的車禍案件中，檢察官於審判期日聲請傳喚目擊證人丙到庭作證，丙到庭具結後證稱：「我本人實際上沒有看到車禍發生經過，是在我檳榔攤工作的檳榔西施丁跟我說是甲超速又闖紅燈才撞傷乙，丁後來有新工作，目前不知去向，我找不到她，所以我自己來作證」等語，丙不是目擊證人，只是聽到原始證人丁的陳述而於審判中到庭轉述，丁為傳聞證人，其供述有無證據能力，最後應適用 §159-3 之相同法理。

最高法院 104 年度台上字第 2126 號刑事判決

　　被告以外之人所為之供述證據，究為傳聞或非傳聞，應求之待證事實與該一供述者之知覺間之關係如何為定，供述者所為知覺體驗之內容，以之為待證事實者，自非傳聞，若供述者僅係轉傳述與待證事實有直接知覺之人之見聞者，則為傳聞，是以同一供述證據之組合，可能涵括傳聞與非傳聞，應分別情形定其證據能力之有無。其中屬於傳聞供述者，因所述非其本人親自體驗經歷之事實，法院縱令於審判期日對該傳聞證人訊問，或由被告對其詰問，仍無從擔保其陳述內容之真實性。

　　是審理事實之法院於調查證據，遇有傳聞供述之情形，即應究明原始證人是否存在，俾憑傳喚其到庭作證，使命具結陳述，並接受被告之詰問；因發見真實之必要，並得依刑事訴訟法第 184 條第 2 項之規定，命原始證人與傳聞證人為對質，其之調查證據始稱完備。倘若原始證人確有其人，但客觀上已不能受詰問，亦即有類如刑事訴訟法第 159 條之 3 各款所列供述不能或傳喚不能或不為供述之情形者，則此傳聞供述，本諸刑事訴訟法第 159 條之 3 相同法理，於經證明具有可信之特別情況，且為證明犯罪事實之存否所必要者，宜解為例外賦予其證據能力，以補立法規範之不足。

最高法院 102 年度台上字第 4971 號刑事判決

　　犯罪事實應憑有證據能力之證據認定之，證人以聞自原始證人在審判外之陳述作為內容而在審判中以言詞或書面陳述，純屬傳聞之證言或書面，其既未親自聞見或經歷其所陳述之事實，法院縱令於審判中對其訊問，或由被告對其詰問，亦無從擔保其陳述內容之真實性，且因原始證人未親自到庭依人證之規定作證並接受詰問，以確認該傳聞陳述之真偽，殊有違直接審理原則，從而證人在審判中之傳聞證言或傳聞書面，除有例外情形（即原始證人已死亡、因故長期喪失記憶能力、滯留國外或所在不明等因素，致客觀上不能到庭陳述並接受詰問，而到庭之「傳聞證人」已依人證程序具結陳述並接受詰問，且該「傳聞證言」或「傳聞書面」具備特別可信性及必要性之嚴格條件，或經當事人同意，法院復認具備適當性之要件時，法律就此雖未規定，惟基於真實之發現，以維護司法正義，本諸刑事訴訟法第 159 條之 3、第 159 條之 5 立法時所憑藉之相同法理，例外得作為證據）外，原則上應不具證據能力，不得以之作為認定犯罪事實之依據。

美國法上傳聞再傳聞的例外可採情形 [288]

　　學說上有認為相較於英美法的傳聞法則具有 28 項例外，我國之規定顯有不足。美國法上為傳聞例外的情形，有下列狀況。

一、「同時陳述、不假思索之陳述」

　　具有立即性（事件發生與陳述沒有過很久）、描述性（描述或解釋陳述人所知覺之情事）、知覺性（陳述人必須親自知悉、知覺，而非輾轉聞悉他人之事）。例如：

---

[288] 王兆鵬、張明偉、李榮耕，刑事訴訟法（下），2012 年 9 月，頁 263-273。欲了解更深入內容與論述，請參考原著。

（一）當場印象（Present Sense Impression）（自然之發言[289]）

B目睹別人犯行而向A陳述，而法院傳喚A作證，A轉述B當時的陳述，認為B之當時陳述有如記者在報導正在目睹的事件，故而B的記憶不會出現瑕疵，有高度可信性。

（二）興奮或驚嚇之陳述（Excited Utterances）

B目睹小丑潘尼懷斯（Penny Wise）把小孩子拉到下水道裡吃掉，B嚇到閃尿且狂奔後撞到A，進而向A說：「靠北……邊走！小丑吃人啦！在紅綠燈下的那個下水道，三小……叮噹！好可怕」。而法院傳喚A作證（B可能是被小丑吃了而找不到人，就傳喚A了）。

此說法認為相當興奮或驚嚇之下以致於陳述前無法反應與思考且仍在興奮或驚嚇狀態下陳述關於自己興奮或驚嚇之事，此時通常不會說謊。但亦有認為過度驚嚇或興奮反而會使人減損知覺與記憶。

二、臨終陳述（Dying Declaration）

陳述人死亡的案件中才有適用，該理論基礎為「人之將死，其言也善」，必須傳聞證人之後真的死亡，且陳述當時必須自己認為有立即死亡的危險，且陳述的內容必須與死亡的原因有關，例如革命家的會長B要拿炸彈以自爆方式自殺而在死前說：「我向百手觀音發誓，王老先生的那塊地，是三天前A建商賄賂他而送的」，則與死亡的原因不符。但也有批評此時精神狀態不佳，將會減損知覺、陳述與記憶，人類的惡意陷害也可能影響該陳述的真實性。

我國學者認為臨終陳述並不是一個具有特別可信性的傳聞例外，而是刑事政策上基於高度必要性所創設的傳聞例外，故而在法律適用上具有諸多限制，是否採取此理論，涉及刑事法的價值判斷，相較於美國具有相當的判例法累積，我國於判決中引用臨終陳述，並不恰當[290]。

---

[289] 吳燦，被告以外之人檢訊筆錄之證據能力——最高法院102年第13次刑事庭會議決議（一）解析，中華法學，第17期，2017年11月，頁150。

[290] 金孟華，關於「臨終陳述」的適用問題／最高法院101台上5727裁定，台灣法學雜誌，第283期，2015年11月，頁205。

三、經記錄之記憶（Recorded Recollection）

因為證人無法記得當時案發時情況，但待證事實發生時或發生後，曾經記錄（例如書面紀錄、錄音紀錄）待證事實者可以為證據。不過必須是親見親聞（第一手知識）、記錄時間必須密接於事件發生後（若隔日記錄則不算，但美國聯邦法以是否有先新鮮記憶為標準），且不可以是經回復的記憶，即提示文書、相片紀錄使證人想起某事，因為此時會與一般證人陳述其記憶無異。

例如假設 A 看到警察在毆打違規路邊停車的 B，A 於事後馬上拿著手機錄音陳述：「現在是 2020 年 X 月 XX 日，就在剛剛有一群警察對著手無寸鐵的人施暴」。

四、共謀者陳述（Coconspirator Statements）

有認為非傳聞，亦有認為是傳聞例外，理論基礎為代理人理論，共謀者間的合夥團體中有一人代理全體而陳述。共謀者陳述的前提是必須要有共謀關係，且該陳述必須於共謀進行中作成，而且陳述者必須為達到共謀目的而陳述。

拒絕證言與 §159-2、§159-3(4) 的關聯

一、傳聞法則之例外與身分拒絕證言權（§180）

在 C 的性侵案件中，警察 A 曾經詢問 B，B 說：「我的公公 C 在浴室性侵我的兒子 D」。案件起訴後，法官審理 C 的強制性交案件時傳喚 B 到庭，B 到庭後以 §180 主張具有身分關係（二等姻親）而拒絕證言，此時可否依據傳聞例外將警詢中的陳述採為證據？

（一）實務[291]

實務認為，§159-3(4) 規定「無正當理由」拒絕陳述，但 §180 之

---

[291] 臺灣高等法院暨所屬法院 92 年法律座談會行事類提案第 24 號、臺灣高等法院花蓮分院 104 年度原侵上訴字第 5 號刑事判決、臺灣高雄地方法院 106 年度易字第 114 號刑事判決。

身分拒絕權為「有正當理由」，故而推論出[292]不可依據§159-3(4)採為證據。實務表示這樣的推論並不妥，進而認為，§159-3(4)是例示性規定而非限制性規定，故被告以外之人拒絕證言或沉默均有§159-3(4)之適用。此外美國聯邦證據法§804A(1)、(2)更將有正當理由拒絕證言與無正當理由拒絕證言並列為傳聞之例外。綜上，§159-3(4)應是對「有正當理由拒絕證言」（依照§180拒絕證言）之情形漏未審酌，而不是有意排除，自應類推§159-3(4)得為證據。

臺灣高等法院高雄分院97年度上訴字第1016號刑事判決

　　被告以外之人於審判外之陳述，原則上不得作為證據，其主要理由為直接審理原則之要求及被告反對詰問權之保障。然為實現刑事訴訟發現真實之目的，於證人無法於審判中到庭證述之情形，法院已窮其能事而未能取得該證人審判中之陳述，法律乃退而求其次，於該陳述具備可信之特別情況且為證明犯罪事實之存否所必要，例外規定其得為證據。刑事訴訟法第159條之3各款例外得為證據之情事，立法目的亦在於此。證人到庭後如無正當理由拒絕證言，法院依刑事訴訟法第193條第1項裁定罰鍰後，如其仍拒絕證言，法院仍無從強制其證言；如有正當理由拒絕證言，法院更不得強迫其證言，兩者就法院已窮其能事而未能取得證人於審判中之陳述而言，性質上並無不同。刑事訴訟法第159條之3第4款雖係規定到庭後「無正當理由」拒絕陳述之情形，然就得否作為證據而言，到庭後拒絕證言之有無正當理由並無區別之理論依據或實際必要，故以上開刑事訴訟法第159條之3第4款明定到庭後「無正當理由」拒絕陳述，而反面解釋排除有正當理由拒絕陳述，尚非妥適。

---

[292] 不可將「有正當理由」套入§159-3(4)的法條中「無正當理由」。

　　民國 92 年 2 月 6 日增訂本條之立法理由並未論及第 4 款何以僅限於無正當理由之拒絕陳述。本條係參酌日本刑事訴訟法第 321 條第 1 項第 3 款而為增訂，日本刑事訴訟法此款規定「由於供述人死亡、精神或身體的障礙、或所在不明或現在國外而不能在審判準備或審判期日供述者」，依其實務見解，此款所列情形係例示性規定而非限制性規定，故被告以外之人拒絕證言或沉默均有該款之適用，並無分別拒絕證言有無正當理由。此外，美國聯邦證據法第 804 條 (A) 項第 (1) 款、第 (2) 款更將有正當理由拒絕證言與無正當理由拒絕證言並列為傳聞之例外。

　　綜上觀之，本法第 159 條之 3 第 4 款應是對有正當理由拒絕證言之情形漏未審酌，而非有意排除。依此情形，證人僅於審判中拒絕證言，並未為相反或不符之陳述，其先前於警訊中之陳述如合於刑事訴訟法第 159 條之 3 所規定具有可信之特別情況且為證明犯罪事實之存否所必要時，自應類推適用該條第 4 款之規定，認得作為證據（臺灣高等法院暨所屬法院 92 年法律座談會研討結論參照）。

　　證人○○○於 96 年 5 月 30 日、96 年 6 月 30 日警詢分別證稱：門號 0000000000 號行動電話係被告所持用，且被告有販賣海洛因情事等語，嗣於原審則僅拒絕證言，並未為相反或不符之陳述，而證人○○○於警詢中接受詢問之最後一項問題，回答其警詢中之陳述係屬實在；參以證人○○○係被告之親孫，其於原審係在被告之面前，要其當庭指證被告是否販賣第一級毒品海洛因，依此外部情況，顯有受不當外力干擾及內在壓力之可能性，是堪認證人○○○於警詢中之陳述具有特別可信之情況。此外，證人○○○上開警詢中之陳述，就本件案情之判斷，為發現實質真實目的，除該項審判外之陳述外，已無從再就同一供述者，取得與其上開審判外陳述之相同供述內容，倘以其他證據代替，亦無從達到同一目的，乃證明被告犯罪事實之存否所不可欠缺，顯具有必要性，是依上開說明，自應類推適用刑事訴訟法第 159 條之 3 第 4 款之規定，認得作為證據。

（二）本書見解

　　§180 之行使拒絕證言權就是「有正當理由的拒絕陳述」，不應該將 §180 之行使拒絕證言權等於「無正當理由的拒絕陳述」，亦即既然法律已經賦予證人該權利，證人就是有正當理由拒絕證言，故不符合 §159-3(4) 的無正當理由之情形。其次，§159-2 的情形是指偵查中有陳述，審判中亦有陳述。倘若審判中表明身分關係而拒絕證言之陳述，並非 §159-2 所謂的「陳述」，不可因證據認定便利性而剝奪人民拒絕證言的權利，使人民有拒絕證言權形同無拒絕證言權。依照現行刑事訴訟法之規定的解決之道，僅能透過 §159-5 因同意而有證據能力。

二、傳聞法則之例外與恐自己入罪之拒絕證言權（§181）

　　A、B 一起強盜且強制性交 C 後，A 杳無音訊，B 則被捕，B 跟警察說：「A 強盜且強制性交 C」。B 於檢察官面前也為相同證詞。而後警察逮捕 A，在 A 案子的審判中，法官傳喚 B 跟 A 對質詰問，B 可否依據 §181 而拒絕證言，B 在警詢的陳述可否在 A 的案子中依照 §159-2 採為證據，討論如下。

（一）多數實務 [293]

　　「審判中有正當理由拒絕證言（§181）」＝「審判中與先前陳述不一致」，故而可依照 §159-2 採為證據。

最高法院 107 年度台上字第 2346 號刑事判決

　　被告以外之人於檢察事務官、司法警察官或司法警察調查中所為之陳述，與審判中不符時，其先前之陳述具有較可信之特別情況，且為證明犯罪事實存否所必要者，得為證據，刑事訴訟法第 159 條之 2 定有明文。所謂與審判中不符，指該陳述之主要待證事實部分，自身

---

[293] 最高法院 106 年度台上字第 3548 號刑事判決、最高法院 107 年度台上字第 703 號刑事判決、最高法院 107 年度台上字第 4442 號刑事判決、最高法院 107 年度台上字第 4478 號刑事判決。

前後之陳述有所矛盾不符，導致應為相左之認定，此並包括先前之陳述詳盡，於後簡略，甚至改稱忘記、不知道或有正當理由而拒絕陳述（如經許可之拒絕證言）等實質內容已有不符者在內。所謂「具有較可信之特別情況」，係指檢察事務官及司法警察（官）之調查筆錄是否具有證據適格，在形式上是否可能信為真實，而足以作為證據而言。法院自應就該陳述之外部附隨環境、狀況或條件等相關事項予以觀察，綜合判斷陳述人於陳述時之外在、客觀條件是否均獲確保，而具有較可信為真實之基礎。

（二）另有實務

實務認為證人於審判中經依法許可拒絕證言，屬於到庭後有正當理由拒絕陳述，應認證人於審判外之陳述與審判中不符，符合 §159-2。如果證人拒絕證言的主張被法院駁回，證人即有陳述之義務，如仍不為陳述，即屬到庭後無正當理由拒絕陳述。故證人於檢察事務官、司法警察官或司法警察調查中所為之陳述，符合 §159-3(4)。

最高法院 100 年度台上字第 4862 號刑事判決

刑事訴訟法第 180 條所定一定身分關係之拒絕證言權，祇須證人於作證時，釋明其與訴訟當事人（被告或自訴人）具有此等關係，即得概括拒絕證言，不問其證言內容是否涉及任何私密性，或有無致該當事人受刑事訴追或處罰之虞。同法第 180 條免於自陷入罪之拒絕證言權，則必先有具體問題之訊問或詰問，始有證人如陳述證言，是否因揭露犯行自陷於罪，使自己或與其有前述一定身分關係之人受刑事訴追或處罰之危險，從而證人必須接受訊問或詰問後，針對所問之個別問題，逐一分別為主張，不得泛以陳述可能致其或一定身分關係之人受刑事訴追或處罰為由，概括行使拒絕證言權，拒絕回答一切問題。證人拒絕證言之許可或駁回，依同法第 183 條第 2 項規定，由審判長、受命法官或檢察官決定。證人於審判中經依法許可拒絕證言，

乃到庭後有正當理由拒絕陳述，應認證人於審判外之陳述與審判中不符，倘其拒絕證言經駁回者，即有陳述之義務，如仍不為陳述，即屬到庭後無正當理由拒絕陳述，是以證人於檢察事務官、司法警察官或司法警察調查中所為之陳述，得否為證據，應分別依刑事訴訟法第159 條之 2、第 159 條之 3（第 4 款）定之。

（三）學說[294] —— 無效之反詰問

　　學說以保障反對詰問權的觀點，認為如果拒絕證言就會產生無效反詰問的狀況。§181-1 規定「被告以外之人於反詰問時，就主詰問所陳述有關被告本人之事項，不得拒絕證言」，若違反該規定則有 §193 之罰鍰。但證人關心的不是拒絕陳述而被處罰鍰，證人關心的是自己詰問的證詞（自己入罪的陳述之證詞）是否會因此使自己入罪。故而證人拒絕證言時會產生無效反詰問的情形，學說主張此時不得行使拒絕證言權。

　　學說指出無效反詰問，有下列情形：

1. 證人依法拒絕證言：證人在主詰問時侃侃而談，但反詰問時卻行使拒絕證言權（尤其是在 §181 要個別主張的情狀，而非如 §180 概括主張，§181 即有可能於個別主張時而有無效反詰問）。

2. 證人非法拒絕證言：證人無法定拒絕證言權，但悍然不為陳述，認為自己就是有錢不怕被罰，而使反詰問人無法進行反詰問。

3. 證人在主詰問結束後，反詰問開始前，因為死亡、身體或心理疾病，而使反詰問人無法反詰問。

　　無效反詰問時，會使反詰問的功能喪失，若被告不能進行有效的反詰問，等於剝奪被告在憲法上的詰問權，原則上應排除證人於詰問時的證詞。理由在於如果在主詰問時侃侃而談，但反詰問時卻閉口不談，或死亡而無法進行，將會讓被告陷於挨打卻不能還手的情形，對被告極為

---

[294] 王兆鵬、張明偉、李榮耕，刑事訴訟法（下），2012 年 9 月，頁 286-289。

不公平，且以發現真實的角度下，證人的憑信性與陳述的真實性未受檢驗，難保真實。

　　如果是部分無效，部分排除，主詰問的證詞中，一部分已經接受反詰問的檢驗，其他部分出現無效的反詰問時，對於已經檢驗的主詰問證詞，得不排除，仍有證據能力，但尚未檢驗的部分法官應排除。而若反對詰問的目的已經顯著完成後，才出現無效反詰問的情形，法官得裁示不排除，仍具有證據能力[285]。

　　如果審判中證人有陳述且與偵查中陳述一致的話，可採納審判中的證詞即可，即不用討論傳聞法則的例外，但如果證人仍一直不陳述就無法進行反詰問，從而排除審判中詰問的證詞。最後仍應回歸傳聞法則，警詢中陳述依照 §159-3(4)、檢訊中陳述依照 §159-1II 處理[296]。

最高法院 98 年度台上字第 2668 號刑事判決

　　倘被告以外之人於檢察官訊問時，已以證人身分為不利於被告之陳述，而檢察官未予被告在場，致被告未能及時行使反對詰問權，檢察官起訴又援引該不利於被告之陳述，作為證明被告犯罪事實之證據，被告或期辯護人乃於審判中聲請傳喚該被告以外之人到庭，俾對該被告以外之人於偵查中向檢察官所為之陳述，行使反對詰問權。該不利於被告之陳述既係證明待證事實之積極證據，性質上與有關被告本人之事項之陳述無異，而被告或其辯護人於審判中行使反對詰問權，實係補足對該被告以外之人於檢察官訊問時所為陳述之反對詰問權，前後程序難以完全分割，雖分別於偵查、審判中行之，仍應視為係同一詰問程序之續行，而有上開刑事訴訟法第 181 條之 1 規定之適用，即該被告以外之人不得於審判中拒絕證言，以免不當剝奪被告之反對詰問權，並有礙於發見真實。

---

[295] 王兆鵬，無效的反詰問，月旦法學教室，第 4 期，2003 年 2 月，頁 52。
[296] 林俊益，無效反詰問法理之援用 —— 你敢說不利我的話，竟不讓我反詰問，公平嗎？月旦法學教室，第 139 期，2014 年 5 月，頁 32。

最高法院 107 年度台上字第 8 號刑事判決

　　基於追求社會之最高利益，刑事訴訟法另有規定特定業務、身分或利害關係之人，得拒絕證言（例如，刑事訴訟法第 179 條、第 180 條、第 181 條、第 182 條），以保護證人權利，兼及當事人之訴訟利益。惟拒絕證言權利並非不可拋棄，倘經法官告知得拒絕證言之權利後，證人猶決意為證述，並於主詰問陳述有利或不利於被告本人之事項，輪到另一造當事人行反詰問時，刑事訴訟法第 181 條之 1 特別規定證人此時不得拒絕證言，以免造成無效之反詰問。蓋反詰問之作用乃在彈劾證人之信用性，並削減或推翻其於主詰問所為證言之證明力，及引出主詰問時未揭露或被隱瞞之另一部分事實，而達發現真實之目的。倘證人在主詰問陳述完畢後，於反詰問時猶得拒絕陳述，使其信用性及陳述之真實性均未受檢驗，則要以反詰問達到上開效用，顯有困難，即有害於真實之發現。故於審理期日調查證據行主詰問時，證人作證陳述有利或不利於被告本人之事項，於反詰問中不論是合法或非法拒絕證言，使另一造當事人不能為有效之反詰問，則主詰問之證詞即應予排除，而不能採為判斷事實之證據資料，以免不當剝奪另一造當事人之反對詰問權，並有礙於發現真實。本件證人林某於原審由辯護人行主詰問中，其陳稱本件交通事故發生時肇事車輛內有其與乙、陳某共 3 人，乙乘坐於右後座等語，惟就檢察官行反詰問時詢問車輛內 3 人乘坐之相關位置之問題，卻表示「這個問題我不要回答」，再經檢察官詢問：「你之前不想回答的那些問題，是你擔心自己惹上麻煩，或怕說出真相？」，亦表示「我不要回答這個問題」，甚至於法官補充詢問「陳某說車子是他開的，你有什麼意見？」、「他（陳某）說你坐在駕駛座後面有何意見？」，也均答以「我不要回答」等語，不僅使檢察官無法針對其於主詰問陳述有利於乙之事項，進行有效之反詰問，亦拒絕釋明其拒絕證言之原因。揆諸上開說明，林某於主詰問陳述有利被告本人之事項，因未經檢察官有效反詰問，即不得採為判斷事實之證據資料。

（六）特信性文書（§159-4）

1. 條文規定與立法理由

　　§159-4 規定「除前三條之情形外，下列文書亦得為證據：一、除顯有不可信之情況外，公務員職務上製作之紀錄文書、證明文書。二、除顯有不可信之情況外，從事業務之人於業務上或通常業務過程所須製作之紀錄文書、證明文書。三、除前二款之情形外，其他於可信之特別情況下所製作之文書」。

　　其立法理由指出公務員職務上製作之紀錄文書、證明文書如被提出於法院，用以證明文書所載事項真實者，性質上亦不失為傳聞證據之一種，但因該等文書係公務員依其職權所為，與其責任、信譽攸關，若有錯誤、虛偽，公務員可能因此負擔刑事及行政責任，從而其正確性高，且該等文書經常處於可受公開檢查之狀態，假設有錯誤，甚易發現而予及時糾正，是以，除顯有不可信之情況外，其真實之保障極高。參考日本刑事訴訟法 §323(1)、美國聯邦證據規則 §803(8)、(10) 及美國統一公文書證據法 §2，增訂本條第 1 款之規定。從事業務之人在業務上或通常業務過程所製作之紀錄文書、證明文書，因係於通常業務過程不間斷、有規律而準確之記載，通常有會計人員或記帳人員等校對其正確性，大部分紀錄係完成於業務終了前後，無預見日後可能會被提供作為證據之偽造動機，其虛偽之可能性小，何況如讓製作者以口頭方式於法庭上再重現過去之事實或數據亦有困難，因此其亦具有一定程度之不可代替性，除非該等紀錄文書或證明文書有顯然不可信之情況，否則有承認其為證據之必要。參考日本刑事訴訟法 §323(2)、美國聯邦證據規則 §803(6)，增訂本條第 2 款。另除前 2 款之情形外，與公務員職務上製作之文書及業務文件具有同等程度可信性之文書，例如官方公報、統計表、體育紀錄、學術論文、家譜等，基於前開相同之理由，亦應准其有證據能力，參考日本刑事訴訟法 §323(3) 之規定，增訂本條第 3 款。

　　§159-4 所稱公務員的「紀錄文書」或「證明文書」，只要是公務員基於職務上就一定事實之記載，或就一定事實之證明而製作之文書，其內

容不涉及公務員主觀之判斷或意見之記載，而只屬於客觀性地證明某項待證事實，例如已遭起訴、不起訴或判決之各司法文書，即可該當[297]。

2. 要件

(1) 可信性

　　本書前述已經說明。

(2) 公示性、例行性

　　§159-4 對於具有高度特別可信之文書如公務、業務文書等，在兼具公示性、例行性或機械性、良心性及制裁性等原則下，雖屬傳聞證據，例外容許作為證據使用。因此，採取容許特信性文書作為證據，應注意該文書之製作，是否係於例行性的公務或業務過程中，基於觀察或發現而當場或即時記載之特徵[298]。

① 公務員職務上製作之文書

　　所謂公務員職務上之製作文書，如果處於可受公開檢查之狀態而非因個案所製作，始符合例行性、公示性原則。凡是符合例行性、公示性原則，正確性甚高，雖屬傳聞證據，仍例外容許為證據。若是針對具體個案，例如對於特定事項實施勘驗、鑑定所製作之會勘紀錄、鑑定報告，即不具備例行性要件[299]。例如戶籍謄本、土地謄本為公務員職務上之例行性、公示性文書。但如果是司法警察製作的案件移送書或移送函，僅是單純為表示移送案件用意所製作的文書，非屬於通常職務上為記錄或證明某是事實以製作之文書，故無特別可信度[300]。

② 業務上或通常業務過程所製作之文書

　　業務上或通常業務過程所製作之文書係考量從事業務之人在業務上或通常業務過程所製作之紀錄文書、證明文書，屬於業務上或通常業務過程

---

[297] 最高法院 108 年度台上字第 3327 號刑事判決。
[298] 最高法院 102 年度台上字第 1709 號刑事判決。
[299] 最高法院 106 年度台上字第 3181 號刑事判決、最高法院 107 年度台上字第 4614 號刑事判決。
[300] 最高法院 94 年度台上字第 3391 號刑事判決。

不間斷、有規律而準確之記載，通常有專業人員核對其正確性，又大部分紀錄係完成於業務終了前後，無預見日後可能會被提供作為證據之偽造動機，其虛偽之可能性較低 [301]。

相關書面之性質

一、偵查中的勘驗筆錄

§159 的立法說明其包括第 §206 條鑑定報告（書面）亦為傳聞之例外，但卻沒有提及勘驗筆錄（書面）。勘驗的動作本身不可以作為證據，而是將勘驗的結果當成證據，故勘驗結果要製成筆錄（§42）。勘驗的主體為法官與檢察官（§212）。

然而偵查中的勘驗筆錄是否為 §159I 所稱之「除法律有規定者」之例外而得為證據，有爭議。縱使認為並非「法律有規定者」，而屬傳聞證據，但如符合 §159-5 的情形也經過要經過審判中交互詰問程序，才能有證據能力。

（一）檢察官的勘驗筆錄

實務認為非 §159-4(1) 之文書，但屬於 §159I 的「除法律有規定外」（§42、§43）[302]。

有文獻認為法官勘驗時，如果當事人及辯護人的「在場權」已經獲得保障，其勘驗筆錄應類推適用 §159-1II 無條件承認有證據能力，而若附有所製作的圖畫或照片，目的在於對勘驗結果的了解（輔助勘驗結果證確），已經成為勘驗筆錄的一部分，應認同具有證據能力，但如果不是為了該目的，而有「獨立供述」的意義，屬於審判期日依人證調查程序的範圍；檢察官之勘驗，除當事人、辯護人之在場權（§214II）限於「必要」通知在場外，與法官之勘驗（§212 以下）無異，其所製作的

---

[301] 最高法院 108 年度台上字第 1367 號刑事判決。
[302] 最高法院 97 年度台上字第 2019 號刑事判決。

勘驗筆錄應類推適用 §159-1II 之規定，原則上有證據能力，於例外顯有不可信之情況，始不得為證據，至於其附有所製作的圖畫或照片與法官之勘驗筆錄相同處理，檢察官的勘驗筆錄重點在於有無不當剝奪在場權與可信性之關係，而認定是否具有證據能力[303]。

最高法院 98 年度台上字第 7638 號刑事判決

　　檢察署驗斷書、法務部法醫研究所鑑定書、鑑定通知書、彰化縣警察局刑警隊現場勘查報告表、現場示意圖、位置圖、刑案現場勘查報告、檢察署勘驗筆錄、相驗屍體證明書等證據資料，或係鑑定機關依檢察官囑託而為之書面鑑定報告，或係檢察官、檢驗員、司法警察（官）針對本件具體個案，於調查證據及犯罪情形時，對屍體及犯罪場所實施之勘驗、勘察等作為所製作，不具備例行性、公示性之要件，自非刑事訴訟法第 159 條之 4 第 1 款所指公務員職務上製作之紀錄文書、證明文書，亦非同條第 3 款規定與上述公文書具有同等程度可信性文書。

最高法院 97 年度台上字第 2019 號刑事判決

　　檢察官因調查證據及犯罪情形，依刑事訴訟法第 212 條規定，得實施勘驗，製作勘驗筆錄。檢察官之勘驗筆錄，雖為被告以外之人在審判外所作之書面陳述，為傳聞證據，然因檢察官實施勘驗時，依同法第 214 條規定，得通知當事人、代理人或辯護人到場，其勘驗所得，應依同法第 42 條、第 43 條之規定製作勘驗筆錄，是以檢察官之勘驗筆錄乃係刑事訴訟法第 159 條第 1 項所稱「除法律有規定者外」之例外情形而得為證據。檢察官之勘驗筆錄，雖為被告以外之人在審判外所作之書。因檢察官之勘驗筆錄係檢察官針對具體個案所製作，

---

[303] 吳燦，勘驗筆錄之證據能力，月旦法學教室，第 188 期，2018 年 6 月，頁 26-27。

> 不具備例行性之要件，且非經常處於可受公開檢查狀態之文書，故原判決於理由欄一、（二），依刑事訴訟法第 159 條之 4 第 1 款規定，論列檢察官之勘驗筆錄為有證據能力云云，於法尚有未合。

（二）檢察事務官的勘驗筆錄

法院組織法 §66 規定檢察事務官實施勘驗事務，視為司法警察，即使是受到檢察官所指揮者[304]，因為 §43-1（司法警察詢問、扣押時）未準用 §42（勘驗筆錄，又 §212 勘驗主體限於檢察官與法官），故仍受到傳聞法則規範。

實務認為檢察事務官就個案製作的勘驗書面，應受到傳聞法則的規範，除了有 §159-5 適用外，則無證據能力，但是參考外國立法例，尚非不得讓勘驗書面的製作者（檢察事務官）在審判庭受詰問或訊問，具結陳述該勘驗書面是據實製作，也給予被告有反對詰問權的機會，在判斷是否承認具有證據能力，以補足立法不足。不過檢察事務官的勘驗筆錄，非屬於 §159-4I(1)，因為是針對具體個案製作（不具例行性），且非經常處於可受公開檢查狀態之文書[305]。

（三）司法警察的勘驗書面

學說、實務認為於案件剛發生之時，司法警察為了調查犯罪，必須封鎖現場與即時勘查（§230III、§231III），稱為「即時勘查權」，司法警察實施犯罪現場的勘察，本質上與勘驗無區別，但司法警察所製作的勘查或現場報告，屬於傳聞證據，除了有 §159-5 適用外，得使勘查報告之製作者用證人身分於審判庭中到庭陳述製作的經過與真實性（賦予被告反對詰問的機會），而決定證據能力。反之，若未賦予反對詰問的機會則不具有證據能力[306]。

---

[304] 吳燦，勘驗筆錄之證據能力，月旦法學教室，第 188 期，2018 年 6 月，頁 27。
[305] 最高法院 101 年度台上字第 34 號刑事判決、最高法院 101 年度台上字第 996 號刑事判決。
[306] 吳燦，勘驗筆錄之證據能力，月旦法學教室，第 188 期，2018 年 6 月，頁 28。

二、偵查機關的搜索、扣押筆錄（§42、§43-1）

實務認為有 §159-4(1) 之適用。搜索、扣押筆錄為檢察官、檢察事務官、司法警察（官）因實施或執行搜索、扣押而製作之文書，屬公務員職務上製作之紀錄文書，用以證明文書所載事項真實，性質上不失為傳聞證據之一種。而 §159I 所謂「法律有規定者」，固指 §159-1～§159-5 及 §206 等規定，但 §159I 所謂「被告以外之人」當指共同被告、共犯、被害人、證人等而言。參照 §159-1～159-3 規定觀之，自不包括偵辦本案之檢察官、檢察事務官及司法警察（官）。故除有顯不可信之狀況外，適用 §159-4(1) 傳聞法則之例外規定，而有證據能力（刑事訴訟新制法律問題研討會提案第 17 號參照）[307]。

本書認為，§159-4 的文書依實務見解向來認為必須是具備公示性、例行性的要件，也就是並非為了具體個案而製作的文書，然搜索、扣押筆錄是因具體個案始製作的文書，應該不符合 §159-4 的文書，但上揭實務見解，先說明其非屬 §159I 的法律另有規定，又主張其屬於 §159-4 文書，與向來實務見解相互矛盾。

三、醫療上業務文書

（一）醫療機構建立之病歷資料

實務認為病歷資料屬特信性文書，醫師執行醫療業務時，不論患者是因病尋求診療，或因特殊目的之驗傷而就醫，醫師於診療過程中，應依醫師法之規定，製作病歷，此一病歷之製作，均屬醫師於醫療業務過程中所須製作之紀錄文書，而且每一醫療行為均屬可分，因其接續之看診行為而構成醫療業務行為，其中縱有因訴訟目的，例如被毆傷而尋求醫師之治療，對醫師而言，仍屬其醫療業務行為之一部分，仍應依法製作病歷，則該病歷仍屬業務上所製作之紀錄文書，與通常之醫療行為所

---

[307] 臺灣高等法院 97 年度上訴字第 406 號刑事判決、臺灣南投地方法院 100 年度訴字第 592 號刑事判決、臺灣高等法院 100 年度上訴字第 970 號刑事判決、臺灣高等法院臺中分院 101 年度上訴字第 921 號刑事判決。

製作之病歷無殊,自屬 §159-4(2) 所稱從事業務之人於業務上所須製作之紀錄文書,而診斷證明書係依病歷所轉錄之證明文書,自仍屬本條項之證明文書[308]。

(二)醫療之鑑定報告書(例如診斷證明書)

學者認為鑑定報告具有傳聞之風險(主觀偏見、表達不明),§159-4 之立法理由稱「隨時得受公開檢查之狀態,設有錯誤,甚易發現而予以即時糾正」,故而文書必須具有客觀性、例行性、公示性,藉由觀察、發現而當場即時記錄,故而該文書的虛偽可能性較低,外觀上有特信性之情況保證,學者更強調必須於「通常業務過程不間斷、有規律精準記載之文書」[309]。例如股東會會議紀錄、專利證明書、報案紀錄單[310]。

但另有學者主張如果是針對個案或有預見該文書可能是針對特定用途而製作,有可能會配合委託者的需求,而有虛偽可能,且如果是個案製作的文書將會摻雜作者的主觀情緒,例如醫療的診斷證明書、結婚或離婚證書、臨檢紀錄表、違反道路交通管理事件之通知單,皆屬於個案製作之文書,非屬傳聞例外[311]。少數實務採此看法,以開立診斷證明書之目的而區分[312]。

---

[308] 最高法院 100 年度台上字第 6533 號刑事判決。

[309] 張天一,「診斷證明書」於刑事訴訟上之證據能力／最高院 102 台上 467 判決,台灣法學雜誌,第 248 期,2014 年 5 月,頁 193 以下。

[310] 最高法院 102 年度台上字第 1218 號刑事判決。

[311] 李佳玟,鑑定報告與傳聞例外最高法院近年相關裁判之評釋,政大法學評論,第 101 期,2008 年 2 月,頁 238。張麗卿,傳聞證據與醫療鑑定報告書,中華法學,第 14 期,2011 年 11 月,頁 73。

[312] 最高法院 102 年度台上字第 467 號刑事判決:醫師係從事醫療業務之人,病患如純為查明病因並以接受治療為目的,而到醫療院所就醫診治,醫師於例行性之診療過程中,對該病患所為醫療行為,於業務上出具之診斷書,屬於醫療業務上或通常醫療業務過程所製作之證明文書,自該當於上開條款所指之證明文書。如為特定之目的(如訴訟之用)而就醫,醫師為其診療,應病患之要求並出具其診斷證明書,因其所記載之內容,具有個案性質,應屬被告以外之人於審判外之陳述,且不符上開條款所稱之特信性文書要件,自不得為證據。

　　大多實務認為從而關於病人之病歷及依據該病歷資料而製成之診斷證明書與通常醫療行為所製作之病歷無殊，均屬§159-4(2)所稱之紀錄文書，依上述規定自應具有證據能力[313]。

最高法院100年度台上字第457號刑事判決

　　醫師法第12條第1項規定，醫師執行醫療業務時應製作病歷，該項病歷資料係屬醫師於醫療業務過程中依法所必須製作之紀錄文書，每一醫療行為雖屬可分，但因其接續看診行為而構成整體性之醫療業務行為，其中縱有因訴訟目的（例如被毆傷）而尋求醫師之治療，惟對醫師而言，仍屬其醫療業務行為之一部分，仍應依法製作病歷。從而依據該病歷資料而製成之診斷證明書與通常醫療行為所製作之病歷無殊，均屬刑事訴訟法第159條之4第2款所稱之紀錄文書，依上述規定自應具有證據能力。

四、大陸公安提供之調查資訊

　　根據大陸公安提供之調查資訊，就個案所特定製作案情分析性質之文書，並不具備例行性之要件，不能謂係§159-4(1)之公務員職務上製作之「紀錄」文書、「證明」文書，亦不具證據適格[314]。

　　依此兩岸互助協議之精神，我方既可請求大陸地區公安機關協助調查取證，則被告以外之人於大陸地區公安機關調查（詢問）時所為之陳述，經載明於筆錄或書面紀錄，即為傳聞證據之一種，依照傳聞例外之法理，可類推適用§159-2或§159-3規定，以決定其證據能力[315]。

---

[313] 最高法院100年度台上字第4461號刑事判決、臺灣高等法院108年度上易字第2272號刑事判決、臺灣高等法院109年度上易字第205號刑事判決。
[314] 最高法院109年度台上字第1255號刑事判決。
[315] 最高法院108年度台上字第334號刑事判決。

　　本書認為「司法互助協議」≠「傳聞例外」，而大陸公安提供的調查資訊不應直接類推 §159-2、§159-3 而取得證取能力，必須再判斷國家是否有盡保護對質詰問權的義務。

最高法院 108 年度台上字第 45 號刑事判決

　　被告以外之人在域外所為之警詢陳述，性質上與我國警詢筆錄雷同，同屬傳聞證據，在法秩序上宜為同一之規範，為相同之處理。若法律就其中之一未設規範，自應援引類似規定，加以適用，始能適合社會通念。在被告詰問權應受保障之前提下，被告以外之人在域外所為之警詢陳述，應類推適用刑事訴訟法第 159 條之 2、第 159 條之 3 等規定，據以定其證據能力之有無。又依海峽兩岸共同打擊犯罪及司法互助協議第 8 點第 1 項之規定，我方可請求大陸地區公安機關協助調查取證，則被告以外之人於大陸地區公安機關調查（詢問）時所為之陳述，經載明於筆錄或書面紀錄，性質上與我國警詢筆錄雷同，同屬傳聞證據，依上說明，應類推適用刑事訴訟法第 159 條之 2 之規定，以定其有無證據能力。

最高法院 108 年度台上字第 3556 號刑事判決

　　被告以外之人於我國司法警察官或司法警察調查時所為之陳述經載明於筆錄，係司法警察機關針對具體個案之調查作為，不具例行性之要件，該筆錄固非屬刑事訴訟法第 159 條之 4 所定之特信性文書，但其證據能力之有無，仍應依同法第 159 條之 2、第 159 條之 3 所定傳聞法則例外之要件而為判斷。而同法第 159 條之 3 係為補救採納傳聞法則，即被告以外之人於審判中，有該條所列各款不能供述之情形，例外承認該等審判外警詢陳述為有證據能力。但此等例外，既在犧牲被告之反對詰問權，則實務運用上，除應審究該審判外之陳述是否具有「絕對可信性」及「必要性」二要件外，關於不能供述之原因，猶應以非可歸責於國家機關之事由所造成者為限，始有其適用，藉以

確保被告之訴訟防禦權。至於被告以外之人在域外所為之警詢陳述，性質上與我國警詢筆錄雷同，同屬傳聞證據，但其證據能力之有無，我國刑事訴訟法並無明文規定，惟考量法秩序上同一之規範，應為相同處理之法理，就此法律未設規範者，自應援引類似規定，加以適用，始能適合社會通念，並應實務需要。故在被告反對詰問權已受保障之前提下，被告以外之人在域外所為之警詢陳述，應類推適用刑事訴訟法第 159 條之 2、第 159 條之 3 之規定，據以定其證據能力之有無。

③ 其他文書

　　屬於概括性規定，須與前兩者之文書具有相同可信程度，但不以公示性、例行性為必要。例如 A 遭受性侵害後所製作的日記，屬於 A 的親身經歷依時序逐日記載的心情，日記並非僅指紙本日記，於 IG、FB 上之心情紀錄亦屬之，例如於 IG 限時動態發一張黑色圖片，用很小的字體於上面寫：「為什麼要這樣對我……心如刀割」、隔幾分鐘又發了「那一晚過後，我整天精神不濟」、半夜又發割腕照片於上面寫「永別了」等語。不過仍應綜合判斷是否具備可信性，否則於爾虞我詐的時代以及證據須慢慢堆疊方可發現真實下，很可能只是誣告他人的前置作業。

最高法院 108 年度台上字第 3924 號刑事判決

　　所謂「除前二款之情形外，其他於可信之特別情況下所製作之文書」，係指與公務員職務上製作之紀錄文書、證明文書，或從事業務之人業務上製作之紀錄文書、證明文書。第 1、2 款之文書，以其文書本身之特性而足以擔保其可信性，故立法上原則承認其有證據能力，僅在該文書存有顯不可信之消極條件時，始例外加以排除；而第 3 款之概括性文書，以其種類繁多而無從預定，必以具有積極條件於「可信之特別情況下所製作」，始承認其證據能力，而不以上揭二款文書分別具有「公示性」、「例行性」之特性為必要。

實務上有承認備忘錄之記載[316]，其參照英美法之「備忘理論」，此類型文書可信性情況之保障，應就其內容是否為供述人自己經歷之事實（不論出於供述人本人或他人之記載），是否係在印象清晰時所為之記載，及其記述有無具備準確性等外部條件為立證。從而製作人（或供述人）在審判中之供述，如與備忘文書之內容相同者，逕以其之供述為據即足，該文書是否符合傳聞之例外即不具重要性（是否作為非供述證據之證據物使用，係另一問題）。倘若在提示備忘文書後，仍然不能使製作人（或供述人）喚起記憶之情形，該文書乃屬過去記憶之紀錄，即有作為證據之必要性，如其又已具備符合與第 1、2 款文書同樣高度可信性之情況保障，始屬第 3 款其他可信性文書[317]。白話來說，你講的話跟備忘錄一樣，有沒有備忘錄都沒差，但如果是你記不起來，備忘錄如果具有高度的可信性就可以算是 §159-4(3) 的其他文書。

---

[316] 最高法院 110 年度台上字第 4086 號刑事判決：供述者於事件甫發生當時或前後，非預期供訴訟使用，基於備忘之目的針對該事件所為之紀錄，除刑事訴訟法第 159 條之 4 第 1、2 款具公示性或例行性之情形外，若符合同條第 3 款規定，該事件備忘錄文書因具特信性，正確性極高且欠缺虛偽記載動機，亦有證據能力。縱或性侵害被害人針對被害經過所為備忘紀錄，係其依見聞情形所為書面陳述，而具累積性質，然該備忘文書紀錄製作當時，既非預期供訴訟之用，其虛偽可能性較低、可信性極高，是法院對於該被害人各次證述或備忘錄等實質證據，自非不可適用嚴格證明法則，調查其他補強證據後，綜合相關事證為整體觀察，以資判斷其重複指證被告犯行是否屬實。不得僅以其備忘紀錄具累積性質，即謂該事證於證明力之判斷概無作用。原判決針對乙女非預期供訴訟使用於 104 年間書寫抒發心情之備忘紀錄（記事紙條），與前述案內其他證據資料及戊男證述上訴人試圖阻止該事證提出各情，經綜合為整體判斷，如何足認乙女指證上訴人前述犯行屬實，並非虛構，業敘論其取捨判斷之理由，並無違法。縱除去丙女等其他證人轉述該備忘紀錄內容之傳聞證據，於結果並無影響。

[317] 最高法院 100 年度台上字第 5502 號刑事判決、臺灣高等法院 106 年度侵上訴字第 34 號刑事判決。

境外取證

一、最高法院 107 年度第 1 次刑事庭會議決議

院長提議：除經立法院審議之司法互助協定（協議）另有規定者外，被告以外之人在外國警察機關警員詢問時所為陳述，能否依刑事訴訟法傳聞例外相關規定，判斷有無證據能力？

決議：採乙說：肯定說

（一）被告以外之人於我國司法警察官或司法警察調查時所為之陳述經載明於筆錄，係司法警察機關針對具體個案之調查作為，不具例行性之要件，亦難期待有高度之信用性，非屬刑事訴訟法第 159 條之 4 所定之特信性文書。司法警察官、司法警察調查被告以外之人之警詢筆錄，其證據能力之有無，應依刑事訴訟法第 159 條之 2、第 159 條之 3 所定傳聞法則例外之要件為判斷。

（二）刑事訴訟法第 159 條之 2、第 159 條之 3 警詢筆錄，因法律明文規定原則上為無證據能力，必於符合條文所定之要件，始例外承認得為證據，故被告以外之人除有同法第 159 條之 3 所列供述不能之情形，必須於審判中到庭具結陳述，並接受被告之詰問，而於符合（一）審判中之陳述與審判外警詢陳述不符，及（二）審判外之陳述具有「相對可信性」與「必要性」等要件時，該審判外警詢陳述始例外承認其得為證據。於此，被告之詰問權已受保障，而且，此之警詢筆錄亦非祇要審判中一經被告詰問，即有證據能力。至第 159 條之 3，係為補救採納傳聞法則，實務上所可能發生蒐證困難之問題，於本條所列各款被告以外之人於審判中不能供述之情形，例外承認該等審判外警詢陳述為有證據能力。此等例外，既以犧牲被告之反對詰問權，除應審究該審判外之陳述是否具有「絕對可信性」及「必要性」二要件外，關於不能供述之原因，自應以非可歸責於國家機關之事由所造成者，始有其適用，以確保被告之反對詰問權。

（三）在體例上，我國傳聞法則之例外，除特信性文書（刑事訴訟法第159 條之 4）及傳聞之同意（刑事訴訟法第 159 條之 5）外，係視被告以外之人在何人面前所為之陳述，而就其例外之要件設不同之規定（刑事訴訟法第 159 條之 1 至第 159 條之 3）。此與日本刑訴法第 321 條第1 項分別就法官（第 1 款）檢察官（第 2 款）與其他之人（第 3 款）規定不同程度的傳聞例外之要件不同。因是，依我國法之規定，被告以外之人於審判外向（一）法官、（二）檢察官、（三）檢察事務官、司法警察官或司法警察等三種類型以外之人（即所謂第四類型之人）所為之陳述，即無直接適用第 159 條之 1 至第 159 條之 3 規定之可能。惟被告以外之人在域外所為之警詢陳述，性質上與我國警詢筆錄雷同，同屬傳聞證據，在法秩序上宜為同一之規範，為相同之處理。若法律就其中之一未設規範，自應援引類似規定，加以適用，始能適合社會通念。在被告詰問權應受保障之前提下，被告以外之人在域外所為之警詢陳述，應類推適用刑事訴訟法第 159 條之 2、第 159 條之 3 等規定，據以定其證據能力之有無。

（四）本院 102 年度第 13 次刑事庭會議已決議基於法之續造、舉輕明重法理，被告以外之人於檢察官偵查中非以證人身分、未經具結之陳述，得類推適用刑事訴訟法第 159 條之 2 或第 159 條之 3 規定，定其有無證據能力，已有類推適用傳聞例外之先例。

二、現行實務

　　現行實務皆以 107 年第 1 次刑事庭會議決議進而論述，對於境外證據仍應該採取安排境外證人到庭接受詰問或透過遠距訊問等方式為證據調查。例如最高法院 108 年度台上字第 1723 號刑事判決、最高法院108 年度台上字第 3556 號刑事判決：「原審未透過相關單位之司法互助，協助或安排本案各大陸地區被害人到庭接受詰問，或透過遠距視訊調查證據等方式命其等作證，逕認其等在客觀上存有無從傳喚到庭，而無從歸責於國家機關之事由，其採證殊難謂與證據法則無違」。

三、學者評析

（一）認同該決議之點

該決議認為法院要盡其所能促使境外證人到庭對接受對質詰問，利用視訊科技不僅可以保障對質詰問且可以兼顧訴訟經濟[318]。此外，學說亦認為 §159-4(1) 不可作為境外文書可為證據的依據[319]。

（二）建議

1. 對質詰問保障之措施

學者認為，雖然理論上應該承認被請求國取得的證據之證據能力，以符合司法互助的初衷，但如果他國侵犯我國主權、規避刑事互助途徑（例如行政之情資交換），可以考慮證據使用禁止。又各國的取證規定未必一致，他國也未必會同意依照請求國的請求方法調查證據，此時應該依照國際人權法上普遍承認的程序與被告權利之保障作為最低審查標準。

在保障被告的對質詰問方面，至少應該考慮如何「提高關鍵證人來本國應訊的可能性、遠距視訊之輔助、要求全程連續錄音錄影、允許被告辯護人於請求國訊問證人時在場並質問」，以適度平衡被告無法於被請求國訊問證人時有效質問所遭受之損害[320]。

2. 視訊詰問之提高可信性做法

§177 規定「I 證人不能到場或有其他必要情形，得於聽取當事人及辯護人之意見後，就其所在或於其所在地法院訊問之。II 前項情形，證人所在與法院間有聲音及影像相互傳送之科技設備而得直接訊問，經法院認為適當者，得以該設備訊問之。III 當事人、辯護人及代理人得

---

[318] 王紀軒，境外文書的證據能力 —— 兼評最高法院 108 年台上字第 1723 號刑事判決，台灣法學雜誌，第 386 期，2020 年 2 月，頁 40。

[319] 張明偉，傳聞例外與境外文書，輔大法學，第 46 期，2013 年 12 月，頁 40。

[320] 楊雲樺，境外取得刑事證據之證據能力判斷，國立臺灣大學法學論叢，第 43 卷第 4 期，2014 年 12 月，頁 1061-1062。

於前二項訊問證人時在場並得詰問之；其訊問之日時及處所，應預行通知之。IV 第二項之情形，於偵查中準用之」，但境外證人是否願意配合調查、時差造成開庭時間問題皆可以顯現境外陳述文書作為證據時，需要有更堅強的理由才是可信性的狀況，因此學者建議應檢視境外證人有無在其境外陳述文書上簽章，以擔保內容合乎原意、接受境外文書時請求對造國家提供全程錄音錄影，以擔保境外證人自由陳述，又依照美國聯邦法典第二十八篇 §1746 規定，任何依法所為之宣示已於宣誓書內陳明，類於我國 §189 據實陳述之規定，如故意虛偽陳述可構成偽證罪[321]。

　　因為法制上不允許審判中的被告出國跟證人對質，但我國法未規定被告可以委任外國律師參與取證程序，此時不僅對質詰問受到限制，律師的在場權也受到剝奪，法制上應給予對質權與律師在場權[322]。

（七）同意為證據（§159-5）

1. 條文規定與立法理由

　　§159-5 規定「I 被告以外之人於審判外之陳述，雖不符前四條之規定，而經當事人於審判程序同意作為證據，法院審酌該言詞陳述或書面陳述作成時之情況，認為適當者，亦得為證據。II 當事人、代理人或辯護人於法院調查證據時，知有第一百五十九條第一項不得為證據之情形，而未於言詞辯論終結前聲明異議者，視為有前項之同意」。立法理由指出按傳聞法則的重要理論依據，在於傳聞證據未經當事人之反對詰問予以核實，乃予排斥。惟若當事人已放棄對原供述人之反對詰問權，於審判程序表明同意該等傳聞證據可作為證據，基於證據資料越豐富，越有助於真實發見

---

[321] 張明偉，傳聞例外與境外文書，輔大法學，第 46 期，2013 年 12 月，頁 41-42。王紀軒，境外文書的證據能力──兼評最高法院 108 年台上字第 1723 號刑事判決，台灣法學雜誌，第 386 期，2020 年 2 月，頁 44。

[322] 張明偉，傳聞例外與境外文書，輔大法學，第 46 期，2013 年 12 月，頁 43-47。

之理念，此時法院自可承認該傳聞證據之證據能力。由於此種同意制度係根據當事人的意思而使本來不得作為證據之傳聞證據成為證據之制度，乃確認當事人對傳聞證據有處分權之制度。為貫徹本次修法加重當事人進行主義色彩之精神，固宜採納此一同意制度，作為配套措施。然而我國尚非採澈底之當事人進行主義，故而法院如認該傳聞證據欠缺適當性時（例如證明力明顯過低或該證據係違法取得），仍可予以斟酌而不採為證據，參考日本刑事訴訟法 §326I 之規定，增設本條第 1 項。至於當事人、代理人或辯護人於調查證據時，知有 §159I 不得為證據之情形，卻表示「對於證據調查無異議」、「沒有意見」等意思，而未於言詞辯論終結前聲明異議者，為求與前開同意制度理論一貫，且強化言詞辯論主義，確保訴訟當事人到庭實行攻擊防禦，使訴訟程序進行順暢，應視為已有將該等傳聞證據採為證據之同意，爰參考日本實務之見解，增訂本條第 2 項。

2. 明示同意要件（§159-5I）

(1) 被告以外之人於審判外之陳述。

(2) 不符前 4 條之規定。

　　經當事人於審判程序畫面或言詞同意作為證據。同意的前提在於必須符合法定程式 [323]，又當事人必須有處分權 [324]，但是只能針對個別、具體之特定證據行之 [325]。

---

[323] 最高法院 99 年度台上字第 8203 號刑事判決：審判中假手法官助理所為之勘驗書面，不惟與法定程式不符，且因已失其作為證據之意義，即令當事人均明示同意作為證據，仍無予容許其取得證據能力之餘地。

[324] 最高法院 104 年度台上字第 483 號刑事判決：刑事訴訟法第 159 條之 5 之規定，乃肯認當事人對於傳聞證據有處分權，且於符合一定之要件，例外賦予該傳聞證據取得證據能力。是以非傳聞證據，論理上已無經由該條之規定而取得證據能力之必要，自非該條之適用範圍。原判決未予區分，於理由籠統說明所引卷內供述證據，

[325] 最高法院 107 年度台上字第 4021 號刑事判決：必係針對個別、具體之特定證據行之，尚不得為概括性之同意，否則，其處分之意思表示即有瑕疵，仍不生明示同意之效力。依第一審審判筆錄之記載，審判長對於有關證據能力意見之處理，僅泛問以：「對於本案檢察官所提出及卷內全部資料之證據能力，有何意見？」上訴人及其辯護人均表示：「同意有證據能力」，是否已生明示同意之效力？猶有可疑。

(3) §159-5 之適用上不以 §159-1～§159-4 不符合為前提，前後非處於互斥的狀態，也無優先劣後的關係[326]。

　　傳聞證據須要踐行包含詰問在內的合法調查程序方可為證據，我國二審採取覆審制下，明示同意如符合本條要件，應認為具有恆定效力（按：你同意了，就一直有同意效力），被告詰問證人的權利，雖然為憲法位階（釋字第 582 號），但實踐上，為 §166 以下人證的合法調查程序，應認為被告有處分權，容許被告捨棄詰問，如客觀上有不能受詰問，或性質上已經無詰問之必要者，即與所謂不當剝奪被告之詰問權不該當[327]。

(4) 法院審酌該言詞陳述或書面陳述作成時之情況認為適當者。該適當的解釋，司法院辦理刑事訴訟案件應行注意事項第 93 點指出，例如證據之取得過程並無瑕疵，其與待證事實有關聯性、證明力非明顯過低等。

最高法院 106 年度台上字第 482 號刑事判決

　　依刑事訴訟法第 159 條之 5 規定，被告以外之人於審判外之陳述，雖不符前 4 條之規定，如經當事人於審判程序同意作為證據，法院審酌該言詞陳述或書面陳述作成時之情況，認為適當者，亦得為證據。此規定係為豐富證據資料，俾有助於真實發現，而酌採當事人進行主義下證據處分權原則所為之規定，與同法第 159 條之 1 至第 159 條之 4 並列而同屬傳聞法則之例外，其彼此間非必處於互斥狀態，亦無優先劣後之關係可言。本件檢察官、上訴人或其選任辯護人於原審已同意所有被告以外之人之審判外陳述有證據能力，原判決乃說明審酌此等審判外陳述作成時之情形，認為適合作為證據之理由，從而原審以高雄市警察局之現場勘察報告為論罪證據之一，即無違法。

---

[326] 最高法院 104 年度第 3 次刑事庭會議決議。

[327] 吳燦，傳聞同意之恆定效力與詰問權——最高法院 105 年度台上字第 412 號判決評析，月旦裁判時報，第 58 期，2017 年 4 月，頁 77-78。

3. 視為（擬制）同意（§159-5II）

§159-5II 規定「當事人、代理人或辯護人於法院調查證據時，知有第一百五十九條第一項不得為證據之情形，而未於言詞辯論終結前聲明異議者，視為有前項之同意」，此屬於擬制其等放棄反對詰問權，默示同意傳聞證據取得證據能力之效果。此攸關被告防禦權之行使及法院認事用法之合法性，適用上自應審慎認定其是否具備「知不得為證據」、「未聲明異議」及「法院認為適當」等要件[328]。

司法院辦理刑事訴訟案件應行注意事項第 93 點「至於當事人、代理人或辯護人於法院調查證據時，知有刑訴法第一百五十九條第一項不得為證據之情形，卻未於言詞辯論終結前聲明異議者，亦視為有將被告以外之人於審判外之陳述作為證據之同意。為避免發生爭執，法院得在審判前之準備程序，將此擬制同意之法律效果告知當事人，促其注意」。

此外，證人、鑑定人於審判外應具結而未具結之陳述是否有擬制同意之適用？實務[329]採取否定說，理由在於為依 §158-3 具結當然無證據能力，當然更不可因當事人於審判中同意而認為得有證據能力。

4. 撤回同意

(1) 第一審

① 明示同意

司法院辦理刑事訴訟案件應行注意事項第 93 點「又基於訴訟程序安定性、確實性之要求，若當事人已於準備程序或審判期日明示同意以被告以外之人於審判外之陳述作為證據，而其意思表示又無瑕疵者，不宜准許當事人撤回同意：但其撤回符合下列情形時，則不在此限：（一）尚未進行該證據之調查。（二）他造當事人未提出異議。（三）法院認為適當」。

---

[328] 最高法院 99 年度台上字第 5427 號刑事判決。
[329] 最高法院 101 年度台上字第 109 號刑事判決。

② 視為同意

　　言詞辯論終結後，若無聲明異議，即有視為同意之效果，此時可於第二審爭執視為同意之效力。

(2) 第二審

① 明示同意，不可撤回同意

　　實務認為基於當事人進行主義之處分權限，藉由當事人「同意」之訴訟行為，加上法院介入審查適當性之條件，將原不得作為案件判斷依據之傳聞證據，例外賦予其證據能力，當事人既已明示同意作為證據之傳聞證據，並經法院審查其具備適當性之要件者，若已就該證據實施調查程序，即無許當事人等再行撤回同意之理，以維訴訟程序安定性、確實性之要求 [330]。

② 視為同意，可撤回同意

　　實務認為可撤回默示擬制的同意，純因當事人等之消極緘默而為法律上之擬制所取得，並非本於當事人等之積極處分而使其效力恆定，原則上應容許當事人等於言詞辯論終結前，甚或於第二審及更審程序中對其證據能力再為爭執追復，且法院於必要時須介入使當事人等了解擬制同意可能產生的法律效果 [331]。

　　學者認為原則上不可撤回，同意具有放棄舉證權利的意義，而傳聞陳述已經於第一審因傳聞同意具有證據能力，基於禁反言之法理，不允許在第二審或更審程序中，尚可隨時爭執傳聞證據之證據能力，如果不如此限制，可能會使狡詐的被告在第一審先為「試水溫」，如果不滿意結果，再於第二審撤回同意或聲明異議，將會造成司法資源的浪費。不過，若是不可歸責於被告之事由而未於第一審或前審程序中撤回同意或聲明異議，例外允許於第二審或更審程序中追復失權，因為基於§288-1 第一審法院調查傳聞證據時，詢問被告對傳聞證據有無意見，應盡訴訟照料義務，以保

---

[330] 最高法院 112 年度台上字第 804 號刑事判決、最高法院 108 年度台上字第 4053 號刑事判決。
[331] 最高法院 108 年度台上字第 4053 號刑事判決。

障防禦權，因為我國尚無備位律師與適時提供被告法律諮詢的概念，法院依照§288-1應盡告知被告其同意將會造成何種法律效果之義務。應注意者，此非對質詰問權之傳聞法則可以涵蓋的問題，而是跟正當法律程序與辯護人保障的議題有關[332]。亦有學者認為，原則上無撤回同意餘地（第一審為事實審、避免訴訟遲延），但如果被告當時未經辯護協助、第一審調查證據有不合法狀況而使當事人同意陷於錯誤或失去任意性等，第二審法院應賦予被告詰問證人的機會[333]。另有學者認為，未提出異議則會讓陪審團過早接觸到傳聞陳述，我國採取兩造對抗制度下，被告有辯護人的案件時，原則上未提出異議可歸責於己時，視為放棄；而如果在沒有辯護人的案件時，法院有不聲明異議的法律效果之告知義務[334]。

最高法院 108 年度台上字第 4053 號刑事判決

　　默示擬制同意之效力，純因當事人等之消極緘默而為法律上之擬制所取得，並非本於當事人等之積極處分而使其效力恆定，原則上應容許當事人等於言詞辯論終結前，甚或於第二審及更審程序中對其證據能力再為爭執追復，且法院於必要時須介入使當事人等了解擬制同意可能產生的法律效果。

　　相對地，若當事人等已先於準備程序以言詞或書狀之方式反對傳聞證據具有證據能力，而後於審判期日表示「同意」該傳聞證據得作為證據，或表示「不爭執」或「無意見」時，此亦屬一種法安定性之違反。此時對於當事人等特別是被告，可能會陷入不利之情境並影響其訴訟防禦權，進而妨礙其受公平審判之權利。基於現代刑事司法的基本理念係透過程序的正義，以實現實體的正義，本法第 2 條第 1 項亦明定：實

---

[332] 張明偉，論傳聞證據之同意，台北大學法學論叢，第 97 期，2016 年 3 月，頁 220、223。

[333] 陳運財，偵查中證人之據結與傳聞例外之適用，台灣法學雜誌，第 93 期，2007 年 4 月，頁 258。

[334] 吳巡龍，同意傳聞作為證據後再爭執，台灣法學雜誌，第 161 期，2010 年 6 月，頁 191-193。

施刑事訴訟程序之公務員,就該管案件,應於被告有利及不利之情形,一律注意。故解釋上,在前述當事人等就特定傳聞證據原有異議而改採「同意」時,法院應比照前述「應行注意事項」精神行使闡明權,於確認當事人等同意係出於真意並無瑕疵,且認為適當時,自可認當事人等已放棄對原陳述人之反對詰問權,同意該等傳聞證據可作為證據。

然若係當事人等已對傳聞證據表明不具有證據能力,事後卻又表示「不爭執」或「無意見」時,因本法第 159 條之 5 第 2 項關於「擬制同意」之規定,係以當事人等從來均無異議為前提,兩者為相斥之概念,此時宜由法院確認當事人等「不爭執」或「無意見」之傳聞證據,有無混淆同一或其他人之陳述或書面?是否即為原已表明異議之該特定傳聞證據?又其「不爭執」或「無意見」,是針對「證據能力」抑或「證明力」所為?倘能確定當事人等針對先前表示異議之特定傳聞證據意見確已動搖,有改採同意意願,自應由法院勸諭或闡明當事人等改循上述以「同意」方式確定該傳聞證據有證據能力,否則除非另有符合本法第 159 條第 1 項「除法律有特別規定外」及第 159 條之 1 至 159 條之 4 等傳聞法則例外之情形外,對於當事人等原已表明異議不認有證據能力之傳聞證據,不能以其等事後曾表示「不爭執」或「無意見」時,逕認符合本法第 159 條之 5 第 2 項「擬制同意」之規定認具有證據能力。

對質詰問傳聞法則之適用[335]

一、對質詰問觀點下的傳聞法則

傳聞例外通常只是在何為傳聞證據、可信性、必要性、同意等方面討論,尤其是著重於可信性。釋字第 582 號認為對質詰問權為訴訟上重

---

[335] 林鈺雄,對質詰問觀點的傳聞法則(一)/對質詰問例外與傳聞例外之衝突與出路—歐洲人權法院與我國最高法院裁判之比較評析,台灣法學雜誌,第 119 期,2009 年 1 月,頁 91 以下。楊雲樺,對質詰問觀點的傳聞法則(二)/眾裡尋他千百度 —— 最高法院對於刑事訴訟法第 159 條之 1 解釋之評析,台灣法學雜誌,第 120 期,2009 年 1 月,

要之權利（亦屬於憲法上具有普世價值之權利），然對質詰問權與傳聞法則事實上處於緊張關係，而必須以對質詰問的法理來解釋傳聞法則，對質詰問的例外與傳聞法則的例外相較之下，應以前者為準。也就是說，於例外情況而無法對質詰問時，根本就無傳聞法則的例外適用。實務上亦漸漸關注此問題，例如偵查中未具結並詰問，審判中必須補行詰問，即是以對質詰問為重點。

最高法院 102 年度台上字第 1416 號刑事判決

　　被告以外之人於偵查中向檢察官所為之陳述，除顯不可信之情況者外，得為證據，刑事訴訟法第 159 條之 1 第 2 項固定有明文。惟被告以外之人於偵查中向檢察官所為之陳述，性質上仍屬傳聞證據，而被告之反對詰問權又係憲法所保障之訴訟基本權，不容任意剝奪。是被告以外之人於偵查中向檢察官所為之陳述，除有同法第 159 條之 5 規定當事人同意或視為同意作為證據者外，應有被告或其辯護人對之行使、得予行使或客觀上已不能行使反對詰問權之情事，始具有證據能力，以落實保障被告之反對詰問權。

　　又被告以外之人於司法警察（官）調查中所為之陳述，除有同法第 159 條之 5 規定當事人同意或視為同意作為證據，而具有證據能力外，如其陳述與審判中不符，或客觀上已不能行使反對詰問權者，依刑事訴訟法第 159 條之 2、之 3 規定，原則上無證據能力，須具「特別可信性」及「必要性」之要件，始例外具有證據能力。換言之，被告以外之人於審判外之陳述，未經被告基於訴訟主體地位，於法院審理時直接反對詰問，原則上並無證據能力，應予排除，期被告以外之

頁 65 以下。林鈺雄，對質詰問之限制與較佳防禦手段優先性原則之運用：以證人保護目的與視訊訊問制度為中心，國立臺灣大學法學論叢，第 40 卷第 4 期，2011 年 12 月，頁 2323 以下。林鈺雄，性侵害案件與對質詰問之限制 —— 歐洲人權法院與我國實務裁判之比較評析，台灣法學雜誌，第 188 期，2011 年 11 月，頁 53 以下。林鈺雄，刑事訴訟法的發展趨勢 —— 從公平審判原則出發，月旦法學雜誌，第 300 期，2020 年 5 月，頁 187-189。大法官釋字第 789 號。

人能出庭作證，以落實被告於訴訟程序中應享有之訴訟權。然當事人依刑事訴訟法第 159 條之 5 規定，同意或視為同意作為證據者，被告已有考量，復經法院審酌適當，既無侵害被告反對詰問權之虞，自得作為本案證據。

二、對質詰問的三階段審查

　　傳聞法則之例外，主要取決於對質詰問權是否受保障，故而學者提出三階段審查：

（一）不利證人

　　該證人是否為對於刑事被告有權行使對質詰問的「不利證人」？若是則往下審查。

（二）國家機關已否踐行保障對質詰問權內涵之程序

1. 國家已經踐行保障對質詰問權內涵之程序

　　只要是被告以外之人就是證人，而對質詰問權保障內涵之核心為「刑事被告於整個程序中，對於不利證人應享有至少一次面對面、全方位去挑戰、質疑及發問的適當機會[336]」。法院必須通知到場才會符合被告的到場權，而該面對面的對質詰問權應該是要緊接於證人的不利證詞之後，另外面對面不可以只是單方面的提問，或者只能透過影像而無聲音的表達，也就是必須符合社會大眾之普通人間（非親密之人間）可以「完善溝通」的基本前提。例如有時候我們不知道路人挑眉三下且雙手搥胸三次是什麼意思，但其親密之人就知道是在暗示要喝一杯美式咖啡（一般人哪有可能知道，頂多以為是要吃香蕉），故而完善溝通誠屬重要，例如應避免有聲無影、有影無聲、只有書面的溝通方式，不過重點還是在「完善溝通」，例如證人因氣切而無法說話，即要考慮完善溝通措施。

---

[336] 最高法院 102 年度台上字第 4541 號刑事判決。

　　最後，面對面必須是針對證人不利證詞中的重要爭點有面對面質問的機會。而機會是指可能性，也就是說是給予被告機會行使，但如被告捨棄該機會，不可說對質詰問權被剝奪。

最高法院 105 年度台上字第 412 號刑事判決

　　被告之對質詰問權，乃憲法所保障之基本訴訟權，刑事被告於整個程序中，至少固應有一次面對面、全方位對不利證人質疑及發問之適當機會，然對質詰問權所保障者，乃權利得以行使之適當機會，而非現實上之行使，倘審理事實之法院已賦予被告對不利證人對質詰問之機會，被告明示放棄不行使之，其權利自未受剝奪，自無許其事後指摘對質詰問權遭剝奪，而資為上訴第三審理由之餘地。

---

2. 若國家機關未踐行保障對質結論權內涵之程序 [337]

　　屬對於對質詰問權之干預，應往下審查。

---

[337] 最高法院 110 年台上字第 1744 號刑事判決：刑事被告對證人之詰問權利，乃憲法第 16 條保障人民之訴訟權利之一，且屬憲法第 8 條第 1 項規定之正當法律程序所保障之權利。為確保被告對證人行使反對詰問權，證人於審判中應依法定程序到場具結陳述，並就其指述被告不利之事項，接受被告之反對詰問，其陳述始得作為認定被告犯罪事實之判斷依據。例外的情形，僅在被告未行使詰問權之不利益經由法院採取衡平之措施，其防禦權業經程序上獲得充分保障時，始容許援用未經被告詰問之證詞，採為認定被告犯罪事實之證據。而被告之防禦權是否已獲程序保障，亦即有無「詰問權之容許例外」情形，應審查：(1) 事實審法院為促成證人到庭接受詰問，是否已盡傳喚、拘提證人到庭之義務（即學理上所謂之義務法則）；(2) 未能予被告對為不利指述之證人行使反對詰問權，是否非肇因於可歸責於國家機關之事由所造成，例如證人逃亡或死亡（歸責法則）；(3) 被告雖不能行使詰問，惟法院已踐行現行之法定調查程序，給予被告充分辯明之防禦機會，以補償其不利益（防禦法則）；(4) 系爭未經對質詰問之不利證詞，不得據以作為認定被告犯罪事實之唯一證據或主要證據，仍應有其他補強證據佐證該不利證述之真實性（佐證法則）。在符合上揭要件時，被告雖未行使對不利證人之詰問權，應認合於「詰問權之容許例外」，法院採用該未經被告詰問之證言，即不得指為違法。

（三）對質詰問的干預，有無正當化事由？亦即是否構成對質詰問的容許例外

若未踐行對質詰問時，必須符合對質詰問的容許例外，方可有傳聞例外之適用。

1. 容許例外的法理 —— 補償平衡

歐洲人權法院審查時，本於公平審判認為法院應以平衡與補償（盡可能於事前補償）的程序性措施，使程序具備公平性，使其對被告的不利降到最低。總而言之，必須考慮到被告的防禦權是否有受到平衡與補償。

2. 容許例外之四大檢驗法則

(1) 義務法則

國家機關自身負有促成對質詰問的義務，故應先履行傳喚[338]與拘提[339]證人到庭接受被告詰問等義務，始能成立質問的容許例外。有認為[340]若為境外證人，不應直接認為無調查可能性，法院仍應依國際刑事司法互助之傳喚或視訊訊問（§177II、國際刑事司法互助法§31、§35、§36）。而若是境外證人之證詞為對被告不利事項時，現今實務將§163II但限縮於利益被告之事項，從而法院無從職權調查，此時義務法則將難以透過職權調查實現，若此時恰逢無警詢錄音可供勘驗筆錄，則不構成§159-3(3)傳聞例外，然法院仍有依§273I(5)曉諭檢察官聲請調查，本件法院未行曉諭，程序違法。

如果未盡義務法則，因法院負有澄清義務，故違反時構成判決當然違背法令（§163、§379(10)）。且對質詰問為證據方法之法定調查程序（嚴格證明法則之下），因此違反者，構成證據未經合法調查（§155II）而違法。

---

[338] 最高法院94年度台上字第478號刑事判決。

[339] 最高法院95年度台上字第3973號刑事判決。

[340] 王士帆，境外證人——法院曉諭義務，月旦法學教室，第253期，2023年11月，頁22-24。

(2) 歸責法則

不利證人不能到庭對質詰問，必須是非肇因於可歸責於國家之事由所致（例如證人逃亡或死亡[341]），否則法院不能採納未經質問的不利證詞。本法並沒有歸責法則的直接明文，故而應以憲法保障之。

(3) 防禦法則

合乎前述兩法則外，應依照補償平衡的公平程序，盡力保障被告較佳防禦的可能性，始能構成未經質問之容許例外。如果在防禦法則＋義務法則＝較佳防禦手段優先原則，亦即沒有最佳的防禦手段時應選擇次佳防禦的替代方法，給予被告充足辯明機會以供防禦權行使，而不能逕行以書面陳述替代。例如實務認為秘密證人（例如線民、共犯證人、目擊證人、臥底警察）出庭作證可能會有生命身體的危險，但必須合乎對質詰問之最小侵害手段，亦即可以透過蒙面、變聲、變像遮蔽措施或視訊傳送等隔離訊問、詰問證人或對質等方式。應注意的是，蒙面、變聲必須使被告不知為何人，試想一下某電視節目請歌星蒙面唱歌的情況（要讓藝人猜是哪位歌手在唱歌），我們一聽就知道是某個歌手在唱歌，蒙面的意義何在？難道司法機關也要跟著假裝，哇～這是誰啊！好難猜。

在性侵害的被害人案件（被害證人），應先選擇變裝或隔離措施的替代手段而與被告對質詰問，而不是直接剝奪被告的對質詰問權。但是被害證人往往在對質詰問的過程中會回想起痛苦的記憶而使之二度傷害，此時以事先錄音而當庭播放的方式時，仍應考慮到較佳的防禦手段優先原則，亦即至少要給被告或辯護人提問的機會，至少給予透過第三人間接提問與聽取回應的機會，亦即透過偵訊人員提出被告事先想問的問題。

---

[341] 最高法院 103 年度台上字第 2182 號刑事判決。

　　另外，在遠距視訊方面，實務將「當庭對質詰問」＝「視訊對質詰問」，§177II當成不用當庭對質詰問的唯一方法[342]，但此僅是便利性的考量。實則，視訊跟當庭的時間不同、氣氛不同、當場所呈現的表情與壓力的程度也不同，也可能受到視訊鏡頭範圍以外事務的影響，因此視訊對質詰問充其量也只是「較佳」的防禦權（比直接朗讀筆錄還要好），而非「次佳」的防禦權。未來科技如能做到同步模擬情境且保障證人任意性陳述下，可能即可成為「次佳」的防禦權。

最高法院 108 年度台上字第 2447 號刑事判決

　　被告對於證人之對質詰問權，乃保護被告身體自由之法律規定，屬於憲法所保障之基本人權與訴訟基本內容之一，不容任意剝奪。證人出庭作證雖為法定義務，但不無可能致其受有生命、身體安全威脅之虞，證人之生命權亦屬憲法所保障之權利，對於證人之保護乃維持社會秩序所必要。當證人因作證而有受報復行為之危險時，為免其身分暴露於被告，自應予以保密。而在如何維護證人人身安全與被告對質詰問權得以兼籌並顧之最大利益保障下，本乎緊急避難之法理，於不損及對質詰問權之核心價值以及最小侵害手段限制下，得藉由法律之規定，對被告之對質詰問權作合理的限制。例如：1.性侵害犯罪之被害人以證人身分作證時，性侵害犯罪防治法第 15 條之 1 規定：「兒童或心智障礙之性侵害被害人於偵查或審判階段，經司法警察、司法警察官、檢察事務官、檢察官或法官認有必要時，應由具相關專業人士在場協助詢（訊）問……（第一項）。前項專業人士於協助詢（訊）

---

[342] 最高法院 97 年度台上字第 2537 號刑事判決：遠距視訊係利用法庭與其所在處所之聲音及影像相互同步傳送之科技設備，進行直接訊問。現行遠距視訊係在監獄或看守所設置一個視終端，作為「視訊法庭」，而「審判法庭」則為另一視訊終端，連線之結果，「視訊法庭」即屬於「審判法庭」之延伸，如利用遠距視訊踐行交互詰問，不能謂非當庭詰問。又利用遠距視訊踐行交互詰問時，行詰問人與受詰問人之語音、表情或態度均能透過電子設備完全呈現，與法庭審判現場無異，自難認足以影響反詰問權之正當行使。

問時，司法警察、司法警察官、檢察事務官、檢察官或法官，得透過單面鏡、聲音影像相互傳送之科技設備，或適當隔離措施為之（第二項）。當事人、代理人或辯護人詰問兒童或心智障礙之性侵害被害人時，準用前二項之規定（第三項）。」2.「對於有保密身分必要之證人（即俗稱之秘密證人）」作證時，證人保護法第 11 條第 4 項規定，該證人於依法接受對質或詰問時，應以蒙面、變聲、變像、視訊傳送或其他適當隔離方式為之。同法第 15 條第 1 項就檢舉人、告發人、告訴人或被害人有保護必要時，設有準用保護證人之規定。前揭法律規範，旨在不影響被告之對質詰問權利下，兼顧證人生命、身體之安全與被告訴訟權之保障，前述保護證人之措施，雖不無妨害被告或其辯護人觀察證人作證之神情、姿態，然此一限制合於比例原則，亦無違反直接審理原則，尚無礙於辯護人實質辯護權之行使。惟如於審判期日，行交互詰問時，審判長未說明證人有何採取適當隔離措施之必要，逕將證人與行使詰問權之被告或辯護人隔離，所踐行之訴訟程序，即難認為適法。

(4) 佐證法則

　　未經質問的不利證詞，因符合前三法則的容許例外而取得證據能力者，仍應要符合佐證法則的證明力限制，亦即證人的不利陳述，不得作為有罪裁判的唯一證據，故而應以其他證據來檢驗（佐證）證人不利陳述的真實性，亦即證人的不利陳述應補強之。

三、實務見解

　　目前最高法院與高等法院[343]逐漸採取上述四大法則之見解，值得肯定。

---

[343] 臺灣高等法院花蓮分院 107 年度上訴字第 111 號刑事判決、臺灣高等法院 108 年度上易字第 1597 號刑事判決、臺灣高等法院 108 年度上訴字第 2788 號刑事判決、臺灣高等法院 108 年度上訴字第 2922 號刑事判決。

最高法院 105 年度台上字第 757 號判決（具參考價值裁判）

　　刑事被告對證人之詰問權利，乃憲法第 16 條保障人民之訴訟權利之一，且屬憲法第 8 條第 1 項規定之正當法律程序所保障之權利。為確保被告對證人行使反對詰問權，證人於審判中，應依法定程序，到場具結陳述，並就其陳述被告不利之事項，接受被告之反對詰問，其陳述始得作為認定被告犯罪事實之判斷依據。例外的情形，僅在被告未行使詰問權之不利益經由法院採取衡平之措施，其防禦權業經程序上獲得充分保障時，始容許援用未經被告詰問之證詞，採為認定被告犯罪事實之證據。而被告之防禦權是否已獲程序保障，亦即有無「詰問權之容許例外」情形，應審查：

(1) 事實審法院為促成證人到庭接受詰問，是否已盡傳喚、拘提證人到庭之義務（即學理上所謂之義務法則）。

(2) 未能予被告對為不利陳述之證人行使反對詰問權，是否非肇因於可歸責於國家機關之事由所造成，例如證人逃亡或死亡（歸責法則）。

(3) 被告雖不能行使詰問，惟法院已踐行現行之法定調查程序，給予被告充分辯明之防禦機會，以補償其不利益（防禦法則）。

(4) 系爭未經對質詰問之不利證詞，不得據以作為認定被告犯罪事實之唯一證據或主要證據，仍應有其他補強證據佐證該不利證述之真實性（佐證法則）。

　　在符合上揭要件時，被告雖未行使對不利證人之詰問權，應認合於「詰問權之容許例外」，法院採用該未經被告詰問之證言，即不得指為違法。

第六節　證據保全

　　民國 92 年新增之證據保全規定，是指預定提出供調查之證據，有湮滅、偽造、變造、藏匿或礙難使用之虞時，基於發現真實與保障被告防禦及答辯權之目的，按訴訟程序進行之階段，由告訴人、犯罪嫌疑人、被告或辯護人向檢察官，或由當事人、辯護人，向法院提出聲請，使檢察官或法院為一定之保全處分。此為防止證據滅失或發生礙難使用情形之預防措施，並非證據調查程序，例如證人即將死亡、即將逾越公或私文書的保存期限、公司之電磁紀錄有隨時被竄改可能。然而有學者認為證據保全的概念應是取得證據後的留存措施，該留存措施本不須立法即可於 §133、§143 中找到依據。新增的證據保全規定，是為防止證據滅失或發生礙難使用情形之預防措施，而可聲請檢察官為搜索、扣押、鑑定、勘驗、訊問證人或其他必要之保全處分，依此制度之設計，證據保全與證據之取得將難以區分，因此此制度的新設，有可議之處 [344]。

壹、起訴前（偵查中）之證據保全

　　§219-1 規定「I 告訴人、犯罪嫌疑人、被告或辯護人於證據有湮滅、偽造、變造、隱匿或礙難使用之虞時，偵查中得聲請檢察官為搜索、扣押、鑑定、勘驗、訊問證人或其他必要之保全處分。II 檢察官受理前項聲請，除認其為不合法或無理由予以駁回者外，應於五日內為保全處分。III 檢察官駁回前項聲請或未於前項期間內為保全處分者，聲請人得逕向該管法院聲請保全證據」。

---

[344] 柯耀程，「證據保全」立法之檢討 —— 評刑事訴訟法新增修證據保全規定，月旦法學雜誌，第 97 期，2003 年 6 月，頁 141 以下。

一、前提要件

證據有湮滅、偽造、變造、隱匿或礙難使用之虞時。

二、聲請人

聲請權人為告訴人、犯罪嫌疑人、被告或辯護人。

三、向偵查中的該管檢察官聲請

§219-3 規定「第二百十九條之一之保全證據聲請，應向偵查中之該管檢察官為之。但案件尚未移送或報告檢察官者，應向調查之司法警察官或司法警察所屬機關所在地之地方檢察署檢察官聲請」。

四、聲請的程式

§219-5 規定「I 聲請保全證據，應以書狀為之。II 聲請保全證據書狀，應記載下列事項：一、案情概要。二、應保全之證據及保全方法。三、依該證據應證之事實。四、應保全證據之理由。III 前項第四款之理由，應釋明之」。

五、檢察官接受聲請後之處理

檢察官受理聲請人之聲請，除認其為不合法或無理由予以駁回者外，應於 5 日內為保全處分，亦即搜索、扣押、鑑定、勘驗、訊問證人等其他措施。此時檢察官只須書面通知聲請人，並無須製作處分書敘明理由，以免打草驚蛇，有違反偵查不公開原則 [345]。

---

[345] 林俊益，刑事訴訟法概要（上），2020 年 9 月，頁 619。

六、檢察官因駁回而未為證據保全之救濟

§219-2 規定「I 法院對於前條第三項之聲請，於裁定前應徵詢檢察官之意見，認為不合法律上之程式或法律上不應准許或無理由者，應以裁定駁回之。但其不合法律上之程式可以補正者，應定期間先命補正。II 法院認為聲請有理由者，應為准許保全證據之裁定。III 前二項裁定，不得抗告」。偵查中的證據保全應向該管檢察官為之，但檢察官駁回聲請時，聲請人得向法院聲請保全證據。

七、實施保全證據時之在場權

§219-6 規定「I 告訴人、犯罪嫌疑人、被告、辯護人或代理人於偵查中，除有妨害證據保全之虞者外，對於其聲請保全之證據，得於實施保全證據時在場。II 保全證據之日、時及處所，應通知前項得在場之人。但有急迫情形致不能及時通知，或犯罪嫌疑人、被告受拘禁中者，不在此限」。

八、偵查中由檢察官負責保管證據

§219-7I 規定「保全之證據於偵查中，由該管檢察官保管。但案件在司法警察官或司法警察調查中，經法院為准許保全證據之裁定者，由該司法警察官或司法警察所屬機關所在地之地方檢察署檢察官保管之」。

貳、起訴後（審判中）之證據保全

§219-4 規定「I 案件於第一審法院審判中，被告或辯護人認為證據有保全之必要者，得在第一次審判期日前，聲請法院或受命法官為保全證據處分。遇有急迫情形時，亦得向受訊問人住居地或證物所在地之地方法院聲請之。II 檢察官或自訴人於起訴後，第一次審判期日前，認有保全證據

之必要者，亦同。III 第二百七十九條第二項之規定，於受命法官為保全證據處分之情形準用之。IV 法院認為保全證據之聲請不合法律上之程式或法律上不應准許或無理由者，應即以裁定駁回之。但其不合法律上之程式可以補正者，應定期間先命補正。V 法院或受命法官認為聲請有理由者，應為准許保全證據之裁定。VI 前二項裁定，不得抗告」。聲請人必須於第一次審判期日前向法院聲請保全證據，法院應作成准否裁定。

　　證據的保管方面規定於 §219-7II「審判中保全之證據，由命保全之法院保管。但案件繫屬他法院者，應送交該法院」。

比較

	起訴前（偵查中）	起訴後（審判中）
聲請人	告訴人、犯罪嫌疑人、被告或辯護人。	被告或辯護人。 檢察官、自訴人。
決定人	檢察官。檢察官駁回，得逕向該管法院聲請，由法院決定。	法院。
保管人	檢察官。	法院。
不服之救濟	若不服檢察官決定，可逕向法院聲請，但若法院也認為無理由，不得抗告。	對法院之裁定不得抗告。

參、證據保全制度之批評

一、證據保全的定位不清

　　證據保全究竟是強制處分還是證據調查的層次。而且搜索扣押的目的也是在於保全證據，因此會產生疑義，亦即以證據保全之名義為搜索、扣押時，除證據有湮滅、偽造、變造、隱匿或礙難使用之虞的要件外，是否仍需符合搜索、扣押之要件，將會產生爭議。

二、告訴人為聲請權人

告訴人（包含被害人、告訴權人）與犯罪嫌疑人的立場對立，告訴人的聲請通常都是為了保全對於犯罪嫌疑人的不利證據，但是偵查程序檢察官應注意所有有利或不利被告的證據，不宜偏廢其一，如果讓告訴人介入過多，反而會破壞偵查流程的進行。

三、國民對證據保全的制度的理解不夠清楚

證據保全程序相較於一般的強制處分措施，可以較為迅速前置的發動，但是發動的前提在於須有聲請人聲請證據保全，如果聲請人不知道有證據保全制度時，將使證據保全制度淪為具文。例如醫療糾紛案件中一開始發生時，病患方如果知道有證據保全措施可以立即向檢察官聲請俾能即時保全治療的病例資料，但是一般民眾通常不知道，以致於證據可能會有被湮滅之虞。

第三章　裁判

第一節　裁判的概念與成立

壹、裁判的意義

裁判規定於 §220～§227，「裁判＝裁定＋判決」。法院（不含檢察官、司法警察）為裁判的主體，於刑事程序中的事項與實體事項，判斷事實或適用法律時所為的意思表示與決定。

貳、判決的類型

一、本案判決與非本案判決

（一）本案判決

目的在於確定刑罰權的範圍，為關乎刑罰權有無之認定所為的判決，具有實質確定力，例如有罪、無罪、免訴判決。故而有一事不再理適用，如判決確定不得再起訴或自訴。

（二）非本案判決

非關乎刑罰權有無之確定認為的判決，僅有形式確定力，故無一事不再理的適用，例如不受理判決、管轄錯誤判決。

二、實體判決、形式判決

（一）實體判決

涉及犯罪之成立與否的實體法上事項所為之判決，應經言詞辯論為原則。實體判決為有罪、無罪的判決。

（二）形式判決

欠缺訴訟要件所為之判決，不須經言詞辯論。形式判決為免訴、不受理、管轄錯誤的判決。

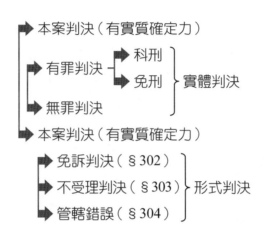

參、裁判的成立

裁判的成立必須是法院之內部意思決定後製作裁判書而對外諭知（宣示、送達）裁判方為生效。

一、裁判意思決定主體

裁判於獨任制時由獨任法官決定。於合議制時（§284-1），由合議庭評議決定（審判長、受命法官、陪席法官）。

有關合議庭的評議法院組織法 §105 規定「I 評議以過半數之意見決定之。II 關於數額，如法官之意見分三說以上，各不達過半數時，以最多額之意見順次算入次多額之意見，至達過半數為止。III 關於刑事，如法官之意見分三說以上，各不達過半數時，以最不利於被告之意見順次算入次不利於被告之意見，至達過半數為止」。法院組織法 §106 規定「評議時

各法官之意見應記載於評議簿，並應於該案裁判確定前嚴守秘密。案件之當事人、訴訟代理人、辯護人或曾為輔佐人，得於裁判確定後聲請閱覽評議意見。但不得抄錄、攝影或影印」。

二、判決書的製作

（一）裁判書的製作與記載

§50 規定「裁判應由法官制作裁判書。但不得抗告之裁定當庭宣示者，得僅命記載於筆錄」。

§308 規定「判決書應分別記載其裁判之主文與理由；有罪之判決書並應記載犯罪事實，且得與理由合併記載」。

關於有罪判決的主文，§309 規定「有罪之判決書，應於主文內載明所犯之罪，並分別情形，記載下列事項：一、諭知之主刑、從刑、刑之免除或沒收。二、諭知有期徒刑或拘役者，如易科罰金，其折算之標準。三、諭知罰金者，如易服勞役，其折算之標準。四、諭知易以訓誡者，其諭知。五、諭知緩刑者，其緩刑之期間。六、諭知保安處分者，其處分及期間」。

關於有罪判決的理由，§310 規定「有罪之判決書，應於理由內分別情形記載下列事項：一、認定犯罪事實所憑之證據及其認定之理由。二、對於被告有利之證據不採納者，其理由。三、科刑時就刑法第五十七條或第五十八條規定事項所審酌之情形。四、刑罰有加重、減輕或免除者，其理由。五、易以訓誡或緩刑者，其理由。六、諭知沒收、保安處分者，其理由。七、適用之法律」。

§310-1 規定「I 有罪判決，諭知六月以下有期徒刑或拘役得易科罰金、罰金或免刑者，其判決書得僅記載判決主文、犯罪事實、證據名稱、對於被告有利證據不採納之理由及應適用之法條。II 前項判決，法院認定之犯罪事實與起訴書之記載相同者，得引用之」。§310-2 規定「適用簡

式審判程序之有罪判決書之製作，準用第四百五十四條之規定」。§310-3
規定「除於有罪判決諭知沒收之情形外，諭知沒收之判決，應記載其裁判
之主文、構成沒收之事實與理由。理由內應分別情形記載認定事實所憑
之證據及其認定之理由、對於被告有利證據不採納之理由及應適用之法
律」。

（二）裁判書錯誤之處理

請參照第一篇第六章訴訟行為。

（三）裁判的諭知

裁判應對外諭知，使受裁判者知悉裁判，方對外生效，諭知的方法
有：

1. 宣示

§224 規定「I 判決應宣示之。但不經言詞辯論之判決，不在此限。
II 裁定以當庭所為者為限，應宣示之」。§225 規定「I 宣示判決，應朗
讀主文，說明其意義，並告以理由之要旨。II 宣示裁定，應告以裁定之意
旨；其敘述理由者，並告以理由。III 前二項應宣示之判決或裁定，於宣示
之翌日公告之，並通知當事人」。又宣示應於辯論終結之日起 14 日內為
之（§311），宣示之日不以被告到庭為必要（§312），且不以參與審判
的法官宣示為限（§313）。

宣示是指對外表示，其方式無限制，例如法院當庭對外表示、函文通
知被告，或張貼在法院的公布欄、網站皆屬之。是否有必須要宣示，以法
官與被告是否言詞辯論的狀況區分，如不以言詞辯論為必要時，則以送達
時發生裁判效力。

2. 送達

送達規定於 §62 準用民事訴訟法的送達規定，送達也是對外生效的
方式。如先宣示則裁判效力於宣示時發生，若未宣示則裁判效力自送達時

發生。但應注意的是，宣示時並非上訴、抗告期間的起算始點，收受送達方為上訴、抗告期間的起算始點。

（一）判決
1. 經言詞辯論者：必須宣示，宣示時生效。
2. 不經言詞辯論者：不用宣示，送達時生效。
（二）裁定
1. 當庭裁定：必須宣示，宣示時生效。
2. 非當庭裁定：不用宣示，送達時生效。

第二節　訴訟關係

壹、意義

　　案件經起訴而繫屬於法院的狀態，稱為訴訟繫屬。因為訴訟繫屬，法院受其拘束並應加以審判（告即應理）。訴訟繫屬時法院與其他訴訟主體之間，也因此產生相互之間的訴訟上權利義務關係，稱為訴訟關係。

貳、發生原因與移轉原因

　　訴訟關係發生的原因為提起訴訟（包含公訴、自訴）、提起上訴。移轉原因是指訴訟繫屬於法院之後訴訟關係雖已存在，但該繫屬法院未必有管轄權，此時無管轄權之法院，應依照 §304 諭知管轄錯誤，並移送於管轄法院。而受移送之法院應自為審判，毋庸再經檢察官重行起訴。

參、消滅原因

一、訴之撤回

　　訴之撤回包含公訴撤回（§269）、自訴撤回（§325）、撤回上訴（§354）、撤回再審（§431）。撤回後訴訟關係溯及既往歸於消滅，既無訴訟關係存在，法院便無從就該案件為任何裁判。然告訴之撤回，因為尚未消滅訴訟繫屬，故法院應為不受理判決§303(3)。

二、終局判決

　　終局判決是指解除訴訟關係的判決，包含有罪、無罪、免訴、不受理判決（§299、§301～§303）。

第三節　訴訟要件

壹、概念

　　訴訟要件（程序要件）是指整個訴訟能夠合法進行並為實體判決所須具備的前提要件，亦即案件起訴後而有訴訟關係，而法院要終局判決的前提在於具備訴訟要件，而基於訴訟經濟下，若欠缺訴訟要件可以補正，法院應給予補正機會，例如欠缺告訴時但已經提起公訴，法院應給予補正告訴機會，不過實務認為告訴人要向檢察官補正，而非法官[1]。

---

[1]　最高法院 73 年台上字第 4314 號判例、最高法院 87 年度台上字第 3923 號刑事判決、臺灣高等法院臺中分院 108 年度上易字第 203 號刑事判決、臺灣高等法院臺南分院 108 年度上易字第 299 號刑事判決。

貳、訴訟要件審查時點

一、訴訟要件是否具備以起訴時為準者，起訴後如有變更仍不得指為欠缺

　　例如管轄權的有無，A 的住所於台北，臺北地院於起訴時即享有土地管轄權，嗣後 A 搬至台中，臺北地院亦不因此而喪失管轄權。

二、法院不問訴訟程度如何，應依職權調查訴訟條件有無欠缺

　　起訴時、裁判時均應具備訴訟要件。審查程序事項時有罪疑惟輕原則適用，例如追訴權時效有所不明時，有罪疑惟輕原則適用。

參、形式訴訟要件與實體訴訟要件

<table>
<thead>
<tr><th colspan="2"></th><th>形式訴訟要件</th><th>實體訴訟要件</th></tr>
</thead>
<tbody>
<tr><td colspan="2">定義</td><td>刑事訴訟法上規定提起訴訟所要具備的要件，例如有無合法告訴。</td><td>實體法上所規定的訴訟條件，例如追訴權時效之規定。</td></tr>
<tr><td colspan="2">相同</td><td colspan="2">欠缺時法院均只能為形式審理，下形式判決，而非實體的有罪、無罪判決。</td></tr>
<tr><td rowspan="4">不同</td><td>關係事項</td><td>程序上事項。</td><td>實體上事項。</td></tr>
<tr><td>處理問題</td><td>訴是否存在。</td><td>案件是否存在。</td></tr>
<tr><td>欠缺時</td><td>不受理（§303）、管轄錯誤判決（§304）。</td><td>免訴判決（§302），即曾經判決確定者、時效已完成者、曾經大赦者、犯罪後之法律已廢止其刑罰者。</td></tr>
<tr><td>效果</td><td>1. 僅生訴訟上效果。
2. 不受一事不再理拘束。</td><td>1. 訴訟上及實體上效果。
2. 受一事不再理拘束（有爭議）。</td></tr>
</tbody>
</table>

肆、訴訟要件欠缺的競合

一個訴訟中同時欠缺兩種以上的訴訟要件時，如何處理：

一、同種類判決的競合

（一）原則：依照條文規定的順序適用。

（二）例外：不受理判決的特殊情形

1. 被告死亡（§303(5)）：優先於 §303 的各款適用。

2. 無審判權（§303(6)）與無管轄權（§303(7)）：因為有審判權，方有管轄權，故應優先適用 §303(6)，諭知不受理判決。

二、不同種類判決的競合

（一）原則

　　管轄錯誤（§304）＞不受理（§303）＞免訴（§302）（「＞」是指前者優先於後者適用）。

（二）例外

1. 無審判權（§303(6)）與管轄錯誤（§304）：因為有審判權，方有管轄權，故應優先適用（§303(6)）。

2. 不受理判決（§303(2)、(7)）與曾經判決確定的免訴判決（§302(1)）。曾經判決確定的免訴判決（§302(1)）優先於已經提起公訴或自訴之案件（§303(2)），依據 §8「在同一法院重行起訴者。依同一案件繫屬於有管轄權之數法院者，由繫屬在先之法院審判之」之規定不得為審判者（§303(7)）適用。因判決確定必須優先於不受理判決。

3. 時效已完成者的免訴判決（§302(2)）與已經逾越告訴期間的不受理判決（§303(3)）：§302(2) 優先於 §303(3)，因時效已經完成了涉及可否追訴犯罪，會比是否逾越告訴期間先行判斷。

第四節　裁判的效力

壹、裁判的確定力

一、形式確定力

（一）概念

　　為程序面的確定力，形式確定力是指在同一範圍內，不得再聲明不服，只要一經確定整個訴訟關係即終結，不得對該訴訟客體聲明不服，故不得再經由其他救濟途徑請求撤銷，又稱為裁判的不可撤銷性。其目的在於法之安定性。

（二）形式確定力的確定時點：不得依通常程序聲明不服時確定

1. 本不得聲明不服

　　此時裁判一經諭知及對外生效及同時確定。如果有宣示判決，於宣示時確定，如未有宣示判決，於送達時確定。

　　本不得聲明不服的裁判有不得抗告之裁定（§404、§405）、第三審法院的判決（§395～§398）、不得上訴第三審的案件（§376）、不得上訴的再審判決（§437）。

2. 本可聲明不服，但因特定原因不得聲明不服

　　裁判諭知時對外生效，但所有人均不得聲明不服時方屬確定。

本可聲明不服的裁判，因下列原因而不得聲明不服，諸如已經逾越上訴期間或抗告期間（§349、§406）、捨棄上訴或告訴權、撤回上訴或抗告（§359、§419）。

二、實質確定力

（一）概念

判決之內容涉及實體法事項，就有無刑罰權事項產生確定力，產生禁止再訴的效力（一事不再理、禁止二重危險），又稱為既判力。

（二）裁判種類與既判力

1. 判決

(1) 有罪、無罪判決

因涉及實體法事項，判決確定後有實質確定力。

(2) 免訴判決

因為欠缺實體訴訟條件而非涉及實體法事項，故不具有實質確定力。然有學說、實務認為免訴判決為與訴訟目的有關的裁判，免訴判決為實體事項的形式判決，仍有實質確定力。

(3) 不受理、管轄錯誤判決

僅有形式確定力。例如 A 傷害 B（15 歲），B 向檢察官提告訴，後來 A、B 和解，B 撤回告訴（§238I），法官應依照 §303(3) 諭知不受理判決，被告與檢察官不得聲明不服，因非本案判決僅具有形式效力，但刑罰權仍未消滅，不受一事不再理拘束，若 B 的法定代理人依照 §233I 提出獨立告訴，檢察官仍可起訴，法官仍可對 A 審判。

2. 裁定

如是針對實體的裁定（如定執行刑），有實質確定力。如是針對程序的裁定（如裁定命補正），則無實質確定力。

（三）實質確定力的「時」的範圍

在實質確定力的「物」的範圍，請參照同一性的章節，在此僅討論「時」的範圍。

下面的例子，在實體判決確定後，於何時點所發生的同一犯罪事實會受到一事不再理的限制。有關確定力的時點有下列主張。

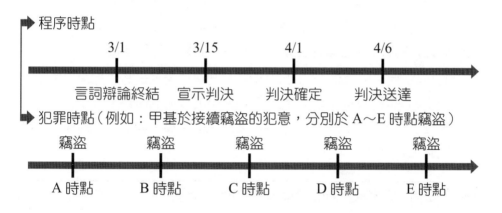

1. 言詞審理時

(1) 言詞辯論終結說[2]

實體確定力及於最後審理事實法院言詞辯論終結前所發生的事實，因為該時點之前方是可調查、審理的時點，若終結後發生事實（B〜E）非既判力所及。

(2) 宣示判決說（實務）[3]

實體確定力及於最後審理事實法院宣示判決前所發生的事實，若發生於宣示判決後則非法院可以審判的範圍，故而 C〜E 時點的犯罪事實不被實體確定力所及。

---

[2] 林鈺雄，刑事訴訟法（上），2013 年 9 月，頁 654。
[3] 最高法院 82 年度第 4 次刑事庭會議決議。

(3) 判決確定說

實體確定力及於最後審理事實法院判決確定前所發生的事實，故而實體確定力不及於 D、E 時點的犯罪事實。

2. 書面審理時

以上三者均為有言詞辯論時之說法。若僅採書面審體，例如簡易判決處刑程序，則無須宣示判決。至於何時判決確定，有下列主張。

(1) 判決送達說（實務[4]）：判決正本送達於當事人時，對外發生效力時為實體確定力的時點，故實體確定力不及於 E 時點的犯罪事實。

(2) 判決成立時說（學說[5]）：此說認為，判決送達說是將「拘束力生效時點」與「判決既判力的延長時點」搞混。時的效力的時點應該以「有無審理可能性」為判準，簡易判決書製作後發生的事實，非法院可審理，故而非實質確定力所及。

最高法院 95 年度台非字第 99 號刑事判決

而經宣示之判決，於最後審理事實法院宣示判決後始行發生之事實，既非該法院所得審判，即為該案判決之既判力所不及，其既判力對於時間效力之範圍，應以最後審理事實法院之宣示判決日為判斷之標準，因而得上訴於高等法院之第一審刑事判決經宣示者，如未據上訴，其既判力之時點，固應至宣判之日；惟若第一審之確定判決，因未經言詞辯論，而未宣示及對外公告，即應以其正本最先送達於當事人之時，對外發生效力，而以之為該確定判決既判力範圍之時點。

---

[4]　最高法院 96 年度台非字第 142、143 號刑事判決。
[5]　林俊益，一審簡易判決既判力之延長時點，月旦法學雜誌，第 11 期，1996 年 2 月，頁 49-50。

貳、無效判決

一、概念

　　訴訟關係尚未發生或已經消滅，所為的判決稱為無效判決。換言之，判決已經成立（形式上諭知），但有明顯且重大瑕疵，不待聲請不服，當然、絕對地不生判決效力。無效判決確定後發生形式確定力，但不生實質確定力。不過因為有形式上判決的外觀，仍有形式確定力，故已確定之無效判決仍可提起救濟[6]。

　　而瑕疵判決是指錯誤的嚴重程度不如無效判決，而現行法已經明文規定判決違背法令、訴訟程序違背法令、判決當然違背法令（§377～§380），得上訴第三審救濟。但§379(12)的訴外裁判，屬於瑕疵判決，但也屬於無效判決。

二、無效判決的種類

（一）訴訟關係不存在之判決

1. 訴訟關係已經消滅

(1) 雙重判決，例如A傷B被判刑6個月之有期徒刑，而B再提自訴，法院本應諭知免訴判決，但法院沒發現同一案件已有判決存在，卻又加以判決。

(2) 檢察官撤回起訴後（§269），與不起訴處分有同一效力（§270），法院未發現已經撤回起訴，卻仍加以判決。

2. 訴訟關係未發生

　　例如未經起訴或上訴之判決。

---

[6]　張麗卿，刑事訴訟法理論與運用，2010年9月，頁436-437。

（二）非審判主體（訴訟主體）所為之判決

無審判權之人，應於形式上終結該案件而諭知不受理判決。若無審判權者誤為實體判決，該判決當然無效。例如軍事法庭審理一般民眾的犯罪案件。

（三）欠缺訴訟客體之判決

例如被告已經死亡、以商號為被告而無被告能力。

三、無效判決的救濟

（一）欠缺訴訟關係，但上級審卻誤為有訴訟關係

大法官釋字第 135 號謂「民刑事訴訟案件下級法院之判決，當事人不得聲明不服而提出不服之聲明，或未提出不服之聲明而上級法院誤予廢棄或撤銷發回更審者，該項上級法院之判決及發回更審後之判決，均屬重大違背法令，固不生效力，惟既具有判決之形式，得分別依上訴、再審、非常上訴及其他法定程序辦理」。

最高法院 108 年度台非字第 121 號刑事判決

按判決不適用法則或適用法則不當者，為違背法令；又未受請求之事項予以判決者，其判決當然違背法令，刑事訴訟法第 378 條、第 379 條第 12 款定有明文。所謂「未受請求之事項予以判決」，係指法院對於未經起訴、上訴、聲請、聲明或起訴、上訴、聲請、聲明效力所不及之事項，予以裁判者而言，並參酌司法院釋字第 135 號解釋：「民刑事訴訟案件下級法院之判決，當事人不得聲明不服而提出不服之聲明，或未提出不服之聲明而上級法院誤予廢棄或撤銷發回更審者，該項上級法院之判決及發回更審後之判決，均屬重大違背法令，固不生效力，惟既具有判決之形式，得分別依上訴、再審、非常上訴及其他法定程序辦

理。」之意旨，該違法之訴外裁判一經確定，雖自始、當然無效，但因具有裁判之形式，仍應視個案情形之必要性，依非常上訴程序將該違法之裁判撤銷，以回復至撤銷前之訴訟狀態。

最高法院 106 年度台非字第 188 號刑事判決

　　本院按民刑訴訟案件之下級法院判決，當事人不得聲明不服而提出不服之聲明，或未提出不服之聲明而上級法院誤予廢棄或撤銷發回更審者，該項上級法院之判決及發回更審後之判決，均屬重大違背法令，固不生效力，惟既具有判決之形式，得分別依上訴、再審、非常上訴及其他法定程序辦理。司法院釋字第 135 號解釋著有明文。而對於簡易判決有不服者，得上訴於管轄之第二審地方法院合議庭。刑事訴訟法第 455 條之 1 第 1 項，固定有明文。惟同法並無不服地方法院合議庭之第二審判決，得再上訴之規定，故一經該合議庭為第二審判決，即屬確定，不得再提起上訴。

　　本件被告○○○因妨害公務案件，經檢察官聲請以簡易判決處刑，並經臺灣臺中地方法院於 105 年 12 月 22 日，以 105 年度沙簡字第 405 號簡易判決論處其犯刑法第 140 條第 1 項之侮辱公務員罪刑。其不服，向管轄之第二審即臺灣臺中地方法院合議庭提起上訴，於審理中之 106 年 5 月 1 日死亡，有相關卷證及被告個人戶籍資料查詢結果在卷可按。該管轄之地方法院合議庭本應改依通常程序，依刑事訴訟法第 303 條第 5 款規定為不受理判決，始為適法，竟未察，而於 106 年 5 月 3 日仍依簡易程序為第二審實體判決確定。乃檢察官對該已確定案件，復於 106 年 6 月 19 日向原審法院提起上訴，有上訴書在卷可按。其上訴顯不合法，原判決未駁回其上訴，竟將上開地方法院合議庭之判決撤銷，改判諭知不受理，有適用法則不當之違背法令。案經確定，非常上訴意旨執以指摘，為有理由。應由本院將原判決撤銷，駁回檢察官之上訴，以資救濟。

（二）具備訴訟關係，但上級審認為不具備訴訟關係

(1) 上級法院誤以為是不合法上訴，但實際是合法的上訴時（合法上訴被上級法院誤為不合法上訴），上級法院為駁回上訴之判決

① 原審判決不利於被告時，提起非常上訴

　　過去實務認為，因為有合法上訴，故上級法院就該上訴案件直接進行審理即可。然而現行實務認為，原審判決不利益於被告之合法上訴，上訴法院誤為不合法，而從程序上駁回上訴判決確定者，其判決固屬於重大違背法令，然而既然具有判決之形式，仍應先依非常上訴程序將該確定判決撤銷後，才可回復原訴訟程序，就合法上訴部分進行審判[7]。

② 原審判決利於被告時，得直接審判

　　實務認為如果原審判決是利於被告，上訴法院誤為不合法而從程序上駁回上訴的判決確定者，非大法官釋字第 271 號的解釋範圍。該程序上判決，不發生實質確定力，不用先依非常上訴程序撤銷，可直接依合法的上訴進行審判[8]。

最高法院 101 年度台非字第 129 號刑事判決

　　就誤合法上訴為不合法而予以駁回之判決其救濟途徑有二：

　　利於被告之合法上訴者，上訴審之駁回判決，不發生實質上之確定力，毋庸先依非常上訴程序撤銷，可逕依合法之上訴，進行審判。

　　不利於被告之合法上訴者，上訴審之駁回判決，已有判決之形式，經判決駁回並確定後之救濟途徑，僅有先依非常上訴程序，將該誤合法上訴為不合法之判決撤銷後，始得回復原訴訟程序。

---

[7]　大法官釋字第 271 號。
[8]　最高法院 80 年度第 5 次刑事庭會議決議。

(2) 上級法院誤以為是合法上訴，但實際上是不合法的上訴（不合法上訴
被上級法院誤為合法上訴）

上級法院誤以為是合法的上訴，但其實是不合法的上訴，例如已經逾
越上訴期間而提上訴，上級法院本應該對該不合法上訴為上訴駁回，但法
院卻誤為合法上訴，嗣後為撤銷、廢棄原確定判決。應如何處理上級法院
的判決。因為逾越上訴期間而原審判決已經確定，原審的確定判決應具有
實質確定力。然而上級法院所為撤銷、廢棄原確定判決之判決仍具有形式
判決的外觀，依釋字第 135 號，須以非常上訴撤銷上級法院該撤銷、廢棄
原確定之判決。

第四章　一般救濟

第一節　上訴概論

壹、上訴的概念

　　審級制度之目的在於追求正確與適當的審判結果，上訴權人對於下級法院未確定之判決，向原審法院表示不服而請求上級法院撤銷或變更原判決之救濟，上級法院亦可由撤銷或糾正下級審法院的違法或不當判決，以保障人民之訴訟權。

　　如果上訴合法將會生阻斷判決確定的效力以及產生移審的效力（原審送交卷證至上級審時，上級審開始產生訴訟關係）。

　　「判決」應以上訴救濟，而「裁定」應以抗告救濟，「處分」則以準抗告救濟，應予區別。

貳、上訴利益

一、上訴利益之概念

　　上訴必須有上訴利益方可上訴。被告之上訴，以受不利益之裁判，為求自己利益而請求救濟者，方得為之。基於上訴利益之原則，上訴人（被告）不得為自己之不利益提起上訴[1]。

　　被告之上訴，其利益或不利益，應就一般客觀情形觀之，並非以被告之主觀利益為準。又法院為程序判決（如免訴、不受理），案件即回復未

---

[1] 最高法院 108 年度台上字第 4345 號刑事判決、最高法院 109 年度台上字第 649 號刑事判決：被告之上訴，以受有不利益之判決，為求自己利益起見請求救濟者，始得為之，要無許其為自己不利益上訴之理。

起訴前之狀態，被告雖不無曾受起訴之社會不利評價，但並無客觀之法律上不利益。而被告之上訴，以受有不利益之裁判，為求自己利益起見，請求救濟者，方得為之[2]。

二、判決種類與上訴利益

（一）不同種判決間

應觀察判決主文定判決之種類，再依判決之種類，其對被告最不利至有利之次序為：科刑（有罪而科刑）＞免刑（有罪但免刑）＞管轄錯誤＞不受理＞免訴＞無罪之判決，若僅就原判決聲明不服，並非求為更有利種類之判決，即無上訴利益之可言[3]。

若為管轄錯誤判決，仍須諭知移送管轄法院，利益或不利益並非由管轄錯誤判決本身觀察。若後來管轄法院諭知被告無罪之判決，被告既未受有不利益，自不具上訴利益[4]。

實務上認為不受理[5]、免訴判決[6]，原判決未有論罪科刑，即無不利益之可言，被告自不得對此部分上訴。然而學說認為對於程序上的免訴、不受理判決的上訴，若其目的是為了取得無罪的實體判決，應認為有上訴利益[7]。

---

[2]　最高法院 97 年度台非字第 294 號刑事判決。

[3]　最高法院 109 年度台上字第 710 號刑事判決。

[4]　最高法院 108 年度台上字第 1178 號刑事判決、最高法院 109 年度台上字第 130 號刑事判決。

[5]　最高法院 89 年度台上字第 1921 號刑事判決、臺灣高等法院 109 年度上易字第 605 號刑事判決。

[6]　最高法院 94 年度台上字第 854 號刑事判決、最高法院 102 年度台上字第 724 號刑事判決、臺灣高等法院 109 年度上易字第 605 號刑事判決。

[7]　林俊益，刑事訴訟法概論（下），2016 年 2 月，頁 334-335。林鈺雄，刑事訴訟法（下），2022 年 9 月，頁 381。

（二）同種判決間

若是同種判決間（例如同屬有罪科刑判決），仍以判決主文為判準，請求減輕、免除其刑或緩刑始有上訴利益。例如原審法院之判決主文為「A 血液中酒精濃度達 0.05% 以上而駕駛動力交通工具，因而致人重傷，處有期徒刑 1 年 7 月。」A 上訴請求「處有期徒刑 1 年 7 月。緩刑 5 年，並應向檢察官指定之政府機關、政府機構、行政法人、社區或其他符合公益目的之機構或團體，提供 220 小時之義務勞務，及接受 8 小時之法治教育課程。緩刑期間付保護管束。」

又若下級審認為收賄 50 萬，上級審認為 20 萬，則是對被告有利，被告上訴意旨指摘原判決對行賄金額的部分認定不當，屬於為自己不利益上訴，自非適法的上訴理由[8]。

若請求與原審判決之主文相同，不問理由是否相同，則無上訴利益，例如原審法院之判決主文為「A 施用第二級毒品，累犯，處有期徒刑 2 年 3 月。」，A 上訴請求相同之主文，但於理由中說明其上一次施用二級毒品為 10 月 10 日，而非 11 月 11 日，則不具上訴利益。

（三）無罪判決但有宣告監護處分，被告仍有上訴利益

被告經原審法院認定其行為時因精神障礙，致不能辨識其行為違法，依刑法 §19I 規定，係屬不罰，而判決無罪，並依同法 §87I 之規定，諭知令入相當處所，施以監護之處分。被告不服，以：1. 本件應係不能證明被告犯罪，而非被告之行為不罰。2. 被告之精神疾病業經接受治療並獲控制，應無施以監護之必要為由，提起上訴。上訴審法院得否以被告無上訴利益，逕以其上訴不合法予以駁回？

實務[9]認為原審無罪判決，已同時諭知對被告不利之監護處分，而與

8　最高法院 108 年度台上字第 3827 號刑事判決。
9　最高法院 106 年度第 9 次刑事庭會議決議。

僅單純宣告被告無罪之判決不同，自應認被告具有上訴利益，不得逕以其無上訴利益而予駁回。

最高法院 109 年度台上字第 491 號刑事判決

保安處分執行法第 47 條規定，經檢察官指定為執行處所之精神病院、醫院，對於受監護處分者，除分別情形給予治療外，並應監視其行動。受監護處分者之行動既受監視，自難純以治療係為使其回復精神常態及基於防衛公共安全之角度，而忽視人身自由保障之立場，否定監護係對其不利之處分。又刑法第 87 條第 1 項規定之監護處分，係因被告有同法第 19 條第 1 項所定之精神障礙，或其他心智缺陷致欠缺責任能力而不罰者，其情狀足認有再犯或有危害公共安全之虞時，始有其適用。法院依刑事訴訟法第 301 條就此為被告無罪之判決時，並應諭知其處分及期間。是以，此項監護處分與無罪之諭知，具有不可分離之關係，不能割裂為二事，其有無上訴利益，必須為整體之觀察，無從分別判斷。

最高法院 106 年度第 9 次刑事庭會議、最高法院 109 年度台上字第 491 號刑事判決

保安處分執行法第 47 條規定，經檢察官指定為執行處所之精神病院、醫院，對於受監護處分者，除分別情形給予治療外，並應監視其行動。受監護處分者之行動既受監視，自難純以治療係為使其回復精神常態及基於防衛公共安全之角度，而忽視人身自由保障之立場，否定監護係對其不利之處分。又刑法第 87 條第 1 項規定之監護處分，係因被告有同法第 19 條第 1 項所定之精神障礙，或其他心智缺陷致欠缺責任能力而不罰者，其情狀足認有再犯或有危害公共安全之虞時，始有其適用。法院依刑事訴訟法第 301 條就此為被告無罪之判決時，並應諭知其處分及期間。是以，此項監護處分與無罪之諭知，具有不可分離之關係，不能割裂為二事，其有無上訴利益，必須為整體之觀察，無從分別

判斷。本件原判決維持第一審諭知上訴人○○○（原名 XXX、YYYY）被訴犯嫌均無罪並諭知令入相當處所施以監護 1 年之判決，與僅單純宣告無罪之判決不同，上訴人上訴意旨既主張不應令其入相當處所施以監護，揆諸上揭說明，應認其對原判決有上訴利益。

參、上訴權人

當事人對於下級法院之判決有不服者，得上訴於上級法院（§344I），而所謂當事人是指：

一、檢察官

檢察官只要認為判決有違誤或不當，即使為被告利益，亦得上訴（§344IV），因為檢察官負有客觀性義務，不論有利不利均須注意（§2I）。檢察官於自訴案件亦可獨立上訴（§347）。而告訴人或被害人對於下級法院之判決有不服者，雖得具備理由，請求檢察官上訴（§344III），然告訴人或被害人仍非上訴權人。

二、自訴人

（一）自訴人須為被告之不利益始得上訴。

（二）自訴人死亡或喪失行為能力時，其法定代理人、直系血親、配偶亦有上訴權，但此非獨立上訴權。

三、被告

（一）被告自己上訴。

（二）被告法定代理人、配偶

被告之法定代理人或配偶，得為被告之利益獨立上訴（§345），此為獨立上訴權，然必須以被告未死亡為前提[10]，若被告死亡者，應諭知不受理之判決，為§303(5)所明定。

在被告死亡的情形，檢察官為§344I前段規定之當事人，代表國家職司偵查，對被告利益、不利益均應一併注意，訴訟上具公益角色，負有監督並請求糾正判決違法情形之職責，其上訴權自不因被告死亡而受有限制。至於被告之配偶依法固得為被告之利益獨立上訴，但此項獨立上訴權之行使，必以被告之生存為其前提，若被告業已死亡，則訴訟主體已不存在，被告之配偶即無獨立上訴之餘地，但此與檢察官為當事人具有單獨上訴權並不相同[11]。

（三）原審之代理人或辯護人

原審之代理人或辯護人，得為被告之利益而上訴。但不得與被告明示之意思相反（§346），此為從屬於被告之代理上訴權。若被告之上訴權已喪失，辯護人即不得再行上訴[12]。因為僅為代理權性質，上訴應以被告名義為之，故不得與被告明示意思相反。

如代理人或辯護人以自己名義提上訴，法院應先定期間命補正，如未先命補正，得逕以上訴不合法駁回，上訴駁回屬於違法，應得依法救濟[13]。

四、職權上訴

宣告死刑之案件，原審法院應不待上訴，依職權逕送該管上級法院審判，且視為被告已提起上訴（§344IV、V）

---

[10] 最高法院33年上字第476號判例、最高法院100年度台上字第1866號刑事判決、臺灣新竹地方法院109年度簡上字第71號刑事判決。
[11] 最高法院100年度台上字第6254號刑事判決。
[12] 最高法院103年度台抗字第731號刑事裁定。
[13] 大法官釋字第306號。

修法前職權上訴包括死刑、無期徒刑之案件，法院須依職權逕送上級法院審判，在民國 109 年 1 月刪除無期徒刑的案件，本次修法理由指出死刑係生命刑，於執行後如發現為冤獄，將無法補救。為保障人權，宣告死刑之案件，原審法院應不待上訴，依職權逕送該管上級法院審判。至於無期徒刑因屬自由刑，當事人本得自行決定是否提起上訴，此與宣告死刑之情形有別。被告受無期徒刑之判決後折服，願及早入監執行者，自應尊重其意願，原條文對於無期徒刑的案件應依職權逕送上級法院之規定，無異剝奪被告期能及早確定而不上訴之權益。本書認為死刑之案件，亦有被告期能判決盡快確定之意願問題，立法理由尚屬速斷。

肆、上訴權之喪失

一、逾越上訴期間

§349 規定「上訴期間為二十日，自送達判決後起算。但判決宣示後送達前之上訴，亦有效力」，因上訴具有阻斷確定判決的效力，但必須考量法安定性而給予期間限制，民國 109 年 1 月將上訴期間由 10 日修正為 20 日，給予上訴人充分準備時間。

（一）上訴期間的始期計算

上訴期間的始期，以應收受送達人且具有上訴權人（例如被告、§345 與 §346 之人）實際收受時為準[14]。若是送達檢察官，以檢察官最初收受之日為上訴期間的起算點，不因內部易人而有變更[15]。

按辯護人並無獨立上訴權，其為被告利益上訴之上訴權係代理權性質，仍須依附於被告本人之上訴權而存在，是其上訴期間（含扣除在途期

---

[14] 臺灣高等法院花蓮分院 98 年度重上更（七）字第 3 號刑事判決。
[15] 臺灣高等法院 92 年度上訴字第 3767 號刑事判決。

間）之計算，自應以被告收受判決之日為準[16]。

　　又被告為接受文書之送達，應將其住所、居所或事務所向法院或檢察官陳明。如在法院所在地無住所、居所或事務所者，應陳明以在該地有住所、居所或事務所之人為送達代收人。前項之陳明，其效力及於同地之各級法院。送達向送達代收人為之者，視為送達於本人；前條之規定，於在監獄或看守所之人，不適用之。送達於在監獄或看守所之人，應囑託該監所長官為之，§55、§56分別定有明文[17]。

（二）上訴期間的終期計算

　　依§65期間之計算，依民法之規定。上訴是否逾期，應以書狀實際到達法院之日為判斷標準[18]。

二、上訴權之捨棄

　　§353規定「當事人得捨棄其上訴權」，只要具備理解捨棄訴訟權的意義之訴訟能力即可，而非以民法的完全行為能力（18歲）為判斷標準。

　　§357規定「I捨棄上訴權，應向原審法院為之。II撤回上訴，應向上訴審法院為之。但於該案卷宗送交上訴審法院以前，得向原審法院為之」。

　　§358規定「I捨棄上訴權及撤回上訴，應以書狀為之。但於審判期日，得以言詞為之。II第三百五十一條之規定，於被告捨棄上訴權或撤回上訴準用之」。

---

[16] 最高法院103年度台抗字第731號刑事裁定。
[17] 最高法院108年度台非字第227號刑事判決。
[18] 最高法院108年度台抗字第1695號刑事裁定。

三、上訴之提出與撤回

（一）上訴之提出

1. 向原審法院

§350 規定「I 提起上訴，應以上訴書狀提出於原審法院為之。II 上訴書狀，應按他造當事人之人數，提出繕本」。

2. 向監獄或看守所

§351 規定「I 在監獄或看守所之被告，於上訴期間內向監所長官提出上訴書狀者，視為上訴期間內之上訴。II 被告不能自作上訴書狀者，監所公務員應為之代作。III 監所長官接受上訴書狀後，應附記接受之年、月、日、時，送交原審法院。IV 被告之上訴書狀，未經監所長官提出者，原審法院之書記官於接到上訴書狀後，應即通知監所長官」。

（二）上訴之撤回

§354 規定「上訴於判決前，得撤回之。案件經第三審法院發回原審法院，或發交與原審法院同級之他法院者，亦同」。

1. 意義

撤回上訴的前提為有一個合法的上訴，而之後再請求法院不再就合法上訴案件為裁判的意思表示。撤回上訴將使案件與上級審的訴訟關係消滅，故而法官不用再為任何裁判，法官如仍為裁判，則屬於訴外裁判，是無效的判決。

2. 撤回時點：判決前。

3. 撤回權人

(1) 原則

提出上訴之人為撤回權人，例如被告、被告的法定代理人或配偶（§345），亦即被告提上訴只有被告可以撤回，不可由被告的法定代理人撤回。如被告的配偶提上訴，只有被告的配偶能撤回。

(2) 限制

① 為被告利益上訴（例如被告的法定代理人或配偶為被告利益上訴、檢察官為了被告利益上訴），撤回上訴須得被告同意（§355）。

② 自訴案件之上訴，撤回上訴須得檢察官同意（§356）。

4. 撤回之程式

(1) 撤回上訴，應向上訴審法院為之。但於該案卷宗送交上訴審法院以前，得向原審法院為之（§357II）。且應以書狀為之（§358）

(2) 撤回上訴之理由：無須說明。

5. 捨棄與撤回的共通效果

(1) 捨棄與撤回的共通效果為喪失上訴權（§359），不得再上訴。如再上訴，原審應以裁定駁回（§362、§384），如在上訴審才發現有喪失上訴權者，則應以判決駁回（§367、§395）。

(2) 法院不用再為任何裁判。

(3) 僅對於撤回、捨棄者本身生效。必須所有上訴的上訴人均撤回、捨棄，才可以消滅訴訟關係。

伍、上訴的範圍

§348 規定「I 上訴得對於判決之一部為之；未聲明為一部者，視為全部上訴。II 對於判決之一部上訴者，其有關係之部分，視為亦已上訴。但有關係之部分為無罪、免訴或不受理者，不在此限。III 上訴得明示僅就判決之刑、沒收或保安處分一部為之」，請參照第二篇第一章第三節公訴的範圍。

陸、不利益變更禁止原則

一、不利益變更禁止之定義與目的

　　不利益變更禁止是指由被告上訴或為被告利益而上訴，除因原審法院適用法條不當而撤銷原審判決，第二審法院不得諭知較重於原審法院判決之刑（§370I）。其目的在於使被告勇於上訴，避免被告畏懼上訴，認為可能受到更重的判決，而放棄上訴權的行使。

二、不利益變更禁止原則之適用程序探討

（一）第二審

　　§370規定「I由被告上訴或為被告之利益而上訴者，第二審法院不得諭知較重於原審判決之刑。但因原審判決適用法條不當而撤銷之者，不在此限。II前項所稱刑，指宣告刑及數罪併罰所定應執行之刑。III第一項規定，於第一審或第二審數罪併罰之判決，一部上訴經撤銷後，另以裁定定其應執行之刑時，準用之」。

（二）更審

　　更審是否有不利益變更禁止原則的適用，例如A於第一審被判十年有期徒刑，A上訴第二審被判八年有期徒刑，A上訴第三審，被第三審撤銷且發回第二審，第二審於更一審時判九年有期徒刑，是否違反不利益變更禁止。

　　實務、多數學說認為§370I所謂原審判決係指第一審判決而言，並不包括經第三審發回更審案件之第二審法院前次判決[19]。如更一審、更二

---

[19] 最高法院105年度台上字第2124號刑事判決。

審甚至到更十審，可一直減刑，則非不利益變更禁止原則之目的，反而形同減刑原則 [20]。

（三）第三審

不利益變更禁止原則於上訴第三審時，是否適用？

1. 否定說

因法無明文規定。

2. 限制否定說 [21]

不利益變更禁止原則重點在於規範科刑之條件，如第三審自為判決下才會審酌到科刑，其他情況不會審酌到科刑，此時無不利益變更禁止適用。另外，於職權上訴的情形，上訴目的是為了保護被告，只有是為了被告利益而上訴時，始有不利益變更禁止適用，但倘若檢察官同時為被告不利益上訴，此時即無不利益變更禁止原則適用。

3. 肯定說（多數學說 [22]）

不利益變更禁止原則之規範目的在使被告不畏懼上訴，故而不論第二、三審都有適用，法律未明文前，應先類推適用 §370。

（四）簡易判決處刑上訴

§455-1III 規定「第一項之上訴，準用第三編第一章及第二章除第三百六十一條外之規定」，其中第三編第二章有 §370 之規定。

---

[20] 薛智仁，刑事程序之不利益變更禁止原則 —— 以最高法院判決之變遷為中心，月旦法學教室第 209 期，2012 年 10 月，頁 111。林鈺雄，不利益變更禁止原則之適用前提／最高院 103 台上 3020 判決，台灣法學雜誌，第 278 期，2015 年 8 月，頁 186 以下。

[21] 柯耀程，三審判決不利益變更原則的適用 —— 評最高法院 107 年度台上字第 3357 號刑事判決，月旦裁判時報，2019 年 4 月，頁 44-50。

[22] 黃朝義，刑事訴訟法，2013 年 8 月，頁 699-700。林鈺雄，刑事訴訟法（下），2013 年 9 月，頁 321-322。林俊益，刑事訴訟法概論（下），2016 年 2 月，頁 368。

但實務上認為本不應適用簡易判決處刑，卻仍為簡易判決處刑，被告為自己利益上訴時，無不利益變更禁止原則適用。亦即原地方法院簡易庭（第一審），本不應適用簡易處刑判決，卻仍為簡易判決處刑，被告為自己利益向地方法院合議庭（第二審）提起上訴後，因§455-1III準用§369II，撤銷原判決並「自為第一審判決」，此時為「第一審判決」，不生與原無管轄權之下級審錯誤判決比較輕重的問題，自無不利益變更禁止適用[23]。

（五）再審

§439規定「為受判決人之利益聲請再審之案件，諭知有罪之判決者，不得重於原判決所諭知之刑」。

（六）非常上訴

§447規定「I認為非常上訴有理由者，應分別為左列之判決：一、原判決違背法令者，將其違背之部分撤銷。但原判決不利於被告者，應就該案件另行判決。二、訴訟程序違背法令者，撤銷其程序。II前項第一款情形，如係誤認為無審判權而不受理，或其他有維持被告審級利益之必要者，得將原判決撤銷，由原審法院依判決前之程序更為審判。但不得諭知較重於原確定判決之刑」。

（七）抗告無不利益變更禁止之適用

因§419未準用第三編第二章，也就是未準用到§370的不利益變更禁止之規定。

---

[23] 最高法院104年度台上字第3584號刑事判決。

（八）沒收[24]並無不利益變更禁止之適用

　　§370I、II 中的「刑」是指指宣告刑及數罪併罰所定應執行之刑，包括主刑及從刑。刑法之沒收非從刑，係獨立於刑罰及保安處分以外之法律效果，其性質類似不當得利之衡平措施，故刑法之沒收不具刑罰本質。又現行刑法 §38-1I 關於犯罪所得之沒收，乃合併修正前刑法 §38I(3) 後段及 §38III 對犯罪行為人犯罪所得之沒收規定，基於任何人都不得保有犯罪所得之原則，以避免被告因犯罪而坐享犯罪所得，顯失公平正義，而無法預防犯罪。若於僅被告上訴或為被告之利益而上訴，而下級審就被告犯罪所得有所短計或漏算，經上級審更正計算後若不得諭知較原審為重之所得數額沒收，即無法達到澈底剝奪犯罪所得，以根絕犯罪誘因之目的。故關於犯罪所得之沒收，並無 §370I、II 關於不利益變更禁止原則之適用。

三、要件

　　不利益變更禁止須於基礎事實一致（單一性、同一性案件）法律適用評價一致下討論其要件，若基礎事實不一致，則無不利益變更禁止的適用，若法律適用評價不一致，則有 §370I 但書不適用不利益變更禁止[25]。

（一）限於被告上訴或為被告利益而上訴，他造當事人未對被告不利益而上訴

　　如檢察官為了被告不利益而上訴，無不利益變更禁止原則適用。倘若檢察官為被告利益而上訴則有適用不利益變更禁止原則。

---

[24] 最高法院 107 年度台上字第 3559 號刑事判決。

[25] 最高法院 109 年度台上字第 3412 號刑事判決：刑事訴訟法係採取相對不利益變更禁止原則，僅禁止上訴審法院為較重之刑之宣告，不及於被告之不利益事實之認定與法律之適用，一旦有前揭但書情形，即可解除不利益變更禁止原則之拘束，上訴審法院自能重新宣告符合罪責程度之較重刑罰，俾合理、充分評價行為人之犯行，使罰當其罪，以契合人民之法律感情。

　　若被告沒有為自己利益提上訴，檢察官或自訴人為被告不利益上訴，第二審法院認為上訴無理由，撤銷原判決而自為判決時，是否仍有不利益變更禁止適用。例如第一審判 A 被告十年有期徒刑，檢察官或自訴人為被告不利益上訴，但第二審法院認為上訴無理由，而撤銷原判決而自為判決，改判為十五年有期徒刑，是否違反不利益變更禁止原則？

1. 實務（肯定說）：檢察官或自訴人為被告不利益而上訴，但上訴不合法或無理由，仍有不利益變更禁止適用[26]。

2. 學者（否定說）：檢察官或自訴人為被告不利益而合法上訴時，無論有無理由，皆無不利益變更禁止適用[27]。

最高法院 107 年度台非字第 143 號刑事判決

　　本法第 370 條第 1 項前段反面解釋，倘係檢察官對被告之不利益提起上訴：

（一）其上訴有理由者，則在被告未提起上訴時，第二審自得撤銷第一審判決而諭知較重之刑。

（二）於被告亦提起上訴然無理由者，第二審若認檢察官上訴主張第一審判決適用法條不當或量刑過輕有理由時，亦得撤銷第一審判決並改判較重之刑。

（三）被告並未提起上訴，但檢察官之上訴無理由者，苟第一審判決並無適用法條不當而撤銷之情形，第二審即不得諭知較第一審判決為重之刑。

（四）於被告亦提起上訴，然檢察官僅以第一審量刑過輕提起上訴而無理由者，第二審自不得諭知較第一審判決為重之刑。但如第一審判決有適用法條不當而撤銷之情形，則不在此限。

---

[26] 最高法院 107 年度台非字第 143 號刑事判決、最高法院 107 年度台上字第 3566 號刑事判決：刑事訴訟法第 370 條第 1 項前段「不利益變更之禁止」規定，對於檢察官為被告之不利益上訴，原則上雖無適用，然須以其上訴有理由為前提，倘其上訴並無理由，仍有該原則之適用。

[27] 林鈺雄，刑事訴訟法（下），2022 年 9 月，頁 404。

（五）於被告亦提起上訴，然檢察官僅以第一審適用法條不當提起上訴而無理由者，第二審自不得諭知較第一審判決為重之刑。

（六）於被告亦提起上訴，然兩造上訴均無理由者，若第一審判決並無適用法條不當而撤銷之情形，第二審亦不得諭知較第一審判決為重之刑。

　　至認定第二審上訴有無理由，一般取決於判決主文，因科刑判決之主文，係取捨證據、認定事實、適用法律之結果，以確認國家對被告犯罪事實之刑罰權存在及所論處之罪名、應科之刑罰等具體刑罰權之內容，是確定科刑判決之實質確定力，僅發生於主文。

（二）不利益的判斷

　　所謂不利益，除就所宣告之主刑、從刑作形式上之比較外，尚須為整體之觀察，凡使被告之自由、財產、名譽等權益受較大損害者，即屬實質上之不利益[28]。

　　不得諭知較重於原審判決之「刑」（§370I），若諭知較重於原審之「刑」即為不利益，然而何為「刑」？

1. 主刑與從刑

　　主刑有死刑、無期徒刑、有期徒刑、拘役、罰金（刑法§33），從刑為褫奪公權（刑法§36）。若原審主刑較重於第二審，從刑相同，不違反不利益變更禁止。若主刑相同，從刑較原審重，則違反不利益變更禁止。

最高法院 91 年度台上字第 2271 號刑事判決

　　原審判決所諭知之刑，是否較第二審法院所諭知者為重，不以主刑為其唯一比較標準，其於上訴審判中附加從刑，或加長緩刑期間等者，

---

[28] 最高法院 104 年度台上字第 344 號刑事判決。

均包括在應予比較之內。是以如從刑為原審判決所無或諭知之從刑，重於原審判決所諭知者，亦不失為較重之刑。本件第一審判決以共同連續販賣第一級毒品罪，判處上訴人有期徒刑十二年，並未宣告褫奪公權。嗣上訴人提起第二審上訴，原判決亦論以同一罪刑，既未認一審判決有何適用法則不當情形，卻認依其犯罪性質，有褫奪公權必要云云，而諭知褫奪公權九年，自與上開禁止不利益變更原則之規定有悖，而有判決不適用法則之違法。

2. 有無緩刑宣告

§370 所定不利益變更禁止原則，所謂不利益，應從第一審及第二審判決所宣告主文之刑（刑名及刑度）形式上比較外，尚須整體綜合觀察對應比較。凡使被告之自由、財產、名譽等受較大損害者，即有實質上之不利益。而緩刑宣告本質上無異恩赦，得消滅刑罰權之效果。在法律上或社會上之價值判斷，顯有利於被告。若無同條但書所定例外情形，將第一審諭知之緩刑宣告撤銷，即違反不利益變更禁止原則[29]。

3. 執行刑

§370 規定「II 前項所稱刑，指宣告刑及數罪併罰所定應執行之刑。III 第一項規定，於第一審或第二審數罪併罰之判決，一部上訴經撤銷後，另以裁定定其應執行之刑時，準用之」。民國 103 年修法理由指出，為貫徹 §370 之不利益變更禁止原則，保護被告之上訴權，宣告刑加重固然對於被告造成不利益之結果，數罪併罰所定應執行之刑之加重對於被告之不利益之結果更是直接而明顯，故而增訂 §370II、III。

倘若有數罪併罰，曾經有定過執行刑，而後又出現其它裁判，屬於數罪併罰須更定執行刑時，更定之執行刑可否重於前已定之執行刑加計後裁判之宣告刑的總合？例如甲犯了 A 罪被宣告十年有期徒刑，又犯了 B 罪

---

[29] 最高法院 99 年度台上字第 4684 號刑事判決、最高法院 103 年度台非字第 381 號刑事判決。

被宣告八年有期徒刑，A、B 罪已經被定過執行刑十二年有期徒刑，之後又發現甲有犯 C 罪，C 罪經法院宣告五年有期徒刑，此時須更定執行刑，所更定的執行刑可否超過十七年有期徒刑？

(1) 實務見解

　　一人犯數罪，各別繫屬分別受裁判並先後確定，且符合數罪併罰之情形，後者倘一裁判宣告數罪之刑，曾經定其執行刑，但依 §477I 規定，再與其他裁判宣告之刑定其執行刑時，應否同受「前定之執行刑」之拘束，條文對此並未規定。考諸增訂 §370II、III 之緣由經過，此應屬立法疏漏，而非立法者有意省略。鑒於數罪併罰之定應執行之刑，係出於刑罰經濟與責罰相當之考量，本含有恤刑之性質，故於分屬不同案件之數罪併罰有應更定執行刑者，本於同為定刑裁定應為相同處理之原則，法院於更定應執行之刑時，自仍應有「不利益變更禁止原則」法理之考量。亦即，更定之執行刑，其裁量所定之刑期，不得較重於前定之執行刑加計後裁判宣告之刑之總和[30]。

(2) 學說[31]

　　§370III 無法類推適用於原審未曾就全部犯罪數罪併罰的案件。更定執行刑之制度意義不是在改善或惡化行為人的法律地位，而是在於解除先前確定裁判之併罰宣告刑的實質確定力，使行為人不受偶然的程序因素影響而適用數罪併罰規定。故而更定執行刑時只要符合刑法 §51 的量刑界限，就可符合數罪併罰的恤刑思想。雖然如此解釋可能讓被告獲得更重的刑罰，但原審還沒對全部犯罪數罪併罰時，原審判決的既判力並不及於該不利的後果（一行為一罪時，一行為不受重複處罰），故法院對數罪併罰更定期刑時，即使超過原確定裁判的執行刑加計後判決宣告刑之總和，也不違反不利益變更禁止原則。

---

[30] 最高法院 103 年度第 14 次刑事庭會議決議。

[31] 薛智仁，補行數罪併罰與不利益變更禁止 —— 評最高法院 103 年度第 14 次刑事庭會議決議，月旦裁判時報，第 38 期，2015 年 8 月，頁 23-25。

> **最高法院 109 年度台抗字第 495 號刑事裁定**
>
> 　　刑事訴訟法第 370 條第 2 項、第 3 項，已針對第二審上訴案件之定其應執行之刑，明定有不利益變更禁止原則之適用；而分屬不同案件之數罪併罰有應更定執行刑之情形，倘數罪之刑，曾經定其執行刑，再與其他裁判宣告之刑定其執行刑時，在法理上亦應同受此原則之拘束。亦即，另定之執行刑，其裁量所定之刑期，不得較重於前定之執行刑加計後裁判宣告之刑之總和。又法院於裁量另定應執行刑時，祗須在不逾脫上開範圍內為衡酌，而無全然喪失權衡意義，或其裁量行使顯然有違比例原則之裁量權濫用情形，即無違法可言。

4. 是否宣告保安處分

　　保安處分規定於刑法總則，例如對於未成年人的感化教育（刑 §86）、對於精神障礙或其他心智缺陷者的監護處分（刑 §87）、對於有吸毒或酗酒成癮者的禁戒處分（刑 §88、§89）、有犯罪習慣或因遊蕩或懶惰成習者之強制工作（刑 §90）、性犯罪之強制治療（刑 §91-1）。

　　過去有實務認為保安處分非刑罰而無不利益變更禁止適用[32]，現行實務以實質觀點觀察是否有不利益，認為拘束人身自由之保安處分執行時，常使受處分人不能任意行動，致人身自由受有某程度之限制，此一人身自由受限制所形成之社會隔離、拘束行動之結果，實與刑罰無異。倘原審未宣告拘束人身自由之保安處分，二審改判應予拘束人身自由之保安處分，自屬更為不利，而牴觸不利益變更禁止原則[33]。

（三）因原審判決適用法條不當而撤銷之者，不適用不利益變更禁止（§370I 但）

　　「法條適用不當」是指：

---

[32] 最高法院 87 年度台上字第 3261 號刑事判決。
[33] 最高法院 104 年度台上字第 344 號刑事判決。

1. 刑法分則法條變更

(1) 同一條文前後段罪名變更[34]，例如過失傷害罪，變成後段的過失重傷罪（刑 §284）。

(2) 刑法分則條文變更[35]，例如強盜罪（刑 §328）變更為加重強盜罪（刑 §330）。

2. 刑法總則變更

所謂原審判決適用法條不當，凡變更第一審所引用之刑法法條者，不論刑法總則、分則或相關之特別刑法規定，皆包括在內[36]。例如：

(1) 應依共同正犯而誤依教唆犯處斷[37]。

(2) 應依既遂犯而誤依未遂犯處斷[38]。

(3) 應適用刑法 §59 而未適用，而量處法定刑最低限度以下之刑[39]。

(4) 依照刑法 §59 酌減刑度不當[40]。

實務見解認為刑法 §59 有 §370I 但書法定要件之限制，第二審認為第一審判決適用本條酌減被告之刑不當，改判處較第一審更重之刑，依照 §370I 但書規定，並無不合。

最高法院 107 年度台上字第 776 號刑事判決

原審認第一審適用刑法第 59 條酌減其刑之規定，減輕上訴人之刑責，有「法條適用不當」之情形，因而撤銷第一審之不當科刑判決，改

---

[34] 最高法院 80 年度台上字第 4481 號刑事判決。

[35] 最高法院 80 年度台上字第 4059 號刑事判決、臺灣高等法院 108 年度上訴字第 3162 號刑事判決。

[36] 最高法院 108 年度台上字第 1179 號刑事判決。

[37] 最高法院 26 年渝上字第 48 號判例、最高法院 99 年度台上字第 8132 號刑事判決。

[38] 最高法院 83 年度台上字第 3898 號刑事判決、臺灣高等法院花蓮分院 108 年度原上易字第 36 號刑事判決。

[39] 最高法院 44 年台上字第 320 號判例。

[40] 最高法院 103 年度台上字第 679 號刑事判決、最高法院 109 年度台上字第 1880 號刑事判決。

判論知較重於第一審判決之刑度，已詳予敘明，並指出：上訴人於第一審審理時，固坦承犯行，並與 A 女調解成立，但於原審審理時，不僅翻異前詞，否認犯行，更表明不欲履行上開調解條件（見原審卷第 246 頁），再衡以上訴人上開犯行，嚴重影響 A 女的身心發展，又無意願彌補 A 女的損害，在客觀上實不足以引起一般同情，難認有犯情堪憫的情狀，第一審未及審酌上情，遽為刑法第 59 條規定減輕其刑的適用，自難謂當，而有適用法條不當的情形存在。爰撤銷第一審不當之科刑判決，改諭知較重之刑。經核於法無違。

(5) 依照刑法 §57 量刑事由不當 [41]

　　不利益變更禁止之原則，旨在實現刑罰權分配的正義，故法院對有罪之被告科刑，應符合罪刑相當之原則，使罰當其罪，而刑法 §57 明定科刑時應審酌一切情狀，該原則於 §370 的不利益變更禁止亦有適用 [42]。例如第一審認定是 1 公斤毒品，第二審發現其實是 10 公斤毒品，此時第二審發現第一審的事實不同，因為販毒數量的變更會影響到刑法 §57(9) 的犯罪所生之危險或損害，適用刑法 §57 的不當也屬於 §370I 但書的範圍。故第二審認為第一審法院將 A 的情節誤認太輕，二審認為一審適用刑法 §57 屬不當而撤銷改判，依 §370I 但書而不適用不利益變更禁止，故第二審可以判更重。

　　不過，實務認為在同一犯罪事實與情節，如別無其他加重或減輕之原因，下級審法院量定之刑，亦無過重或失輕之不當情形，則上級審應尊重下級審的量刑之認定。倘若允許上級審對下級審法院就量刑適不適當為主觀認定，而未加以尊重，將有害於不利益變更禁止原則之精神 [43]。

---

[41] 最高法院 109 年度台上字第 226 號刑事判決。

[42] 李榮耕，犯罪情節與不利益變更禁止原則／最高院 102 台非 422 判決，台灣法學雜誌，第 253 期，2014 年 8 月，頁 192-196。

[43] 最高法院 93 年度台上字第 2578 號刑事判決。

> **最高法院 99 年度台上字第 5413 號刑事判決**
>
> 　　刑事訴訟法第 370 條所定不利益變更禁止原則之「不利益」，應從第一審及第二審判決所宣告主文之刑（刑名及刑度）形式上比較外，尚須整體綜合觀察對應比較。凡使被告之自由、財產、名譽等受較大損害者，即有實質上之不利益。又第二審判決以第一審判決適用法則不當而撤銷，固不受不利益變更禁止原則之限制。然刑事審判之量刑，在於實現刑罰權之分配的正義，並與犯罪情節有關。故法院對有罪之被告科刑，應符合罪刑相當之原則，刑法第 57 條明定科刑時應審酌一切情狀，尤應注意該條所列各款事項，以為科刑輕重之標準，即在實現此一原則，且此項原則於刑事訴訟法第 370 條所定不利益變更禁止情形，亦有適用。則由被告上訴或為被告之利益而上訴第二審之案件，倘第二審判決所適用之法條與第一審相同，而所認定之被告犯罪情節較第一審為輕，並以第一審判決認定事實有誤而撤銷，如第二審判決仍維持第一審之宣告刑，實際上無異諭知較重於第一審判決之刑，即有違罪刑相當及不利益變更禁止原則。

3. 重罪變輕罪，量刑卻加重

　　於犯罪事實不變之下，例如加重強制性交罪變成剝奪行動自由後另行起意強制性交，或殺人罪（刑 §271I）變更成傷害致死罪（刑 §277II）或搶奪罪（刑 §325）變成竊盜罪（刑 §320），從重罪變成輕罪，但輕罪的量刑卻比重罪重。例如搶奪罪被判二年有期徒刑，但第二審認為是竊盜罪而判三年有期徒刑，是否有違不利益變更禁止原則？

　　學說、實務認為，仍有不利益變更禁止適用，因為同一犯罪事實不變之下，而改變法條，其處於犯罪層升或減輕關係時，如果又顛倒使輕罪量刑較重，會產生邏輯矛盾，故上述案例違反不利益變更禁止原則[44]。

---

[44] 柯耀程，有利變更的不利益，月旦法學教室，第 138 期，2014 年 4 月，頁 27-29。最高法院 103 年度台上字第 1971 號刑事判決、最高法院 107 年度台上字第 2139 號刑事判決。

　　實務更認為如重罪變輕罪，犯罪情節較第一審輕微，如果仍維持相同刑度，等於諭知較重於第一審之宣告刑，而違反不利益變更禁止[45]。例如A製造5個爆裂物，量刑六年有期徒刑，第二審認為A製造2個爆裂物，此時犯罪節情輕微，倘若仍量處六年有期徒刑，違反不利益變更禁止。

4. 接續犯的行為次數認定的變更

　　例如A基於同一竊盜犯意先後竊盜的B、C的車，判A竊盜罪，A不服而上訴，第二審發現，A又有基於同一竊盜犯意而竊盜D的車，二審是否可以判處比一審更重之刑？此時乃第一審與第二審認定的接續行為次數有差異，雖形式觀察並無差異（按：都是竊盜罪），但實際上量刑輕重就有不同，故而可依照§370I但書，第二審得諭知較重於第一審判決之刑。於集合犯類型亦同此處理[46]。

三、實務於§370I但書的適用範圍過廣之應變

（一）§370I但書在實務上常產生應用過廣的情形，而使大多數的案件都可判決比前審更重之罪，故而多數實務會以罪刑相當原則來加以限縮，雖因§370I但書而不適用不利益變更禁止原則，但仍須受到罪刑相當原則之拘束[47]。

（二）少數實務判決於法條增加構成要件時，認為必須是第二審認定的犯罪事實較原審判決的犯罪事實更擴張，或改用的法條之法定刑重於原審適用的法條之法定刑時，始有§370I但書的適用[48]。

---

[45] 最高法院107年度台上字第1837號刑事判決、最高法院107年度台上字第4861號刑事判決、最高法院108年度台上字第2274號刑事判決：由被告上訴或為被告之利益而上訴第二審之案件，第二審所認定之犯罪情節，明顯輕於第一審者，若第二審之宣告刑猶等同於第一審，實際上無異諭知較重於第一審之宣告刑，即難謂與「不利益變更禁止原則」或「罪刑相當原則」無悖。

[46] 最高法院95年度台上字第4165號刑事判決。

[47] 最高法院107年度台上字第2545號刑事判決。

[48] 最高法院107年度台上字第1642號刑事判決：刑事訴訟法第370條第1項但書所謂因原審判決適用法條不當而撤銷，得諭知較重於原審判決之刑者，必須認定的犯罪事實較

第二節　第二審之上訴

壹、審級構造概說

第二審的審級構造於立法例上有：

1. 覆審制：第二審應就全部重複審理。

2. 續審制：以第一審審理的結果為前提，繼續審理。

3. 事後審制：事後審查第一審判決認定事實與適用法律有何錯誤

4. 我國制度：採覆審制，就被告案件經上訴之部分為完全重複審理，包含認定事實與適用法律、刑罰量定的重複審理，故第二審可稱為第二個第一審，因此 §364 規定第二審審判準用第一審審判的規定。

貳、上訴二審之程式與原審法院之處理

不服地方法院之第一審判決而上訴者，應向管轄第二審之高等法院為之（§361I）。提起上訴，應以上訴書狀（不可僅以言詞）提出於原審法院為之（§350I），且上訴書狀，應按他造當事人之人數，提出繕本（§350II）。

原審收受上訴書狀後之處理：

原審判決認定的犯罪事實為擴張，或改適用之法條法定刑重於原適用之法條者，始得為之。（二）原判決以第一審判決未論上訴人係犯陸海空軍刑法第 76 條第 1 項第 7 款之罪，為適用法條不當，固屬正確。但既仍適用刑法第 227 條第 3 項處罰，與第一審判決相同，且認定之犯罪事實亦未較原審判決之認定為擴張，依上述說明，自不得諭知較重於第一審判決所處之有期徒刑 10 月。竟改判處上訴人有期徒刑 1 年，顯違刑事訴訟法第 370 條第 1 項前段之不利益變更禁止原則之規定。

一、原審審查上訴是否合法

包含是否有上訴權人、是否敘明理由、是否逾越上訴期間等。

（一）法院認為上訴不合法，如可補正先命補正，不可補正者則直接裁定駁回

§362 規定「原審法院認為上訴不合法律上之程式或法律上不應准許或其上訴權已經喪失者，應以裁定駁回之。但其不合法律上之程式可補正者，應定期間先命補正」。

1. 不可補正，裁定駁回

(1) 上訴不合法律上程式，例如未提出上訴書狀、逾越 20 日上訴期間（§349）、對已經確定的判決提起上訴、於判決宣示前上訴、未經下級法院判決而上訴、被告於上訴前死亡。

(2) 法律上不應准許，例如無上訴權人（如告訴人、告發人、自訴人的配偶）上訴（§344～§347）。自訴人為被告之利益上訴（§344I）。被告或被告的法定法理人、配偶、辯護人為被告不利益上訴（§345～§346）。原審代理上或辯護人上訴與被告意思相反（§346）。

(3) 上訴權已經喪失，例如捨棄上訴、撤回上訴（§353～§360）。

2. 可補正，先命補正

上訴未附理由，可先命其補正，依 §361II 規定「上訴書狀未敘述上訴理由者，應於上訴期間屆滿後二十日內補提理由書於原審法院。逾期未補提者，原審法院應定期間先命補正」。

（二）上訴理由是否具體，非原審審查範圍

原審只能形式審查有無附具理由，於此階段，就算只在上訴書狀寫「靠北」，也算是有敘明理由，若連「靠北」都沒寫，原審法院可裁定命補正。而後卷證送交第二審後，應會被第二審法院認為理由不具體。

但是上訴理由是否具體，近期實務[49]認為依§350、§361、§362及§367規定，不服地方法院之第一審判決而上訴者，須提出上訴書狀，並應敘述具體理由，為上訴必備之程式。而所謂應敘述「具體理由」，係指須就不服判決之理由為具體之敘述而非空泛指摘而言，雖不以引用卷內訴訟資料，或記載足以影響判決結果之新事實或新證據，而具體指摘原審判決不當或違法為必要，但若僅空泛指摘原判決認事用法不當、採證違法、判決不公，或量刑過重、過輕，或僅以泛詞請求從輕量刑，要難謂係具體理由。若上訴無具體理由時，實務認為[50]上訴人不服第一審判決而向原審提起上訴，既未具體敘述其不服第一審判決之理由，顯與前揭法律所規定提起第二審上訴之程式不合，且屬無從補正，則原判決以其上訴不合法定程式，乃不經言詞辯論，逕行駁回其上訴，於法尚無不合。

最高法院 106 年度第 8 次刑事庭會議決議

　　刑事訴訟法第 361 條第 2 項規定：「（第二審）上訴書狀應敘述具體理由。」所稱「具體理由」之標準如何認定？

　　採乙說（寬鬆見解）：

　　刑事訴訟法第 361 條第 1 項、第 2 項規定，不服地方法院之第一審判決而上訴者，須提出上訴書狀，並應敘述具體理由。就修法過程以觀，原草案為：「依前項規定提起上訴者，其上訴書狀應敘述理由，並引用卷內訴訟資料，具體指摘原審判決不當或違法之事實。其以新事實或新證據為上訴理由者，應具體記載足以影響判決結果之理由。」嗣經修正通過僅保留「上訴書狀應敘述具體理由」之文字，其餘則刪除，故所稱「具體理由」，並不以其書狀應引用卷內訴訟資料，具體指摘原審判決不當或違法之事實，亦不以於以新事實或新證據為上訴理由時，應具體記載足以影響判決結果之情形為必要。但上訴之目的，既在請求第

---

[49] 最高法院 110 年度台上字第 2254 號刑事判決。
[50] 最高法院 110 年度台上字第 849 號刑事判決。

二審法院撤銷或變更第一審之判決，所稱「具體」，當係抽象、空泛之反面，若僅泛言原判決認事用法不當、採證違法或判決不公、量刑過重等空詞，而無實際論述內容，即無具體可言。從而，上開 法條規定上訴應敘述具體理由，係指須就不服判決之理由為具體之敘述而非 空泛之指摘而言。倘上訴理由就其所主張第一審判決有違法或不當之情形，已舉出該案相關之具體事由足為其理由之所憑，即不能認係徒托空言或漫事指摘；縱其所舉理由經調查結果並非可採，要屬上訴有無理由之範疇，究不能遽謂未敘述具體理由。

二、原審法院認為上訴合法

（一）將卷證送交第二審

§363I 規定「除前條情形外，原審法院應速將該案卷宗及證物送交第二審法院」。但未規定原審法院應如何「速」，從而容易造成程序延滯。

（二）命將被告解送的二審法院

§363II 規定「被告在看守所或監獄而不在第二審法院所在地者，原審法院應命將被告解送第二審法院所在地之看守所或監獄，並通知第二審法院」。

參、第二審法院審理

一、審查上訴的合法性

§367 規定「第二審法院認為上訴書狀未敘述理由或上訴有第三百六十二條前段之情形者，應以判決駁回之。但其情形可以補正而未經

原審法院命其補正者，審判長應定期間先命補正」，諸如是否有上訴權、是否敘明理由、是否逾越上訴期間。

又 §372 規定「第三百六十七條之判決及對於原審諭知管轄錯誤、免訴或不受理之判決上訴時，第二審法院認其為無理由而駁回上訴，或認為有理由而發回該案件之判決，得不經言詞辯論為之」。

二、審查上訴理由是否具體

相較於原審法院，上級法院必須審查此要件。§361I、II 規定「不服地方法院之第一審判決而上訴者，應向管轄第二審之高等法院為之。上訴書狀應敘述具體理由」。

關於空白上訴與上訴理由是否具體之判斷，請參照本書請參考第一篇第四章第一節辯護人章節。簡言之，有關上訴理由是否具體的相關討論在於審級代理原則的代撰書狀義務，是否要擴張到上訴第二審。而具體理由的認定即便寬鬆化（最高法院 106 年度第 8 次刑事庭會議決議）後，人民是否仍有能力敘明具體理由、是否違反契約自由，課予辯護人法律無規定的義務而違反法律保留原則等。

三、有無理由之判決

（一）上級審認為無理由

第二審法院認為上訴無理由者，應以判決駁回之（§368），換言之，第二審法院與第一審法院的見解一致，而認為上訴權人之上訴要旨無理由[51]。

---

[51] 最高法院 30 年上字第 892 號判例、臺灣高等法院 108 年度上易字第 957 號刑事判決、臺灣高等法院臺南分院 106 年度上訴字第 1213 號刑事判決：按上訴有無理由，應視第一審判決與第二審審理結果所應為之判決是否相同為斷，與上訴論旨能否成立無關，倘原判決不當或違法，有可為上訴之理由，第二審仍應於上訴範圍內將原判決撤銷，依法糾正。

（二）上級審認為有理由、原判決不當或違法，撤銷原判決（將第一審判決全部撤銷 [52]）

§369 規定「I 第二審法院認為上訴有理由，或上訴雖無理由，而原判不當或違法者，應將原審判決經上訴之部分撤銷，就該案件自為判決。但因原審判決諭知管轄錯誤、免訴、不受理係不當而撤銷之者，得以判決將該案件發回原審法院。II 第二審法院因原審判決未諭知管轄錯誤係不當而撤銷之者，如第二審法院有第一審管轄權，應為第一審之判決。」

撤銷原判決後，第二審法院之處理，討論如下。

1. 第二審法院自為第二審判決

第二審法院可自為有罪、無罪、免訴、不受理或管轄錯誤判決。故上訴有理必須是原審判決不當或違法，且不得違反審級利益。適用法律的構成要件之犯罪基本事實有所變更（擴大或減縮）下方可自為第二審判決。倘若與犯罪事實無關的事實有所不同，例如殺人後長刀被擊落是由何人取得，跟本案事實無關，須撤銷改判 [53]，第一審認第 A 有 5 次詐欺，第二審認為 A 有 6 次詐欺，犯罪事實已經擴張，應將第一審判決撤銷而自為改判 [54]。

2. 第二審法院發回原審法院（§369I 但書）

於審級利益制度下，應認為第二審法院須於不影響當事人審級利益原則下，方得就該案件自為判決。例如原審判決諭知管轄錯誤不當，經合法上訴後，被告死亡或遇到大赦，第二審法院可以就該案件為不受理或免訴

---

[52] 最高法院 69 年台上字第 2608 號判例：第二審法院撤銷第一審科刑判決改判，應將第一審判決全部撤銷，若僅將第一審判決關於罪刑部分撤銷，另行改判被告無罪，則第一審判決所認定之犯罪事實與第二審法院所為無罪判決並存，於法即有違誤。本件被告因偽造文書案件，經第一審法院判處罪刑，提起上訴後，原審法院僅將第一審判決關於罪刑部分撤銷，而保留其所認定之犯罪事實，並改判被告無罪，自嫌違誤。最高法院 90 年度台上字第 7217 號刑事判決。

[53] 最高法院 71 年台上字第 2364 號判例。

[54] 最高法院 71 年台上字第 981 號判例。

判決。但如應為實體判決者，倘若由第二審法院就該案件自為判決，會影響當事人原有的審級利益，故此時應發回原審法院[55]。

3. 第二審法院自為第一審判決

凡屬高等法院的第一審管轄的案件，例如事物管轄案件（§4），倘若原審法院未諭知管轄錯誤判決，而第二審有該案件之事物管轄權時，可自為第一審判決。

4. 無訴訟關係而成為無效判決的狀況

倘若原審是因為無訴訟關係而成為無效判決時（例如訴外裁判），第二審撤銷原判決後，不用再為判決。

三、審理程序

因本法採取覆審制，從而第二審的審理，除有特別規定外，準用第一審審判的規定（§364），所謂特別規定是指：

（一）上訴人陳述上訴要旨

審判長依§94訊問被告後，應命上訴人陳述上訴之要旨（§365），不用命檢察官陳述「起訴」要旨，即使是檢察官上訴，也是請檢察官陳述「上訴」要旨。因上訴人陳述上訴要旨，可以使上訴、審判範圍得以確定。

若未命上訴人陳述上訴要旨，是否合乎程序要求？因此為第二審上訴必經之程序，若審判長未命上訴人陳述其上訴要旨，而上訴人亦未自行陳述，致其上訴範圍無從斷定，遽行判決，其訴訟程序自屬違法[56]，不過仍應該程序違反法定有影響於判決方屬之（§380）。

---

[55] 張麗卿，刑事訴訟法理論與運用，2010年9月，頁677。
[56] 最高法院94年度台上字第4384號刑事判決。

（二）上訴部分之調查（§366）

第二審法院，應就原審判決經上訴之部分調查之。未經上訴之部分，因已經先行確定，產生部分之既判力，第二審法院即不得調查。

（三）被告經合法傳喚，而無正當理由缺席，逕行判決（§371）

原因在於被告既然提起上訴了，防止被告藉由上訴又不到庭的方法，延滯訴訟的進行，若被告又經合法傳喚後無正當理由不出庭，不論是有罪、無罪判決，皆可逕行判決。但如果被告未經合法傳喚或有正當理由，但法院逕行判決，則有 §379(6) 除有特別規定外，被告未於審判期日到庭而逕行審判者，得上訴第三審。

所謂無正當理由不到庭，係指依社會通常觀念，認為非正當之原因而不到庭者而言。被告有無不到庭的正當理由，解釋上應以可歸責於被告，由被告自行放棄到庭的權利者為限。又被告於審判期日不到庭的理由諸端（如突罹疾病、車禍交通受阻等），有時事出緊急、突然，若確有出於不可歸責於己的原因，縱未事先或及時通知法院，使法院於不知的情狀下為缺席判決，所踐行的程序仍屬違法[57]。又搭車誤點亦非正當理由[58]、因病未到庭亦應具體個案判斷是否有正當理由[59]。

本條之逕行判決，原屬任意規定，受合法傳喚之被告，無正當理由而未於審判期日遵傳到庭者，宜否不待其陳述逕行判決，第二審法院固有自由斟酌之權，對於第二審上訴案件，不問被告應為何種判決，及應科何種之刑，凡其經合法傳喚，無正當理由不到庭者，無論為有利或不利於被告之諭知，均得不待其陳述，逕行判決，非如第一審法院一造缺席判決，尚

---

[57] 最高法院 108 年度台上字第 172 號刑事判決。

[58] 最高法院 111 年度台上字第 2671 號刑事判決。

[59] 最高法院 111 年度台上字第 1454 號刑事判決：是以關於患病之人能否出庭，是否有不到庭之正當理由，應就具體情形，按實際狀況，視其病況是否達到無法到庭之程度而定，非謂一經患病，不論其病情輕重概有不到庭之正當理由。

受同法 §306 規定「法院認為應科拘役、罰金、或應諭知免刑或無罪之案件」之限制[60]。

第三節　第三審之上訴

壹、第三審的性質與目的

第三審為法律審且為事後審，採取事後審查制，審查原審判決之適用法律是否錯誤與訴訟程序是否違背法令，其目的在於統一法令見解。

貳、上訴第三審程式

§375 規定「I 不服高等法院之第二審或第一審判決而上訴者，應向最高法院為之。II 最高法院審判不服高等法院第一審判決之上訴，亦適用第三審程序」。

一、以上訴書狀向原審法院提出（§350），上訴書狀應敘明理由（§382）

§382 規定「I 上訴書狀應敘述上訴之理由；其未敘述者，得於提起上訴後二十日內補提理由書於原審法院[61]；未補提者，（原審法院）毋庸命其補提。II 第三百五十條第二項、第三百五十一條及第三百五十二條之規定，於前項理由書準用之」。法律未明文規定上訴三審要敘明具體理

---

[60] 最高法院 111 年度台上字第 33 號刑事判決。

[61] 民國 109 年 1 月 15 日修法理由指出：鑑於原法有關第二審上訴及第三審上訴補提理由書之期間分別為 20 日及 10 日，尚非一致，為便於當事人知悉通曉，上述期間，允宜統一，爰參酌第 361 條第 3 項規定，將第 1 項補提理由書之期間修正為 20 日，以利當事人遵循。

由，然實務認為須敘明具體理由[62]，例如第三審上訴理由書狀未依據卷內訴訟資料，具體指摘原判決不適用何種法則或如何適用不當，或所指摘原判決違法情事，與法律規定得為第三審上訴理由違法情形不相合時，均可認其上訴為不合法律上程式，予以駁回[63]。

　　所謂上訴書狀應敘述上訴之理由，係指上訴書狀本身應敘述上訴理由而言，非可引用或檢附其他文書代替，以為上訴之理由。蓋刑事訴訟法規定各種文書之製作，應具備一定之程式，其得引用其他文書者，必有特別之規定始可（例如 §48、§310-1II、§373、§454II、§455-8）[64]，否則難認上訴已經合乎法律上程式。

二、原審法院收受上訴書狀後之處置

（一）上訴不合法，裁定駁回，但不合法律上程式可補正者應先命補正

　　§384 規定「原審法院認為上訴不合法律上之程式或法律上不應准許或其上訴權已經喪失者，應以裁定駁回之。但其不合法律上之程式可補正者，應定期間先命補正」。§382I 規定「上訴書狀應敘述上訴之理由；其未敘述者，得於提起上訴後二十日內補提理由書於原審法院；未補提者，毋庸命其補提」。倘欠缺上訴理由，在第三審上訴時原審不須要命補提上訴理由，亦即解除原審法院命補提的義務（§382I 後段）。但原審法院不得以無上訴理由而認為其上訴不合法律上程式，而直接依照 §384I 前段裁定駁回。

---

[62] 最高法院 57 年度第 1 次民、刑庭總會會議決議（六）：上訴於第三審法院非以判決違背法令為理由不得為之。是上訴書狀必須具體指明原判決有何違法之處，若泛稱「認事用法均有不當」不能認為已備上訴之理由。

[63] 林俊益，刑事訴訟法概論（下），2016 年 2 月，頁 398。

[64] 最高法院 107 年度台上字第 3147 號刑事判決。

又 §386I 規定「上訴人及他造當事人，在第三審法院未判決前，得提出上訴理由書、答辯書、意見書或追加理由書於第三審法院」。實務認為，倘若已經逾越 §382I 的補提理由書至原審法院之 20 日期間，於第三審法院未判決前，仍未補提上訴書狀者，第三審應予判決駁回，但第三審判決駁回前均得補正上訴理由（§395）[65]。然學者認為如果超過 20 日補提的期間而原審未駁回且送交第三審法院，則補提期間就會延長到第三審法院判決前，則 20 日補提於原審法院之期間將淪為無用之規定[66]。

（二）上訴合法，卷證送交第三審法院

§385 規定「I 除前條情形外，原審法院於接受答辯書或提出答辯書之期間已滿後，應速將該案卷宗及證物，送交第三審法院對應之檢察署檢察官。II 第三審法院對應之檢察署檢察官接受卷宗及證物後，應於七日內添具意見書送交第三審法院。但於原審法院檢察官提出之上訴書或答辯書外無他意見者，毋庸添具意見書。III 無檢察官為當事人之上訴案件，原審法院應將卷宗及證物逕送交第三審法院」。

參、上訴第三審之限制 —— 刑度與罪名

違反 §376 規定而提上訴者，原審法院應以上訴不合法而裁定駁回，上訴審法院應以上訴不合法判決駁回。

---

[65] 最高法院 110 年度台上字第 1336 號刑事判決、最高法院 109 年度台上字第 1525 號刑事判決、最高法院 109 年度台上字第 2032 號刑事判決：理由查第三審上訴書狀，應敘述上訴之理由，其未敘述者，得於提起上訴後 20 日內補提理由書於原審法院，已逾上述期間，而於第三審法院未判決前仍未提出上訴理由書狀者，第三審法院應以判決駁回之，刑事訴訟法第 382 條第 1 項、第 395 條後段規定甚明。

[66] 黃朝義，刑事訴訟法，2013 年 4 月，頁 725。

一、以刑度限制上訴第三審

最重本刑為三年以下有期徒刑、拘役或專科罰金[67]之罪，不得上訴第三審（§376I(1)）。最重本刑是指法定刑，如果是刑法總則之加重係概括性之規定，所有罪名均一體適用，刑法總則加重之性質，僅為處斷刑上之加重，並未變更犯罪類型，原有法定刑不受影響[68]。而刑法分則之加重，係就犯罪類型變更之個別犯罪行為予以加重，成為另一獨立之罪名[69]。因此，如果是刑法總則的加重而超過三年有期刑，因原有的法定刑不受影響，仍不可以上訴第三審，例如累犯。如果是刑法分則的加重而超過三年有期徒刑，可上訴三審，例如刑法§134公務員身分的加重、兒童及少年福利與權益保障法§112I前段規定，成年人故意對兒童犯罪之加重。

二、以罪名限制上訴第三審

刑法§320、§321之竊盜罪；§277I之傷害罪；§335、§336II之侵占罪；§339、§341之詐欺罪；§342之背信罪；§346之恐嚇罪；§349I之贓物罪；毒品危害防制條例§10I之施用第一級毒品罪、§11IV之持有第二級毒品純質淨重二十公克以上罪，不得上訴第三審（§376I(2)～(9)）。

罪名如何認定？

（一）起訴法條標準說：以檢察官起訴法條判斷。如檢察官起訴§376以外之罪，而後續法院變更法條後改判為§376之罪，仍可以上訴第三審。

（二）判決法條標準說：以法院判決主文所引用的法條為準。

---

[67] 學說認為現行法的法人犯罪的法定刑僅有罰金刑，屬於§376I(1)之「專科罰金之罪」，導致法人無法上訴第三審，是破壞了§376之立法精神，且法人犯罪事實上是由法人內之自然人為之，若僅法人不得上訴第三人將有自然人與法人之論罪科刑歧異之風險，如此區分法人與自然人上訴產生差別待遇卻未說明合理理由。參閱：林書楷，法人被告之第三審上訴—從法人犯罪之本質談起，台灣法學雜誌，第412期，2021年3月，頁55。
[68] 最高法院110年度台上字第1518號刑事判決。
[69] 最高法院109年度台非字第60號刑事判決、最高法院109年度台上字第65號刑事判決。

（三）起訴書事實爭議標準說（實務[70]）：應以起訴書記載之事實為準，如第二審言詞辯論終結前[71]當事人對於起訴書記載事實之適用罪名有所爭執，亦即當事人所爭執罪名非屬 §376 之罪，案件應得上訴第三審。

最高法院 109 年度台上字第 744 號刑事判決

　　案件是否屬於刑事訴訟法第 376 條第 1 項所列各罪之範圍，不以起訴書所記載之法條為據，亦不以第二審判決時所適用之法條，為唯一之標準，而應以起訴書所記載之事實為準，並應視當事人在第二審言詞辯論終結前對於罪名有無提出爭執，以為審斷。如檢察官在第二審言詞辯論終結前曾提出非屬於刑事訴訟法第 376 條第 1 項所列各款罪名之主張，第二審法院最後雖仍以刑事訴訟法第 376 條第 1 項所列之罪判決，因檢察官已於審理時爭執該適用法條，自得對第二審法院之判決提起第三審之上訴。

三、釋字第 752 號對於 §376 之影響

（一）大法官釋字第 752 號【第二審初次受有罪判決者得上訴第三審案】

釋字第 752 號【第二審初次受有罪判決者得上訴第三審案】解釋文

　　刑事訴訟法第 376 條第 1 款及第 2 款規定：「下列各罪之案件，經第二審判決者，不得上訴於第三審法院：一、最重本刑為三年以下有期徒刑、拘役或專科罰金之罪。二、刑法第 320 條、第 321 條之竊盜罪。」就經第一審判決有罪，而第二審駁回上訴或撤銷原審判決並自為有罪判決者，規定不得上訴於第三審法院部分，屬立法形成範圍，與憲

---

[70]　最高法院 109 年度台上字第 290 號刑事判決。
[71]　大法官釋字第 60 號。

法第 16 條保障人民訴訟權之意旨尚無違背。惟就第二審撤銷原審無罪判決並自為有罪判決者，被告不得上訴於第三審法院部分，未能提供至少一次上訴救濟之機會，與憲法第 16 條保障人民訴訟權之意旨有違，應自本解釋公布之日起失其效力。

（二）大法官釋字第 752 號對 §376 的影響

　　大法官釋字後，§376 但書增修「但第一審法院所為無罪、免訴、不受理或管轄錯誤之判決，經第二審法院撤銷並諭知有罪之判決者，被告或得為被告利益上訴之人得提起上訴」。據此檢察官不得為被告不利益而上訴第三審[72]。雖然釋字第 752 號解釋僅針對第一審無罪、第二審有罪的問題解釋，而 §376 修法後增加第一審免訴、不受理、管轄錯誤、第二審有罪的情形。而若屬第一審有罪、第二審無罪之情形，實務[73] 認屬於不得上訴第三審之案件。

---

[72] 最高法院 109 年台上字第 144 號刑事判決：被告既係國家具體實現刑罰權之對象，係訴訟程序中檢察官追訴、法院審判之當事人，對於法院裁判所形成不利益之結果，應賦予被告聲明不服，請求救濟之管道。與此相對，檢察官之上訴權係源自於國家具體實現刑罰權之追訴權，其於刑事程序中因屬一造之當事人，其追訴權固含有請求權之權利性質，惟基於公益代表人之角色，檢察官實質上仍負有客觀義務，不僅不利於被告之事項，對被告有利之事項亦應一律注意。故檢察官得為被告之利益提起上訴；且檢察官對於自訴案件之判決，亦得獨立上訴（刑事訴訟法第 344 條第 4 項、第 347 條可資參照）。即使屬刑事訴訟法第 376 條第 1 項各款所列之案件，第一審判決有罪，經第二審法院撤銷並改諭知無罪者，即便案件尚未確定，檢察官之追訴權仍未完全耗盡，然而作為當事人之檢察官既已於第二審盡其主張及調查證據之能事，猶無法說服法院確信被告有罪，則其基於追訴權而得行使上訴之範圍，應受推定無罪之阻隔。換言之，被告於無罪推定原則下，應享有受該無罪判決保護的安定地位，實不宜再容許檢察官提起上訴。準此，上訴權對被告和檢察官之意義既有不同，前者在給予被告上訴權以資救濟；後者檢察官難認有任何權利受侵害或剝奪，充其量只是國家追訴犯罪之權益受到影響，縱檢察官於上訴權有所退讓，亦無違訴訟平等原則。則舉輕以明重，對於刑事訴訟第 376 條第 1 項各款所列之案件，第一審法院諭知無罪，經第二審法院撤銷並改判有罪者，倘檢察官係為被告不利益提起第三審上訴，仍受該法第 376 條第 1 項前段規定之限制，不得上訴於第三審法院。

[73] 最高法院 109 年度台上字第 4056 號刑事判決：被告被訴涉犯刑法第 339 條第 1 項之詐欺取財罪嫌部分，依原判決之記載係撤銷第一審有罪判決（想像競合犯詐欺取財罪），改判被告無罪，核屬第 376 條第 1 項第 4 款所列不得上訴第三審之案件。

　　然而，倘若發回更審時又是有罪判決是否仍有適用，而可再上訴第三審。亦即解釋文中的「初次」究何所指？也就是於第一審判無罪，第二審判有罪，上訴第三審後，發為更審而第二審更審後仍判決有罪，此時是否有釋字第 752 號解釋之適用？有部分協同部分不同意見書中認為，更審後所為的有罪判決非第一次的有罪判決，無釋字第 752 號之適用[74]。另有部分協同意見書中認為，前次有罪判決已經被撤銷而不復存在，故更審仍為第一次有罪判決[75]。對此民國 106 年修正規定於 §376II「依前項但書規定上訴，經第三審法院撤銷並發回原審法院判決者，不得上訴於第三審法院」，以立法明確採取前說見解。

案例

　　檢察官起訴甲持偽造支票向地方法院民事執行處申報債權，經承辦公務員登載在案，一審判處甲行使偽造有價證券罪刑，對使公務員登載不實文書罪，疏未論斷，檢察官據此提起上訴，二審撤銷原判決，改判處甲行使偽造有價證券罪及使公務員登載不實文書罪。試問：就使公務員登載不實文書罪（法定刑三年以下有期徒刑）部分，被告、檢察官如有不服，可否上訴於第三審法院？

擬答

　　被告可上訴第三審，檢察官不得為被告之不利益上訴第三審。

（一）憲法 §16 保障人民訴訟權，係指人民於其權利遭受侵害時，有請求法院救濟之權利（釋字第 418 號解釋參照）。基於有權利即有救濟之憲法原則，人民權利遭受侵害時，必須給予向法院提起訴訟，請求依正當法

---

[74] 黃大法官昭元提出之部分協同部分不同意見書（陳大法官碧玉加入、湯大法官德宗及吳大法官陳鐶加入三、不同意見部分）。

[75] 林大法官俊益提出之部分協同意見書。

律程序公平審判,以獲及時有效救濟之機會,此乃訴訟權保障之核心內容(本院釋字第 396 號、第 574 號及第 653 號解釋參照)。人民初次受有罪判決,其人身、財產等權利亦可能因而遭受不利益。為有效保障人民訴訟權,避免錯誤或冤抑,依前開本院解釋意旨,至少應予一次上訴救濟之機會,亦屬訴訟權保障之核心內容。此為大法官釋字理由書之意旨。§376 依前開大法官解釋修正,增設但書「第一審法院所為無罪、免訴、不受理或管轄錯誤之判決,經第二審法院撤銷並諭知有罪之判決者,被告或得為被告利益上訴之人得提起上訴」。

(二)檢察官針對犯罪事實起訴,無論針對一部或全部,法院應就全部犯罪事實予以審酌(§267)。本案一審漏未審酌使公務員登載不實文書罪,於二審時方就檢察官已起訴之一審未審酌部分為論罪,依大法官釋字第752 號之意旨,本案情形對被告而言為初次受有罪判決,故被告應可類推§376I(1) 但書,上訴三審。

(三)檢察官雖得為被告利益提起上訴(§344IV(4)),惟若檢察官係為被告之不利益提起第三審上訴,仍有 §376I 前段規定之限制,不得上訴於第三審法院。

(三)其他情形

1. 第一審無罪,第二審改判 §376 各款以外之罪,第三審發回更審,第二審更審改判 §376 各款之罪,可否上訴第三審

實務認為可上訴第三審。若被告經第一審判決無罪,經第二審撤銷改判有罪之罪名並非 §376I 各款罪名,倘經第三審法院撤銷發回第二審法院更審,而第二審法院於更審後始初次改判被告 §376I 各款之罪名者。因其先前第二審改判有罪之罪名本屬得上訴於第三審法院之罪,故其前次所提之第三審上訴,與上開條文第 1 項所增設但書規定之適用無涉。亦即,其先前上訴於第三審法院,並非「依前揭但書規定之上訴」,核與新修正 §376II 所規定「依前項但書規定上訴」之前提不合,即無該條第 2 項關於不得再上訴於第三審法院規定之適用。故在此情形,被告係經第二

審更審後始初次改判§376I 各款之罪名者，即無上述新修正條文第 2 項規定之適用，此種案件仍應回歸適用同條第 1 項但書之規定，就其初次被第二審法院判處§376 罪名之案件，應給予其一次上訴於第三審法院之機會，始符修正規定之意旨[76]。

2. 裁判上一罪的情形

　　裁判上一罪案件中有部分罪名是不得上訴第三審，如經第一審判決不另為無罪之諭知，但經第二審撤銷改判就該部分論處罪刑者，仍屬初次受有罪判決之情形，應予被告或得為被告利益上訴之人至少一次上訴救濟之機會，允以上訴第三審，俾有效保障其訴訟救濟權益。例如想像競合犯刑法§305 恐嚇危害安全罪嫌部分，雖§376I(1) 所列之案件，但恐嚇危害安全罪嫌部分，經第一審判決為不另為無罪之諭知後，又經第二審撤銷改判就該部分論處罪刑，而想像競合犯之上訴又不可分，自得提起第三審上訴[77]。

3. 非屬§376 之案件，於一審二審都判決無罪，於第三審時為有罪判決，可否再為救濟？§4 之內亂罪、外患罪、妨害國交罪，高等法院為第一審時為無罪判決，最高法院為第二審時為有罪判決，可否再為救濟？

　　學者[78]認為以上情形符合釋字第 752 號所指被告均初次受到有罪判決的情形，但無論是依照修正後的§376 或是其他條文，為最高法院諭知有罪判決的被告都不會有上訴的機會，如此將違背釋字第 752 號與憲法§16 的訴訟權意旨。唯一的解決方法，可能是在最高法院以外設置另一個特別法院，處理此類案件的上訴，但是此方式無異於設置第四審法院，推翻了三級三審法院的體制。

---

[76] 最高法院 106 年度台上字第 2780 號刑事判決。
[77] 最高法院 108 年度台上字第 760 號刑事判決。
[78] 李榮耕，簡評 2017 年修正的刑事訴訟法第 376 條，月旦法學教室，第 184 期，2018 年 2 月，頁 48。

（四）第三人沒收，其上訴第三審之限制

　　最高法院 111 年度台上字第 3761 號刑事判決「沒收新制之實體法雖將沒收定位為刑罰及保安處分以外之法律效果，具有獨立性，已非刑罰（從刑）；然法院諭知『刑事沒收犯罪所得』與宣告『罪刑』之判決，既同以被告之刑事違法（或犯罪）行為存在為前提，則關於第二審判決諭知沒收第三人犯罪所得財產部分，得否上訴第三審法院，依刑事訴訟法第 455 條之 28 規定，準用第三編上訴編第 376 條之規定，應與刑罰部分同依所涉犯罪是否屬於同法第 376 條所定不得上訴第三審法院之案件為斷。」顯然採取從屬說（觀察刑事犯罪是否可上訴第三審），然有學者採獨立性說 [79]，因沒收參與人準用被告地位、§376I 但書之目的在於保障訴訟權，保障沒收參與人至少一次上訴救濟的機會，從而在不得上訴第三審罪名的案件中，二審初次受沒收判決的第三人，應可獨立上訴，以合乎憲法 §16 的訴訟權保障。

四、上訴之可分與不可分

　　法無明文，但依照法理，實質上一罪、裁判上一罪，一部得上訴，一部不得上訴，依照審判不可分原則，仍可上訴第三審。裁判上一罪案件之重罪部分得提起第三審上訴，其輕罪部分雖不得上訴，依審判不可分原則，第三審法院亦應併予審判，但如重罪部分上訴為不合法，第三審法院既應從程式上予以駁回，對於輕罪部分自無從併為實體上審判 [80]。若遇有無罪、免訴或不受理者，民國 110 年 5 月修正的 §348II 規定「對於判決之一部上訴者，其有關係之部分，視為亦已上訴。但有關係之部分為無罪、免訴或不受理者，不在此限」。其但書之規定，即為上訴第三審可分。

---

[79]　薛智仁，第三人沒收之第三審上訴限制 ── 最高法院 111 年度台上字第 3761 號刑事判決，台灣法律人，第 34 期，2024 年 4 月，頁 143-144。

[80]　最高法院 109 年度台上字第 400 號刑事判決。

肆、上訴第三審之限制 —— 限於判決違背法令、刑法變更

> ➤ 廣義判決違背法令（§377）
> ➤ 違背法令與原審結果間個案認定有無因果關係，如有因果關係
> >　➤ 直接影響判決結果且已足認為原審應為其他判決：狹義判決違背法令（§378）
> >　➤ 不足認原審應為其他判決下，依違背法令之情形對判決結果有無影響，判斷訴訟程序有無違背法令，「可能性基準」
> > >　➤ 非顯然無影響：有害瑕疵，得上訴第三審
> > >　➤ 顯然於判決無影響之訴訟程序違背法令：無害瑕疵，不得上訴第三審（§380）
> >　➤ 違背法令與原審結果間直接認定有因果關係且有影響：判決當然違背法令（§379）
> ➤ 刑罰變更（§381）

　　上訴合法後，進入上訴有無理由之審理，判決違背法令得為上訴第三審之理由，同時亦為上訴第三審之限制，如果上訴理由書狀並未依據卷內訴訟資料，具體指摘原判決不適用何種法則或如何適用不當，或所指摘原判決違法情事，顯與法律規定得為第三審上訴理由之違法情形，不相適合時，均應認其上訴為違背法律上之程序，予以駁回[81]。例如僅籠統聲請不服、漫指量刑過重、請求緩刑皆非屬判決違背法令，惟「增加法律所無之限制要件」則屬判決違背法令[82]。

　　判決違背法令，可分為：

---

[81] 最高法院 110 年度台上字第 552 號刑事判決。

[82] 最高法院 110 年度台非字第 172 號刑事判決：原確定判決既認為賄賂（財物）與不正利益有別，卻就被告所接受價值 5,000 元之餐飲招待，一方面於事實內認定係被告所收受之不正利益，另方面卻於理由內說明被告所得之財物（賄賂），尚包括該等價值 5,000 元之餐飲招待云云，兩相齟齬，理由顯然矛盾。茲原確定判決既認定被告就本件被訴對

一、廣義判決違背法令

§377規定「上訴於第三審法院，非以判決違背法令為理由，不得為之」。此為廣義判決違背法令，包含狹義判決違背法令及訴訟程序違背法令。

「判決違背法令」是指判決不適用法則與判決適用法則不當（§378），前者是指判決理由未記載判決主文所產生之法則，後者是指應適用法則而不適用與不應適用而適用。法則是指實體法則（包括關於罪質、罪數、刑之量定等）、程序法則（包含證據法則）。而判決有無違反實體法則必須以原審判決「前」所存在的法令為判準，若原審判決後才有實體法則的變更，則為§381的範圍。

狹義判決違背法令與訴訟程序違背法令之區別標準在於「原判決因不適用法則或適用不當，對於判決結果有無影響」，即違背法令之結果有直接影響判決者為狹義判決違背法令。兩者區分實益在於非常上訴程序中，因非常訴訟有統一解釋法令與保護被告的功能，若屬判決違背法令之確定判決，應將不利益被告的判決撤銷，另行改判，效力及於被告。

二、狹義判決違背法令

判決當然違背法令，只要具備§379的14款事由，直接可上訴第三審，而不用個案判斷違背法令的情形是否對於原審的判決結果有影響，立法者認為該情狀情節嚴重，因此又稱為絕對上訴第三審事由。

於違背職務行為收受上揭賄賂及不正利益之犯行，業於偵查中自白不諱，並將其所收受之財物即賄賂6萬2,000元全數繳交扣案，則被告前揭所為已符合貪污治罪條例第8條第2項前段關於「在偵查中自白，如有所得並自動繳交全部所得財物，減輕其刑」之要件，而應依上開規定減輕其刑。乃原確定判決卻謂被告並未一併將其所收受價值5,000元餐飲招待不正利益繳回，不符上開減刑規定關於「自動繳交全部所得財物」之要件，而無從適用該規定減輕其刑云云（見原判決第52頁第7至13行），核係就該等有利於被告之減刑規定，增加法律所無之限制要件，其理由矛盾致適用法條錯誤，而影響於判決之結果，依上述說明，自屬判決違背法令。

（一）實體法則

1. 刑法總則、其他特別法有刑法總則之適用的認定，例如既未遂、正犯或共犯、行為單數或行為複數（涉及案件的大小）。

2. 刑法分則、其他特別法有刑法分則之適用的認定，即犯罪成立要件的認定（構成要件、阻卻違法事由、阻卻罪責事由）。

3. 刑罰論的認定，例如累犯、緩刑。

（二）程序法則

違背程序法則必須是直接影響判決結果者。例如 §302 免訴事由之有無、§303 不受理事由之有無（§379(4)）、§304 管轄認定之有無不當（§379(5)）受理訴訟或不受理訴訟是否不當的認定錯誤、第二審法院對於上訴合法性認定錯誤等。此外。上訴有無違法法律之程式以及上訴權是否已喪失，為第二審法院應職權調查事項，如上訴有不合法之情形而竟為實體上審判，判決屬違背法令[83]。

（三）證據法則

證據法則連接實體法則與程序法則。因違背證據法則而影響判決結果可作為上訴第三審事實（§377、§380），例如自由心證的判斷違反經驗法則或論理法則（§155I）。若是違反法定調查原則與嚴格證明法則，已經規定於 §379(10)。

三、訴訟程序違背法令

§380 規定「除前條情形外，訴訟程序雖係違背法令而顯然於判決無影響者，不得為上訴之理由」。程序違背法令是指原審的訴訟程序實行違

---

[83] 最高法院 109 年度台上字第 5322 號刑事判決。

背法律規定，但「不會認為足以成立其他判決」，亦即該訴訟程序大多是訓示規定，即使有違背，也不足認為應為其他判決。簡言之，違反訓示規定，刑事訴訟法上亦非有 §379 各款的狀況，即適用本條，而如果已經違背程序法另若已足認原審應為其他判決時，應是狹義違背法令。學者認為 §378 與 §380 難以區分，根本不用分開規定，應該直接以違背法令是否影響判決結果為判斷標準即可[84]。

訴訟程序違背法令，如顯然對於判決有影響，稱為有害瑕疵，可為上訴第三審之事由。如顯然對於判決無影響，稱為無害瑕疵，屬於可以為瑕疵訴訟行為之治癒[85]，不得作為上訴第三審之事由，例如判決雖未宣示但已經送達、未通知辯護人或代理人到庭，但他們已經自行到庭。如果是原審依實體法或程序法得依職權自由裁量之事項，亦非上訴第三審之理由，例如刑之酌減（例如刑法 §19II 規定「得」減輕）、刑事訴訟法得命證人與他證人或被告對質等[86]。

然而對判決有無影響，概念模糊，故學者提出「可能性基準」，亦即訴訟程序違背法令與判決結果固然有因果關係，但是否有影響還是取決於「可能性」，也就是訴訟程序違背法令影響判決結果的可能性無法排除

---

[84] 林鈺雄，刑事訴訟法（下），2022 年 9 月，頁 475-476。

[85] 最高法院 109 年度台上字第 3604 號刑事判決：刑事訴訟上所稱之訴訟行為（包括法院、訴訟當事人、第三人）係指符合法定要件且足以發生訴訟上原有效果之行為，當訴訟行為發生瑕疵時，若其行為能藉由如當事人未異議（如被告放棄就審期間）、對被告權益未生影響（如被告已獲判無罪）、原因除去（如補正上訴或抗告理由）或基於訴訟迅速或經濟之考量（如當事人已對案件有所聲明或陳述後，不得聲請法官迴避）等行為取代瑕疵之訴訟行為即稱「瑕疵訴訟行為之治癒」。故除法院恣意、濫用權利或嚴重違背程序（如被告有正當理由不到庭，仍行一造辯論判決、法院組織不合法等）外，若只是個別訴訟條件之欠缺，因第二審採覆審制並兼具事實審，僅須將第一審判決違法或不當部分撤銷，就該案自為判決，原第一審存在之訴訟行為瑕疵，經第二審撤銷判決後亦不復依存，本無治癒問題。又倘第一審訴訟行為之瑕疵並非嚴重（如漏未諭知被告所犯所有罪名、漏未將證物提示當事人等辨識），如第二審已依法踐行應行程序或業經補正，基於法安定性與實體正義權衡之結果，縱未於判決內糾正第一審訴訟行為之瑕疵，甚或仍維持第一審判決，亦應認第一審原有之訴訟行為瑕疵業已治癒，不能據為上訴第三審之理由。

[86] 最高法院 71 年度第 3 次刑事庭會議決議。

時，即為已足。某些未被列為判決當然違背法令的訴訟程序違背法令的情形，例如於非強制辯護案件中，被告選任辯護人，但法院未通知其到庭（§271I）。有無辯護人到庭是否對於判決結果有影響，需考量辯護制度，而辯護制度之目的在於弭平被告與國家的實力差距，此時至少會造成影響法院審理結果的可能，而處於無法排除的狀態，即屬於有害的瑕疵[87]。

四、判決當然違背法令

判決當然違背法令，因其違背訴訟制度的基本原則，故為絕對上訴理由，以維持程序公正，直接認定為原審判決「違背法令之情形」的「因」，直接影響「原審判決結果」的「果」，而不用再個案審查因果關係。又判決當然違背法令有本質上為狹義判決違背法令者以及訴訟程序違背法令者。§379 規定其判決當然違背法令，有以下情形。

（一）法院之組織不合法者

法院組織不合法，例如第二審法院屬於合議庭，但法官人數不足 3 人（法院組織法 §3II）。

（二）依法律或裁判應迴避之法官參與審判者

基於公平審判原則而有迴避制度之規範，依法律應迴避是指 §17 之自行迴避。依裁判應迴避是指 §18(2) 足認執行職務有偏頗之虞，經所屬法院依 §21 裁定迴避。若不迴避，則為本款事由。

（三）禁止審判公開非依法律之規定者

公開審理原則下，訴訟的辯論及裁判的宣示，應於公開法庭為之，但有妨害國家安全、公共秩序或善良風俗之虞，法院得決定不予公開（法

---

[87] 林鈺雄，刑事訴訟法（下），2022 年 9 月，頁 476-477。

院組織法 §86），除特別的例外規定得不公開審理，例如性侵害防治法 §18、少年事件處理法 §34。

（四）法院所認管轄之有無係不當者

具備管轄權（包含事物管轄與土地管轄）為法院實體裁判所應具備的訴訟要件。欠缺管轄權，原應為管轄錯誤判決，若法院為實體判決，則為本款。若是法院具有管轄權，卻誤以為無管轄權為管轄錯誤判決，亦屬本款得上訴第三審事由。

（五）法院受理訴訟或不受理訴訟係不當者

訴訟包含公訴、自訴、上訴。法院本應不受理判決卻為其他判決（例如有罪判決）。或法院應受理為實體判決，卻為不受理判決。

（六）除有特別規定外，被告未於審判期日到庭而逕行審判者

依 §281 規定，被告不到庭不得審判。而特別規定是指許用代理人案件（§281II）、不待被告陳述而逕行判決者（§294III、§304 後段、§306、§371）等。

（七）依本法應用辯護人之案件或已經指定辯護人之案件，辯護人未經到庭辯護而逕行審判者

亦即符合 §31、§284 者，若無辯護人到庭（包含有到庭但未為實質有效辯護的情況）。此外，若法院為無罪判決，實務[88] 認為對於被告防禦權無影響，則無本款之適用。

---

[88] 最高法院 106 年度台上字第 262 號刑事判決。

（八）除有特別規定外，未經檢察官或自訴人到庭陳述而為審判者

§271I、§280規定未經檢察官到庭陳述而逕行審判者，其判決屬於本款之違法。然於自訴時，現行法已經採取律師強制代理，本款卻未規定。倘若自訴代理人無正當理由不到庭者，法院應諭知不受理之判決（§331II），除此之外，自訴代理人有正當理由不到庭者，法院卻為審判，則屬本款之情形。

（九）依本法應停止或更新審判而未經停止或更新者

依法應停止審判是指法官具自行迴避事由而被聲請迴避（§22）、被告因精神或其他心智障礙，致不解訴訟行為意義或欠缺依其理解而為訴訟行為之能力者或有疾病不能到庭（§294I、II）、自訴案件的犯罪是否成立以民事法律關係為斷者而民事未起訴（§333）。依法應更新審理是指參與審判期日之法官有更易（§292）、開庭間隔15日以上（§293）。

（十）依本法應於審判期日調查之證據而未予調查者

依法應於審判期日調查，是指當事人聲請調查且符合關聯性、必要性、可能性[89]（§163I）或法院應職權調查證據（§163II但書）。未予調查是指根本沒有調查、有調查但沒有調查完畢、雖有調查但調查程序不合法、應經法定調查程序卻未經合法調查（§155II）。例如證人未到庭接受對質詰問法院卻採納傳聞證言（§159I）、證物未經提示（§164）、文書未經朗讀（§165）、準文書未經辨認或告以要旨（§165-1）、剝奪當事人、辯護人對於證人、鑑定人的詰問權（§166以下）。

---

[89] 最高法院104年度台上字第3339號刑事判決：刑事訴訟法第379條第10款所稱「依本法應於審判期日調查之證據」，係指該證據在客觀上與待證事實有重要關聯，為法院認定事實及適用法律之基礎而有調查之必要者而言。若與待證事實無關，或事證已明，在客觀上欠缺調查之必要性之證據，法院縱未加以調查，亦不能指為違法。

（十一）未與被告以最後陳述之機會者

亦即違反 §290 情況，但若是不待被告到庭而逕行判決的案件，則無 §290 適用，不會違反本款。

（十二）除本法有特別規定外，已受請求之事項未予判決，或未受請求之事項予以判決者

1. 基於不告不理原則，法院不得對未繫屬於法院的案件審判（無訴即無裁判）。

2. 已經受請求之事項未予判決，如為同一案件時，將發生漏未判決，屬於本款情形。若是不同案件時，法院對於有起訴者未予審判，因為訴訟關係而消滅則屬漏判，僅可請求補判，非屬本款情形。

3. 未受請求之事項予以判決＝訴外裁判，為無效判決。然有判決外觀，若判決確定，可依本款提上訴救濟（釋字 135）。例如檢察官針對 A 以強制方式使 B 從事與報酬顯不相當之勞動（人口販運防治法 §32I）提起公訴，法官卻針對檢察官認為使被害人為詐欺嫌疑不足而未起提公訴部分為判決，即為訴外裁判。

4. 除本法有特別規定外之特別規定是指 §267、§348II。

（十三）未經參與審理之法官參與判決者

基於直接審理原則與言詞審理原則，而有該規定。參與判決是指參與判決的形成過程，不包含準備程序、宣示判決（§313）。

（十四）判決不載理由或所載理由矛盾者

基於聽審原則，被告具有請求注意權，若被告之請求法院即要注意，判決未載其理由或理由不完備，則屬於本款。而理由與主文矛盾（例如判決理由認為處以拘役仍過重，但主文卻判有期徒刑二年）、理由與事實矛盾（例如事實描述被告為預備犯，但理由卻說其為既遂犯）、理由與理由

矛盾（例如理由中認為是基於同一個犯意的接續行為，但卻又引用刑法§50條之數罪併罰），亦為本款之違法。

四、刑罰變更

§381規定「原審判決後，刑罰有廢止、變更或免除者，得為上訴之理由」。又此時判決尚未確定，第三審法院可以職權調查（§393(4)）。

伍、妥速審判法之限制上訴第三審 ── 不對稱上訴

一、限制上訴第三審

刑事妥速審判法§8規定「案件自第一審繫屬日起已逾六年且經最高法院第三次以上發回後，第二審法院更審維持第一審所為無罪判決，或其所為無罪之更審判決，如於更審前曾經同審級法院為二次以上無罪判決者，不得上訴於最高法院」。

亦即案件自第一審繫屬日起已逾六年且經最高法院第三次以上判決發回的前提下，第一審被告無罪判決後，經上訴二審、上訴三審，發回之第二審更審，法院仍維持第一審為無罪判決。或者第一審被告有罪判決後，經上訴二審、上訴三審，發回之更審前曾經於第二審有二次以上改判無罪，第二審更審後仍改判無罪，不得上訴最高法院。

本條立法理由指出倘經歷多次更審仍無法定罪，如檢察官仍可一再上訴，將使被告承受更多的焦慮與不安，有礙被告接受公正、合法、迅速審判之權。

二、嚴格限制上訴第三審之理由

刑事妥速審判法§9規定「I除前條情形外，第二審法院維持第一審

所為無罪判決，提起上訴之理由，以下列事項為限：一、判決所適用之法令牴觸憲法。二、判決違背司法院解釋[90]。三、判決違背判例[91]。II 刑事訴訟法第三百七十七條至第三百七十九條、第三百九十三條第一款規定，於前項案件之審理，不適用之」。若容許檢察官（自訴人）一再上訴，被告可能承受更多次之事實審之審理，有礙其接受公平、迅速審判之權利，為符無罪推定原則，乃限制檢察官（自訴人）之上訴權。

倘若只是違背「判決」，並非刑事妥速審判法 §9I(3) 所稱之「判例」，即不得據為上訴第三審之事項[92]。實務上更認為基於 §377～§379 及 §393(1) 有關的「判例」，也不適用[93]，但實務似乎忽略了第三審為法律審的核心概念。

本條第 2 項排除判決違背法令的情形，也就是判決違背法令的情形亦不得據此上訴第三審，立法理由指出因為此與嚴格法律審精神不合。

上開規定雖僅限於前述諭知無罪之判決，問題在於有第三人參與之沒收程序（下稱第三人沒收程序），若第一審諭知不予沒收，第二審維持第一審不予沒收之判決，檢察官不服此部分之第二審判決，提起第三審上訴時，是否亦受速審法 §9I 之限制？實務見解採肯定說，認為法雖無明

---

[90] 最高法院 110 年度台上字第 2682 號刑事判決：其第 2 款所定「判決違背司法院解釋」，係指判決之意旨違背司法院針對本案援引之法令條文或判斷之爭點就具體案件之法令適用重要事項認有統一法律見解之必要所作成之「院字」或「院解字」解釋（行憲前），或由司法院大法官作成有關憲法解釋及法令之統一解釋（行憲後）而言。若自訴人或檢察官依前述規定提起第三審上訴所憑司法院解釋，並非針對該具體案件援引之法令條文或判斷之爭點所為解釋，而僅就其他抽象法規闡釋憲法保障人民基本權利意旨或法益保護內容者，自非屬之。

[91] 現在已經廢除判例制度。最高法院 110 年度台上字第 2682 號刑事判決：至同條項第 3 款所稱「判例」，依民國 108 年 1 月 4 日修正，於 108 年 7 月 4 日施行之法院組織法第 57 條之 1 第 2 項規定，其效力與未經選編為判例之最高法院裁判相同，非謂原依法選編之判例所示法律見解因而失效，是依刑事妥速審判法第 9 條第 1 項第 3 款規定提起第三審上訴者，應理解為以「判決違背原法定判例之法律見解」為理由上訴。惟若主張者係違背刑事訴訟法第 377 條至第 379 條及 393 條第 1 款有關之法律見解，仍非刑事妥速審判法第 9 條第 1 項第 3 款之範疇。

[92] 最高法院 107 年度台上字第 4061 號刑事判決。

[93] 最高法院 109 年度台上字第 759 號刑事判決。

文，然速審法施行後，我國刑法總則關於「沒收」之規定已經修正，並自民國 105 年 7 月 1 日施行。修正後沒收新制認為沒收係刑罰及保安處分以外之獨立法律效果，不具刑罰本質；除不再認沒收係「從刑」，並擴張沒收之範圍外，沒收之對象且可及於第三人；刑事訴訟法為免因刑事訴訟程序結果財產可能被沒收之第三人權益受損，並相應增訂第七編之二「沒收特別程序」，除賦予第三人程序主體之地位外，有關刑事被告之訴訟上權利，亦多可準用。亦即，沒收程序與被告犯罪事實之調查、審理，雖非絕無關聯，然已具獨立於刑罰以外效果；法院於第三人沒收程序之審理，除應就財產是否係犯罪所得、是否屬於刑法 §38-1II 所定因犯罪而由第三人取得之財產，乃至是否為第三人之財產等，依前述刑法規定實質審查外，其審判程序亦應踐行增訂刑事訴訟法第七編之二「沒收特別程序」之規定，為實質之調查、審認；此與法院就被告被訴事實之調查、審理及認定，除有關證人之詰問等少數規定外，並無不同。換言之，第一、二審依第三人沒收程序之規定實質審理所得，與其就被告被訴事實之調查、認定結果，並無本質上之差異。則攸關被告犯罪成立或刑罰有無之認定，檢察官就第二審維持第一審所為無罪判決之上訴，既應受前述之限制，舉重明輕並本於同一法理，與第三人財產是否應予剝奪之沒收事項，第二審若維持第一審不予沒收之判決，應同受限制[94]。

陸、第三審法院之審理

一、審理原則

原則上準用第一審（§387），但以下為第三審之特別規定，不準用第一審。

---

[94] 最高法院 110 年度台上字第 3333 號刑事判決。

（一）強制辯護的規定於第三審之審判不適用之

縱使是得強制辯護案件，亦不適用強制辯護之規定，被告僅可選任辯護人（§388）。

（二）書面審理原則，必要時命辯論

1. 原則

書面審理，不經言詞辯論（§389I 前段）。第三審法院之直接審理原則、公開審理原則受到限縮，即第三審法院應以第二審判決所確認之事實為判決基礎（§394I），亦即第三審法院不認定實體事項，進而不準用§288 之嚴格證明程序，而依自由證明程序即可。

2. 例外

法院認為有必要時得命辯論（§389I 但書）。雖為言詞辯論，但仍為自由證明程序。不過因為是言詞辯論程序，故只有律師才能充任代理人或辯護人進行程序（§389II），此為強制律師代理或辯護。

第三審法院於命辯論之案件，得以庭員一人為受命法官，調查上訴及答辯之要旨，製作報告書（§390）。審判期日，受命法官應於辯論前，朗讀報告書。檢察官或代理人、辯護人應先陳述上訴之意旨，再行辯論（§391）。

於審判期日，被告或自訴人無代理人、辯護人到庭者，應由檢察官或他造當事人之代理人、辯護人陳述後，即行判決，為一造辯論之規定（§392 前段）。被告及自訴人均無代理人、辯護人到庭者，得不行辯論（§392 後段）。

二、調查範圍：較第二審狹窄

合法上訴後方可進入調查，若是不合法上訴則依照 §395 判決駁回。調查範圍如下。

（一）以上訴理由為範圍

1. 原則上以上訴理由為調查範圍

§393 規定「第三審法院之調查，以上訴理由所指摘之事項為限」。此為控訴原則的限制，因上訴人針對不服部分而提出上訴理由救濟，法院應對於該部分調查。

2. 職權調查之例外情形

§393 但書規定「但左列事項，得依職權調查之：一、第三百七十九條各款所列之情形。二、免訴事由之有無。三、對於確定事實援用法令之當否。四、原審判決後刑罰之廢止、變更或免除。五、原審判決後之赦免或被告死亡」。

（二）以第二審認定之事實為基礎

1. 原則

§394I 本文規定「第三審法院應以第二審判決所確認之事實為判決基礎」。第三審為法律審，應以第二審所確認之事實為判決基礎，故於第二審判決後，不得主張新事實或新證據而資為第三審上訴之理由[95]。例如強制性交案件，上訴人向最高法院提起第三審上訴後，始另行聲請傳喚證人（例如承辦警員），顯與法律審之體制有違。

2. 例外

§394I 但書規定「但關於訴訟程序及得依職權調查之事項，得調查事實」。

---

[95] 最高法院 105 年度台上字第 59 號刑事判決。

柒、第三審法院之判決

一、上訴不合法或上訴無理由

（一）上訴不合法，判決駁回上訴

§395 規定「第三審法院認為上訴有第三百八十四條之情形者，應以判決駁回之；其以逾第三百八十二條第一項所定期間，而於第三審法院未判決前，仍未提出上訴理由書狀者亦同」。亦即上訴有不合法法律上程式（例如非以原審違背法令為由而提起）上訴為法律上所不應允許、上訴權已經喪失，應判決駁回。§382I 為逾越 20 日期間。

若是第三審法院應駁回上訴，而未駁回，卻誤為撤銷而發回更審，釋字第 135 號認為判決重大違背法令不生效力，但仍有判決的形式外觀，未確定者得依上訴辦理，確定者得依再審、非常上訴辦理。

（二）上訴無理由，判決駁回上訴

§396 規定「I 第三審法院認為上訴無理由者，應以判決駁回之。II 前項情形，得同時諭知緩刑」。上訴合法，但是上訴理由所指摘的意旨不成立，為上訴無理由。此外，相較於第三審，第二審縱使認為上訴理由不成立，但尚須原審判決無違法或不當者，始可依上訴無理由判決駁回上訴。

二、撤銷原判決

§397 規定「第三審法院認為上訴有理由者，應將原審判決中經上訴之部分撤銷」。除了原審為訴外裁判，第三審僅須撤銷原判決，不用再為任何其他裁判外，第三審法院應依下述處理。

（一）自為判決

§398 規定「第三審法院因原審判決有左列情形之一而撤銷之者，應就該案件自為判決。但應為後二條之判決者，不在此限：一、雖係違背法令，而不影響於事實之確定，可據以為裁判者。二、應諭知免訴或不受理者。三、有第三百九十三條第四款或第五款之情形者」。例如被告第三審合法上訴後，於上訴中死亡，應依照 §398(3) 諭知不受理判決（自為判決）[96]。但如果被告上訴第三審不合法，於上訴中死亡，則應依照 §395 駁回判決。

（二）發回更審

§399 規定「第三審法院因原審判決諭知管轄錯誤、免訴或不受理係不當而撤銷之者，應以判決將該案件發回原審法院。但有必要時，得逕行發回第一審法院」。本條所稱有必要時是指與審級利益考量有關。例如第一審不應為程序判決而為程序判決，但第二審卻未撤銷改判又維持第一審的程序判決，此時第一審、第二審皆未為實體判決，故而直接發回第一審更為審理。

（三）發交審判

§400 規定「第三審法院因原審法院未諭知管轄錯誤係不當而撤銷之者，應以判決將該案件發交該管第二審或第一審法院。但第四條所列之案件，經有管轄權之原審法院為第二審判決者，不以管轄錯誤論」。

---

[96] 最高法院 109 年度台上字第 599 號刑事判決：第三審法院得依刑事訴訟法第 394 條第 1 項但書規定，就關於訴訟程序及得依職權調查之事項，調查事實者，必以經合法上訴為前提要件。而刑事被告於第三審上訴中死亡，應諭知不受理之判決者，亦以被告於合法上訴之後死亡者為限。如為不合法之上訴，原判決已因未經合法上訴而確定，自不能因嗣後被告死亡為由，而使原不合法之上訴變為合法；此時，第三審法院即無從依上揭規定，就被告死亡之事實加以調查，據以諭知不受理之判決。

（四）發回更審或發交審判

§401 規定「第三審法院因前三條以外之情形而撤銷原審判決者，應以判決將該案件發回原審法院，或發交與原審法院同級之他法院」。

例如第三審法院認為原本依法應於審判期日調查證據而未調查，應發回或發交更審，不能自行判決。然而實務上可發回更審之次數無明文規定，導致許多案件發回更審次數過多，使被告身心折磨，例如民國 76 年的涉嫌陸正案的被告邱和順，纏訟近三十年，歷經了十一次發回更審。而刑事妥速審判法規定羈押期間累計不得逾五年（速審法 §5），逾八年未判決確定之案件，被告可以速審權利受侵害向法官聲請減刑（速審法 §7），雖可以達成避免訴訟遲延，但因第三審發回仍未限制次數，追根究底就是法律無明文以最高法院自為判決為原則。

三、撤銷原判決之延伸效力

§402 規定「為被告之利益而撤銷原審判決時，如於共同被告有共同之撤銷理由者，其利益並及於共同被告」。共同被告是指於「合法上訴」之共同被告，未就該利益部分據為上訴理由，因上訴中之另一被告指摘該事項，認有共同撤銷之理由，對於該共同被告為利益之裁判者而言。但如果共同被告未經上訴或上訴不合法，則該共同被告部分之判決已經確定，即無適用該條之餘地[97]。

而共同之撤銷理由不包含因某一被告個人關係之撤銷理由，故原審認定之共同正犯中一部分上訴無理由，一部分因個人關係所生之撤銷理由，應發回更審者，對於上訴無理由之共同正犯部分，仍應為上訴駁回之判決[98]。

---

[97] 最高法院 33 年度非字第 5 號判例。張麗卿，刑事訴訟法理論與運用，2010 年 9 月，頁 697。

[98] 最高法院 72 年度第 6 次刑事庭會議決議（一）之二。

最高法院 24 年度總會決議（九六）

　　本條（按指刑事訴訟法 402 條）所謂共同被告及利益其含義如左：一、「共同被告」以共同上訴第三審者為限。二、本條所謂「共同被告」，不限於共犯及犯同一事實之罪，凡合於刑事訴訟法第七條牽連情形經合併審判者，均為共同被告。三、甲、乙兩被告對於第二審判決均不服上訴，甲指摘原判程序不當為違法，應予發回更審，縱乙未指摘程序違法，亦應一併發回。四、本條所謂「利益」之標準，不限於改判，即發回更審亦認為有利益。

第四節　被告死亡之處置

壹、檢察官偵查中被告死亡

　　檢察官應依照 §252(6)「被告死亡」，絕對不起訴。如檢察官仍起訴，法院應依 §303(1)「起訴之程序違背規定者」為不受理判決。

臺灣嘉義地方法院 109 年度訴字第 132 號刑事判決

　　按起訴之程序違背規定者，應諭知不受理之判決，且該不受理判決，得不經言詞辯論為之，刑事訴訟法第 303 條第 1 款、第 307 條分別定有明文。而刑事訴訟係對於特定被告之特定犯罪事實所進行之程序，被告在刑事訴訟上具有為訴訟主體及訴訟客體之地位，不僅是刑事訴訟之當事人，更為訴訟程序之對象。如於檢察官偵查中，被告死亡，依刑事訴訟法第 252 條第 6 款之規定，檢察官應為不起訴之處分，以終結其偵查程序。如於法院審理中，被告死亡者，法院始依刑事訴訟法第 303 條第 5 款之規定為不受理之判決，以終結其訴訟關係。惟於檢察官偵查時，被告已死亡，而檢察官疏未查明，未依上述規定為不起訴處分，仍

向該管法院起訴者，因檢察官提出起訴書於管轄法院產生訴訟繫屬時，該被告早已死亡，訴訟主體業已失其存在，訴訟程序之效力並不發生，其起訴程序違背規定至明，此際法院即應依刑事訴訟法第303條第1款規定，判決不受理，始符法意（臺灣高等法院90年庭長法律問題研討會決議參照）。

貳、檢察官提出公訴後，尚未繫屬時，被告死亡

　　檢察官偵查終結且提起「公訴」後，訴訟「未」繫屬於第一審法院（僅提起訴書）時，被告死亡，實務認為應以§303(1)諭知不受理判決且不經言詞辯論（§307）[99]。

參、檢察官起訴後，訴訟已經繫屬，被告死亡

　　檢察官偵查終結且「起訴」後，訴訟「已」繫屬於第一審法院（送交卷證＋起訴書）時，被告死亡。實務認為[100]法院應依照§303(5)諭知不受理判決並得不經言詞辯論為之（§307）。

---

[99] 臺灣高雄地方法院109年度審交易字第230號刑事判決：本件被告因過失傷害案件，經檢察官於109年2月9日提起公訴，於109年3月26日繫屬本院，有上開起訴書及臺灣高雄地方檢察署108年3月24日雄檢榮宇108偵20109字第1090019714號函上本院刑事科所蓋收案日期章戳在卷可憑，惟被告已於本案繫屬本院前之109年3月23日死亡，有其個人戶籍資料查詢結果在卷可憑，揆諸前揭規定，本件起訴之程序自屬違背規定，爰不經言詞辯論，逕為知不受理之判決。據上論斷，應依刑事訴訟法第303條第1款、第307條，判決如主文。

[100] 臺灣臺東地方法院106年度訴字第126號刑事判決。

> ### 臺灣嘉義地方法院 109 年度交易字第 158 號刑事判決【起訴 ≠ 公訴】
>
> 　　「起訴」，係指案件繫屬於法院之日而言（最高法院 81 年度台上字第 876 號判決可資參照）又提起公訴，應由檢察官向管轄法院提出起訴書為之；起訴時，應將卷宗及證物一併送交法院，亦經刑事訴訟法第 264 條第 1 項、第 3 項規定甚明，是檢察官所為之起訴或不起訴處分，固對外表示即屬有效，製作書類之程式問題，不影響終結偵查之效力，惟起訴書之送達或公告，雖生「終結偵查」之效力，然所謂之「起訴」，仍須向管轄法院提出起訴書，始足當之，否則法院本於不告不理之原則，縱檢察官已作成起訴書，但於送至法院前，既尚未向法院為提起公訴之表示，此段偵查終結後至案件實際繫屬法院前之期間，須待起訴書及相關卷證送至法院後，始符前揭提起公訴之規定而產生訴訟繫屬及訴訟關係；第按起訴之程序違背規定者，應諭知不受理之判決，並得不經言詞辯論為之，刑事訴訟法第 303 條第 1 款、第 307 條分別定有明文；次者刑事訴訟法第 303 條第 5 款規定：「被告死亡者」，係指為自然人之被告在起訴後法院審理中死亡而言，若係在起訴前死亡，其為訴訟主體之人格已消滅，應不得起訴，若予起訴，其起訴之程序自屬違背規定。

肆、審判中被告死亡

　　被告在審判的過程中死亡，法院應依照 §303(5) 諭知不受理判決[101]。

---

[101] 臺灣雲林地方法院 109 年度訴緝字第 10 號刑事判決。

伍、判決後，上訴期間中被告死亡

一、為得上訴案件

　　實務上一向認為訴訟主體已經不存在，訴訟程序之效力本不應發生，判決也無從送達，故而將判決附卷歸檔即可。又無法送達，就無從起算上訴期間，判決無法確定，不得提起非常上訴[102]。

　　若檢察官以被告死亡而應諭知不受理判決提起上訴，實務認為上訴不合法應予以駁回[103]。

二、若為不得上訴案件

　　一經判決即告確定，如被告於判決前死亡，仍可提非常上訴救濟[104]。

陸、判決後，已提起上訴後被告死亡

一、上訴合法

　　提起上訴時，然原審法院不得裁定駁回（§362、§384），而應將卷證送交上訴審法院，此時上訴審法院之處理。

---

[102] 最高法院50年度第4次民、刑庭總會會議決議（一）：法院為科刑之判決後發現被告已死亡，即將判決附卷，不予送達，對於未經送達之不確定判決，不得提起非常上訴。最高法院99年度台非字第322號刑事判決：第一審為判決時，被告既已死亡，其判決關於被告部分無從為合法之送達，即不能認為已經確定。依上揭說明，上訴人對之提起非常上訴，為無理由，應予駁回。臺灣臺北地方法院104年度聲字第2138號刑事裁定。

[103] 最高法院101年度第5次刑事庭會議：按刑事訴訟乃國家實行刑罰權所實施之訴訟程序，係以被告為訴訟之主體，如被告一旦死亡，其訴訟主體即失其存在，訴訟之效力不應發生。因之，被告死亡後，他造當事人提起上訴，應認為不合法予以駁回。

[104] 最高法院60年度第1次民、刑庭會議決議（一）。

（一）第二審法院應依 §369I 撤銷原判決（例如撤銷原有罪或無罪之判決）而自為判決，依照 §364 準用第一審審判，即 §303(5) 諭知不受理判決[105]。

（二）第三審法院，依照 §393(5) 對於原審判決後被告死亡，職權調查且自為判決（§398(3)），準用第一審（§387）以 §303(5) 諭知不受理判決。

二、上訴不合法

例如逾越上訴期間，原審法院應裁定駁回（§362、§384），如原審法院未發現而卷證送交上級審法院時，上級審法院應判決駁回（§367、§395）。

第五節　裁定與處分之救濟

壹、概念

對於未確定之法院裁定，如不服可以向直接上級法院提出抗告救濟（§403）。對於個別法官（審判長、受命法官、受託法官）、檢察官所為的處分，如不服可以提出準抗告救濟。抗告除了有特別規定外準用上訴的規定（§419）。

---

[105] 臺灣高等法院花蓮分院 109 年度原交上訴字第 2 號刑事判決、臺灣高等法院臺中分院 107 年度金上訴字第 815 號刑事判決、臺灣高等法院臺中分院 108 年度上易字第 1448 號刑事判決：……原審判決後，既經自訴人等合法上訴，被告復於本院審理中死亡，依上開法律規定，即應為自訴不受理之判決，原審未及審酌，自應由本院將原判決撤銷，並不經言詞辯論，逕為諭知自訴不受理之判決。四、據上論斷，應依刑事訴訟法第 369 條第 1 項前段、第 364 條、第 343 條、第 303 條第 5 款、第 307 條，判決如主文。

貳、抗告與再抗告

一、抗告權人

　　§403 規定「I 當事人對於法院之裁定有不服者，除有特別規定外，得抗告於直接上級法院。II 證人、鑑定人、通譯及其他非當事人受裁定者，亦得抗告」。當事人是指檢察官、被告、自訴人。非當事人受裁定，例如被告的配偶或法定代理人為被告利益提起獨立上訴（§345）、原審代理人或辯護人為被告利益提上訴（§346），遭原審法院裁定駁回時可提抗告。又例如證人如果無正當理由不到庭可裁定罰鍰（§178）、無正當理由拒絕證言可裁定罰鍰（§193），此時若證人不服，可抗告救濟。而除書的特別規定是指 §404。

　　又，抗告權人以「當事人」與「受裁定之證人、鑑定人、通譯及其他非當事人」為限，因辯護人非抗告權人，辯護人對於被告受法院羈押裁定或延長羈押裁定可否提起抗告？111 年憲判字第 3 號【被告之辯護人對羈押裁定抗告案】認為受羈押被告因與外界隔離，蒐集相關有利法令資訊以撰寫抗告書狀尋求救濟尤為不易，致其行使防禦權諸多困難，自我辯護功能幾近喪失；更因羈押裁定之法定抗告期間僅有 5 日，稍縱即逝。受羈押被告於此極為不利之情境下，唯有倚賴具法律專業知識之律師擔任辯護人為其提供及時有效之協助，例如獲知卷證資訊、提起救濟等，始能有效行使其防禦權，並確保法院裁定羈押之慎重性與最後手段性。為有效保障被告之訴訟權，辯護人協助被告行使防禦權，為憲法保障之權利。被告之辯護人，依本判決意旨，就被告依法得抗告之事項（§404I 但書），除與被告明示意思相反外，得為被告之利益而抗告。

　　本書認為辯護人提起抗告應屬代理權性質，應以被告名義為之，從而抗告理由狀應寫「辯護人茲為被告之利益而抗告」，「抗告人」之欄位仍應為「被告」，而由辯護人簽章提起抗告。惟近期有些實務運作上存在書記官致電予辯護人，要求被告仍應補正簽名（請辯護人到看守所律見被告請被告簽名後，再寄一份有被告簽名之書狀）之情形，考量補正簽名仍須

一定時間，被告之人身自由拘束仍繼續遭剝奪，似乎不合乎 111 年憲判字第 3 號之意旨。

二、抗告之限制

（一）判決確定前關於管轄或訴訟程序之裁定

§ 404 規定「I 對於判決前關於管轄（§ 6II、III、§ 8 但、§ 9、§ 10）或訴訟程序（§ 21、§ 33、§ 60、§ 163-2、§ 288-3、§ 273VI、§ 291、§ 294～§ 297、§ 333）之裁定，不得抗告。但下列裁定，不在此限：一、有得抗告之明文規定者。二、關於羈押、具保、責付、限制住居、限制出境、限制出海、搜索、扣押或扣押物發還、變價、擔保金、身體檢查、通訊監察、因鑑定將被告送入醫院或其他處所之裁定及依第一百零五條第三項、第四項所為之禁止或扣押之裁定。三、對於限制辯護人與被告接見或互通書信之裁定（按：§ 34、§ 34-1）。II 前項第二款、第三款之裁定已執行終結，受裁定人亦得提起抗告，法院不得以已執行終結而無實益為由駁回」。

§ 404 本文關於管轄或訴訟程序之裁定，其目的在於使訴訟程序迅速進行。而但書之規定是因為該等裁定涉及人民基本權的干預（強制處分）或其他權利，故而基於有權利而有救濟的保護人民訴訟權觀點下，例外可以提抗告。

§ 404I(1) 所稱得抗告的明文規定情形，例如 § 23～§ 25 關於法官、書記官、通譯的迴避駁回裁定、§ 178III 與 § 193III 關於無正當理由不到庭或拒絕具結或證言者（鑑定人依 § 197、通譯依 § 211 準用之）。

§ 404II 對於已執行終結的裁定亦得抗告。學者認為如果強制處分有重複的危險存在時即有確認利益，可以在抗告中要求法院確認該強制處分的干預違法[106]。

---

[106] 林鈺雄，法官保留原則與干預處分專庭，月旦法學教室，第 136 期，2014 年 2 月，頁 60-61。

（二）得上訴於第三審法院之案件

§405 不得上訴於第三審法院之案件，其第二審法院所為裁定，不得抗告。所謂不得上訴於第三審法院之案件是指 §376 之情形，但如為 §376 但書之情況，大法庭認為 [107] 雖然 §405 未隨其配合修正，但基於釋字第 752 號解釋以及 §376 修法意旨之同一法理，應得抗告。

（三）附帶民事訴訟移送民事審判庭之裁定

§504 法院認附帶民事訴訟確係繁雜，非經長久時日不能終結其審判者，得以合議裁定移送該法院之民事庭；其因不足法定人數不能合議者，由院長裁定之。前項移送案件，免納裁判費。對於第 1 項裁定，不得抗告。

三、抗告期間：10 日

§406 規定「抗告期間，除有特別規定外，為十日，自送達裁定後起算。但裁定經宣示者，宣示後送達前之抗告，亦有效力」。特別規定是指 §434II、§435III、少年事件處理法 §64I。

四、抗告程序與原審法院之處置

（一）以書狀敘明理由提出原審法院（§407）

§407 規定「提起抗告，應以抗告書狀，敘述抗告之理由，提出於原審法院為之」。

---

[107] 最高法院 110 年度台抗大字第 1493 號刑事裁定。

（二）不合法駁回

不合法是指不合法律程序、法律不准許、抗告權喪失，裁定駁回。§408I 規定「原審法院認為抗告不合法律上之程序或法律上不應准許，或其抗告權已經喪失者，應以裁定駁回之。但其不合法律上之程序可補正者，應定期間先命補正」。此時仍為原審法院的裁定，故可對其裁定駁回提起抗告，而非準抗告 [108]。

（三）有理由更正原裁定，無理由送交抗告法院

§408II 規定「原審法院認為抗告有理由者，應更正其裁定；認為全部或一部無理由者，應於接受抗告書狀後三日內，送交抗告法院，並得添具意見書」。原則上不允許原審法院自行更正，但本項規定下出於訴訟經濟，允許原審法院自行更正。而更正是指對於原裁定的撤銷或變更，而非指誤寫、誤算的顯然錯誤的更正。

§410 規定「I 原審法院認為有必要者，應將該案卷宗及證物送交抗告法院。II 抗告法院認為有必要者，得請原審法院送交該案卷宗及證物。III 抗告法院收到該案卷宗及證物後，應於十日內裁定」。

五、抗告法院之處置

（一）不合法、無理由，裁定駁回

§411 規定「抗告法院認為抗告有第四百零八條第一項前段（即原審法院認為抗告不合法律上之程序或法律上不應准許，或其抗告權已經喪失）之情形者，應以裁定駁回之。但其情形可以補正而未經原審法院命其補正者，審判長應定期間先命補正」。§412「抗告法院認為抗告無理由者，應以裁定駁回之」。

---

[108] 林俊益，刑事訴訟法概論（下），2016 年 2 月，頁 412。

（二）有理由，將原裁定撤銷，必要時可自為裁定

　　§413 規定「抗告法院認為抗告有理由者，應以裁定將原裁定撤銷；於有必要時，並自為裁定」。

（三）抗告法院之裁定，應速通知原審法院（§414）。

六、抗告的效力

　　§409 規定「I 抗告無停止執行裁判之效力。但原審法院於抗告法院之裁定前，得以裁定停止執行。II 抗告法院得以裁定停止裁判之執行」。從而抗告與上訴同樣皆有移審效力，但抗告並無絕對停止執行的效力。

七、再抗告

　　§415 規定「I 對於抗告法院之裁定，不得再行抗告。但對於其就左列抗告所為之裁定，得提起再抗告：一、對於駁回上訴之裁定抗告者。二、對於因上訴逾期聲請回復原狀之裁定抗告者。三、對於聲請再審之裁定抗告者。四、對於第四百七十七條定刑之裁定抗告者。五、對於第四百八十六條聲明疑義或異議之裁定抗告者。六、證人、鑑定人、通譯及其他非當事人對於所受之裁定抗告者。II 前項但書之規定，於依第四百零五條不得抗告之裁定，不適用之」。

參、準抗告

一、準抗告的原因與處分主體

　　§416I、II 規定「I 對於審判長、受命法官、受託法官或檢察官所為下列處分有不服者，受處分人得聲請所屬法院撤銷或變更之。處分已執行

終結，受處分人亦得聲請，法院不得以已執行終結而無實益為由駁回：
一、關於羈押、具保、責付、限制住居、限制出境、限制出海、搜索、扣押或扣押物發還、變價、擔保金、因鑑定將被告送入醫院或其他處所之處分、身體檢查、通訊監察及第一百零五條第三項、第四項所為之禁止或扣押之處分。二、對於證人、鑑定人或通譯科罰鍰之處分。三、對於限制辯護人與被告接見或互通書信之處分。四、對於第三十四條第三項指定之處分。II 前項之搜索、扣押經撤銷者，審判時法院得宣告所扣得之物，不得作為證據」。

　　處分主體不含司法警察（官），此為法律漏洞，未來應修法，在修法前應可類推適用 §416[109]。

二、準抗告的期間：10 日

　　準抗告聲請期間為 10 日，自為處分之日起算，其為送達者，自送達後起算（§416III）。

三、準抗告的法院

　　§417「前條聲請應以書狀敘述不服之理由，提出於該管法院為之」。該管法院是指原處分之審判長、受命法官、受託法官，或檢察官所屬之法院。與抗告須向上級法院為之不同。

四、對受託法官的裁定不服之準用

　　§416IV、V 規定「IV 第四百零九條至第四百十四條規定，於本條準用之。V 第二十一條第一項規定，於聲請撤銷或變更受託法官之裁定者準用之」。

---

[109] 林鈺雄，干預處分與刑事證據，2008 年 1 月，頁 192。

　　§416IV 準用 §409～§414。另外，法官迴避之聲請，由該法官所屬之法院以合議裁定之，其因不足法定人數不能合議者，由院長裁定之，如並不能由院長裁定者，由直接上級法院裁定之（§21I），於聲請撤銷或變更受託法官之裁定者準用之（§416V）。

五、準抗告之救濟

　　§418I 規定「法院就第四百十六條之聲請所為裁定，不得抗告。但對於其就撤銷罰鍰之聲請而為者，得提起抗告」。由此可知準抗告並無疑審的效力。

六、抗告與準抗告之錯誤行使

　　§418II 規定「依本編規定得提起抗告，而誤為撤銷或變更之聲請者，視為已提抗告；其得為撤銷或變更之聲請而誤為抗告者，視為已有聲請」。

第五章　沒收的特別程序

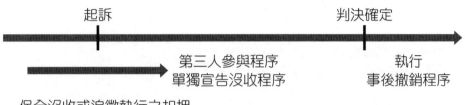

刑事訴訟法第七編之二規定沒收特別程序。檢察官提起公訴時認應沒收第三人財產者，應於起訴書記載該意旨，本案案由及其管轄法院、被告之姓名、性別、出生年月日、身分證明文件編號或其他足資辨別之特徵、應沒收財產之名稱、種類、數量及其他足以特定之事項、構成沒收理由之事實要旨及其證據、得向管轄法院聲請參與沒收程序之意旨（§455-13II）。檢察官於審理中認應沒收第三人財產者，得以言詞或書面向法院聲請（§455-13III）。§455-13III 規定的理由在於檢察官起訴被告的效力，並不當然及於對第三人財產之沒收。

當檢察官向法院聲請沒收第三人財產，後續會發生第三人參與沒收程序、第三人撤銷沒收確定判決程序、單獨沒收程序，以下依序討論。

第一節　第三人參與沒收程序

壹、概念

實體法的刑法 §38III、§38-1II 明文規定可以對第三人的財產沒收，既然屬於對於人民的財產權侵害，故也要同時賦予正當法律程序的保障，進而規定 §455-12I「財產可能被沒收之第三人得於本案最後事實審言詞

辯論終結前，向該管法院聲請參與沒收程序」，該第三人是指犯罪行為人以外之自然人、法人或非法人團體[1]。

第三人的範圍是否包含犯罪被害人

　　被告某乙因涉犯竊盜罪，經檢察官提起公訴，並聲請沒收某乙所竊得之汽車音響一批。第三人某甲獲悉後，以該汽車音響一批為其失竊物品，聲請參與沒收程序，法院應如何處理？

1.實務認為[2]：不含被害人

　　§271II 規定，法院於審判期日應傳喚被害人到場，故其已可在審判期日當庭陳述意見，如該財物有扣押並可依 §142 聲請發還，故被害人既已有陳述及救濟之權利及機會，實無再重複以第三人身分參與沒收程序之必要。第三人參與沒收程序之主體係「財產可能被沒收之第三人」，而新法既採「被害人發還優先」之立法，則將被告直接自被害人處取得之犯罪所得，發還予被害人，乃屬當然。依此，被害人自非係「財產可能被『沒收』之第三人」，實與第三人參與沒收程序之要件有間。

　　沒收程序，因非屬犯罪事實有無之認定，僅需依自由證明釋明其合理之認定依據即可。惟在審判程序中，若被竊財物之所有權歸屬不明，而被害人主張為其所有，欲聲請參與沒收程序時，因此部分之主張同時涉及竊盜罪客觀構成要件事實之認定，自應適用嚴格證明法則，就可能為被害人之人以證人身分傳喚令其具結作證，詳為實質調查，而非單純之沒收問題，不宜逕以第三人之方式參與沒收程序處理被竊財物之所有權歸屬不明之問題。

---

[1]　最高法院 106 年度台上字第 1778 號刑事判決。
[2]　臺灣高等法院暨所屬法院 105 年法律座談會刑事類提案第 49 號。

2. 有文獻認為[3]：包含被害人

　　雖然被害人對於犯罪物不能使用收益，但被害人仍有所有權，如果檢察官聲請沒收時，基於財產權的保障被害人仍可聲請參與沒收程序。法律上確實有剝奪被告對於財產犯罪所得之必要，不過仍應給予被害人參與第三人沒收程序，且有事後聲請撤銷沒收判決的權利。

共同正犯（未經起訴）是否可以第三人地位參與沒收程序

　　§455-12 規定財產可能被沒收之第三人，得向該管法院聲請參與沒收程序，此部分所稱之第三人，是否包括未經起訴之共同正犯？若檢察官於另案起訴或於本案追加起訴該共同正犯，法院應如何處理？例如 A、B 為殺 C 的共同正犯（A 綑綁 C、B 帶刀殺害 C），偵查中 B 逃匿無蹤，檢察官先起訴 A 犯殺人罪，法院得否在 A 之案件中宣告沒收 B 刀？對於 A 案中，B 以第三人地位參與沒收程序，檢察官又另案起訴 B 時，A 案的法官應如何處理？

一、實務認為共同正犯不可以第三人地位參與沒收程序

（一）共同正犯因相互利用他方之行為，以遂行其犯意之實現，本於責任共同之原則，有關沒收部分，雖屬其他共同正犯所有、供犯罪所用之物，亦應於各共同正犯科刑時，併為沒收之諭知。從而，倘該得沒收的供犯罪所用之物，係屬共同犯罪行為人（本人）者，無論其人是否為共同被告，仍得僅在被告本人之刑事訴訟程序中為調查、辯論、審判，然後依刑法 §38II 前段或其相關特別規定（例如毒品危害防制條例 §19）宣告沒收，尚無開啟第三人參與沒收程序之必要。至於本案所認定之共

[3]　吳燦，沒收實體法與程序法交錯的實務問題，司法周刊，第 1866 期，2017 年 9 月，頁 4。薛智仁，2016 年刑事程序法回顧：沒收程序法、羈押閱卷與證據法則，國立臺灣大學法學論叢，第 46 卷特刊，2017 年 11 月，頁 1493 以下。

同犯罪行為人，如果未在本案一起被訴而為共同被告時，縱然日後未據起訴，或起訴後經他案為不同之認定確定，不屬該犯罪的共同行為人者，猶可依 §455-29，向本案判決之法院，聲請撤銷該沒收部分之確定判決，予以救濟，則屬另一範疇，不宜混淆[4]。

　　縱上，法院可以在 A 的案件裡面沒收 B 的刀子。

（二）未經起訴之共同正犯自若以其財產可能被沒收為由，以第三人之地位聲請參與沒收程序時，若經檢察官於另案起訴或本案追加起訴之共同正犯，於各該審理程序中，該共同正犯已可就其所涉違法行為及沒收事項進行調查或為權利主張，是法院若知悉檢察官就該第三人以共同正犯另行提起公訴或追加起訴時，應依 §455-25 之規定撤銷共同正犯之參與沒收程序裁定，不得於本案之訴訟程序中，對共同正犯以參與人身分為沒收之諭知[5]。

　　縱上，如果共同正犯以第三人參與後，A 案的法官，應依 §455-25「法院裁定第三人參與沒收程序後，認有不應參與之情形者，應撤銷原裁定」，撤銷共同正犯參與沒收程序裁定。

二、本書說明

　　實體法上關於共同正犯間的犯罪物與犯罪所得之沒收，與「共同責任原則」無關。應就各人所分得之數額為之，並說明所謂各人「所分得」的數額，也就是各人「對犯罪所得有事實上之處分權限」，法院應視具體個案之實際情形而為認定，倘若共同正犯各成員內部間，對於不法利得分配明確時，即應依各人實際分配所得沒收。然而若犯罪所得的分配不明確時且各人皆有犯罪所得，應平均分擔。對於非所有權人復無處分權之共同正犯，則毋庸在其刑項下諭知沒收。

　　本書認為實務見解對於實體法上共同正犯之沒收，與程序法上認為共同正犯不得以第三人參與沒收程序，主張相互矛盾。也就是，在實體

---

[4]　最高法院 106 年度台上字第 1778 號刑事判決。
[5]　台灣高等法院暨所屬法院 105 年法律座談會刑事提案類 50 號。

法上，對於得沒收之物，無事實上所有權或處分權之共同正犯，不應對其宣告沒收。但在該無所有權或處分權之共同正犯的訴訟程序中又認為關於是否沒收可以加以調查與辯論，對於沒有所有權或處分權之共同正犯是可以宣告沒收。

　　實務再主張對於得沒收之物有所有權或處分權之共同正犯，倘若沒有在同一訴訟程序為共同被告，認為其非第三人不得以第三人地位參與沒收程序。如果該共同正犯以第三人地位參與沒收程序，本案法官要撤銷共同正犯之第三人參與程序。實務見解會導致沒有在同一程序的共同正犯，其財產被宣告沒收卻無從參與的情形，侵害人民的財產權且違背正當法律程序。

第三人是否包含被告的繼承人

　　A 觸犯洗錢案而獲得 2,000 萬，檢察官公訴後，法院審理時 A 死亡，該 2,000 萬由其子 B 繼承，法院認 2,000 萬為不法利得，法院可否沒收 2,000 萬？ B 可否參與沒收程序？

　　被告（被繼承人）死亡後，法院對於被告的案件應為不受理判決（§303(5)），且實務上認為檢察官應以書面向法院聲請沒收（§455-35），其內容為對於繼承人所取得的不法利得單獨宣告沒收（刑 §40III）[6]。實務見解認為為了保障繼承人程序參與權，繼承人得聲請參與沒收程序（§455-37）[7]。

---

[6]　最高法院 106 年度台非字第 32 號刑事判決。

[7]　台北地方法院 107 年度訴字第 8 號刑事判決：應由其繼承人概括繼承其對於該等物品之權利義務，並由檢察官依刑事訴訟法第 455 條之 35 規定，以書狀記載該繼承人之姓名、年籍等資料及相關事項向本院提出聲請，並依同法第 455 條之 37 準用第三人參與沒收程序之規定，以保障財產可能受到干預之繼承人參與程序之權利，惟檢察官未為此一聲請，本院自無從併為宣告沒收，附此說明。

貳、聲請書面與異議

一、聲請參與

聲請應以書狀記載本案案由及被告之姓名、性別、出生年月日、身分證明文件編號或其他足資辨別之特徵、參與沒收程序之理由、表明參與沒收程序之意旨（§455-12II）。

二、職權命參與

第三人未為該書面聲請，法院認有必要時，應依職權裁定命該第三人參與沒收程序。但該第三人向法院或檢察官陳明對沒收其財產不提出異議者，不在此限（§455-12III）。

參、檢察官、法官之通知

一、偵查中

檢察官認為有相當理由應沒收第三人財產，於提公訴前應通知該第三人而給予陳述意見機會（§455-13I）。因正當法律程序，第三人參與人有受通知的權利。

二、公訴時

檢察官提起公訴時，檢察官聲請沒收第三人財產者，即通知該第三人有關沒收之事項（§455-13II）。

三、審判中

法院對於參與沒收程序之聲請，於裁定前應通知聲請人、本案當事人、代理人、辯護人或輔佐人，予其陳述意見之機會（§455-14），又法院應將審判期日通知參與人並送達關於沒收其財產事項之文書（§455-20）。

檢察官於審判中才聲請沒收時，§455-13並未賦予檢察官通知義務，因此有學者[8]認為應類推適用 §455-13II 的通知義務，以保障第三人的聽審權，程序保障不因起訴時、審判中而有不同。

第三人未聲請參與下，是否需要檢察官先聲請第三人參與沒收程序，法院方才通知第三人參與沒收程序

（一）過去實務

檢察官聲請第三人參與沒收 ➡ 通知第三人參與 ➡ 第三人聲請參與沒收程序
➡ 法官職權裁定命該第三人參與沒收

（二）現今實務：法官職權裁定命第三人參與沒收，不以檢察官聲請第三人參與沒收為前提。

第三人參與沒收程序的啟動程序方面，過去實務[9]認為沒收是獨立的法律效果，基於控訴原則，在檢察官未聲請沒收第三人財產時，法院「應先曉諭檢察官聲請」，不得逕命第三人參與沒收程序並諭知相關之沒收。理由在於，為符合控訴原則，雖 §455-13 規定於 §455-12 之後，但解釋上應由「檢察官」聲請沒收並通知第三人（§455-13）後，

---

[8] 薛智仁，2016 年刑事程序法回顧：沒收程序法、羈押閱卷與證據法則，國立臺灣大學法學論叢，第 46 卷，2017 年 11 月，頁 1507。吳燦，第三人參與沒收之缺口與填補，台灣法學雜誌，第 388 期，2020 年 3 月，頁 63-64。

[9] 最高法院 107 年度台上字第 2101 號刑事判決。

方有第三人聲請參與程序（§455-12I）及依職權裁定命該第三人參與沒收程序（§455-12III），使第三人成為沒收程序主體。故而「檢察官」沒有聲請沒收並通知第三人（§455-13），法院應曉諭命檢察官為聲請，「檢察官」如仍未聲請並通知第三人（§455-13），法院也不應依職權裁定命該第三人參與沒收程序（§455-12III），總而言之，§455-13III 的向法院聲請是指「聲請沒收第三人的財產」而非「聲請『法院依職權通知第三人參與』沒收程序」。

　　然而為了貫徹沒收財產正義、保障第三人聽審權、體現法治國精神，最高法院大法庭作出統一見解【最高法院刑事大法庭 108 年度台上大字第 3594 號】，而認為實體法上，為維護財產秩序之公平正義，明定沒收之法律效果兼及第三人；程序法上，本於控訴原則，檢察官對被告及犯罪事實之起訴效力，當然已包括沒收。從而，法院為維護公平正義，並保障第三人聽審權，基於法治國訴訟照料義務法理，自應依法命第三人參與沒收程序，俾其充分行使防禦權，法院再本於全辯論意旨而為判決。故而 §455-12III 前段規定，裁定命第三人參與沒收程序，再依審理結果，諭知沒收與否之判決，「不以經檢察官聲請為必要」。

　　學說[10]上有支持上述實務見解者，理由在於實體法上沒收屬於應依職權調查事項，法院本有沒收的權利與義務，且基於財產權、聽審權、有權立即有救濟，與平等權的考量之下，法院對於第三人的基本原應有訴訟照料義務。然而亦有採檢察官未聲請沒收，法院不應職權命裁定沒收之見解者[11]，理由在於沒收是具有獨立的法律效果，檢察官對被告起訴的效力

---

[10] 王士帆，刑法沒收專論，沒收新法實例系列 35／尾牙頭獎 —— 第三人犯罪所得沒收判決，法務通訊，第 3012 期，2020 年 7 月，頁 4-7。蔡彩貞，我國刑事沒收特別程序之建置與淺析，司法周刊（司法文選別冊），第 1805 期，2016 年 7 月，頁 8。

[11] 吳燦，第三人參與沒收程序之缺口與填補，台灣法學雜誌，第 388 期，2020 年 3 月，頁 59 以下。

不當然及於第三人所有物的沒收，而且實務見解違反了不告不理與控訴原則。

本書認為後說以控訴原則作為理由者似有不洽，理由在於控訴原則是指法院審判範圍等於檢察官起訴的範圍，該範圍是指犯罪事實的範圍，而不是檢察官起訴時所適用的程序法規定。

肆、程序補正、抗告

§455-16 規定「I 法院認為聲請參與沒收程序不合法律上之程式或法律上不應准許或無理由者，應以裁定駁回之。但其不合法律上之程式可補正者，應定期間先命補正。II 法院認為聲請參與沒收程序有理由者，應為准許之裁定。III 前項裁定，不得抗告」。法院准許第三人參與之裁定不得抗告。然而法院不准許第三人參與之裁定，則得抗告，因為對於聲請的第三人而言，法官駁回的聲請是終局裁定，攸關權益甚鉅。

伍、參與後之撤銷原允許參與的裁定

§455-25 規定「法院裁定第三人參與沒收程序後，認有不應參與之情形者，應撤銷原裁定」。

陸、比例原則

§455-15 規定「I 案件調查證據所需時間、費用與沒收之聲請顯不相當者，經檢察官或自訴代理人同意後，法院得免予沒收。II 檢察官或自訴代理人得於本案最後事實審言詞辯論終結前，撤回前項之同意」。

柒、第三人參與沒收的審理程序

法官認為第三人參與有理由可以裁定准許參與（§455-16）或職權命第三人參與，此時第三人方處於程序的主體地位（§455-28），在法官裁定准予或職權命參與之前，頂多為參與關係人。

第三人參與沒收的程序為本案（包含通常、自訴、簡易、協商程序）訴訟的附隨程序（§455-12IV、§455-18）。並且第三人參與沒收的程序不適用交互詰問程序。§455-23規定「參與沒收程序之證據調查，不適用第一百六十六條第二項至第六項、第一百六十六條之一至第一百六十六條之六之規定」、§455-24規定「I參與人就沒收其財產事項之辯論，應於第二百八十九條程序完畢後，依同一次序行之。II參與人經合法傳喚或通知而不到庭者，得不待其陳述逕行判決；其未受許可而退庭或拒絕陳述者，亦同」。

捌、第三人的權利義務

一、第三人的權利（§455-21I、II）

§455-19規定「參與人就沒收其財產之事項，除本編有特別規定外，準用被告訴訟上權利之規定」，例如收受通知、請求資訊權、聲請調查證據權，但範圍限於與沒收有關者。若第三人同時亦為證人時，亦可以適用證人程序（§455-28準用§287-2）。第三人參與沒收程序，可以委任代理人到場（§455-21），並準用辯護人、代理人規定（§28～§30、§32、§33I、§35II），例如代理人也可以閱卷。

二、第三人的義務（§455-21III、IV）

法院認為有必要時，不可由代理人到場而要第三人（即本人）親自到

場，此時如第三人（本人）不到可以傳喚及拘提第三人，但沒有準用緊急拘提（§76）、通緝（§84）。

玖、法院的義務

　　§455-17 規定「法院所為第三人參與沒收程序之裁定，應記載訴訟進行程度、參與之理由及得不待其到庭陳述逕行諭知沒收之旨」。§455-22「審判長應於審判期日向到場之參與人告知下列事項：一、構成沒收理由之事實要旨。二、訴訟進行程度。三、得委任代理人到場。四、得請求調查有利之證據。五、除本編另有規定外，就沒收其財產之事項，準用被告訴訟上權利之規定」。

拾、法院對參與程序之沒收判決

一、沒收之諭知

　　§455-26I 規定「參與人財產經認定應沒收者，應對參與人諭知沒收該財產之判決；認不應沒收者，應諭知不予沒收之判決。」

　　沒收應於主文中諭知，尚應於判決中適當說明形成心證的理由[12]。該條項規定之適用，係以第三人成為參與人為前提，倘法院並未依 §455-12III 規定依職權裁定命第三人參與沒收程序，或依 §455-16II 規定為准許第三人參與沒收程序裁定，該第三人既非參與人，並無 §455-26I 規定之適用，法院自無庸於判決主文諭知不予沒收，於理由內敘明即可[13]。

---

[12] 最高法院 106 年度台上字第 3464 號刑事判決。
[13] 最高法院 108 年度台上字第 4355 號刑事判決。

二、沒收事實與理由之記載

§455-26II 規定「前項判決，應記載其裁判之主文、構成沒收之事實與理由。理由內應分別情形記載認定事實所憑之證據及其認定應否沒收之理由、對於參與人有利證據不採納之理由及應適用之法律」。

三、沒收與本案同時判決原則

§455-26III 規定「第一項沒收應與本案同時判決。但有必要時，得分別為之」。此為沒收與本案同時判決原則，目的在於避免判決結果互相矛盾。

拾壹、參與人的上訴權

§455-27I 規定「對於本案之判決提起上訴者，其效力及於相關之沒收判決；對於沒收之判決提起上訴者，其效力不及於本案判決」。此立法理由在於避免第三人參與沒收程序部分之程序延滯所生不利益。依 §455-28 上訴權人包含當事人與第三人（參與人）。實務上對於「本案上訴，效力及於沒收」部分 [14]，認有上訴不可分的適用，主要是考量避免裁判矛盾，然而如果對「沒收上訴，效力不及於本案」，即沒收為附隨於被告違法行為存在的法律效果，而不是認定違法行為的前提，如果本案當事人就本案判決結果已經無不服，為了避免沒收參與程序部分之程序延滯所生不利益，若僅有參與人就沒收部分上訴，其效力不及於本案判決 [15]。從而 §348III 規定上訴得明示僅就判決之刑、沒收或保安處分一部為之。

---

[14] 最高法院 107 年度台上字第 3837 號刑事判決：沒收固為刑罰及保安處分以外之獨立法律效果，但仍以犯罪（違法）行為存在為前提，而具依附關係。為避免沒收裁判所依附之前提即罪刑部分，於上訴後，經上訴審法院變更而動搖沒收部分之基礎，造成裁判矛盾，不論依刑事訴訟法第 348 條規定或第 455 條之 27 第 1 項前段之法理，上訴權人對於罪刑部分合法上訴者，其效力應及於沒收部分。

[15] 最高法院 107 年度台非字第 24 號刑事判決。

§455-27II 規定「參與人提起第二審上訴時，不得就原審認定犯罪事實與沒收其財產相關部分再行爭執。但有下列情形之一者，不在此限：一、非因過失，未於原審就犯罪事實與沒收其財產相關部分陳述意見或聲請調查證據。二、參與人以外得爭執犯罪事實之其他上訴權人，提起第二審上訴爭執犯罪事實與沒收參與人財產相關部分。三、原審有第四百二十條第一項第一款、第二款、第四款或第五款之情形」。

實務認為沒收無不利益變更禁止適用。因所稱「刑」，指宣告刑及數罪併罰所定應執行之刑，包括主刑及從刑。修正後刑法沒收已非從刑，已不具刑罰本質，係獨立於刑罰及保安處分以外之法律效果，其性質類似不當得利之衡平措施。又宣告多數沒收之情形，並非數罪併罰。如果僅有被告上訴或為被告之利益而上訴，而下級審就被告犯罪所得有所短計或漏算，經上級審更正計算後若不得諭知較原審為重之所得數額沒收，即無法達到澈底剝奪犯罪所得，以根絕犯罪誘因之目的，故修正後刑法關於犯罪所得之沒收，並無不利益變更禁止原則之適用 [16]。

---

[16] 最高法院 107 年度台上字第 3559 號刑事判決、最高法院 108 年度台上字第 4053 號刑事判決：刑法上沒收新制將沒收性質變革為刑罰及保安處分以外之獨立法律效果，已非刑罰（從刑），但其仍以犯罪（違法）行為之存在為前提，而依刑事訴訟法第 309 條第 1 款規定，有罪之判決書，應於主文內載明所犯之罪，並分別記載諭知之沒收，可徵刑事被告本案之沒收與其所犯之罪名，具有一定之依附關係。且刑事訴訟關於被告部分，併就本案確認刑罰之有無、範圍與沒收部分同時審理，程序上並無區隔，案內關係應予沒收財產之諭知與罪刑之宣告，在程序既主體同一，俱以被告之犯罪行為存在為前提，即非彼此完全分離之訴訟關係，從而第二審法院所為刑事被告本案沒收之判決得否上訴，端視該本案罪刑部分是否為得上訴於第三審法院而定。……再為貫徹任何人都不得保有犯罪所得之原則，以根絕犯罪誘因之目的，縱於僅被告上訴或為被告之利益而上訴，下級審就被告犯罪所得有所短計或漏算時，仍允許上級審於更正計算後，諭知較下級審為多之所得數額沒收，即修正後刑法關於犯罪所得之沒收，並無刑事訴訟法第 370 條第 1、2 項關於不利益變更禁止原則之適用。

拾貳、沒收相關實體法問題

犯罪人與被害人和解時，犯罪所得與和解金不同時，如何宣告沒收

　　臺灣高等法院暨所屬法院 106 年法律座談會刑事類提案第 1 號：「法律問題：甲偽以投資為由向乙施用詐術，並經乙交付新臺幣（下同）100 萬元，其後乙不堪損失提起告訴，遂由檢察官偵查後依詐欺取財罪對甲提起公訴，且起訴書亦記載犯罪所得為 100 萬元。又甲、乙於審理中同意以 80 萬元達成和解並當庭給付在案，嗣法院審理後認定犯罪所得確為 100 萬元，則判決針對不法利得沒收部分應如何諭知？

　　採丙說：仍應針對差額部分諭知沒收。

　　鑑於沒收不法利得制度乃基於「任何人不得保有犯罪所得」之原則，核與民事侵權行為係以填補損害之目的不同。在考量避免雙重剝奪之前提下，倘被告與被害人業已達成和解，固不應容許法院於和解範圍內再行諭知沒收，但針對犯罪所得高於和解金額之情況（包括不請求任何金錢賠償之無條件和解），此時既無雙重剝奪之慮，且參酌沒收不法利得既屬「準不當得利之衡平措施」，題示已給付法和解金額依法僅生部分免予沒收之效力（此與僅實際發還部分犯罪所得之例相同），是就犯罪所得扣除和解金額之差額部分，性質上仍屬犯罪所得而有剝奪之必要。故本題須回歸考量前揭沒收不法利得之規範目的，應由法院諭知沒收其餘犯罪所得 20 萬元為當。惟法官於個案審判仍應併予注意有無刑法第 38 條之 2 第 2 項規定之適用，自不待言。

犯罪人對被害人賠償分別履行時，如何宣告沒收

A 向 B 詐騙 10 萬，檢察官起訴，A 於審判中同意全額償還乙（10 萬），現場給付 5 萬，剩餘的 5 萬由法官依法製作調解筆錄記載，A 應再給付 B5 萬，如法官判 A 有罪，應同時宣告沒收多少？

因為被害人因受害所形成的民事請求權實際上已經獲得全額滿足，行為人也不再享有犯罪所得之財產利益，犯罪利得沒收的目的已經實現，不用再宣告利得沒收、追徵。而被害人和解，但若未全部受償，僅部分受償，即使日後被害人可依照民事的強制執行程序保障，法院對於扣除已經實際給付部分外之其於犯罪所得仍應諭知沒收、追徵，由被害人另依 §473 發還[17]，故 A 賠償 B5 萬，法官仍應對 A 宣告沒收 5 萬（10 萬減 5 萬），再由被害人 B 依據 §473 向法官聲請發還沒收所得 5 萬。

對價給付所得之犯罪財產利益並非被害人之損害

A 媒介未成年人 B 性交易，獲利 10 萬，檢察官起訴 A，A 與 B、B 父母用 8 萬元和解，法官認定 A 媒介性交有罪，應同時宣告沒收多少？

犯罪所得沒收是準不當得利的衡平措施，藉由沒收犯罪所得回復犯罪發生前的財產秩序狀態，為了避免雙重剝奪（沒收及求償），我國採取求償優先原則（刑法 §38-1Ⅳ）（按：被害人優先原則），犯罪被害人應優先保障其求償權，即已經實際取得合法發還，該部分不沒收。然而發還被害人，是指刑事不法行為直接遭受財產不利益，而可透過因此形成之民事法請求權項獲得犯罪所得者取回財產利益之人，亦即「只有直接從被害人處取得」才是要發還被害人的犯罪所得（例如竊盜罪的贓

---

[17] 最高法院 107 年度台上字第 3837 號刑事判決。

物、詐欺罪的詐欺得款）。如果是犯罪行為人「因犯罪而取得對價給付的財產利益」，性質上也是不法犯罪所得，但並非來自侵害他人財產法益，故不可主張犯罪所得因他人有民事求償權而排除沒收[18]，故 A 媒介 B 性交易，A 的不法所得非直接來自於 B 的財產，A 不可主張沒收數額要扣除賠償金[19]。

犯罪人與被害人以賠償和解為緩刑條件，如何宣告沒收

臺灣高等法院暨所屬法院 105 年法律座談會刑事類提案第 7 號：「法律問題：甲對乙犯詐欺取財罪之結果，有犯罪所得新臺幣 30 萬元，檢察官對甲提起公訴後，甲、乙成立和解，乙乃向法院表明如甲能分期返還，則同意以此作為緩刑之內容及條件。若法院以此內容及條件，對甲為緩刑宣告時，就甲之犯罪所得，能否附加條件而不予沒收？

採乙說：否定說

犯罪所得，應限於實際合法發還被害人者，始不予宣告沒收或追徵；且緩刑之效力，並不及於沒收之宣告；為新修刑法第 38 條之 1 第 5 項、第 74 條第 5 項所明定。緩刑宣告，雖可同時附加向被害人支付相當數額之財產上損害賠償之條件，而命犯罪行為人於緩刑期間分期履行。但遇犯罪行為人違反此條件未能履行且情節重大者，法院對其為撤銷緩刑宣告之目的，係因認有執行原來刑罰之必要，故所謂「賠償被害人之內容及條件」，其相互對應者僅為「刑罰」，而與「沒收」無關，法院就犯罪所得仍應全部宣告沒收。兩者應各別宣告，且不得創設條件，使之相互影響，始可突顯新法之沒收，乃為獨立法律效果之立法本旨。

---

[18] 最高法院 107 年度台上字第 3415 號刑事判決。
[19] 臺灣高等法院暨所屬法院 105 年法律座談會刑事提案第 9 號。

法院應諭知沒收，是否受被害人優先發還原則影響

　　實務認為法院基於徹底剝奪犯罪所得，貫徹任何人都不可坐享或保有犯罪所得，以杜絕犯罪誘因，原則上仍應該諭知沒收，然而如果在個案中已經實際發還給被害人，才毋庸沒收[20]。

第二節　第三人撤銷沒收確定判決程序

壹、概說

　　§455-29 之立法理由指出沒收第三人財產，應遵循正當程序，對該第三人踐行合法通知，使其有參與沒收程序，陳述意見、行使防禦權之機會後，始得為之。倘未經第三人參與程序，即裁判沒收其財產確定，而該第三人未參與程序係因不可歸責之事由者，因裁判前未提供該第三人合法之程序保障，不符合憲法關於正當程序之要求，自應有容許其回復權利之適當機制。

貳、法條依據

　　§455-29 規定「I 經法院判決沒收財產確定之第三人，非因過失，未參與沒收程序者，得於知悉沒收確定判決之日起三十日內，向諭知該判決之法院聲請撤銷。但自判決確定後已逾五年者，不得為之。II 前項聲請，

---

[20] 臺灣高等法院暨所屬法院 106 年法律座談會刑事類提案第 2 號、最高法院 107 年度台非字第 9 號刑事判決。

應以書面記載下列事項：一、本案案由。二、聲請撤銷宣告沒收判決之理由及其證據。三、遵守不變期間之證據」。

由此可知，第三人聲請撤銷沒收確定判決僅該第三人可以聲請，至於本案當事人則不可。而非因過失，是指不可歸責第三人，例如突生重病住院。

參、聲請撤銷沒收確定判決之效力

聲請撤銷沒收確定判決，無停止執行效力，但管轄法院對應之檢察署檢察官於撤銷沒收確定判決之裁定前，得命停止（§455-30）。

肆、法院之審查

法院應通知聲請人、檢察官及自訴代理人陳述意見（§455-31）。法院之程序審查於 §455-32 規定「I 法院認為撤銷沒收確定判決之聲請不合法律上之程式或法律上不應准許或無理由者，應以裁定駁回之。但其不合法律上之程式可以補正者，應定期間先命補正。II 法院認為聲請撤銷沒收確定判決有理由者，應以裁定將沒收確定判決中經聲請之部分撤銷。III 對於前二項抗告法院之裁定，得提起再抗告。IV 聲請撤銷沒收確定判決之抗告及再抗告，除本編有特別規定外，準用第四編之規定」。

撤銷沒收確定判決的裁定確定後，法院應依判決前之程序，更為審判（§455-33），且聲請撤銷沒收確定判決之人於回復原訴訟程序後，當然參與沒收程序。

第三節　單獨宣告沒收程序

壹、概說

　　針對特定被告之訴訟程序（即主體程序）無法進行之情形，直接以應沒收客體為訴訟標的進行訴訟程序（即真正客體程序、單獨宣告沒收程序），得以**毋庸**附隨本案裁判宣告沒收[21]。

　　單獨宣告沒收，為國家以裁判剝奪人民財產之強制處分，係針對財產之制裁手段，自應由代表國家之檢察官聲請法院為之。又基於沒收須以刑事違法行為存在為前提，及為保全沒收標的之考量，因不以犯罪成立為前提，故而無法以犯罪地、行為地定其管轄法院，故而須要對單獨宣告沒收之管轄法院有所規範。單獨宣告沒收程序準用第三人參與沒收程序（§455-37）。

　　而刑法 §40I 規定「沒收，除有特別規定外，於裁判時得並宣告之」，是以沒收附隨於本案而請求時適用。然若沒收非附隨於本案而請求，此時則有刑法 §40III 規定「第三十八條第二項、第三項之物、第三十八條之一第一項、第二項之犯罪所得，因事實上或法律上原因未能追訴犯罪行為人之犯罪或判決有罪者，得單獨宣告沒收」。

　　§40III 所謂的事實上或法律上原因，§40III 的立法理由指出，犯罪行為人死亡、曾經判決確定、刑法 §19 等事由而受不起訴或不受理、免訴、無罪判決，或因疾病不能到庭而停止審判者及免刑判決者，均可單獨宣告沒收。又依照逃犯失權法則，犯罪行為人逃避刑事追訴而遭通緝時，不論犯罪行為人在國內或國外，法院得不待其到庭逕為沒收與否之裁判。此外若檢察官依 §253 或 §253-1 不起訴或緩起訴之處分者，對刑法 §38II、III 之物及 §38-1I、II 之犯罪所得，得單獨聲請法院宣告沒收

---

[21] 最高法院 111 年度台抗字第 69 號刑事裁定。

（§259-1）。學者指出[22]事實上或法律上障礙之情形，無論是犯罪物（含違禁物）或犯罪所得，也無論是沒收原物或追徵其替代價額，檢察官皆得聲請單獨宣告沒收（刑§40II、III），且性質上屬無特定刑事被告受審的真正客體程序（對物訴訟），檢察官聲請後才能開啟單獨宣告沒收程序。至於法院最後是否宣告沒收，要看各該犯罪物沒收或利得沒收的一般實體要件而來決定（刑§38、§38-1）。

　　例如A人民於路邊撿到槍，拿給警察，但偵查後仍不能確定是誰的槍，可以聲請單獨宣告沒收。又如該槍是精神重度障礙的B所有，此時如果判B無罪判決，仍可以單獨宣告沒收。又例如，A因犯罪獲得200萬元，檢察官提起公訴後，法院審理時A死亡，其子B繼承該200萬，最後法院認定該200萬元為不法利得，試問法院應對A或B諭知沒收該不法利得200萬元？B可否以第三人身分聲請參與沒收程序？A死亡，法院應諭知不受理判決（§303(5)），就200萬部分可以單獨宣告沒收（刑法§40III），而為了保障B的財產權，B可以聲請第三人參與沒收程序。

貳、管轄

　　單獨宣告沒收由檢察官聲請違法行為地、沒收財產所在地或其財產所有人之住所、居所或所在地之法院裁定之（§455-34）。

參、必須由檢察官聲請，法院方得審查

　　檢察官之聲請應以書狀為之且清楚處記載對象，並提出管轄法院（§455-35）法院審查依§455-36規定「I法院認為單獨宣告沒收之聲請

22　林鈺雄，沒收講座6：單獨宣告沒收，月旦法學教室，第213期，2020年7月，頁61。

不合法律上之程式或法律上不應准許或無理由者，應以裁定駁回之。但其不合法律上之程式可以補正者，應定期間先命補正。II 法院認為聲請單獨宣告沒收有理由者，應為准許之裁定。III 對於前二項抗告法院之裁定，得提起再抗告」。

　　法院不可職權開啟單獨宣告沒收程序而應受不告不理原則、控訴原則的拘束，如果自始無法確定被告或被告於偵查中已經逃逸時，檢察官聲請後法官方可開啟單獨宣告沒收程序。此與主體程序中雖無人聲請，法院仍得職權為之有所不同。

　　單獨宣告沒收程序準用第三人參與沒收程序（§455-37）。

附論：被害人訴訟參與程序與沒收程序之比較

　　兩者皆是非訴訟主體之參與程序，被害人參與本案訴訟，與第七編之二的第三人參與沒收特別程序，兩者皆是「參與」程序，然而各有異同，比較如下：

	被害人參與本案訴訟	第三人參與沒收特別程序
相同	（一）聲請人都是本案訴訟當事人以外之人（§455-12、§455-38）。 （二）聲請時期都限於本案最後事實審辯論終結前（§455-12、§455-38）。 （三）參與之聲請，均由法院為准駁之裁定，准許參與之裁定，均不得抗告（§455-16、§455-40）。 （四）參與人都有卷證資訊獲知權（§455-19 準用 §33、§455-42）。 （五）均有代理人之規定（§455-21、§455-41）。	
聲請參與訴訟者之範圍	包括縣、市政府相關單位及犯罪保護協會（§455-38II）。	無。
法院應依職權裁定命行參與之規定	無此規定。	§455-12III 有此規定。
抗告	參與訴訟聲請之裁定，無論准駁，皆不得抗告（§455-40）。	准駁裁定皆得抗告。

代理人	有指定（強制）代理之規定（§455-41）。	無。
代表人	有選任及指定代表人之規定（§455-45）。	無。
自訴案件	無適用。	有適用。
上訴	因為訴訟參與人仍非訴訟主體，固非當事人，對於本案判決不服，僅得以被害人地位請求檢察官上訴。	第三人對於沒收部分可以提出上訴。

第六章　特別救濟

第一節　再審

壹、再審的概念

　　原則上判決確定後基於法之安定性並不應再爭執，惟因發現事實上重大錯誤或可能有重大錯誤而再次審判，乃為了排除確定判決認定事實違誤所設的非常救濟途徑，為既判力之例外。

　　以下為再審之流程：

確定判決 ➡ 聲請再審

➡ 為受判決人之利益

　　聲請權人 ➡ 提出書狀 ➡ 　再審原因 　➡ 遵期聲請（§423、§424）
　　（§427）　（§429）　（§420、§421）（§420 之原因則無限期）

➡ 為受判決人之不利益

　　聲請權人 ➡ 提出書狀 ➡ 再審原因 ➡ 　　遵期聲請
　　（§428）　（§429）　（§422）　（§423、§425）

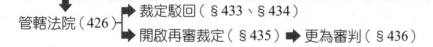

　　管轄法院（426）➡ 裁定駁回（§433、§434）
　　　　　　　　　 ➡ 開啟再審裁定（§435）➡ 更為審判（§436）

貳、再審之目的

一、保障人權，可為受判決人利益聲請再審。

二、發現真實，不論受判決人之利益或不利益皆得聲請再審，此為我國所採[1]。

參、再審之對象 ── 確定判決

一、得再審之確定判決

原則上包括，有罪[2]（包含「緩刑期滿，而緩刑之宣告未經撤銷，其刑之宣告失其效力」之有罪判決[3]）、無罪、免訴或不受理判決、簡易判決（包含簡易處刑判決、簡式判決）。

---

[1]　最高法院 108 年度台抗字第 1297 號刑事裁定。

[2]　依據 §420I 文義，為受判決人利益聲請再審，僅限於針對有罪確定判決。

[3]　最高法院 110 年度台抗字第 797 號刑事裁定：緩刑期滿，而緩刑之宣告未經撤銷者，其刑之宣告失其效力，刑法第 76 條前段定有明文。其立法理由載明，我國刑法對於緩刑制度採罪刑附條件宣告主義，認緩刑期滿未經撤銷有消滅罪刑之效力，亦即原罪刑之宣告均為無效，而以未嘗犯罪論。惟緩刑之宣告本質上雖無異恩赦，於緩刑期滿而未經撤銷者，具有消滅原罪刑之效果，然依緩刑宣告所履行之負擔，不得請求損害或賠償，且緩刑之效力不及於從刑、保安處分及沒收之宣告，刑法第 74 條第 2 項各款、第 5 項亦有明文規定，受判決人仍直接受有上述法律上之不利益，而非真正等同於「清清白白」之無罪。又有罪之判決確定後，有刑事訴訟法第 420 條第 1 項各款情形之一者，為受判決人之利益，得聲請再審；同條項第 6 款則明定因發現新事實或新證據，單獨或與先前之證據綜合判斷，足認受有罪判決之人應受無罪、免訴、免刑或輕於原判決所認罪名之判決者。其所稱得聲請再審之「有罪之判決」、「受有罪判決之人」，從上開法條文義觀之，並無排除「緩刑期滿未經撤銷之有罪判決」，且受判決人仍有回復名譽之利益與法律上之實益，此觀聲請再審於刑罰執行完畢後，或已不受執行時，亦得為之；受判決人已死亡者，其配偶、直系血親、三親等內之旁系血親、二親等內姻親或家長、家屬，得為受判決人之利益聲請再審；為受判決人之利益聲請再審之案件，諭知無罪之判決者，應將該判決書刊登公報或其他報紙，刑事訴訟法第 423 條、第 427 條第 4 款、第 440 條分別定有明文，在在彰顯係對於「誤判零容忍」的堅持與救濟。況刑事再審制度，乃判決確定後，以認定事實錯誤為由而設之特別救濟程序，目的在糾正、救濟事實認定之錯誤，以追求具體公平正義之實現，並調和法律之安定與真相之發現。故確定判決能否再審，應以原確定判決所認定之犯罪事實有無錯誤為判斷標準，與原確定判決是否已不受執行無涉，從而對於有罪確定判決聲請再審之事後救濟制度，和於判決時一併宣告之緩刑制度，互不排斥，而可併存。隨著基本人權保障意識受到重視，我國再審制度已逐步修法鬆綁，性質上同屬已不受執行之緩刑期滿且未經撤銷之有罪確定判決，為

有罪，但主張應免刑，可否聲請再審

　　回歸刑事訴訟法制度設計本旨思考：再審制度，乃一事不再理原則之例外，係對確定判決不服機制之例外設計，目的在發現真實、救濟事實認定錯誤，但判決一旦確定，相關之不法構成犯罪的事實，與特定刑罰權有無，及諭知之罪刑應予執行等各事項，均經獲得確認，產生既判力，故基於法的安定性考量，再審之門，不能輕易開啟，參酌同款「輕於原判決所認罪名」之情形，僅主張同罪而異刑者，猶不得聲請再審，可見「免刑」之為聲請再審事由，並非犯罪構成事實認定有誤，而僅屬刑罰權有無而已，乃例外中之更例外，依例外規定不擴張解釋原則，法文所謂「應免刑」者，自不宜作文義延伸之詮解[4]。

對於有宣告保安處分的無罪判決，可否聲請再審

　　實務[5]採取肯定說，其認為雖然為被告利益聲請再審於 §420 文義上限於有罪判決方可聲請再審，但是若為無罪判決且受監護處分的情形，因為保安處分與其前提的無罪諭知，具有不可分離的關係，應准許受刑人為除去監護處分，主張無罪確定判決肯認的犯罪事實有錯誤。

　　符合修法後放寬聲請再審門檻之規範本旨，對於法條文義之解釋，更應與時俱進，發揮再審制度除了救濟受判決人之刑罰執行外，還包括已不受執行時之回復名譽功能，也就是透過再審向社會宣示先前的刑事程序及判決有誤，受判決人自始是清白無辜之人，俾與一般國民認知和法律感情相契合。從而，「緩刑期滿，而緩刑之宣告未經撤銷，其刑之宣告失其效力」之有罪判決，仍得依刑事訴訟法第 420 條第 1 項規定，為受判決人之利益聲請再審。

[4] 最高法院 108 年度台抗字第 1297 號刑事裁定。

[5] 最高法院 109 年度台抗字第 91 號刑事裁定：按為受判決人之利益聲請再審者，固僅限於有罪確定判決，始得為之。惟如因有刑法第 19 條第 1 項所定因精神障礙或其他心智缺陷，致不能辨識行為違法，或欠缺依其辨識而行為之能力而不罰，而應諭知無罪之判決，並依刑法第 87 條
　　規定令入相當處所，施以監護者，因該監護處分，乃出於防衛社會與預防再犯之目的，對受處分人施加治療之措施，以期回歸社會，具有替代刑罰之作用，並有拘束身體、自

二、不包括下列確定判決

（一）應不受理誤予受理之判決，例如未合法告訴（告訴已逾越期日）而誤以為有合法告訴而為判決，只能提起非常上訴（§379(5)、§447I）。

（二）管轄錯誤判決，僅可以提起非常上訴（§379(5)）。

（三）上訴不合法之程序判決[6]，例如駁回上訴之判決。

（四）非常上訴判決。因非常上訴目的在糾正法律上錯誤，不涉及事實問題，若非常上訴有理由依法應撤銷原確定判決另行改判時，僅依代替原審，依據原所認定之事實，就其裁判時應適用之法律而為裁判，使違法者成為合法，而與再審是針對判決事實錯誤不相符合[7]。

由等處置，屬於對被告不利之處分。是以，此類保安處分與其前提之無罪諭知，具有不可分離關係，必須整體觀察。倘被告因欠缺責任能力之行為不罰而受無罪諭知，同時附加施以保安處分之判決，形式上雖為無罪確定判決，實質上仍具備犯罪行為之構成要件該當與違法性，此部分與受有罪確定判決無異，受判決人為除去監護處分，主張此無罪確定判決肯認之犯罪事實有錯誤，並有刑事訴訟法第420條、第421條規定之再審事由，為其利益而聲請再審，自非法所不許，合先敘明。

[6]　最高法院94年度台抗字第175號刑事裁定：是以聲請再審之客體，應限於實體裁判之確定判決；倘屬程序上之裁判，因不具實體之確定力，縱經判決確定，仍不得對之作為聲請再審之對象（客體）；且此項得否作為聲請再審之客體，乃屬首應調查、審認之事項。

[7]　最高法院43年台抗字第26號判例、最高法院97年度台抗字第673號刑事裁定、最高法院107年度台聲字第63號刑事裁定。

三、對裁定不得聲請再審[8]

（一）程序裁定[9]。

（二）實體裁定[10]。例如定執行刑之裁定、更定其刑之裁定。

肆、再審之原因

一、為判決人之利益聲請再審（§420）

§420I 規定有罪之判決確定後，有下列情形之一者，為受判決人之利益，得聲請再審：

（一）原判決所憑之證物已證明其為偽造或變造者（§420I(1)）

此款係針對物的證據方法。本款所稱「證明」，依 §420II 前段是指有判決確定證物是偽造、變造而足以證明其為虛偽[11]。不過 §420II 後段

---

[8] 最高法院 108 年度台抗字第 733 號刑事裁定：抗告人就上開規定認有違憲疑義，聲請司法院大法官解釋，經司法院釋字第 775 號解釋以該等規定違背一事不再理原則，宣告失效，抗告人因而聲請再審，請求廢棄該確定裁定，回復原始之確定判決。惟得聲請再審者，以確定判決為限，縱為實體事項之裁定，亦不得聲請再審，原審法院 103 年度聲字第 562 號裁定非確定之實體判決，因認其再審聲請不合法，予以駁回……刑事訴訟之再審制度，係為確定判決認定事實錯誤而設之救濟程序，故為受判決人利益聲請再審者，必其聲請合於刑事訴訟法第 420 條第 1 項第 1 款至第 6 款或第 421 條所定之情形，始得為之，此與非常上訴程序旨在糾正確定裁判之審判違背法令者，並不相同，如對於確定裁判認係以違背法令之理由聲明不服，則應依非常上訴程序尋求救濟。質言之，當事人得聲請再審者，以「確定判決」為限，「裁定」不得作為聲請再審之對象，觀之刑事訴訟法第 420 條、第 421 條、第 422 條分別規定得為聲請再審對象者為「有罪之判決」、「經第二審確定之有罪判決」、「有罪、無罪、免訴或不受理之判決」自明，故不論對於程序上事項之裁定，抑或實體上事項之裁定，均不得聲請再審。

[9] 最高法院 109 年度台簡聲字第 4 號民事裁定。

[10] 最高法院 108 年度台抗字第 1293 號刑事裁定。

[11] 最高法院 46 年台抗字第 8 號判例、臺灣高等法院 106 年度聲再字第 221 號刑事裁定、臺灣高等法院臺中分院 107 年度聲再字第 159 號刑事裁定。

規定，若其刑事訴訟不能開始或續行非因證據不足者為限，得聲請再審。而所謂「其刑事訴訟不能開始或續行，非因證據不足者為限」，係指存在有事實上（如行為者已死亡、所在不明、意思能力欠缺等）或法律上（如追訴權時效已完成、大赦等）之障礙，致刑事訴訟不能開始或續行，方得以此取代「判決確定」之證明，而據以聲請再審，是依上開規定，以其他證明資料替代確定判決作為證明，自亦必須達到與該有罪確定判決所應證明之同等程度，即相當於「判決確定」之證明力之證據始可，否則不生「替代」之可言，即非得以聲請再審之理由 [12]。

（二）原判決所憑之證言、鑑定或通譯已證明其為虛偽者（§ 420I(2)）

本款與前款差別僅在本款針對人的證據方法。

（三）受有罪判決之人，已證明其係被誣告者（§ 420I(3)）

本款之目的在於避免裁判矛盾。原則上各個法院不受其他案件認定的拘束，但如果本案與誣告案件先後皆為有罪判決確定，相互矛盾將有違真實發現。

（四）原判決所憑之通常法院或特別法院之裁判已經確定裁判變更者（§ 420I(4)）

例如重婚罪以具有有效的婚姻關係存在為前提，如果民事法院認為有婚姻關係，而刑事法院以此為基礎對被告為有罪判決確定，而後民事法院又認為婚姻關係不存在，此時可對重婚罪的有罪判決提起再審。

---

[12] 最高法院 107 年度台抗字第 289 號刑事裁定、最高法院 107 年度台抗字第 1000 號刑事裁定、臺灣高等法院 108 年度聲再字第 146 號刑事裁定。

（五）參與原判決或前審判決或判決前所行調查之法官，或參與偵查或起訴之檢察官，或參與調查犯罪之檢察事務官、司法警察官或司法警察，因該案件犯職務上之罪已經證明者，或因該案件違法失職已受懲戒處分，足以影響原判決者（§420I(5)）

　　例如本案的廣義司法人員，觸犯收賄罪、枉法裁判罪而已經證明者，或者因為有公務員違法失職而受懲戒處分，例如關說[13]，得提起再審。

（六）因發現新事實或新證據，單獨或與先前之證據綜合判斷，足認受有罪判決之人應受無罪、免訴、免刑或輕於原判決所認罪名之判決者（§420I(6)）

1.舊法

　　本款舊法規定：「因發現確實之新證據、足認受有罪判決之人應受無罪、免訴、免刑或輕於原判決所認罪名之判決者」。依此規定，所謂新證據依過去實務見解須具備下列要求：

(1) 新規性（又稱嶄新性）

　　過去實務[14]認為，新證據必須於判決當時已存在，但事實審審判時未經發現而不及調查審酌，之後才發現的證據才具有新規性。若判決前已經當事人提出或聲請調查之證據，經原審捨棄不採者，即非發現新證據。倘若是事實審判決後才製作或成立的文書，過去實務見解[15]又認為，判決以後成立之文書，其內容係根據另一證據作成，而該另一證據係成立於事實審法院判決之前者，應認為有新證據之存在。如出生證明係根據判決前早已存在醫院病歷表所作成；存款證明係根據判決前已存在之存款帳簿所作成而言。

---

[13] 【蕭仰歸關說案】屬於違法失職已受懲戒處分，但是該案中是為蕭法官之兒子不利益而申請再審。
[14] 最高法院 35 年特抗字第 21 號判例。
[15] 最高法院 75 年台抗字第 7151 號判例。

另外，判決後才發生的事實，實務見解認為，刑事訴訟法再審編所稱發見新證據，係指當時已經存在而發見在後或審判時未經注意之證據，且能證明原確定判決所認定之事實為錯誤者而言，與在認定事實後，因以論罪處刑所應依據之法律無涉[16]。例如甲以傷害判處罪刑確定前，並無乙死亡之事實，其證據當不存在，即非審判時未經注意之證據。申言之，原判決所認定之事實並無錯誤，自不得因事後發生之事實，聲請再審。然而本書認為此見解再加上單一案件與同一案件的運用，被害人將求救無門。

(2) 確實性（又稱顯著性、重要性、明確性）

過去實務認為事實與證據本身必須「客觀上可認為真實，無須經過調查即足以動搖」及「必須使再審法院達到使法院對其應受無罪、免訴、免刑或輕於原判決所認罪名之判決產生『無合理可疑的確切心證』之程度」[17]。

所謂確實性，非絕對不須經過調查程序為條件，但必須是確實足以動搖原確定判決而為受判決人有利之判決為限[18]，而修法後最高法院 104 年度第 5 次刑事庭會議決議已不再援用該見解。

2. 學者對舊法的批評

倘若判決後才存在及發現的證據，明顯可以證明受判決人受冤獄，不可因未判決前與判決後而有所差別。故而只要是法院未審查過新證據，就具有新規性，不論存在時點如何皆可以提起再審[19]。

---

[16] 參照最高法院 35 年特抗字第 21 號判例。

[17] 最高法院 105 年度台抗字第 796 號刑事裁定：再審實務受本院三十五年特抗字第二十一號判例、二十八年抗字第八號、五十年台抗字第一○四號、四十九年台抗字第七二號、四十一年台抗字第一號、四十年台抗字第二號及三十二年抗字第一一三號判例拘束，創設出「新規性」及「確實性」之要件，將原本第四百二十條第一項第六款規定解釋為「原事實審法院判決當時已經存在，然法院於判決前未經發現而不及調查斟酌，至其後始發現者」且必須使再審法院得到足以動搖原確定判決而為有利受判決人之判決無合理可疑的確切心證，始足當之。此所增加限制不僅毫無合理性，亦無必要，更對人民受憲法保障依循再審途徑推翻錯誤定罪判決之基本權利，增加法律所無之限制，而違法律保留原則。臺灣高等法院 111 年度侵聲再字第 27 號刑事裁定亦同此旨。

[18] 最高法院 98 年度台抗字第 625 號刑事裁定、最高法院 102 年度台抗字第 98 號刑事裁定、最高法院 50 年台抗字第 104 號判例。

[19] 黃朝義，刑事訴訟法，2013 年 4 月，頁 761-763。林鈺雄，刑事訴訟法（下），2022 年 9 月，頁 526。王兆鵬、張明偉、李榮耕，刑事訴訟法（下），2012 年 9 月，頁 492-494。

舊法時代採取「嚴格確實性原則」的影響下，即使通過新規性的門檻，卻常不會通過「確實性、顯著性」，舊法時代之聲請人提出的新證據，幾乎要達到「一槍斃命」的程度，才足以動搖原確定判決。

3. 新法 —— 新規性：新增新事實以及判決確定後存在的事實或證據

民國 104 年修法，§420I(6) 新增了新事實為再審事由，所謂新事實包含待證事實，以及訴訟要件或訴訟障礙事由是否存在之相關事實，又修改 §420III「第一項第六款之新事實或新證據，指判決確定前已存在或成立而未及調查斟酌，及判決確定後始存在或成立之事實、證據」。

立法理由指出：再審制度之目的在發現真實並追求具體公平正義之實現，為求真實之發見，避免冤獄，對於確定判決以有再審事由而重新開始審理，攸關被告權益影響甚鉅，故除現行規定所列舉之新證據外，若有確實之新事實存在，不論單獨或與先前之證據綜合判斷，合理相信足以動搖原確定判決，使受有罪判決之人應受無罪、免訴、免刑或輕於原判決所認罪名之判決，應即得開啟再審程序。再審制度之目的既在發現真實並追求具體之公平正義，以調和法律之安定與真相之發見，自不得獨厚法安定性而忘卻正義之追求。

本款所稱之新事實或新證據，包括原判決所憑之鑑定，其鑑定方法、鑑定儀器、所依據之特別知識或科學理論有錯誤或不可信之情形者，或以判決確定前未存在之鑑定方法或技術，就原有之證據為鑑定結果，合理相信足使受有罪判決之人應受無罪、免訴、免刑或輕於原判決所認罪名之判決者亦包括在內。因為有時鑑定雖然有誤，但鑑定人並無偽證之故意，如鑑定方法、鑑定儀器、鑑定所依據之特別知識或科學理論為錯誤或不可信等。若有此等情形發生，也會影響真實之認定，與鑑定人偽證殊無二致，亦應成為再審之理由。又在刑事訴訟中，鑑定固然可協助法院發現事實，但科技的進步推翻或動搖先前鑑定技術者，亦實有所聞。美國卡多索法律學院所推動之「無辜計畫（The Innocence Project）」，至 2010 年 7 月為止，已藉由 DNA 證據為 300 位以上之被告推翻原有罪確定判決。爰參考美國相關法制，針對鑑定方法或技術，明定只要是以原判決確定前未存在

之鑑定方法或技術，就原有之證據進行鑑定結果，得合理相信足使受有罪判決之人應受無罪、免訴、免刑或輕於原判決所認罪名之判決，即應使其有再審之機會，以避免冤獄。

　　據此，依新法本款規定之「新事實」、「新證據」，包括判決確定後始存在或成立之事實、證據，不以有罪判決確定前已存在或成立而未及調查斟酌者為限。但如果判決確定前已存在或成立而經調查斟酌者，仍非新事實或新證據[20]。新事實是指作為犯罪事實基礎的事實，客觀上可得而知與確定判決相反的事實皆屬之。

　　新規性必須「聲請再審的事證」比「原審據以為判決基礎的事證」還要廣。關於新規性之要件，係以該證據是否具有「未判斷資料性」而定，不再刻意要求受判決人（被告）與事證間關係之新穎性，而應著重於事證和法院間之關係，亦即舉凡法院未經發現而不及調查審酌者，不論該證據之成立或存在係在判決確定之前或後，亦不問受判決人是否明知，甚且為法院已發現之證據，但就其實質之證據價值未加以判斷者，即具有新規性[21]。

　　所謂「發現」，是指原審判決前當事人不知，事實審法院也不知[22]發現之基準時點，乃事實審法院判決時點，其後發現之證據，包括第二審判決後第三審上訴前或上訴中始發現者，才屬新證據。但如果是被告明知，但法院不知情時，是否也有新規性？有學者認為法律無明文禁止[23]，即使判決前被告明知之證據，例如 A 明知有可證明 A 沒有犯罪之證據，卻故意未聲請調查證據，然屬於法院因「不知而未予斟酌」，對法院而言具有

---

[20] 最高法院 108 年度台抗字第 1596 號刑事裁定、最高法院 108 年度台抗字第 934 號刑事裁定。

[21] 臺灣高等法院暨所屬法院 106 年法律座談會刑事類提案第 34 號。

[22] 臺灣南投地方法院 107 年度聲再字第 5 號刑事裁定：原確定判決前均已存在，並為法院、當事人所知，且均已經調查斟酌，並非其後始行發現，則係就證據本身形式觀察，上開證據均未符「新規性」之要件，非屬所謂新事實或新證據。換言之，上開證據均為本件原確定判決之「同一」證據方法，尚非所謂新證據。

[23] 林鈺雄，再論發現新事證之再審事由 —— 再審新法 20 問，台灣法學雜誌，第 268 期，2015 年 3 月，頁 57。

新規性[24]，有學者認為基於「勤勉原則」，當事人也要於審判中盡適當的勤勉責任提出自己所知的證據，且須說明確定判決前並不知該證據存在以及以盡適當勤勉責任仍無從發現，亦須說明為何於聲請再審前方發現該證據的原因，故應認為不符合新規性[25]。本書以為，被告明知卻故意未聲請法院調查證據之情況，例如未受羈押之被告為拖延刑之執行，好讓自己與家人相處時間久一點，而於明知有證據下卻故意不聲請調查證據，然此僅為訴訟策略，與再審要件無關，且亦非所有被告皆有辯護人協助，連構成要件都無從理解下，應無從得知有利之證據，亦不得忽略司法官的客觀注意義務（有利與不利應一併注意），從而仍應有新規性。

最高法院 108 年度台抗字第 1530 號刑事裁定

刑事訴訟法第 420 條第 1 項第 6 款規定：「有罪判決確定後，因發現新事實或新證據，單獨或與先前之證據綜合判斷，足認受有罪判決之人應受無罪、免訴、免刑或輕於原判決所認罪名之判決者，為受判決人之利益，得聲請再審。」同條第 3 項規定：「第一項第六款之新事實或新證據，指判決確定前已存在或成立而未及調查斟酌，及判決確定後始存在或成立之事實、證據。」準此，判決確定前已存在或成立而經調查斟酌者，即非新事實或新證據。又聲請再審人所主張之新事實或新證據，單獨或與先前之證據綜合判斷，倘無法產生合理懷疑，不足以動搖原確定判決所認定之事實者，自未具備上開要件，亦不能據為聲請再審之原因。至於聲請再審的理由，如僅係對原確定判決認定的事實再行爭辯，或對原確定判決採證認事職權的適法行使，任意指摘，或對法院依職權取捨證據持相異評價，而原審法院即使審酌上開證據，亦無法動搖原確定判決之結果者，亦不符合此條款所定提起再審的要件。

---

[24] 林鈺雄，刑事訴訟法（下），2022 年 9 月，頁 526。
[25] 王兆鵬、張明偉、李榮耕，刑事訴訟法（下），2012 年 9 月，頁 493-494。

4. 新法 —— 確實性：綜合判斷理論與合理懷疑原則

新法修正後，§420I(6) 改為「單獨或與先前之證據綜合判斷」，也就是在確實性方面導入了「綜合判斷與合理懷疑原則」的判準。亦即新證據或新事實的出現，依照綜合判斷理論，綜合該新證據或新事實與案內其他有利不利的全部證據予以綜合評價，顯然足以對原判決事實認定產生合理的懷疑，而有動搖的蓋然性即為已足，而與過去實務認為「確實性要達到該證據本體顯然足為被告有利的判決」不同[26]。

亦即因再審為非常救濟制度，只有原審判決存在顯著的事實錯誤，以及影響判決主文，例如原審為有罪判決，惟應為無罪判決，提起再審才有意義，從而除應具備「足以動搖原確定判決之事實基礎」（涉及證明力高低）外，仍應達到「改判為其他較輕判決」，方具有確實性。

亦即只要事證具有「明確性」，不管其出現係在判決確定之前或之後，亦無論係單獨（例如不在場證明、頂替證據、新鑑定報告或方法），或結合先前已經存在卷內之各項證據資料，予以綜合判斷，若因此能產生合理之懷疑，而有足以推翻原確定判決所認事實之蓋然性，即已該當。申言之，各項新、舊證據綜合判斷結果，不以獲致原確定判決所認定之犯罪事實應是不存在或較輕微之確實心證為必要，而僅以基於合理、正當之理由，懷疑原已確認之犯罪事實並不實在，可能影響判決之結果或本旨為已足（即不必至鐵定翻案、毫無疑問之程度）；但反面言之，倘無法產生合理懷疑，不足以動搖原確定判決所認定之事實者，仍非法之所許。至於事證是否符合明確性之法定要件，其認定當受客觀存在之經驗法則、論理法則所支配[27]。

---

[26] 李榮耕，刑事再審新法的解釋與適用，評 2015 年再審新制，2016 年 9 月，頁 151-152。羅秉成，刑事再審新法的解釋與適用，刑事再審與救濟無辜，2016 年 9 月，頁 171-172。

[27] 最高法院 104 年度台抗字第 125 號刑事裁定、臺灣高等法院 111 年度侵聲再字第 27 號刑事裁定。

最高法院 108 年度台抗字第 1654 號刑事裁定

　　刑事訴訟法第 420 條第 1 項第 6 款明定:「有罪判決確定後,因發現新事實或新證據,單獨或與先前之證據綜合判斷,足認受有罪判決之人應受無罪、免訴、免刑或輕於原判決所認罪名之判決者」,為受判決人之利益,得聲請再審;同條第 3 項並規定:「第一項第六款之新事實或新證據,指判決確定前已存在或成立而未及調查斟酌,及判決確定後始存在或成立之事實、證據」。是得據為受判決人之利益聲請再審之「新事實」、「新證據」,固不以有罪判決確定前已存在或成立而未及調查斟酌者為限,其在判決確定後始存在或成立之事實、證據,亦屬之;然該事實、證據,仍須於單獨觀察,或與先前之證據綜合判斷後,得以合理相信其足以動搖原確定之有罪判決,使受有罪判決之人應受無罪、免訴、免刑或輕於原判決所認罪名之判決者,始足當之。換言之,聲請再審人所主張之新事實或新證據,單獨或與先前之證據綜合判斷,倘無法產生合理懷疑,不足以動搖原確定判決所認定之事實者,自未具備上開要件,亦不能據為聲請再審之原因。

最高法院 108 年度台抗字第 1300 號刑事裁定、最高法院 108 年度台抗字第 939 號刑事裁定

　　按有罪之判決確定後,因發現新事實或新證據,單獨或與先前之證據綜合判斷,足認受有罪判決之人應受無罪、免訴、免刑或輕於原判決所認罪名之判決者,為受判決人之利益,得聲請再審,刑事訴訟法第 420 條第 1 項第 6 款定有明文。此新事實及新證據之定義,其中新規性之要件,採取以該證據是否具有「未判斷資料性」而定,與證據之確實性(或稱顯著性),重在證據之證明力,應分別以觀。聲請人所主張之新事實或新證據,單獨或與先前之證據綜合判斷,倘無法產生合理懷疑,不足以動搖原確定判決所認定之事實者,即無准予再審之餘地。又經法院認無再審理由而以裁定駁回後,不得更以同一原因聲請再審;法院認為聲請再審之程序違背規定者,應以裁定駁回之,同法第 434 條第 2 項、第 433 條亦分別定有明文。

最高法院 108 年度台抗字第 1161 號刑事裁定

關於新事實及新證據之定義，對於新規性（或稱新穎性、嶄新性）之要件，採取以該證據是否具有「未判斷資料性」而定，與證據之確實性（或稱確定性、顯著性、明確性），重在證據之證明力，應分別以觀。因此，舉凡法院未經發現而不及調查審酌者，不論該證據之成立或存在，係在判決確定之前或之後，亦不問受判決人是否明知，甚且法院已發現之證據，但就其實質之證據價值未加以判斷者，均具有新規性，據此大幅放寬聲請再審新證據之範圍。在此概念下，上開所稱之新證據當然包括證據方法與證據資料。另關於確實性之判斷方法，則增訂兼採取「單獨評價」或「綜合評價」之體例，即當新證據本身尚不足以單獨被評價為與確定判決認定事實有不同之結論者，即應與確定判決認定事實基礎之「既存證據」為綜合評價，以評斷有無動搖該原認定事實之蓋然性。再審聲請人所主張之新事實或新證據，單獨或與先前之證據綜合判斷，倘無法產生合理懷疑，不足以動搖原確定判決所認定之事實者，自未具備上開要件，亦不能據為聲請再審之原因。

5. 輕於原判決罪名

§420I 規定，因發見確實之新證據，足認受有罪判決之人，應受輕於原判決所認罪名之判決者，為受判決人之利益，始得聲請再審。條文既曰輕於原判決所認「罪名」，自與輕於原判決所宣告之「罪刑」有別。所謂輕於原判決所認罪名，係指與原判決所認罪名比較，其法定刑較輕之相異罪名而言，例如原認放火罪實係失火罪，原認殺尊親屬罪實係普通殺人罪，原認血親和姦罪實係通姦罪等是。至於同一罪名之有無加減刑罰之原因者，僅足影響科刑範圍而罪質不變，即與「罪名」無關，自不得據以再審。從而自首、未遂犯、累犯、連續犯等刑之加減，並不屬於所指罪名範圍[28]。又如本案最終確定之沒收金額僅為 2,207,240 元，比原確定判決認定

---

[28] 最高法院 70 年度第 7 次刑事庭會議決議。

之金額為少，然此並非「輕於原判決所認罪名」，應成立之罪名無影響[29]。

應受免刑之判決者，應如何解釋？ 112 年憲判字第 2 號中憲法法庭認為「免除其刑」、「減輕或免除其刑」之法律規定，法院客觀上均有依法應諭知免刑判決之可能，有其相同性，基於對相同事物，如無正當理由，即應同享有憲法 §7 平等權之保障而應為相同之處理，除「免除其刑」之法律規定外，亦應包括「減輕或免除其刑」之法律規定在內，理由在於文義解釋而言「免除其刑」及「減輕或免除其刑」之法律規定，法院客觀上均有依法應諭知免刑判決之可能、立法目的而言其追求實體正義之利益應優越於法安定性之規範目的、修法放寬再審之法定要件而言修法目的期許降低聲請再審之門檻，揚棄確信無誤確切心證之嚴苛限制，而改以可能獲致其他有利判決結果之可能性標準，放寬聲請再審之門檻，以避免冤獄、法定再審事由之審查程序而言，決定是否開啟再審程序，並不著眼於受判決人於開啟再審後終局是否受免刑之判決。是以此一階段之審查程序，僅係處理個案聲請是否合於法定再審事由要件之程序問題，並非處理罪責與刑罰之實體問題，因此與嚴格證明法則無涉，僅以採自由證明之程序為已足。至於最終審判結果是否確實為免刑之判決，則視審理結果所得心證而定。就依法應適用「減輕或免除其刑」之法律規定者，其受判決人客觀規範上亦有可能依法應獲致免刑之判決，其受有罪判決之人，亦同有開啟再審程序以獲致免刑判決之需求，俾受憲法罪刑相當原則之保障。

6. 受 §420I(6) 架空的 §421

§421 規定「不得上訴於第三審法院之案件，除前條規定外，其經第二審確定之有罪判決，如就足生影響於判決之重要證據漏未審酌者，亦得為受判決人之利益，聲請再審」，其中「重要證據漏未審酌」是指重要證據已經提出，或已經發現而未予調查；雖然已經調查但未就調查結果予以判斷並定取捨；已經提出之證據而被捨棄不採用，未於理由內敘明捨棄的理由。其內涵與 §420III 之再審新證據要件相同。因此有認為[30] §421 區

---

[29] 最高法院 109 年度台抗字第 2098 號刑事裁定。

[30] 林俊益，刑事訴訟法概要（下），2020 年 9 月，頁 425-436。

分得上訴於第三審法院之案件或不得上訴於第三審法院之案件，且限制經第二審判決確定者，並無意義，應刪除之。

最高法院 109 年度台抗大字第 1221 號刑事裁定【受判決人為其利益，僅就連續犯裁判上一罪之部分犯罪事實，以發現新事實或新證據，單獨或與先前之證據綜合判斷，足認該部分犯罪事實不能證明，得依 §420I(6) 規定聲請再審 [31]】

　　刑事再審制度，乃判決確定後，以認定事實錯誤為由而設之特別救濟程序，目的在發現真實並追求具體公平正義之實現，以調和法律之安定與真相之發現。從而，確定判決有無再審事由，應以原確定判決所認定之犯罪事實為審酌。不能證明被告犯罪或其行為不罰者應諭知無罪之判決，§301I 定有明文。起訴書記載被告多項犯罪事實，經檢察官以裁判上一罪起訴者，法院應就全部犯罪事實予以合一審判。如認定全部犯罪事實均有罪，固以一罪論（修正前連續犯）或從一重處斷（想像競合犯、修正前牽連犯）；如僅其中一部分成立犯罪，其他部分不能證明犯罪者，應就有罪部分於判決主文諭知論處之罪刑，而就不能證明犯罪部分，本應依前開規定諭知無罪判決，惟因裁判上一罪關係，僅於判決理由敘明不另為無罪諭知之旨。是以，不論在主文諭知或理由敘明，該不能證明犯罪部分均屬無罪判決，應無二致。亦即，於裁判上一罪之原確定判決所認定之犯罪事實，其中部分犯罪事實，依新事實或新證據如足認不能證明犯罪，雖毋庸顯示於判決主文，仍不影響該部分本係應受無罪判決之本質。從而，裁判上一罪之案件，為確認原確定判決所認定之犯罪事實已否產生合理懷疑，足以動搖該確定判決，解釋上，即應就判決主文、事實及理由意旨，為總括整體性之觀察判斷。

　　對於裁判上一罪之原確定判決，經依 §420I(6) 規定聲請再審者，如不能證明其中部分犯罪，則無論其主文之罪名未變更（以想像競合

---

[31] 最高法院 109 年度台抗大字第 1221 號刑事裁定。

犯、牽連犯為例，因均係從一重處斷，如係輕罪部分不成立犯罪時，仍論以重罪；以同種想像競合犯為例，如其中部分不成立犯罪，仍論以同罪名之罪；以連續犯為例，如仍存有二行為以上之罪時，仍論以連續犯），或主文之罪名業已變更（例如連續加重犯罪成為連續普通犯罪；想像競合犯、牽連犯之重罪部分不成立犯罪而應改論以輕罪），原確定判決所認定之犯罪事實，均已因新事實或新證據，足認不能證明其中部分犯罪而有所不同。

隨著基本人權保障意識受到重視，我國再審制度已逐步鬆綁，對於法條文義之解釋，誠有與時俱進之必要。對於複數刑罰權之數罪，因全部犯罪事實各自獨立，如僅對其中部分犯罪事實以發現新事實或新證據應受無罪判決為由聲請再審，即認符合 §420I(6) 所稱「應受無罪判決」，而得聲請再審。則對於裁判上一罪而言，其實質上亦係數罪，僅因法律規定始以一罪論或從一重處斷，若以不能證明部分犯罪事實為由聲請再審，卻與同為數行為之實質上數罪為相異處理，自難謂公允。故受判決人為其利益，就裁判上一罪之部分犯罪事實，以發現新事實或新證據，單獨或與先前之證據綜合判斷，如足認不能證明該部分犯罪事實，不論有無於主文為無罪之宣示，均已足以動搖原確定判決所認定之犯罪事實內容及範圍，即得依 §420I(6) 規定聲請再審。

二、為判決人之不利益

§422 規定「有罪、無罪、免訴或不受理之判決確定後，有左列情形之一者，為受判決人之不利益，得聲請再審：一、有第四百二十條第一款、第二款、第四款或第五款之情形者。二、受無罪或輕於相當之刑之判決，而於訴訟上或訴訟外自白，或發見確實之新證據，足認其有應受有罪或重刑判決之犯罪事實者。三、受免訴或不受理之判決，而於訴訟上或訴訟外自述，或發見確實之新證據，足認其並無免訴或不受理之原因者」。

有疑問者在於 §422(3) 的新證據是否有 §420III 之適用？實務[32] 認為 §420III 之立法理由是針對被告有利的修正，故而不及於 §422。

　　§422(2)、(3) 為受判決人不利益聲請再審，有關發現新證據得為不利再審原因的規定，如果採取綜合判斷理論與合理懷疑的相同立場，也就是只需要有蓋然性就可以輕易開始不利益再審，並不妥適。又若對於 §422 從嚴適用，則與 §420 採取寬嚴不同的判斷基準，失其一貫性。此外，最高法院 104 年度第 5 次刑事庭會議決議，對於最高法院 72 年度第 11 次刑事庭會議決議的審查結論指出，§422 的新證據的意義仍採取過去的見解，不因 §420III 的新增而同步放寬。再審制度主要是兼顧尊重既判力與發現真實的調和，且要從有利於受判決人方向為考量。有學者認為，依聯合國公民與政治權利國際公約 §14VII 揭示一事不再理原則，同條第 6 項僅承認有利於受判決人之再審，故而建議將 §422 刪除，但如仍要維持不利益再審的規定，則至少要將新事實與新證據的部分刪除[33]。

參、聲請再審之審理程序

一、管轄法院

　　§426 規定「I 聲請再審，由判決之原審法院管轄。II 判決之一部曾經上訴，一部未經上訴，對於各該部分均聲請再審，而經第二審法院就其在上訴審確定之部分為開始再審之裁定者，其對於在第一審確定之部分聲請再審，亦應由第二審法院管轄之。III 判決在第三審確定者，對於該判決聲請再審，除以第三審法院之法官有第四百二十條第一項第五款情形為原因者外，應由第二審法院管轄之」。

---

[32]　林俊益，刑事訴訟法概要（下），2020 年 9 月，頁 438-439。最高法院 107 年度台抗字第 1211 號刑事裁定。

[33]　朱石炎，刑事再審新法的解釋與適用，論再審原因之增修，2016 年 9 月，頁 10-11。

　　所謂的原審法院是指原確定判決的事實審法院。如果原判決在第三審確定，因第三審為法律審，故而由第二審的事實審法院管轄。

　　倘若判決之一部曾經上訴，一部未上訴，例如 A 於第一審被判決有罪，A 僅對於一部犯罪事實上訴，第二審判決確定後，如果 A 對於全部犯罪事實提起再審，基於審判與調查的便利性，全都由第二審法院管轄。

二、聲請權人

　　§427 規定「為受判決人之利益聲請再審，得由左列各人為之：一、管轄法院對應之檢察署檢察官。二、受判決人。三、受判決人之法定代理人或配偶。四、受判決人已死亡者，其配偶、直系血親、三親等內之旁系血親、二親等內之姻親或家長、家屬」。§428 規定「I 為受判決人之不利益聲請再審，得由管轄法院對應之檢察署檢察官及自訴人為之；但自訴人聲請再審者，以有第四百二十二條第一款規定之情形為限。II 自訴人已喪失行為能力或死亡者，得由第三百十九條第一項所列得為提起自訴之人，為前項之聲請」。

（一）為受判決人之利益聲請再審者

1. 管轄法院之檢察官：此指與管轄聲請再審法院對等配置之檢察署之檢察官而言。

2. 受判決人。

3. 判決人之法定代理人或配偶。

4. 受判決人已死亡者，其配偶、直系血親、三親等內之旁系血親、二親等內之姻親或家長、家屬。

（二）受判決人之不利益聲請再審

1. 管轄法院之檢察官。

2. 自訴人：

(1) 自訴人為受判決人之不利益聲請再審者，限於有§422(1)之再審原因。

(2) 自訴人已喪失行為能力或死亡者，得由§319所列得為提起自訴之人（即自訴人之法定代理人、直系血親或配偶為聲請）。

三、再審期間

（一）原則上得隨時為之

　　§423規定：「聲請再審於刑罰執行完畢後，或已不受執行時，亦得為之」。

（二）限制

1. 不得上訴於第三審法院之案件，經第二審確定之有罪判決，因就足生影響於判決之重要證據漏未審酌而聲請再審者，應依送達判決後20日為之（§424）。

2. 為受判決人之不利益聲請再審，於判決確定後，經過刑法§80I期間二分之一者，不得為之（§425）。

四、聲請再審之程式

（一）§429規定「聲請再審，應以再審書狀敘述理由，附具原判決之繕本及證據，提出於管轄法院為之。但經釋明無法提出原判決之繕本，而有正當理由者，亦得同時請求法院調取之」。

　　本條於民國109年1月修法，增定§429但書。修法理由稱，聲請再審固應提出原判決之繕本，以確定聲請再審之案件及其範圍；惟原判決之繕本如聲請人已無留存，而聲請原審法院補發有事實上之困難，且有正當理由者，自應賦予聲請人得釋明其理由，同時請求法院為補充調取之權利，以協助聲請人合法提出再審之聲請，增訂本條但書。

（二）§429-1 規定「I 聲請再審，得委任律師為代理人。II 前項委任，應提出委任狀於法院，並準用第二十八條及第三十二條之規定。III 第三十三條之規定，於聲請再審之情形，準用之」。

　　本條於民國 109 年 1 月新增。修法理由稱，關於聲請再審之案件，聲請人得否委任律師為代理人，以及聲請人委任之律師在聲請再審程序中之稱謂，刑事訴訟法並未明文規定，致實務上當事人欄之記載不一。為應實務上之需要，並期以律師之專業學識協助聲請人聲請再審，增訂本條第 1 項，以求明確。委任係訴訟行為之一種，為求意思表示明確，俾有所依憑，自應提出委任狀於法院；另代理人之人數及文書之送達亦應有所規範，參照 §28、§32 有關被告選任辯護人之規定，聲請人委任之代理人限制不得逾三人，而代理人有數人時，其文書應分別送達，增訂本條第 2 項，明定委任代理人應提出委任狀及準用之規定。聲請再審無論基於何種事由，接觸並了解相關卷證資料，與聲請再審是否有理由，以及能否開啟再審程序，均至關重要。原法並未明文規定聲請權人之卷證資訊獲知權，致生適用上之爭議，規範尚有未足，增訂本條第 3 項，俾聲請權人或代理人得以聲請再審為理由以及在聲請再審程序中，準用 §33 之規定，向法院聲請獲知卷證資訊。

　　實務指出，再審的閱卷聲請因為規定受理該聲請時即應停止審判，故不影響再審程序。[34]

　　關於再審程序中之指定辯護問題，學者[35]認聲請再審需要高度的法律專業，若無精通法律之人幫助，無論是收集證據、對證據進行評價、撰寫

---

[34] 最高法院 109 年度台抗字第 524 號刑事裁定：刑事訴訟法第 429 條之 1 第 3 項之規定，查係再審聲請人得準用同法第 33 條之規定，有向法院聲請獲知相關卷證資料之卷證資訊獲知權之明文，並未規定受理該聲請時，即應停止審理，或縱該再審之聲請範圍部分業經詳查，仍不得終結之。原審既以本件提出聲請再審之相關新證據或所謂新事實之範圍，經其審理結果，認一部分重為聲請而不合法，一部分並無理由，均予駁回，於理由均予詳為敘明，未就其取得卷證影本資料予以准駁，即以本件再審聲請為無理由而駁回，亦無不合。

[35] 洪兆承，論聲請再審的調查程序──兼評刑訴 2019 年刑訴再審的修法，月旦法學雜誌，第 305 期，2020 年 10 月，頁 56-57。

再審聲請書狀皆屬困難。所以假使聲請人本身因無資力等理由，導致無法得到律師協助時，很難期待其能完整在聲請再審時，充分表達其意見。惟本條僅規定選任代理人的方式，並且在選任多數辯護人時，準用§28與§32的規定，卻未準用§31指定辯護之規定。未來應該在條文中明定。

（三）§429-2規定「聲請再審之案件，除顯無必要者外，應通知聲請人及其代理人到場，並聽取檢察官及受判決人之意見。但無正當理由不到場，或陳明不願到場者，不在此限」。

　　本條於民國109年1月新增。修法理由稱，再審制度之目的係發現真實，避免冤抑，對於確定判決以有再審事由而重新開始審理，攸關當事人及被害人權益甚鉅。為釐清聲請是否合法及有無理由，除聲請顯屬程序上不合法或顯無理由而應逕予駁回，例如非聲請權人聲請再審，或聲請顯有理由而應逕予裁定開啟再審者外，原則上應賦予聲請人及其代理人到庭陳述意見之機會，並聽取檢察官及受判決人之意見，俾供法院裁斷之參考；惟經通知後無正當理由不到場，或已陳明不願到場者，法院自得不予通知到場。

　　何謂本條之顯不合法或顯無理由，實務見解如下。

最高法院109年度台抗字第95號刑事裁定

　　依新法規定，聲請再審原則上應踐行訊問程序，徵詢當事人之意見以供裁斷，惟基於司法資源之有限性，避免程序濫用（即「顯不合法」或「顯無理由」），或欠缺實益（即「顯有理由」），於顯無必要時，得例外不予開啟徵詢程序。則此法文所指「顯不合法」或「顯無理由」，應係指聲請之不合法或無理由具有「顯然性」，亦即自形式觀察即得認其再審聲請係「不合法」或「無理由」，而屬重大明白者而言。

　　再者，再審理由應依「新規性」及「確實性」，而為二階段之審查，其中「新規性」，本得依事證之外觀而為形式審查，且應優先進行，已如前述，是以在「新規性」審查階段，如於形式上即得認所提出之再審事證，顯然業經確定判決調查斟酌，欠缺「未判斷資料性」時，自得認再審聲請「顯無理由」，而顯無開啟徵詢程序之必要。

此外實務[36]以是否可憑聲請意旨一望即知來區分應否通知受判決人到場聽取意見，申言之，§429-2前段立法意旨係為釐清聲請再審是否合法及有無理由，故除顯無必要者外，如依聲請意旨，從形式上觀察，聲請顯有理由而應裁定開始再審；或顯無理由而應予駁回，例如提出之事實、證據，一望即知係在原確定判決審判中已提出之證據，經法院審酌後捨棄不採，而不具備新規性之實質要件，並無疑義者；或顯屬程序上不合法且無可補正，例如聲請已逾法定期間、非屬有權聲請再審之人、對尚未確定之判決為聲請、以撤回或法院認為無再審理由裁定駁回再審聲請之同一原因事實聲請再審等，其程序違背規定已明，而無需再予釐清，且無從命補正，當然毋庸依上開規定通知到場聽取意見之必要，庶免徒然浪費有限之司法資源。反之，聲請再審是否合法、有無理由尚未明朗，非僅憑聲請意旨即可一目瞭然、明確判斷，例如是否為同一原因之事實仍待釐清；提出之事實、證據是否具有新規性容有疑義；或雖具備新規性，惟顯著性之審查，涉及證據資料之評價究否足以動搖原確定判決，或有無必要依§429-3規定調查證據，以判斷應否為開始再審之裁定仍非明確等，除聲請人已陳明不願到場者外，均應通知聲請人及其代理人到場賦予陳述意見之機會，並聽取檢察官及受判決人之意見，俾供再審法院憑判之參考。從而究否應通知上揭人員到場，當因具體個案情形之不同而有別。

（四）§429-3規定「I聲請再審得同時釋明其事由聲請調查證據，法院認有必要者，應為調查。II法院為查明再審之聲請有無理由，得依職權調查證據」。

本條於民國109年1月新法，修法理由稱，原法並無再審聲請人得聲請調查證據之規定；惟對於事實錯誤之救濟，無論以何種事由聲請再審，皆需要證據證明確有聲請人主張之再審事由，諸如該證據為國家機關所持有、通信紀錄為電信業者所保管、監視錄影紀錄為私人或鄰里辦公室所持有等情形，若無法院協助，一般私人甚難取得相關證據以聲請再審，增訂

---

[36] 最高法院109年度台抗字第263號刑事裁定。

本條第 1 項規定，賦予聲請人得釋明再審事由所憑之證據及其所在，同時請求法院調查之權利，法院認有必要者，應為調查，以填補聲請人於證據取得能力上之不足，例如以判決確定前未存在之鑑定方法或技術，就原有之證據為鑑定，發現其鑑定結果有足以影響原判決之情事，倘該鑑定結果為法院以外其他機關所保管，聲請人未能取得者，自得聲請法院調取該鑑定結果。按刑事訴訟乃為確定國家具體刑罰權之程序，以發現真實，使刑罰權得以正確行使為宗旨。是關於受判決人利益有重大關係之事項，法院為查明再審之聲請有無理由，俾平反冤抑，自得依職權調查證據，以發揮定讞後刑事判決之實質救濟功能，增訂本條第 2 項。

學說[37]有認為如何調查證據立法理由明定應適用刑事訴訟法第十二章的證據法則規定，惟再審並非確認有無刑罰權之程序，而須有效率進行，故宜適用自由證明調查，然再考量再審目的已擴及冤獄救濟之人權保護，應可適用證據排除法則相關規定。

又實務[38]認為「倘再審聲請人無甚難取得證據之情形、未能證明證據存在及其所在，並與再審事由有重要關聯，或再審之聲請指涉之事項非於受判決人利益有重大關係，足以動搖原確定判決結果，法院即無依聲請或依職權調查之必要」，有論者[39]認實務增加「重要關聯」作為法院審酌項目，認再審程序之調查與通常審理程序的聲請調查不同，似有限縮調查範圍之意，惟再審的審理屬於程序決定事項，關鍵在於再審准駁前法院應「僅得調查再審有無理由」，不得於此調查程序再次調查聲請人「有無犯罪之證據」，本書肯認之。

---

[37] 洪兆承，論聲請再審的調查程序——兼評 2019 年刑訴再審修法，月旦法學雜誌，第 305 期，2020 年 10 月，頁 61。

[38] 最高法院 109 年度台抗字第 1003 號刑事裁定、最高法院 109 年度台抗字第 1523 號刑事裁定。

[39] 羅士翔，為受判決人利益之刑事再審實務研究，萬國法律，第 234 期，2020 年 12 月，頁 7-8。

五、再審合法性之形式審查

　　§433 規定「法院認為聲請再審之程序違背規定者,應以裁定駁回之。但其不合法律上之程式可以補正者,應定期間先命補正」,例如非以實體上之確定判決為客體、非以確定判決聲請再審、判決送達後已經逾越再審的 20 日期間、為受判決人不利益聲請再審,判決確定後已經超過刑法 §80I 期間的二分之一、無聲請再審權人之聲請再審(如告訴人、告發人)、聲請再審書狀未敘明理由、撤回再審聲請之人以同一原因再行聲請、聲請再審書狀未付具原判決之繕本及證據、再審書狀根本沒有敘述理由、向無管轄權之法院聲請再審、聲請非以 §420～§422 之情形者[40]。

　　本條於民國 109 年 1 月修法,修法理由稱,聲請再審之程式是否合法,攸關聲請人及受判決人之時效利益等權益,諸如聲請再審書狀漏未附具原判決之繕本及證據等情形,既非不可補正,法院自應定期間先命補正,逾期不補正者,始以聲請再審之程序違背規定,而以裁定駁回之,增訂本條但書,以保障聲請人及受判決人之權益。

　　又如聲請人於聲請時未釋明無法提出原判決繕本之正當理由,法院應依 §433 但書之規定,定期間先命補正原判決繕本;經命補正而不補正,且仍未釋明無法提出之正當理由者,法院應以聲請再審之程序違背規定而裁定駁回。

六、再審有無理由(合理性)之實體審查

　　再審聲請有無理由,不過為再審開始之條件而已,並非直接變更原判決,故所列新事證僅自由證明具備動搖原判決確定事實之「可能性」,即符合開始再審要件,並無達到確信程度之必要。此與審判程序關於刑罰權基礎之犯罪構成事實須經嚴格證明且達確信之程度不同,不可混淆[41]。

---

[40]　林俊益,刑事訴訟法概論(下),2020 年 9 月,頁 437-440。
[41]　最高法院 107 年度台抗字第 683 號刑事裁定。

（一）再審無理由

　　裁定駁回，10 日內得抗告。不得更以同一原因聲請再審。§434 規定「I 法院認為無再審理由者，應以裁定駁回之。II 聲請人或受裁定人不服前項裁定者，得於裁定送達後十日內抗告。III 經第一項裁定後，不得更以同一原因聲請再審」。同一原因是指同一事實之原因，應就重新聲請再審之事由及提出之證據方法，與已經實體上裁定駁回之先前聲請，是否完全相同，予以判斷[42]。

　　本條於民國 109 年 1 月修法，修法理由稱，考量再審聲請駁回影響聲請人或受裁定人權益甚鉅，為能有更加充分時間準備抗告，爰參考刑事案件確定後去氧核醣核酸鑑定條例 §7III 之規定，增訂第 2 項 10 日之特別抗告期間。又該 10 日期間固為 §406 前段關於抗告期間之特別規定，惟其抗告及對於抗告法院所為裁定之再抗告，仍有 §405、§415 等其他特別規定之適用。

　　除須具有未經判斷之嶄新性（或稱新規性）外，尚須具備單獨或與先前之證據綜合判斷而足以動搖原確定判決所認定事實之確實性（或稱明確性、顯著性），二者均不可或缺，倘未兼備，因與上揭法定聲請再審事由不符，原審法院即應認聲請再審為無理由，依同法 §434I 規定，以裁定駁回之[43]。

（二）再審有理由

　　聲請再審被法官認為有理由時，法官應為開始再審的裁定。§435 規定「I 法院認為有再審理由者，應為開始再審之裁定。II 為前項裁定後，得以裁定停止刑罰之執行。III 對於第一項之裁定，得於三日內抗告」。

---

[42] 最高法院 110 年度台抗字第 108 號刑事裁定。
[43] 最高法院 109 年度台抗字第 524 號刑事裁定。

（三）開啟再審裁定確定後，排除原判決之效力

法律雖然未明文規定，然通說與實務認再審裁定確定後，具有排除原判決既判力與可執行性的效力，檢察官不可以再執行[44]。

肆、重新審判

§436 規定「開始再審之裁定確定後，法院應依其審級之通常程序，更為審判」。

一、為判決人利益聲請

§437 規定「I 受判決人已死亡者，為其利益聲請再審之案件，應不行言詞辯論，由檢察官或自訴人以書狀陳述意見後，即行判決。但自訴人已喪失行為能力或死亡者，得由第三百三十二條規定得為承受訴訟之人於一個月內聲請法院承受訴訟；如無承受訴訟之人或逾期不為承受者，法院得逕行判決，或通知檢察官陳述意見。II 為受判決人之利益聲請再審之案件，受判決人於再審判決前死亡者，準用前項規定。III 依前二項規定所為之判決，不得上訴」。

二、為受判決人之不利益聲請

§438 規定「為受判決人之不利益聲請再審之案件，受判決人於再審判決前死亡者，其再審之聲請及關於再審之裁定，失其效力」。

§439 規定「為受判決人之利益聲請再審之案件，諭知有罪之判決者，不得重於原判決所諭知之刑」。此為不利益變更禁止原則。

---

[44] 最高法院 33 年上字第 1742 號判例。林鈺雄。刑事訴訟法（下），2013 年 9 月，頁 456。

伍、聲請再審的效力

§ 430「聲請再審，無停止刑罰執行之效力。但管轄法院對應之檢察署檢察官於再審之裁定前，得命停止」，是否命停止為檢察官所職掌且不限次數，亦應考量是否未停止執行未來將有冤獄之國賠等問題。

陸、再審之撤回

§ 431 規定「I 再審之聲請，於再審判決前，得撤回之。II 撤回再審聲請之人，不得更以同一原因聲請再審」。

§ 432 規定「第三百五十八條及第三百六十條之規定，於聲請再審及其撤回準用之」。亦即撤回再審應以書狀為之。但於審判期日，得以言詞為之。撤回再審者，喪失其再審權。撤回再審，書記官應速通知他造當事人。

第二節　非常上訴

壹、非常上訴之概念

對於已經確定的判決，以違背法令為理由，請求最高法院撤銷或變更原確定判決。因此非常上訴是對於法律適用錯誤的救濟，著重抽象的適用法令錯誤問題，而與再審對於事實認定錯誤，著重於個案事實認定錯誤的救濟不同。

貳、非常上訴之目的[45]

一、統一解釋法令

非常上訴目的在於統一法令的解釋[46]，以糾正原確定判決適用法律錯誤，故而非常上訴判決的效力不及於被告。統一解釋法令是指統一法律之適用，係指涉及法律見解具有原則上之重要性者而言。即所涉及之法律問題意義重大而有加以闡釋之必要，或對法之續造有重要意義者而言。

二、保護被告

非常上訴的目的在於保護被告利益，故原判決若不利於被告時方可提起，故而非常上訴判決的效力及於被告。

三、折衷說（我國所採）

由 §441 明定原判決違背法令始得提非常上訴，可知非常上訴目的在於統一解釋法令，不過，非常上訴的效力依照 §448 規定，原判決違背法令不利於被告時，非常上訴的效力方及於被告。

學者將非常上訴之效力分成「理論效力」與「現實效力」，理論效力是指最高法院統一解釋法令，以糾正下級法院適用法令之錯誤，效力存在於法院之間；現實效力是指撤銷判決的效力及於當事人之間，承擔了個案救濟的功能[47]。

---

[45] 王兆鵬、張明偉、李榮耕，刑事訴訟法（下），2012 年 9 月，頁 519-521。楊雲樺，非常上訴的目的與功能 —— 以最高法院九十七年度第四次刑事庭決議為中心，刑事法學的回顧與展望，2015 年 1 月，頁 333 以下。

[46] 最高法院 97 年度第 4 次刑事庭會議決議。

[47] 林鈺雄，什麼樣的大法庭？ —— 終審判決模式在我國法的適用疑義，月旦法學教室，第 215 期，2013 年 4 月，頁 58。

> **最高法院 105 年度台非字第 12 號刑事判決**
>
> 　　非常上訴，乃對於審判違背法令之確定判決所設之非常救濟程序，以統一法令之適用為主要目的。必原判決不利於被告，經另行判決；或撤銷後由原審法院更為審判者，其效力始及於被告。此與通常上訴程序旨在糾正錯誤之違法判決，使臻於合法妥適，其目的係針對個案為救濟者不同。兩者之間，應有明確之區隔。

參、非常上訴之對象

一、確定之判決

　　確定之判決是指案件因未上訴而確定或者 §376 之案件，以及已經進通常救濟途徑而確定。只要審判違背法令，不論判決的種類、審級，只要判決已經確定，均可提起非常上訴，例如有罪、無罪、免訴、不受理、管轄錯誤、簡易判決、協商程序、撤回上訴、上訴駁回均可為對象。

　　對於確定的非常上訴判決亦可提上訴，且無次數限制[48]。

　　另外，對於程序判決的情形，若是原判決有利於被告，被告合法上訴卻被誤以為有合法上訴而判決駁回上訴，對此駁回上訴判決不須以非常上訴撤銷，即可依合法的上訴進行審判；但是原判決不利於被告，被告合法上訴卻被誤以為有合法上訴而判決駁回上訴，對此駁回上訴判決可以提起非常上訴[49]。

---

[48] 最高法院 67 年度第 13 次刑庭推總會議決定。
[49] 大法官釋字第 271 號、最高法院 80 年度第 5 次刑事庭會議決議參照。

問題：被告死亡之案件，得否提起非常上訴

（一）若得上訴之案件，被告在判決後送達前死亡，由於判決書無法合法送達，因此判決無法確定，縱然有誤，亦不得提起非常上訴。

（二）倘若是不得上訴案件，則因宣判時即已確定，既為確定判決，縱被告已死亡，為被告之利益，仍得提起非常上訴。

二、無效判決

　　無效判決是指判決已經成立，但有明顯重大瑕疵，不待聲請不服，判決當然自始不生效力。因為無效判決仍有判決的形式外觀，釋字第 135 號認為仍可以提起非常上訴。例如無審判權者，卻為實體判決、被告死亡卻不為不受理判決，而為有罪、無罪的實體判決、訴訟關係早就不存在，仍為判決 [50]、重複判決 [51]，均為無效判決，可以提起非常上訴。

最高法院 109 年度台非字第 31 號刑事判決

　　按同一案件曾經判決確定者，即應諭知免訴之判決，刑事訴訟法第 302 條第 1 款定有明文。如同一案件，前案經判決確定後，再重複為判決者，後案之重複判決，雖屬判決違背法令，即屬不生實質判決之無效判決。惟因其仍具有判決之形式，故於後案確定後，自得就後案提起非常上訴，由非常上訴審以判決將原屬無效之後案重複判決撤銷，毋庸另行判決，即具有改判之性質，其效力及於被告，有最高法院 89 年度台非字第 246 號判決可資參照。

---

[50] 最高法院 108 年度台上字第 1737 號刑事裁定：原判決其餘部分均未上訴、已先確定，本院自不得對該其餘未上訴部分予以任何裁判。惟本院 108 年度台上字第 1737 號於民國 108 年 7 月 11 日判決誤將原判決上揭未經上訴部分，撤銷發回更審，則此違誤部分應屬無效判決，原審法院應不受其拘束，無庸再對該部分為任何裁判。

[51] 最高法院 107 年度台非字第 264 號刑事判決。

三、確定之裁定

（一）實體裁定，得為非常上訴的對象

雖然法條沒有規定，但實務見解承認實體裁定亦為非常上訴的對象，因為關於實體法上事項的裁定，涉及被告刑罰權，應視同判決。例如宣付保安處分[52]、減刑、定應執行刑、更定其刑、單獨宣告沒收、撤銷緩刑之宣告等實體裁定，於確定後發現係違背法令，得提起非常上訴[53]。

（二）程序裁定，不得為非常上訴的對象

實務見解認為程序上裁定不得為非常上訴的對象[54]，例如駁回上訴、駁回自訴、駁回再審聲請之裁定。

但學者認為，原審法院因不合法上訴之駁回上訴的裁定，與上級審因不合法上訴而判決駁回上訴，雖然前者為程序裁定，後者為程序判決，然而於此狀況下皆為駁回上訴。因而如果上訴合法，但上級法院誤認不合法而判決駁回確定後，前有提及，是可以提起非常上訴救濟，故而原審法院的裁定駁回上訴也應可以為非上訴的對象，始為公平[55]。

---

[52] 最高法院 106 年度台非字第 216 號刑事判決：按判決不適用法則或適用不當者，為違背法令，刑事訴訟法第 378 條定有明文。又裁定雖無準用非常上訴之規定，惟對於宣付保安處分之確定裁定，可提起非常上訴（最高法院 45 年第 5 次民刑庭總會會議決議意旨參照）。再與科刑確定判決有同等效力之確定裁定，如發現有違背法令情事，得提起非常上訴；而保安處分係對受處分人將來之危險性所為拘束其身體、自由等之處置，以達教化與治療之目的，為刑罰之補充制度，故依毒品危害防制條例所為強制戒治、停止強制戒治、撤銷停止強制戒治等相關之確定裁定，屬於拘束人身自由之保安處分，與科刑確定判決有同等之效力（同院 90 年度台非字第 377 號判決意旨參照）。

[53] 最高法院 96 年度台非字第 300 號刑事判決。

[54] 最高法院 93 年度台非字第 71 號刑事判決。

[55] 林鈺雄，刑事訴訟法（下），2013 年 9 月，頁 470-471。

肆、非常上訴之原因

一、審判違背法令

　　§441 的審判違背法令與 §377 的判決違背法令相當。法令是指法條的適用而不含法令的解釋[56]。而違背法令是指判決不適用法則及適用不當（§378），包含實體法則、程序法則、證據法則。§379 的判決當然違背法令，依實務見解有些款項可以成為非常上訴之原因（請見下述【§379(1)~(14) 與 §447I 之關係】的說明）。但是實務見解改變，不可以前後見解不同或依照後續最高法院決議的見解，而提起非常上訴[57]。此外，由於「原法院審判當時」為違背法令之認定時點，故 §381 規定，原審判決後，刑罰有廢止、變更或免除者，非屬非常上訴之原因。

　　至於程序違背法令，是否可作為提起非常上訴之理由。實務見解採限縮看法[58]，認為訴訟程序之違法不影響判決者，即不得提起非常上訴。釋字第 181 號解釋謂：「非常上訴，乃對於審判違背法令之確定判決所設之救濟方法。依法應於審判期日調查之證據，未予調查，致適用法令違誤，而顯然於判決有影響者，該項確定判決，即屬判決違背法令，應有刑事訴訟法第四百四十七條第一項第一款規定之適用」。

---

[56] 最高法院 96 年度台非字第 207 號刑事判決：若法文上有發生解釋上之疑問，而僅依法律上所持之見解不同，自不得認其違背法令而據為提起非常上訴之理由。倘依原判決所確認之事實，其論罪科刑等並無錯誤，祇事實或理由記載不甚周全，對於全案情節與判決本旨並無影響者，依刑事訴訟法第三百八十條規定，既不得提起第三審上訴，自亦不得執以提起非常上訴。

[57] 最高法院 96 年度第 10 次刑事庭會議、最高法院 109 年度台非字第 47 號刑事判決：惟非常上訴所稱之審判違背法令，係指法院就該確定案件之審判顯然違背法律明文所規定者而言。故確定判決之內容關於確定事實之援用法令倘無不當，僅所憑終審法院前後判決所採法令上之見解不同者，要屬終審法院因探討法律之真義，致因法文解釋之差異，而產生相異之法律見解，尚不能執後判決所持之見解或嗣後本院決議統一所採之見解，而指先前判決為違背法令，而據以提起非常上訴。最高法院 108 年度台非字第 72 號刑事判決：終審法院之判決內容，關於確定事實之援用法令如無不當，僅係前後判決所持法令上之見解不同者，尚不能執後判決所持之見解而指前次判決為違背法令。

[58] 大法官釋字第 238 號、最高法院 96 年度台非字第 207 號刑事判決。

本書認為非常上訴的目的在於統一解釋法令且基於論理效力不影響被告，故不應該將 §380 的限制搬到非常上訴適用，而且 §380 的有無影響判決結果不易判斷，既然非常上訴目的為統一解釋法令而糾正違法判決，即與對判決有無影響應是無關的。

最高法院 98 年度台非字第 73 號刑事判決

　　本院按非常上訴，旨在糾正原確定判決法律上之錯誤，以達統一法令適用之目的，故非常上訴之提起，應以原確定判決違背法令者為限，此觀刑事訴訟法第 441 條之規定自明，而所謂違背法令，係指顯然違背法律明文所定者及其審判程序或判決所援用之法令有所違背者而言。至於判決有誤寫、誤算或其他類此之顯然錯誤，而不影響於全案情節與判決之本旨者，法院得隨時依聲請或本於職權以裁定更正救濟，有司法院釋字第 43 號解釋可資參照，此種違誤，既與判決違背法令之情形不同，且得以裁定更正，自不得據以提起非常上訴。

二、釋憲認定確定終局裁判就法令的見解為違憲

　　釋字第 185 號解釋謂，確定終局裁判所適用之法律或命令，或其適用法律、命令所表示之見解，經本院依人民聲請解釋認為與憲法意旨不符，其受不利確定終局裁判者，得以該解釋為再審或非常上訴之理由，已非法律見解歧異問題。惟司法院大法官會議解釋所作之違憲宣告僅及於聲請釋憲者，所以其他判決已確定者，不得以司法院大法官會議解釋所作之法律見解變更為非常上訴理由。

伍、有無提起非常上訴之必要 —— 最高法院 97 年度第 4 次刑事庭會議決議

　　最高法院 97 年度第 4 次刑事庭會議決議提出了提起非常上訴之必要性為：該案件之審判係違背法令，並與統一適用法令有關，具有原則上之

重要性；該判決不利於被告，非予救濟，不足以保障人權者。也就是提起非常上訴之必要性有三個條件：統一法令之必要（法律見解有原則上重要性）＋被告無其他救濟管道＋判決不利於被告。

最高法院 97 年度第 4 次刑事庭會議決議也提出了有提起非常上訴之必要的四類情形：

一、法律已有明確規定，向無疑義，因疏失致未遵守者。例如應沒收，漏未諭知沒收。應褫奪公權，漏未宣告褫奪公權。應付保安處分，漏未宣付保安處分等。此等情形，可以行聲請，且因法律已有明確規定，並有統一法令之必要。

二、司法院已有解釋可資依循，無再行闡釋之必要者，例如裁判確定後另犯他罪，不合數罪併罰之規定，誤為定執行刑[59]；數罪併罰中，有得易科罰金之罪，有不得易科罰金之罪，於定執行刑時，誤為諭知易科罰金[60]；對於與配偶共犯告訴乃論罪之人，誤認為不得提起自訴，而為不受理判決[61]；顯係文字誤寫，不影響於全案情節與判決本旨，得以裁定更正[62] 等。此等情形是釋憲案已有明應如何處理，並有統一法令之必要。

三、其他違背法令情形，業經最高法院著有判例、判決或作成決議、決定予以糾正在案，實務上並無爭議者。例如不合緩刑要件，誤為宣告緩刑；不合減刑或減輕其刑條件，誤為減刑或減輕其刑；合於累犯要件，未論以累犯。量刑或定執行刑，低於法定最低度刑；不得易科罰金之罪，誤為諭知易科罰金；裁判上一罪案件，已受請求之事項未予判決；應為實體判決，誤為不受理判決等。此等情形是因原確定判決有不利於被告且無統一法令之必要。

四、因「前提事實之誤認」，其過程並不涉及法令解釋錯誤之問題者。例如誤認有自首之事實，而減輕其刑。被害人或共犯為兒童或少年，誤認為

---

[59] 大法官釋字第 98、202 號。
[60] 大法官釋字第 679 號。
[61] 大法官釋字第 569 號。
[62] 大法官釋字第 43 號。

非兒童、少年，或誤認被告未滿 18 歲、已滿 80 歲，致應加重未加重、不應減輕而減輕等。此等情形是屬於事實錯誤而非法令適用錯誤。

最高法院 107 年度台非字第 132 號刑事判決（不合緩刑要件，誤為宣告緩刑）

　　倘該違背法令情形，尚非不利於被告，且其違背法令情形，業經本院著有判例、判決或作成決議、決定予以糾正在案，實務上並無爭議者（例如不合緩刑要件，誤為宣告緩刑，本院著有 54 年台非字第 148 號判例），對於法律見解並無原則上之重要性或爭議，即不屬與統一適用法令有關之範圍，殊無反覆提起非常上訴之必要性；基於刑事訴訟法第 441 條係採便宜主義之法理，檢察總長既得不予提起，如經提起，本院自可不予准許。次按受 2 年以下有期徒刑、拘役或罰金之宣告，而有未曾因故意犯罪受有期徒刑以上刑之宣告，或前因故意犯罪受有期徒刑以上刑之宣告，執行完畢或赦免後，5 年以內未曾因故意犯罪受有期徒刑以上刑之宣告，認以暫不執行為適當者，得宣告 2 年以上 5 年以下之緩刑，刑法第 74 條第 1 項定有明文。……惟實務上就此向無爭議，難認對於法律見解有原則上重要性，而與統一法令之適用有關，原判決既非不利於被告，不具有倘不予救濟，即不足以保障被告人權之情形，揆諸上開說明，尚難認有提起本件非常上訴之必要性。從而，應認本件非常上訴為無理由，予以駁回。

最高法院 108 年度台非字第 168 號刑事判決（合於累犯要件，未論以累犯）

　　因第 63 號判決未論以累犯，檢察官認係累犯，而聲請更定其刑，臺南高分院乃於 103 年 7 月 2 日，以 103 年度聲字第 562 號裁定分別更定其刑為有期徒刑 14 年 2 月、1 年 2 月，並定應執行刑為有期徒刑 14 年 10 月，並於 103 年 7 月 14 日確定。嗣本檢察總長認為：第 63 號判決於裁判之前，依卷證資料已足以發覺被告為累犯，與刑法第 48 條前

段規定所稱「裁判確定後，發覺為累犯」之情形尚屬有間，原裁定不得裁定更定其刑，而對原裁定提起非常上訴。最高法院則認：此屬法律見解之變更，不得謂為違背法令，非常上訴無理由，而以原判決駁回非常上訴。

最高法院 107 年度台非字第 19 號刑事判決（不得易科罰金之罪，誤為諭知易科罰金）

　　本件原確定判決以被告黃有財於民國 105 年 11 月 8 日，犯刑法第 185 條之 4 之駕駛動力交通工具肇事，致人受傷而逃逸罪，經依刑法第 47 條第 1 項累犯規定加重其刑，再依刑法第 62 條前段、第 59 條規定遞減其刑，而量處有期徒刑 5 月。因被告所犯駕駛動力交通工具肇事，致人受傷而逃逸罪之法定最重本刑為 7 年有期徒刑，與刑法第 41 條第 1 項前段所規定得易科罰金之要件不合，不得易科罰金，原確定判決就所處有期徒刑 5 月，誤為諭知易科罰金之折算標準，揆諸上開說明，確屬違法。非常上訴意旨執以指摘，固非無據。惟原確定判決既非不利於被告，且刑法第 41 條第 1 項規定甚明，實務上運作向無爭議，核無再行闡釋之必要，於法之續造或見解統一而言，亦欠缺原則上之重要性，客觀上難認有給予非常救濟之必要性，自應認本件非常上訴為無理由，予以駁回。

最高法院 106 年度台非字第 270 號刑事判決（應為實體判決，誤為不受理判決）

　　又本應為實體上之審判，而誤為不受理之判決，其將來是否再行起訴，及應為實體判決之結果如何，尚不可知，而諭知不受理後，則本件訴訟即因而終結，自難認其違誤之不受理判決於被告不利。故對於本應為實體上之審判，而誤為不受理之判決提起非常上訴，如與統一適用法令有關，仍應將其違背法令部分撤銷，合先敘明。

陸、非常上訴的審理

一、提起非常上訴者：檢察總長（§441）

§442 規定，檢察官發見有前條情形者，應具意見書將該案卷宗及證物送交最高檢察署檢察總長，聲請提起非常上訴，而檢察總長方為提起者。所謂「發見」是指客觀上「發見」確定判決違背法令，而非主觀「認為」確定判決違背法令，自以確定判決客觀上顯然違背法令為要件。如以主觀上之認知，對尚有爭議之法律見解、法律事後審對上訴理由是否為適法理由之審認、或事實審所為證據之取捨、判斷，此等並非適法之非常上訴理由，亦與非常上訴採便宜主義之本旨有違[63]。「得」是指檢察總長縱發現確定判決有違背法令之處，是否提起非常上訴，乃採便宜主義。檢察總長是否提起非常上訴，應衡量人權之保障、判決違法之情形及訴訟制度之功能等因素，而為正當合理之考量。

然而有學者[64]認為於我國採取折衷立法目的下，非常上訴為被告救濟程序，如果被告無法提起非常上訴，反而由於審判中與被告對立的檢察官的上級檢察總長提起，而檢察總長認為不應提起時，也無其他救濟管道，故對被告保護不足。況且，檢察總長之職位具有濃厚的政治性意涵存在（由總統提名），似乎太過信任檢察總長可以公平而無政治因素之考量下決定提或不提起非常上訴，並不妥適。

二、理由書提出

§443 規定「提起非常上訴，應以非常上訴書敘述理由，提出於最高法院為之」。理由書的內容不以限於原審卷中所存在為限，即便是確定判決後所發現亦可作為支持非常上訴之理由。

---

[63] 最高法院 97 年度台非字第 162 號刑事判決。
[64] 黃朝義，刑事訴訟法，2013 年 4 月，頁 779。

三、書面審理原則

　　非常上訴之判決，不經言詞辯論為之（§444）。於第三審判決，原則上不經言詞辯論，然法院認為必要時，得命辯論（§389），相較之下非常上訴一律不經言詞辯論。

四、調查範圍

（一）非常上訴理由的調查範圍（§445I）

　　§445I 規定「最高法院之調查，以非常上訴理由所指摘之事項為限」。故而若有於非常上訴理由中所指摘，法院不得職權調查。

（二）非常上訴對事實的調查範圍（§455II）

　　§455II 規定「第三百九十四條之規定，於非常上訴準用之」。

1. 原則

　　依 §455II 準用 §394 之規定，最高法院以原審判決所確認的事實為基礎，不得職權調查實體事項（§394I）。有實務見解表示[65]，非常上訴係以原審所認定之事實為據，倘真有漏未調查之重要證據，或應調查而不予調查，致原確定判決記載之事實，理由欠明，因而對於確定事實與論罪科刑所援用之法律是否適當發生疑慮時，除合於再審要件外，因其未經原確定判決所認定之事實，故實無從判斷適用法律有無違誤，故非常上訴審仍不得加以審查。

2. 例外

　　關於訴訟程序及得依職權調查之事項，得調查事實（§394I 但）。亦即訴訟程序及得職權調查事項如果有於非常上訴理由中指摘（§445I），即可調查事實（§455II）。得職權調查事項，即 §393 但書 (1)～(5) 的規

---

[65] 最高法院 47 年度台非字第 47 號刑事判決。

定：「一、第三百七十九條各款所列之情形。二、免訴事由之有無。三、對於確定事實援用法令之當否。四、原審判決後刑罰之廢止、變更或免除。五、原審判決後之赦免或被告死亡」，法院得職權調查，不受當事人指摘理由拘束。不過，§393 但書之 (4)、(5) 與審判程序違背法令無關且非常上訴以原確定判決時點的事實為基礎，故其並不是非常上訴的調查範圍。

又，§393 但書之 (1)、(3)，涉及事實與法律雙重問題，將會使非常上訴的調查範圍產生爭議，而且究竟應以非常上訴或再審為之亦有爭議。例如 §393 但書 (3) 中，如果是 §379(10)「依本法應於審判期日調查之證據而未予調查者」、(14)「判決不載理由或所載理由矛盾者」，如何區別事實與法律適用？對此爭議，有下列不同看法。

(1) 實務見解認為不得以 §379(10) 為非常上訴之理由

非常上訴，乃對審判違背法令之確定判決所設之救濟方法。依法應於審判期日調查之證據，未予調查，致適用法令違誤，而顯然於判決有影響者，該項確定判決即屬判決違背法令，應有 §447I(1) 規定之適用（司法院釋字第 181 號解釋意旨參照）。又非常上訴審依 §445II 準用 §394I 之規定，應以原判決所確認之事實為判決基礎，以判斷該案件之審判是否違背法令。而 §379(10) 所稱「依本法應於審判期日調查之證據」，係指該證據在客觀上為法院認定事實及適用法律之基礎者而言，若非上述情形之證據，其未予調查者，本不屬於上述法條第 10 款之範圍，縱其訴訟程序違背法令，若不足以致適用法令違誤，而非「顯然於判決有影響者」，亦不得認為有 §379(10) 所稱「依本法應於審判期日調查之證據而未予調查」之違法情形，而得以作為提起非常上訴之理由 [66]。

(2) 學說見解認為 §379(10) 是原審法院違反調查義務之訴訟事實，而得為非常上訴之理由 [67]

---

[66] 最高法院 105 年度台非字第 88 號刑事判決。

[67] 林鈺雄，刑事訴訟法（下），2013 年 9 月，頁 488。

　　§379(10) 以「原審有無違背調查原則的訴訟事實」為限，若是「原審認定之事實是否正確之實體事實」，則不屬之，因非常上訴較第三審嚴格，僅書面審理，而無公開審理，故而§455II 準用§394I 但書的調查程序，僅可為自由證明，也因此非常上訴無法判斷證據。調查證據以書面審理，可以從原審判決（包含主文與理由）與卷宗（包含審判筆錄）的書面資料中形式認定被告是否有聲請調查，但原審法院確無理由而不予調查，此時可以認定原審法院違反調查義務，至於實質上被告有無所指的犯罪事實或者犯罪事實的認定是否正確，不是非常上訴的範圍。

柒、非常上訴的判決

　　§447 規定「I 認為非常上訴有理由者，應分別為左列之判決：一、原判決違背法令者，將其違背之部分撤銷。但原判決不利於被告者，應就該案件另行判決。二、訴訟程序違背法令者，撤銷其程序。II 前項第一款情形，如係誤認為無審判權而不受理，或其他有維持被告審級利益之必要者，得將原判決撤銷，由原審法院依判決前之程序更為審判。但不得諭知較重於原確定判決之刑」。

　　非常上訴之判決，原則上效力不及於被告，亦即主文諭示「原判決撤銷」。惟該判決係違背法令而不利於被告時，應另行判決或交由原審法院依判決前之程序更為判決，其效力當然及於被告（§448）。

一、無理由以判決駁回

　　最高法院經調查後，認為非常上訴無理由者，應以判決駁回之（§446）。無理由包含程序不合法、指摘理由不成立，以及最高法院 97 年度第 4 次刑事庭會議決議的無提出非常上訴必要的情形。

二、有理由，視情形而分別予以判決

（一）最高法院自行判決

1. 狹義判決違背法令，原判決非不利被告：將違背部分撤銷（§477I(1) 本文）。

2. 狹義判決違背法令，原判決係不利被告：除將違背部分撤銷外，最高法院並應就該案件另行判決（§477I(1) 但），例如有應適用減刑條例而不適用，致被告未適用減刑條例而判決確定時，最高法院即應將確定判決撤銷，並就原確定判決所認定之事實，逕行判決。但是對於無效判決提起上訴，僅須撤銷原判決，即使對被告不利也不用另行判決。

3. 訴訟程序違背法令：撤銷其程序（§477I(2)），因僅有論理效力，不影響被告。

§379(1)～(14) 與 §447I 之關係

一、判決違背法令或訴訟程序違背法之區分實益

判決違背法令或訴訟程序違背法令之區分實益在於，若狹義判決違背法令，非常上訴判決撤銷的效力及於被告（§447(1)），若為訴訟程序違背法令，依 §448 規定「非常上訴之判決，除依前條第一項第一款但書及第二項規定者外，其效力不及於被告」，也就是訴訟程序違背法令，則非常上訴判決撤銷的效力不及於被告（注意：現實效力＝判決效力及於被告；論理效力＝判決效力不及於被告）。

二、§379 所定各款是否當然成為提起非常上訴的理由？

§379 所定之當然違背法令事由中，除了少數款項外，幾乎全是訴訟程序違背法令，該等事由是否也可當然成為提起非常上訴的理由？亦即如有 §379 各款情形，且為訴訟程序違背法令者，是否須對原判決有影響，才得以提起非常上訴？

（一）解釋上立法者已經將 §379 直接規定為判決當然違背法令，故應該各款當然成為提起非常上訴的理由，而非常上訴判決是直接適用 §447(1)。

（二）然而實務見解將 §379 的 14 款事由區分判決違背法令與訴訟程序違背法令

1. 早期實務見解[68]：除第 4、5、12 款認為判決違法外，其餘各款均認訴訟程序違背法令，但該條第 14 款後段之理由矛盾，如係適用法條錯誤者，當然為判決違背法令。

2. 實務見解之變更

(1) §379(10)：釋字第 238 號補充第 181 解釋，應於審判期日調查證據，是指證據在客觀上為法院認定事實即適用法律之基礎而言，並以訴訟程序違背法令對判決有無影響決定是否可提起非常上訴，無影響則不可[69]。

(2) §379(6)、(7)：對判決有影響時，亦為 §447I(1) 之判決違背法令。§379(6) 規定：「除有特別規定外，被告未於審判期日到庭而逕行審判者」、§379(7) 款規定：「依本法應用辯護人之案件或已經指定辯護人之案件，辯護人未經到庭辯護而逕行審判者」，這兩款雖屬訴訟程序之規定，然非常上訴審就個案之具體情形審查，如認其判決前之訴訟程序違背上開第 6、7 款之規定，致有依法不應為判決而為判決之違誤，顯然於判決有影響者，該項確定判決，即屬判決違背法令[70]。

---

[68] 最高法院 29 年度總會決議、最高法院 109 年度台非字第 113 號刑事判決、最高法院 109 年度台非字第 126 號刑事判決。

[69] 大法官釋字第 238 號：刑事訴訟法第三百七十九條第十款所稱「依本法應於審判期日調查之證據」，指該證據在客觀上為法院認定事實及適用法律之基礎者而言。此種證據，未予調查，同條特明定其判決為當然違背法令。其非上述情形之證據，未予調查者，本不屬於上開第十款之範圍，縱其訴訟程序違背法令，惟如應受同法第三百八十條之限制者，既不得據以提起第三審上訴，自不得為非常上訴之理由。中華民國二十九年二月二十二日最高法院民、刑庭總會決議關於「訴訟程序違法不影響判決者，不得提起非常上訴」之見解，就證據部分而言，即係本此意旨，尚屬於法無違，與釋字第一八一號解釋，亦無牴觸。

[70] 最高法院 91 年度第 7 次刑事庭決議。

三、總結 [71]

（一）§379 第 4、5、12、14 款屬判決違背法令，得提起非常上訴，而有 §447I(1) 的適用。

（二）§379 第 6、7 款之違背，尚須符合「致有依法不應為判決而為判決之違誤者」屬判決違背法令。若對判決無影響時，則非屬 §447I(1) 之判決違背法令。

（三）§379 第 10 款，若對於判決有影響時，為判決違背法令，而有 §447I(1) 的適用。

（四）其餘款項均屬訴訟程序違背法令（§447I(2)）。

四、本書評析

　　§379 各款判決當然違背法令，立法者已經直接認為有發生該款事由對判決結果當然有影響（因違法情節特別嚴重），故不用於個案中審查是否對於結果有無影響，即使 §379 各款與 §380 有重疊時，亦應認為對於判決結果有當然影響，非常上訴撤銷的效力及於被告。實務之解釋無異淪為治絲益棼。

（二）發回原審法院

1. 事由

　　原判決違背法令之情形是誤認為無審判權而不受理，或其他有維持被告審級利益之必要者，得將原判決撤銷，發回由原審法院依判決前之程序更為審判（§477II 本文）。原審判決不得諭知較重於原確定判決之刑（§477II 但），亦即具有「不利益變更禁止原則」之適用。

---

[71] 最高法院 100 年度台非字第 311 號刑事判決。

2. 是否限於不利被告之判決

實務認為本項並未區分有利或不利，且從但書之規定可知，不以原判決不利於被告為限。惟有學者認為 §447II 之規定在非常上訴的目的以統一法律解釋為原則，以保護被告利益為例外，因此本項之適用應以不利於被告作為前提。

再審與非常上訴之比較

	再審	非常上訴
原因	事實認定錯誤（§421、422）。	法律錯誤問題（§441）。
對象 —— 判決	不含不受理、管轄錯誤。	確定判決。
對象 —— 裁定	不含裁定。	含實體裁定。
聲請權人	為受判決人之利益或不利益而有不同之聲請權人（§427、§428）。	最高檢察署檢察總長（§441）。
管轄	原審法院（§426）。	最高法院（§441）。
言詞辯論	依審級的通常程序為之（§436）。	不用言詞辯論（§444）。
原判決效力	開啟再審裁定確定，原判決失其效力。	原則：原判決存在。例外：自為判決或發回更審後，原判決失其效力。

第五篇　執行階段與附帶民事訴訟程序

第一章　執行階段

第一節　執行的概念

執行是指執行機關，依確定的裁判內容予以執行，包含刑法、保安處分與其他處分的執行。

§456規定「I裁判除關於保安處分者外，於確定後執行之。但有特別規定者，不在此限。II前項情形，檢察官於必要時，得於裁判法院送交卷宗前執行之」。其特別規定是指§409「I抗告無停止執行裁判之效力。但原審法院於抗告法院之裁定前，得以裁定停止執行。II抗告法院得以裁定停止裁判之執行」。§430「聲請再審，無停止刑罰執行之效力。但管轄法院之檢察官於再審之裁定前，得命停止」。

§457規定「I執行裁判由為裁判法院對應之檢察署檢察官指揮之。但其性質應由法院或審判長、受命法官、受託法官指揮，或有特別規定者，不在此限。II因駁回上訴抗告之裁判，或因撤回上訴、抗告而應執行下級法院之裁判者，由上級法院對應之檢察署檢察官指揮之。III前二項情形，其卷宗在下級法院者，由下級法院對應之檢察署檢察官指揮執行」。

最高法院 109 年度台抗字第 612 號刑事裁定

執行裁判由為裁判法院對應之檢察署檢察官指揮之。但其性質應由法院或審判長、受命法官、受託法官指揮，或有特別規定者，不在此限，刑事訴訟法第 457 條第 1 項定有明文。

故確定裁判之執行，以檢察官指揮執行為原則，一般情形，並無法院之參與，例外關於實體裁判形式之疑義及裁判與其執行之異議，法院始予介入。而所謂性質上應由法院或審判長、受命法官、受託法官指揮執行者，係指法院在訴訟程序進行中所為關於訴訟程序之裁判，諸如羈

押、具保、責付等處分。此際，檢察官係當事人之一，性質上無從由其指揮執行。

　　至於所謂有特別規定者，如刑事訴訟法第470條第1項但書所定情形，以及少年法院或少年法庭法官就少年保護事件所為裁定之指揮執行是。又確定裁判之執行，非僅限於刑罰之執行，尚包括保安處分、罰鍰、保證金沒入及扣押物之發還等。

　　本件原裁定關於抗告人聲請發還扣押物部分略以：法院審理案件時，扣押物有無繼續扣押必要，雖應由審理法院依案件發展、事實調查，予以斟酌，然案件如未繫屬法院，或已脫離法院繫屬，扣押物有無留存之必要，是否發還，應由執行檢察官依個案具體情形，予以斟酌，裁判一經確定，即脫離繫屬，法院因無訴訟關係存在，原則上即不得加以裁判。準此，本案既於108年6月19日經駁回第三審上訴而全案確定，即已脫離法院繫屬，全案卷證並已送檢察官執行，是關於本案扣押物發還事宜，原審即無從辦理，此部分聲請於法未合，應予駁回等旨。經核於法尚無不合。

第二節　刑罰的指揮執行之方式

壹、製作指揮書

　　§458規定「指揮執行，應以指揮書附具裁判書或筆錄之繕本或節本為之。但執行刑罰或保安處分以外之指揮，毋庸制作指揮書者，不在此限」。

貳、執行的順序

§459 規定「二以上主刑之執行，除罰金外，應先執行其重者。但有必要時，檢察官得命先執行他刑」。

一、生命刑

（一）執行前的審查

§460 規定「諭知死刑之判決確定後，檢察官應速將該案卷宗送交司法行政最高機關」。司法行政機關是指法務部而言。

（二）死刑的執行命令

§461 規定「死刑，應經司法行政最高機關令准，於令到三日內執行之。但執行檢察官發見案情確有合於再審或非常上訴之理由者，得於三日內電請司法行政最高機關，再加審核」。

（三）執行場所與在場之人

1. §462 規定「死刑，於監獄內執行之」。
2. §463 規定「I 執行死刑，應由檢察官蒞視，並命書記官在場。II 執行死刑，除經檢察官或監獄長官之許可者外，不得入行刑場內」。

（四）執行、程序、方法與筆錄

§464 規定「I 執行死刑，應由在場之書記官制作筆錄。II 筆錄，應由檢察官及監獄長官簽名」。

監獄行刑法 §145 規定「I 死刑在監獄特定場所執行之。II 執行死刑之方式、限制、程序及相關事項之規則，由法務部定之。」、同法 §146 規定「執行死刑，應於當日告知本人」。

（五）停止執行

§465 規定「I 受死刑之諭知者，如在心神喪失中，由司法行政最高機關命令停止執行。II 受死刑諭知之婦女懷胎者，於其生產前，由司法行政最高機關命令停止執行。III 依前二項規定停止執行者，於其痊癒或生產後，非有司法行政最高機關命令，不得執行」。

（六）拘提以執行

§469 規定「I 受罰金以外主刑之諭知，而未經羈押者，檢察官於執行時，應傳喚之；傳喚不到者，應行拘提。但經諭知死刑、無期徒刑或逾二年有期徒刑，而有相當理由認為有逃亡之虞者，得逕行拘提。II 前項前段受刑人，檢察官得依第七十六條第一款及第二款之規定，逕行拘提，及依第八十四條之規定通緝之」。

二、自由刑

（一）執行場所

§466 規定「處徒刑及拘役之人犯，除法律別有規定外，於監獄內分別拘禁之，令服勞役。但得因其情節，免服勞役」。§478 規定「依本法第四百六十六但書應免服勞役者，由指揮執行之檢察官命令之」。

（二）停止執行

§467 規定「受徒刑或拘役之諭知而有左列情形之一者，依檢察官之指揮，於其痊癒或該事故消滅前，停止執行：一、心神喪失者。二、懷胎五月以上者。三、生產未滿二月者。四、現罹疾病，恐因執行而不能保其生命者」。§468 規定「依前條第一款及第四款情形停止執行者，檢察官得將受刑人送入醫院或其他適當之處所」。

（三）易服社會勞動或易服勞役

§479 規定「Ⅰ依刑法第四十一條、第四十二條及第四十二條之一易服社會勞動或易服勞役者，由指揮執行之檢察官命令之。Ⅱ易服社會勞動，由指揮執行之檢察官命令向該管檢察署指定之政府機關、政府機構、行政法人、社區或其他符合公益目的之機構或團體提供勞動，並定履行期間」。

三、保安處分

民國 111 年 11 月 15 日修正 §481，依人身自由的拘束程度，將保安處分的種類區分為拘束人身自由類型的保安處分，如許可延長監護、施以強制治療、撤銷保護管束執行原處分等，及非拘束人身自由類型的保安處分，如免除處分之執行、停止強制治療、付保護管束、因執行保安處分而免其刑之執行等，將分別適用不同程序。

（一）檢察官以聲請書聲請與期限內提出

§481-1「Ⅰ檢察官聲請為前條所列處分時，應以聲請書敘明理由及證據，並同時以聲請書繕本通知受處分人」。

§481-2「檢察官依刑法第一編第十二章聲請為下列處分，除有正當事由者外，應於下列期限內提出於該管法院：一、依刑法第八十七條第三項前段許可延長監護，或許可延長其他拘束人身自由之保安處分，至遲於執行期間屆滿之二個月前。二、依刑法第九十一條之一第一項第一款施以強制治療，至遲於徒刑執行期滿之二個月前。三、依刑法第九十九條許可拘束人身自由處分之執行，至遲於該處分得執行期間屆滿之二個月前。Ⅱ前項正當事由，檢察官應於聲請時釋明之」。

受處分人已執行刑法監護或其他拘束人身自由之保安處分期間屆滿，或在監所內執行徒刑期滿前，或就未開始或繼續執行之處分於七年之可執

行期間即將屆滿之情形，倘有即時聲請許可延長監護或其他拘束人身自由之保安處分、施以強制治療之必要或許可執行拘束人身自由處分者，應由檢察官妥速為之，使法院能夠充分審慎裁定。檢察官聲請應於一定期間前即時提出，惟檢察官如有正當事由時，不在此限，以因應實需，兼顧受處分人之權益及社會安全維護。又依刑法§97後段規定，保安處分逾七年未開始或繼續執行者，不得執行，本條第1項第3款，即係指檢察官應於上述七年期滿二個月前聲請。至於檢察官於本法修正施行前提出聲請，然於施行後始繫屬法院，檢察官無法預見修正後應遵守期限之規定，且受處分人對此亦無應受保護之信賴基礎，此逾期亦屬有正當事由。

　　檢察官如未能遵期提出聲請時，應於聲請時釋明其正當事由。例如其逾期聲請，係因監獄已依監獄行刑法§140I規定於刑期屆滿前四個月，將受刑人應接受強制治療之鑑定、評估報告等相關資料，送請該管檢察署檢察官，然因法院裁定受刑人應執行之刑致其刑期縮短等原因，不及於徒刑執行期滿出監之二個月前提出聲請，或受處分人之身心狀況於執行期滿前之二個月內，突生需延長執行或強制治療等事由，或檢察官因重為鑑定致不及提出聲請等，此等非檢察官蓄意規避期限規定等情事，可認其有正當事由，並應於聲請時釋明之。

（二）法院准駁

　　§481-1「II法院認為前條之聲請不合法律上之程式或法律上不應准許或無理由者，應以裁定駁回之。但其不合法律上之程式可補正者，應定期間先命補正。III法院認為前條之聲請有理由者，應為准許之裁定。」

　　認為聲請有不合法律上之程式或法律上不應准許等不合法，而無法補正者，諸如非由檢察官聲請，或無其他法律特別規定而逕向非該案犯罪事實最後裁判之法院提出聲請，或無理由者，均應以裁定駁回之，但倘若不合法律上之程式可補正者，法院自應定期間先命補正，逾期不補正者，始以聲請之程序違背規定而以裁定駁回之，避免法院逕予駁回，致檢察官需重新聲請而延滯，損及受處分人權益。

（三）提供辯護權及輔佐人的保障

§481-3「I 第四百八十一條第一項第一款之聲請，有下列情形之一，且未經選任辯護人者，法院應指定公設辯護人或律師為其辯護，並準用第三十一條第二項及第四項之規定：一、身心障礙，致無法為完全之陳述。二、其他經法院認有必要。II 第三十五條之規定，於前項情形準用之。」

依司法院釋字第 799 號解釋意旨，以及身心障礙者權利公約 §13 所揭示締約國應確保身心障礙者在與其他人平等基礎上有效獲得司法保護，為保障受處分人如因身心障礙，致無法為完全陳述之辯護倚賴權，應有辯護人協助；倘若受處分人因其他事由，而顯然不能為自己辯護，法院認有必要者，亦應指定辯護人為其辯護。又經受處分人選任之辯護人，無正當理由不到庭者，法院得指定公設辯護人或律師，而法院已指定辯護人後，受處分人選任律師為辯護人者，得將指定之辯護人撤銷，避免辯護資源重複浪費之考量。

又刑事執行之保安處分聲請、宣告相關程序，並無合併審理之規定，實務上亦以單一受處分人分案，且保安處分之實體原因是否存在，亦應視受處分人個別情形決定，不致產生同一程序有複數受處分人、導致共同辯護利害衝突之情形，自無庸準用 §31III 規定。至本條所指之辯護人，其任務係維護受處分人在執行階段之權益，並非爭執已確定之刑事案件認事用法。

依身心障礙者權利公約 §13 接近使用司法保護意旨，如因身心障礙，致無法為完全之陳述者，應有 §35I 得為輔佐人之人或其委任之人或主管機關、相關社福機構指派之社工人員或其他專業人員為輔佐人陪同在場，並考量 §35I、II 之輔佐人規定適用於起訴後，同條第 3 項得為輔佐之人、輔佐人規定，則適用於偵查中被告或犯罪嫌疑人，以保障身心障礙者之權益，並及於其他法院認有必要而指定辯護人之情形。至本條以下所稱輔佐人，於程序中經陳明輔佐受處分人為訴訟行為、陳述意見或指派陪同在場者。

（四）辯護人閱卷權及受處分人的卷證資訊獲知權

　　§481-4「I辯護人於第四百八十一條第一項第一款之案件得檢閱卷宗及證物並得抄錄、重製或攝影。II受處分人於第四百八十一條第一項第一款之案件得預納費用請求法院付與卷宗及證物之影本。但有下列情形之一，經檢察官另行分卷敘明理由及限制範圍，請求法院限制受處分人獲知者，法院得限制之：一、有事實足認有危害他人生命、身體、隱私或業務秘密之虞。二、有事實足認有妨害受處分人醫療之虞。III受處分人於第四百八十一條第一項第一款之案件經法院許可者，得在確保卷宗及證物安全之前提下檢閱之。但有前項但書情形，或非屬其有效行使防禦權之必要者，法院得限制之。IV對於依前二項但書所為之限制，得提起抗告。V持有第一項及第二項卷宗及證物內容之人，不得就該內容為非正當目的之使用。VI依第一項至第三項得檢閱卷宗及證物或抄錄、重製或攝影者，除本條另有規定外，準用第三十八條之一規定之閱卷規則。」

　　以§481I(1)為由聲請之相關證據，係法官是否裁准而拘束受處分人人身自由之依據，自應許受處分人之辯護人得檢閱檢察官聲請而送交法院之卷宗及證物並得抄錄、重製或攝影。基於憲法正當法律程序原則，受處分人對於拘束其人身自由聲請之相關卷宗及證物，應享有卷證獲知權，俾能有效行使防禦權，惟受處分人如閱覽卷證，有事實足認有危害他人生命、身體、隱私或業務秘密之虞，或損及受處分人與醫師、心理師、職能治療師、護理人員、輔導人員、社工人員或其他專業人員間之信賴關係，而有妨害受處分人後續醫療之虞者，為衡平受處分人之資訊獲知權及保障他人權益，或維護醫師等專業人員與受處分人間之關係，以利後續可能之醫療所需，檢察官得將該部分卷證另行分卷後敘明理由，並將限制部分遮掩、封緘後，請求法院限制受處分人獲知，法院得限制受處分人獲知此部分之卷宗及證物。

　　為確保受處分人之主體地位，如法院認為適當者，在確保卷證安全之前提下，自得許其親自檢閱卷證；惟倘有第2項但書各款情形，或檢閱

卷證並非受處分人有效行使防禦權之必要方式者，法院自得予以限制。又依 §222II 之規定，法院作成許可與否之裁定前，本得衡情徵詢檢察官、辯護人等訴訟關係人，或權益可能受影響之第三人意見，或為其他必要之調查。法院於判斷檢閱卷證是否屬受處分人有效行使防禦權所必要時，宜審酌其充分防禦之需要、案件涉及之內容、有無替代程序、司法資源之有效運用等因素，綜合認定之，例如受處分人已取得影本而獲知相關卷證資訊，仍無正當理由要求直接接觸、檢閱卷證，即非屬其有效行使防禦權之必要[1]。

　　受處分人對於法院依第 2 項但書或第 3 項但書限制卷證獲知權如有不服者，應賦予其得提起抗告之權利，俾周妥保障其防禦權。

　　考量受處分人或第三人不受律師執行業務之倫理、忠誠、信譽義務及監督懲戒機制之規範，且依電子卷證等科技方式取得之卷證內容，具有便利複製、流通快速之特性，持有第 1 項與第 2 項卷宗及證物內容之人，包括辯護人、受處分人及輾轉取得卷證內容之第三人，如就該內容為非正當目的之使用，恐有損及他人權益及司法公正之虞，而違反保障卷證獲知權之目的。至就上開卷證內容為非正當目的之使用而違反相關法令或損害他人權益者，自應負相關法律責任。

（五）傳喚與通知

　　§481-5「I 法院受理第四百八十一條第一項第一款所列處分之聲請，除顯無必要者外，應指定期日傳喚受處分人，並通知檢察官、辯護人、輔佐人。II 前項期日，檢察官得到場陳述意見。但法院認有必要者，檢察官應到場陳述聲請理由或提出必要之證據。III 法院應給予到場受處分人、辯

---

[1]　最高法院 112 年度台抗字第 335 號刑事裁定：是否「非屬其有效行使防禦權之必要」，可參考刑事訴訟法第 33 條第 3 項立法理由所揭示「於判斷檢閱卷證是否屬被告有效行使防禦權所必要時，法院宜審酌其充分防禦之需要、案件涉及之內容、有無替代程序、司法資源之有效運用等因素，綜合認定之，例如被告無正當理由未先依第 2 項請求付與卷宗及證物之影本，即逕請求檢閱卷證，或依被告所取得之影本已得完整獲知卷證資訊，而無直接檢閱卷證之實益等情形，均難認屬其有效行使防禦權所必要」意旨判斷之。

護人、輔佐人陳述意見之機會。但經合法傳喚、通知無正當理由不到場，或陳明不願到場者，不在此限」。本條是為保障受處分人之到場陳述意見權，又如聲請書所載之理由語意不明、聲請理由與所引用法條矛盾、證據缺漏、證據名稱與證據資料不符，或檢察官依§481-4II但書請求法院限制受處分人獲知卷證，就限制之理由與範圍並未敘明或不明確等情，檢察官就此未有其他書面釋疑者，此時應到場陳述聲請理由或提出必要之證據予以釐清，使受處分人及辯護人得以防禦並使法院妥適裁定。

（六）準用拘束人身自由類型的審查程序及非拘束人身自由的保安處分之陳述意見機會

§481-6「I法院受理第四百八十一條第一項第二款所列處分之聲請，有下列情形之一，準用前三條之規定：一、檢察官聲請依刑法第九十一條之一第二項之停止強制治療者。二、其他經法院認有必要者。II除有前項所定情形之一者外，法院認為適當時，得於裁定前給予受處分人、辯護人以言詞或書面陳述意見之機會。III依刑法第九十一條之一第二項鑑定、評估認無繼續強制治療必要，而檢察官仍為繼續強制治療之執行指揮，經受處分人依第四百八十四條聲明異議，除顯無必要者外，準用前三條之規定。」

為落實司法院釋字第799號解釋意旨，基於正當法律程序之層級化保障，依據拘束人身自由與否，得以踐行不同之程序。法院受理§481I(2)之聲請，其限制人身自由之強度或範圍與同條項第1款情形有別，兩者踐行之程序無需相同。惟於有必要時，其程序保障之強度亦應予以提昇，而準用前3條之強制辯護權、受輔佐權、閱卷權及陳述意見規定，以保障受處分人權益。

至有無必要，則得依其裁定可能限制基本權程度之方向，由法院依具體個案審酌。有必要者，例如檢察官聲請免除處分或刑罰之執行時，卷存事證並不相當，致可能為不同於聲請意旨之決定，而有維持拘束人身自由決定之虞，將可能不利於受處分人，此時同應提昇其程序保障。無必要

者，則如聲請不合法而無法補正，應逕予駁回者；或例如依刑法 §92I 以保護管束替代原保安處分者，保護管束屬於干預程度較輕且非拘束人身自由之保安處分，即得以較為簡單、迅速之書面審查及決定。

法院認為適當時，亦得於裁定前給予受處分人、辯護人以言詞或書面陳述意見之機會，據以妥速審結，並保障受處分人權益。至於適當與否，亦由法院依具體個案審酌，以因應實需。例如檢察官聲請依刑法 §92I 以保護管束替代原保安處分、§93II 之假釋後付保護管束者，相較於原來人身自由受拘束之狀態下，受處分人受限制程度較輕、屬於非拘束人身自由之保安處分者，即得以較為簡單、迅速之書面審查及決定，亦可裁量給予陳述之機會，以合理兼顧受處分人權益及程序效率。又例如檢察官聲請免其處分執行，法院受理案件後，雖認已有相當之事證，但受處分人、辯護人另行提出說明或證據，法院對其語意或待證事項尚有不解，亦得本其裁量，認為適當時給予受處分人、辯護人陳述意見之機會，作為審酌之依據。

至刑法 §87I 修正為令入相當處所或以適當方式施以監護，而屬多元處遇，惟其執行實際執行方式仍可拘束人身自由，與保護管束可得限制基本權強度及範圍尚屬有別，倘若檢察官聲請以保護管束代之者，即係轉換為限制較輕之處分，法院得以書面審查准許，或認適當時給予陳述意見之機會。

依刑法 §91-1II 鑑定、評估認無繼續強制治療必要，而檢察官仍為繼續強制治療之執行指揮，受處分人如依 §484 聲明異議時，應有保障其程序權益之必要，考量其與 §481 以下由檢察官聲請之情形不同，爰增訂第 3 項，明定除顯無必要者外，準用 §481-3 ～ §481-5 規定。又所謂顯無必要者，例如受處分人以書面聲明異議後，經徵詢檢察官亦同意鑑定、評估結果而改認無繼續強制治療之必要，法院依卷內事證已可認定無維持原處分之必要者，此時即得以書面妥速審結。又依本項準用相關規定時，所指顯無必要性之裁量，得依各條文分別考量；例如上述事例，雖受處分人已預納費用並獲知必要之卷證影本時，如法院認得逕為裁定審結，得毋庸

再行準用強制辯護及言詞陳述意見之程序規定。另本項之規定，乃法院受理特定案件聲明異議後之程序保障，並未改變聲明異議之管轄或其他程序規定，如受處分人以強制治療其他事項之指揮執行不當而聲明異議，則不在本條第 3 項之規定範圍。

（七）應依其性質而準用不同之程序規定

§481-6「法院受理第四百八十一條第二項及第三項所列處分之聲請時，應分別準用下列規定辦理：一、聲請宣告拘束人身自由之保安處分者，準用第四百八十一條之三至第四百八十一條之五規定。二、聲請宣告非拘束人身自由之保安處分者，準用前條第一項及第二項規定」。

限制人身自由基本權之程度不同，得踐行不同程度之正當法律程序，檢察官依 §481II 或 III 聲請宣告保安處分，應依其性質而準用不同之程序規定，其如係拘束人身自由者，所踐行之正當法律程序，應準用 §481-3 ～ §481-5 之程序規定，反之，則準用 §481-6I 及 II 規定已足。例如保護管束雖限制受處分人一般行為自由，然未將其拘束於特定處所，即非屬拘束人身自由之保安處分。至監護處分雖採取多元處遇之執行方式，限制基本權之程度隨受處分人實際情形變化，但其執行方式既可達拘束人身自由之程度，應歸類為拘束人身自由之保安處分，以保障受處分人之權益。

（八）保安處分執行法相關規定

保安處分執行法 §4 規定「I 執行保安處分，應依裁判行之。II 法院對於應付監護、禁戒、強制治療之人，認為有緊急必要時，得於判決前，先以裁定宣告保安處分。III 檢察官對於應付監護、禁戒、強制治療之人，於偵查中認為有先付保安處分之必要，亦得聲請法院裁定之。IV 前二項裁定，得於收受送達後五日內提起抗告。V 抗告無停止執行之效力。但原審法院及抗告法院，均得以裁定停止執行」。保安處分執行法 §4-1「I 宣告多數保安處分者，依左列各款執行之：一、宣告多數感化教育，期間相

同者，執行其一；期間不同者，僅就其中最長期間者執行之；有不定期者，僅就不定期者執行之。二、因同一原因宣告多數監護，期間相同者，執行其一；期間不同者，僅就其中最長期間者執行之；其因不同原因而宣告者，就其中最適合於受處分人者，擇一執行之；如依其性質非均執行，不能達其目的時，分別或同時執行之。三、因同一原因，宣告多數禁戒，期間相同者，執行其一；期間不同者，僅就其中最長期間者執行之；其因不同原因宣告者，同時執行之；如不能同時執行時，分別執行之。四、宣告多數強制工作者，比照第一款規定執行之。五、宣告感化教育之外，另宣告強制工作者，僅就強制工作執行之。六、宣告多數保護管束，期間相同者，執行其一；期間不同者，僅就其中最長期間者執行之。但另因緩刑期內或假釋中付保護管束者，同時執行之。七、宣告保護管束之外，另宣告感化教育或強制工作者，僅就感化教育或強制工作執行之。八、因同一原因宣告多數強制治療者，執行其一；其原因不同者，同時執行之；如不能同時執行時，分別執行之。九、宣告監護之外，另宣告禁戒或強制治療者，同時執行之；如不能同時執行者，分別執行之。十、宣告禁戒、監護或強制治療之外，另宣告感化教育或強制工作者，先執行監護、禁戒或強制治療。但無礙於感化教育或強制工作之執行者，同時執行之。十一、宣告多數保安處分，其中有驅逐出境者，得僅就驅逐出境執行之。II 保安處分開始執行後，未執行完畢前，又受同一保安處分之宣告者，仍僅就原執行之保安處分繼續執行之。但後宣告保安處分之法院檢察官認以執行後宣告之保安處分為適當者，得聲請該法院裁定，就後宣告之保安處分執行之。III 依前二項規定執行之處分，應在刑之執行前者，於刑之執行前為之；在刑之執行完畢或赦免後者，於刑之執行完畢或赦免後為之」。

保安處分執行法 §5「I 保安處分之執行，檢察官應將受處分人連同裁判書及應備文件，命司法警察或司法警察官解送至保安處分處所。II 刑事訴訟法第四百六十九條之規定，於保安處分之執行，除感化教育外準用之。」。保安處分執行法 §6「I 受處分人經檢查後，罹有急性傳染病或重大疾病者，檢察官不得命令解送，並應斟酌情形，先送醫院治療或責付

於相當之人。但發見受處分人身體有畸形、身心障礙或痼疾不適於強制工作者，檢察官得聲請法院裁定免其處分之執行。II 懷胎五月以上或分娩未滿二月者，得準用前項前段之規定」。保安處分執行法 §7「保安處分處所，對於移送執行之受處分人，有前條情形者，得拒絕執行。但應先送醫院治療或責付相當之人，並通知檢察官」。

四、財產刑

§470 規定「I 罰金、罰鍰、沒收及沒入之裁判，應依檢察官之命令執行之。但罰金、罰鍰於裁判宣示後，如經受裁判人同意而檢察官不在場者，得由法官當庭指揮執行。II 前項命令與民事執行名義有同一之效力。III 罰金及沒收，得就受刑人之遺產執行」。§471 規定「I 前條裁判之執行，準用執行民事裁判之規定。II 前項執行，檢察官於必要時，得囑託地方法院民事執行處為之。III 檢察官之囑託執行，免徵執行費」。

五、其他

（一）沒收物

§472 規定「沒收物，由檢察官處分之」。§473 規定「I 沒收物、追徵財產，於裁判確定後一年內，由權利人聲請發還者，或因犯罪而得行使債權請求權之人已取得執行名義者聲請給付，除應破毀或廢棄者外，檢察官應發還或給付之；其已變價者，應給與變價所得之價金。II 聲請人對前項關於發還、給付之執行不服者，準用第四百八十四條之規定。III 第一項之變價、分配及給付，檢察官於必要時，得囑託法務部行政執行署所屬各分署為之。IV 第一項之請求權人、聲請發還或給付之範圍、方式、程序與檢察官得發還或給付之範圍及其他應遵行事項之執行辦法，由行政院定之」。§474 規定「偽造或變造之物，檢察官於發還時，應將其偽造、變造之部分除去或加以標記」。

（二）扣押物

§475 規定「I 扣押物之應受發還人所在不明，或因其他事故不能發還者，檢察官應公告之；自公告之日起滿二年，無人聲請發還者，以其物歸屬國庫。II 雖在前項期間內，其無價值之物得廢棄之；不便保管者，得命變價保管其價金」。

第三節　執行之相關聲請

壹、撤銷緩刑

§476 規定「緩刑之宣告應撤銷者，由受刑人所在地或其最後住所地之地方法院對應之檢察署檢察官聲請該法院裁定之」。

貳、更定期刑、定應執行刑

一、法律規定與立法理由

§477 規定「I 依刑法第五十三條及第五十四條應依刑法第五十一條第五款至第七款之規定，定其應執行之刑者，由該案犯罪事實最後判決之法院對應之檢察署檢察官，備具繕本，聲請該法院裁定之。法院於接受繕本後，應將繕本送達於受刑人。II 受刑人或其法定代理人、配偶，亦得請求檢察官為前項之聲請。III 法院對於第一項聲請，除顯無必要或有急迫情形者外，於裁定前應予受刑人以言詞或書面陳述意見之機會。IV 法院依第一項裁定其應執行之刑者，應記載審酌之事項。」

§477 規定依據民國 108 年 2 月 22 日司法院大法官釋字第 775 號解釋，刑法 §48 前段規定旨在加重處罰，非為維護極重要之公共利益，與

憲法一事不再理原則有違既經該解釋宣告失其效力，應即併同失效。為保障受刑人之意見陳述權，檢察官應同時以聲請書繕本送交法院，而法院可以依個案情形裁量要以開庭聽取受刑人意見、發函定期命表示意見或其他適當方式，給予受刑人陳述意見之機會。

因應執行之刑之聲請，不僅攸關國家刑罰權之實行，於受刑人亦影響甚鉅，為保障其權益，並提升法院定刑之妥適性，除聲請有程序上不合法或無理由而應逕予駁回、依現有卷證或經調取前案卷證已可得知受刑人對定刑之意見、定刑之可能刑度顯屬輕微（例如非鉅額之罰金、得易科罰金之拘役，依受刑人之經濟狀況負擔無虞者）等顯無必要之情形，或受刑人原執行指揮書所載刑期即將屆滿，如待其陳述意見，將致原刑期與定刑後之餘刑無法合併計算而影響累進處遇，對受刑人反生不利等急迫之情形外，法院於裁定前應予受刑人以言詞或書面陳述意見之機會，為審慎之決定。

二、定執行刑之基準日

案件何時確定與定執行刑之基準日環環相扣，故有討論之必要。

（一）判決確定日

1. 本法雖不如民事訴訟法 §398 明定「上訴期間屆滿時確定」，然依照法理，判決在可能聲明上訴不服之情形下，判決尚未確定。若判決本不得聲明不服，一經判決即告確定，例如第三審法院之判決即告確定、§376I 本文不得上訴第三審之第二審判決或 §376II 經第三審法院撤銷並發回原審法院所為的更審判決、第一審依照協商程序所為的科刑判決，於宣誓判決時確定、簡易程序案件，依照 §451-1 請求所為之科刑判決，不得上訴，第一審簡易判決組行於宣示日即確定、未受判決人之利益聲請再審之案件，受判決人已死亡或在審判決前死亡者，其所為之在審判決，不得上訴，在審判決之日即為判決確定日。

2. 判決雖得聲明不服，但因上訴人合法上訴後撤回上訴，以撤回上訴日為判決確定日、當事人捨棄上訴，以最後捨棄上訴之日確定、上訴逾期以上訴期間屆滿之日確定、未上訴之判決，以最後收受判決正本之當事人一造其上訴期間屆滿之日確定。

（二）第三審以上訴不合法律上程式判決駁回之判決確定日

實務有認為[2]應溯及第二審判決上訴期間屆滿之日。有認為[3]上訴人既然於法定期間內上訴，即阻斷第二審判決確定之效力，而上訴是否合法或有無理由，尚待第三審判決認定，即使第三審法院認為上訴未依卷內資料具體指明有何違背法令，以期上訴不合法律上程式與以判決駁回，因具有刑事確定力，即應受拘束，應以第三審判決駁回之日為判決確定日。

（三）第二審上訴未敘述具體理由判決駁回之判決確定日

實務有認為[4]上訴書狀未敘述理由、或有不合法、上訴權已喪失，第二審法院應就程序是否合法先審查，如認為不合法，無庸對實體部分傳喚、調查、辯論，應以上訴人未經合法上訴為由而駁回其上訴，於此上訴駁回之判決確定後，第一審判決，應回溯上訴期間屆滿時確定。有認為[5]本狀況與未於上訴期間內提起上訴之狀況不同，若上訴人於上訴期間內上訴，判決的刑事確定力尚未發生，上訴第二審理由是否具體，應等到上訴繫屬的法院來判斷，故應以第二審判決之日為判決確定時點。

---

[2] 最高法院 91 年度台抗字第 237 號刑事裁定。

[3] 吳燦，數罪併罰定執行刑之基準日，月旦裁判時報，第 138 期，2023 年 12 月，頁 9。

[4] 最高法院 110 年度台抗字第 672 號刑事裁定。

[5] 吳燦，數罪併罰定執行刑之基準日，月旦裁判時報，第 138 期，2023 年 12 月，頁 10。

參、免除執行（§481）

　　§481規定「I下列刑法第一編第十二章保安處分事項，由檢察官聲請該案犯罪事實最後裁判之法院裁定之：一、依刑法第八十七條第三項前段許可延長監護，第九十一條之一第一項施以強制治療，第九十二條第二項撤銷保護管束執行原處分，第九十九條許可拘束人身自由處分之執行，及其他拘束人身自由之保安處分者。二、依刑法第八十六條第三項但書、第八十七條第三項但書、第八十八條第二項但書、第八十九條第二項但書或第九十八條第一項前段免其處分之執行，第九十一條之一第二項停止強制治療，第九十二條第一項以保護管束替代，第九十三條第二項付保護管束，第九十八條第一項後段、第二項、第三項免其刑之執行，第九十九條許可非拘束人身自由處分之執行，及其他非拘束人身自由之保安處分者。II檢察官依刑法第十八條第一項或第十九條第一項而為不起訴之處分者，如認有宣告保安處分之必要，得聲請法院裁定之。III法院裁判時未併宣告保安處分，而檢察官認為有宣告之必要者，得於裁判後三個月內，聲請法院裁定之」。

肆、易科罰金

　　數罪併罰、數宣告刑均可以易科罰金，而應定執行之刑超過6個月的案件，仍得易科罰金，如果法院之裁判主文露未記載得易科罰金的折算標準，被告與檢察官均可聲請最後事實審法院裁定補充之（釋字第366、662號）。

第四節　聲明疑義與聲明異議

壹、聲明疑義

§483 規定「當事人對於有罪裁判之文義有疑義者，得向諭知該裁判之法院聲明疑義」。

最高法院 109 年台抗字第 441 號刑事裁定
按當事人對於有罪裁判之文義有疑義者，得向諭知該裁判之法院聲明疑義，為刑事訴訟法第 483 條所明定，但該條所稱「諭知該裁判之法院」，乃指對被告之有罪裁判，於主文內實際宣示其主刑、從刑之裁判而言，若裁判主文並未諭知主刑、從刑，係因被告不服該裁判，向上級法院提起上訴或抗告，經上級法院維持原裁判，而諭知上訴或抗告駁回者，因其對原裁判之主刑、從刑未予更易，本身復未宣示如何之主刑、從刑，自非該條所指「諭知該裁判之法院」。又刑事訴訟法第 483 條規定，當事人對於有罪裁判之文義有疑義者，得向諭知該裁判之法院聲明疑義，所謂對於有罪裁判之解釋有疑義，是指對於科刑判決主文有疑義而言，科刑判決確定後檢察官應依判決主文而為執行，若主文之意義明瞭，不影響於刑之執行，自無請求法院予以解釋之必要。 　　惟按司法院釋字第 775 號解釋，依解釋文及理由之意旨，係指構成累犯者，不分情節，一律加重最低本刑，於不符合刑法第 59 條所定要件之情形下，致生行為人所受之刑罰超過其所應負擔罪責之個案，不符罪刑相當原則、比例原則。於此範圍內，在修正累犯規定前，為避免發生上述罪刑不相當之情形，法院就該個案應裁量是否加重最低本刑；依此，該解釋係指個案量處最低法定刑，又無適用刑法第 59 條減輕規定之情形，法院應依此解釋意旨裁量不予加重最低本刑，係屬實體上審判之事項，並非本件「有罪裁判之文義有疑義者」或「檢察官執行之指揮為不當者」之執行程序中得審酌之事項。又上開解釋已揭示累犯規定並

非當然違憲，且未明定有溯及之效力，對於解釋前確定之判決自不生影響，抗告人請求重新更裁，自無理由，此部分原裁定雖未敘及，惟結論並無不同。抗告意旨再持與裁判之文意無涉之事由，徒憑己意任意指摘，難認有理由，應予駁回。

貳、聲明異議

　　§484 規定「受刑人或其法定代理人或配偶以檢察官執行之指揮為不當者，得向諭知該裁判之法院聲明異議」。§485 規定「I 聲明疑義或異議，應以書狀為之。II 聲明疑義或異議，於裁判前得以書狀撤回之。III 第三百五十一條之規定，於疑義或異議之聲明及撤回準用之。」、§486 規定「法院應就疑義或異議之聲明裁定之」。

最高法院 109 年度台抗字第 540 號刑事裁定

　　所謂檢察官執行之指揮不當，係指就執行之指揮違法及執行方法不當等情形而言。又裁判確定前犯數罪者，併合處罰之。數罪併罰，有 2 裁判以上者，依第 51 條規定，定其應執行之刑，刑法第 50 條第 1 項前段、第 53 條定有明文。於被告一再犯罪，經受諸多科刑判決確定之情形，上開所謂裁判確定，原則上係指首先確定之科刑判決而言，亦即以該首先判刑確定之日為基準，在該確定日期之前所犯各罪，應依刑法第 51 條規定，定其應執行之刑，在該確定日期之後所犯者，即無與之前所犯者合併定執行刑之餘地，惟倘與他罪另符合數罪併罰者，仍得依前述法則處理。

最高法院 109 年度台抗字第 422 號刑事裁定

　　此之所謂聲明異議，係認檢察官執行之指揮不當，欲請求撤銷、變更該執行指揮之處分。因檢察官指揮執行，依法必有處分，若其處分不當，自應許聲明異議以資救濟。又所稱「檢察官執行之指揮不當」，乃

指檢察官有積極執行指揮之違法及其執行方法有不當等情形而言，故其聲明異議之客體，即應以檢察官已為執行指揮之處分為限。經查，再抗告人以檢察官未依其請求向法院聲請定應執行刑有損其假釋之利益為由，提起本件聲明異議。然檢察官既未對再抗告人核發執行指揮書而為如何之處分，即無所謂執行指揮不當之餘地，其以檢察官此部分執行指揮不當而聲明異議，自與法律規定聲明異議之要件不相符合。至是否因未及時聲請定刑而生延緩申報假釋部分，因受刑人入監服刑，有關其累進處遇之調查分類、編列級數、責任分數抵銷及如何依其級數按序漸進等行刑措施事項，悉依行刑累進處遇條例及監獄行刑法等相關規定辦理，屬監獄及法務部之職權，自不在檢察官執行指揮之範圍，亦不得執為聲明異議之標的。原審認再抗告人之聲明異議，為無理由，維持第一審之裁定而予駁回其抗告，經核並無不合。再抗告意旨，仍徒憑己見，對原裁定已明白論述之事項，重為爭執，自非可採，應認再抗告人之再抗告為無理由，予以駁回。

最高法院 109 年度台抗字第 518 號刑事裁定

所稱「諭知該裁判之法院」，乃指對被告諭知有罪判決，即於主文內實際宣示其主刑、從刑及應執行刑之裁判而言。倘聲明異議係向非諭知該裁判之法院所為，其聲請為不合法，應由程序上駁回，自無從為實體上之審查。

第二章　附帶民事訴訟程序

第一節　附帶民事訴訟的意義

壹、意義

　　附帶民事訴訟是指因犯罪而受損害之人利用刑事訴訟程序，附帶提起民事訴訟，對被告及民法上應負賠償責任之人，請求回復其損害（§487I）。其優點在於可以一次解決民事與刑事之紛爭，也可以避免重複審理產生的裁判。

貳、與民事訴訟程序之區別[1]

一、附帶民事訴訟程序，附屬於刑事訴訟程序，如果沒有刑事訴訟程序，即無附帶民事訴訟程序。

二、附帶民事訴訟程序由刑事法院審判；民事訴訟程序則由民事法院審判。

三、附帶民事訴訟須以刑事起訴事實為請求之原因（§500前段）。

四、法院不受到民事訴訟的處分權主義中之聲明拘束性原則不受，即不受當事人主張之事實及提出的證據拘束。

五、民事訴訟的證據法則，於附帶民事訴訟程序不適用。

---

[1]　黃朝義，刑事訴訟法，2013年4月，頁807-808。

第二節　當事人

壹、原告

　　原告是指因犯罪而受損害之人。該受損害，不以直接受損害為限。例如車禍案件，依據民法 §184、§191-2、§195，倘若今天被告死亡，其子女、父母、配偶為間接被害人，亦得請求附帶民事訴訟，也就是間接被害人也是原告。附帶一提，若為附帶民事訴訟之訴訟代理人，於該刑事案件的審理時到庭，亦仍不能等同於刑事案件告訴代理人之地位，不得替告訴人陳述意見。

> ### 最高法院 108 年度台附字第 16 號刑事判決
> 　　按刑事附帶民事訴訟，係指因犯罪而受損害之人，於刑事訴訟程序附帶提起民事訴訟，以請求回復其損害之程序，故提起是項訴訟須限於起訴之犯罪事實侵害個人私權致生損害者，始得為之，且須以刑事訴訟程序之存在為前提。若刑事訴訟部分未經提起公訴或自訴，即無提起附帶民事訴訟之餘地。

貳、被告

　　即刑事訴訟程序之被告，以及民事上應負賠償責任的第三人（§487I 所稱「依民法負賠償責任之人」）。民事上應負賠償責任的第三人，例如民法 §185 的共同侵權人、§187 的監督人、§188 的僱用人。

　　既附帶民事訴訟是為了避免裁判矛盾，應將民事上應負損害賠償責任的第三人納入規範。

第三節　程式

壹、提起時期

§488 規定「提起附帶民事訴訟，應於刑事訴訟起訴後第二審辯論終結前為之。但在第一審辯論終結後提起上訴前，不得提起」。

貳、提出方式

§492 規定「I 提起附帶民事訴訟，應提出訴狀於法院為之。II 前項訴狀，準用民事訴訟法之規定」，原則上以書面提起。§493「訴狀及各當事人準備訴訟之書狀，應按他造人數提出繕本，由法院送達於他造」。

§495 規定「I 原告於審判期日到庭時，得以言詞提起附帶民事訴訟。II 其以言詞起訴者，應陳述訴狀所應表明之事項，記載於筆錄。III 第四十一條第二項至第四項之規定，於前項筆錄準用之。IV 原告以言詞起訴而他造不在場，或雖在場而請求送達筆錄者，應將筆錄送達於他造」。

第四節　附帶民事訴訟之審理

壹、準用民事訴訟法

§491 規定「民事訴訟法關於左列事項之規定，於附帶民事訴訟準用之：一、當事人能力及訴訟能力。二、共同訴訟。三、訴訟參加。四、訴訟代理人及輔佐人。五、訴訟程序之停止。六、當事人本人之到場。七、和解。八、本於捨棄之判決。九、訴及上訴或抗告之撤回。十、假扣押、假處分及假執行」。

> **最高法院 108 年度台附字第 16 號刑事判決**
>
> 　　○○○所涉販賣第三級毒品犯行業經第一審判處有期徒刑四年確定，於上訴人等提起附帶民事訴訟時，已無刑事訴訟程序存在，上訴人等自無從對之提起刑事附帶民事訴訟。原判決以轉讓偽藥係侵害社會法益，上訴人等既非被害人，其等提起附帶民事訴訟，自應予以駁回，假執行聲請，失所附麗，一併駁回之，所據之理由雖未盡妥當，但對判決結果並無影響，此部分上訴意旨仍不能認為有理由，應予駁回。

貳、審理程序

　　§490 規定「附帶民事訴訟除本編有特別規定外，準用關於刑事訴訟之規定。但經移送或發回、發交於民事庭後，應適用民事訴訟法」，其中特別規定有以下：

1. 傳喚：§494 規定「刑事訴訟之審判期日，得傳喚附帶民事訴訟當事人及關係人」。

2. 審理順序：§496 規定「附帶民事訴訟之審理，應於審理刑事訴訟後行之。但審判長如認為適當者，亦得同時調查」。

3. 檢察官毋庸參與：§497 規定「檢察官於附帶民事訴訟之審判，毋庸參與」。

4. 無正當理由不到庭或到庭不辯論：§498 規定「當事人經合法傳喚，無正當之理由不到庭或到庭不為辯論者，得不待其陳述而為判決；其未受許可而退庭者亦同」。

5. 調查：§499 規定「I 就刑事訴訟所調查之證據，視為就附帶民事訴訟亦經調查。II 前項之調查，附帶民事訴訟當事人或代理人得陳述意見」。

> **臺灣橋頭地方法院 108 年度附民字第 86 號刑事裁定**
>
> 　　當事人死亡者，訴訟程序在有繼承人、遺產管理人或其他依法令應續行訴訟之人承受其訴訟以前當然停止；當事人不聲明承受訴訟時，法院亦得依職權，以裁定命其續行訴訟，民事訴訟法第 168 條、第 178 條分別定有明文。又上開條文於刑事附帶民事訴訟準用之，刑事訴訟法第 491 條第 5 款亦有明文。

參、事實認定

　　§500 規定「附帶民事訴訟之判決，應以刑事訴訟判決所認定之事實為據。但本於捨棄而為判決者，不在此限」。

第五節　附帶民事訴訟之裁判

　　§501 規定「附帶民事訴訟，應與刑事訴訟同時判決」。

壹、聲請移送民事庭

　　§503 規定「I 刑事訴訟諭知無罪、免訴或不受理之判決者，應以判決駁回原告之訴。但經原告聲請時，應將附帶民事訴訟移送管轄法院之民事庭。II 前項判決，非對於刑事訴訟之判決有上訴時，不得上訴。III 第一項但書移送案件，應繳納訴訟費用。IV 自訴案件經裁定駁回自訴者，應以裁定駁回原告之訴，並準用前三項之規定」。

貳、職權移送民事庭

§504 規定「I 法院認附帶民事訴訟確係繁雜，非經長久時日不能終結其審判者，得以合議裁定移送該法院之民事庭；其因不足法定人數不能合議者，由院長裁定之。II 前項移送案件，免納裁判費。III 對於第一項裁定，不得抗告」。此為附帶民事訴訟最熱門之條文，因為刑事庭法官通常不會想審理民事案件。

參、判決

一、形式駁回判決（刑事訴訟諭知無罪、免訴、不受理判決）（503I 本文）

因為附帶民事訴訟僅為附屬刑事訴訟之程序，既然刑事訴訟程序已經形式上駁回，附屬程序亦屬之。

二、實質駁回判決

§502I 規定「法院認為原告之訴不合法或無理由者，應以判決駁回之」。

（一）不合法

不具備訴訟要件，如無管轄權、無當事人能力、未依期提起訴訟。

（二）無理由

指原告之訴合法，但無理由，例如審查後認為原告未因為被告犯罪而受損害，例如 A 欲下毒殺 B，但在預備階段就被發現了，此時 A 成立預備殺人罪，但是 B 沒有受到損害。

> **臺灣高雄地方法院 108 年度附民字第 622 號刑事判決**
>
> 　　本件原告主張被告任職期間，利用職務之便侵占其所有之檳榔，應負損害賠償責任等語。惟關於被告此部分之行為，業經臺灣高雄地方檢察署檢察官以 108 年度偵字第 11217 號不另為不起訴處分，而被告其餘被訴部分，亦經本院審理後認均無罪，是被告上開業經檢察官為不另為不起訴處分之部分，因非在本院本件刑事案件之審理範疇，被告就此部分提起刑事附帶民事訴訟，於法未合，揆諸上開說明，自應判決駁回原告之訴。

三、被告敗訴判決

　　§502II 規定「認為原告之訴有理由者，應依其關於請求之聲明，為被告敗訴之判決」。

肆、簡易訴訟程序之附帶民事訴訟的準用

　　§505 規定「I 適用簡易訴訟程序案件之附帶民事訴訟，準用第五百零一條或第五百零四條之規定。II 前項移送案件，免納裁判費用。III 對於第一項裁定，不得抗告」。

第六節　附帶民事訴訟之救濟

壹、上訴

　　§506 規定「I 刑事訴訟之第二審判決不得上訴於第三審法院者，對於其附帶民事訴訟之第二審判決，得上訴於第三審法院。但應受民事訴訟法第四百六十六條之限制。II 前項上訴，由民事庭審理之」。

§507 規定「刑事訴訟之第二審判決，經上訴於第三審法院，對於其附帶民事訴訟之判決所提起之上訴，已有刑事上訴書狀之理由可資引用者，得不敘述上訴之理由」。

貳、裁定移送法院民事庭之裁定，不得抗告

§511 規定「I 法院如僅應就附帶民事訴訟為審判者，應以裁定將該案件移送該法院之民事庭。但附帶民事訴訟之上訴不合法者，不在此限。II 對於前項裁定，不得抗告」。

最高法院 109 年度台附字第 3 號刑事裁定

此所稱僅應就附帶民事訴訟為審判者，包括對刑事訴訟之第三審上訴不合法之情形在內。本件上訴人○○○及○○○○股份有限公司因違反著作權法案件，不服原審刑事訴訟判決及刑事附帶民事訴訟判決，一併提起上訴。關於上訴人等因違反著作權法案件，經被上訴人○○○○○股份有限公司提起刑事附帶民事訴訟請求損害賠償，原審已為實體判決。而刑事訴訟部分，則經本院以上訴人等之上訴均違背法律上之程式，而於民國 109 年 3 月 5 日判決駁回確定。故本件上訴人等對於原審附帶民事訴訟判決之上訴雖非不合法，但本院既應僅就附帶民事訴訟之上訴為審判，依首揭規定及說明，自應將本件移送本院民事庭。

參、第三審

一、刑事訴訟被駁回上訴之附帶民事訴訟判決

§508 規定「第三審法院認為刑事訴訟之上訴無理由而駁回之者，應分別情形，就附帶民事訴訟之上訴，為左列之判決：一、附帶民事訴訟之

原審判決無可為上訴理由之違背法令者，應駁回其上訴。二、附帶民事訴訟之原審判決有可為上訴理由之違背法令者，應將其判決撤銷，就該案件自為判決。但有審理事實之必要時，應將該案件發回原審法院之民事庭，或發交與原審法院同級之他法院民事庭」。

最高法院 108 年度台附字第 8 號刑事判決
因上開刑案部分係屬刑事訴訟法第 376 條第 1 項第 1 款所列不得上訴於第三審法院之案件，依首揭說明，自亦不得就附帶民事訴訟之第二審判決提起上訴。上訴人猶對原審刑事附帶民事訴訟判決向本院提起上訴，為法所不許，應予駁回。

二、撤銷刑事訴訟判決之附帶民事訴訟判決

　　§509 條規定「第三審法院認為刑事訴訟之上訴有理由，將原審判決撤銷而就該案件自為判決者，應分別情形，就附帶民事訴訟之上訴為左列之判決：一、刑事訴訟判決之變更，其影響及於附帶民事訴訟，或附帶民事訴訟之原審判決有可為上訴理由之違背法令者，應將原審判決撤銷，就該案件自為判決。但有審理事實之必要時，應將該案件發回原審法院之民事庭，或發交與原審法院同級之他法院民事庭。二、刑事訴訟判決之變更，於附帶民事訴訟無影響，且附帶民事訴訟之原決無可為上訴理由之違背法令者，應將上訴駁回」。

三、將原刑事案件發回或發交更審之附帶民事訴訟判決

　　§510 規定「第三審法院認為刑事訴訟之上訴有理由，撤銷原審判決，而將該案件發回或發交原審法院或他法院者，應併就附帶民事訴訟之上訴，為同一之判決」。

肆、再審

§512 規定「對於附帶民事訴訟之判決聲請再審者，應依民事訴訟法向原判決法院之民事庭提起再審之訴」。

最高法院 106 年度台抗字第 704 號民事裁定

按對於附帶民事訴訟之判決聲請再審者，應依民事訴訟法向原判決法院之民事庭提起再審之訴，刑事訴訟法第 512 條定有明文。提起民事再審之訴，應依民事訴訟法第 77 條之 17 第 1 項規定繳納裁判費，此為必須具備之程式。再審原告對於第二審確定判決提起再審之訴而未繳納裁判費，法院定期間命補正後，逾期仍未補正者，其再審之訴即屬不合程式而不合法，法院應以裁定駁回之，此為民事訴訟法第 505 條準用第 463 條準用第 249 條第 1 項第 6 款、第 502 條第 1 項所明定。

最高法院 101 年度台抗字第 1002 號刑事裁定

原審經審酌卷內相關資料後，以對於附帶民事訴訟之判決聲請再審者，應依民事訴訟法向原判決法院之民事庭提起再審之訴，刑事訴訟法第五百十二條固定有明文，惟應限於附帶民事訴訟之「判決」始得聲請，倘以和解筆錄方式終結附帶民事訴訟者，即無適用民事訴訟法向原判決法院之民事庭提起再審之訴之餘地。

第六篇　國民法官法

第一章　概論與基本原理原則

第一節　國民參與審判制度概論

　　國民法官法（下稱本法）§1規定「為使國民與法官共同參與刑事審判，提升司法透明度，反映國民正當法律感情，增進國民對於司法之瞭解及信賴，彰顯國民主權理念，特制定本法」。

　　國民參與審判制度，是自一般國民中抽選產生之國民法官得以全程參與審理程序，親自參與法官指揮訴訟、檢察官舉證、被告及辯護人辯解、證人到庭證述、鑑定等證據調查過程及辯論、被害人陳述等一切程序與事證，並可於評議時與法官立於對等立場相互討論、陳述意見，進而與法官共同形成最終決定。是藉由國民法官之參與，不僅能充分彰顯國民主權之理念，亦可使法院審理及評議程序更加透明；國民法官經由親自參與審判之過程，對於如何進行事實之認定、法律之適用及科刑，亦能有充分之認識與理解。此外，藉由國民的參與，法官於依法律意旨作成判斷之際，可獲得與外界對話與反思之機會，如此讓雙方相互交流、回饋想法的過程，將可期待最終能夠豐富法院判斷的視角與內涵。再者，國民經由參與而了解法院審判程序的實際樣貌，感受到審判的公正及妥適，國民表達的正當法律感情也能充分反映於法院的裁判中，將可期待提升國民對於司法之信賴。

第二節　基本原理原則

壹、卷證不併送主義

　　刑事訴訟法§264III規定「起訴時，應將卷宗及證物一併送交法院」。稱為「卷證併送主義」，該制度下法院於準備程序時可以預先接觸

卷證，法官於閱覽卷證的過程中，事實上形同調查證據的程序，從而心證可能產生偏頗，恐違反公平法院理念。

由於國民法官未受過專業訓練，若事先閱覽卷證恐對國民法官過度負擔，更容易產生預斷心證，也會發生與職業法官的資訊不對等，此與資訊平等、預斷排除原則息息相關，從而本法§43I規定「行國民參與審判之案件，檢察官起訴時，應向管轄法院提出起訴書，並不得將卷宗及證物一併送交法院」，稱為「卷證不併送主義」、「起訴狀一本主義」，優點在於由職業法官與國民法官在審判程序，始同時接觸證明本案被告犯罪事實有無之證據資料，使國民法官得以立於平等及客觀中立立場與法官進行討論以及提出疑慮。

貳、當事人進行主義

本法§47之立法理由表明，本法採當事人進行主義，關於是否就某項人證、書證或物證進行調查，原則上均委由當事人、辯護人主導決定，並由法院依本條於準備程序確認其調查之範圍、次序及方法，並作成審理計畫後，由聲請人於審判期日自主進行調查。故本法§47III規定「法院應依前項整理結果，作成審理計畫。審理計畫之格式及應記載之事項，由司法院定之」。

參、直接審理原則、言詞審理原則

直接審理原則、言詞審理原則之定義於本書第四篇有提及。本法更應注重國民法官對於案件之理解程度以及職業法官之照料義務，故而本法§80規定「I參與審判之國民法官有更易者，除第三十七條第一項之情形外，應更新審判程序，新任國民法官有疑惑者，得請求審判長釋疑。II前項審判程序之更新，審判長應斟酌新任國民法官對於爭點、已經調查

完畢證據之理解程度，及全體國民法官與備位國民法官負擔程度之均衡維護」。

　　審判長對遞補的國民法官應為照料，以達到直接審理、言詞審理原則與訴訟經濟之間的平衡。例如審判期日訴訟程序倘若已經調查過之證人，審判長宜以公開法庭播放調查過之錄影、提示筆錄使之詳加閱覽等適當之方式，使遞補之國民法官充分理解證言之內容。

肆、集中審理原則

　　行國民參與審判之案件，為使後續審理順利緊湊，第一次審判期日前行準備程序即屬必要。蓋因唯有先藉由準備程序達成爭點集中、證據集中，審判期日之訴訟程序始能連日、連續、密集且有效率地進行審理，使國民法官能於審判期日直接經由參與證據調查，而順利、迅速形成心證。並且唯有藉由準備程序之順利運作，才能使法院得以預估所需之審理時間，以利國民法官預作參與審理所需之心理及日常事務準備。基此，行國民參與審判之案件，於準備程序中應釐清案件之事實、法律及證據上爭點，並以解明上述爭點為目的，以決定證據調查之範圍、次序及方法，而且於審判期日調查之證據，原則上以有證據能力及調查必要性者為限，故證據能力有無及證據調查必要性之爭議，亦應盡可能於準備程序中決定為宜。

第二章　適用範圍與轉軌

第一節　適用範圍與轉軌

壹、適用案件與不適用案件

　　本法 §5I 規定「除少年刑事案件及犯毒品危害防制條例之罪之案件外，下列經檢察官提起公訴且由地方法院管轄之第一審案件（刑事訴訟法 §4）應行國民參與審判：一、所犯最輕本刑為十年以上有期徒刑之罪。二、故意犯罪因而發生死亡結果者」。

　　因成本效益之考量與司法資源限制，國民法官參與審判的案件僅能適用於有限的案件中，而以地方法院管轄之第一審案件中具指標性之案件為範圍。§5I(2) 的情形，因故意犯罪因而發生死亡結果者，除本質上故意犯罪者，如殺人既遂罪、義憤殺人既遂罪或生母殺嬰既遂罪，尚包含加重結果犯者，如傷害致死罪、遺棄致死罪、不能安全駕駛致死罪、飆車競速致死罪等因故意犯罪致生過失加重結果。由於此等犯罪涉及對生命法益之侵害，所生實害甚為重大，而屬於一般國民高度關切之事項。

　　少年刑事案件，依少年事件處理法規定，應由少年法院（庭）審判，與一般刑事案件有所不同，故將少年刑事案件排除之；毒品危害防制條例雖與社會治安有密切關係，然多屬隱密性、組織性、牽涉特定社會群體之犯罪，較難期待國民法官參與審判之過程後，對案情能有充分之認識與理解，並反映國民之正當法律感情，故一併排除之。

貳、罪名認定標準與轉軌程序

一、罪名認定標準

　　本法§5II規定「前項罪名,以起訴書記載之犯罪事實及所犯法條為準」。罪名之認定標準,不論檢察官嗣後有無變更起訴法條,皆不會影響既有程序。

　　所謂檢察官主張之犯罪事實及起訴法條,指檢察官依本法§43II規定,於起訴書記載之犯罪事實及所犯法條。又對照起訴書記載之犯罪事實與起訴法條,如果單純誤載起訴法條者,不影響對於適用國民參與審判與否之判斷,仍應適用更正後條文。至於檢察官原以應行國民參與審判之罪名起訴,嗣於審理後經法院認定為並非應行國民參與審判之罪者,因已踐行之訴訟程序與一般刑事案件之訴訟程序,對於被告防禦權之保障並無二致,故無程序妥適性與正當性之問題,自應依原所進行之國民法官參與審判程序,繼續審理至終結為止。

　　又訴訟程序具高度專業性,為充分確保被告受辯護人扶助、辯護之權利,本法§5V規定「行國民參與審判之案件,被告未經選任辯護人者,審判長應指定公設辯護人或律師」。

二、轉軌程序

　　本法§5III規定「檢察官非以第一項所定案件起訴,法院於第一次審判期日前,認為應變更所犯法條為第一項之罪名者,應裁定行國民參與審判」。

　　若法院整理爭點及證據結果屬於應行國民參與審判案件之情形(例如檢察官以傷害或重傷害起訴之案件,經法院整理爭點及證據後,認為可能成立殺人未遂罪)。此時如一概以起訴書記載之犯罪事實及所犯法條作為是否行國民參與審判程序之基準,不因嗣後起訴法條之變更而影響應進行

之程序者，固可確保程序進行之效率，但於立法上既已明定特定類型之案件原則即應行國民參與審判，法院如完全未考量改行國民參與審判之必要性及實效，即逕依原程序判處第 1 項罪名，將來或有遭質疑程序之妥適性與正當性之疑慮。

但是倘若無論訴訟程序進行至任何階段，當發現有變更起訴法條為第 1 項罪名之可能者，法院均必須改行國民參與審判程序，亦恐有致已進行程序浪費之疑慮，故基於訴訟經濟，轉軌程序自宜將時點限定於「第一次審判期日前」。

考量到原本不是應行國民參與審判案件，但於準備程序整理當事人事實上、證據上及法律上之爭點後，法院大致得以判斷本案有無依刑事訴訟法 §300 規定變更法條之必要，且因於「第一次審判期日前」，尚未實質進行證據調查程序，如改行國民參與審判程序，亦不致造成過大之程序勞費。至於案件進入審判程序後，法院應依所採訴訟程序審結，不適合再行變動程序，縱使於審判程序後，才發現可能變更起訴法條情形者，亦不影響法院依法所進行程序之適法性。

三、不適用追加起訴規定

本法 §5IV 規定「刑事訴訟法第二百六十五條之規定，於行國民參與審判之案件，不適用之」。

為避免造成國民法官之過重負擔，並維訴訟經濟，行國民參與審判之案件，應盡可能求取其程序之單純，第一審國民參與審判程序辯論終結前，倘若檢察官尚得依刑事訴訟法 §265 規定，就本案相牽連之犯罪或本罪之誣告罪追加起訴，則將額外造成國民法官過重之負擔，而且追加起訴之罪既未經準備程序之爭點、證據整理，恐亦難達集中、連續審理之目標，是以行國民參與審判之案件，自不宜適用刑事訴訟法 §265 之規定。至於檢察官就原本不是應行國民參與審判之罪，追加起訴應行國民參與審判之罪者，因應行國民參與審判之罪與非應行國民參與審判之罪，除合併起訴外，本應適用不同性質之審判程序，即不得追加。

第二節　例外裁定不行國民參與審判

本法 §6規定「I 應行國民參與審判之案件，有下列情形之一者，法院得依職權或當事人、辯護人、輔佐人之聲請，於聽取當事人、辯護人、輔佐人之意見後，裁定不行國民參與審判：一、有事實足認行國民參與審判有難期公正之虞。二、對於國民法官、備位國民法官本人或其配偶、八親等內血親、五親等內姻親或家長、家屬之生命、身體、自由、名譽、財產有致生危害之虞。三、案件情節繁雜或需高度專業知識，非經長久時日顯難完成審判。四、被告就被訴事實為有罪之陳述，經審判長告知被告通常審判程序之旨，且依案件情節，認不行國民參與審判為適當。五、其他有事實足認行國民參與審判顯不適當。II 於國民法官法庭組成後，法院於前項裁定前並應聽取國民法官、備位國民法官之意見。III 法院為第一項裁定，應審酌公共利益、國民法官與備位國民法官之負擔，及當事人訴訟權益之均衡維護。IV 第一項裁定，當事人得抗告。抗告中，停止審判。抗告法院應即時裁定，認為抗告有理由者，應自為裁定。V 依第一項規定裁定不行國民參與審判之案件，裁定前已依法定程序所進行之訴訟程序，其效力不受影響」。

被告就被訴事實為有罪陳述之案件，如果法院斟酌個案情節，檢辯雙方對於量刑亦無重大爭議，並且無彰顯國民參與審判價值之重要意義者，經審判長告知被告通常審判程序之旨，且依案件情節，認為不行國民參與審判為適當，亦得排除行國民參與審判。至其他有事實足認行國民參與審判顯不適當者，例如性侵害案件之被害人表明不願行國民參與審判者，或涉及國防機密等案件，亦宜由法院裁定不行國民參與審判。

第三節　合併起訴、審判

本法 §7規定「I 檢察官以被告犯應行國民參與審判之罪與非應行國民參與審判之罪，合併起訴者，應合併行國民參與審判。但關於非應行國

民參與審判之罪，法院得於第一次審判期日前，聽取當事人、辯護人及輔佐人之意見後，裁定不行國民參與審判。II 前項裁定，當事人得抗告。抗告中，停止審判」。

為避免程序割裂，造成當事人訴訟程序上之額外負擔，應行國民參與審判之罪與非應行國民參與審判之罪可由法院合併行國民參與審判。但為免造成國民法官之過大負擔，得例外由法院於第一次審判期日前，聽取當事人、辯護人及輔佐人之意見後，將其中非適用國民參與審判之罪裁定不行國民參與審判。又檢察官合併起訴之案件應否分離並適用不同程序審理，對審判之進行及當事人權益有重大影響，故當事人對於法官合併或者不合併的裁定得提起抗告，且抗告中應停止審判。

第三章　起訴

第一節　卷證不併送主義與證據開示

　　卷證不併送主義下，檢方提起公訴僅會將內容中性的起訴書提供給法院，而證據資料仍保存於檢方，辯方之辯護書狀亦同此方式。為避免法院審理時檢辯雙方才知道對方的證據資料，而使雙方無從攻擊防禦，從而必須搭配證據開示，亦即檢辯雙方於準備程序、審判期日前以書狀交換的方式（不透過法院）將證據開示給對方。

第二節　起訴狀應記載事項

壹、概說

　　本法 §43II～V 規定「II 起訴書應記載下列事項：一、被告之姓名、性別、出生年月日、身分證明文件編號、住所或居所或其他足資辨別之特徵。二、犯罪事實。三、所犯法條。III 前項第二款之犯罪事實，以載明日、時、處所及方法特定之。IV 起訴書不得記載使法院就案件產生預斷之虞之內容。V 刑事訴訟法第一百六十一條第二項至第四項之規定，於行國民參與審判之案件，不適用之」。

　　為落實前述集中審理、當事人進行為主的審理模式，以及貫徹公平法院的精神，起訴書除被告之年籍等資訊、犯罪事實及所犯法條外，實毋庸再記載證據；且起訴書亦不得記載、引用或附具足使國民法官法庭產生預斷之虞之內容，以免本法 §43I 所定「資訊平等」與「預斷排除」之目的落空。

　　「載明日、時、處所及方法特定之」，指檢察官依其起訴當時之證據，認為已足以認定被告犯罪事實者，應以當時證據所得以證明之程度，盡可能以具體之時間、地點及方法明確記載起訴之犯罪事實，使被告及辯

護人得以順暢行使防禦權；此規定並非指檢察官不得視個案情形，而需以一定範圍特定上開犯罪事實。

又當事人進行主義下，檢察官負有實質舉證責任，若無從舉證使法院達有罪之心證時，法院應為無罪判決，惟法院如又裁定通知檢察官補正相關證據，等同於請檢察官提出更多或具體證據讓法院判被告有罪，將使公平法院原則遭質疑，故而不適用 §161II 之起訴審查制度。

貳、預斷之虞之內容與餘事記載之處理

被告之前案紀錄、素行、身分、在押、生活狀況、動機等並非起訴書應載之內容，此稱為餘事記載，在卷證不併送制度的考量下，僅能透過起訴書確認審判範圍，從而起訴書之記載應更加嚴謹。

有認起訴書記載越詳盡越好、亦有認為起訴書應直指核心即可。起訴書內容若過於簡略可能造成追訴內容不明確之問題，惟若於起訴書上載明「被告在押」、「被告曾有殺人之前案紀錄」、「被告與被害人素有爭執」、「被害人存在多處刀傷」、「可見被告殺意堅決」、「無視被害人之懇求」、「犯後拒絕與被害人家屬和解」、「具體求刑二十四年」等語，是否屬於會讓法官就案件產生預斷之虞之內容，即有疑義。

本書以為，「被害人存在多處刀傷」與構成要件事實相關，應允許記載，惟「可見被告殺意堅決」仍應進一步說明，否則僅屬檢方視角之推論。若是前案紀錄、在押之記載，與本案之構成要件事實無涉，原則上應禁止記載，否則容易被國民法官認為被告本就素行不良。「被告與被害人素有爭執」雖與構成要件無涉，然若欲釐清案件之輪廓，應允許記載。檢察官遇到重大矚目案件，經常會於起訴時具體求刑，但具體求刑畢竟缺乏法律依據，容易形成社會大眾預斷以及受新聞媒體廣泛報導之影響，不僅對職業法官審理壓力，亦會造成國民法官提早形成心證。

　　起訴書之記載內容於不足以辨識基本事實時，法院得為不受理判決[1]。若起訴書的餘事記載有使法官生預斷之虞者，應由審判長闡明並釐清，若有預斷之虞，檢察官應更正起訴書之內容。前述亦適用於辯方之辯護書。

第三節　起訴後應遵循基本原則

壹、強制處分與證據保全

　　本法 §44 規定「I 於起訴後至第一次審判期日前，有關強制處分及證據保全之事項，由未參與本案審理之管轄法院法官處理之。但因管轄法院法官員額不足，致不能由未參與本案審理之法官處理時，不在此限。II 前項但書情形，法官不得接受或命提出與該強制處分審查無關之陳述或證據」。

　　基於公平法院之理念、貫徹無罪推定原則，且消弭法官與國民法官之間資訊落差與預斷，本法限制法官與國民法官於審判程序前接觸卷證。而法院處理與本案有關之強制處分及證據保全之事項，有閱覽偵查卷證之需要（例如檢察官起訴而併將人犯送審時，即有必要依個案之情節需求，補充卷證建請法院羈押），如果仍由參與本案審理之法官處理該等事項，即

---

[1]　最高法院 107 年度台上字第 1646 號刑事判決：起訴之程序違背規定者，法院應諭知不受理之判決，刑事訴訟法第 303 條第 1 款固定有明文。惟此所稱「起訴之程序違背規定者」，係指起訴（包括公訴與自訴）之訴訟行為，在程序上違背法律之規定者而言；同條第 2 至 7 款所列，雖亦屬起訴程序違背規定之情形，但此所稱「起訴之程序違背規定者」，係指同條第 2 至 7 款以外之其他程序違法情形而言。例如檢察官逕以公函對被告提起公訴，而未依規定附具起訴書，或起訴書未記載被告之姓名及犯罪事實，或所記載之內容不足以辨識其起訴之對象或犯罪之基本事實等均屬之。上開條款僅係就「起訴之程序違背規定」之情形，規定其法律效果，並不包括起訴之被告或其犯罪事實，在實體法上應諭知無罪，或有應諭知免訴或免刑之情形在內。故法院就起訴事實審理結果，若認被告有應諭知無罪、免訴或免刑之情形者，仍應依法為無罪、免訴或免刑之判決，不能以此反推起訴之程序違背規定，而逕依上揭規定諭知不受理判決。

無法貫徹卷證不併送之立法精神。不過本法 §44I 但書以「管轄法院法官員額不足」而認為現實上有窒礙難行時則不受本文之限制。如此一來又如何能貫徹卷證不併送之立法精神？立法者於「理想」與「現實」之間，還是選擇面對「現實」。

為貫徹前述卷證不併送之理念，法官不宜過度接觸卷證內容，從而法官不得接受或命提出與該強制處分審查（通常為移審的羈押審查程序）無關之陳述或證據。若訴訟策略上檢辯雙方自行提出與強制處分審查無關之陳述或證據給予未參與本案審理之法官，因而使本案審理法官有所接觸卷證內容，容易使本案審理之法官心證偏頗。本書以為本案審理之法官嗣後亦不應閱覽強制處分審查之卷宗、裁定。

貳、減輕國民法官負擔之訴訟照料

本法 §45 規定「為使國民法官、備位國民法官易於理解、得以實質參與，並避免造成其時間與精神上之過重負擔，法官、檢察官或辯護人應為下列各款事項之處理：一、於準備程序，進行詳盡之爭點整理。二、於審判期日之訴訟程序，進行集中、迅速之調查證據及辯論。三、於國民法官、備位國民法官請求時，進行足為釐清其疑惑之說明；於終局評議時，使其完整陳述意見」。

國民法官、備位國民法官係自一般國民中隨機選任產生，本即難以期待其等具備與法官、檢察官、辯護人相當之法律專業能力與訴訟經驗，且國民法官、備位國民法官絕大多數均從事各行各業，縱使無業，亦需參與家庭生活或社交活動，自不可能耗費大量時間於參與審判上，為期其等之參與審判，能夠充分發揮提升司法之透明度，增進國民對於司法之了解及信賴，自應充分顧慮國民法官、備位國民法官之上述特質，而就現行刑事訴訟程序進行必要之配合，以使國民法官、備位國民法官易於理解，得以實質參與審判，並避免造成其時間與精神上之過重負擔。

參、避免預斷或偏見

本法 §46 規定「審判長指揮訴訟，應注意法庭上之言詞或書面陳述無使國民法官、備位國民法官產生預斷之虞或偏見之事項，並隨時為必要之闡明或釐清」。

審檢辯於審判過程中將足使國民法官、備位國民法官產生預斷之虞或偏見之事項，摻雜於言詞或書面陳述之中，恐將致國民法官、備位國民法官受到不當之干擾，非但會導致審判遲滯、混亂，也會影響國民法官、備位國民法官參與審判之意願，甚將造成國民法官、備位國民法官無法形成正確心證。

足使國民法官、備位國民法官產生預斷之虞或偏見之事項，諸如法官於調查證據前，事先就本案揭露其初步心證，或當事人主張被告之素行不佳，足以推斷有為本件之犯行；或主張被告犯罪後堅不認罪，足證其犯後態度惡劣等。至於檢辯雙方所為陳述或提出之證據，如有使國民法官、備位國民法官產生偏見之不當情形，例如於論告或辯論程序中，使用未經法院認定具有證據能力之審判外資料，此時審判長本應積極行使訴訟指揮權，限制檢察官或辯護人使用此種可能會不當影響國民法官心證之資料。如審判長未即時予以制止者，檢察官、辯護人自得依刑事訴訟法 §288-3，向法院聲明異議。

第四章　準備程序

第一節　概述

　　為使後續審理順利緊湊，第一次審判期日前行準備程序即屬必要，從而本法 §47 規定第一次審判期日前「應」行準備程序，此與刑事訴訟法 §273 僅規定「得」行準備程序有別。蓋因唯有先藉由準備程序達成爭點集中、證據集中之目的，審判期日之訴訟程序始能進行連日、連續、密集且有效率之審理，國民法官也才能於審判期日直接經由參與證據調查，而順利、迅速地形成心證。且藉由準備程序之順利運作，便利法院擬定審理計畫、預估所需審理天數，以利國民法官預作參與審理所需之心理及日常事務準備。基此，於準備程序中自應釐清案件之事實、法律及證據上的爭點，並以解明上述爭點為目的，以決定證據調查之範圍、次序及方法，且於審判期日調查之證據，原則上以有證據能力及調查必要性者為限，故證據能力有無及證據調查必要性之爭議，亦應盡可能於準備程序中決定為宜。

第二節　準備程序進行方式

壹、準備程序得由受命法官行之

　　本法 §47IV 規定「準備程序，得以庭員一人為受命法官行之。受命法官行準備程序，與法院或審判長有同一之權限。但第五十條第一項、第六十條第一項、第六十二條第一項、第二項、刑事訴訟法第一百二十一條之裁定，不適用之」。此規定是為兼顧準備程序進行之時效與法院實際之負擔，準備程序時亦得以庭員一人為受命法官行之。又為求慎重起見，不公開準備程序之裁定，宜由法官三人合議決定之；且與證據開示相關之裁定，影響當事人權利重大，亦應由法官三人合議決定之。另準備程序關於

審判程序中證據調查之裁定，包括證據能力及證據調查必要性之有無等，與案件之實體認定息息相關，於行國民參與審判之案件，自應由法官三人合議決定之。是受命法官行準備程序，雖與法院或審判長有同一之權限，然關於前述事項及刑事訴訟法 §121 之裁定，仍應由法官三人合議決定之。

貳、公開法庭行之

本法 §50I、II 規定「I 準備程序之進行，除有下列情形之一者外，應於公開法庭行之：一、法律另有規定者。二、有妨害國家安全、公共秩序或善良風俗之虞，經裁定不予公開。三、為期程序順利進行，經聽取當事人、辯護人及輔佐人之意見後，裁定不予公開。II 前項裁定，不得抗告」。

「法律另有規定」，例如依性侵害犯罪防治法 §18 規定「性侵害犯罪之案件，審判不得公開。但有下列情形之一，經法官或軍事審判官認有必要者，不在此限：一、被害人同意。二、被害人為無行為能力或限制行為能力者，經本人及其法定代理人同意」。

所謂「為期程序順利進行」，可由法院斟酌個案具體情形，靈活認定，例如重大矚目案件已受媒體關注與大篇幅報導，其準備程序之公開，可能使普遍多數國民接觸到案件資訊，導致對於將來選出之國民法官與維持審判公正性造成負面影響之疑慮時，法院自得裁定不予公開。

又法院就準備程序不公開所為之裁定，係屬判決前關於訴訟程序所為之裁定，自不得聲明不服。

參、國民法官於準備程序期日無須到庭

本法 §50III 規定「國民法官及備位國民法官，於準備程序期日無須到庭」。

因準備程序之目的，係在整理兩造當事人對於法律、事實及證據上之主張，以形成爭點並訂定後續審理計畫，並無涉及證據調查或心證形成。至於證據能力之有無，則涉及高度法律專業，考量國民法官之能力與制度宗旨，仍宜由職業法官決定，故國民法官、備位國民法官本無須參與準備程序。

在通常情形，法院就特定案件行準備程序時，尚無國民法官、備位國民法官選任產生，固無問題。然法院因應實際之需要，而於審判期日之訴訟程序進行中，再進行準備程序者，在實務上也會發生，從而本條項強調國民法官、備位國民法官*毋*庸參與準備程序。

第三節　準備程序之處理事項

壹、準備程序之處理事項

本法 §47I～III 規定「I 法院應於第一次審判期日前，行準備程序。II 準備程序，得為下列各款事項之處理：一、起訴效力所及之範圍與有無應變更檢察官所引應適用法條之情形。二、訊問被告及辯護人對檢察官起訴事實是否為認罪之答辯。三、案件爭點之整理。四、曉諭為證據調查之聲請。五、有關證據開示之事項。六、有關證據能力及證據有無調查必要之事項。七、依職權調查之證據，予當事人、辯護人或輔佐人陳述意見之機會。八、命為鑑定或為勘驗。九、確認證據調查之範圍、次序及方法。十、與選任程序有關之事項。十一、其他與審判有關之事項。III 法院應依前項整理結果，作成審理計畫。審理計畫之格式及應記載之事項，由司法院定之」。

為期行國民參與審判之案件，均能以爭點集中、證據集中、直接審理及言詞審理之原則進行審判，亦即所有於審判期日提出並經調查之證據，均為與案件之重要爭點密切相關之證據。是以準備程序應先確認檢察官起

訴之法條，及有無變更起訴法條之情形，再由被告及辯護人為是否認罪之答辯，繼而依被告之答辯，釐清並整理案件之爭點，並曉諭檢辯雙方聲請調查證據，及有關證據能力與有無調查必要之意見，法院認為有職權調查證據必要者，亦得於此時讓檢辯雙方表示意見，再據以作成是否調查證據之裁定；法院並得利用檢辯雙方同時在場時機，為關於證據開示事項之處理。

依據對上開事項之處理結果，法院即得以確認審判程序中證據調查之範圍、次序及方法。又本法採當事人進行主義，關於是否就某項人證、書證或物證進行調查，原則上均委由當事人、辯護人主導決定，並由法院依本條於準備程序確認其調查之範圍、次序及方法，並作成審理計畫後，由聲請人於審判期日自主進行調查。

再者，本法 §73～§76 的規定，是人證、書證及物證之調查方法，與證據調查之次序無關，惟為使國民法官易於理解所調查證據，於決定調查證據之範圍、次序及方法時，自應妥適顧及直接審理之原則。此外，關於選任程序之事項，如確認預定通知到庭候選國民法官人數、調查表記載內容、檢辯雙方預定於選任期日詢問事項等，亦適宜於準備程序中先行確認處理。至於法院如認為其他與審判有關之事項有於第一次審判期日前處理之必要者，均得靈活運用準備程序處理之。

鑑定、勘驗之實施均甚耗費時日，為避免審判期日之訴訟程序進行後又需進行鑑定、勘驗，導致審判期日因而中斷，造成國民法官之負擔加重或心證模糊，凡有行鑑定或勘驗必要，宜於準備程序先行完成者，若得於準備程序完成相關程序，實有助於達成集中及連續審理之目的，參照刑事訴訟法 §276II、§277 規定之意旨，故訂定本條項第 8 款。惟此處所指於準備程序命為鑑定或為勘驗之目的，乃基於程序經濟及減輕國民法官負擔之考量，並非意指法院得據此進行證據證明力之調查。於審判期日時，自得命鑑定人就鑑定之經過及結果為陳述或報告，或再就證據之重要部分進行勘驗，以進行證據證明力之調查。

　　有認為在決定是否實施精神鑑定時，除了應該臚列各項判斷因子，提出相關證據以綜合判斷外，如有必要，亦可藉由「入口鑑定」，亦即由精神醫學專業協助判斷有無實施鑑定之必要性。考量國民法官審理之需要，以及鑑定資料之完整性、公正性，宜於準備程序階段實施精神鑑定，且得讓鑑定人參與其後的證據調查程序，但仍應藉由審前會議整理檢辯雙方意見，以合乎公正性與正確性。又囑託精神鑑定之事項應以生理上原因造成或心理上之影響為限，不應涉入有無責任能力、有無辨別能力與控制能力等法律上判斷之問題[1]。

貳、法院得為必要之訊問

　　本法 §49 規定「法院為處理第四十七條第二項之各款事項，得對當事人、辯護人、輔佐人及訴訟關係人為必要之訊問」。

　　於準備程序中，法院原則上固不得主動蒐集證據以及進行證據之實質調查。然法院為了解被告是否為認罪之答辯，釐清兩造關於事實上、證據上及法律上之重要主張及爭點，暨有關證據能力、起訴效力所及範圍之意見，以及曉諭為證據調查之聲請，與聽取對於職權調查之意見等相關程序事項之進行，自得對到庭之當事人、辯護人、輔佐人及訴訟關係人為必要之訊問，聽取其等意見，俾彙整訴訟資料，以利審判之準備，以符實際所需。惟本條之訊問，目的在於整理兩造當事人之主張及爭點，使法院得於兩造當事人主張不明瞭或不完足時，命其敘明或補充之，並非肯認法院得於準備程序中，以被告為證據方法而進行訊問被告之程序。

---

[1] 張永宏，論精神鑑定在國民法官審理之運用（下），司法周刊，2101 期，2022 年 4 月 15 日，2-3 頁。

參、製作審理計畫書

本法 §47III 規定「法院應依前項整理結果，作成審理計畫。審理計畫之格式及應記載之事項，由司法院定之」。

為使並未參與準備程序之國民法官、備位國民法官得以迅速了解本案爭點所在，及證據調查之範圍、次序及方法，法院自應作成審理計畫，載明準備程序之整理成果。又法院製作之審理計畫，其格式及應記載之事項，應有適當之規範。

第四節　準備程序之通知

本法 §48 規定「I 法院應指定準備程序期日，傳喚被告，並通知檢察官、辯護人及輔佐人到庭。II 法院認有必要者，得傳喚或通知訴訟關係人於準備程序期日到庭。III 檢察官、辯護人不到庭者，不得行準備程序。IV 第一次準備程序期日之傳票或通知，至遲應於十四日前送達」。

國民參與審判之順利進行與否，實取決於準備程序有無確切妥適之進行，是以檢察官、辯護人本應全程參與準備程序，以達成準備程序之目的；又法院為確定被告對檢察官起訴事實是否為認罪之答辯或整理本案事實上爭點，有傳喚被告或輔佐人到庭之必要。

法院認為必要者，得傳喚或通知訴訟關係人於準備程序期日到庭，例如於準備程序期日傳喚告訴人到庭以確認賠償及商談和解狀況，或傳喚沒收程序之參與人到庭等，俾以先行處理有關沒收之爭點整理及證據調查之聲請等事宜。又國民參與審判案件未必均有被害人訴訟參與之情形，如有此情形，依本法 §4 之規定，仍適用刑事訴訟法 §455-43 等關於被害人訴訟參與之特別規定。

就準備程序中進行之事項，如案件爭點之整理、調查證據之聲請、對證據能力及調查必要性之意見及證據開示事項之處理等，均屬訴訟程序之專業事項，故有使檢察官、辯護人到庭之必要。又上開事項，按情形得由

辯護人為被告利益進行，因此倘若檢察官、辯護人均已到場，僅被告傳喚不到者，法院仍得進行準備程序。

　　依本法 §51 規定之意旨，為促進準備程序期日進行之順暢及效率，檢察官、辯護人於第一次準備程序期日前，宜事先積極聯絡，自主交換書狀，使辯方儘早釐清檢察官起訴之犯罪事實與所犯法條，並確定被告答辯之內容，檢方則得根據被告爭執與不爭執事項，及早擬定公訴策略與聲請法院調查證據項目，並且有充裕時間在第一次準備程序期日前，即任意開示證據予辯護人。為使檢察官、辯護人能有較充分時間進行上述事項，自應給予檢辯雙方於第一次準備程序期日前相當之準備期間。

第五節　審檢辯之互動

　　案件起訴後，經法院裁定交付審前準備程序，檢方宜先提出準備書狀（因檢方為偵查中主導方，其掌握大多數之證據資料），其包含待證事實、聲請調查證據書狀，而實務運作上理想之狀態為辯護人應持起訴書等接見被告，以利進行辯護之準備。嗣後經辯方聲請證據開示，檢方開示證據後，雙方於地檢署協商，針對待證事實證據能力、調查必要性等，甚至是選任程序之意見，並於討論後具狀予法院，嗣後法院主導整理雙方待證事實、處理雙方聲請證據調查之事宜後規劃審理計畫，此時辯方亦可請求檢方開示相關證據。

壹、檢辯之相互聯繫與事前自主交換書狀

　　本法 §51 規定「Ⅰ檢察官、辯護人因準備程序之必要，宜相互聯絡以確認下列事項：一、檢察官起訴書記載之犯罪事實、所犯法條及被告之陳述或答辯。二、本案之爭點。三、雙方預定聲請調查證據項目、待證事實，及其範圍、次序及方法。四、雙方對聲請調查證據之意見。Ⅱ辯護人應於第一次準備程序期日前，與被告事先確定事實關係，整理爭點。Ⅲ法

院認為適當者，得於準備程序期日前，聯繫檢察官、辯護人並協商訴訟進行之必要事項」。

第一次準備程序期日前的聯繫可稱為協商程序會議，等同於準備程序的事前準備，其並未於法庭進行。法院可發函文給檢辯雙方，陳報協商程序會議之整理內容，以利後續準備程序進行。

為使準備程序順暢進行，於檢察官起訴後至準備程序終結前之期間內，檢察官、辯護人宜相互聯絡而進行充分之協商，以利雙方早期確認案件之爭點；且此項事前之聯絡，得依個案性質作彈性運用，實有利於日後準備程序進行爭點之整理而促進訴訟。又檢辯雙方為確認主張及聲請調查證據與對證據能力、調查必要性之意見，自得於準備程序期日前，透過協商而先行向對方開示己方持有之證據（任意性開示）。又案件於檢察官起訴後，辯護人既已知悉檢察官之起訴事實，為了進行有效之防禦準備，俾利於準備程序期日迅速整理案件之爭點與預定聲請調查之證據，實有賴辯護人於第一次準備期日前，與被告確定事實關係並整理爭點。

檢察官、辯護人之事前協商，本應由檢察官及被告、辯護人間相互聯絡進行。然法院既有主導進行準備程序之責（本法 §47 參照），為充分顧及雙方之程序利益及促進訴訟，法院於認為適當時，自有協助雙方進行聯繫並協商之必要。至於有關本條之雙方或與法院間之聯絡或聯繫方法，則可視個案具體情形與實際需要，以電話、電子郵件或舉行協商會議等其他適當方式為之。

貳、事前自主交換書狀之具體記載

本法 §52 規定「I 檢察官因準備程序之必要，應以準備程序書狀分別具體記載下列各款之事項，提出於法院，並將繕本送達於被告或辯護人：一、聲請調查之證據及其與待證事實之關係。二、聲請傳喚之證人、鑑定人、通譯之姓名、性別、住居所及預期詰問所需之時間。II 前項事項有補

充或更正者，應另以準備程序書狀或當庭以言詞提出於法院。III 前二項書狀及陳述不得包含與起訴犯罪事實無關之事實、證據，及使法院就案件產生預斷之虞之內容。IV 檢察官依第一項、第二項規定聲請調查證據，應慎選證據為之。V 法院得於聽取檢察官、辯護人之意見後，定第一項、第二項書狀或陳述之提出期限」。

為求國民參與審判程序之準備程序能夠達成爭點集中、證據集中之目標，以利後續國民參與審判期日之證據調查，使國民法官得經由參與審判期日之證據調查順利形成心證，自有必要由檢察官向法院提出具體記載聲請調查證據只及與待證事實關係等事項之準備程序書狀，以協助法院進行準備程序。又本法之審判程序，不僅原則上由當事人、辯護人針對爭點主張證據，且無論人證、物證或書證之調查，亦均由聲請調查證據之人自主進行出證，因而就相關事前書狀之交換，理論上亦均由當事人、辯護人自主為之即可。

檢察官須向法院提出具體記載聲請調查證據以及與待證事實關係等事項之準備程序書狀，以協助法院擬定詳細、精準之審理計畫，實現集中審理、活潑而簡明易懂的國民參與審判程序。然而，如檢察官書狀記載之內容包括與起訴犯罪事實無關之事實、證據，及使法院就案件產生預斷之虞之內容，即有埋沒本法採取卷證不併送制度意旨之虞。

所謂「與起訴犯罪事實無關之事實、證據」，包括記載無直接關係之前科紀錄、無直接關連性之證據、檢察官不欲聲請調查之證據，所謂「使法院就案件產生預斷之虞之內容」，則包括直接引用證人證述內容，或具誘導性的證據評價與意見等。

為落實國民參與審判的集中審理並促進審判有效率地進行，以及盡量減輕國民法官負擔之意旨，檢察官應盡可能慎選關鍵之重要證據，集中於法庭上主張。又為使準備程序進行順暢，法院自得於聽取檢察官、辯護人之意見後，訂定上開書狀或陳述提出之期限。至於法院聽取檢察官、辯護人意見之方式，則可運用電話紀錄等適當方式為之，並不限於開庭聽取。

參、檢方自主證據開示

一、被告受實質有效之辯護權及卷證資訊獲知權

　　本法§53I前段規定「檢察官於起訴後，應即向辯護人或被告開示本案之卷宗及證物」。立法理由謂因本法採「卷證不併送」制度（§43立法說明參照），案件經檢察官起訴後，辯護人已無從依刑事訴訟法§33之規定，在法院檢閱檢察官之卷宗及證據，或進行抄錄、重製或攝影，自有必要明定辯護人於起訴後，得向檢察官檢閱卷宗及證物之權利，以利於國民參與審判程序中協助被告為實質有效之辯護。又被告之卷證資訊獲知權，屬被告受憲法訴訟權保障應享有之充分防禦權，自得親自直接獲知而毋庸經由他人輾轉獲知卷證資訊，不因其有無辯護人而有異。況且被告就其有無涉案及涉案內容相關事實之了解，為其所親身經歷，就卷證資料中何者與被告之有效防禦相關，事涉判斷，容有差異可能，故辯護人之檢閱卷證事實上亦不當然可以完全替代被告之卷證資訊獲知權（釋字第762號解釋意旨參照）。是以，被告應得於檢察官起訴後，預納費用向檢察官請求付與卷宗及證物之影本（解釋上及於複本，如翻拍證物之照片、複製電磁紀錄及電子卷證等），使其得充分行使防禦權。再者，影本與原本通常具有同一之效用，本項所定預納費用請求付與影本之卷證資訊獲知方式，無礙被告防禦權之有效行使，與憲法保障正當法律程序原則之意旨尚無牴觸（釋字第762號解釋意旨參照）。惟被告如有非檢閱卷宗或證物之原本不足以有效行使防禦權之情事時，應使被告得經檢察官許可後，在確保卷證安全之前提下，適時向檢察官請求檢閱原本，以充分保障其卷證資訊獲知權。

　　有文獻認為[2]，若辯護人爭執扣押物之真實性，即使於監管鏈（證物從扣押時起至提交法庭為止，始終處於監管與控制下，並未遭調換、改變

---

[2] 尤伯祥，檢察官證據開示範圍初探，廖建瑜等，解讀國民法官法（上），2023年3月，頁337-341。

或破壞）的書面紀錄並未收入偵查卷宗內，然因監管的書面紀錄是辯方判斷證物真實性的重要依據，檢察官仍應依本法 §53 開示證據給辯方。又辯護人爭執鑑定經過的公信力時，若該資料於國家控制下（例如法務部法醫研究所、調查局、刑事警察局等機關所為的鑑定），即使未納入卷宗內，檢察官仍對於該資料有開示義務；若該資料非國家控制下，辯護人依本法 §4、刑事訴訟法 §274 及 §275 於準備程序聲請法院向資料保管者調取或命提出，且辯護人因無調查權，只要釋明該聲請對辯護有意義，法院即應准許聲請。

二、證據開示之限制

本法 §53I 但書規定「但有下列情形之一者，檢察官得拒絕開示或限制開示，並應同時以書面告知理由：一、卷宗及證物之內容與被訴事實無關。二、妨害另案之偵查。三、涉及當事人或第三人之隱私或業務秘密。四、危害他人生命、身體之虞」。

三、證據開示之方式

本法 §53II 規定「前項之開示，係指賦予辯護人得檢閱、抄錄、重製或攝影卷宗及證物；或被告得預納費用向檢察官請求付與卷宗及證物之影本；或經檢察官許可，得在確保卷宗及證物安全之前提下檢閱原本之機會。其收費標準及方法，由行政院定之」。檢察官對辯護人或被告開示證據之方法，宜視證據之性質、檢察官、辯護人或被告之需求決定之，並無限制應採何種形式，參以現行刑事訴訟法 §33 就辯護人及被告之閱卷，業已明定包含辯護人檢閱、抄錄、重製及攝影卷宗或證物，及被告預納費用向檢察官請求付與卷宗及證物之影本，與被告經檢察官許可在確保卷宗及證物安全之前提下檢閱原本等型態，並得根據實際需要決定其中最適宜之方法，例如由辯護人於地方檢察署上班時間內前往地檢署閱覽偵查卷證，並抄錄、重製或攝影其認為重要之內容。又有時檢察官得選擇直接付

與複本予辯護人，即可迅速完成證據開示，另外在電子卷證加密及管理技術完備前提下，檢察官亦可能透過檔案交換方式，提供電子卷證予辯護人或被告。

　　有文獻認為[3]，§53II 為列舉規定，辯護人不得請檢察官以列舉規定以外之方法開示證據，從而檢察官未將扣押物提出於法院並由書記官辯護卷內或編號保管，辯護人無從依 §53 請求檢察官將證物交由鑑定人或鑑定機關鑑定，不過辯護人可依刑事訴訟法 §273I(7) 聲請法院命檢察官提出該證物予鑑定人或鑑定機關，此亦為法院職權調查事項。鑑定結果產生後，辯護人並無提出與否的決定權，但仍可依本法 §54I(4) 聲請傳喚鑑定人到場說明。

四、證據開示之期間

　　本法 §53III 規定「檢察官應於受理辯護人或被告之聲請後五日內開示之。如無法於五日內開示完畢者，得與辯護人或被告合意為適當之延展」。

　　如因案件之性質繁雜、遇連續假日或相關行政支援人力調度不及等情形，全部卷證無法於 5 日內開示完畢者，檢察官亦得於期間終結前與辯護人或被告合意就期間為適當之延展，以因應實務運作之彈性需求。此項期間延展之合意，可藉由檢察官告知辯護人或被告本案相關偵查卷證之實際數量、人力狀況等，與辯護人或被告溝通討論以取得共識，如合意不成，檢察官又未於 5 日內開示，辯護人或被告自得以檢察官開示未盡為理由，聲請法院裁定命檢察官開示證據。

---

[3] 尤伯祥，檢察官證據開示範圍初探，廖建瑜等，解讀國民法官法（上），2023 年 3 月，頁 342。

肆、辯方提出書狀於法院及檢方

一、準備書狀之記載

本法 §54I 規定「辯護人於檢察官依前條之規定開示證據後，應以準備程序書狀分別具體記載下列各款之事項，提出於法院，並將繕本送達於檢察官：一、被告對檢察官起訴事實認罪與否之陳述；如否認犯罪，其答辯，及對起訴事實爭執或不爭執之陳述。二、對檢察官聲請調查證據之證據能力及有無調查必要之意見。三、聲請調查之證據及其與待證事實之關係。四、聲請傳喚之證人、鑑定人、通譯之姓名、性別、住居所及預期詰問所需之時間。五、對檢察官所引應適用法條之意見」。本條項立法意旨指出，為利於準備程序之順利進行，避免準備期日長期化或程序延宕，辯護人於檢察官依前條規定開示證據後，應以準備程序書狀記載聲請調查證據之相關事項。又檢察官如已經依本法 §52I 提出準備程序書狀者，辯護人應於準備程序書狀中敘明對於檢察官所主張證據之證據能力及有無調查必要之意見。此外，基於前述檢辯雙方自主交換書狀的精神，辯護人之準備程序書狀，並應將繕本送達於檢察官，以期檢察官能即時了解辯方之主張及聲請調查證據之範圍，檢察官於收受書狀繕本後，即得檢討確認對於辯方主張之證據有無意見。另所謂辯護人聲請調查之證據，包括單純爭執起訴事實、所聲請調查之反證，以及另主張積極事實所聲請調查之證據在內，並包含人證、物證及書證等，其中如僅就書證之一部分聲請調查者，則應具體指明其範圍。

二、準備書狀之補充或更正

本法 §54II 規定「前項各款事項有補充或更正者，應另以準備程序書狀或當庭以言詞提出於法院」。本條項立法意旨指出，辯護人雖應依本法 §54I 規定向法院提出準備程序書狀，惟於準備程序期間，為因應準備程序之需要而有補充或更正者，自應適時向法院另行提出準備程序書狀；另

為順暢準備程序之進行，提高效率，辯護人亦得當庭以言詞方式為補充或更正。

三、本法 §52III～V 之準用

　　本法 §54III、IV 規定「III 第五十二條第三項至第五項規定，於前二項之情形準用之。IV 被告亦得提出關於第一項各款事項之書狀或陳述。於此情形，準用第五十二條第三項、第四項之規定」。此揭條項立法意旨指出，辯護人雖得對檢察官起訴事實提出答辯與爭執事項，但基於檢辯雙方對等攻防且避免提前於準備程序中進行證據調查，前開書狀或陳述內亦不得包含與起訴犯罪事實無關之事實、證據，以及直接引用證人證述內容、具誘導性的證據評價與意見等足以使法院產生預斷之虞的內容。又其中證據調查之聲請亦應慎選必要證據為之；再法院亦得於聽取檢察官、辯護人之意見後，定訂提出之期限。又適用國民參與審判程序之案件採行強制辯護制度，原則所有被告之主張及陳述，均由辯護人為被告提出，惟身為刑事訴訟程序主體之被告應有聲請調查證據之權限（刑事訴訟法 §163 參照），故被告認為有必要時，亦可自行提出書狀或當庭以言詞聲請調查證據或其他主張。被告之書狀或陳述，亦不得包含與起訴犯罪事實無關之事實、證據，及足使法院產生預斷之虞之內容，且慎選必要證據為之。

伍、辯方聲請調查證據，應即向檢方為證據開示

　　本法 §55 規定「I 辯護人或被告依前條第一項、第二項、第四項規定向法院聲請調查證據之情形，應即向檢察官開示下列項目：一、聲請調查之證據。二、聲請傳喚之證人、鑑定人或通譯於審判期日前陳述之紀錄，無該紀錄者，記載預料其等於審判期日陳述要旨之書面。II 第五十三條第三項之規定，於前項情形準用之」。

　　辯護人或被告依本法 §55I、II、IV 規定向法院聲請調查證據後,為使檢察官於審前可知悉相關證據內容,以提出對於證據能力及證據調查必要性之意見,俾利法院於準備程序整理爭點及證據,故明定辯護人亦負有事先向檢察官開示證據內容之義務,以資衡平。不過,本書認為不自證己罪原則目的在於調節被告與國家實力差距、符合平等原則,雖然本法屬於當事人進行主義,惟通常狀況下被告與辯護人之取證能力仍亞於檢察官公權力之取證能力與權限,從而被告未聲請調查證據的部分,檢察官不應請求調查被告未聲請且不利被告之證據,反之,則無不自證己罪之適用。實務上未來可能會發生被告故意不提出對於不利於己之證據,應區分為起訴前之本案發生時所生證據以及起訴後之辯護工作產物,前者應即向檢方為證據開示,然應開示而未開示者,現行法未有完善之規定,後者如辯護人針對本案證人訪談錄音、逐字稿屬於不利被告者,則未來應以保障被告與辯護人自由溝通權為核心判斷是否應開示,而若屬於辯護人以書面方式提供給被告的法律意見書,僅為書面法律意見,則應認被告與辯護人間存在溝通資訊特權而不在證據開示範圍。

　　辯方所聲請傳喚預定於審判期日調查之證人、鑑定人或通譯,如曾於審判期日前有陳述之紀錄(例如錄音、錄影光碟等記錄影像、聲音之紀錄媒體所記錄之陳述),則應開示該紀錄;如證人、鑑定人或通譯無前述紀錄時,記載預料其等於審判期日陳述要旨之書面,對於當事人攻擊防禦之準備,具有重要關係,亦應屬辯護人於審判期日前應行開示之證據範圍。又為避免程序停滯或延宕,以維護程序之迅速與公平,辯護人或被告提供檢察官檢閱、抄錄、重製或攝影之時間,宜與本法 §53III 檢察官開示之規定一致。

陸、檢方針對證據能力及調查必要之表明意見

　　本法 §56 規定「I 檢察官於辯護人依前條之規定開示證據後,應表明對辯護人或被告聲請調查證據之證據能力及有無調查必要之意見。II 前項

事項有補充或更正者，應另提出於法院。III 第五十二條第五項之規定，於前二項之情形準用之」。本條之立法意旨為利於法院在準備程序整理案件之爭點及證據。

柒、法官裁定命開示證據

一、要件

本法 §57 規定「I 檢察官、辯護人認他造違反第五十三條、第五十五條規定未開示應開示之證據者，得聲請法院裁定命開示證據。II 前項裁定，法院得指定開示之日期、方法或附加條件。III 法院為第一項裁定前，應先聽取他造意見；於認有必要時，得命檢察官向法院提出證據清冊，或命當事人、辯護人向法院提出該證據，並不得使任何人檢閱、抄錄、重製或攝影之。IV 關於第一項裁定，得抗告。法院裁定命開示證據者，抗告中，停止執行。V 抗告法院應即時裁定，認為抗告有理由者，應自為裁定」。

所謂「未開示應開示之證據」者，包含完全未開示、開示未盡（例如檢察官與辯護人無法達成本法 §53III 之合意，且檢察官又未於 5 日內全部開示完畢時）等。法院為本法 §53I 之裁定時，自得斟酌開示證據可能導致危害國家安全、特定人人身安全、湮滅證據，或有妨害另案偵查之虞等情事，以及對被告防禦權影響程度等具體情節，指定開示之日期、方法或附加條件。

為充分保障檢察官及辯護人陳述意見的機會，法院於裁定前應先聽取他造之意見。又法院為裁定前如認有了解當事人、辯護人所持有或保管證據狀況之必要時，自得命當事人、辯護人提示該證據以資審酌。此一證據提出程序為非公開程序，旨在由法院自行檢視該證據，且檢閱程度以足資形成開示與否之判斷為限，而法院於作成判斷後，應即將系爭證據返還提出之當事人。又考量如他造有機會接觸當事人、辯護人提出之證據內容，

亦可能損及當事人、辯護人原本拒絕或限制提供證據之正當利益，及侵害關係人之隱私，故並明定在此情形，法院不得使任何人檢閱、抄錄、重製或攝影該證據。

又為避免法院裁定命開示證據後，雖經檢辯雙方不服提起抗告，但早已因開示證據而使抗告無實益，或因未開示致使審理未完備即行終結，故明定抗告中應停止執行裁定；再為避免程序延宕，明定抗告法院應即時裁定，認為抗告有理由者，應自為裁定。

二、未履行開示命令應全面開示證據與裁定前之裁量

本法 §58 規定「檢察官或辯護人未履行前條第一項之開示命令者，法院得以裁定駁回其調查證據之聲請，或命檢察官、辯護人立即開示全部持有或保管之證據」。本條立法意旨指出為使當事人、辯護人確實遵守法院所為之開示命令，以維護訴訟程序之公平。

本法 §59 規定「法院為前條之裁定前，應審酌其違反義務之態樣、原因及所造成之不利益等情事，審慎為之」。本條立法意旨為以維護法院裁判之嚴正性與程序之公平性。

捌、非正當目的之使用

本法 §60 規定「I 持有第五十三條之卷宗及證物內容者，不得就該內容為非正當目的之使用。II 違反前項規定者，處一年以下有期徒刑、拘役或科新臺幣十五萬元以下罰金」。考量被告或第三人不受律師執行業務之倫理、忠誠、信譽義務及監督懲戒機制之規範，且依電子卷證等科技方式取得之卷證內容，具有便利複製、流通快速之特性，若有違反 §60 恐有損及他人權益及司法公正之虞，且違反保障卷證獲知權之目的，故將非正當目的使用卷宗及證物內容的情形加以入罪化。

第六節　被害人之卷證資訊獲知權

壹、律師為代理人與非律師為代理人

　　本法 §61I 規定「告訴代理人或訴訟參與人之代理人為律師者，於起訴後得向檢察官請求檢閱卷宗及證物並得抄錄、重製或攝影」。本項立法意旨為國民參與刑事審判程序與現行刑事訴訟程序均採取法院、檢察官及被告之三面關係，被害人在程序中雖非本案當事人，然其與審判結果仍具有切身利害關係，為尊重被害人在訴訟程序中之地位並有效行使權利，有適時知悉卷證內容之權利。惟因行國民參與審判案件之審理採卷證不併送制度，於法院審理期日之調查證據程序前，告訴代理人或訴訟參與人之代理人亦無從藉由在法院閱卷而獲取偵查卷證資訊之內容，進而無法與檢察官充分討論偵查卷證並適當提供檢察官有關攻擊防禦之資料，而無法貫徹尊重被害人程序地位之意旨，故應有適當機制使告訴代理人或訴訟參與人之代理人在調查證據程序前有機會掌握偵查卷證資料之內容。又律師具備法律專業知識，且就業務之執行須受律師法有關律師倫理、忠誠及信譽義務之規範，賦予其閱卷之權利，除使代理人了解案件進行程度、卷證資料內容，以維護告訴人或訴訟參與人權益外，更可藉由閱卷而充分與檢察官溝通，了解檢察官訴訟策略。因此，明定具律師身分之告訴代理人或訴訟參與人之代理人得於檢察官起訴後向檢察官請求檢閱卷宗及證物並得抄錄、重製或攝影，使告訴代理人或訴訟參與人之代理人於準備程序即可掌握偵查卷證內容，並在其對偵查卷證內容充分了解之基礎上，協助檢察官善盡實行公訴，維護被害人權益之職責。

　　又貫徹被害人之卷證資訊獲知權，於無代理人或代理人為非律師之訴訟參與人，亦應有適當管道暨方式使被害人隨訴訟進行程度、適時掌握卷證資料內容。另一方面，被害人或不具律師身分之代理人如得以接觸卷證，因並無律師法之執業規範及監督懲戒機制規制其適切行使該項職權，從而規定 §61II 規定「無代理人或代理人為非律師之訴訟參與人於起訴後，得預納費用向檢察官請求付與卷宗及證物之影本」。

貳、被害人之卷證資訊獲知權之限制

　　本法 §61III 規定「第一項及第二項卷宗及證物之內容與被告被訴事實無關或足以妨害另案之偵查，或涉及當事人或第三人之隱私或業務秘密，或有危害他人生命、身體之虞者，檢察官得限制之，並應同時以書面告知理由」。

參、救濟

　　本法 §61IV、V 規定「IV 對於檢察官依前項所為之限制不服者，告訴代理人、訴訟參與人或其代理人得聲請法院撤銷或變更之。但代理人所為之聲請，不得與告訴人或訴訟參與人明示之意思相反。V 法院就前項之聲請所為裁定，不得抗告」。

第七節　準備程序終結前應處理

壹、證據能力有無

　　本法 §62I 規定「法院應於準備程序終結前，就聲請或職權調查證據之證據能力有無為裁定。但就證據能力之有無，有於審判期日調查之必要者，不在此限」。為避免國民法官於審判期日參與審判時接觸之證據，摻雜無證據能力或調查證據必要性，或證據能力及調查證據必要性有無不明之證據，造成欠缺法律專業及審判經驗之國民法官因而產生混淆或無所適從，無法正確形成心證之危險，或因而造成國民參與審判期間因另須處理證據能力或證據調查必要性之爭議，而產生無益的拖延遲滯，使國民法官、備位國民法官因而須延長參與審判之期間，與其日常生活、工作產生衝突進而影響國民參與之意願，是故法院於準備程序所應處理之事項，首

重就證據之證據能力、調查必要性先進行篩選與調查，以盡量避免無證據能力或不必要調查之證據進入審判期日之訴訟程序，影響事實認定之正確性或效率，並為審判期日之訴訟程序得以密集、順暢之進行預作準備，以落實集中審理。又證據能力之有無，乃審判期日證據調查項目、範圍、次序及方法之前提問題，而證據調查項目、範圍、次序及方法，本應於準備程序時決之，是故證據能力之有無，自應於準備程序終結前裁定，以利後續審理計畫之擬定。

貳、證據調查之必要

本法§62II、III規定「II當事人或辯護人聲請調查之證據，法院認為不必要者，應於準備程序終結前以裁定駁回之。III下列情形，應認為不必要：一、不能調查。二、與待證事實無重要關係。三、待證事實已臻明瞭無再調查之必要。四、同一證據再行聲請」。

為使後續審理程序能集中針對具備證據適格且與本案犯罪事實相關之證據進行調查，是當事人或辯護人於準備程序聲請調查之證據，法院認為不必要者，自應以裁定駁回之，又證據調查必要性之有無，與前述證據能力有無相同，乃審判期日證據調查項目、範圍、次序及方法之前提問題，是法院認證據無調查必要性者，自應於準備程序終結前裁定，以利後續審理計畫之擬定。又何謂「不必要」，亦應有明確之標準，此可參考刑事訴訟法§163-2之標準。

前科證據，是指被告犯罪前科，也代表過去發生的事實，但其是否得做為證據使用？有學者[4]介紹日本最高法院第一小法庭判決，除應以有無「自然關聯性」為判斷外，尚要符合「無合理論據的人格評價導致誤判事實的風險」，方可作為證據。換言之，若欲以前科證據證明被告為犯罪行為人，必須該前科的犯罪事實具有「顯著特徵」（例如放火後都會在大門

---

[4]　林裕順，國民法官政策理論與案例研習，元照，2023年10月，頁68-71。

口放一根玫瑰花、殺人後都會在牆上以死者血液寫上江湖人稱黑玫瑰）且「顯著特徵」與本案具有「高度類似性」，而可合理推論為同一人所為，始可採為證據使用。而日本學者認為即使前科可作為某種事實推論，也只是就未來該項行為發生的揣測，有悖於無罪推定、罪疑惟輕之基本原則，若是以前科證據去認定被告是否為犯罪行為人，一般人容易產生道德反感，同時連帶影響對於其他證據的評估與事實認定的可能。

參、裁定前之必要調查

本法§62IV規定「法院於第一項、第二項裁定前，得為必要之調查。但非有必要者，不得命提出所聲請調查之證據」。

所謂「必要之調查」，例如被告被訴違反槍砲彈藥刀械管制條例之罪，然被告主張所搜獲之槍械、彈藥等相關證物，其搜索扣押程序有違背法定程序等語，於準備程序中，法院自得傳訊詢問行搜索扣押之司法警察，質詰實情，此時依刑事訴訟法§171得對該司法警察行交互詰問，就關於執行搜索、扣押過程之程序事項調查；又如被告主張某項利己事情，有某甲知悉案發時某乙在場目擊等情，此項真實性倘攸關被告成立犯罪與否，而具調查必要性，又非不能或不易調查，自得傳訊某甲調查知悉某乙所見之原委，俾可於審判期日傳訊某乙為證，並予當事人行交互詰問，究明真相等。

但書之規定是為以減少法院於證據調查程序前事先接觸證據內容之機會。又關於此項調查，依本法§47IV規定，自屬於得由受命法官於準備程序中進行之事項，故於受命法官為調查之情形，於受命法官調查完畢後，再將調查所得併同證據能力或調查證據必要性有無存有爭議之證據，交由合議庭法官以自由證明法則合議決定之，俾準備程序與審判期日之訴訟程序能各司其職，而收相輔相成之效，以利案件妥速審判。

肆、基礎事實有變更

本法 §62V 規定「法院依第一項、第二項規定為裁定後，因所憑之基礎事實改變，致應為不同之裁定者，應即重新裁定；就聲請調查之證據，嗣認為不必要者，亦同」。

此裁定並非終局裁定，若嗣後於審理期間，因裁定所憑之基礎事實改變，致證據之證據能力或必要性與裁定時不同者，法院自應即重新裁定。法院原本認聲請調查之證據有必要而准許調查者，雖無須特以裁定准許之，然而嗣後若認為不必要者，則應另以裁定駁回之。例如檢察官聲請法院調查證人之警詢筆錄，在證人未於審判中到庭前，其依刑事訴訟法 §159-2、§159-3(4) 取得證據能力之要件並未成就，故應裁定證人之警詢筆錄並無證據能力，然而如果證人於審判中到庭後之陳述，符合刑事訴訟法 §159-2、§159-3(4) 之例外情形時，此時法院應即重新裁定認有證據能力，始得就該筆錄進行調查程序。又例如證人原本因身心障礙致記憶喪失，且其警詢中之陳述，經證明具有可信之特別情況，且為證明犯罪事實之存否所必要者，故經法院裁定認有證據能力，但該證人嗣後康復並恢復其記憶，則原本容認其警詢筆錄證據能力之要件已告喪失，法院亦應重新裁定。

所謂應即重新裁定，例如法院原本認為某項證據為有證據能力或有調查必要，但事後因所憑之基礎事實變更而認為無證據能力或無調查必要時，應即重新裁定，使當事人知悉該證據已不能受調查；又例如法院原認某項證據為無證據能力或無調查必要，惟事後因所憑之基礎事實變更而認有證據能力或有調查必要時，亦應即重新裁定，始能就該證據進行調查。至於某項證據縱已調查完畢，始因所憑之基礎事實變更致應就證據能力或調查必要性重新裁定者，亦應即重新裁定，以利後續辯論、評議程序之明確。

伍、審判期日始聲請調查證據

　　本法§62VI、VII規定「VI 審判期日始聲請或職權調查之證據，法院應於調查該項證據前，就其證據能力有無為裁定；就聲請調查之證據認為不必要者，亦同。VII 證據經法院裁定無證據能力或不必要者，不得於審判期日主張或調查之」。

　　當事人聲請或法院依職權調查之證據，均應盡可能於準備程序中決定其證據能力及調查必要性。如有本法§64I 但書所定情形，以致於不及在準備程序中聲請或依職權調查者，基於發見真實之使命，自不能一概不予調查，但於此情形下，法院仍應就該等證據之證據能力，預為決定，又法院認聲請調查之證據不必要者亦同。此等法院認為無證據能力或認為不必要之證據，即不得進行調查，始符「審判期日調查之證據，均應以有證據能力及調查必要性者為限」之原則。法院於決定該證據之證據能力有無前，本應為必要之調查，又法院依職權調查證據前，亦應依刑事訴訟法§163III 規定，予當事人、辯護人或輔佐人陳述意見之機會。

　　所謂證據經法院裁定無證據能力，不得於審判期日主張或調查之，例如就被告被訴販賣毒品之案件，檢察官主張以證人 A 於警詢時之筆錄為證據，而聲請於審判期日調查之，被告及其辯護人則以該警詢筆錄係屬被告以外之人於審判外之陳述而爭執其證據能力，又證人 A 並無刑事訴訟法§159-3(1)～(3) 所列情形，是該警詢筆錄經法院裁定認無證據能力，在證人 A 未於審判期日到庭前，無從肯認該警詢筆錄之證據能力，不得逕自先於審判期日主張或調查該警詢筆錄，此時自應先以聲請傳喚證人 A 到庭接受詰問之方式進行調查，於證人 A 到庭之陳述與警詢時不符，或證人 A 到庭後無正當理由拒絕陳述，且證人 A 於警詢時之陳述，經證明具有（較）可信之特別情況，且為證明犯罪事實之存否所必要者，由法院另以裁定肯認該警詢筆錄之證據能力後，始得於審判期日調查及主張該警詢筆錄，在證人 A 未到庭前，該證據能力有爭議之警詢筆錄，僅能作為彈劾證據或喚起受訊問者記憶之用，而不能逕行作為判斷之依據而調查及

主張。但若法院預慮當事人可能於審判期日聲請調查，或主張該被告以外之人於審判外之陳述者，則該等證據是否有可信之特別情況，是否為證明犯罪事實存否所必要者，如有必要，則不妨於準備程序中先行調查。惟刑事訴訟法 §159-2「其先前之陳述具有較可信之特別情況」，如涉及先前陳述內容本身，則非準備程序時所得調查。

因國民法官合議庭不會先接觸到證據，在交互詰問程序中，主詰問者必須先建構待證事實，從而於開庭前進行證人訪談，可以使證人緩解緊張，更可以使證人理解詰問者所欲呈現的內容，對於辯護人而言，得以主張審判中的交互詰問相較於證人於偵查中的筆錄應優先調查，某種程度上可以重新建構待證事實。刑事訴訟法運作實務中，被告與辯護人時常遇到檢察官不願主動傳喚友性證人，而使被告與辯護人只得聲請傳喚敵性證人為主詰問，本法之制度設計或許可以緩和被告與辯護人只能從敵性證人證述中得出刑事訴訟法 §166-1III 但書時方得進行誘導詰問的窘境。

陸、不得抗告

因法院關於證據能力或證據調查必要性所為之裁定，係屬判決前關於訴訟程序所為之裁定，自不得聲明不服，從而本法 §62VIII 規定「第一項、第二項、第五項及第六項之裁定，不得抗告」。

第八節　準備程序終結

壹、宣示終結

本法 §63 規定「I 法院於第四十七條第二項各款事項處理完畢後，應與當事人及辯護人確認整理結果及審理計畫內容，並宣示準備程序終結。II 法院認有必要者，得裁定命再開已終結之準備程序」。

貳、失權效

國民參與審判程序之運作，應隨時注意確保國民法官參與意願、減輕國民法官負擔，國民參與審判制度始能順利運行長久。為使審判程序原則得依準備程序所擬審理計畫集中、迅速且有效率進行，避免當事人或辯護人於審判階段才不斷提出新的主張與證據，甚至故意遲滯訴訟程序，致使法院於準備程序中所進行之爭點整理及擬定之審理計畫均徒勞無功，無端加重國民法官負擔，從而本法 §64 規定「I當事人、辯護人於準備程序終結後不得聲請調查新證據。但有下列情形之一者，不在此限：一、當事人、辯護人均同意，且法院認為適當者。二、於準備程序終結後始取得證據或知悉其存在者。三、不甚妨害訴訟程序之進行者。四、為爭執審判中證人證述內容而有必要者。五、非因過失，未能於準備程序終結前聲請者。六、如不許其提出顯失公平者。II前項但書各款事由，應由聲請調查證據之人釋明之。III違反第一項之規定者，法院應駁回之」。

亦即為使審判程序依據準備程序所擬定審理計畫集中、迅速並且有效率，又避免準備程序所進行爭點整理及擬定審計畫徒勞無功，甚至故意遲滯訴訟程序，檢辯如於審理中提出新主張及證據，將造成國民法官過重負擔，故而有失權效之規定。

第五章　選任程序、解任與保護措施

第一節　國民法官之職權與應遵守之規範

壹、國民法官之職權

　　國民法官之職權，包含全程參與審判程序之進行，以及於評議中與法官合議，就事實認定、法令適用、刑之量定共同作成判斷，是以國民法官於其所參與審理之個案，原則上擁有等同於法官之職權，與法官無分軒輊。僅於本法特別明定專屬於法官職權（例如本法 §46 有關審判長之釐清或闡明權），或對國民法官職權有所限制者（例如本法 §69I 關於證據能力及證據調查必要性之判斷、訴訟程序之裁定、法令之解釋，專由法官合議決定之），始例外排除國民法官之職權。為彰顯國民法官係以素人身分參與之此一重要意旨，宣示就行國民參與審判之案件，國民法官與法官乃實質對，從而本法 §8 規定「國民法官之職權，除本法另有規定外，與法官同」。

貳、國民法官應遵守之義務

　　本法 §9 規定「I 國民法官依據法律獨立行使職權，不受任何干涉。II 國民法官應依法公平誠實執行職務，不得為有害司法公正信譽之行為。III 國民法官不得洩漏評議秘密及其他職務上知悉之秘密」，可知國民法官具有獨立審判義務、公平審判義務、守密義務。若國民法官有違反前開義務，影響國民法官法之目的及被告訴訟權，則為本法 §92 第二審撤銷第一審判決之事由。

一、獨立審判義務

國民法官全程參與審判程序，與法官就事實之認定、法律之適用及科刑進行評議及表決後，作成終局判斷，是以國民法官於其職務終了前（本法 §38 參照）自應比照職業法官，從而規定本法 §9I。

換言之，在審判期間，國民法官僅能依據法庭上證據作為評議時的判斷基礎，不得參考法庭外任何資訊，例如媒體報導、鄉民言論、親友意見。

二、公平審判義務

國民法官參與審判，為國民法官法庭之一員，其任職期間之行止，均與司法公正與否密切相關，故除應受獨立審判之保障外，亦應遵守本法 §9II。

換言之，國民法官不得有使法庭外者對案件產生影響司法公正信譽的行為，如國民法官在審判期間在社群媒體發表自己的意見、心情等，即使尚未接觸到案件的實質內容，仍可能會讓法庭外者認為該國民法官無法公平誠實執行職務，且有害司法信譽[1]。

三、守密義務

本法 §9III 之規定是為確保評議過程中，任何參與評議者，包括國民法官與法官在內，均能無所顧忌地討論、陳述意見，國民法官就評議內容（本法 §85 參照），自應予保密。再者，為達上開目的，國民法官就其他職務上知悉之秘密，例如涉及個人隱私之事項，或依法應秘密之事項等，亦應在保密之列。而本法並未規定守密義務的期限，有文獻認為應參

---

[1] 林臻嫻，網路時代下的國民法官法，廖建瑜等，解讀國民法官法（上），2023 年 3 月，頁 45。

考日本裁判員法 §70 採取「終生」保密，非如美國之陪審制，僅需保密至判決宣判完畢即可[2]。本書認為為符合本法 §1 之立法目的，並無終生保密之必要，否則將無助於提升司法透明度，反映國民正當法律感情，增進國民對於司法之了解及信賴，彰顯國民主權理念，從而保密的義務應至判決終局確定即可。

若國民法官違反獨立性義務、公平執行職務以及守密義務，固然可依本法 §92 上訴，上訴審法院應將案件撤銷原判決後自為判決或發回原審法院，此時必須重新進行國民法官的選任程序以及重新審理。惟未來上訴審宜考量訴訟資源之耗費、被告受妥速審判的權利以及是否得出正確判決來決定。此外，被告若欲上訴，辯護人應可瀏覽國民法官所之個人社群媒體（例如臉書、IG），惟應禁止相互聯繫，然若沒有互加好友或互相追蹤，即無從與國民法官加為好友或互相追蹤，即無從發現國民法官於非全公開（例如設有限好友公文）之貼文是否違反其應遵守之規範，辯護人可將國民法官加為好友或互相追蹤，未來實務動向值得觀察。

第二節　法官人數與國民法官資格

壹、法官人數

國民法官是指依本法選任，參與審判及終局評議之人。國民法官法庭由法官 3 人及國民法官 6 人共同組成，就本法所定行國民參與審判之案件，共同進行審判之合議庭。

本法 §3 規定「I 行國民參與審判之案件，由法官三人及國民法官六人共同組成國民法官法庭，共同進行審判，並以庭長充審判長；無庭長或

---

[2]　林臻嫺，網路時代下的國民法官法，廖建瑜等，解讀國民法官法（上），2023 年 3 月，頁 45。

庭長有事故時，以法官中資深者充之，資同以年長者充之。II 中華民國國民，有依本法規定擔任國民法官或備位國民法官，參與刑事審判之權利及義務。III 國民法官之選任，應避免選任帶有偏見、歧視、差別待遇或有其他不當行為之人擔任」。

　　又為避免國民法官於審理程序或評議期間因故不能執行職務，需重新選任國民法官、更新審判程序，致生勞費，從而本法 §10 規定「I 法院認有必要時，得選任一人至四人為備位國民法官，於國民法官不能執行其職務時，依序遞補為國民法官。II 前二條規定，於備位國民法官準用之」。

貳、國民法官資格

一、積極資格

　　本法 §12 規定「I 年滿二十三歲，且在地方法院管轄區域內繼續居住四個月以上之中華民國國民，有被選任為國民法官、備位國民法官之資格。II 前項年齡及居住期間之計算，均以算至備選國民法官複選名冊供使用年度之一月一日為準，並以戶籍登記資料為依據。III 第一項居住期間之計算，自戶籍遷入登記之日起算」。

二、消極資格

（一）排除特定情形

　　本法 §13 規定「有下列情形之一者，不得被選任為國民法官、備位國民法官：一、褫奪公權，尚未復權。二、曾任公務人員而受免除職務處分，或受撤職處分，其停止任用期間尚未屆滿。三、現任公務人員而受休職、停職處分，其休職、停職期間尚未屆滿。四、人身自由依法受拘束中。五、因案經檢察官提起公訴或聲請以簡易判決處刑，或經自訴人提起自訴，尚未判決確定。六、曾受有期徒刑以上刑之宣告確定。七、受有期

徒刑以上刑之宣告確定，現於緩刑期內或期滿後未逾二年。八、於緩起訴期間內，或期滿後未逾二年。九、受觀察勒戒或戒治處分，尚未執行，或執行完畢未滿二年。十、受監護或輔助宣告，尚未撤銷。十一、受破產宣告或經裁定開始清算程序，尚未復權」。

（二）排除特定職業

　　本法 §14 規定「下列人員，不得被選任為國民法官、備位國民法官：一、總統、副總統。二、各級政府機關首長、政務人員及民意代表。三、政黨黨務工作人員。四、現役軍人、警察。五、法官或曾任法官。六、檢察官或曾任檢察官。七、律師、公設辯護人或曾任律師、公設辯護人。八、現任或曾任教育部審定合格之大學或獨立學院專任教授、副教授或助理教授，講授主要法律科目者。九、司法院、法務部及所屬各機關之公務人員。十、司法官考試、律師考試及格之人員。十一、司法警察官、司法警察。十二、未完成國民教育之人員」。

　　於實施國民參與審判之模擬法庭時，曾有 69 歲之 A，僅完成國小教育，其是否得被選認為國民法官？檢方認為民國 57 年度前之實施之國民基本教育為六年，故而 A 已完成國民教育，因此得被選任為國民法官；但評論員認為既然國民法官法是近期方訂立且應符合現在國民教育水準之期待，應以現代之國民基本教育之標準為主，故而 A 不得被選任為國民法官。本書認本條之立法理由為國民法官、備位國民法官參與刑事審判，須當庭聽審，故仍須具有相當之學歷或同等學力者，方能勝任，參酌日本裁判員法亦就裁判員設有學歷之限制，並衡酌我國目前教育普及情形，與國民對國民法官、備位國民法官素質之期望，而本法 §15 並非硬性規定「不應」被選任為國民法官，且為符合本法 §1 立法目的，應得使 A 被選任為國民法官。但建議於詢問國民法官之程序時，實質詢問過程中考量 A 是否得以勝任國民法官。前開問題將來可能因本法 §16「年滿七十歲以上者，得拒絕被選任為國民法官、備位國民法官」而不再成為爭議。

（三）排除特定關係

本法 §15 規定「下列人員，不得就行國民參與審判之案件被選任為國民法官、備位國民法官：一、被害人。二、現為或曾為被告或被害人之配偶、八親等內之血親、五親等內之姻親或家長、家屬。三、與被告或被害人訂有婚約。四、現為或曾為被告或被害人之法定代理人、輔助人。五、現為或曾為被告或被害人之同居人或受僱人。六、現為或曾為被告之代理人、辯護人或輔佐人或曾為附帶民事訴訟當事人之代理人、輔佐人。七、現為或曾為告訴人、告訴代理人、告發人、證人或鑑定人。八、曾參與偵查或審理者。九、有具體事證足認其執行職務有難期公正之虞」。

第三節　國民法官之拒卻

本法 §16 規定「I 有下列情形之一者，得拒絕被選任為國民法官、備位國民法官：一、年滿七十歲以上者。二、公立或已立案私立學校之教師。三、公立或已立案私立學校之在校學生。四、有重大疾病、傷害、生理或心理因素致執行國民法官、備位國民法官職務顯有困難。五、執行國民法官、備位國民法官職務有嚴重影響其身心健康之虞。六、因看護、養育親屬致執行國民法官、備位國民法官職務顯有困難。七、因重大災害生活所仰賴之基礎受顯著破壞，有處理為生活重建事務之必要時。八、因生活上、工作上、家庭上之重大需要致執行國民法官、備位國民法官職務顯有困難。九、曾任國民法官或備位國民法官未滿五年。十、除前款情形外，曾為候選國民法官經通知到庭未滿一年。II 前項年齡及期間之計算，均以候選國民法官通知書送達之日為準」。

第四節　選任程序

　　準備程序終結後，將進行國民法官的選任程序。本法 §25 規定「I 國民法官選任程序，不公開之；非經檢察官、辯護人到庭，不得進行。II 法院為續行國民法官選任程序，經面告以下次應到之日、時、處所，及不到場之處罰，並記明筆錄者，與已送達通知有同一之效力」。

　　國民法官的篩選流程是依據地方政府的大水庫、地方法院審核小組的中水庫、承審法院合議庭的小水庫，產生初選名冊、複選名冊、候選名冊，再由合議庭於選任期日依程序詢問、拒卻、抽選。

一、隨機抽選

　　本法 §17 規定「I 地方法院應於每年九月一日前，將所估算之次年度所需備選國民法官人數，通知管轄區域內之直轄市、縣（市）政府。II 前項之直轄市、縣（市）政府應於每年十月一日前，自地方法院管轄區域內具有第十二條第一項之資格者，以隨機抽選方式選出地方法院所需人數之備選國民法官，造具備選國民法官初選名冊，送交地方法院。III 前項備選國民法官初選名冊之製作及管理辦法，由司法院會同行政院定之」。

二、審核複選

　　本法 §18 規定「各地方法院應設置備選國民法官審核小組，院長或其指定之人為當然委員兼召集人，其餘委員五人由院長聘任下列人員組成之：一、該地方法院法官一人。二、該地方法院對應之檢察署檢察官一人。三、該地方法院管轄區域內之直轄市、縣（市）政府民政局（處）長或其指派之代表一人。四、該地方法院管轄區域內律師公會推薦之律師代表一人；管轄區域內無律師公會者，得由全國律師聯合會推薦之。五、前款以外之該地方法院管轄區域內之學者專家或社會公正人士一人」。

　　6 人審核小組之職權以及審查程序，依本法 §19 規定「I 備選國民法官審核小組之職權如下：一、審查直轄市、縣（市）政府製作之備選國民法官初選名冊是否正確。二、審查備選國民法官有無第十三條或第十四條所定情形。三、造具備選國民法官複選名冊。II 備選國民法官審核小組為前項審查之必要，得蒐集資料及調查，相關資料保管機關應予配合。III 前二項備選國民法官審核小組審查程序、蒐集資料與調查方法及其他職權行使事項之辦法，由司法院定之。IV 備選國民法官審核小組委員及其他參與人員因執行職務所知悉之個人資料，應予保密」。

　　複選名冊完成後，應依本法 §20 的規定「地方法院於備選國民法官複選名冊造具完成後，應以書面通知名冊內之各備選國民法官」。使國民法官或備位國民法官有心理建設或生活規劃。

三、個案抽選

　　本法 §21 規定「I 行國民參與審判之案件，於審判期日之訴訟程序前，法院應自備選國民法官複選名冊中，以隨機抽選方式選出該案所需人數之候選國民法官，並為必要之調查，以審核其有無不具第十二條第一項所定資格，或有第十三條至第十五條所定情形而應予除名。II 前項情形，如候選國民法官不足該案所需人數，法院應依前項規定抽選審核補足之」。

四、到庭選任（選任期日）

（一）通知候選國民法官到庭及調查表審核

　　本法 §22 規定「I 法院應於國民法官選任期日三十日前，以書面通知候選國民法官於選任期日到庭。II 前項通知，應併檢附國民參與審判制度概要說明書、候選國民法官調查表；候選國民法官應就調查表據實填載之，並於選任期日十日前送交法院。III 前項說明書及調查表應記載之事

項，由司法院定之。IV 法院於收受第二項之調查表後，應為必要之調查，如有不具第十二條第一項所定資格，或有第十三條至第十五條所定情形，或有第十六條所定情形且經其陳明拒絕被選任者，應予除名，並通知之」。

（二）當事人及辯護人之通知到庭及送交名冊檢閱

本法 §23 規定「I 法院應於國民法官選任期日二日前，將應到庭之候選國民法官名冊，送交檢察官及辯護人。II 法院為進行國民法官選任程序，應將應到庭之候選國民法官之調查表，提供檢察官及辯護人檢閱。但不得抄錄或攝影」。以避免調查表內的國民法官個人資料外洩。

本法 §24 規定「I 國民法官選任期日，法院應通知當事人及辯護人。II 被告於選任期日得不到場。法院認為不適當者，亦得禁止或限制被告在場」。若被告到場後如有不適當之行為，或其在場可能使候選國民法官有心理壓力而無法自由陳述等情形時，法院自得認為被告在場不適當，而禁止或限制被告在場（所謂「限制」，自包括隔離被告與候選國民法官，但利用視訊傳送或其他適當隔離方式，讓被告可以與聞對候選國民法官詢問及其陳述之內容。

本法 §25 規定「I 民法官選任程序，不公開之；非經檢察官、辯護人到庭，不得進行。II 法院為續行國民法官選任程序，經面告以下次應到之日、時、處所，及不到場之處罰，並記明筆錄者，與已送達通知有同一之效力」。

（三）詢問候選國民法官

本法 §26 規定「I 法院為踐行第二十七條之程序，得隨時依職權或檢察官、辯護人之聲請，對到庭之候選國民法官進行詢問。II 前項詢問，經法院認為適當者，得由檢察官或辯護人直接行之。III 前二項之詢問，法院得視情形對候選國民法官之全體、部分或個別為之，且不以一次為限。IV 候選國民法官對於第一項、第二項之詢問，不得為虛偽之陳述；非有正當理由，不得拒絕陳述。V 候選國民法官不得洩漏因參與選任期日而知悉之

秘密。VI 法院應於第一次詢問前，告知候選國民法官前二項義務及違反之法律效果」。

　　為使選任期日之進行得兼顧效率及確實挑選出公正行使審判職務之國民法官、備位國民法官，法院得依照個案具體需要以及詢問內容之性質，對候選國民法官全體或個別進行詢問或採分組詢問方式為之，並且並不以一次為限。例如候選國民法官得否全程參與審理程序等僅一般性事項，可於程序開始，即對全體候選國民法官進行詢問，涉及候選國民法官隱私之事項，可以個別詢問方式為之。又法院如採本法 §29 所定方式進行抽選者，得對全體候選國民法官中認為有必要進行詢問者詢問後再行抽籤；如採本法 §30 所定方式進行抽選者，則係於抽籤以後再對已抽出且編定序號之候選國民法官進行詢問，法院依本法 §30II 規定反覆為多次抽籤情形，並得於每輪次之抽籤後進行詢問。

　　此外，國民參與審判制度概要說明書及候選國民法官調查表應記載事項準則，其 §6(2) 規定了在制度說明書及調查表之記載中不得有不當刺探心證的問題，所謂「不當」並未有明確的定義。本書認為，建立於前開準則之前提下，檢辯雙方聲請個別詢問無非是要篩選對己方有利之國民法官，但詢問的題目中若提及過多跟本案有關事實或相類似之事實，即便不是要刺探心證，仍應有造成法官或國民法官預斷之問題。不過，本書認為「不得不當刺探心證」不僅缺乏理論依據，且檢辯雙方針對對己方不利之國民法官也會以附理由或不附理由方式拒卻，從而正本清源之方法，應以詢問之問題是否會造成國民法官偏見為禁止之核心。

（四）法院依職權或依聲請而裁定不選任

1. 不具備積極資格與具備消極資格

　　本法 §27I 規定「候選國民法官不具第十二條第一項所定資格，或有第十三條至第十五條所定情形，或違反第二十六條第四項規定者，法院應依職權或當事人、辯護人之聲請，裁定不選任之。但辯護人依第十五條第九款所為之聲請，不得與被告明示之意思相反」。

2. 違反真實陳述義務

本法 §26 規定「I 法院為踐行第二十七條之程序，得隨時依職權或檢察官、辯護人之聲請，對到庭之候選國民法官進行詢問。II 前項詢問，經法院認為適當者，得由檢察官或辯護人直接行之。III 前二項之詢問，法院得視情形對候選國民法官之全體、部分或個別為之，且不以一次為限。IV 候選國民法官對於第一項、第二項之詢問，不得為虛偽之陳述；非有正當理由，不得拒絕陳述。V 候選國民法官不得洩漏因參與選任期日而知悉之秘密。VI 法院應於第一次詢問前，告知候選國民法官前二項義務及違反之法律效果」。

3. 陳明得拒絕被選任之事由

本法 §27II 規定「法院認候選國民法官有第十六條第一項所定情形，且經其陳明拒絕被選任者，應為不選任之裁定」。也就是為尊重其意願，必須經過候選國民法官陳明拒絕備選任，始為不選任之裁定。

4. 不附理由拒卻

本法 §28「I 檢察官、被告與辯護人，於前條所定程序後，另得不附理由聲請法院不選任特定之候選國民法官。但檢察官、被告與辯護人雙方各不得逾四人。II 辯護人之聲請，不得與被告明示之意思相反。III 雙方均提出第一項聲請者，應交互為之，並由檢察官先行聲請。IV 法院對於第一項之聲請，應為不選任之裁定」。

為期受選任之國民法官均能符合公正、客觀之要求，避免檢察官、被告或辯護人認有偏頗之虞之候選國民法官受選任為國民法官，於國民法官選任程序採行不附理由拒卻制度，並斟酌國民法官、備位國民法官之人數，給予雙方各 4 人額度之不附理由拒卻權，法院於本法 §27 所定程序後，對於此一聲請，即應裁定不選任該候選國民法官為國民法官，且法院依不附理由拒卻聲請所為不選任裁定，應不得抗告（本法 §32 規定參照）。又所謂雙方當事人，係指檢察官為一方，被告及辯護人為另一方，各方得不附理由聲請法院不選任特定候選國民法官之額度以至多不逾 4 人為限，倘僅聲請一、二人，甚至完全不聲請者，自無不許之理。

　　為期雙方當事人均能平等行使此權利，當雙方都提出該聲請時，應交互為之，並由檢察官先行聲請。所謂交互為之，例如檢察官先聲請一人，即應由被告及辯護人聲請另一人，再由檢察官聲請一人（額度內之第二人），以此方式交互聲請之意。而當其中一方已不再提出聲請者，他方仍得於法定人數內聲請完畢。

　　本書認為不附理由拒卻，容易使檢辯雙方基於個人好惡、宗教、種族等而拒卻，長久以來將侵蝕憲法賦予人民之平等權，從而不附理由拒卻仍應以憲法 §7 為內部界線。甚至，有文獻認為[3]應借鏡美國法，當一方行使不附理由拒絕權，應賦予他方即時異議權並負舉證責任，證明對方是因為國民法官候選人之性別、宗教、種族、階級、黨派而行使不附理由拒卻權。

（五）抽選程序

　　本法 §29 規定「I 法院應於踐行前二條之程序後，自到庭且未受不選任裁定之候選國民法官中，以抽籤方式抽選六名國民法官及所需人數之備位國民法官。II 備位國民法官經選出後，應編定其遞補序號」。§30 規定「I 除依前條之抽選方式外，法院認有必要且經檢察官、辯護人同意者，得先以抽籤方式自到庭之候選國民法官中抽出一定人數，對其編定序號並為第二十七條、第二十八條之不選任裁定。經抽出且未受裁定不選任者，依序號順次定為國民法官、備位國民法官至足額為止。II 法院為選出足額之國民法官及備位國民法官，得重複為前項之程序。III 前條第二項規定，於前二項之情形準用之」。§31 規定「無足夠候選國民法官可受抽選為國民法官或備位國民法官時，法院不得逕行抽選部分國民法官或備位國民法官，應重新踐行選任程序」。

---

[3]　蔡羽玄，重新思考國民法官之不附理由拒絕權，廖建瑜等，解讀國民法官法（上），2023 年 3 月，頁 155。

（六）救濟

本法 §32 規定「關於選任程序之裁定，不得抗告」。立法理由指出，為期被選任之國民法官均符合法定資格，避免因資格爭議影響公平法院之形象，或造成程序之中斷、拖延，從而對於特定候選國民法官是否符合本法 §12I 之資格，或有 §13～§16 所定情形，自宜充分尊重法院之認定。又關於選任程序進行方式法院所為之相關裁定，例如法院不選任特定候選國民法官之裁定、駁回不選任聲請之裁定，以及（不）依檢察官或辯護人之聲請詢問候選國民法官等，其性質上亦屬法院於判決前就訴訟程序相關事項之處理，參酌刑事訴訟法 §404I 之法理，亦以不得單獨爭執就該等程序裁定為宜。至於當事人依本法 §27 規定附理由聲請法院不選任特定候選人，經法院駁回者，固然可能涉及對於對特定候選國民法官得否公平審判之爭議，惟國民法官或備位國民法官經選出後，如發現欠缺本法 §12 所定資格，或有本法 §13～§15 之事由者，當事人、辯護人、輔佐人本即得依法聲請法院裁定解任，如聲請經法院駁回者，尚得依法救濟，是自無在選任程序階段就讓當事人爭執法院所為裁定之必要性。

第五節　解任與辭職

壹、裁定解任

本法 §35 規定「I 國民法官、備位國民法官有下列情形之一者，法院應依職權或當事人、辯護人、輔佐人之書面聲請，以裁定解任之：一、不具第十二條第一項所定資格，或有第十三條至第十五條所定情形。二、未依本法規定宣誓。三、於選任程序受詢問時為虛偽之陳述，足認其繼續執行職務已不適當。四、未依本法規定全程參與審判期日之訴訟程序、參與終局評議，足認其繼續執行職務已不適當。五、不聽從審判長之指揮，致妨害審判期日之訴訟程序或終局評議之順暢進行，足認其繼續執行職務已

不適當。六、為有害司法公正信譽之行為或洩漏應予保密之事項，足認其繼續執行職務已不適當。七、其他可歸責於國民法官、備位國民法官之事由，足認其繼續執行職務不適當。八、因不可抗力事由致不能或不宜執行職務。II 法院為前項裁定前，應聽取當事人、辯護人及輔佐人之意見，並予該國民法官或備位國民法官陳述意見之機會；其程序，不公開之。III 第一項之裁定，當事人、辯護人或輔佐人得聲請撤銷並更為裁定。IV 前項之聲請，由同法院之其他合議庭裁定，於程序終結前，應停止訴訟程序。V 前項裁定，應即時為之；認為聲請有理由者，應撤銷原裁定並自為裁定。VI 第四項裁定，不得抗告」。

　　國民法官違反本法 §9II、III 之公平審判義務、守密義務，固然於本法 §35I(6) 定有解任的明文。但若違反本法 §9I 之獨立審判義務是否應解任國民法官職務，尚有疑義，本書認為，若國民法官於宣誓後，審判長於第一次審判期日前向國民法官告知不得自行蒐集與本案有關的新聞、研究與案情有關的事實與法律問題，或與他人交流，國民法官又違反前開告知內容，則應以本法 §35I(5) 裁定解任。若審判長漏未告知前開事項，則以本法 §36I(7) 裁定解任。

　　若國民法官於審理期間使用手機，利用社群軟體與他人討論案情，應屬足認其繼續執行職務已不適當，惟若遭發現後隨即將相關訊息或貼文刪除，國民法官使用手機之行為已有隱私性，甚至亦有言論自由權，國民法官得否以此拒絕裁定解任之調查？似乎於現行法上無明確規定，建議未來修法具體規定如何處理。

貳、聲請辭職

　　本法 §36 規定「I 國民法官、備位國民法官於受選任後有第十六條第一項第四款至第八款情形之一，致繼續執行職務顯有困難者，得以書面向法院聲請辭去其職務。II 法院認前項聲請為無理由者，應裁定駁回之；認為有理由者，應裁定解任之。III 前項裁定，不得抗告」。

參、遞補與重選

　　若因前開事由而使國民法官產生空缺時，本法 §37 規定「I 國民法官、備位國民法官因前二條之規定解任者，國民法官所生缺額，由備位國民法官依序遞補之；備位國民法官所生缺額，由序號在後之備位國民法官遞補之。II 無備位國民法官可遞補國民法官缺額時，法院應重新踐行選任程序補足之」。

第六節　保護措施

壹、不得為職務上不利益之處分

　　本法 §39 規定「國民法官、備位國民法官於執行職務期間，或候選國民法官受通知到庭期間，其所屬機關（構）、學校、團體、公司、廠場應給予公假；並不得以其現任或曾任國民法官、備位國民法官或候選國民法官為由，予以任何職務上不利之處分」。

貳、不得揭露國民法官個資

　　本法 §40 規定「I 除有特別規定者外，任何人不得揭露個人資料保護法第二條第一款所定屬於國民法官、備位國民法官或候選國民法官之個人資料。II 國民法官、備位國民法官或候選國民法官個人資料保護之方式、期間、範圍、處理及利用等事項之辦法，由司法院會同行政院定之」。

參、限制任何人與國民法官接觸

本法 §41 規定「I 任何人不得意圖影響審判，而以任何方式與國民法官、備位國民法官或候選國民法官接觸、聯絡。II 任何人不得向現任或曾任國民法官、備位國民法官或候選國民法官之人，刺探依法應予保密之事項」。

肆、保護措施

本法 §42 規定「法院得依職權或當事人、辯護人、輔佐人、國民法官或備位國民法官之聲請，對國民法官、備位國民法官，予以必要之保護措施」。

第六章　宣誓程序與審前說明程序

　　國民法官應表明會依法公正、誠實的審理案件，此為國民法官任務的開始。故本法§65規定「I國民法官、備位國民法官於第一次審判期日前，應行宣誓。II備位國民法官經遞補為國民法官者，應另行宣誓。III前二項宣誓之程序、誓詞內容及筆錄製作等事項之辦法，由司法院定之」。

　　審前說明程序由審判長向國民法官說明法律原則及審判程序，從而本法§66規定「I審判長於前條第一項之程序後，應向國民法官、備位國民法官說明下列事項：一、國民參與審判之程序。二、國民法官、備位國民法官之權限、義務、違背義務之處罰。三、刑事審判之基本原則。四、被告被訴罪名之構成要件及法令解釋。五、審判期日預估所需之時間。六、其他應注意之事項。II審判期日之訴訟程序進行中，國民法官、備位國民法官就前項所定事項有疑惑者，得請求審判長釋疑」。

　　國民法官、備位國民法官並非法律上專業人士，復不得事先接觸卷宗及證物，為使國民法官、備位國民法官能迅速掌握審判期日訴訟程序進行之時程與順序、自身權限與義務、刑事審判之基本原則（如自由心證原則、證據裁判原則及無罪推定原則）、被告被訴罪名之構成要件及法令解釋、審判程序預估所需之時間，以達成實質參與之目的，審判長自應於第一次審判期日前，向國民法官說明上述事項，亦應向國民法官說明心理學層面之理論，例如從眾效應、團體迷思、權威效應等。

　　又此處之說明不論係於選任期日選出國民法官、備位國民法官後進行，或於審判期日開始前進行，在場之檢察官、辯護人均得見聞，以充分明瞭審判長於審前向國民法官、備位國民法官說明之內容。

第七章　審判程序

第一節　審判開始

　　審判程序開始依序由書記官朗讀案由（刑事訴訟法§285）、人別訊問、檢察官陳述起訴要旨（刑事訴訟法§286）、審判長權利告知（刑事訴訟法§287）、被告及辯護人答辯。

第二節　開審陳述

　　刑事訴訟法並無此規定，檢察官陳述起訴要旨後，由檢察官及辯護人進行開審陳述，亦即說明舉證計畫，雙方以大綱式的方式說明接下來的程序以何種證據依序證明各自的主張、待證事實，從而開審陳述類似於在說明為何要聲請調查證據。開審陳述後審判長說明準備程序整理爭點的結果以及調查證據的範圍、次序及方法。

壹、檢方之開審陳述

　　本法§70I規定「檢察官於刑事訴訟法第二百八十八條第一項之調查證據程序前，應向國民法官法庭說明經依第四十七條第二項整理之下列事項：一、待證事實。二、聲請調查證據之範圍、次序及方法。三、聲請調查之證據與待證事實之關係」。

　　開審陳述範例：

待證事實	A 故意用原子筆殺 B	
聲請調查證據之範圍、次序及方法		證據與待證事實之關聯性
	提示物證：原子筆一枝	本案之原子筆的危險性 請注意：原子筆的材質、筆尖的鋒利度
	調查書證：診斷證明書乙份	被害人所受之傷勢 請注意：被害人傷勢位置
	詰問人證：法醫	被害人所受之傷勢嚴重性 請注意：被害人傷勢位置與死亡的機率

貳、辯方之開審陳述

本法 §70II 規定「被告、辯護人主張待證事實或聲請調查證據者，應於檢察官為前項之說明後，向國民法官法庭說明之，並準用前項規定」。

開審陳述範例：

待證事實	A 過失用原子筆傷害 B 致其死亡	
聲請調查證據之範圍、次序及方法		證據與待證事實之關聯性
	調查書證：被告的日記	A 深愛且呵護 B 請注意：A 與 B 平日相處狀況以及 A 對 B 的情感
	詰問人證：A 與 B 的房東	A 與 B 案發前之相處狀況 請注意：A 與 B 之友好程度

第三節　當事人自主調查證據

壹、概述

當事人自主調查證據是指由檢察官及辯護人在法庭內展現可證明自己主張的證據（證人、鑑定人、書證、物證）。

基於公平法院之精神，在當事人主導證據調查之刑事訴訟審理程序下，身為審判者之法院，應立於公正超然的立場聽取檢辯雙方之主張及所提出證據之內容，於斟酌全部證據及主張後，再作成綜合評價及判斷。是以有必要由法院貫徹超然、中立立場指揮訴訟程序進行，由檢察官、辯護人善盡對審判者之主張與說服責任，亦即先於「開審陳述」闡明待證事項與舉證之計畫，使審判者掌握證據與待證事實之整體輪廓，再於「調查證據程序」主動積極出證、說明證據內容，最後於「論告及辯論程序」中，立基於調查證據程序之成果完整論述主張。

貳、證據調查方式

一、證人、鑑定人

本法 §73 規定「I 當事人、辯護人聲請傳喚之證人、鑑定人、通譯，於審判長為人別訊問後，由當事人、辯護人直接詰問之。國民法官、備位國民法官於證人、鑑定人、通譯經詰問完畢，得於告知審判長後，於待證事項範圍內，自行或請求審判長補充訊問之。II 國民法官、備位國民法官於審判長就被訴事實訊問被告完畢，得於告知審判長後，就判斷罪責及科刑之必要事項，自行或請求審判長補充訊問之。III 國民法官、備位國民法官於被害人或其家屬陳述意見完畢，得於告知審判長後，於釐清其陳述意旨之範圍內，自行或請求審判長補充詢問之。IV 審判長認國民法官、備位國民法官依前三項所為之訊問或詢問為不適當者，得限制或禁止之」（參考刑事訴訟法 §166I 訂定）。

為貫徹當事人進行及直接審理原則之精神，審判期日應先由當事人、辯護人依刑事訴訟法 §163I 規定詰問被告後，始由審判長依刑事訴訟法 §288 規定就被訴事實訊問被告。又於審判長訊問被告後，國民法官、備位國民法官如就涉及判斷罪責及科刑之必要事項仍有疑問時，自得許其自行或請求審判長補充訊問之，以釐清事實。

　　實務上鑑定人僅會針對囑託鑑定的法院或檢察官所提出的鑑定問題答覆，即使鑑定人發現鑑定問題以外的其他更重要且與本件有關之問題，也不會主動告知院檢，從而訊問鑑定人前，法官必須對於相關的背景知識有所理解，方能有效與國民法官溝通以及介紹相關知識背景。

二、書證、物證

　　物證、書證原則上由當事人聲請調查，例外由法官職權調查，法官職權調查僅屬於補充性質。

（一）文書證據與準文書

　　本法 §74 規定「I 當事人、辯護人聲請調查之筆錄及其他可為證據之文書，由聲請人向國民法官法庭、他造當事人、辯護人或輔佐人宣讀。II 前項文書由法院依職權調查者，審判長應向國民法官法庭、當事人、辯護人或輔佐人宣讀。III 前 1 項情形，經當事人及辯護人同意，且法院認為適當者，得以告以要旨代之。IV 第一項及第二項之文書，有關風化、公安或有毀損他人名譽之虞者，應交國民法官法庭、當事人、辯護人或輔佐人閱覽，不得宣讀；如當事人或辯護人不解其意義者，並應由聲請人或審判長告以要旨」。

　　本法 §75 規定「I 前條之規定，於文書外之證物有與文書相同之效用者，準用之。II 錄音、錄影、電磁紀錄或其他相類之證物可為證據者，聲請人應以適當之設備，顯示聲音、影像、符號或資料，使國民法官法庭、他造當事人、辯護人或輔佐人辨認或告以要旨。III 前項證據由法院依職權調查者，審判長應以前項方式使國民法官法庭、當事人、辯護人或輔佐人辨認或告以要旨」。

　　刺激性證據的調查為調查程序中之重要一部，所謂刺激性證據規定於國民法官法施行細則 §119「調查之證據包含暴力、血腥、色情、猥褻之內容，而有致國民法官、備位國民法官無法理性判斷之疑慮者，審判長得

依職權或當事人、辯護人之聲請，為以下之處理：一、由審判長自行或請聲請人於調查該證據前先行說明證據之性質，並提醒國民法官、備位國民法官注意。二、不使用法庭大型螢幕呈現證據或採取其他適當之證據調查方式。三、於調查前後認有必要時，暫休庭給予國民法官、備位國民法官請求釋疑或休息之機會；並得聽取國民法官、備位國民法官之意見。四、其他適當之必要措施。」固然對於國民法官有照料義務，然不應單純以刺激性證據的調查程序中可能造成國民法官過大的精神負擔為理由即未調查刺激性證據或者以其他替代性證據調查，因此仍應考量刺激性證據是否會引起國民法官預斷、偏見之高度風險。至於是否准予調查刺激性證據，有認為[1] 應考量證據價值、是否得以其他證據替代、展現方式是否降低證據風險、證據價值與證據風險衡量，若證據價值大於證據風險，則不應要求檢方提出較不具刺激性之替代證據。

然本書認應進一步說明，尚未出證前，該刺激性證據之僅有檢辯雙方得以衡量，法院若要求調整調查方式亦有難度（多數成為檢辯雙方之君子之約），又刺激性證據通常亦與法醫師之交互詰問程序相關，法醫師若基於明確說明而提示更加刺激性之證據，提示當下法官早已見到該證據，更難以於審判期日即時避免，因此宜由傳喚法醫師一方先行與其面談溝通，若該證據將使法官無從理性判斷或重大影響被害人家屬之情緒，則應調整提示方式，然國民法官施行細則草案第 151 條之證人面談規範已被刪除，鑑定人之面談亦隨同無跡可尋，未來仍有規範之必要。至於實務上有出現過出證的刺激性證據逾越準備程序之範圍，然出證於審判期日時造成法官情感上衝擊而無從理性判斷，則恐怕非由職業法官向國民法官說明而得以阻卻影響心證。

---

[1] 張羿正，國民法官中刺激證據之調查，月旦裁判時報，第 141 期，2024 年 3 月，頁 101。

（二）物證

　　本法 §76規定「I當事人、辯護人聲請調查之證物，由聲請人提示予國民法官法庭、他造當事人、辯護人或輔佐人辨認。II法院依職權調查之證物，審判長應提示予國民法官法庭、當事人、辯護人或輔佐人辨認。III前二項證物如係文書而當事人或辯護人不解其意義者，並應由聲請人或審判長告以要旨」。

參、對證明力表示意見

　　本法 §77規定「I當事人、辯護人或輔佐人得於個別證據調查完畢後請求表示意見。審判長認為適當者，亦得請當事人、辯護人或輔佐人表示意見。II審判長應於證據調查完畢後，告知當事人、辯護人或輔佐人得對證據證明力表示意見」。

　　證據調查程序之進行方式，既改由檢、辯雙方自行出證，包含人證、書證、物證之調查均不再由審判長主導，則對於證據證明力之意見，亦應由當事人、辯護人或輔佐人自行決定是否個別或一併表示，毋庸由審判長於個別證據提示完畢以後，再依刑事訴訟法 §288-11逐一詢問當事人是否表示意見。至於訴訟參與人及其代理人表示證據證明力意見之權利，則應依本法 §4適用刑事訴訟法 §455-46規定為之。

　　又本條規範意旨係為簡化證據調查程序，以貫徹由當事人、辯護人或輔佐人自主調查證據之精神，並非由當事人、辯護人或輔佐人在證據調查階段即提前進行本案之論告與辯論，是以審判長宜適當闡明並告知當事人、辯護人或輔佐人係對於提出於法庭上之證據表示意見，而非綜合全部證據資料辯論之意旨，以避免程序重複、冗長，造成國民法官不必要之負擔。

肆、證據調查完畢後之立即提出

　　國民參與審判案件雖採卷證不併送為原則，惟為防止當事人自行保管證據有散逸或滅失之風險，次及為便於將來上訴審之審查，依本法行審判程序之案件，當事人等所提出之證據仍以由法院保管為原則，從而本法§78規定「依第七十四條至第七十六條所定程序調查之證據調查完畢後，應立即提出於法院。但經法院許可者，得僅提出複本」。

第四節　言詞辯論

　　在言詞辯論程序中，檢察官、辯護人分別辯論被告有無罪、涉犯何罪、如何科刑進行辯論，亦應給予告訴人、被害人或其家屬就科刑陳述意見的機會，在被告最後陳述後宣示辯論終結（刑事訴訟法§290參照）。從而本法§79規定「I 調查證據完畢後，應命依下列次序就事實及法律分別辯論之：一、檢察官。二、被告。三、辯護人。II 前項辯論後，應命依同一次序，就科刑範圍辯論之。於科刑辯論前，並應予到場之告訴人、被害人或其家屬或其他依法得陳述意見之人，就科刑範圍表示意見之機會。III 已依前二項辯論者，得再為辯論，審判長亦得命再行辯論」。

第五節　更新審判

　　本法§80規定「I 參與審判之國民法官有更易者，除第三十七條第一項之情形外，應更新審判程序，新任國民法官有疑惑者，得請求審判長釋疑。II 前項審判程序之更新，審判長應斟酌新任國民法官對於爭點、已經調查完畢證據之理解程度，及全體國民法官與備位國民法官負擔程度之均衡維護」。

　　國民法官如因解任、准予辭任而有更易者，為期遞補之國民法官能理解本案之爭點及已經調查之證據內容，以實現直接審理原則之宗旨，除遞補之國民法官係自備位國民法官中依序遞補者，因該遞補之國民法官先前業以備位國民法官之身分參與審判，無庸更新審判程序外，其餘情形，如依本法 §37II 之規定補充選任國民法官者，自均應更新審判程序。

第八章　終局評議

　　終局評議指國民法官法庭於辯論終結後，由法官與國民法官就事實之認定、法律之適用及科刑共同討論、表決之程序。現行刑事訴訟法並未對科刑資料進行調查及辯論[1]，不過國民參與審判案件審理計畫準則§16已有規定：「法院宜分別調查與罪責相關之證據及被告科刑資料，並應於審理計畫中載明各證據調查程序之性質、次序及預定起迄時間。」本書建議未來法院應將罪責證據與科刑資料分別調查。

第一節　終局評議時點

　　國民參與審判之終局評議接續於辯論終結後即時行之，最能反映國民法官經審判期日之訴訟程序參與證據調查及言詞辯論後所得之心證，並減少國民法官之負擔及受外界干擾之機會，從而本法§81規定「終局評議，除有特別情形外，應於辯論終結後，即時行之」。所謂特別情形，例如辯論終結後時間已晚，或遭遇地震、颱風、水患、法官或國民法官突罹重病，致不能進行終局評議等不可抗力之因素等。

　　又本法§84規定「終局評議於當日不能終結者，除有特別情形外，應於翌日接續為之」。所謂特別情形，例如翌日為例假日，或翌日遭遇地震、颱風、水患，或法官、國民法官因突罹重病，致不能繼續參與終局評議等不可抗力之因素等。

第二節　終局評議方式

　　終局評議必須由法官與國民法官全程共同為之，且有自主陳述意見及充分討論的機會，必要時審判長應向國民法官說明，亦應就事實法律科刑

---

[1] 大法官釋字第755號參照。

有個別陳述意見，從而本法 §82 規定「I 終局評議，由國民法官法庭法官與國民法官共同行之，依序討論事實之認定、法律之適用與科刑。II 前項之評議，應由法官及國民法官全程參與，並以審判長為主席。III 評議時，審判長應懇切說明刑事審判基本原則、本案事實與法律之爭點及整理各項證據之調查結果，並予國民法官、法官自主陳述意見及充分討論之機會，且致力確保國民法官善盡其獨立判斷之職責。IV 審判長認有必要時，應向國民法官說明經法官合議決定之證據能力、證據調查必要性之判斷、訴訟程序之裁定及法令之解釋。V 國民法官應依前項之說明，行使第一項所定之職權。VI 評議時，應依序由國民法官及法官就事實之認定、法律之適用及科刑個別陳述意見。VII 國民法官不得因其就評議事項係屬少數意見，而拒絕對次一應行評議之事項陳述意見。VIII 旁聽之備位國民法官不得參與討論及陳述意見」。

第三節　評決

評決之票數計算，原則上必須通過一定比例且國民法官及職業法官皆至少有一人同意。

壹、有罪評決

行國民參與審判之案件，均為重大案件，為求慎重，並使國民法官法庭之判決，得同時反映法官之專業意見及國民法官之正當法律感情，故明定認定被告之罪責，須包含法官及國民法官雙方意見在內達三分之二以上之同意，俾使有罪之認定更具超越合理懷疑之正當性，從而本法 §83I 規定「有罪之認定，以包含國民法官及法官雙方意見在內達三分之二以上之同意決定之。未獲該比例人數同意時，應諭知無罪之判決或為有利於被告之認定」。

「有罪之認定」，指法院認定被告成立特定罪名或構成犯罪之要件，至於未能達到此一門檻者，即應對被告為無罪判決或有利之認定。所謂「有利於被告之認定」，例如經共同評議後因未達三分之二以上同意，而認定殺人未遂罪責不成立（無殺人犯意），惟在起訴犯罪事實範圍內，該案仍可能構成其他罪名時（例如傷害罪或重傷害罪等），則仍應繼續評議，而為其他有利之認定。

貳、程序評決

本法 §83II 規定「免訴、不受理或管轄錯誤之認定，以包含國民法官及法官雙方意見在內過半數之同意決定之」。

參、科刑評決之原則與例外

本法 §83III、IV 規定「III 有關科刑事項之評議，以包含國民法官及法官雙方意見在內過半數之意見決定之。但死刑之科處，非以包含國民法官及法官雙方意見在內達三分之二以上之同意，不得為之。IV 前項本文之評議，因國民法官及法官之意見歧異，而未達包含國民法官及法官雙方意見在內之過半數意見者，以最不利於被告之意見，順次算入次不利於被告之意見，至達包含國民法官及法官雙方意見在內之過半數意見為止，為評決結果」。

評議方式應如何進行，本法並未有規定，行國民法官之模擬法庭時大部分評議之方式為職業法官與國民法官以集體評議方式為之。本書認為評議之方式，會因職業法官之權威性而影響國民法官，從而建議宜以先分組討論、後集體評議的方式為之。亦即由個別法官以圓桌會議方式與 2 位國民法官先行討論，且個別法官於程序進行同時應盡照料義務並給予每位國民法官有充分表達意見及想法之機會，而適時變更發言順序，方不致使怯於發表意見之國民法官無從充分表達。

　　所謂有關科刑事項，包括：（一）被告是否構成法律上加重或減輕、免除刑罰事由之認定（例如累犯、過當防衛、自首之成立與否等，或其他屬於刑法總則之加重事項）；（二）在已認定被告有加重或減免刑罰事由前提下，審酌是否予以加重或減免刑罰之決定（例如經認定被告為自首後，審酌是否減輕其刑）；（三）是否依刑法§59酌減刑度之決定；（四）科處主刑與從刑之決定；（五）死刑、無期徒刑或有期徒刑刑度之選擇；（六）給予緩刑與否之決定；（七）定執行刑之輕重（八）易刑處分之標準等事項。

　　關於科處死刑以外之刑，科刑輕重之意見如有歧異，而未達包含國民法官及一名以上法官雙方意見在內之過半數意見者，則應由最不利於被告之意見起，順次算入次不利於被告之意見，達到包含國民法官及一名以上法官雙方意見在內之過半數意見為止，並以該意見作為評決結果。至於死刑之科處，因其屬最重之刑，如於評決時未達包含國民法官及法官雙方意見在內三分之二以上之同意，即不成立，自無以前述方式計算之必要。

　　死刑量刑方面，應該與定罪的證據同樣採取嚴格證明，除非檢察官具體求刑死刑，法官方得將死刑納入量刑之考量，並且檢察官求刑應認識公正公約§6II中所謂「情節最重大之罪」並不包含間接殺人之故意。

第四節　國民法官及法官之保密義務

　　本法§85規定「I國民法官及法官就終局評議時所為之個別意見陳述、意見分布情形、評議之經過，應嚴守秘密。II案件之當事人、辯護人或輔佐人，得於裁判確定後聲請閱覽評議意見。但不得抄錄、攝影或影印。III前項之情形，個人資料保護法第二條第一款所定屬於國民法官之個人資料應予保密，不得供閱覽」。

　　所謂個別意見陳述，係指例如甲法官主張應判處殺人罪，但A國民法官主張應為無罪者；所謂意見分布情形，係指例如有5名國民法官主張

無罪，但一名國民法官主張有罪者；又所謂評議之經過，係指例如 A 國民法官原本主張有罪，但其後又變更見解為無罪者。

　　又案件之當事人、辯護人或輔佐人，於裁判確定後固得聲請閱覽評議意見，惟為周全保障國民法官生命、身體、財產之安全，且使其不致因為將來身分可能被當事人知悉，而無法自由表示意見，減少外界可能干涉國民法官風險，包括姓名在內之國民法官個人資料仍應予以保密。

第九章　宣示判決與判決書之製作

第一節　宣示判決

本法 §86 規定「I 終局評議終結者，除有特別情形外，應即宣示判決。II 宣示判決，應朗讀主文，說明其意義。但科刑判決，得僅宣示所犯之罪及主刑。III 宣示判決，應通知國民法官到庭。但國民法官未到庭，亦得為之。IV 判決經宣示後，至遲應於判決宣示之日起三十日內，將判決書原本交付書記官」。

為避免終局評議終結後，國民法官或法官又更改其意見，甚至另行私下討論評議，致生審判公正性之疑義，故有應即宣判之規定。所謂特別情形，例如評議至深夜，或遭遇地震、颱風、水患致不能按原定時程宣示判決等不可抗力之因素等。

為使宣示之判決得確切表達法院之評議決定，免生無益之紛擾，故宣示判決以朗讀主文並說明其意義為限，刑事訴訟法 §225I「並告以理由之要旨」於此即無適用之餘地。又有罪判決主文之內容，刑事訴訟法 §309 固有明文，惟行國民參與審判之案件，係於終局評議終結後，不待製作判決書，即行宣示判決，時程上甚為緊迫，是就科刑之判決，自得僅宣示當事人、辯護人最重視之所犯之罪及主刑，免滋無益紛擾。

又宣示判決後，國民法官之職務告終，此有本法 §38 規定「有下列情形之一者，國民法官、備位國民法官之職務即告終了：一、宣示判決。二、經依第六條第一項之規定裁定不行國民參與審判確定」。

附帶而論，有學者認為[1]若原審刑事法官接續進行民事審理，得以藉同一程序解決民、刑事爭議，除減輕犯罪被害人訴訟程序之精神痛苦，且可避免不同法院審理矛盾之情形，得以援引日本刑事訴訟程序之「損害賠償命令制度」。而損害賠償命令之審理，應限於同一犯罪事實所生的損害

---

[1]　林裕順，國民法官政策理論與案例研習，元照，2023 年 10 月，頁 97。

賠償，並於刑事終局判決宣告後方得實施。且損害賠償命令的審理，除有特別情形外，原則上應於4次審判期日判終結，若相關民事審理曠日廢時，則移轉民事庭法院進行相關審理。本書認為「損害賠償命令制度」其實與現行實務運作的刑事附帶民事制度高度相似，最大不同點在於前者為院方主動為之，後者為被害人主動為之。

第二節　判決書之製作

　　本法 §87 規定「國民法官法庭宣示之判決，由法官製作判決書並簽名之，且應記載本件經國民法官全體參與審判之旨」。因製作判決書之目的，在於對外界說明法院得心證之理由，並提供上訴審法院審查及外界公評之依據。又為表彰案件行國民參與審判之旨，應於判決書中記載本件經國民法官全體參與審判之旨。

　　本法 §88 規定「有罪之判決書，有關認定犯罪事實之理由，得僅記載證據名稱及對重要爭點判斷之理由」。因行國民參與審判之案件，應落實直接審理、言詞審理等理念，亦即國民法官以眼見耳聞的方式，即能了解當事人、辯護人主張及證據之內容，並據以形成心證。為此，本法於審判程序業已明定相關特別規定，例如採取卷證不併送制度、由當事人主導證據調查程序之進行等，均有助實現充實之第一審審判活動。另於終局評議階段，則有完善之評議規則，以確保國民法官與法官就案件之重要爭點，均能進行充分之意見陳述及討論。在審判與評議程序之相關程序均已臻完善前提下，自宜適度簡化判決書記載之內容，使法官得有更多時間及精力，專注於法庭活動及與國民法官之討論與評議上。是故判決書只要記載「證據名稱」及「對重要爭點判斷之理由」即已合乎本法要求。

第十章　第一審的抗告審

第一節　針對不行國民參與審判之裁定而為抗告

　　本法§6III、IV規定「III第一項裁定，當事人得抗告。抗告中，停止審判。抗告法院應即時裁定，認為抗告有理由者，應自為裁定。IV依第一項規定裁定不行國民參與審判之案件，裁定前已依法定程序所進行之訴訟程序，其效力不受影響」。本法§7規定「I檢察官以被告犯應行國民參與審判之罪與非應行國民參與審判之罪，合併起訴者，應合併行國民參與審判。但關於非應行國民參與審判之罪，法院得於第一次審判期日前，聽取當事人、辯護人及輔佐人之意見後，裁定不行國民參與審判。II前項裁定，當事人得抗告。抗告中，停止審判」。

　　而不行國民參與審判之裁定，經抗告法院裁定後，依刑事訴訟法§415I前段規定，不得再抗告。

第二節　針對證據開示之裁定而為抗告

　　國民法官法採卷證不併送制度，為保障辯方之卷證資訊獲知權且確保檢辯雙方武器平等，於不影響另案偵查、他人隱私或業務秘密、他人生命、身體法益下，檢方與辯方皆有一次性的證據開示義務。若違反者，依本法§57規定「I檢察官、辯護人認他造違反第五十三條、第五十五條規定未開示應開示之證據者，得聲請法院裁定命開示證據。II前項裁定，法院得指定開示之日期、方法或附加條件。III法院為第一項裁定前，應先聽取他造意見；於認有必要時，得命檢察官向法院提出證據清冊，或命當事人、辯護人向法院提出該證據，並不得使任何人檢閱、抄錄、重製或攝影之。IV關於第一項裁定，得抗告。法院裁定命開示證據者，抗告中，停止執行。V抗告法院應即時裁定，認為抗告有理由者，應自為裁定」。經抗告法院裁定後，依刑事訴訟法§415I前段不得再抗告。

第三節　針對罰鍰之裁定而為抗告

本法 §99 規定「候選國民法官有下列情形之一者,得處新臺幣三萬元以下罰鍰:一、明知為不實之事項,而填載於候選國民法官調查表,提出於法院。二、經合法通知,無正當理由而不於國民法官選任期日到場。三、於國民法官選任期日為虛偽之陳述或無正當理由拒絕陳述」。本法 §100 規定「國民法官、備位國民法官拒絕宣誓者,得處新臺幣三萬元以下罰鍰。備位國民法官經遞補為國民法官,拒絕另行宣誓者,亦同」。本法 §101 規定「無正當理由而有下列情形之一者,得處新臺幣三萬元以下罰鍰:一、國民法官不於審判期日或終局評議時到場。二、國民法官於終局評議時,以拒絕陳述或其他方式拒絕履行其職務。三、備位國民法官不於審判期日到場」。本法 §102 規定「國民法官、備位國民法官違反審判長所發維持秩序之命令,致妨害審判期日訴訟程序之進行,經制止不聽者,得處新臺幣三萬元以下罰鍰」。

本法 §103 規定「I 前四條罰鍰之處分,由國民法官法庭之法官三人合議裁定之。II 前項裁定,得抗告」。又刑事訴訟法 §415I(6) 規定「其他非當事人對於所受之裁定抗告者」得提起再抗告。

第四節　針對不得抗告之裁定而為抗告

本法規定不得抗告之裁定,例如選任程序之裁定(本法 §32)、聲請撤銷國民法官解任裁定之裁定(本法 §35),國民法官辭任之裁定(本法 §36)、聲請撤銷檢察官限制閱卷之裁定(本法 §61)、證據能力及調查必要性之裁定(本法 §62)。

若本法未規定得抗告或不得抗告的裁定,依刑事訴訟法 §404I 之規定關於訴訟程序之裁定不得抗告,若仍提出抗告,則不合法律上之程序,依刑事訴訟法 §411 裁定駁回之,但可以補正而未經原審法院命其補正者,審判長應定期間先命補正。

第十一章　第一審的上訴審

第一節　上訴理由之限制

本法 §89 規定「國民法官不具第十二條第一項所定之資格，或有第十三條、第十四條所定情形者，不得為上訴之理由」。因前開所規定之情形，並未顯然有違反公平法院，從而有所限制。

第二節　不得聲請調查新證據為原則

本法 §90 規定「I 當事人、辯護人於第二審法院，不得聲請調查新證據。但有下列情形之一，而有調查之必要者，不在此限：一、有第六十四條第一項第一款（當事人同意且法院認為適當）、第四款（為爭執審判中證人證述內容而有必要者）或第六款（如不許其提出顯失公平者）之情形。二、非因過失，未能於第一審聲請（當事人無可歸責性）。三、於第一審辯論終結後始存在或成立之事實、證據（類似於再審新規性、資料未判斷性[1]）。II 有證據能力，並經原審合法調查之證據，第二審法院得逕作為判斷之依據」。

本法 §64I 前段就當事人、辯護人於準備程序終結後，已規定不得再聲請調查新證據，而刑事訴訟法並無此規定，是依本法於提起第二審上訴後，如仍許當事人、辯護人聲請調查新證據，將失卻國民參與審判落實集中審理之精神。因此，實有必要限制當事人、辯護人於第二審法院聲請調查證據之權限，從而本法 §90 採行續審制。

惟個案如有本法 §64I(1)、(4)、(6) 之情形，或非因過失而未能於第一審聲請，或於第一審辯論終結後始存在或成立之事實、證據，如仍一概不准當事人、辯護人聲請調查證據，實屬過苛。

---

[1] 邱忠義，國民法官參與審判案件，司法周刊，第 2112 期，2022 年 7 月，頁 2-3。

上訴案件固應就原審判決經上訴部分為充分之調查，以檢視原審判決是否有經驗法則或論理法則之違誤。惟具備證據能力且已於原審經合法調查而得作為證據之資料，如再重複依本法§73I、§74、§75及§76等規定進行交互詰問、提示、使辨認、宣讀、告以要旨或交付閱覽等調查人證、書證及物證之程序，非但無助於當事人訴訟權益，更與訴訟經濟有違，而無從實踐有效率之刑事審判，故明定有證據能力，並經原審合法調查之證據，第二審法院得逕作為判斷證明力之依據，毋庸再踐行上開調查程序。惟如原審就證據能力有無之認定有誤，或有證據未經合法調查之情形時，第二審法院自不得將其作為判斷之依據。

本法§90並未明確定義所謂「新證據」，刑事訴訟法§260、§420、§421皆有規定「新證據」，有文獻認為[2]本法所謂的「新證據」，除指被訴事實有關的證據外，尚應包含量刑證據（例如原審判決後和解、賠償之和解書、匯款單），因若不去限制量刑證據的提出，將會使法院於一審集中審理的精神落空。

最高法院111年度國模台上字第1號判決認為「(1)就第一審已經調查過的證據，重新聲請調查者。例如：針對第一審已經交互詰問過的證人，未臻明確為由，聲請在第二審再行調查。因曾顯現於第一審，並不屬於新證據……(2)在第一審曾聲請調查的證據，但被第一審法院認無調查之必要而駁回，以致未調查的證據。因曾顯現於第一審，同不屬於新證據……。換言之，應檢視第一審駁回調查證據之聲請是否正確，若正確，則不予調查；若不正確，仍得予調查」。有文獻認為[3]應以「當事人是否曾經於一審聲請調查」為判準，非而採取「法院是否就該證據為調查」之標準，若曾經聲請調查，不論一審法院是否准許調查、不論一審駁回證據

---

[2]　林臻嫻，論國民法官法案以量刑不當提起第二審上訴之審查，國會季刊，第50卷第4期，2022年12月，頁33-35。

[3]　張永宏，論國民法官二審之證據調查：日本法的借鏡與反思 —— 以臺灣高等法院國民法官上訴審第1場模擬法庭（110年度國模上訴字第1號）為例，廖建瑜等，解讀國民法官法（下），月旦裁判時報，第126期，2023年3月，頁341-343。

調查聲請之裁定是否正確適法,皆非§90之新證據,當事人均可於二審重新聲請調查。亦有相同見解認為[4]若是對於一審以駁回的證據於二審再次聲請調查,因已於一審聲請調查,未妨害一審集中調查,應認為非屬本法§90I之新證據應屬合理。

　　若當事人未於原審審判期日合法提出而加以調查之證據,後於二審聲請調查者,應為新證據,惟應參考日本法上要求「不得已之事由」並考量當事人是否過失及是否有相當合理性判斷,從而過失而未提出時,則不得聲請調查證據[5]。文獻[6]上有對於「不得已之事由」進一步說明,日本學說上有「物理不能說」與「心理不能說」,前者基於嚴格事後審角度,把審理的重點放在第一審,限於當事人不知特定證據存在或雖知特定證據存在,但事實上無法於一審聲請調查證據(例如證人被通緝而所在不明),方可於二審聲請調查,但如果是因為舉證計畫或爭點設定,本於自身判斷而未聲請調查證據,或嗣後撤回聲請調查特定證據,因屬可歸責於當事人,並非不得已之事由,採取此說較符合國民法官法之精神;後者認為限制新證據的調查是為了防止當事人於一審怠於提出證據,而非懲罰當事人錯估情勢而舉證失敗,故除了物理不能說外,尚包含當事人心理因素而不能調查,例如當事人雖知有新證據存在,但認為一審聲請調查的證據已經夠了,而未於一審聲請調查二審時所認為的「新證據」。

4　顏榕,日本二審法院對於一審訴訟程序之審查及二審調查證據之基準—兼評我國臺灣高等法院110年度國模上訴字第1號判決,萬國法律,第242期,2022年4月,頁38-40。

5　顏榕,日本二審法院對於一審訴訟程序之審查及二審調查證據之基準—兼評我國臺灣高等法院110年度國模上訴字第1號判決,萬國法律,第242期,2022年4月,頁38-40。

6　張永宏,論國民法官二審之證據調查:日本法的借鏡與反思 —— 以臺灣高等法院國民法官上訴審第1場模擬法庭(110年度國模上訴字第1號)為例,廖建瑜等,解讀國民法官法(下),2023年3月,頁350-351、369。臺灣高等法院111年度國模上訴字第2號刑事判決:為落實第一審集中審理、言詞審理及直接審理,此處所謂非因過失,未能於第一審聲請之情形,應以當事人不知特定證據之存在或雖知特定證據存在,但事實上於第一審無法聲請調查等情形為主。若當事人於第一審係因訴訟策略之考量,未聲請調查特定證據,或是撤回特定證據之調查,此時即不是「非因過失」,不符合但書之規定(最高法院111年度國模台上字第4號判決意旨參照)。

　　本法§90禁止當事人於二審聲請調查新證據，但是否禁止提出新的事實主張？因新證據用來證明的待證事實可能為當事人已經於一審主張的舊事實，也可能為先前未成主張的新事實，參考日本刑事訴訟法§382-2I「若所得證明之事實足以相信有前二條規定（量刑不當、事實誤認）之第二審上訴理由，縱為訴訟紀錄或原審已經調查證據所顯現之事實以外之事實上訴理由狀亦得援引之。」以及日本學界通說皆允許提出新事實，而若新證據的待證事實為訴訟紀錄或原審已經調查證據所顯現的舊事實，亦應允許。日本學界通說以上開規定為根據，不論待證事實的新舊，只要屬於新證據均受到二審禁止聲請調查新證據原則的拘束（證據限制說），以促進一審證據集中審理，換言之，如果一審可以輕易聲請調查，卻意義在二審才聲請調查的證據，應被法律所禁止[7]。

　　本法§90但「有調查之必要」，模擬法庭[8]認為若非屬新證據時，應依本法§4適用刑事訴訟法§163-2、§196審酌調查必要性，而與本法§90但無關。有認為[9]本法§90與§92應掛勾觀察且基於第二審採「事後審兼限制續審」精神，若二審之判斷標準仍依刑事訴訟法之標準為判斷，將會導致二審法院決定是否為證據調查時，傾向先就被訴事實形成心證後，再與一審之心證進行比較，以決定一審判決應否撤銷（即心證比較說），而使本法所採之「經驗法則、論理法則違反說」遭到架空，且不應區分新證據或舊證據而異判斷標準，因若一審已經調查之證據於二審時再為重複調查或一審駁回之證據於二審時聲請調查，而認非屬新證據時適用刑事訴訟法之標準決定是否同意調查，亦有存在心證比較說之可能，從而不論新證據之聲請、一審已經調查過或一審駁回聲請之證據再為聲請，

7　張永宏，論國民法官二審之證據調查：日本法的借鏡與反思 —— 以臺灣高等法院國民法官上訴審第1場模擬法庭（110年度國模上訴字第1號）為例，廖建瑜等，解讀國民法官法（下），2023年3月，頁364-365。

8　最高法院111年度國模台上字第1號刑事判決參照。

9　張永宏，論國民法官二審之證據調查：日本法的借鏡與反思 —— 以臺灣高等法院國民法官上訴審第1場模擬法庭（110年度國模上訴字第1號）為例，廖建瑜等，解讀國民法官法（下），2023年3月，頁365-369。

其調查必要性之判斷標準為「該證據對於二審法院判斷上訴有無理由是否存有重要性」。

　　本法 §64I(1) 之所謂「當事人、辯護人均同意，且法院認為適當者」本諸當事人進行主義之精神，倘當事人、辯護人均同意，法院亦認適當，當可調查該新證據[10]。

　　本法 §64I(4) 之「為爭執審判中證人證述內容而有必要」是指用以爭執、減損特定證人審判中證述證明力之彈劾證據。此種新證據的調查是否符合例外之規定，應注意必要性的判斷，以平衡上訴審個案救濟與尊重國民參與審判之宗旨[11]。然若以一個事實審原則觀點下，相較於刑事訴訟法之應更嚴格限制彈劾證據的範圍。

　　本法 §64I(6) 之「如不許其提出顯失公平」，「公平」的觀念，不宜漫無限制，而與第二審採「事後審兼限制續審」之原理與精神相背離。基於憲法公平法院原則，可參考刑事訴訟法 §163II 但書「公平正義之維護」，以當事人聲請調查之新證據係用以證明有利於被告之事項為限，並注意辯護人是否提供實質有效辯護及被告防禦權之保障。例如檢察官雖主張「如不許其提出顯失公平」，然 A 業已於原審證稱當時有 B 協助共同壓制被告，亦經原審認定及本院確認為雙方不爭執事項，即「被告旋即遭 A 壓制，隨後到場之 B 亦協助壓制被告並奪刀」，檢察官倘認有未盡之處，應得即時聲請為上開調查，檢察官迄至第二審始為聲請，自難認有何「如不許其提出顯失公平」或本法 §90I 但書其餘所列情形，爰不予調查[12]。

---

[10] 臺灣高等法院 111 年度國模上訴字第 2 號刑事判決參照。

[11] 臺灣高等法院 111 年度國模上訴字第 2 號刑事判決參照。

[12] 臺灣高等法院 111 年度國模上訴字第 2 號刑事判決參照。

第三節　上訴審之審查

壹、概述

　　第二審法院如何審查，本法僅規定於兩個條文，§91 規定「行國民參與審判之案件經上訴者，上訴審法院應本於國民參與審判制度之宗旨，妥適行使其審查權限」。§92 規定「I 第二審法院認為上訴有理由，或上訴雖無理由，而原審判決不當或違法者，應將原審判決經上訴之部分撤銷。但關於事實之認定，原審判決非違背經驗法則或論理法則，顯然影響於判決者，第二審法院不得予以撤銷。II 第二審法院撤銷原審判決者，應就該案件自為判決。但因原審判決有下列情形之一而撤銷者，應以判決將該案件發回原審法院：一、諭知管轄錯誤、免訴、不受理係不當者。二、有刑事訴訟法第三百七十九條第一款、第二款、第六款、第七款或第十三款之情形。三、已受請求之事項未予判決。四、諭知無罪，係違背法令而影響於事實之認定，或認定事實錯誤致影響於判決。五、法院審酌國民參與審判制度之宗旨及被告防禦權之保障，認為適當時」。從而二審僅就一審有違背經驗法則或論理法則致明顯影響事實認定及判決違背法令，才可撤銷一審判決，所以二審並非基於一審調查證據結果及自行調查結果重新認定事實，限縮二審事實認定的權限，此屬事後續審制。自本法 §90 與 §92 合併觀察，第二審並非採取覆審制，而且撤銷改判的機率極低，等同於採取一個事實審為原則，第二審存在事後審與續審制之精神，有文獻[13] 稱之為「限制續審制」，而與刑事訴訟法 §366 所規定的覆審制有所不同。

---

[13] 邱忠義，國民法官參與審判案件，司法周刊，第 2112 期，2022 年 7 月，頁 2-3。林臻嫻，論國民法官法案件以量刑不當提起第二審上訴之審查，國會季刊，第 50 卷第 4 期，2022 年 12 月，頁 32。

因本法§92I前段部分與刑事訴訟法§369I非常相似,從而§92I前段「原審判決不當或違法」同於刑事訴訟法§369I之解釋,所謂「不當」應包含認定事實錯誤與引用不適當法律,同刑事訴訟法之第二審審查範圍。

本法§92I但書規定必須「顯然影響於判決者」方得撤銷原審判決,若上訴審法院認定之事實與原審法院不同,即撤銷原審判決,此規定不同於刑事訴訟法第二審為覆審制之規定。

貳、上訴審查基準

有文獻[14]認因為美國的二審採取事後審制,應依照審查標的之不同,將上訴標準分類如下:

一、審查標的為事實問題

本法§92但書「關於事實之認定,原審判決非違背經驗法則或論理法則,顯然影響於判決者,第二審法院不得予以撤銷」,此為事實問題的審查標準,但運作標準應進一步明確化。

「明顯錯誤(審查)標準」或「事實充分(審查)標準」適用於一審裁判者為職業法官之案件。一審貫徹直接審理原則、言詞審理原則,二審

---

[14] 李榮耕,上訴及無害錯誤,月旦法學教室,第199期,2019年,頁30。文家倩,二審在國民法官制之角色(下),司法周刊,第2034期,2020年12月,頁3。文家倩,國民法官制之上訴審查-以美國上訴審查標準為例,月旦裁判時報,第101期,2020年11月,頁93-103。蘇凱平,論「明顯錯誤」標準與國民法官法之上訴審查——臺灣高等法院110年度國模上訴字第1號刑事判決,月旦實務選評,第2卷第2期,2022年2月,頁117-123。蘇凱平,論國民參與刑事審判的上訴審查標準——臺灣高等法院模擬判決與美國法制觀點,萬國法律,第242期,2022年4月,頁2-16。林臻嫻,論國民法官法案以量刑不當提起第二審上訴之審查,國會季刊,第50卷第4期,2022年12月,頁29-46。

則以書面審理為原則而未調查證據，然若直接以書面審理取代言詞審理，將違反直接審理原則，從而雖有證據支撐一審法院判決的結果，但二審法院檢閱全部卷證資料後認為應屬事實的明顯錯誤，才可撤銷一審判決。此標準下，二審高度尊重一審的事實認定，存在較高的謙抑性，二審認為一審認定事實錯誤的機率低。此標準有實務工作者所採[15]。對此，有學者進一步認為本法與刑事訴訟法不同，本法已全面採行強制辯護制度，不會發生一審的被告無辯護人協助的情形，故應引入美國法「未提出視為放棄」或「權利喪失」原則，在於當事人可在知道事實審有違背法令下不於原審事實審提出，而是在二審法院再爭執，將會導致司法資源浪費，更完全違背國民法官法制度本旨，從而若事實審發生違誤，卻未於適當時機以適用方式表示異議，而是在二審才主張，二審法院通常會拒絕審查。然若當事人未有合理機會提出異議或事實審法院違背法令為明顯錯誤，則不在此限。故「明顯錯誤標準」屬於「未提出視為放棄」原則的例外。又，該學者認為本法 §92 但書應目的性限縮解釋，限於上訴審認為原審事實認定「顯然非出於理性時，方可撤銷原審判決」（例如沒有一個證據證明某 A 死亡，但一審卻認為被害人已死亡，則非屬理性），其見解與部分實務見解[16]亦可相互勾稽。

　　「重要證據標準」或「確實證據審查標準」適用於一審裁判者為陪審員之案件。因一審由陪審團判決，二審由職業法官判決，若由二審法官直接取代一審陪審團的心證，將有害於被告受一審陪審團審判之權利，故而只要有任何重要證據可支持一審判決結果，二審即不得撤銷一審判決，

---

[15] 文家倩，國民法官制之上訴審查——以美國上訴審查標準為例，月旦裁判時報，第 101 期，2020 年 11 月，頁 234。

[16] 最高法院 109 年度台上字第 2311 號刑事判決：衡諸實際，此類案件，性質上為學理所稱「智慧型白領犯罪」之一種，除有自首、自白（含共犯「窩裡反」）情形外，證據經常晦隱、難得，是其一大特色。關於行為人主觀認識如何存在，通常可能無法以外部直接證據，證明其內心的意思活動，斯時，法院在欠缺直接證據之情況下，尚非不得綜合調查所得之各項間接、情況證據，本於社會常情及人性觀點，在客觀的經驗法則、論理法則支配下，加以判斷。

若沒有一個理性的裁判者會達到毫無合理懷疑的程度時，才可撤銷一審判決。此標準較明顯錯誤標準有更高的謙抑性且更尊重一審認定事實的結果。有實務工作者認為 [17]，本法目的在於納入國民法官多元的經驗與觀點，提高裁判正確性及提升國民感情，而非如同美國法上基於保障被告受陪審團審判的憲法權利般，本法二審就事實審查標準，應較美國陪審制的審查標準為寬，不應採此標準。

二、審查標的為法律問題

本法 §92 規定「I第二審法院認為上訴有理由，或上訴雖無理由，而原審判決不當或違法者，應將原審判決經上訴之部分撤銷。」為法律問題的審查標準，但如何運作應進一步明確化。

「重新審查標準」是因法律問題並無前開違反直接審理原則之問題，二審居於一審地位審查一審判決的法律問題。只要二審發現一審的判決有適用法律錯誤，就得以自行解釋或適用法律，此標準完全無謙抑性可言。有實務工作者認為 [18] 美國的二審採事後審，屬於不調查證據的書面審理，而本法二審採續審制兼事後審制，原則上為不調查新證據的書面審理，例外仍得調查新證據而進行言詞審理，針對法律問題所涉的抽象概念的居於一審立場判斷時，並不會有違反直接審理原則的問題，應採此標準。

「無害錯誤法則」，即一審法院判決有違背法令的錯誤時，若該錯誤屬「無害錯誤」，則二審不得撤銷一審判決。反之，則得撤銷一審判決。本法 §89 規定國民法官不符合積極資格或具有消極資格時，為法院組織不合法，但非明顯有違反公平法院時，不得為上訴理由，即存在無害錯誤法則的概念，其與刑事訴訟法 §378、§379、§380 相同，亦可觀察出含

---

[17] 文家倩，國民法官制之上訴審查 —— 以美國上訴審查標準為例，月旦裁判時報，第101 期，2020 年 11 月，頁 234-235。

[18] 文家倩，國民法官制之上訴審查—以美國上訴審查標準為例，月旦裁判時報，第101 期，2020 年 11 月，頁 240-241。

有無害錯誤法則的概念。有學者認為[19]司法資源有限，若任何錯誤皆可撤銷發回亦無助維持人民對司法的信賴而採取此標準。

所謂「無害錯誤」，係指未影響被告重要權利的錯誤。換言之，被告沒有因為該錯誤而受到實質損害。實體法方面，諸如新舊法比較的狀況下，如法院未去比較新舊法，但最終適用有利於被告之法條、構成要件解釋有違誤的狀況下，例如法院對於持有槍枝或寄藏槍枝之解釋錯誤，但因都屬同一罪名、論罪之差異的狀況下，又例如想像競合犯，漏未論以其中一項輕罪，皆為無害錯誤。程序法方面，證據能力認定有違誤的狀況，如禁止使用無證據能力之證據後，並未明顯影響判決結果等輕微的判決違法，但實質上並未影響最終罪名或量刑結果皆為無害錯誤。如果將非任意性自白當成證據、被告未受律師實質有效辯護、應迴避而未迴避之法官的判決，則皆非屬無害錯誤。

臺灣高等法院 111 年度上訴字第 3325 號刑事判決

我國實務上就此種原審法院對於判決結構之主要結論相同、惟論據有少部分違反論理法則之判斷時，上級審法院是否應對於原審判決關於主要理由及結論相同、部分推論違反論理法則之判決予撤銷，似無定論，刑事訴訟法對此亦未有明確規範對於此種型態之判決是否應予撤銷或維持原審之判決。惟就比較法而言：

（一）美國聯邦最高法院曾在 Chapman v. California 案件中，就無害錯誤類型認為：「法院有權明確制定無害錯誤法則，以保障被告之憲法權利，並在憲法第五修正案下，使被告在刑事審判程序中尚未證明其犯罪時，得免於刑罰之制裁。當法院認為違反憲法之程度，尚未達到無庸置疑之確信時，該錯誤是無害的」。

（二）其次，美國聯邦刑事訴訟規則第五十二條（a）規定：「任何錯誤、瑕疵、不規則或差異性，而不影響重要權利者，法院應不予審

---

[19] 李榮耕，上訴及無害錯誤，月旦法學教室，第 199 期，2019 年，頁 30。

酌」，而依聯邦最高法院在 Kotteakos v. UnitedStates 案件中所建構「無害錯誤」之要件為：

1. 當得以確認錯誤不會影響審判程序，或僅有頗為輕微之影響，原審之判決或決定即應予以維持，但有悖離憲法規範或國會之特別命令者，不在此限。

2. 在確保公平性之情形下，審酌所有存在而未除去錯誤之訴訟行為等節，認為原審判決實質上並不會因該錯誤而動搖時，即不得推論被告重要之權利業已受有影響。

3. 上訴法院除僅得審查除去該錯誤之狀態是否對原審判決有所影響外，不得僅就證據是否得以充分支持原審判決之結論予以審查。

（三）美國聯邦最高法院於 Rose v. Clark 案件中宣示：如被告係在公平審判之保障下而進行訴訟程序，原則上即應推定適用無害錯誤法則，例外時始得發回原審裁判，在該判決中，聯邦最高法院認為：「如被告有選任律師並有公正之審判員，即可強烈地推定其他所可能發生之錯誤均應適用無害錯誤之分析法。

1. 就此種原審法院對於判決結構之主要結論相同、惟論據有少部分違反論理法則之判斷時，上級審法院是否應對此種結論相同、部分推論理由不同而違反論理法則之判決予撤銷依前揭比較法所建構之要件，可得到下列結論：

(1) 被告在刑事審判程序中尚未證明其犯罪時，適用無罪推定原則；

(2) 任何錯誤、瑕疵、不規則或差異性，而不影響被告之重要權利者，法院無庸審酌上開差異性；

(3) 當錯誤不致於影響審判程序，或僅有頗為輕微之影響，原則上原審之判決或裁定應予維持；

(4) 在被告之重要權利不被影響並在確保公平性之前提下，審酌所有存在而未除去錯誤之訴訟行為等節，認為原審判決實質上並不會因該錯誤而動搖；

(5) 除去該錯誤之狀態是否對原審判決有所影響；

(6) 如被告有選任律師並有公正之審判員，即可強烈地推定其他所可能發生之錯誤均應適用無害錯誤之分析法。

三、審查標的混合事實及法律問題

美國法上並無固定的審查標準，採取「光譜分析」的觀點，若與事實問題較為相關，採「明顯錯誤標準」或「重要證據標準」，若與法律問題較為相關，採「重新審查標準」。但事實問題與法律問題難以認定時，如須於事實認定後，方可涵攝到法律構成要件，若因事實不明致無法適用法律，或事實認定錯誤致法律適用錯誤，仍與事實問題較為相關；但若事實明確，只是該事實是否符合犯罪構成要件存在疑義，仍屬法律問題。

若二審法院認為有變更起訴法條時，可否撤銷一審法院判決？二審法院變更起訴法條之原因為其所認定的事實與一審法院不同，外觀上為法律問題，本質上為事實問題，應採「明顯錯誤標準」。若以判決不備理由或理由矛盾提起上訴，若是證據取捨與推論過程導致事實認定不同，為事實問題，應採「明顯錯誤標準」，若是判決理由違背法令時，為法律問題。

四、審查標的為量刑問題

採「裁量濫用標準」，即二審法院應尊重一審法院的量刑結果，僅在一審法院濫用裁權時才得撤銷判決，具有高度謙抑性。所謂濫用裁量權的情形，例如量刑結果並非在法定範圍內、未落司院資訊系統及量刑趨勢建議的分布區間內、或與前開區間差異過大，定執行時逾越內部性界限或外部性界限。又適用刑法 §59 時，若僅空泛敘述法定刑過重，違反罪刑相當原則，而未具體考量被告個人犯罪情狀及行為，亦為裁量濫用。

第十二章　再審

　　本法 §93 規定「判決確定後，參與判決之國民法官因該案件犯職務上之罪已經證明，且足以影響原判決者，亦得聲請再審」。例如已經證明國民法官就其參與審判之該案件犯期約、收賄等職務上之罪。有關之再審期間、程序等事項，回歸刑事訴訟法第五編再審之相關規定。

國家圖書館出版品預行編目 (CIP) 資料

刑事訴訟法 / 盧映潔, 李鳳翔著. -- 五版. --臺北市：
五南圖書出版股份有限公司, 2024.09
　　冊；　公分
　　ISBN 978-626-393-652-2 (下冊: 平裝).
　　1.CST: 刑事訴訟法
　　586.2　　　　　　　　　　　113011574

1TA2

刑事訴訟法（下）

作　　　者 ― 盧映潔 (481.1)、李鳳翔

企劃主編 ― 劉靜芬

責任編輯 ― 林佳瑩

文字校對 ― 徐鈺涵

封面設計 ― 姚孝慈

出 版 者 ― 五南圖書出版股份有限公司

發 行 人 ― 楊榮川

總 經 理 ― 楊士清

總 編 輯 ― 楊秀麗

地　　　址：106 台北市大安區和平東路二段339號4樓

電　　　話：(02)2705-5066

網　　　址：https://www.wunan.com.tw

電子郵件：wunan@wunan.com.tw

劃撥帳號：01068953

戶　　　名：五南圖書出版股份有限公司

法律顧問　林勝安律師

出版日期　2020 年 9 月初版一刷
　　　　　2021 年 9 月二版一刷
　　　　　2022 年 8 月三版一刷
　　　　　2023 年 9 月四版一刷
　　　　　2024 年 9 月五版一刷

定　　　價　新臺幣 620 元

經典永恆・名著常在

五十週年的獻禮 —— 經典名著文庫

五南，五十年了，半個世紀，人生旅程的一大半，走過來了。

思索著，邁向百年的未來歷程，能為知識界、文化學術界作些什麼？

在速食文化的生態下，有什麼值得讓人雋永品味的？

歷代經典・當今名著，經過時間的洗禮，千錘百鍊，流傳至今，光芒耀人；

不僅使我們能領悟前人的智慧，同時也增深加廣我們思考的深度與視野。

我們決心投入巨資，有計畫的系統梳選，成立「經典名著文庫」，

希望收入古今中外思想性的、充滿睿智與獨見的經典、名著。

這是一項理想性的、永續性的巨大出版工程。

不在意讀者的眾寡，只考慮它的學術價值，力求完整展現先哲思想的軌跡；

為知識界開啟一片智慧之窗，營造一座百花綻放的世界文明公園，

任君遨遊、取菁吸蜜、嘉惠學子！